AF634928

»Marie Antoinette war weder die große Heilige des Royalismus noch die Dirne, die ›grue‹ der Revolution, sondern ein mittlerer Charakter, eine eigentlich gewöhnliche Frau, nicht sonderlich klug, nicht sonderlich töricht, nicht Feuer und nicht Eis, ohne besondere Kraft zum Guten und ohne den geringsten Willen zum Bösen, die Durchschnittsfrau von gestern, heute und morgen, ohne Neigung zum Dämonischen, ohne Willen zum Heroischen und scheinbar darum kaum Gegenstand einer Tragödie. Aber die Geschichte, dieser große Demiurg, bedarf gar nicht eines heroischen Charakters als Hauptperson, um ein erschütterndes Drama emporzusteigern.«
Stefan Zweig

Marie Antoinette (1755-1793) ging als berühmtestes Opfer der Guillotine in die europäische Geschichte ein. Stefan Zweig porträtiert sie als »gewöhnliche Frau«, die zwar dazu bestimmt, aber nicht unbedingt dafür geschaffen war, Königin von Frankreich zu werden. Ihr Leben voll unbändiger Lust an Vergnügen und Genuß, Prunk und Luxus endete im Oktober 1793: Erhobenen Hauptes beschritt sie den letzten Weg zur Place de la Concorde.

Stefan Zweigs Biographie über die berühmteste Königin Frankreichs erschien erstmals 1932 im Insel-Verlag Leipzig.

Stefan Zweig, 1881 in Wien als Sohn jüdischer Eltern geboren, emigrierte 1934 nach London und lebte ab 1941 in Brasilien. Er übertrug u. a. Werke von Verlaine und Baudelaire ins Deutsche, verfaßte Lyrik, Prosa, Dramen und Essays. Mit Werken wie der *Schachnovelle* (1942) oder *Ungeduld des Herzens* (1939), aber auch mit seinen historischen Miniaturen und Biographien wurde er weltberühmt. Stefan Zweig nahm sich im Februar 1942 in Petrópolis, Brasilien, das Leben.

insel taschenbuch 4204

Stefan Zweig

Marie Antoinette

Stefan Zweig

MARIE ANTOINETTE

BILDNIS EINES MITTLEREN CHARAKTERS

INSEL VERLAG

Der Text dieser Ausgabe folgt der Originalausgabe,
die erstmals 1932 im Insel-Verlag, Leipzig, erschienen ist.
Auf die Abbildungen wurde verzichtet.

Umschlagfoto: Michael Bader/plainpicture

3. Auflage 2019

Erste Auflage 2013
insel taschenbuch 4204
© dieser Ausgabe Insel Verlag Berlin 2013
Alle Rechte vorbehalten, insbesondere das der Übersetzung,
des öffentlichen Vortrags sowie der Übertragung
durch Rundfunk und Fernsehen, auch einzelner Teile.
Kein Teil des Werkes darf in irgendeiner Form
(durch Fotografie, Mikrofilm oder andere Verfahren)
ohne schriftliche Genehmigung des Verlages reproduziert
oder unter Verwendung elektronischer Systeme
verarbeitet, vervielfältigt oder verbreitet werden.
Vertrieb durch den Suhrkamp Taschenbuch Verlag
Umschlaggestaltung: hißmann, heilmann, hamburg
Satz: Satz-Offizin Hümmer GmbH, Waldbüttelbrunn
Druck: CPI – Ebner & Spiegel, Ulm
Printed in Germany
ISBN 978-3-458-35904-3

MARIE ANTOINETTE

EINLEITUNG

Die Geschichte der Königin Marie Antoinette schreiben, heißt einen mehr als hundertjährigen Prozeß aufnehmen, in dem Ankläger und Verteidiger auf das heftigste gegeneinander sprechen. Den leidenschaftlichen Ton der Diskussion verschuldeten die Ankläger. Um das Königtum zu treffen, mußte die Revolution die Königin angreifen, und in der Königin die Frau. Nun wohnen Wahrhaftigkeit und Politik selten unter einem Dach, und wo zu demagogischem Zweck eine Gestalt gezeichnet werden soll, ist von den gefälligen Handlangern der öffentlichen Meinung wenig Gerechtigkeit zu erwarten. Kein Mittel, keine Verleumdung gegen Marie Antoinette wurde gespart, um sie auf die Guillotine zu bringen, jedes Laster, jede moralische Verworfenheit, jede Art der Perversität in Zeitungen, Broschüren und Büchern der »louve autrichienne« unbedenklich zugeschrieben; selbst im eigenen Haus der Gerechtigkeit, im Gerichtssaal, verglich der öffentliche Ankläger die »Witwe Capet« pathetisch mit den berühmtesten Lasterfrauen der Geschichte, mit Messalina, Agrippina und Fredegundis. Um so entschiedener erfolgte dann der Umschwung, als 1815 abermals ein Bourbone den französischen Thron bestieg; um der Dynastie zu schmeicheln, wird das dämonisierte Bild mit den öligsten Farben übermalt: keine Darstellung Marie Antoinettes aus dieser Zeit ohne Weihrauchwolke und Heiligenschein. Preislied folgt auf Preislied, Marie Antoinettes unberührbare Tugend wird ingrimmig verteidigt, ihr Opfermut, ihre Güte, ihr makelloses Heldentum in Vers und Prosa gefeiert; und reichlich mit Tränen genetzte Anekdotenschleier, meist von aristokratischen Händen geklöppelt, umhüllen das verklärte Antlitz der »reine martyre«, der Märtyrerkönigin.

Die seelische Wahrheit liegt hier, wie meist, in der Nähe der Mitte. Marie Antoinette war weder die große Heilige des Royalismus noch die Dirne, die »grue« der Revolution, sondern ein mittlerer Charakter, eine eigentlich gewöhnliche Frau, nicht sonderlich klug, nicht sonderlich töricht, nicht Feuer und nicht Eis, ohne besondere Kraft zum Guten und ohne den geringsten Willen zum Bösen, die Durchschnittsfrau von gestern, heute und morgen, ohne Neigung zum Dämonischen, ohne Willen zum Heroischen und scheinbar darum kaum Gegenstand einer Tragödie. Aber die Geschichte, dieser große Demiurg, bedarf gar nicht eines heroischen Charakters als Hauptperson, um ein erschütterndes Drama emporzusteigern. Tragische Spannung, sie ergibt sich nicht nur aus dem Übermaß einer Gestalt, sondern jederzeit aus dem Mißverhältnis eines Menschen zu seinem Schicksal. Sie kann dramatisch in Erscheinung treten, wenn ein übermächtiger Mensch, ein Held, ein Genius in Widerstreit gerät zur Umwelt, die sich zu eng, zu feindselig erweist für seine ihm eingeborene Aufgabe – ein Napoleon etwa, erstikkend im winzigen Geviert von St. Helena, ein Beethoven, eingekerkert in seine Taubheit –, immer und überall bei jeder großen Gestalt, die nicht ihr Maß und ihren Ausstrom findet. Aber ebenso ergibt sich Tragik, wenn eine mittlere oder gar schwächliche Natur in ein ungeheures Schicksal gerät, in persönliche Verantwortungen, die sie erdrücken und zermalmen, und diese Form des Tragischen will mir sogar als die menschlich ergreifendere erscheinen. Denn der außerordentliche Mensch sucht unbewußt ein außerordentliches Schicksal; seiner überdimensionalen Natur ist es organisch gemäß, heroisch oder, nach Nietzsches Wort, »gefährlich« zu leben; er fordert die Welt durch den ihm innewohnenden gewaltigen Anspruch gewaltsam heraus. So ist der geniale Charakter im letzten nicht unschuldig an seinem Leiden, weil die Sendung in ihm diese Feuerprobe mystisch begehrt zur Auslösung einer letzten Kraft; wie der Sturm die Möwe, so trägt ihn sein starkes Schicksal stärker und höher empor. Der mittlere Charakter dagegen ist von Natur aus auf friedliche Lebensform gestellt, er will, er benötigt gar nicht größere Spannung, er möchte lieber ruhig und im Schatten leben, in Windstille und gemäßigten Schicksalstemperaturen; darum wehrt er sich, darum ängstigt er sich, darum flüchtet er, wenn ihn eine unsichtbare Hand in Erschütterung stößt. Er will keine welthistorischen Verantwortungen, im Gegenteil, er fürchtet sich vor ihnen; er sucht das Leiden nicht, sondern es wird ihm aufgenötigt; von außen, nicht von innen wird er gezwungen, größer zu sein als sein eigentliches Maß. Dieses Leiden des Nicht-Helden, des mittleren Menschen, sehe ich, weil ihm der sichtliche Sinn fehlt, nicht als geringer an als das pathetische des wahrhaften Helden und vielleicht noch als erschütternder; denn der Jedermannsmensch muß es allein für sich austragen und hat nicht wie der Künstler die selige Rettung, seine Qual in Werk und überdauernde Form zu verwandeln.

Wie einen solchen mittleren Menschen aber manchmal das Schicksal aufzupflügen vermag und durch seine gebietende Faust über seine eigene Mittelmäßigkeit gewaltsam hinauszutreiben, dafür ist das Leben Marie Antoinettes vielleicht das einleuchtendste Beispiel der Geschichte. Die ersten dreißig ihrer achtunddreißig Jahre geht diese Frau gleichgültigen Weg, allerdings in einer auffälligen Sphäre; nie überschreitet sie im Guten, nie im Bösen das durchschnittliche Maß: eine laue Seele, ein mittlerer Charakter und, historisch gesehen, anfangs nur Statistenfigur. Ohne den Einbruch der Revolution in ihre heiter unbefangene Spielwelt hätte diese an sich unbedeutende Habsburgerin gelassen weitergelebt wie hundert Millionen Frauen aller Zeiten; sie hätte getanzt, geplaudert, geliebt, gelacht, sich aufgeputzt, Besuche gemacht und Almosen gegeben; sie hätte Kinder geboren und sich schließlich still in ein Bett gelegt, um zu sterben, ohne wahrhaft dem Weltgeist gelebt zu haben. Man hätte sie als Königin feierlich aufgebahrt, Hoftrauer getragen, aber dann wäre sie ebenso dem Gedächtnis der Menschheit entschwunden wie alle die unzähligen anderen Prinzessinnen, die Marie-Adelaiden und Adelaide-Marien und die Anna-Katharinen und Katharina-Annen, deren Grabsteine mit lieblosen kalten Lettern ungelesen im Gotha stehen. Nie hätte ein lebendiger Mensch das Verlangen gefühlt, ihrer Gestalt, ihrer erloschenen Seele nachzufragen, niemand hätte gewußt, wer sie wirklich war, und – dies das Wesentlichste – nie hätte sie selber, Marie Antoinette, Königin von Frankreich, ohne ihre Prüfung gewußt und erfahren, wer sie gewesen. Denn es gehört zum Glück oder Unglück des mittleren Menschen, daß er von selbst keinen Zwang fühlt, sich auszumessen, daß er nicht Neugierde fühlt, nach sich selber zu fragen, ehe ihn das Schicksal fragt: ungenützt läßt er seine Möglichkeiten in sich schlafen, seine eigentlichen Anlagen verkümmern, seine Kräfte wie Muskeln, die nie geübt werden, verweichlichen, bevor sie nicht Not zu wirklicher Abwehr spannt. Ein mittlerer Charakter muß erst herausgetrieben werden aus sich selber, um alles zu sein, was er sein könnte, und vielleicht mehr, als er selber früher ahnte und wußte; dafür hat das Schicksal keine andere Peitsche als das Unglück. Und so, wie sich ein Künstler manchmal mit Absicht einen äußerlich kleinen Vorwurf sucht, statt eines pathetisch weltumspannenden, um seine schöpferische Kraft zu erweisen, so sucht sich das Schicksal von Zeit zu Zeit den unbedeutenden Helden, um darzutun, daß es auch aus brüchigem

Stoff die höchste Spannung, aus einer schwachen und unwilligen Seele eine große Tragödie zu entwickeln vermag. Eine solche Tragödie und eine der schönsten dieses ungewollten Heldentums heißt Marie Antoinette.

Denn mit welcher Kunst, mit welcher Erfindungskraft an Episoden, in wie ungeheuren historischen Spannungsdimensionen baut hier die Geschichte diesen mittleren Menschen in ihr Drama ein, wie wissend kontrapunktiert sie die Grundsätze um diese ursprünglich wenig ergiebige Hauptfigur! Mit diabolischer List verwöhnt sie erst diese Frau. Als Kind schon schenkt sie ihr einen Kaiserhof als Haus, der Halbwüchsigen eine Krone, der jungen Frau häuft sie verschwenderisch alle Gaben der Anmut, des Reichtums zu und gibt ihr überdies ein leichtes Herz, das nicht fragt nach Preis und Wert dieser Gaben. Jahrelang verwöhnt sie, verzärtelt sie dieses unbedachte Herz, bis ihm die Sinne schwinden und es immer sorgloser wird. Aber so rasch und leicht das Schicksal diese Frau auf die höchsten Höhen des Glücks emporreißt: um so raffiniert grausamer, um so langsamer läßt es sie dann fallen. Mit melodramatischer Kraßheit stellt dieses Drama die äußersten Gegensätze Stirn an Stirn; es stößt sie aus einem hundertzimmerigen Kaiserhause in ein erbärmliches Gefängnisgelaß, vom Königsthron auf das Schafott, aus der gläsern-goldenen Karosse auf den Schinderkarren, aus dem Luxus in die Entbehrung, aus Weltbeliebtheit in den Haß, aus Triumph in die Verleumdung, immer tiefer und tiefer und unerbittlich bis in die letzte Tiefe hinab. Und dieser kleine, dieser mittlere Mensch, plötzlich inmitten seiner Verwöhntheit überfallen, dieses unverständige Herz, es begreift nicht, was die fremde Macht mit ihm vorhat, es spürt nur eine harte Faust an sich kneten, eine glühende Kralle im gemarterten Fleisch; dieser ahnungslose Mensch, unwillig und ungewohnt alles Leidens, wehrt sich und will nicht, er stöhnt, er flüchtet, er sucht zu entkommen. Aber mit der Unerbittlichkeit eines Künstlers, der nicht abläßt, ehe er nicht seinem Stoff die höchste Spannung, die letzte Möglichkeit entrungen, läßt die wissende Hand des Unglücks nicht von Marie Antoinette, ehe sie diese weiche und unkräftige Seele nicht zu Härte und Haltung gehämmert, ehe sie nicht alles, was von Eltern und Urahnen an Größe in ihrer Seele verschüttet lag, plastisch herausgezwungen hat. Aufschreckend in ihrer Qual erkennt endlich die geprüfte Frau, die nie nach sich gefragt, die Verwandlung; sie spürt, gerade da ihre äußere Macht zu Ende geht, daß in ihr innen etwas Neues und Großes beginnt, das ohne jene Prüfung nicht möglich gewesen wäre. »Erst im Unglück weiß man wahrhaft, wer man ist«, diese halb stolzen, halb erschütternden Worte springen ihr plötzlich vom staunenden Munde: eine Ahnung überkommt sie, daß eben durch dieses Leiden ihr kleines mittleres Leben als Beispiel für die Nachwelt lebt. Und an diesem Bewußtsein höherer Verpflichtung wächst ihr Charakter über sich selber hinaus. Kurz bevor die sterbliche Form zerbricht, ist das Kunstwerk, das überdauernde, gelungen, denn in der letzten, der allerletzten Lebensstunde erreicht Marie Antoinette, der mittlere Mensch, endlich tragödisches Maß und wird so groß wie ein Schicksal.

Jahrhundertelang haben Habsburg und Bourbon auf Dutzenden deutscher, italienischer, flandrischer Schlachtfelder um die Vorherrschaft in Europa gerungen; endlich sind sie müde, alle beide. In zwölfter Stunde erkennen die alten Rivalen, daß ihre unersättliche Eifersucht nur andern Herrscherhäusern den Weg freigekämpft hat; schon greift von der englischen Insel ein Ketzervolk nach dem Imperium der Welt, schon wächst die protestantische Mark Brandenburg zu mächtigem Königtum, schon bereitet sich das halbheidnische Rußland vor, seine Machtsphäre ins Unermeßliche auszudehnen; wäre es nicht besser, so beginnen sich – wie immer zu spät – die Herrscher und ihre Diplomaten zu fragen, man hielte miteinander Frieden, statt abermals und abermals zugunsten ungläubiger Emporkömmlinge das verhängnisvolle Kriegsspiel zu erneuern? Choiseul am Hofe Ludwigs XV., Kaunitz als Berater Maria Theresias schmieden ein Bündnis, und damit es sich dauerhaft und nicht bloß als Atempause zwischen zwei Kriegen bewähre, schlagen sie vor, die beiden Dynastien Habsburg und Bourbon sollen sich durch Blut binden. An heiratsfähigen Prinzessinnen hat es im Hause Habsburg zu keiner Zeit gefehlt; auch diesmal steht eine reichhaltige Auswahl aller Alterslagen bereit. Zuerst erwägen die Minister, Ludwig XV. trotz seines großväterlichen Standes und seiner mehr als zweifelhaften Sitten mit einer habsburgischen Prinzessin zu vermählen, aber der Allerchristlichste König flüchtet rasch aus dem Bett der Pompadour in das einer anderen Favoritin, der Dubarry. Auch Kaiser Joseph, zum zweitenmal verwitwet, zeigt keine rechte Neigung, sich mit einer der drei altbackenen Töchter Ludwigs XV. verkuppeln zu lassen – so bleibt als natürlichste Verknüpfung die dritte, den heranwachsenden Dauphin, den Enkel Ludwigs XV. und zukünftigen Träger der französischen Krone, mit einer Tochter Maria Theresias zu verloben. 1766 kann die damals elfjährige Marie Antoinette bereits als ernstlich vorgeschlagen gelten; ausdrücklich schreibt der österreichische Botschafter am 24. Mai an die Kaiserin: »Der König hat sich in einer Art und Weise ausgesprochen, daß Eure Majestät das Projekt schon als gesichert und entschieden betrachten können.« Aber Diplomaten wären nicht Diplomaten, setzten sie nicht ihren Stolz daran, einfache Dinge schwierig zu machen und, vor allem, jede wichtige Angelegenheit kunstvoll zu verzögern. Intrigen von Hof zu Hof werden eingeschaltet, ein Jahr, ein zweites, ein drittes, und Maria Theresia, nicht mit Unrecht argwöhnisch, fürchtet, ihr ungemütlicher Nachbar, Friedrich von Preußen, »le monstre«, wie sie ihn in herzhafter Erbitterung nennt, werde schließlich auch noch diesen für Österreichs Machtstellung so entscheidenden Plan mit einer seiner machiavellistischen Teufeleien durchkreuzen; so wendet sie alle Liebenswürdigkeit, Leidenschaft und List an, um den französischen Hof aus dem halben Versprechen nicht mehr herauszulassen. Mit der Unermüdlichkeit einer berufsmäßigen Heiratsvermittlerin, mit der zähen und unnachgiebigen Geduld ihrer Diplomatie läßt sie immer wieder die Vorzüge der Prinzessin nach Paris melden; sie überschüttet die Gesandten mit Höflichkeiten und Geschenken, damit sie endlich aus Versailles ein bindendes Eheangebot heimholen; mehr Kaiserin als Mutter, mehr auf die Mehrung der »Hausmacht« bedacht als auf das Glück ihres Kindes, läßt sie sich auch durch die warnende Mitteilung ihres Gesandten nicht abhalten, die Natur habe dem Dauphin alle Gaben versagt: er sei von sehr beschränktem Verstand, höchst ungeschlacht und völlig gefühllos. Aber wozu braucht eine Erzherzogin glücklich zu werden, wenn sie nur Königin wird? Je hitziger Maria Theresia auf Pakt und Brief drängt, desto überlegener hält der weltkluge König Ludwig XV. zurück; drei Jahre lang läßt er sich Bilder und Berichte über die kleine Erzherzogin schikken und erklärt sich grundsätzlich dem Heiratsplan geneigt. Aber er spricht nicht das erlösende Werbungswort, er bindet sich nicht.

Das ahnungslose Unterpfand dieses wichtigen Staatsgeschäftes, die elfjährige, die zwölfjährige, die dreizehnjährige Toinette, zart gewachsen, anmutig, schlank und unbezweifelbar hübsch, tollt und spielt unterdessen mit Schwestern und Brüdern und Freundinnen temperamentvoll in den Zimmern und Gärten von Schönbrunn; mit Studien, Büchern und Bildung befaßt sie sich wenig. Ihre Gouvernanten und die Abbés, die sie erziehen sollen, versteht sie mit ihrer natürlichen Liebenswürdigkeit und quecksilbernen Munterkeit so geschickt um den Finger zu wickeln, daß sie allen Schulstunden entwischen kann. Mit Schrecken bemerkt eines Tages Maria Theresia, die sich bei der Fülle der Staatsgeschäfte nie um ein einzelnes Stück ihrer Kinderherde sorgfältig bekümmern konnte, daß die zukünftige Königin von Frankreich mit dreizehn Jahren weder Deutsch noch Französisch richtig zu schreiben versteht und nicht einmal mit den oberflächlichsten Kenntnissen in Geschichte und allgemeiner Bildung behaftet ist; mit den musikalischen Leistungen steht es nicht viel besser, obwohl kein Geringerer als Gluck ihr Klavierunterricht gab. In zwölfter Stunde soll jetzt das Versäumte nachgeholt, die verspielte und faule Toinette zur gebildeten Dame herangezogen werden. Wichtig für eine zukünftige Königin von Frankreich ist vor allem, daß sie anständig tanzt und mit gutem Akzent Französisch spricht;

zu diesem Zweck engagiert Maria Theresia eiligst den großen Tanzmeister Noverre und zwei Schauspieler einer in Wien gastierenden französischen Truppe, den einen für die Aussprache, den anderen für Gesang. Aber kaum meldet dies der französische Gesandte dem bourbonischen Hof, als schon ein entrüsteter Wink aus Versailles kommt: eine zukünftige Königin von Frankreich dürfe nicht von Komödiantenpack unterrichtet werden. Hastig werden neue diplomatische Verhandlungen eingeleitet, denn Versailles betrachtet die Erziehung der vorgeschlagenen Braut des Dauphins bereits als eigene Angelegenheit, und nach langem Hin und Her wird auf Empfehlung des Bischofs von Orléans ein Abbé Vermond als Erzieher nach Wien gesandt; von ihm besitzen wir die ersten verläßlichen Berichte über die dreizehnjährige Erzherzogin. Er findet sie reizend und sympathisch: »Mit einem entzückenden Antlitz vereint sie alle erdenkbare Anmut der Haltung, und wenn sie, wie man hoffen darf, etwas wächst, wird sie alle Reize haben, die man für eine hohe Prinzessin wünschen kann. Ihr Charakter und ihr Gemüt sind ausgezeichnet.« Bedeutend vorsichtiger äußert sich jedoch der brave Abbé über die tatsächlichen Kenntnisse und die Lernfreude seiner Schülerin. Verspielt, unaufmerksam, ausgelassen, von einer quecksilberigen Munterkeit, hat die kleine Marie Antoinette trotz leichtester Auffassung nie die geringste Neigung gezeigt, sich mit irgendeinem ernsten Gegenstand zu beschäftigen. »Sie hat mehr Verstand, als man lange bei ihr vermutet hat, doch leider ist dieser Verstand bis zum zwölften Jahr an keine Konzentration gewöhnt worden. Ein wenig Faulheit und viel Leichtfertigkeit haben mir den Unterricht bei ihr noch erschwert. Ich begann während sechs Wochen mit den Grundzügen der schönen Literatur, sie faßte gut auf, urteilte richtig, aber ich konnte sie nicht dazu bringen, tiefer in die Gegenstände einzudringen, obwohl ich fühlte, daß sie die Fähigkeiten dazu hätte. So sah ich schließlich ein, daß man sie nur erziehen kann, indem man sie gleichzeitig unterhält.«

Fast wörtlich werden noch zehn, noch zwanzig Jahre später alle Staatsmänner über diese Denkunwilligkeit bei großem Verstand über dieses gelangweilte Davonhuschen aus jedem gründlichen Gespräch klagen; schon in der Dreizehnjährigen liegt die ganze Gefahr dieses Charakters, der alles könnte und nichts wahrhaft will, völlig zutage. Aber am französischen Hofe wird seit der Mätressenwirtschaft die Haltung einer Frau mehr geschätzt als ihr Gehalt; Marie Antoinette ist hübsch, sie ist repräsentativ und anständigen Charakters – das genügt, und so geht denn endlich 1769 das lang ersehnte Schreiben Ludwigs XV. an Maria Theresia ab, in dem der König feierlich um die Hand der jungen Prinzessin für seinen Enkel, den zukünftigen Ludwig XVI., wirbt und als Termin der Heirat die Ostertage des nächsten Jahres vorschlägt. Beglückt stimmt Maria Theresia zu; nach vielen sorgenvollen Jahren erlebt die tragisch resignierte Frau noch einmal eine helle Stunde. Gesichert scheint ihr jetzt der Frieden des Reiches und damit Europas; mit Stafetten und Kurieren wird allen Höfen feierlich verkündet, daß Habsburg und Bourbon für ewige Zeiten aus Feinden Blutsverbündete geworden sind. »Bella gerant alii, tu, felix Austria, nube«; noch einmal hat sich der alte Hausspruch der Habsburger bewährt.

Die Aufgabe der Diplomaten, sie ist glücklich beendet. Aber nun erst erkennt man: dies war der Arbeit leichterer Teil. Denn Habsburg und Bourbon zu einer Verständigung zu überreden, Ludwig XV. und Maria Theresia zu versöhnen, welch ein Kinderspiel dies im Vergleich zu der ungeahnten Schwierigkeit, das französische und österreichische Hof- und Hauszeremoniell bei einer so repräsentativen Festlichkeit unter einen Hut zu bringen. Zwar haben die beiderseitigen Obersthofmeister und sonstigen Ordnungsfanatiker ein ganzes Jahr lang Zeit, das ungeheuer wichtige Protokoll der Hochzeitsfestivitäten in allen Paragraphen auszuarbeiten, aber was bedeutet ein flüchtiges, nur zwölfmonatiges Jahr für derart verzwickte Chinesen der Etikette. Ein Thronfolger von Frankreich heiratet eine österreichische Erzherzogin – welche welterschütternden Taktfragen löst solcher Anlaß aus, wie tiefsinnig muß hier jede Einzelheit durchdacht werden, wieviel unwiderrufliche Fauxpas heißt es da durch Studium jahrhundertealter Dokumente vermeiden! Tag und Nacht sinnen die heiligen Hüter der Sitten und Gebräuche in Versailles und Schönbrunn mit dampfenden Köpfen; Tag und Nacht verhandeln die Gesandten wegen jeder einzelnen Einladung, Eilkuriere mit Vorschlägen und Gegenvorschlägen sausen hin und her, denn man bedenke, welche unübersehbare Katastrophe (ärger als sieben Kriege) könnte hereinbrechen, würde bei diesem erhabenen Anlaß die Rangeitelkeit eines der hohen Häuser verletzt! In zahllosen Dissertationen rechtsüber, linksüber den Rhein erwägt und erörtert man heikle Doktorfragen, etwa diese, wessen Name an erster Stelle im Heiratskontrakt genannt sein solle, derjenige der Kaiserin von Österreich oder des Königs von Frankreich, wer zuerst unterzeichnen dürfe, welche Geschenke gegeben, welche Mitgift vereinbart werden solle, wer die Braut zu begleiten, wer sie zu empfangen habe, wieviel Kavaliere, Ehrendamen, Militärs, Gardereiter, Ober- und Unterkammerfrauen, Friseure, Beichtiger, Ärzte, Schreiber, Hofsekretäre und Waschfrauen dem Hochzeitszug einer Erzherzogin von Österreich bis zur Grenze gebühren und wie viele dann der französischen Thronfolgerin von der Grenze bis nach Versailles. Während aber die beiderseitigen Perücken über die Grundlinien der Grundfragen noch lange nicht einig sind, streiten ihrerseits schon, als gälte es den Schlüssel des Paradieses, an beiden Höfen die Kavaliere und ihre Damen untereinander, gegeneinander, übereinander um die Ehre, den Hochzeitszug sei es begleiten, sei es empfangen zu dürfen, jeder einzelne verteidigt seine Ansprüche mit einem ganzen Kodex von Pergamenten; und obwohl die Zeremonienmeister wie die Galeerensträflinge arbeiten, kommen sie doch innerhalb eines ganzen Jahres mit diesen weltwichtigsten Fragen des Vortritts und der Hofzulässigkeit nicht völlig zu Rand: im letzten Augenblick wird zum Beispiel die Vorstellung des elsässischen Adels aus dem Programm gestrichen, um »die langwierigen Etikettefragen auszuschalten, die zu regeln keine Zeit mehr bleibt«. Und hätte königlicher Befehl das Datum nicht auf einen ganz bestimmten Tag festgesetzt, die österreichischen und französischen Zeremonienhüter wären bis zum heutigen Tag über die »richtige« Form der Hochzeit noch nicht einig, und es hätte keine Königin Marie Antoinette und vielleicht keine Französische Revolution gegeben.

Auf beiden Seiten wird, obwohl Frankreich wie Österreich Sparsamkeit bitter nötig hätten, die Hochzeit auf höchsten Pomp und Prunk gestellt. Habsburg will hinter Bourbon und Bourbon hinter Habsburg nicht zurückbleiben. Das Palais der französischen Gesandtschaft in Wien erweist sich als zu klein für die fünfzehnhundert Gäste; Hunderte von Arbeitern errichten in fliegender Eile Anbauten, während gleichzeitig ein eigener Opernsaal in Versailles für die Hochzeitsfeier vorbereitet wird. Für die Hoflieferanten, für die Hofschneider, Juweliere, Karossenbauer kommt hüben und drüben gesegnete Zeit. Allein für die Einholung der Prinzessin bestellt Ludwig XV. bei dem Hoffournisseur Francien in Paris zwei Reisewagen von noch nie dagewesener Pracht: köstliches Holz und schimmernde Gläser, innen mit Samt ausgeschlagen, außen mit Malereien verschwenderisch geschmückt, von Kronen umwölbt und trotz dieses Prunks herrlich federnd und schon bei leichtestem Zug fortrollend. Für den Dauphin und den königlichen Hof werden neue Paraderöcke angeschafft und mit kostbaren Juwelen durchstickt, der große Pitt, der herrlichste Diamant jener Zeit, schmückt den Hochzeitshut Ludwigs XV., und mit gleichem Luxus bereitet Maria Theresia den Trousseau ihrer Tochter: Spitzenwerk, eigens in Mecheln geklöppelt, zartestes Leinen, Seide und Juwelen. Endlich trifft der Gesandte Durfort als Brautwerber in Wien ein, herrliches Schauspiel für die leidenschaftlich schaulustigen Wiener: achtundvierzig sechsspännige Karossen, darunter die beiden gläsernen Wunderwerke, rollen langsam und gravitätisch durch die bekränzten Straßen zur Hofburg, hundertsiebentausend Dukaten haben allein die neuen Livreen der hundertsiebzehn Leibgarden und Lakaien gekostet, die den Brautwerber begleiten, der ganze Einzug nicht weniger als dreihundertfünfzigtausend. Von dieser Stunde an reiht sich Fest an Fest: öffentliche Werbung, feierlicher Verzicht Marie Antoinettes auf ihre österreichischen Rechte vor Evangelium, Kruzifix und brennenden Kerzen, Gratulationen des Hofes, der Universität, Parade der Armee, Théâtre paré, Empfang und Ball im Belvedere für dreitausend Personen, Gegenempfang und Souper für fünfzehnhundert Gäste im Liechtensteinpalais, endlich am 19. April die Eheschließung per procurationem in der Augustinerkirche, bei der Erzherzog Ferdinand den Dauphin vertritt. Dann noch ein zärtliches Familiensouper und am 21. feierlicher Abschied, letzte Umarmung. Und durch ein ehrfürchtiges Spalier fährt in der Karosse des französischen Königs die gewesene Erzherzogin von Österreich, Marie Antoinette, ihrem Schicksal entgegen.

Der Abschied von ihrer Tochter war Maria Theresia schwer geworden. Jahre um Jahre hat die alternde, abgemüdete Frau diese Heirat um der Mehrung der habsburgischen »Hausmacht« willen als das höchste Glück erstrebt, und doch macht in letzter Stunde das Schicksal ihr Sorge, das sie selbst ihrem Kinde bestimmt. Blickt man tiefer in ihre Briefe, in ihr Leben, so erkennt man: diese tragische Herrscherin, der einzige große Monarch des österreichischen Hauses, trägt die Krone längst nur noch als Bürde. Mit unendlicher Mühe, in immerwährenden Kriegen hat sie das zusammengeheiratete und in gewissem Sinne künstliche Reich gegen Preußen und Türken, gegen Osten und Westen als Einheit behauptet, aber gerade jetzt, da es äußerlich gesichert erscheint, sinkt ihr der Mut. Eine merkwürdige Ahnung bedrängt die ehrwürdige Frau, dieses Reich, dem sie ihre ganze Kraft und Leidenschaft gegeben, werde unter ihren Nachfolgern verfallen und zerfallen, sie weiß, hellsichtige und fast seherische Politikerin, wie locker dieses Gemisch zufällig gekoppelter Nationen gefügt ist und mit wieviel Vorsicht und Zurückhaltung, mit wieviel kluger Passivität einzig sein Bestand verlängert werden kann. Wer aber soll fortführen, was sie so sorglich begonnen hat? Tiefe Enttäuschungen an ihren Kindern haben einen Kassandrageist in ihr erweckt, bei ihnen allen vermißt sie, was die ureigenste Kraft ihres Wesens war, die große Geduld, das langsame sichere Planen und Beharren, das Verzichtenkönnen und das weise Sich-selbst-Beschränken. Aber von dem lothringischen Blut ihres Mannes muß eine heiße Unruhewelle in die Adern ihrer Kinder geströmt sein; alle sind sie bereit, für die Lust eines Augenblicks unabsehbare Möglichkeiten zu zerstören: ein kleines Geschlecht, unernst, ungläubig und nur um vergänglichen Erfolg bemüht. Ihr Sohn und Mitregent Joseph II. umschmeichelt voll Kronprinzengeduld Friedrich den Großen, der sie ein Leben lang verfolgt und verhöhnt hat; er buhlt um Voltaire, den sie, die fromme Katholikin, als den Antichrist haßt; ihr anderes Kind, das sie gleichfalls für einen Thron bestimmt hat, die Erzherzogin Maria Amalia, hält, kaum nach Parma verheiratet, ganz Europa mit ihrer Leichtfertigkeit in Atem. In zwei Monaten zerrüttet sie die Finanzen, desorganisiert sie das Land, vergnügt sich mit Liebhabern. Und auch die andere Tochter in Neapel macht ihr wenig Ehre; keine von den Töchtern zeigt Ernst und sittliche Strenge, und das ungeheure Werk aufopfernder und pflichthafter Bemühungen, dem die große Kaiserin ihr ganzes persönliches und privates Leben, jede Freude, jeden leichten Genuß unerbittlich aufgeopfert hatte, erscheint ihr sinnlos vollbracht. Am liebsten würde sie in ein Kloster flüchten, und nur aus Angst, aus dem richtigen Vorgefühl, der eilfertige Sohn werde mit unbedachtem Experimentieren sofort alles zerstören, was sie erbaut, hält die alte Kämpferin das Zepter fest, dessen ihre Hand längst müde geworden ist.

Auch über ihr Nesthäkchen Marie Antoinette gibt sich die starke Charakterkennerin keiner Täuschung hin; sie weiß um die Vorzüge – die große Gutmütigkeit und Herzlichkeit, die frische muntere Klugheit, das unverstellte humane Wesen – dieser ihrer jüngsten Tochter, sie kennt aber auch die Gefahren, ihre Unausgereiftheit, ihre Leichtfertigkeit, Verspieltheit, Zerfahrenheit. Um ihr näherzukommen, um noch in letzter Stunde eine Königin aus diesem temperamentvollen Wildfang zu formen, läßt sie Marie Antoinette die letzten zwei Monate vor der Abreise in ihrem eigenen Zimmer schlafen: sie sucht sie in langen Gesprächen auf ihre große Stellung vorzubereiten; und um die Hilfe des Himmels zu gewinnen, nimmt sie das Kind zu einer Wallfahrt nach Mariazell mit. Je näher indes die Stunde des Abschieds kommt, um so unruhiger wird die Kaiserin. Irgendeine finstere Ahnung verstört ihr das Herz. Ahnung kommenden Unheils, und sie setzt alle Kraft ein, die dunklen Mächte zu bannen. Vor der Abreise gibt sie Marie Antoinette eine ausführliche Verhaltungsvorschrift mit und nimmt dem achtlosen Kinde den Eid ab, sie jeden Monat sorgfältig zu überlesen. Sie schreibt außer dem offiziellen Brief noch einen privaten an Ludwig XV., in welchem die alte Frau den alten Mann beschwört, Nachsicht mit dem kindischen Unernst der Vierzehnjährigen zu haben. Aber noch immer ist ihre innere Unruhe nicht beschwichtigt. Noch kann Marie Antoinette nicht in Versailles angelangt sein, und schon wiederholt sie die Mahnung, jene Denkschrift zu Rate zu ziehen. »Ich erinnere Dich, meine geliebte Tochter, an jedem 21. des Monats jenes Blatt nachzulesen. Sei verläßlich im Hinblick auf diesen meinen Wunsch, ich bitte Dich darum; ich fürchte ja bei Dir nichts als Deine Nachlässigkeit im Beten und in der Lektüre und die daraus folgende Unachtsamkeit und Trägheit. Kämpfe gegen sie an ... und vergiß nicht Deine Mutter, die, wenn auch entfernt, nicht aufhören wird, bis zum letzten Atemzug um Dich besorgt zu sein.« Mitten im Jubel der Welt über den Triumph ihrer Tochter geht die alte Frau in die Kirche und betet zu Gott, er möge ein Unheil wenden, das sie allein von allen vorausfühlt.

Während die riesige Kavalkade – dreihundertvierzig Pferde, die an jeder Poststation gewechselt werden müssen – langsam durch Oberösterreich, Bayern zieht und sich nach zahllosen Festen und Empfängen der Grenze nähert, hämmern Zimmerleute und Tapezierer auf der Rheininsel zwischen Kehl und Straßburg an einem sonderbaren Bau. Hier haben die Obersthofmeister von Versailles und Schönbrunn ihren großen Trumpf ausgespielt; nach endlosem Beraten, ob die feierliche Übergabe der Braut noch auf österreichischem Hoheitsgebiet oder erst auf französischem erfolgen solle, erfand ein Schlaukopf unter ihnen die salomonische Lösung, auf einer der kleinen unbewohnten Sandinseln im Rhein, zwischen Frankreich und Deutschland, im Niemandsland also, einen eigenen Holzpavillon für die festliche Übergabe zu erbauen, ein Wunder der Neutralität, zwei Vorzimmer auf der rechtsrheinischen Seite, die Marie Antoinette noch als Erzherzogin betritt, zwei Vorzimmer auf der linksrheinischen Seite, die sie nach der Zeremonie als Dauphine von Frankreich verläßt, und in der Mitte den großen Saal der feierlichen Übergabe, in dem sich die Erzherzogin endgültig in die Thronfolgerin Frankreichs verwandelt. Kostbare Tapisserien aus dem erzbischöflichen Palais verdekken die rasch auf gezimmerten hölzernen Wände, die Universität von Straßburg leiht einen Baldachin, die reiche Straßburger Bürgerschaft ihr schönstes Mobiliar. In dieses Heiligtum fürstlicher Pracht einzudringen ist bürgerlichem Blick selbstverständlich verwehrt; ein paar Silberstücke jedoch machen Wächter allorts nachsichtig, und so schleichen einige Tage vor Marie Antoinettes Ankunft einige junge deutsche Studenten in die halbfertigen Räume, um ihrer Neugier Genüge zu tun. Und einer besonders, hochgewachsen, freien leidenschaftlichen Blicks, die Aura des Genius über der männlichen Stirn, kann sich nicht satt sehen an den köstlichen Gobelins, die nach Raffaels Kartons gefertigt sind; sie erregen in dem Jüngling, dem sich eben erst am Straßburger Münster der Geist der Gotik offenbart hatte, stürmische Lust, mit gleicher Liebe klassische Kunst zu begreifen. Begeistert erklärt er den weniger beredten Kameraden diese ihm unvermutet erschlossene Schönheitswelt italienischer Meister, aber plötzlich hält er inne, wird unmutig, die starke dunkle Braue wölkt sich fast zornig über dem eben noch befeuerten Blick. Denn jetzt erst ist er gewahr geworden, was diese Wandteppiche darstellen, in der Tat eine für ein Hochzeitsfest denkbar unpassende Legende, die Geschichte von Jason, Medea und Kreusa, das Erzbeispiel einer verhängnisvollen Eheschließung. »Was«, ruft der genialische Jüngling, ohne auf das Erstaunen der Umstehenden achtzugeben, mit lauter Stimme aus, »ist es erlaubt, einer jungen Königin das Beispiel der gräßlichsten Hochzeit, die vielleicht jemals vollzogen wurde, bei ihrem ersten Eintritt so unbesonnen vor Augen zu führen? Gibt es denn unter den französischen Architekten, Dekorateuren und Tapezierern gar keinen Menschen, der begreift, daß Bilder etwas vorstellen, daß Bilder auf Sinn und Gefühl wirken, daß sie Eindrücke machen, daß sie Ahnungen erregen? Ist es doch nicht anders, als hätte man dieser schönen und, wie man hört, lebenslustigen Dame das abscheulichste Gespenst bis an die Grenze entgegengeschickt.«

Mit Mühe gelingt es den Freunden, den Leidenschaftlichen zu beschwichtigen, beinahe mit Gewalt führen sie Goethe – denn kein anderer ist dieser junge Student – aus dem bretternen Haus. Bald aber naht jener »gewaltige Hof- und Prachtstrom« des Hochzeitszuges und überschwemmt mit heiterem Gespräch und froher Gesinnung den geschmückten Raum, nicht ahnend, daß wenige Stunden zuvor das seherische Auge eines Dichters in diesem bunten Gewebe schon den schwarzen Faden des Verhängnisses erblickte.

Die Übergabe Marie Antoinettes soll Abschied von allen und allem veranschaulichen, was sie mit dem Hause Österreich verbindet; auch hierfür haben die Zeremonienmeister ein besonderes Symbol ersonnen: nicht nur darf niemand ihres heimatlichen Gefolges sie über die unsichtbare Grenzlinie begleiten, die Etikette heischt sogar, daß sie keinen Faden heimatlicher Erzeugung, keinen Schuh, keinen Strumpf, kein Hemd, kein Band auf dem nackten Leib behalten dürfe. Von dem Augenblicke an, da Marie Antoinette Dauphine von Frankreich wird, darf nur Stoff französischer Herkunft sie umhüllen. So muß sich im österreichischen Vorzimmer die Vierzehnjährige vor dem ganzen österreichischen Gefolge bis auf die Haut entkleiden; splitternackt leuchtet für einen Augenblick der zarte, noch unaufgeblühte Mädchenleib in dem dunklen Raum; dann wird ihr ein Hemd aus französischer Seide übergeworfen, Jupons aus Paris, Strümpfe aus Lyon, Schuhe aus Hofkordonniers, Spitzen und Maschen; nichts darf sie als liebes Andenken zurückbehalten, nicht einen Ring, nicht ein Kreuz – würde die Welt der Etikette denn nicht einstürzen, bewahrte sie eine einzige Spange oder ein vertrautes Band? –, nicht ein einziges von den seit Jahren gewohnten Gesichtern darf sie von jetzt an um sich sehen. Ist es ein Wunder, wenn in diesem Gefühl so jäh ins Fremdegestoßen-Seins das kleine, von all diesem Pomp und Getue erschreckte Mädchen ganz kindhaft in Tränen ausbricht? Aber sofort heißt es wieder Haltung bewahren, denn Aufwallungen des Gefühls sind bei einer politischen Hochzeit nicht statthaft; drüben, im andern Zimmer, wartet schon die französische Suite, und es wäre beschämend, mit feuchten Augen, verweint und furchtsam diesem neuen Gefolge entgegenzutreten. Der Brautführer, Graf Starhemberg, reicht ihr zum entscheidenden Gang die Hand, und, französisch gekleidet, zum letztenmal gefolgt von ihrer österreichischen Suite, betritt sie, zwei letzte Minuten noch Österreicherin, den Saal der Übergabe, wo in hohem Staat und Prunk die bourbonische Abordnung sie erwartet. Der Brautwerber Ludwigs XV. hält eine feierliche Ansprache, das Protokoll wird verlesen, dann kommt – alle halten den Atem an – die große Zeremonie. Sie ist Schritt für Schritt errechnet wie ein Menuett, voraus geprobt und eingelernt. Der Tisch in der Mitte des Raumes stellt symbolisch die Grenze dar. Vor ihm stehen die Österreicher, hinter ihm die Franzosen. Zuerst läßt der österreichische Brautführer Graf Starhemberg die Hand Marie Antoinettes los; statt seiner ergreift sie der französische Brautführer und geleitet langsam, mit feierlichem Schritt, das zitternde Mädchen um die Flanke des Tisches herum. Während dieser genau ausgesparten Minuten zieht sich, langsam rückwärts gehend, im selben Takt, wie die französische Suite der künftigen Königin entgegenschreitet, die österreichische Begleitung gegen die Eingangstür zurück, so daß genau in demselben Augenblick, da Marie Antoinette inmitten ihres neuen französischen Hofstaates steht, der österreichische bereits den Raum verlassen hat. Lautlos, musterhaft, gespenstig-großartig vollzieht sich diese Orgie der Etikette; nur im letzten Augenblick hält das kleine verschüchterte Mädchen dieser kalten Feierlichkeit nicht mehr stand. Und statt kühlgelassen den devoten Hofknicks ihrer neuen Gesellschaftsdame, der Komtesse de Noailles, entgegenzunehmen, wirft sie sich ihr schluchzend und wie hilfesuchend in die Arme, eine schöne und rührende Geste der Verlassenheit, die vorzuschreiben alle Großkophtas der Repräsentation hüben und drüben vergaßen. Aber Gefühl ist nicht eingerechnet in die Logarithmen der höfischen Regeln, schon wartet draußen die gläserne Karosse, schon dröhnen vom Straßburger Münster die Glocken, schon donnern die Artilleriesalven, und, von Jubel umbrandet, verläßt Marie Antoinette für immer die sorglosen Gestade der Kindheit; ihr Frauenschicksal beginnt.

Der Einzug Marie Antoinettes wird eine unvergeßliche Feststunde für das mit Festen schon lange nicht mehr verwöhnte französische Volk. Seit Jahrzehnten hat Straßburg keine künftige Königin gesehen und vielleicht noch nie eine derart bezaubernde wie dieses junge Mädchen. Aschblonden Haars, schlanken Wuchses, lacht und lächelt das Kind mit blauen, übermütigen Augen aus der gläsernen Karosse den unermeßlichen Scharen zu, die, in schmucker elsässischer Landestracht aus allen Dörfern und Städten herangeströmt, den prunkvollen Zug umjubeln. Hunderte weißgekleideter Kinder schreiten Blumen streuend dem Wagen vorauf, ein Triumphbogen ist aufgerichtet, die Tore sind bekränzt, auf dem Stadtplatz fließt Wein aus dem Brunnen, ganze Ochsen werden auf Spießen gebraten, Brot aus riesigen Körben an die Armen verteilt. Abends werden alle Häuser illuminiert, feurige Lichtschlangen züngeln den Münsterturm empor, durchsichtig erglüht das rötliche Spitzenwerk der göttlichen Kathedrale. Auf dem Rhein gleiten, Lampions wie glühende Orangen tragend, zahllose Schiffe und Barken mit farbigen Fackeln, in den Bäumen schimmern, von Lichtern angestrahlt, bunte Glaskugeln, und von der Insel her flammt, allen sichtbar, als Abschluß eines grandiosen Feuerwerks, inmitten mythologischer Figuren das verschlungene Monogramm des Dauphins und der Dauphine. Bis tief in die Nacht zieht das schaulustige Volk die Ufer und Straßen entlang. Musik dudelt und dröhnt, an hundert Stellen schwingen Männer und Mädchen sich munter im Tanz; ein goldenes Zeitalter des Glücks scheint mit dieser blonden Botin aus Österreich gekommen, und noch einmal hebt das verbitterte, verärgerte Volk Frankreichs sein Herz heiterer Hoffnung entgegen.

Aber auch dieses großartige Gemälde birgt einen kleinen versteckten Riß, auch hier hat ebenso wie in die Gobelins des Empfangssaales das Schicksal symbolisch ein Unheilszeichen eingewoben. Als am nächsten Tage Marie Antoinette vor der Abfahrt noch die Messe hören will, begrüßt sie am Portal der Kathedrale statt des ehrwürdigen Bischofs dessen Neffe und Koadjutor an der Spitze der Geistlichkeit. In seinem flutenden violetten Gewande etwas weibisch aussehend, hält der mondäne Priester eine galant-pathetische Ansprache – nicht umsonst hat ihn die Akademie in ihre Reihen gewählt –, die in den höfischen Sätzen gipfelt: »Sie sind für uns das lebende Bildnis der verehrten Kaiserin, welche seit langem Europa ebenso bewundert, wie die Nachwelt sie verehren wird. Die Seele Maria Theresias vereint sich nun mit der Seele der Bourbonen.« Ehrfürchtig ordnet sich nach der Begrüßung der Zug in den blauschimmernden Dom, der junge Priester geleitet die junge Prinzessin zum Altar und hebt mit feiner, beringter Liebhaberhand die Monstranz. Es ist Louis Prinz Rohan, der als erster in Frankreich ihr Willkommen bietet, der spätere tragikomische Held der Halsbandaffäre, ihr gefährlichster Gegner, ihr verhängnisvollster Feind. Und die Hand, die jetzt segnend über ihrem Haupte schwebt, ist dieselbe, die ihr Krone und Ehre später in Schmutz und Verachtung schleudern wird.

Nicht lange darf Marie Antoinette in Straßburg, im halbheimatlichen Elsaß, bleiben: wenn ein König von Frankreich wartet, wäre jedes Zögern Verstoß. An brausenden Ufern des Jubels vorbei, durch Triumphpforten und bekränzte Tore, steuert die Brautfahrt endlich dem ersten Ziele entgegen, dem Walde von Compiègne, wo mit riesiger Wagenburg die königliche Familie ihr neues Mitglied erwartet. Hofherren, Hofdamen, Offiziere, die Leibgarden, Trommler, Trompeter und Bläser, alle in neuen schimmernden Kleidern, stehen in bunter Rangordnung geschart; der ganze mailichte Wald leuchtet von diesem flackernden Farbenspiel. Kaum künden Fanfaren beider Gefolge das Nahen des Hochzeitszuges, so verläßt Ludwig XV. seine Karosse, um die Frau seines Enkels zu empfangen. Aber schon eilt mit ihrem vielbewunderten leichten Schritt Marie Antoinette ihm entgegen und kniet mit anmutigstem Knicks (nicht umsonst Schülerin des großen Tanzmeisters Noverre) vor dem Großvater ihres zukünftigen Gatten nieder. Der König, von seinem Hirschpark her ein guter Kenner frischen Mädchenfleisches und höchst empfänglich für graziöse Anmut, biegt sich zärtlich-zufrieden hinab zu dem jungen, blonden, appetitlichen Ding, hebt die Enkelsbraut empor und küßt sie auf beide Wangen. Dann erst stellt er ihr den zukünftigen Gemahl vor, der, fünf Fuß zehn Zoll hoch, steifleinen und tölpelig-verlegen zur Seite steht, jetzt endlich die verschlafenen kurzsichtigen Augen hebt und ohne sonderliche Beflissenheit seine Braut, der Etikette gemäß, formell auf die Wange küßt. In der Karosse sitzt Marie Antoinette zwischen Großvater und Enkel, zwischen Ludwig XV. und dem zukünftigen Ludwig XVI. Der alte Herr scheint eher die Rolle des Bräutigams zu spielen, angeregt plaudert er und macht ihr sogar ein wenig den Hof, indes der zukünftige Gatte sich gelangweilt und stumm in seine Ecke drückt. Abends, da die Verlobten und per procurationem bereits Vermählten in ihren abgesonderten Zimmern schlafen gehen, hat der triste Liebhaber noch kein einziges zärtliches Wort zu diesem entzückenden Backfisch gesprochen, und in sein Tagebuch schreibt er als Resümee des entscheidenden Tages einzig die dürre Zeile: »Entrevue avec Madame la Dauphine.«

Sechsunddreißig Jahre später wird in ebendemselben Wald von Compiègne ein anderer Herrscher Frankreichs, Napoleon, eine andere österreichische Erzherzogin, Marie Louise, als Gattin erwarten. Sie wird nicht so hübsch, nicht so knusperig wie Marie Antoinette sein, die rundliche, langweilig sanfte Marie Louise. Aber doch ergreift der energische Mann und Werber von der ihm zubestimmten Braut sofort zärtlich und stürmisch Besitz. Noch am selben Abend fragt er den Bischof, ob ihm die Wiener Heirat schon eheliche Rechte gäbe, und ohne die Antwort abzuwarten, zieht er die Folgerungen: am nächsten Morgen frühstücken die beiden schon gemeinsam im Bett. Marie

Antoinette aber ist im Wald von Compiègne keinem Liebhaber und keinem Mann begegnet: nur einem Staatsbräutigam.

Die zweite, die eigentliche Hochzeitsfeier, findet am 16. Mai zu Versailles in der Kapelle Ludwigs XIV. statt. Ein solcher Hof- und Staatsakt des Allerchristlichsten Herrscherhauses bedeutet eine zu intime, zu familiäre, wie auch zu erlauchte und souveräne Angelegenheit, als daß man dem Volk erlaubte, dabei Zuschauer zu sein oder auch nur Spalier vor den Türen zu bilden. Nur adeliges Blut – mindestens hundertästiger Stammbaum – berechtigt, den Kirchenraum zu betreten, der, strahlende Frühlingssonne hinter den bunten Gläsern, den gestickten Brokat, die schillernde Seide, die unermeßlich ausgebreitete Pracht der erwählten Geschlechter wie ein letztes Fanal der Alten Welt noch einmal überwältigend aufleuchten läßt. Der Erzbischof von Reims vollzieht die Trauung. Er segnet die dreizehn Goldstücke und den Hochzeitsring; der Dauphin steckt Marie Antoinette den Ring an den vierten Finger, überreicht ihr die Goldstücke, darauf knien beide hin, den Segen zu empfangen. Mit Orgelklang setzt die Messe ein, beim Paternoster wird ein silberner Baldachin über die Häupter des jungen Paares gehalten, dann erst unterzeichnet der König und in sorglicher Rangabstufung die gesamte Blutsverwandschaft den Hochzeitspakt. Es wird ein ungeheuer langes, vielgefaltetes Dokument; noch heute sieht man auf dem verblichenen Pergament die stolprig und ungeschickt hingesetzten vier Worte: Marie Antoinette Josepha Jeanne, von der Kinderhand der Fünfzehnjährigen mühsam hingekritzelt, und daneben – abermals raunen alle: ein böses Omen – einen mächtigen Tintenklecks, der ihr und einzig ihr allein von allen Unterzeichneten aus der widerstrebenden Feder spritzt.

Nun, nach beendeter Zeremonie, wird gnädig auch dem Volk

gestattet, sich am Feste der Monarchen mitzufreuen. Unzählbare Menschenmengen – halb Paris ist entvölkert – ergießen sich in die Gärten von Versailles, die heute auch dem profanum vulgus ihre Wasserkünste und Kaskaden, ihre Schattengänge und Wiesenflächen offenbaren; das Hauptgaudium soll das abendliche Feuerwerk sein, das großartigste, das man je an einem Königshofe gesehen hat. Doch der Himmel macht Feuerwerk auf eigene Rechnung. Finster, unglückverheißend türmen sich nachmittags Wolken auf, ein Gewitter zuckt nieder, ungeheuer schüttet sich ein Platzregen aus, und in wildem Aufruhr strömt das Volk, um sein Schauspiel betrogen, nach Paris zurück. Indes schlotternd vor Kälteschauern Zehntausende über die Straßen flüchten, sturmgejagt, tumultuarisch und naß, und die Bäume, regengeschüttelt, im Park sich biegen, beginnt hinter den von vielen tausend Kerzen erhellten Fenstern des neuerbauten »salle de spectacle« in vorbildlichem, durch keinen Orkan und kein Weltbeben zu erschütterndem Zeremoniell das große Hochzeitsmahl: zum erstenmal und letztenmal versucht Ludwig XV. die Pracht seines großen Vorgängers Ludwig XIV. zu übertreffen. Sechstausend erlesene Adelsgäste haben mit Mühe Eintrittskarten erkämpft, freilich nicht, um mitzuspeisen, sondern einzig, um ehrfürchtig von der Galerie zusehen zu dürfen, wie die zweiundzwanzig Angehörigen des Königshauses Messer und Gabel zum Munde führen. Alle sechstausend halten den Atem an, um die Erhabenheit dieses großen Schauspiels nicht zu stören; nur zart und gedämpft begleitet von den marmornen Arkaden ein Orchester von achtzig Musikern das fürstliche Mahl. Dann schreitet unter dem Salut der französischen Garden die ganze königliche Familie durch das demütig gebeugte Spalier des Adels: die offizielle Feier ist zu Ende, und der königliche Bräutigam hat jetzt keine andere Pflicht als die jedes andern Ehemanns zu erfüllen. Zur rechten Hand die Dauphine, zur linken den Dauphin, führt der König das kindliche Paar (zusammen zählt es kaum dreißig Jahre) in das Schlafgemach. Noch bis in die Brautstube drängt sich die Etikette ein, denn wer anders könnte dem Thronfolger das Nachthemd überreichen als der König von Frankreich in Person, und wer anders der Dauphine das ihre als die jüngst verheiratete Dame höchsten Ranges, in diesem Fall die Herzogin von Chartres? Dem Bette selbst aber darf nur ein einziger außer den Brautleuten nahen: der Erzbischof von Reims, der es segnet und mit Weihwasser besprengt.

Endlich verläßt der Hof den intimen Raum; Ludwig und Marie Antoinette bleiben zum erstenmal ehelich allein, und der Baldachin des Himmelbettes rauscht über ihnen nieder, brokatener Vorhang einer unsichtbaren Tragödie.

GEHEIMNIS DES ALKOVENS

In jenem Bette geschieht nun zunächst – nichts. Und es gibt einen höchst fatalen Doppelsinn, wenn der junge Ehemann am nächsten Morgen in sein Tagebuch schreibt: »Rien.« Weder die höfischen Zeremonien noch die erzbischöfliche Segnung des bräutlichen Bettes haben Gewalt gehabt über eine peinliche Hemmung der Natur des Dauphin, matrimonium non consummatum est, die Hochzeit wurde im eigentlichen Sinne nicht vollzogen, nicht heute, nicht morgen und nicht in den nächsten Jahren. Marie Antoinette hat einen »nonchalant mari«, einen nachlässigen Gatten, gefunden, und zunächst meint man, es sei nur Schüchternheit, Unerfahrenheit oder eine »nature tardive« (wir würden heute sagen: eine infantile Zurückgebliebenheit), die den Sechzehnjährigen bei diesem bezaubernden jungen Mädchen unfähig macht. Nur nicht drängen und den seelisch Gehemmten beunruhigen, denkt die erfahrene Mutter und mahnt Antoinette, die eheliche Enttäuschung nicht schwer zu nehmen – »point d'humeur làdessus« schreibt sie im Mai 1771 und empfiehlt ihrer Tochter »caresses, cajolis«, Zärtlichkeiten, Liebkosungen, aber andererseits wieder nicht zuviel davon: »Trop d'empressement gâterait le tout.« Als aber dieser Zustand schon ein Jahr, zwei Jahre andauert, beginnt die Kaiserin über diese »conduite si étrange« des jungen Gatten unruhig zu werden. An seinem guten Willen ist nicht zu zweifeln, denn von Monat zu Monat zeigt sich der Dauphin seiner anmutigen Gattin immer zärtlicher zugetan, er erneuert unablässig seine nächtlichen Besuche, seine untauglichen Versuche, aber an der letzten entscheidenden Zärtlichkeit hemmt ihn irgendein »maudit charme«, eine geheimnisvolle fatale Störung. Die unbelehrte Antoinette meint, dies sei nur »maladresse et jeunesse«, nur Ungeschicklichkeit und Jugend; in ihrer Unerfahrenheit stellt sie, die Arme, sogar selbst die »üblen Gerüchte, die hierzulande über seine Unfähigkeit umgehen«, in entschiedene Abrede. Aber nun steckt sich die Mutter hinter die Sache. Sie läßt ihren Hofarzt van Swieten kommen und berät sich mit ihm über die »froideur extraordinaire du Dauphin«. Der zuckt die Achseln. Wenn es einem jungen Mädchen von solchem Liebreiz nicht gelinge, den Dauphin zu erhitzen, sei jedes medizinische Heilmittel ohne Wirkung. Brief auf Brief schreibt Maria Theresia nach Paris; schließlich nimmt König Ludwig XV., wohlerfahren und allzu geübt auf diesem Gebiete, seinen Enkel ins Gebet; der französische Hofarzt Lassone wird eingeweiht, der traurige Liebesheld untersucht, und nun stellt sich heraus, daß diese Impotenz des Dauphin keine seelisch bedingte, sondern auf einem unbedeutenden organischen Defekt (einer Phimosis) beruhe: »Quien dice que el frenillo sujeta tanto et prepucio que no cede a la introduccion y causa un dolor vivo en el, por el qual se retrahe S. M. del impulso que conviniera. Quien supone que el dicho prepucio esta tan cerrado que no puede explayarse para la dilatacion de la punta o cabeza de la parte, en virtud de lo que no llegua la ereccion al punto de elasticidad neccessaria.« (Geheimbericht des spanischen Gesandten.) Jetzt folgt Konsilium auf Konsilium, ob der Chirurg mit dem Operationsmesser eingreifen solle – »pour lui rendre la voix«, wie man in den Vorzimmern zynisch flüstert. Auch Marie Antoinette, von ihren erfahrenen Freundinnen inzwischen aufgeklärt, tut das möglichste, ihren Gatten zur chirurgischen Kur zu veranlassen. (»Je travaille à le déterminer à la petite opération, dont on a déjà parlé et que je crois nécessaire«; 1775 an ihre Mutter.) Aber Ludwig XVI. – der Dauphin ist inzwischen zwar schon König geworden, doch nach fünf Jahren noch immer kein Ehemann – kann sich, seinem schwankenden Charakter gemäß, zu keiner energischen Tat entschließen. Er zaudert und zögert, versucht und versucht, und diese gräßliche, widerliche, lächerliche Situation des ewigen Versuchens und ewigen Versagens zieht sich zur Schmach Marie Antoinettes, zum Hohn des ganzen Hofes, zur Wut Maria Theresias, zur Erniedrigung Ludwigs XVI. noch zwei weitere Jahre hin, im ganzen also sieben entsetzliche Jahre, bis schließlich Kaiser Joseph eigens nach Paris reist, um seinen nicht sehr mutigen Schwager zur Operation zu überreden. Dann erst gelingt es diesem traurigen Cäsar der Liebe, den Rubikon glücklich zu überschreiten. Aber das seelische Reich, das er endlich erobert, ist schon verwüstet durch diese sieben Jahre lächerlichen Kampfes, durch diese zweitausend Nächte, in denen Marie Antoinette als Frau und Gattin die äußerste Erniedrigung ihres Geschlechts erlitten hat.

Wäre es nicht zu vermeiden gewesen (fragt vielleicht manches empfindsame Gemüt), an dies heikle und heiligste Geheimnis des Alkovens zu rühren? Hätte es nicht genügt, die Tatsache des königlichen Versagens bis zur Unkenntlichkeit zu verschatten, zaghaft an der Tragödie des Ehebetts vorbeizuschleichen, bestenfalls verblümt vom »fehlenden Glück der Mütterlichkeit« munkeln? Ist wirklich die Betonung solch intimster Einzelheiten unentbehrlich für eine charakterologische Darstellung? Jawohl, sie ist unentbehrlich, denn all die Spannungen, Abhängigkeiten, Hörigkeiten und Feindseligkeiten, die sich allmählich zwischen dem König und der Königin, den Thronanwärtern und dem Hof herausbilden und weit bis ins Weltgeschichtliche hinüberreichen, sie bleiben unverständlich, wenn man nicht offenherzig an ihren eigentlichen Ursprung herangeht. Mehr weltgeschichtliche Folgeerscheinungen, als man gemeinhin zuzugeben gewillt ist, haben im Alkoven und hinter den Baldachinen der Königsbetten ihren Anfang genommen; kaum in irgendeinem andern Falle aber liegt die logische Kette zwischen privatestem Anlaß und politisch-welthistorischer Auswirkung so eindeutig offen wie bei dieser intimen Tragikomödie, und jede charakterologische Darstellung bleibt unehrlich, die ein Geschehnis in den Schatten drückt, das Marie Antoinette selbst den »article essentiel«, den Hauptpunkt ihrer Sorgen und Erwartungen, genannt hat.

Und dann: deckt man wirklich ein Geheimnis auf, wenn man frei und ehrlich von der langjährigen ehelichen Unfähigkeit Ludwigs XVI. spricht? Durchaus nicht. Nur das neunzehnte Jahrhundert mit seiner krankhaften moralischen Sexualprüderie hat ein Nolimetangere aus jeder unbefangenen Erörterung physiologischer Verhältnisse gemacht. Im achtzehnten Jahrhundert aber, wie in allen früheren, galt Ehefähigkeit oder Eheunfähigkeit eines Königs, Fruchtbarkeit oder Unfruchtbarkeit einer Königin nicht als private, sondern als politische und Staatsangelegenheit, weil sie die »Erbfolge« und damit das Schicksal des ganzen Landes entschied; das Bett gehörte so offenkundig mit zum menschlichen Dasein wie das Taufbecken oder der Sarg. In dem Briefwechsel Maria Theresias und Marie Antoinettes, der immerhin durch die Hand des Staatsarchivars und des Kopisten ging, sprachen damals eine Kaiserin von Österreich und eine Königin von Frankreich in voller Freiheit über alle Einzelheiten und Mißgeschicke dieses sonderbaren Ehestandes. Beredt schildert Maria Theresia der Tochter die Vorteile des gemeinsamen Bettes und gibt kleine weibliche Winke, jede Gelegenheit zu intimer Vereinigung geschickt auszunutzen; die Tochter wiederum berichtet das Eintreffen oder Nichteintreffen des monatlichen Unwohlseins, das Versagen des Gatten, jedes »un petit mieux« und schließlich triumphierend die Schwangerschaft. Einmal wird sogar der Komponist der Iphigenie, wird sogar Gluck, weil er früher abreist als der Kurier, mit der Übermittlung solcher intimer Neuigkeiten betraut: im achtzehnten Jahrhundert nimmt man natürliche Dinge noch vollkommen natürlich.

Aber wäre es nur die Mutter allein, die damals um jenes heimliche Versagen weiß! In Wirklichkeit schwatzen alle Kammerfrauen davon, alle Hofdamen, Kavaliere und Offiziere; die Diener wissen es und die Wäscherinnen am Hofe von Versailles, sogar an seinem eigenen Tisch muß der König manchen derben Scherz erdulden. Außerdem befassen sich, da die Zeugungsunfähigkeit eines Bourbonen in Anbetracht der Erbfolge eine hochpolitische Angelegenheit darstellt, alle auswärtigen Höfe auf das eindringlichste mit dieser Frage. In den Berichten des preußischen, des sächsischen, des sardischen Gesandten finden sich ausführliche Erörterungen der heiklen Angelegenheit; der eifrigste unter ihnen, Graf Aranda, der spanische Gesandte, läßt sogar die Laken des königlichen Bettes durch bestochene Dienstleute untersuchen, um jenem physiologischen Ereignis nur möglichst genau auf die Spur zu kommen. Überall in ganz Europa lachen und spotten Fürsten und Könige brieflich und mündlich über ihren ungeschickten Standesgenossen; nicht nur in Versailles, sondern in ganz Paris und Frankreich ist die eheliche Blamage des Königs das Geheimnis Polichinells. Sie wird in allen Straßen besprochen, sie flattert als Libell von Hand zu Hand, und bei der Ernennung des Ministers Maurepas zirkuliert zur allgemeinen Erheiterung das muntere Couplet:

Maurepas était impuissant
Le Roi l'a rendu plus puissant,
Le Ministre reconnaissant
Dit: Pour vous, Sire,
Ce que je désire,
D'en faire autant.

Aber was spaßhaft klingt, hat in Wahrheit schicksalhafte und gefährliche Bedeutung. Denn diese sieben Jahre des Versagens bestimmen seelisch den Charakter des Königs und der Königin und führen zu politischen Folgerungen, die ohne Kenntnis dieses Faktums unverständlich wären: das Schicksal einer Ehe verbindet sich hier dem Weltgeschick.

Unverständlich bliebe vor allem die seelische Einstellung Ludwigs XVI. ohne Kenntnis jenes intimen Defekts. Denn mit geradezu klinischer Deutlichkeit zeigt sein menschlicher Habitus alle typischen Merkmale eines aus männlicher Schwäche stammenden Minderwertigkeitsgefühls. Weil im privaten, so fehlt diesem Gehemmten auch im öffentlichen Leben jede Kraft zu schöpferischer Tat. Er versteht nicht aufzutreten, er weiß keinen Willen zu zeigen und noch weniger ihn durchzusetzen; linkisch und scheu flüchtet der heimlich Beschämte vor jeder höfischen Geselligkeit und besonders vor dem Umgang mit Frauen, denn er weiß, dieser im Grunde biedere, rechtschaffene Mann, daß sein Mißgeschick jedem am Hofe bekannt ist, und das ironische Lächeln der Eingeweihten verschreckt sein ganzes Gehabe. Manchmal versucht er, sich gewaltsam eine gewisse Autorität zu geben, einen Schein von Männlichkeit. Aber dann greift er immer eine Stufe zu hoch, wird grob, brüsk und brutal, typische Flucht in eine Geste der Kraftmeierei, die ihm niemand glaubt. Nie aber gelingt ihm ein freies, natürliches, selbstbewußtes Auftreten, und am wenigsten das majestätische. Weil er im Schlafgemach nicht den Mann, versteht er vor den anderen nicht den König zu spielen.

Daß dabei seine persönlichen Neigungen die allermännlichsten sind, die Jagd und körperliche Schwerarbeit – er hat sich eine eigene Schmiedewerkstätte eingerichtet, seine Drehbank ist noch heute zu sehen –, widerspricht keineswegs dem klinischen Bild, sondern bestätigt es nur. Denn gerade, wer nicht Mann ist, liebt unbewußt den Männlichen zu spielen, gerade der heimlich Schwache trumpft gern vor den Menschen mit Stärke auf. Wenn er auf dampfendem Pferd stundenlang dem Eber nachjagt und durch die Wälder reitet, wenn er am Amboß seine Muskeln bis zur Müdigkeit erschöpft, so kompensiert da ein Kraftbewußtsein der rein körperhaften Stärke wohltuend die heimliche Schwäche: als Hephaistos fühlt sich wohl, wer den Dienst der Venus schlecht versieht. Aber kaum zieht Ludwig die Galauniform an und tritt unter die Höflinge, da spürt er, daß diese Kraft nur eine der Muskeln, nicht eine des Herzens ist, und sofort wird er verlegen. Selten sieht man ihn lachen, selten ihn wirklich glücklich und vergnügt.

Am gefährlichsten aber wirkt sich dieses geheime Schwächegefühl charakterologisch im seelischen Verhältnis zu seiner Frau aus. Vieles an ihrem Verhalten widerstrebt seinem persönlichen Geschmack. Er mag ihre Gesellschaften nicht, ihn ärgern der ständige laute Vergnügungstrubel, ihre Verschwendung, ihre unköniglichen Frivolitäten. Ein wirklicher Mann wüßte da schleunigst Abhilfe zu schaffen. Aber wie kann ein Mann vor einer Frau, die ihn allnächtlich beschämt, hilflos und als lächerlichen Versager erlebt, bei Tage den Herrn spielen? Weil männlich machtlos, bleibt Ludwig XVI. gegen seine Frau völlig wehrlos; im Gegenteil, je länger sein beschämender Zustand dauert, um so kläglicher gerät er in völlige Abhängigkeit, ja Hörigkeit. Sie kann von ihm verlangen, was sie will, immer wieder kauft er sich mit völlig schrankenloser Nachgiebigkeit von seinem geheimen Schuldgefühl los. Herrisch in ihr Leben einzugreifen, ihre offensichtlichen Torheiten zu verhindern, dazu fehlt ihm die Willenskraft, die im letzten nichts anderes darstellt als den seelischen Ausdruck der körperlichen Potenz. Verzweifelt sehen die Minister, sieht die kaiserliche Mutter, sieht der ganze Hof, wie durch diese tragische Ohnmacht alle Macht in die Hände einer jungen wirbligen Frau gerät, die sie leichtfertig verzettelt. Aber ein Kräfteparallelogramm, in einer Ehe einmal bestimmt, bleibt erfahrungsgemäß als seelische Konstellation unabänderlich. Selbst als Ludwig XVI. wirklicher Gatte und Vater von Kindern wird, ist er, der Herr Frankreichs sein sollte, weiterhin der willenlose Knecht Marie Antoinettes, einzig weil er nicht rechtzeitig ihr Mann gewesen ist.

Nicht minder verhängnisvoll beeinflußt das sexuelle Versagen Ludwigs XVI. die seelische Entwicklung Marie Antoinettes. Gemäß der Gegensätzlichkeit der Geschlechter bringt ein und dieselbe Störung im männlichen und weiblichen Charakter genau gegensätzliche Erscheinungen hervor. Wo bei einem Mann die sexuelle Schlagkraft Störungen unterliegt, entsteht Gehemmtheit und Unsicherheit; wo der Frau die passive Hingabebereitschaft nichts hilft, muß zwanghaft Überreiztheit und Hemmungslosigkeit, eine flackrige Überlebendigkeit zutage treten. Von Natur aus ist Marie Antoinette eigentlich vollkommen normal, eine weibliche, eine zärtliche Frau, zu vielfacher Mutterschaft bestimmt, wahrscheinlich nur darauf wartend, sich einem wirklichen Manne zu fügen. Aber das Verhängnis will, daß gerade sie, die Empfindungsfähige und Empfindungswillige, in eine abnorme Ehe, daß sie an einen Nicht-Mann gerät. Allerdings, sie ist erst fünfzehnjährig zur Zeit der Eheschließung; an und für sich müßte da das ärgerliche Versagen ihres Mannes sich noch nicht als seelische Belastung äußern; denn wer dürfte diese Tatsache schon physiologisch unnatürlich nennen, daß ein Mädchen bis zum zweiundzwanzigsten Jahre jungfräulich bleibt! Was aber in diesem besonderen Falle die Erschütterung und gefährliche Überhitzung ihres Nervenzustandes verursacht, ist, daß der von Staats wegen ihr zugeteilte Gatte sie diese sieben pseudoehelichen Jahre nicht im Zustande unbefangener und unberührter Keuschheit verbringen läßt, sondern daß in zweitausend Nächten sich an ihrem jungen Körper ein tölpischer und gehemmter Mann unablässig abmüht. Jahre hindurch wird ihre Sexualität fruchtlos in dieser unbefriedigenden, beschämenden und erniedrigenden Weise ohne eine einzige Erfüllung gereizt und gereizt. So bedarf es keines Nervenarztes, um festzustellen, daß ihre so verhängnisvolle Überlebendigkeit, dieses ewige Hin und Her und Niezufriedensein, dieses fahrige Jagen von Vergnügung zu Vergnügung, geradezu klinisch-typische Folgen jener ständigen sexuellen Aufreizung und sexuellen Unbefriedigtheit durch ihren Gatten darstellen. Weil nicht im tiefsten bewegt und beruhigt, muß die nach sieben Ehejahren noch immer nicht eroberte Frau ständig Bewegung und Unruhe um sich haben, und allmählich wird, was anfangs bloß kindisch muntere Verspieltheit gewesen, zu einer krampfigen, krankhaften und vom ganzen Hof als skandalös empfundenen Vergnügungswut, gegen die Maria Theresia und alle Freunde vergebens anzukämpfen suchen. Wie sich beim König die unerlöste Männlichkeit in grobe Schmiedearbeit und Jagdleidenschaft, in dumpfe und ermüdende Muskelanstrengung umsetzt, so flüchtet bei ihr die falsch eingesetzte und unverwertete Gefühlskraft in zärtliche Freundschaft zu Frauen, in Koketterien mit jungen Kavalieren, in Putzsucht und ähnliche unzulängliche Temperamentsbefriedigungen. Nächte um Nächte meidet sie das eheliche Bett, den traurigen Ort ihrer weiblichen Erniedrigung, und treibt sich, während ihr Gatte und Nicht-Gatte seine Jagdmüdigkeit breit ausschläft, bis vier Uhr, fünf Uhr morgens auf Opernredouten, in Spielsälen, bei Soupers und in zweifelhafter Gesellschaft herum, sich wärmend an fremden Feuern, unwürdige Königin, weil an einen unwerten Gatten geraten. Daß aber diese Frivolität eigentlich freudlos ist, ein bloßes Übertanzen und Überamüsieren einer inneren Enttäuschtheit, das verrät mancher Augenblick zorniger Melancholie und am stärksten einmal ihr Schrei, als ihre Verwandte, die Herzogin von Chartres, zuerst ein totes Kind zur Welt bringt. Da schreibt sie an ihre Mutter: »So furchtbar das auch sein muß, ich wollte, ich hielte wenigstens so weit.« Lieber ein totes Kind, aber nur ein Kind! Nur endlich aus diesem zerstörenden, unwürdigen Zustand heraus, nur endlich wirklich normale Frau ihres Mannes sein und nicht immer noch Jungfrau nach siebenjähriger Ehe. Wer nicht die weibliche Verzweiflung hinter der Vergnügungswut dieser Frau versteht, kann die merkwürdige Wandlung weder erklären noch begreifen, die dann einsetzt, als Marie Antoinette endlich Frau und Mutter wird. Mit einemmal werden die Nerven merklich ruhiger, eine andere, zweite Marie Antoinette entsteht, jene beherrschte und willenskräftige, kühne, die sie im zweiten Teil ihres Lebens wird. Aber diese Wandlung kommt schon zu spät. Wie in jeder Kindheit, sind auch in jeder Ehe die ersten Erlebnisse die entscheidenden. Und Jahrzehnte können nicht wettmachen, was im feinsten und überempfindlichen Stoff der Seele eine winzige Störung verschuldet. Gerade diese innersten, die unsichtbaren Verwundungen des Gefühls kennen kein volles Gesunden.

All dies wäre aber nur private Tragödie, ein Mißgeschick, wie es sich auch heute tagtäglich hinter geschlossenen Türen abspielt. In diesem Fall jedoch reichen die verhängnisvollen Folgen einer solchen ehelichen Peinlichkeit weit über das private Leben hinaus. Denn Mann und Frau sind hier König und Königin, sie stehen unentrinnbar im verzerrenden Hohlspiegel der öffentlichen Aufmerksamkeit; was bei anderen vertraulich bleibt, nährt bei ihnen Schwatz und Kritik. Ein so mokanter Hof wie der französische begnügt sich natürlich nicht mit der bedauernden Feststellung des Mißgeschicks, sondern schnuppert unablässig um die Frage herum, in welcher Weise sich Marie Antoinette für das Versagen ihres Mannes schadlos halte. Sie sehen eine reizende junge Frau, selbstbewußt und kokett, ein temperamentvolles Geschöpf, in dem das junge Blut braust, und wissen, an welche jämmerliche Schlafhaube diese himmlische Liebhaberin geraten ist: nun beschäftigt das ganze müßige Türhüterpack nur eine Frage, mit wem sie den Gatten betrüge. Gerade weil es tatsächlich nichts zu berichten gibt, gerät die Ehre der Königin in frivoles Gerede. Ein Ausritt mit irgendeinem Kavalier, einem Lauzun oder Coigny, und schon haben ihn die müßigen Schwätzer zu ihrem Geliebten ernannt; eine morgendliche Promenade im Park mit den Hofdamen und Kavalieren, und sofort erzählt man von den unglaublichsten Orgien. Unablässig beschäftigt der Gedanke an das Liebesleben der enttäuschten Königin den ganzen Hof; aus dem Geschwätz werden Chansons und Libelle und Pamphlete und pornographische Gedichte. Erst stecken sich, hinter dem Fächer verborgen, die Hofdamen diese kantharidischen Verslein zu, dann summen sie frech aus dem Haus, werden gedruckt und geraten unter das Volk. Als dann die revolutionäre Propaganda beginnt, brauchen die jakobinischen Journalisten nicht lange nach Argumenten zu suchen, um Marie Antoinette als den Ausbund aller Ausschweifung, als schamlose Verbrecherin hinzustellen, und der öffentliche Ankläger braucht nur einen Griff in diese Pandorabüchse galanter Verleumdungen zu tun, um das schmale Haupt unter die Guillotine zu drücken.

Über eigenes Geschick, Ungeschick, Mißgeschick reichen hier also die Folgen einer ehelichen Störung bis in das Weltgeschichtliche hinein: die Zerstörung der königlichen Autorität hat in Wahrheit nicht mit der Bastille, sondern in Versailles begonnen. Denn daß diese Nachricht von dem Versagen des Königs und die boshaften Lügen von der sexuellen Unersättlichkeit der Königin so rasch und so weit aus dem Schlosse zu Versailles zur Kenntnis der ganzen Nation kamen, war kein Zufall, sondern hat geheime familienpolitische Hintergründe. Es leben nämlich in diesem Palast vier oder fünf Personen, und zwar die nächsten Verwandten, die an der ehelichen Enttäuschung Marie Antoinettes persönliches Interesse haben. Vor allem sind es die beiden Brüder des Königs, denen es außerordentlich willkommen ist, daß durch diesen lächerlichen physiologischen Defekt und die Furcht Ludwigs XVI. vor dem Chirurgen nicht nur das normale Eheleben, sondern auch die normale Erbfolge zerstört wird, denn sie erblicken darin eine unerwartete Chance, selbst auf den Thron zu gelangen. Der nächstälteste Bruder Ludwigs XVI., der Graf von Provence und tatsächlich später Ludwig XVIII. – er hat sein Ziel erreicht, und Gott allein weiß, auf welchen krummen Wegen –, hat es nie verwinden können, als zweiter zeitlebens hinter dem Thron stehen zu sollen, statt selber das Zepter zu halten; das Ausbleiben eines Thronerben würde ihn zum Regenten, wenn nicht zum Erben des Königs einsetzen, und seine Ungeduld ist kaum zu zügeln; da er aber gleichfalls ein zweifelhafter Gatte und kinderlos ist, hat auch der zweite Bruder, der Graf von Artois, Vorteil von der Zeugungsunfähigkeit seiner älteren Brüder, denn sie macht seine Söhne zu legitimen Thronerben. So genießen sie beide als Glücksfall, was das Unglück Marie Antoinettes ist, und je länger der grauenhafte Zustand dauert, um so sicherer fühlte sich ihre voreilige Anwartschaft. Darum dieser maßlose, dieser hemmungslose Haß, als im siebenten Jahr Marie Antoinette das Wunder plötzlicher Vermännlichung bei ihrem Gatten endlich zustande bringt und die eheliche Beziehung zwischen König und Königin völlig normal wird. Diesen furchtbaren Hieb, der alle seine Erwartungen niederschlägt, hat der Graf von Provence Marie Antoinette niemals verziehen; und was ihm nicht auf geraden Wegen zufallen wollte, hat er versucht, auf krummen zu erreichen; seit Ludwig XVI. Vater geworden war, wurden sein Bruder und seine Verwandten seine gefährlichsten Gegner. Die Revolution hat gute Helfer bei Hof gehabt, prinzliche und fürstliche Hände haben ihr die Türen aufgetan und die besten Waffen in die Hand gedrückt; diese eine Alkovenepisode hat stärker als alle äußeren Ereignisse die Autorität von innen her zersetzt und zum Zerfall gebracht. Fast immer ist es ja ein geheimes Schicksal, welches das äußerlich sichtbare und öffentliche heranzieht, fast jedes Weltgeschehnis Spiegelung inneren persönlichen Konflikts. Ständig gehört es zu den großen Kunstgeheimnissen der Geschichte, aus mikrobischem Anlaß unabsehbare Folgerungen zu entwickeln, und es sollte nicht das letztemal sein, daß durch die vorübergehende sexuelle Störung eines einzelnen Mannes der ganze Kosmos in Unruhe geriet: die Impotenz Alexanders von Serbien, seine erotische Hörigkeit an seine Befreierin Draga Maschin, die Ermordung der beiden, die Berufung der Karageorgevitsch, die Verfeindung mit Österreich und der Weltkrieg sind eine ebenso unerbittlich logische Lawinenfolge. Denn aus Spinnweben flicht die Geschichte das unentrinnbare Netz des Schicksals; in ihrem wundervoll verkoppelten Triebwerk löst das kleinste Antriebsrad die ungeheuerlichsten Kräfte aus; so wird auch im Dasein Marie Antoinettes das Nichtige zum Gewaltigen, das scheinbar lächerliche Erlebnis der ersten Nächte und Ehejahre nicht nur formgebend für ihren Charakter, sondern für die Gestaltung der Welt.

Aber wie weit noch in der Ferne ballt sich dieses drohende Gewölk! Wie ferne sind noch alle diese Folgerungen und Verstrickungen von dem kindischen Sinn dieser Fünfzehnjährigen, die mit ihrem ungeschickten Kameraden arglos spaßt, die mit einem kleinen, munter klopfenden Herzen und hell-neugierigen Augen lächelnd meint, die Stufen eines Thrones emporzusteigen – und am Ende steht das Schafott. Aber wem sie das schwarze Los von Anbeginn zugeteilt, dem geben die Götter keine Zeichen und Winke. Ahnungslos unbefangen lassen sie ihn seinen Weg schreiten, und von innen wächst ihm das Schicksal entgegen.

Noch heute wirkt Versailles als die großartigste und herausforderndste Geste der Autokratie; ganz ohne sichtlichen Anlaß erhebt sich mitten im Lande abseits von der Hauptstadt auf einem künstlich errichteten Hügel ein riesiges Schloß und blickt mit Hunderten von Fenstern über künstlich geschaffene Kanäle und künstlich geschnittene Gärten ins Leere hinein. Kein Fluß, Handel und Wandel befördernd, strömt hier vorbei, keine Straßen, keine Bahnen treffen zusammen; völlig zufallshaft, die versteinerte Laune eines großen Herrn, hält dieser Palast seine sinnlos riesige Pracht dem verwunderten Blick entgegen.

Dies gerade aber wollte der cäsarische Wille Ludwigs XIV.: seinem eigenen Selbstbewußtsein, seiner Neigung zur Selbstvergöttlichung einen schimmernden Altar errichten. Entschlossener Autokrat, machtherrischer Mensch, hatte er seinen Einheitswillen siegreich dem zerspaltenen Lande aufgezwungen, einem Reiche die Ordnung, einer Gesellschaft die Sitte, einem Hof die Etikette, einem Glauben die Einheit, der Sprache die Reinheit vorgeschrieben. Von seiner Person war dieser Vereinheitlichungswille ausgestrahlt, zu seiner Person sollte darum aller Glanz zurückfluten. »Wo ich bin, da ist der Staat«, wo ich wohne, da ist der Mittelpunkt Frankreichs, der Nabel der Welt: um diese völlige Uneingeschränktheit seiner Stellung zu versinnlichen, verlegt der Roi-soleil seinen Palast mit Absicht weg von Paris. Eben indem er seine Residenz völlig ins Leere stellt, betont er, ein König von Frankreich brauche nicht die Stadt, die Bürger, die Masse als Stütze oder Folie seiner Macht. Genug, daß er den Arm ausstreckt und gebietet, und schon entstehen auch aus Sumpf und Sand Gärten und Wald, Kaskaden und Grotten, der schönste und mächtigste Palast; von diesem astronomischen Punkt, den seine Willkür eigenmächtig gewählt, geht von nun ab die Sonne seines Reiches auf und unter. Versailles ist erbaut, um Frankreich zu zeigen, daß das Volk nichts ist und der König alles.

Aber schöpferische Kraft, sie bleibt immer nur an den Menschen gebunden, den sie erfüllt; nur der Kronreif vererbt sich, nicht die ihm eingeschlossene Macht und Majestät. Enge, gefühlsschwache und genießerische Seelen, nicht mehr gestaltende, erben mit Ludwig XV. und Ludwig XVI. den weiten Palast, das groß gegründete Reich. Äußerlich bleibt unter ihnen alles unverändert: die Grenzen, die Sprache, die Sitte, die Religion, die Armee; zu stark hat jene entschlossene Hand die Formen geprägt, als daß sie in hundert Jahren verlöschen können, aber bald fehlt den Formen der Inhalt, die glühende Materie des schöpferischen Triebes. Als Bild verändert sich Versailles unter Ludwig XV. nicht, nur an Bedeutung: noch immer wimmeln in prachtvollen Livreen dreitausend, viertausend Bediente in den Gängen und Höfen, noch immer stehen zweitausend Pferde in den Ställen, noch immer funktioniert in wohlgeölten Scharnieren der künstliche Apparat der Etikette bei allen Bällen, Empfängen, Redouten und Maskeraden, noch immer paradieren durch die Spiegelsäle und goldschimmernden Gemächer die Kavaliere und Damen in brokatenen, seidenplissierten und edelsteinbesetzten Prunkkleidern, noch immer ist dieser Hof der berühmteste, raffinierteste und kultivierteste des damaligen Europa. Aber was vordem Ausdruck strömender Machtfülle gewesen, ist längst nur noch Leerlauf und seelenloser, sinnloser Betrieb. Wieder ist ein Ludwig König, aber er ist kein Herrscher mehr, sondern ein gleichgültiger Frauenknecht; auch er versammelt Erzbischöfe, Minister, Feldherren, Architekten, Dichter, Musiker um den Hof, aber so wie er selbst kein Ludwig XIV., so sind jene keine Bossuets mehr, keine Turennes, Richelieus, keine Mansarts, Colberts, Racines und Corneilles, sondern ein stellengieriges, geschmeidiges, ränkesüchtiges Geschlecht, das bloß genießen will, statt zu gestalten, nur am Geschaffenen schmarotzen, statt es mit Willen und Geist zu durchbluten. In diesem marmornen Treibhaus entfalten sich keine kühnen Pläne mehr, keine entschlossenen Neuerungen, keine dichterischen Werke, nur die Sumpfpflanzen der Intrige und Galanterie schießen hier üppig auf. Nicht die Leistung entscheidet mehr, sondern die Kabale, nicht das Verdienst, sondern die Protektion; wer am tiefsten beim Lever vor der Pompadour oder Dubarry den Rücken bückt, kommt am höchsten hinauf; statt der Tat gilt das Wort, statt des Wesens der Schein. Nur füreinander spielen sich diese Menschen in ewiger Inzucht ihre Rollen als König, als Staatsmann, als Priester, als Feldherr mit sehr viel Grazie völlig zwecklos vor; Frankreich, die Wirklichkeit, haben sie alle vergessen, nur an sich denken sie, an ihre Karriere, ihr Vergnügen, Versailles, von Ludwig XIV. als Forum Maximum Europas gedacht, sinkt unter Ludwig XV. herab zu einem Gesellschaftstheater adeliger Amateure, allerdings dem künstlichsten und kostspieligsten, das jemals die Welt gekannt hat.

Auf dieser großartigen Bühne erscheint jetzt mit dem zaudernden Schritt der Debütantin zum erstenmal ein fünfzehnjähriges Mädchen. Sie spielt zunächst nur eine kleine Proberolle: die der Dauphine, der Thronfolgerin. Aber die hochadelige Zuschauerschaft weiß, dieser kleinen blonden Erzherzogin aus Österreich ist für später die Hauptrolle in Versailles zugedacht, die Rolle der Königin, deshalb richten sich sofort nach ihrer Ankunft alle Blicke neugierig auf sie. Der erste Eindruck ist vortrefflich: seit langem hat man kein so reizvolles Mädchen hier auftreten sehen, das bezaubernd schlanke Figürchen wie aus Sèvres-Biskuit, der Teint wie bemaltes Porzellan, muntere blaue Augen, ein behender, übermütiger Mund, der auf das kindlichste zu lachen, auf anmutigste Weise zu schmollen versteht. Tadellos die Haltung: ein beschwingter graziöser Schritt, entzückend im Tanz, aber doch – man ist nicht umsonst Tochter einer Kaiserin – eine sichere Art, aufrecht und stolz durch die Spiegelgalerie zu schreiten und nach rechts und links ohne Befangenheit zu grüßen. Mit schlecht verhehltem Ärger erkennen die Damen, die in Abwesenheit einer Primadonna noch die erste Rolle spielen dürfen, in diesem schmalschulterigen und noch nicht ausgewachsenen Mädchen die siegreiche Rivalin. Nur einen Haltungsfehler muß die strenge Hofgesellschaft allerdings einmütig vermerken: dieses fünfzehnjährige Kind hat den merkwürdigen Wunsch, statt steif sich kindlich unbefangen in diesen heiligen Hallen zu bewegen; ein Wildfang von Natur, saust die kleine Marie Antoinette fliegenden Rocks im Spiel mit den jüngeren Brüdern ihres Gatten herum; noch kann sie sich nicht an die öde Abgemessenheit, an die gefrorene Zurückhaltung gewöhnen, die hier von der Gemahlin eines königlichen Prinzen unablässig gefordert wird. Bei großen Gelegenheiten weiß sie sich tadellos zu benehmen, da sie ja selbst in einer ebenso pompösen, der spanisch-habsburgischen Etikette aufgewachsen ist. Aber in der Hofburg und in Schönbrunn gebärdete man sich nur bei feierlichen Anlässen so feierlich, man holte zu Empfängen das Zeremoniell wie ein Galakleid hervor, um es aufatmend abzulegen, sobald die Heiducken die Tür hinter den Gästen geschlossen hatten. Dann lockerte man sich auf, wurde gemütlich und familiär, die Kinder durften munter tollen und lustig sein; man bediente sich zwar in Schönbrunn der Etikette, aber man diente ihr nicht sklavisch wie einem Gott. Hier jedoch, an diesem preziösen und überalterten Hof, lebt man nicht, um zu leben, sondern einzig, um zu repräsentieren, und je höher einer im Rang steht, um so mehr Vorschriften. Also um Himmelswillen nie eine spontane Geste, nur um keinen Preis sich natürlich geben, das wäre ein nicht wiedergutzumachender Verstoß gegen die Sitte. Von früh bis nachts, von nachts bis früh immer nur Haltung, Haltung, Haltung, sonst murrt das unerbittliche Schranzenpublikum, dessen Daseinszweck sich darin erschöpft, in diesem Theater und für dieses Theater zu leben.

Für diesen gräßlichen gravitätischen Ernst, für diese Zeremonienheiligkeit von Versailles hat Marie Antoinette weder als Kind noch als Königin je Verständnis gehabt; sie begreift die fürchterliche Wichtigkeit nicht, die hier alle Menschen einem Kopfnicken, einem Voranschreiten beimessen, und wird sie niemals verstehen. Von Natur aus eigenwillig, trotzig und vor allem hemmungslos aufrichtig, haßt sie jede Art Eingeschränktheit; als echte Österreicherin will sie sich gehenlassen, sich leben lassen und nicht ständig diese unerträgliche Wichtigtuerei und Wichtignehmerei erdulden. Wie sie sich zu Hause vor ihren Schulaufgaben gedrückt hat, so sucht sie auch hier bei jeder Gelegenheit ihrer strengen Hofdame, Madame de Noailles – die sie höhnisch »Madame Etikette« nennt –, zu entwischen; unbewußt will dieses von der Politik zu früh verschacherte Kind das einzige, was man ihr inmitten des Luxus ihrer Stellung vorenthält: ein paar Jahre wirklicher Kindheit.

Aber eine Kronprinzessin soll und darf nicht mehr Kind sein: alles verbündet sich, um ihr die Verpflichtung zur unerschütterbaren Würde in Erinnerung zu bringen. Die Haupterziehung fällt neben der frömmlerischen Obersthofmeisterin den drei Tanten zu, den Töchtern Ludwigs XV., drei sitzengebliebenen bigotten und bösartigen Jungfern, deren Tugend auch das böseste Schandmaul nicht zu bezweifeln wagt. Madame Adelaide, Madame Victoire, Madame Sophie, diese drei Parzen, nehmen sich der von ihrem Gatten vernachlässigten Marie Antoinette scheinbar freundschaftlich an; in ihrem versteckten Schmollwinkel wird sie in die ganze Strategie des höfischen Kleinkriegs eingeweiht, sie soll dort die Kunst der médisance, der heimtückischen Bosheiten, der unterirdischen Intrige lernen, die Technik der kleinen Nadelstiche. Anfangs macht diese neue Lehre der kleinen unerfahrenen Marie Antoinette Spaß, arglos plappert sie die gesalzenen Bonmots nach, aber im Grunde widerstrebt ihre eingeborene Aufrichtigkeit solchen Böswilligkeiten. Sich zu verstellen, ihre Gefühle in Haß oder Zuneigung zu verbergen, hat Marie Antoinette zu ihrem Schaden niemals erlernt, und bald macht sie sich auch aus richtigem Instinkt von der Vormundschaft der Tanten frei: alles Unehrliche ist ihrer geraden und hemmungslosen Natur zuwider. Ebensowenig Glück hat die Komtesse de Noailles mit ihrer Schülerin; unablässig empört sich das unbändige Temperament der Fünfzehnjährigen, der Sechzehnjährigen gegen die »mesure«, gegen die abgezirkelte, immer an einen Paragraphen gebundene Tageseinteilung. Aber daran darf nichts geändert werden. Sie schildert selbst ihren Tag: »Ich stehe um neuneinhalb oder um zehn Uhr auf, kleide mich an und sage mein Morgengebet. Dann frühstücke ich und gehe zu den Tanten, wo ich gewöhnlich den König treffe. Das währt bis zehneinhalb Uhr. Hierauf, um elf, gehe ich mich frisieren. Zu Mittag ruft man meinen Hofstaat, und da dürfen alle eintreten, außer Leuten ohne Rang und Namen. Ich lege Rot auf und wasche mir vor den Versammelten die Hände, dann entfernen sich die Männer, die Damen bleiben, und ich kleide mich vor ihnen an. Um zwölf ist Kirchgang. Ist der König in Versailles, so gehe ich mit ihm, meinem Gatten und den Tanten zur Messe. Ist er abwesend, so gehe ich allein mit dem Herrn Dauphin, aber immer zur selben Zeit. Nach der Messe essen wir öffentlich zu Mittag, aber das ist um einhalb zwei Uhr zu Ende, denn wir essen beide sehr rasch. Hierauf gehe ich zum Herrn Dauphin, und wenn er beschäftigt ist, kehre ich in mein Zimmer zurück, ich lese, schreibe oder arbeite, denn ich mache für den König einen Rock, mit dem es nur langsam vorwärtsgeht, aber ich hoffe, daß er mit Gottes Hilfe in einigen Jahren fertig sein wird. Um drei Uhr gehe ich wieder zu den Tanten, bei denen sich der König um diese Zeit einfindet; um vier Uhr kommt der Abbé zu mir, um fünf Uhr der Klavierlehrer oder der Gesangslehrer, bis sechs Uhr. Um einhalb sieben gehe ich fast immer zu den Tanten, wenn ich nicht spazierengehe. Du mußt wissen, daß mein Gatte fast immer mit mir zu den Tanten geht. Von sieben bis neun Uhr spielt man, aber wenn es schön ist, gehe ich spazieren, und dann findet das Spiel nicht bei mir, sondern bei den Tanten statt. Um neun Uhr speisen wir zu Abend, und wenn der König nicht da ist, essen die Tanten bei uns. Aber wenn der König anwesend ist, gehen wir nach dem Nachtessen zu ihnen. Wir erwarten den König, der gewöhnlich um dreiviertel elf Uhr kommt. Ich aber lege mich inzwischen auf ein großes Kanapee und schlafe bis zur Ankunft des Königs, aber wenn er nicht da ist, gehen wir um elf Uhr schlafen. So ist meine Tageseinteilung.«

In diesem Stundenplan bleibt für Amüsements nicht viel Raum, gerade danach aber verlangt ihr ungeduldiges Herz. Das jugendlich moussierende Blut in ihr möchte sich noch austollen, sie möchte spielen, Unfug treiben, aber sofort hebt dann »Madame Etikette« den strengen Finger und mahnt, dies und jenes und eigentlich alles, was Marie Antoinette wolle, sei unmöglich vereinbar mit der Stellung einer Dauphine. Noch schlimmer trifft es der Abbé Vermond mit ihr, der einstige Lehrer; jetzt ihr Beichtvater und Vorleser. Eigentlich hätte Marie Antoinette noch furchtbar viel zu lernen, denn ihre Bildung steht tief unter dem Durchschnitt: mit fünfzehn Jahren hat sie ihr Deutsch schon ziemlich vergessen, das Französische noch nicht völlig gelernt, ihre Schrift ist jämmerlich ungelenk, ihr Stil strotzt von Unmöglichkeiten und orthographischen Fehlern; noch immer muß sie sich die Briefe vom hilfreichen Abbé aufsetzen lassen. Außerdem soll er ihr täglich eine Stunde vorlesen und sie selbst zum Lesen zwingen, denn Maria Theresia fragt fast in jedem Brief nach der Lektüre. Sie glaubt nicht recht dem Bericht, daß ihre Toinette wirklich jeden Nachmittag liest oder schreibt. »Such Dir doch den Kopf mit guter Lektüre auszutapezieren«, mahnt sie, »sie ist für Dich notwendiger als für jeden anderen. Ich warte seit zwei Monaten auf die Liste des Abbé und fürchte, Du hast Dich damit nicht befaßt, und die Esel und Pferde haben die für die Bücher bestimmte Zeit weggetragen. Vernachlässige jetzt im Winter diese Beschäftigung nicht, da Du doch keine andere recht beherrschst, weder Musik noch Zeichnen, Tanz, Malerei oder andere schöne Wissenschaften.« Leider hat Maria Theresia mit ihrem Mißtrauen recht, denn mit einer gleichzeitig naiven und geschickten Art weiß die kleine Toinette den Abbé Vermond – man kann doch eine Dauphine nicht zwingen oder strafen! – so völlig zu umgarnen, daß die Lesestunde immer zur Plauderstunde wird; sie lernt wenig oder nichts und ist durch kein Drängen der Mutter mehr zu einer ernsten Beschäftigung zu bringen. Eine gerade, eine gesunde Entwicklung ist durch die zu früh erzwungene Ehe gestört. Dem Titel nach Frau, in Wirklichkeit noch Kind, soll Marie Antoinette bereits Würde und Rang majestätisch vertreten, anderseits noch auf der Schulbank die untersten Kenntnisse einer Volksschulbildung nachlernen; bald behandelt man sie als große Dame, bald wird sie gerüffelt wie ein kleines, unmündiges Kind; die Hofdame verlangt von ihr Repräsentation, die Tanten Intrigen, die Mutter Bildung; ihr junges Herz aber will nichts als leben und jung sein, und in diesen Widersprüchen des Alters und der Stellung, des eigenen Willens und jenes der andern entsteht in diesem sonst durchaus gerade gewachsenen Charakter jene unbändige Unruhe und Ungeduld nach Freiheit, die später Marie Antoinettes Schicksal so verhängisvoll bestimmt.

Um diese gefährliche und gefährdete Stellung ihrer Tochter an dem fremden Hof weiß Maria Theresia Bescheid, sie weiß auch, daß dieses viel zu junge, unernste und flatterige Geschöpf nie imstande sein wird, aus eigenem Instinkt alle die Fuchsfallen der Intrigen und Fallstricke der Palast-Politik zu umgehen. So hat sie ihr den besten Mann, den sie unter ihren Diplomaten besitzt, den Grafen Mercy, als getreuen Eckart beigegeben. »Ich fürchte«, hatte sie ihm mit wunderbarer Offenheit geschrieben, »das Übermaß an Jugend bei meiner Tochter, das Zuviel an Schmeichelei um sie, ihre Trägheit und ihren mangelnden Sinn für ernste Tätigkeit, und ich beauftrage Sie, da ich Ihnen ganz vertraue, darüber zu wachen, daß sie nicht in schlechte Hände gerate.« Die Kaiserin hätte keine bessere Wahl treffen können. Geborener Belgier, aber ganz der Monarchin ergeben, ein Mensch von Hof, aber kein Höfling, kühl denkend, aber darum nicht kalt, klarsinnig, wenn auch nicht genial, übernimmt dieser reiche, unehrgeizige Junggeselle, der nichts anderes im Leben will als seiner Monarchin vollendet dienen, diesen Schutzposten mit allem erdenklichen Takt und rührender Treue. Scheinbar der Botschafter der Kaiserin am Hofe von Versailles, ist er in Wahrheit nur das Auge, das Ohr, die hilfreiche Hand der Mutter: wie durch ein Fernrohr kann, dank seiner genauen Berichte, Maria Theresia von Schönbrunn aus ihre Tochter beobachten. Sie weiß jedes Wort, das sie spricht, jedes Buch, das sie liest oder vielmehr nicht liest, sie kennt jedes Kleid, das sie anzieht, sie erfährt, wie Marie Antoinette jeden Tag verbringt oder vertut, mit welchen Menschen sie spricht, welche Fehler sie begeht, denn Mercy hat mit großer Geschicklichkeit das Netz um seinen Schützling ganz eng gezogen. »Ich habe mich dreier Personen aus dem Dienstpersonal der Erzherzogin versichert, ich lasse sie Tag für Tag durch Vermond beobachten, und ich weiß von der Marquise Durfort bis auf das letzte Wort, was sie mit ihren Tanten plaudert. Ich habe noch mehr Mittel und Wege, um zu erfahren, was sich beim König ereignet, wenn die Dauphine sich dort befindet. Dazu füge ich noch meine eigenen Beobachtungen, so daß es keine einzige Stunde des Tages gibt, von der ich nicht Rechnung legen könnte, was sie getan, gesagt oder gehört hat. Und ich dehne meine Nachforschungen immer nur so weit aus, als zur Beruhigung Eurer Majestät notwendig ist.« Was er hört und erspäht, berichtet dieser treuredliche Diener in völlig schonungsloser Wahrhaftigkeit. Besondere Kuriere übermitteln, weil der gegenseitige Postdiebstahl damals die Hauptkunst der Diplomatie darstellte, diese intimen, ausschließlich für Maria Theresia bestimmten Berichte, die dank verschlossener Umschläge mit der Aufschrift »tibi soli« nicht einmal dem Staatssekretär und Kaiser Joseph zugänglich sind. Manchmal allerdings wundert sich die arglose Marie Antoinette, wie rasch und genau man in Schönbrunn über jede Einzelheit ihres Lebens unterrichtet ist, aber nie ahnt sie, daß jener grauhaarige väterlich freundliche Herr der intime Spion ihrer Mutter ist und daß die mahnenden, geheimnisvoll allwissenden Briefe ihrer Mutter von Mercy selbst erbeten und abgestimmt sind. Denn Mercy hat kein anderes Mittel, um das unbändige Mädchen zu beeinflussen, als die mütterliche Autorität. Als

Botschafter eines fremden, wenn auch befreundeten Hofes ist es ihm nicht erlaubt, einer Thronfolgerin moralische Verhaltungsmaßregeln zu erteilen, er darf sich nicht anmaßen, die zukünftige Königin von Frankreich zu erziehen oder beeinflussen zu wollen. So bestellt er immer, wenn er etwas erreichen will, einen jener liebevoll strengen Briefe, die Marie Antoinette mit Herzklopfen empfängt und öffnet. Niemandem auf Erden sonst untertan, hat dieses unernste Kind doch eine heilige Scheu, wenn sie die Stimme der Mutter – und sei es nur im geschriebenen Wort – vernimmt; ehrfürchtig beugt sie auch vor dem härtesten Tadel das Haupt.

Dank dieser unablässigen Überwachung ist Marie Antoinette die ersten Jahre vor der äußersten Gefahr bewahrt: vor ihrem eigenen Übermaß. Ein anderer, ein stärkerer Geist, die große und weitblickende Intelligenz ihrer Mutter, denkt für sie, ein entschlossener Ernst wacht über ihre Leichtfertigkeit. Und was die Kaiserin an Marie Antoinette verschuldet, indem sie zu früh dieses junge Leben der Staatsräson hinopferte, sucht die Mutter mit tausend Sorgen wieder zurückzukaufen.

Gutmütig, herzlich und gedankenfaul hat Marie Antoinette, das Kind, eigentlich gegen alle diese Leute um sie herum keine Antipathie. Sie mag den angeheirateten Großpapa Ludwig XV., der sie freundlich tätschelt, recht gern, sie verträgt sich leidlich mit den alten Jungfern und der »Madame Etikette«, sie hegt Vertrauen zu dem guten Beichtiger Vermond und eine kindlich respektvolle Neigung für den stillen, freundlichen Freund ihrer Mutter, den Botschafter Mercy. Aber doch, aber doch, alle die sind alte Leute, alle ernst, gemessen, feierlich, gravitätisch, und sie, die Fünfzehnjährige, möchte gern mit jemand unbefangen befreundet, heiter und zutraulich sein; Spielkameraden möchte sie und nicht nur Lehrer, Aufpasser und Zurechtweiser; ihre Jugend dürstet nach Jugend. Aber mit wem hier heiter sein in diesem grausam feierlichen Haus aus kaltem Marmor, mit wem hier spielen? Der rechte Spielkamerad dem Alter nach wäre ihr eigentlich zugesellt, der eigene Gatte, bloß um ein einziges Jahr älter als sie. Aber muffig, verlegen und aus Verlegenheit oft sogar grob, weicht dieser linkische Geselle jeder Vertraulichkeit mit seiner jungen Frau aus; auch er hat nie das mindeste Verlangen gezeigt, so früh verheiratet zu werden, und es braucht gute Zeit, bis er sich überhaupt entschließt, mit diesem fremden Mädchen halbwegs höflich zu sein. So bleiben nur die jüngeren Brüder des Gatten, die Grafen von Provence und Artois; mit dem Vierzehnjährigen und Dreizehnjährigen treibt Marie Antoinette manchmal kindlichen Spaß, sie borgen sich Kostüme zusammen und spielen heimlich Theater, doch rasch muß alles versteckt werden, sobald »Madame Etikette« naht: eine Dauphine darf sich nicht beim Spiel ertappen lassen! Aber irgend etwas zum Lustigsein, zum Zärtlichsein braucht dieses unbändige Kind; einmal wendet sie sich an den Botschafter, man möchte ihr aus Wien einen Hund, »un chien Mops«, schicken, ein andermal entdeckt die strenge Gouvernante, daß sich die Thronfolgerin von Frankreich – Entsetzen! – die zwei kleinen Kinder einer Aufwartefrau in ihr Zimmer geholt hat und ohne Achtung für die schönen Kleider auf dem Boden mit ihnen herumrutscht und tollt. Von der ersten Stunde bis zur letzten kämpft der freie, natürliche Mensch in Marie Antoinette gegen die Unnatürlichkeit dieser erheirateten Umwelt, gegen das preziös Pathetische dieser Reifrock- und Schnürbrusthaltung. Immer hat sich diese leichte und lockere Wienerin in dem tausendfenstrigen feierlichen Palast von Versailles als Fremde gefühlt.

»Menge dich nicht in die Politik, kümmere dich nicht um die Angelegenheit der anderen«, wiederholt von Anfang an Maria Theresia immer wieder ihrer Tochter – eigentlich eine überflüssige Mahnung, denn der jungen Marie Antoinette ist nichts auf Erden wichtig als ihr Vergnügen. Alle Dinge, die gründliches Überlegen oder systematisches Nachdenken erfordern, langweilen unaussprechlich diese junge, in sich selbst verliebte Frau, und es geschieht tatsächlich ganz wider ihren Willen, daß sie gleich in den ersten Jahren in jenen erbärmlichen Kleinkrieg der Intrige hineingewirbelt wird, der am Hofe Ludwigs XV. die großzügige Staatspolitik seines Vorgängers ersetzt. Schon bei ihrer Ankunft findet sie Versailles in zwei Parteien geteilt. Die Königin ist längst gestorben, so gehört rechtsmäßig der erste weibliche Rang und alle Autorität den drei Töchtern des Königs. Aber ungeschickt, einfältig und kleinkrämerisch, verstehen diese drei intriganten und bigotten Damen ihre Stellung nicht anders zu nützen, als daß sie in der ersten Reihe bei der Messe sitzen und den Vortritt bei den Empfängen haben. Langweilig, altjungferlich verdrossen, üben sie keinen Einfluß aus auf ihren königlichen Vater, der einzig nur sein Vergnügen will, und zwar in sinnlich groben, sogar allergröbsten Formen; da sie aber keine Macht haben, keinen Einfluß, da sie keine Stellungen vergeben, bemüht sich nicht einmal der geringste Höfling um ihre Gunst, und aller Glanz, alle Ehre fällt derjenigen zu, die mit Ehre sehr wenig zu tun hat: der letzten Mätresse des Königs, der Madame Dubarry. Aus der untersten Hefe des Volkes heraufgekommen, dunklen Vorlebens und, wenn man den Gerüchten Glauben schenken will, auf dem Umweg über ein öffentliches Haus in das königliche Schlafgemach gelangt, hat sie sich von ihrem willensschwachen Liebhaber, um einen

Schein der Hofzugehörigkeit zu erschleichen, einen adeligen Gatten, den Grafen Dubarry, kaufen lassen, einen höchst gefälligen Eheherrn, der am Tage nach der papierenen Hochzeit für ewig verschwindet. Aber immerhin, sein Name hat das ehemalige Straßenmädchen hoffähig gemacht. Zum zweitenmal hat die lächerliche und erniedrigende Farce vor den Augen ganz Europas stattgefunden, daß sich ein Allerchristlichster König seine ihm wohlbekannte Favoritin förmlich als fremde Dame von Adel vorstellen und bei Hof vorführen läßt. Durch diesen Empfang legitimiert, wohnt die Geliebte des Königs im großen Palais, drei Zimmer weit von den skandalisierten Töchtern und durch eine eigens gebaute Treppe mit den Gemächern des Königs verbunden. Mit ihrem eigenen wohlerprobten Leib und dem noch unerprobten hübscher, gefälliger Mädchen, die sie dem alten Wollüstling zur Aufmunterung bringt, hält sie den senil-erotischen Ludwig XV. völlig im Bann: kein Weg geht zur Gunst des Königs, außer über ihren Salon. Selbstverständlich drängen, weil sie Macht zu vergeben hat, alle Höflinge zu ihr hin, die Gesandten aller Herrscher warten voll Ehrerbietung in ihrem Vorzimmer, Könige und Fürsten schicken ihr Geschenke; sie kann Minister absetzen, Stellen vergeben, kann sich Schlösser bauen lassen, über den königlichen Schatz verfügen; schwere Brillantgehänge umblitzen ihren üppigen Hals, riesige Ringe funkeln an ihren Händen, die von allen Eminenzen und Fürsten und Strebern ehrfürchtig geküßt werden, und unsichtbar blitzt der Kronreif in ihrem vollen, braunen Haar.

Alles Licht der königlichen Gnade fällt breit auf diese illegitime Herrscherin des Bettes, alle Schmeichelei und Ehrfurcht umbuhlt diese verwegene Buhlerin, die sich in Versailles frecher als je eine Königin brüstet. In den Hinterzimmern jedoch sitzen die verdrossenen Töchter des Königs und greinen und zetern über die freche Dirne, die den ganzen Hof in Schande bringt, die ihren Vater lächerlich, die Regierung ohnmächtig und jedes christliche Familienleben unmöglich macht. Mit allem Haß ihrer unfreiwilligen Tugend, diesem ihrem einzigen Besitz – denn sie haben nicht Anmut und Geist und Würde –, hassen diese drei Töchter die babylonische Hure, die an Stelle ihrer Mutter hier Königinnenehre genießt, und von morgens bis abends haben sie keinen anderen Gedanken, als sie zu verspotten, zu verachten und ihr Schaden zu tun.

Da erscheint, willkommener Glücksfall, dieses fremde, erzherzogliche Kind am Hof, Marie Antoinette, fünfzehnjährig erst, aber durch den ihr gebührenden Rang als zukünftige Königin nun von Rechts wegen die erste Frau am Hofe; sie gegen die Dubarry auszuspielen wird für die drei Jungfern willkommene Aufgabe, und vom ersten Augenblick an arbeiten sie daran, dieses unbedachte und ahnungslose Mädchen scharfzumachen. Sie soll vorangehen; während sie selber im Dunkel bleiben, soll sie das unreine Wild erlegen helfen. So ziehen sie zum Scheine zärtlich die kleine Prinzessin in ihren Kreis. Und ohne daß sie es ahnt, steht Marie Antoinette nach wenigen Wochen mitten in erbittertem Kampf.

Bei ihrer Ankunft hat Marie Antoinette weder von dem Dasein noch von der sonderbaren Stellung einer Madame Dubarry gewußt: am sittenstrengen Hof Maria Theresias war der Begriff einer Mätresse völlig unbekannt. Sie sieht nur bei dem ersten Souper unter den anderen Hofdamen eine vollbusige, heiter aufgeputzte Dame mit prachtvollem Schmuck, die neugierig zu ihr herüberschaut, und hört, daß man sie mit »Gräfin« anspricht, Gräfin Dubarry. Aber die Tanten, die sich sofort liebevoll der Unerfahrenen annehmen, klären sie gründlich und absichtsvoll auf, denn wenige Wochen später schreibt Marie Antoinette schon ihrer Mutter über die »sotte et impertinente créature«. Laut und unbedacht plaudert sie all die boshaften und hämischen Bemerkungen nach, welche die lieben Tanten ihr auf die lockere Lippe legen, und nun hat plötzlich der gelangweilte und immer nach solchen Sensationen gierige Hof seinen prächtigen Spaß: denn Marie Antoinette hat es sich in den Kopf gesetzt – oder vielmehr, die Tanten haben es ihr in den Kopf gesetzt –, diesen frechen Eindringling, der sich hier am Königshof wie ein Pfau aufplustert, auf das gründlichste zu schneiden. Nach dem ehernen Gesetz der Etikette darf am Versailler Königshof niemals eine rangniedere Dame an die ranghöhere das Wort richten, sondern sie muß ehrfurchtsvoll warten, bis die ranghöhere sie anspricht. Selbstverständlich ist die Dauphine in Abwesenheit einer Königin die ranghöchste und macht ausgiebig Gebrauch von diesem Recht. Kühl, lächelnd und herausfordernd läßt sie diese Gräfin Dubarry auf eine Ansprache warten und warten; wochenlang, monatelang läßt sie die Ungeduldige hungern nach einem einzigen Wort. Das merken natürlich die Zuträger und Schranzen bald, sie haben an diesem Zweikampf höllischen Spaß, der ganze Hof wärmt sich vergnüglich an dem von den Tanten vorsorglich geheizten Feuer. Alles beobachtet voll Spannung die Dubarry, die in schlecht verhaltener Wut unter allen Damen des Hofes sitzt und zusehen muß, wie dieser kleine, fünfzehnjährige, freche Blondkopf heiter und vielleicht geflissentlich heiter mit allen Damen plaudert und plaudert; nur bei ihr zieht regelmäßig Marie Antoinette die ein wenig vorhängende Habsburger Lippe scharf an, spricht kein Wort und sieht durch die diamantenblitzende Gräfin hindurch wie durch Glas.

Nun ist die Dubarry eigentlich keine bösartige Person. Als echte rechte Frau aus dem Volke hat sie alle Vorzüge des unteren Standes, eine gewisse Emporkömmlingsgutmütigkeit, eine kameradschaftliche Jovialität für jeden, der es mit ihr wohl meint. Aus Eitelkeit ist sie jedem leicht gefällig, der ihr schmeichelt; lässig und nobel gibt sie jedem gern, der sie um etwas bittet; sie ist durchaus keine ungute oder neidische Frau. Aber, weil von unten so verwirrend rasch emporgelangt, hat die Dubarry nicht genug daran, die Macht zu spüren, sie will sie auch sinnlich und sichtbar genießen, sie will sich eitel und üppig in dem ungebührlichen Glanz sonnen, und vor allem, sie will, daß er als gebührlicher gelte. Sie will in der ersten Reihe unter den Hofdamen sitzen, sie will die schönsten Brillanten tragen, die prachtvollsten Kleider besitzen, den schönsten Wagen, die schnellsten Pferde. Alles das erhält sie ohne Mühe von dem willensschwachen, ihr sexuell völlig hörigen Mann, nichts wird ihr verweigert. Aber – Tragikomödie jeder illegitimen Macht, sie ereignet sich selbst an einem Napoleon! – gerade von der legitimen anerkannt zu werden ist ihr letzter, ihr äußerster Ehrgeiz. So hat auch Gräfin Dubarry, obwohl von allen Fürsten umschwärmt, von allen Höflingen verwöhnt, nach all ihren erfüllten Wünschen noch einen: von der ersten Frau des Hofes als vorhanden anerkannt, von der Erzherzogin aus dem Hause Habsburg herzlich und freundlich empfangen zu sein. Aber nicht nur, daß diese »petite rousse« (so nennt sie Marie Antoinette in ihrer ohnmächtigen Wut), daß dieses kleine sechzehnjährige Gänschen, das noch nicht anständig Französisch reden kann, das nicht einmal die lächerliche Kleinigkeit fertigbringt, ihren eigenen Mann zur wirklichen Eheleistung zu bewegen, nicht nur, daß dieses unfreiwillige Jüngferlein immer die Lippen hochzieht und sie vor dem ganzen Hofe schneidet – es erfrecht sich sogar, sich ganz offen, ganz schamlos über sie lustig zu machen, über sie, die mächtigste Frau am Hofe – und das, nein, das läßt sie sich nicht gefallen!

Das Recht in diesem homerischen Rangstreit ist dem Buchstaben nach unumstößlich auf seiten Marie Antoinettes. Sie ist höheren Ranges, sie braucht mit dieser »Dame«, die als Gräfin tief unterhalb der Thronfolgerin rangiert, nicht zu sprechen, wenn ihr auch für sieben Millionen Diamanten auf dem Busen blitzen. Aber hinter der Dubarry steht die tatsächliche Macht: sie hat den König völlig in ihrer Hand. Schon nahe der untersten Stufe seines moralischen Abstieges, vollkommen gleichgültig gegen den Staat, gegen Familie, Untertanen und Welt, hochmütiger Zyniker – après moi le déluge –, will Ludwig XV. nur noch seine Ruhe haben und sein Vergnügen. Er läßt alles laufen, wie es läuft, er kümmert sich nicht um Zucht und Sitte an seinem Hof, wohl wissend, daß er sonst bei sich selbst anfangen müßte. Lange genug hat er regiert, diese letzten paar Jahre will er leben, nur für sich leben, mag alles rings um ihn und hinter ihm zugrunde gehen. Deshalb stört dieser plötzlich ausgebrochene Weiberkrieg ihm ärgerlich den Frieden! Seinen epikureischen Grundsätzen gemäß möchte er sich am liebsten nicht einmischen. Aber die Dubarry liegt ihm täglich in den Ohren, sie lasse sich nicht erniedrigen von einem solchen jungen Ding, nicht lächerlich vor dem ganzen Hof machen, er müsse sie schützen, ihre Ehre wahren und damit die seine. Schließlich werden dem König diese Szenen und Tränen überlästig, er läßt sich die Obersthofmeisterin Marie Antoinettes, Madame de Noailles, kommen, damit man endlich wisse, wie der Wind weht. Zuerst äußert er nur Liebenswürdigkeiten über die Gattin seines Enkels. Aber nach und nach flicht er allerhand Bemerkungen ein: er finde, die Dauphine erlaube sich ein bißchen frei zu sprechen über das, was sie sehe, und es wäre gut, sie darauf aufmerksam zu machen, daß ein solches Verhalten schlechte Wirkung im intimen Kreis der Familie hervorrufen müsse. Die Hofdame berichtet sofort (wie es beabsichtigt war) diese Warnung Marie Antoinette, diese erzählt sie den Tanten und Vermond, dieser erzählt sie dem österreichischen Gesandten Mercy, der natürlich furchtbar entsetzt ist – die Allianz, die Allianz! – und durch Eilkurier die ganze Affäre der Kaiserin nach Wien schreibt.

Peinliche Situation für die fromme, die bigotte Maria Theresia! Soll sie, die in Wien mit ihrer berühmten Sittenkommission Damen dieser Art unerbittlich auspeitschen und in die Besserungsanstalt überführen läßt, ihrer eigenen Tochter einer solchen Kreatur gegenüber Höflichkeit vorschreiben? Aber kann sie andererseits Partei gegen den König nehmen? Die Mutter, die strenge Katholikin und die Politikerin in ihr geraten in allerpeinlichsten Widerstreit. Schließlich schlüpft sie als alte gewiegte Diplomatin aus der Affäre, indem sie die ganze Angelegenheit an die Staatskanzlei abschiebt. Nicht sie selbst schreibt ihrer Tochter, sondern läßt ihren Staatsminister Kaunitz an Mercy ein Reskript verfassen mit dem Auftrag, diesen politischen Exkurs Marie Antoinette vorzulegen. Auf diese Weise ist einerseits die sittliche Stellung gewahrt und der Kleinen doch gesagt, wie sie sich verhalten soll, denn Kaunitz erläutert: »Höflichkeit Leuten zu verwehren, die der König in seine Gesellschaft aufgenommen habe, heiße seine Gesellschaft beleidigen, und als solche Personen hätten alle betrachtet zu werden, die der regierende Herr selbst als Vertraute ansehe, und niemand dürfe sich erlauben nachzuprüfen, ob mit Recht oder Unrecht. Die Wahl des Fürsten, des Monarchen selbst müsse wiederspruchslos geachtet werden.«

Das ist deutlich und sogar überdeutlich. Aber Marie Antoinette steht in der Heizkammer der Tanten. Als man ihr den Brief vorliest, sagt sie zu Mercy in ihrer bequemen Art ein lässiges »Ja, ja« und »schon recht«, aber denkt sich innerlich, die alte Perücke Kaunitz solle schwätzen und schwätzen, was sie wolle, in ihre Privatangelegenheiten habe kein Kanzler etwas dreinzureden. Seit sie merkt, wie fürchterlich die dumme Person, die »sotte créature«, sich ärgert, macht die Sache dem kleinen hochmütigen Mädchen erst doppelten Spaß; als sei nichts vorgefallen, beharrt sie boshaft-heiter in ihrem offenkundigen Schweigen. Jeden Tag begegnet sie der Favoritin bei Bällen, bei Festen, am Spieltisch, sogar an der Tafel des Königs und beobachtet, wie sie wartet und schielt und vor Erregung zittert, wenn sie ihr nahe kommt. Aber warte nur, warte bis zum Jüngsten Gericht: immer wieder schürzt sie verächtlich die Lippe, wenn ihr Blick zufällig in die Richtung streift, und eisig geht sie vorbei; das von der Dubarry, vom König, von Kaunitz, von Mercy und heimlich auch von Maria Theresia erwünschte und ersehnte Wort wird nicht gesprochen.

Nun ist der Krieg offen erklärt. Wie um einen Hahnenkampf scharen sich die Höflinge um die beiden Frauen, die sich entschlossen anschweigen, die eine mit Tränen ohnmächtiger Wut in den Augen, die andere ein verächtlich kleines überlegenes Lächeln um die Lippen. Alles will sehen und wissen und wetten, ob die legitime Herrscherin Frankreichs oder die illegitime ihren Willen durchsetzt. Ein amüsanteres Schauspiel hat Versailles seit Jahren und Jahren nicht gehabt.

Jetzt aber wird der König ärgerlich. Gewohnt, daß in diesem Palast alles byzantinisch gehorcht, wenn er nur mit der Wimper zuckt, daß jeder dienernd in die Richtung seines Willens läuft, noch ehe er ihn deutlich kundgegeben, spürt er, der Allerchristlichste König von Frankreich, zum erstenmal einen Widerstand: ein halbwüchsiges Mädchen wagt, seinen Befehl öffentlich zu mißachten. Das einfachste wäre natürlich, diese freche Widerspenstige vor sich zu entbieten und ihr energisch den Kopf zu waschen; aber selbst in diesem entsittlichten und durchaus zynischen Mann regt sich noch eine letzte Scheu; es ist für ihn immerhin peinlich, der erwachsenen Frau seines Enkels zu befehlen, sie möge mit der Mätresse des Herrn Großvaters Konversation machen. So tut Ludwig XV. in seiner Verlegenheit genau dasselbe, was Maria Theresia in der ihren: er macht aus der Privatangelegenheit einen Staatsakt. Zu seiner Überraschung sieht sich der österreichische Botschafter Mercy vom französischen Außenministerium zu einer Besprechung nicht in die Audienzräume gebeten, sondern in die Gemächer der Gräfin Dubarry. Gleich beginnt er allerhand aus dieser sonderbaren Ortswahl zu ahnen, und es geschieht, was er erwartet hat: kaum daß er einige Worte mit dem Minister gesprochen, tritt die Gräfin Dubarry ein, begrüßt ihn herzlich und erzählt ihm nun ausführlich, wie unrecht man ihr tue, wenn man ihr feindselige Gesinnungen gegen die Dauphine unterschiebe; im Gegenteil, sie sei es, die verleumdet, niederträchtig verleumdet werde. Dem guten Botschafter Mercy ist es peinlich, so plötzlich aus dem Vertreter der Kaiserin der Vertraute der Dubarry zu werden, er redet diplomatisch hin und her. Aber da öffnet sich lautlos die geheime Tapetentür, und Ludwig XV. greift höchstselbst in das heikle Gespräch ein. »Bisher sind Sie«, sagt er zu Mercy, »der Botschafter der Kaiserin gewesen, seien Sie nun, bitte, für einige Zeit mein Botschafter.« Dann äußert er sich sehr offen über Marie Antoinette. Er fände sie reizend; aber jung und überlebendig, wie sie sei, und dazu noch an einen Gatten vermählt, der sie nicht zu beherrschen wisse, falle sie allerhand Kabalen anheim und lasse sich von anderen Personen (gemeint sind die Tanten, die eigenen Töchter) schlechte Ratschläge geben. Er bitte darum Mercy, seinen ganzen Einfluß aufzubieten, daß die Dauphine ihre Haltung ändere. Mercy begreift sofort, die Angelegenheit ist Politik geworden, hier ist ein offener klarer Auftrag, der ausgeführt werden muß: der König fordert glatte Kapitulation. Selbstverständlich meldet Mercy die Sachlage schleunigst nach Wien, legt, um das Peinliche seiner Mission zu mildern, etwas freundliche Schminke auf das Porträt der Dubarry, sie sei gar nicht so übel und ihr ganzes Verlangen stände nach der Kleinigkeit, daß die Dauphine ein einziges Mal öffentlich das Wort an sie richte. Gleichzeitig besucht er Marie Antoinette, drängt und drängt und spart nicht mit den schärfsten Mitteln. Er schüchtert sie ein, munkelt etwas von Gift, mit dem am französischen Hof schon allerhand hochgestellte Personen beseitigt worden seien, und ganz besonders beredt schildert er den Zwist, der zwischen Habsburg und Bourbon entstehen könnte. Dies ist sein stärkster Trumpf: er belädt Marie Antoinette allein mit aller Schuld, falls die Allianz, das Lebenswerk ihrer Mutter, durch ihr Verhalten in die Brüche gehen sollte.

Und in der Tat, das schwere Geschütz beginnt zu wirken: Marie Antoinette läßt sich einschüchtern. Mit Tränen des Zornes in den Augen verspricht sie dem Botschafter, an einem bestimmten Tage bei der Spielpartie das Wort an die Dubarry zu richten. Mercy atmet auf. Gott sei Dank! die Allianz ist gerettet.

Ein Galaschauspiel ersten Ranges erwartet nun die Intimen des Hofes. Von Mund zu Mund geht die geheimnisvolle Spielansage weiter: heute abend wird endlich die Dauphine zum erstenmal an die Dubarry das Wort richten! Sorgfältig werden die Kulissen gestellt und im voraus das Stichwort abgekartet. Abends beim Cercle soll, so ist es vereinbart zwischen dem Botschafter und Marie Antoinette, zu Ende der Spielpartie Mercy zur Gräfin Dubarry treten und mit ihr eine kleine Konversation beginnen. Dann soll, ebenfalls wie zufällig, die Dauphine vorbeikommen, sich dem Botschafter nähern, ihn begrüßen und bei dieser Gelegenheit auch der Favoritin ein paar Worte sagen. Vorzüglich ist alles geplant. Aber leider klappt die Abendvorstellung nicht, denn die Tanten mißgönnen der verhaßten Nebenbuhlerin den öffentlichen Erfolg: sie verabreden ihrerseits, vorzeitig den eisernen Vorhang herabzulassen, ehe das Versöhnungsduett an die Reihe kommt. In bester Absicht begibt sich abends Marie Antoinette in die Gesellschaft, die Szene wird gestellt. Mercy übernimmt programmgemäß den Einsatz. Wie zufällig nähert er sich Madame Dubarry und beginnt ein Gespräch. Inzwischen hat, genau im Sinne der Verabredung, Marie Antoinette begonnen, ihren Rundgang zu machen. Sie plaudert mit dieser Dame, jetzt mit der nächsten, jetzt abermals mit der nächsten, verlängert vielleicht aus Angst und Erregtheit und Ärger ein wenig dies letzte Gespräch; nun steht nur noch eine, die letzte Dame zwischen ihr und der Dubarry – zwei Minuten, eine Minute noch, und sie muß bei Mercy und der Favoritin angelangt sein. In diesem entscheidenden Augenblick aber führt Madame Adelaide, die Haupthetzerin unter den Tanten, ihren großen Coup aus. Sie fährt scharf auf Marie Antoinette zu und sagt befehlend: »Es ist Zeit, daß wir gehen. Komm! Wir müssen den König bei meiner Schwester Victoire erwarten.« Marie Antoinette, überrascht, erschreckt, verliert den Mut; verschreckt, wie sie ist, wagt sie nicht, nein zu sagen, und hat andrerseits nicht genug Geistesgegenwart, jetzt noch rasch ein gleichgültiges Wort an die wartende Dubarry zu richten. Sie wird rot, verwirrt sich und läuft mehr, als sie geht, davon, und das Wort, das ersehnte, bestellte, das diplomatisch erkämpfte und zu viert verabredete Wort bleibt ungesprochen. Alles ist starr. Die ganze Szene war vergebens gestellt; statt Versöhnung hat sie eine neue Verhöhnung bewirkt. Die Böswilligen am Hofe reiben sich die Hände, bis hinunter in die Gesindestuben erzählt man sich kichernd, wie die Dubarry vergeblich gewartet hatte. Aber die Dubarry schäumt, und, was bedenklicher ist, Ludwig XV. gerät in redlichen Zorn. »Ich sehe, Herr von Mercy«, sagt er ingrimmig zu dem Botschafter, »Ihre Ratschläge haben leider keinen Einfluß. Es ist nötig, daß ich hier selber eingreife.«

Der König von Frankreich ist zornig und hat gedroht, Madame Dubarry tobt in ihren Zimmern, die ganze österreichisch-französische Allianz schwankt, der Friede Europas schwebt in Gefahr. Sofort meldet der Botschafter die böse Wendung nach Wien. Nun muß die Kaiserin heran, das »siebenmal glühende Licht«. Nun muß Maria Theresia selbst eingreifen, denn nur sie allein von allen Menschen hat Macht über dieses halsstarrige und unbedachte Kind. Maria Theresia ist über diese Vorgänge äußerst erschrocken. Als sie ihre Tochter nach Frankreich sandte, hat sie ehrlich die Absicht gehabt, ihrem Kinde das trübe Gewerbe der Politik zu ersparen, und von vornherein ihrem Botschafter geschrieben: »Ich gestehe offen ein, nicht zu wünschen, daß meine Tochter irgendeinen Einfluß auf die öffentlichen Angelegenheiten gewinne. Ich habe es selbst erfahren, welche drückende Last die Führung eines großen Reiches bedeutet, und überdies kenne ich die Jugend und den Leichtsinn meiner Tochter, verbunden mit ihrer geringen Neigung für irgendein ernstes Streben (und sie hat auch noch gar keine Kenntnisse); das läßt mich für die Regierung einer so herabgekommenen Monarchie wie der französischen nichts Gutes erhoffen. Wenn meiner Tochter eine Besserung dieses Zustandes nicht gelingt oder er sich gar noch verschlechtern würde, wünschte ich lieber, daß man dessen irgendeinen Minister beschuldige als mein Kind. Ich kann mich darum nicht entschließen, zu ihr von Politik und Staatsangelegenheiten zu sprechen.« Aber diesmal – Verhängnis! – muß die tragische alte

Frau sich selber untreu werden, denn Maria Theresia hat seit einiger Zeit ernste politische Sorgen. Eine dunkle und nicht eben saubere Sache ist in Wien im Gange. Vor Monaten schon war von Friedrich dem Großen, den sie als den leibhaftigen Sendboten Luzifers auf Erden haßt, und von Katharina von Rußland, welcher sie ebenso gründlich mißtraut, das peinliche Angebot einer Teilung Polens gekommen, und der begeisterte Beifall, den diese Idee bei Kaunitz und ihrem Mitregenten Joseph II. findet, verstört seitdem ihr Gewissen. »Alle Partage ist unbillig in seinem Grund und für uns schädlich. Ich kann diesen Antrag nicht genug bedauern und muß bekennen, daß ich mich sehen zu lassen schäme.« Sofort hat sie diese politische Idee als das erkannt, was sie ist, als moralisches Verbrechen, als Raubzug gegen ein wehrloses und schuldloses Volk. »Mit welchem Recht dürfen wir einen Unschuldigen ausrauben, den zu schützen wir immer uns gerühmt haben?« In ernster und reiner Entrüstung lehnt sie den Vorschlag ab, gleichgültig dagegen, daß man ihre sittlichen Bedenken für Schwäche auslegen könnte. »Gelten wir lieber für schwach als für unehrlich«, sagt sie edel und klug. Aber Maria Theresia ist längst nicht mehr Alleinherrscherin. Joseph II., ihr Sohn und Mitkaiser, träumt einzig von Krieg und Reichsvermehrung und Reformen, während sie, der labilen und künstlichen Staatsreform Österreichs weise bewußt, einzig an Erhalten und Bewahren denkt; um ihrem Einfluß entgegenzutreten, läuft er ängstlich dem militärischen Mann nach, der seiner Mutter erbittertster Feind gewesen, Friedrich dem Großen, und zur tiefsten Bestürzung sieht die alternde Frau ihren getreuesten Diener Kaunitz, den sie groß gemacht hat, sich dem steigenden Stern ihres Sohnes zuneigen. Am liebsten möchte sie, abgearbeitet, müde, in allen ihren Hoffnungen als Mutter wie als Herrscherin enttäuscht, die Staatsmacht niederlegen. Aber die Verantwortung hält sie zurück, sie ahnt mit prophetischer Sicherheit – hier ist die Situation geheimnisvoll ähnlich jener Franz Josephs, der, gleichfalls müde, gleichfalls die Macht nicht aus den Händen ließ –, daß von dem fahrigen unruhigen Geist dieses hastigen Reformers sofort sich Unruhe im ganzen mühsam beherrschten Reich verbreiten werde. So kämpft diese fromme und zutiefst redliche Frau bis zur letzten Stunde um das, was ihr als das Höchste gilt: um die Ehre: »Ich bekenne«, schreibt sie, »daß zeit meines Lebens nicht so beängstiget mich gefunden. Als meine Länder angesprochen wurden, steiffete ich mich auf mein gutes Recht und den Beistand Gottes. Allein im gegenwärtigen Fall, wo nicht allein das Recht auf meiner Seiten nicht vorhanden, sondern Verbindlichkeiten, Recht und Billigkeit wider mich streiten, bleibt mir keine Ruhe, vielmehr Unruhe und Vorwürfe eines Herzens übrig, so niemahlens Jemanden oder sich selbsten zu betäuben oder Duplicität für Aufrichtigkeit gelten zu machen gewohnet ware. Treue und Glauben ist für allezeit verloren, so doch das größte Kleinod und die wahre Stärke eines Monarchen gegen anderen ist.«

Aber Friedrich der Große hat ein robustes Gewissen und spottet in Berlin: »Kaiserin Katharina und ich, wir beide sind zwei alte Briganten, doch wie macht sich das diese Devote mit ihrem Beichtvater aus?« Er drängt, und Joseph II. droht, immer wieder beschwört er die Unvermeidlichkeit eines Krieges herauf, wenn Österreich sich nicht füge. Schließlich, unter Tränen, mit verwundetem Gewissen und weher Seele gibt Kaiserin Maria Theresia nach: »Ich bin nicht stark genug, allein die affaires zu führen, mithin lasse, jedoch nicht ohne meinen größten Gram, selbe ihren Weg gehen«, und unterschreibt mit der Rückendeckung, »weil alle klugen und erfahrenen Männer dazu raten.« Aber im innersten Herzen weiß sie sich mitschuldig und zittert vor dem Tag, da der geheime Traktat und seine Folgen vor der Welt offenbar werden. Was wird Frankreich sagen? Wird es gleichgültig diesen räuberischen Überfall auf Polen in Hinblick auf die Allianz dulden oder einen Anspruch bekämpfen, den sie selber als nicht rechtmäßig empfindet (mit eigener Hand streicht ja Maria Theresia das Wort »rechtmäßig« aus dem Okkupationsdekret). Alles hängt einzig von der herzlichen oder kühlen Gesinnung Ludwigs XV. ab.

Da schneit mitten in diese Sorgen, in diesen brennenden Gewissenskonflikt, der Alarmbrief Mercys herein: der König sei verärgert gegen Marie Antoinette, er habe dem Botschafter offen seinen Unmut bekundet, und das gerade, während man in Wien noch immer den einfältigen Gesandten, Prinz Rohan, so herrlich übertölpelt, daß er über seinen Vergnügungspartien und Jagdritten nichts von Politik merkt. Weil Marie Antoinette nicht mit der Dubarry sprechen will, kann aus der Teilung Polens eine Staatsaffäre entstehen, am Ende sogar ein Krieg – Maria Theresia erschrickt. Nein, wo sie selbst, die Fünfundfünfzigjährige, ein so schmerzliches Gewissensopfer der Staatsräson bringen mußte, da darf ihr eigenes Kind, diese ahnungslose Sechzehnjährige, nicht päpstlicher sein wollen als der Papst, nicht moralischer als ihre Mutter. – Ein Brief wird also geschrieben, energischer als je, um den Trotz der Kleinen ein für allemal zu brechen. Natürlich kein Wort von Polen, nichts von der Staatsräson, sondern (es muß der alten Kaiserin hart angekommen sein) die ganze Affäre bagatellisieren: »Ach, was für eine Angst und Hemmung, zum König, diesem besten der Väter, zu sprechen! Oder zu jenen Leuten, von denen man Dir rät, es zu tun! Was für eine Angst, nur irgend guten Tag zu sagen! Ein Wort über eine Kleinigkeit kostet Dich so viel Grimassen oder vielleicht mehr? Du hast Dich in eine solche Sklaverei einfangen lassen, daß anscheinend die Vernunft und sogar Deine Pflicht nicht mehr Kraft hat, Dich zu überreden.

Ich kann nicht länger schweigen. Nach dem Gespräch mit Mercy und seiner Mitteilung über das, was der König wünscht und was Deine Pflicht erheischt, hast Du gewagt, ihm nicht zu gehorchen! Was für ein vernünftiges Motiv kannst Du mir da nennen? Gar keines. Du hast die Dubarry nicht anders anzusehen als alle übrigen Frauen, die am Hofe zur Gesellschaft des Königs zugelassen sind. Als der erste Untertan des Königs mußt Du Dich dem ganzen Hof so zeigen, daß der Wunsch Deines Gebieters unbedingt ausgeführt werde. Natürlich, wenn man Dir Niedrigkeiten zumutete oder von Dir Intimitäten verlangte, dann würde weder ich noch ein anderer sie Dir anraten, aber irgendein gleichgültiges Wort, nicht um der Dame selbst willen, sondern um des Großvaters willen, Deines Gebieters und Wohltäters!«

Diese Kanonade (nicht ganz ehrliche Argumente) bricht Marie Antoinettes Energie; unbändig, eigenwillig, trotzig, hat sie doch gegen die Autorität ihrer Mutter niemals Widerstand gewagt. Die habsburgische Hausdisziplin bewährt sich hier wie allezeit wieder sieghaft. Noch spreizt sich Marie Antoinette der Form halber ein wenig. »Ich sage nicht nein und nicht, daß ich nie mit ihr sprechen werde. Nur kann ich mich nicht dazu bringen, mit ihr zu einer bestimmten Stunde eines bestimmten Tages zu sprechen, damit sie im voraus ankündigen und triumphieren kann.« Aber in Wirklichkeit ist ihr Widerstand innerlich gebrochen, und diese Worte sind nur ein letztes Rückzugsgefecht: die Kapitulation ist im voraus besiegelt.

Der Neujahrstag 1772 bringt endlich die Entscheidung in diesem heroisch-komischen Frauenkrieg, er bringt Madame Dubarrys Triumph, Marie Antoinettes Unterwerfung. Wieder ist die Szene theatralisch gestellt, abermals der feierlich versammelte Hof als Zeuge und Zuschauer berufen. Die große Glückwunschcour beginnt. Eine nach der anderen defilieren, der Rangstufung gemäß, die Hofdamen an der Dauphine vorbei, darunter die Herzogin von Aiguillon, die Gattin des Ministers, mit Madame Dubarry. Die Dauphine richtet einige Worte an die Herzogin von Aiguillon, dann wendet sie den Kopf ungefähr in die Richtung der Madame Dubarry und sagt, nicht gerade zu ihr, aber doch so, daß man es mit einigem guten Willen als an sie gerichtet gelten lassen kann – alles hält den Atem an, um keine Silbe zu verlieren –, das lang ersehnte, das grimmig umkämpfte, das unerhörte, das schicksalsmächtige Wort, sie sagt zu ihr: »Es sind heute viele Leute in Versailles.« Sieben Worte, sieben genau gezählte Worte hat Marie Antoinette sich abgerungen, aber, ungeheures Ereignis am Hofe, wichtiger als der Gewinn einer Provinz, aufregender als alle längst notwendigen Reformen – die Dauphine hat endlich zur Favoritin gesprochen! Marie Antoinette hat kapituliert, Madame Dubarry hat gesiegt. Nun ist alles wieder gut, der Himmel von Versailles hängt voller Geigen. Der König empfängt die Dauphine mit offenen Armen, er umarmt sie zärtlich wie ein wiedergefundenes Kind, Mercy dankt ihr gerührt, wie ein Pfau schreitet die Dubarry durch die Säle, die verärgerten Tanten toben, der ganze Hof ist erregt, es schwirrt und schwätzt vom First bis in den Keller hinab, und all dies, weil Marie Antoinette zur Dubarry gesagt hat: »Es sind heute viele Leute in Versailles.«

Aber diese sieben banalen Worte tragen tieferen Sinn. Mit diesen sieben Worten ist ein politisches Verbrechen besiegelt, mit ihnen das schweigende Einverständnis Frankreichs zur Teilung Polens erkauft. Nicht nur die Dubarry, sondern auch Friedrich der Große und Katharina haben mit diesen sieben Worten ihren Willen durchgesetzt. Nicht nur Marie Antoinette ist erniedrigt worden, sondern ein ganzes Land.

Marie Antoinette ist besiegt worden, sie weiß es, ihr junger und noch kindisch unbeherrschter Stolz hat einen mörderischen Hieb empfangen. Zum erstenmal hat sie den Nacken gebeugt, aber sie wird ihn nicht ein zweites Mal mehr beugen bis zur Guillotine. Bei diesem Anlaß ist plötzlich sichtbar geworden, daß dieses weichherzige und leichtfertige Geschöpf, daß die »bonne et tendre Antoinette«, sobald es an ihre Ehre geht, eine stolze und unerschütterliche Seele birgt. Erbittert sagt sie zu Mercy: »Einmal habe ich zu ihr gesprochen, aber ich bin entschlossen, es dabei bewenden zu lassen. Diese Frau wird keinen Ton meiner Stimme mehr hören.« Auch ihrer Mutter zeigt sie deutlich, daß nach dieser einmaligen Nachgiebigkeit weitere Opfer nicht zu erwarten sind: »Sie dürfen mir glauben, daß ich immer meine Vorurteile und Widerstände preisgeben werde, aber nur so lange, als man von mir nichts Ostentatives verlangt oder etwas, was gegen meine Ehre ist.« Vergebens, daß daraufhin die Mutter, ganz empört über diese erste selbständige Regung ihres Kükens, sie energisch abtrumpft: »Du machst mich lachen, wenn Du Dir vorstellst, daß ich oder mein Botschafter Dir jemals einen Rat geben würden, der gegen Deine Ehre wäre oder sogar gegen das geringste Gebot der Wohlanständigkeit. Ich bekomme Angst um Dich, wenn ich diese Aufregung sehe um so weniger Worte wegen. Und wenn Du sagst, daß Du es nicht mehr tun willst, so läßt mich dies für Dich zittern.« Vergebens, daß Maria Theresia ihr immer und immer wieder schreibt: »Du mußt zu ihr wie zu jeder andern Frau am Hofe des Königs sprechen; Du schuldest das dem König und mir.« Vergebens, daß Mercy und die andern ohne Unterlaß auf sie einreden, sie solle doch zu der Dubarry sich freundschaftlich stellen und sich dadurch die Gunst des Königs sichern: alles zerschellt an dem neuerlernten Selbstbewußtsein, die schmale Habsburger Lippe Marie Antoinettes, die sich ein einziges

Mal widerwillig aufgetan hat, bleibt ehern verschlossen, keine Drohung, keine Lockung können sie mehr entsiegeln. Sieben Worte hat sie der Dubarry gesagt, und nie hat die verhaßte Frau ein achtes gehört.

Dieses eine Mal, am 1. Januar 1772, hat Madame Dubarry über die Erzherzogin von Österreich, über die Dauphine von Frankreich triumphiert, und vermutlich könnte mit so mächtigen Bundesgenossen wie einem König Ludwig und einer Kaiserin Maria Theresia die Hofkokotte ihren Kampf gegen die zukünftige Königin weiterführen. Aber es gibt Schlachten, nach denen der Sieger, die Kraft seines Gegners erkennend, selber über seinen Sieg erschrickt und überlegt, ob man nicht klüger täte, freiwillig das Schlachtfeld zu räumen und Frieden zu schließen. Madame Dubarry wird es nicht sehr behaglich bei ihrem Triumph. Innerlich hat dieses gutmütige, nichtige Geschöpf ja von Anfang an keinerlei Feindschaft gegen Marie Antoinette gehegt; sie wollte, in ihrem Stolz gefährlich verletzt, nichts als diese eine kleine Genugtuung. Nun ist sie zufrieden und mehr noch: sie ist von dem öffentlichen Sieg beschämt und verängstigt. Denn so klug ist sie immerhin, um zu wissen, daß ihre ganze Macht auf unsicheren Füßen steht, auf den gichtigen Beinen eines rasch alternden Mannes. Ein Schlaganfall des Zweiundsechzigjährigen, und schon morgen kann diese »petite rousse« Königin von Frankreich sein; eine »lettre de cachet«, ein solcher fataler Reisebrief in die Bastille, ist rasch unterschrieben. Darum macht Madame Dubarry, kaum daß sie Marie Antoinette besiegt hat, die heftigsten, die redlichsten und aufrichtigsten Versuche, sie zu versöhnen. Sie verzuckert ihre Galle, sie bändigt ihren Stolz; sie erscheint immer und immer wieder bei ihren Gesellschaftsabenden, und obwohl keines Wortes mehr gewürdigt, zeigt sie sich keineswegs verdrossen, sondern läßt die Dauphine durch Zuträger und gelegentliche Boten immer wieder wissen, wie herzlich sie ihr gesinnt sei. Auf hundert Arten trachtet sie, die einstige Gegnerin bei ihrem königlichen Liebhaber zu begönnern, schließlich greift sie sogar zum verwegensten Mittel: da sie Marie Antoinette nicht durch Liebenswürdigkeit gewinnen kann, versucht sie ihre Gunst zu kaufen. Man weiß bei Hofe – und weiß es leider zu gut, wie die berüchtigte Halsbandaffäre später zeigen wird –, daß Marie Antoinette in kostbaren Schmuck hemmungslos vernarrt ist. So denkt die Dubarry – und es ist bezeichnend, daß der Kardinal Rohan ein Jahrzehnt später genau demselben Gedankengange folgt –, vielleicht sei es möglich, sie durch Geschenke zu kirren. Ein großer Juwelier, derselbe Böhmer aus der Halsbandaffäre, besitzt Brillantenohrgehänge, die auf siebenhunderttausend Livres geschätzt werden. Wahrscheinlich hat Marie Antoinette diesen Schmuck schon heimlich oder offen bewundert und die Dubarry von ihrem Gelüst erfahren. Denn eines Tages läßt sie ihr durch eine Hofdame zuflüstern, wenn sie die Brillantohrgehänge wirklich haben wolle, so sei sie mit Freuden bereit, Ludwig XV. zu bereden, er solle sie ihr schenken. Aber Marie Antoinette antwortet auf diesen schamlosen Vorschlag mit keinem Wort, verächtlich wendet sie sich ab und sieht weiterhin an ihrer Gegnerin kühl vorbei; nein, für alle Krongesteine der Erde wird diese Madame Dubarry, die sie einmal öffentlich gedemütigt hat, kein achtes Wort von ihren Lippen hören. Ein neuer Stolz, eine neue Sicherheit hat in der Siebzehnjährigen begonnen: sie braucht keine Juwelen mehr von fremder Gunst und Gnade, denn schon spürt sie auf der Stirn das nahe Diadem der Königin.

An dunklen Abenden sieht man von den Hügeln von Versailles deutlich die leuchtende Lichtkrone von Paris sich in den Himmel wölben, so nahe liegt die Stadt dem Palast; ein gefedertes Kabriolett fährt die Straße in zwei Stunden, ein Fußgänger braucht kaum sechs Stunden – was wäre also natürlicher, als daß die neue Thronfolgerin gleich am zweiten, dritten oder vierten Tag nach der Hochzeit der Hauptstadt ihres zukünftigen Königreiches einen Besuch abstattet? Aber der eigentliche Sinn oder vielmehr Unsinn des Zeremoniells besteht doch gerade darin, das Natürliche in allen Formen des Lebens zu unterdrücken oder zu verzerren. Zwischen Versailles und Paris steht für Marie Antoinette eine unsichtbare Schranke: die Etikette. Denn nur feierlich nach besonderer Ansage und vorher eingeholter Erlaubnis des Königs darf ein Thronfolger von Frankreich mit seiner Gemahlin zum erstenmal die Hauptstadt betreten. Aber gerade diesen feierlichen Einzug, die »joyeuse entrée« Marie Antoinettes, sucht die liebe Verwandtschaft möglichst lange hinauszuschieben. So spinnefeind sie alle sonst untereinander sind, die alten bigotten Tanten, die Dubarry und das ehrgeizige Brüderpaar, die Grafen von Provence und Artois, an diesem einen Seil drehen sie alle eifrigst zusammen, das Marie Antoinette den Weg nach Paris sperrt; sie gönnen ihr nicht einen Triumph, der zu sichtbar ihren künftigen Rang zeigen würde. Jede Woche, jeden Monat erfindet die Kamarilla ein anderes Hindernis, einen anderen Vorwand, und so vergehen sechs Monate, zwölf Monate, vierundzwanzig Monate, sechsunddreißig Monate, ein Jahr, zwei Jahre, drei Jahre, und noch immer bleibt Marie Antoinette hinter den goldenen Gittern von Versailles eingesperrt. Endlich, im Mai 1773, verliert Marie Antoinette die Geduld und geht zum offenen Angriff über.

Da die Zeremonienmeister immer wieder bedenklich die Puderperücken zu ihrem Wunsche schütteln, meldet sie sich bei Ludwig XV. Der findet an solcher Bitte nichts Absonderliches, und schwach gegen alle hübschen Frauen, sagt er der charmanten Gemahlin seines Enkels zum Ärger der ganzen Clique sofort ja und amen. Er stellt ihr sogar frei, den Tag des festlichen Einzugs selbst zu wählen.

Marie Antoinette wählt den 8. Juni. Aber nun, da ihr der König endgültig die Erlaubnis gegeben hat, macht es der Übermütigen Spaß, dem verhaßten Palastreglement, das sie drei Jahre lang von Paris abgesperrt hat, noch heimlich einen Streich zu spielen. Und so wie manchmal verliebte Brautleute, ohne daß die Familie es ahnt, die zärtliche Nacht noch vor dem priesterlichen Segen vorwegnehmen, und dem Genuß den Reiz des Verbotenen hinzuzutun, so überredet Marie Antoinette ihren Gatten und ihren Schwager, knapp vor dem öffentlichen Einzug in Paris einen heimlichen Besuch zu machen. Ein paar Wochen vor der »joyeuse entrée« lassen sie spätabends die Karossen anschirren und fahren verlarvt und verkleidet auf den Opernball in das Mekka Paris, in die verbotene Stadt. Und da sie am nächsten Morgen höchst ordentlich bei der Frühmesse erscheinen, bleibt dieses unerlaubte Abenteuer völlig unentdeckt. Es gibt kein Ärgernis, und doch hat Marie Antoinette glücklich an der verhaßten Etikette ihre erste Rache genommen.

Um so mächtiger wirkt, nachdem sie an der paradiesischen Frucht Paris schon heimlich genascht hat, der öffentliche feierliche Einzug.

Nach dem König von Frankreich gibt auch der König des Himmels seine feierliche Zustimmung: dieser 8. Juni wird ein wolkenlos strahlender Sommertag, der unübersehbare Volksmengen als Zuschauer heranlockt. Die ganze Straße von Versailles nach Paris verwandelt sich in eine einzige, brausende, hüteschwenkende, von Fahnen und Blumengewinden farbig durchflochtene Menschenhecke. An dem Stadttor erwartet der Marschall von Brissac, der Gouverneur der Stadt, die festliche Karosse, um den friedlichen Eroberern auf silberner Platte die Schlüssel respektvoll zu überreichen. Dann kommen die Frauen der Halle, heute feierlich angetan (wie anders werden sie später Marie Antoinette bewillkommnen!), und bieten die Erstlinge des Jahres, Früchte und Blumen, mit dynastischen Sprüchen dar. Dazu donnern die Kanonen des Invalidenpalastes, des Stadthauses und der Bastille. Langsam fährt die Hofkarosse weiter durch die ganze Stadt, den Kai der Tuilerien entlang bis zu Notre-Dame; überall, im Dom, in den Klöstern, an der Universität, werden sie mit Ansprachen empfangen, sie fahren durch eigens erbaute Triumphbogen und an Wäldern von Fahnen vorbei, aber die herrlichste Begrüßung erwartet die beiden vom Volke. Zu Zehntausenden, zu Hunderttausenden sind aus allen Straßen der riesigen Stadt die Menschen zusammengeströmt, um das junge Paar zu sehen, und der Anblick dieser unverhofft entzückenden Frau erregt namenlosen Enthusiasmus. Man applaudiert, man jauchzt, man schwenkt Tücher und Hüte; Kinder, Frauen, drängen heran, und wie Marie Antoinette vom Balkon der Tuilerien die unübersehbaren Wogen des begeisterten Menschenheeres sieht, erschrickt sie beinahe: »Mein Gott, wie viele Menschen!« Aber da verbeugt sich an ihrer Seite der Marschall von Brissac und antwortet mit echt französischer Galanterie: »Madame, es möge seiner Hoheit dem Dauphin nicht mißfallen, aber Sie sehen hier zweihunderttausend Menschen, die in Sie verliebt sind.«

Der Eindruck dieser ersten Begegnung Marie Antoinettes mit dem Volk ist ungeheuer. Von Natur aus wenig nachdenklich, aber mit rascher Auffassung begabt, begreift sie alle Geschehnisse immer nur vom unmittelbaren persönlichen Eindruck, von der sinnlichen, von der augenfälligen Anschauung her. Erst in diesen Minuten, da, unübersehbar, ein riesiger lebendiger Wald mit Fahnen und Schreien und Hüteschwenken, die namenlose Masse mit warmer Welle zu ihr emporbraust, erahnt sie zum erstenmal Glanz und Größe der Stellung, zu der das Schicksal sie erhoben hat. Bisher hat man sie in Versailles mit »Madame la Dauphine« angesprochen, aber das war nur ein Titel gewesen unter tausend anderen Titeln, eine obere starre Rangstufe innerhalb der unendlichen Adelstreppe, ein leeres Wort, ein kalter Begriff. Nun begreift Marie Antoinette zum erstenmal sinnlich den feurigen Sinn und die stolze Verheißung, die diesem Wort »Thronfolgerin von Frankreich« innewohnt. Erschüttert schreibt sie ihrer Mutter: »Letzten Dienstag habe ich ein Fest erlebt, das ich nie in meinem Leben vergessen werde: unsern Einzug in Paris. An Ehrungen haben wir alle empfangen, die man sich nur ausdenken kann, aber dies war es nicht, was mich am tiefsten ergriffen hat, sondern die Zärtlichkeit und Leidenschaft des armen Volkes, das trotz der Steuern, mit denen es bedrückt ist, von Freude durchdrungen war, uns zu sehen. Im Tuileriengarten war eine so ungeheure Menge, daß wir drei Viertelstunden weder vor- noch rückwärts konnten, und auf dem Rückweg von diesem Spaziergang sind wir dann noch eine halbe Stunde auf einer offenen Terrasse geblieben. Ich kann Dir, meine teure Mutter, nicht die Ausbrüche der Liebe und Freude schildern, die man uns in diesem Augenblick bezeugte. Ehe wir uns zurückzogen, haben wir noch mit der Hand das Volk begrüßt, das darob große Freude hatte. Wie glücklich ist man doch in unserem Stand, daß man die Freundschaft so leicht gewinnen kann. Und doch gibt es nichts Kostbareres, ich habe das wohl gefühlt und werde das nie vergessen.«

Das sind die ersten wahrhaft persönlichen Worte, die man in den Briefen Marie Antoinettes an ihre Mutter vernimmt. Starken Eindrücken ist ihre leicht bewegliche Natur sofort zugänglich, und die schöne Erschütterung über diese durch nichts verdiente und doch so stürmisch andrängende Liebe des Volkes erregt in ihr ein dankbares, ein großmütiges Gefühl. Aber rasch in der Auffassung, ist Marie Antoinette auch rasch im Vergessen. Nach ein paar weiteren Besuchen nimmt sie diesen Jubel schon als selbstverständliche Huldigung, als ein ihrem Rang und ihrer Stellung Zugehöriges, und freut sich daran so kindlich und unbedacht, wie sie alle Geschenke des Lebens hinnimmt. Wunderbar erscheint es ihr, sich von dieser warmen Masse umbrausen, wunderbar, sich von diesem unbekannten Volk lieben zu lassen: fortan genießt sie diese Liebe der zwanzig Millionen als ihr Recht, ohne zu ahnen, daß Recht auch verpflichtet und daß auch die reinste Liebe endlich müde wird, wenn sie sich nicht vergolten fühlt.

Mit ihrer ersten Reise schon hat Marie Antoinette Paris erobert. Aber gleichzeitig erobert auch Paris Marie Antoinette. Von diesem Tage an ist sie dieser Stadt verfallen. Oft, und bald allzuoft, fährt sie in die verlockende, in die an Vergnügen unerschöpfliche Stadt; bald in fürstlichem Aufzug mit all ihren Hofdamen bei Tag, bald wieder nachts mit kleinem intimen Gefolge, um die Theater, die Bälle zu besuchen und sich privat auf verfängliche oder auch unverfängliche Art auszutollen. Jetzt erst, da sie sich losgekoppelt hat von der gleichförmigen Tageseinteilung des Hofkalenders, wird dieses Halbkind, dieses wilde Mädchen gewahr, wie gräßlich langweilig doch der hundertfenstrige Marmor- und Steinkasten von Versailles mit seinen Hofknicksen und Kabalen und seinen steifleinenen Festen, wie mopsig diese mokanten und muffigen Tanten gewesen, mit denen sie morgens bei der Messe und abends beim Strickstrumpf sitzen mußte. Gespenstig mumienhaft und künstlich scheint ihr diese ganze Courhalterei ohne Heiterkeit und Freiheit mit den gräßlich gespreizten Attitüden, dieses ewige Menuett mit den ewig gleichen Figuren, denselben abgezirkelten Bewegungen und dem immer gleichen Entsetzen bei dem geringsten Fauxpas im Vergleich zu der ungezwungenen flutenden Lebensfülle von Paris. Ihr ist, als sei sie aus einem Treibhaus in freie Luft entronnen. Hier, im Gewirr der Riesenstadt, kann man verschwinden und untertauchen, dem unerbittlichen Uhrzeiger der Tageseinteilung entrinnen und mit dem Zufall spielen, hier kann man sich selber leben und genießen, indessen man dort nur für den Spiegel lebt. So rollt jetzt regelmäßig zweimal, dreimal in der Woche eine Karosse mit heiter geschmückten Frauen nachts nach Paris, um erst im Morgengrauen wieder heimzukehren.

Aber was sieht Marie Antoinette von Paris? In den ersten Tagen besichtigt sie aus Neugier noch allerhand Sehenswürdigkeiten, die Museen, die großen Geschäfte, sie besucht ein Volksfest und einmal sogar eine Gemäldeausstellung. Aber damit ist für die nächsten zwanzig Jahre ihr Bildungsbedürfnis innerhalb von Paris vollkommen erschöpft. Sonst widmet sie sich ausschließlich den Stätten der Unterhaltung, sie fährt regelmäßig in die Oper, die französische Comédie, die italienische Commedia, auf Bälle, Redouten, sie besucht die Spielsäle, also genau das »Paris at night, Paris city of pleasure« der reichen Amerikanerinnen von heute. Am meisten verlocken sie die Opernbälle, denn Maskenfreiheit ist die einzige, die ihr, der Gefangenen ihrer Stellung, erlaubt ist. Mit der Larve über den Augen kann sich eine Frau einigen Scherz gestatten, der einer Madame la Dauphine sonst unmöglich wäre. Man kann fremde Kavaliere – der öde, unfähige Gatte schläft zu Hause –

für ein paar Minuten zu munterem Gespräch heranholen, man kann einen entzückenden jungen schwedischen Grafen, der Fersen heißt, freimütig ansprechen und mit ihm, von der Larve gedeckt, plaudern, bis die Hofdamen einen wieder in die Loge holen; man kann tanzen, den heißen, geschmeidigen Körper bis zur Müdigkeit entspannen: hier darf man sorglos lachen, ach, man kann sich in Paris so herrlich ausleben! Nie aber betritt sie in all den Jahren ein bürgerliches Haus, nie wohnt sie einer Sitzung des Parlaments oder der Akademie bei, nie besucht sie ein Hospital, einen Markt, nicht ein einziges Mal versucht sie, etwas von dem täglichen Leben ihres Volkes zu erfahren. Immer bleibt Marie Antoinette bei diesen Pariser Seitensprüngen in dem engen glitzernden Kreis des mondänen Vergnügens und meint dem guten Volk, dem »bon peuple«, schon genug getan zu haben, wenn sie ihm lächelnd und lässig seinen begeisterten Gruß erwidert; und siehe, immer wieder steht es entzückt in Scharen Spalier, und ebenso jubeln Adel und reiche Bürgerschaft, wenn sie abends im Theater an die Brüstung der Rampe tritt. Immer und überall fühlt die junge Frau ihren muntern Müßiggang, ihre lauten Lustpartien gebilligt, abends, wenn sie in die Stadt fährt und die Leute gerade müde von der Arbeit kommen, und ebenso morgens um sechs Uhr, wenn das »Volk« wieder an seine Arbeit geht. Was kann an diesem Übermut, an diesem lockern Sichlebenlassen also unrecht sein? Im Ungestüm ihrer törichten Jugend hält Marie Antoinette die ganze Welt für vergnügt und sorglos, weil sie selbst sorglos und glücklich ist. Aber während sie in ihrer Ahnungslosigkeit glaubt, dem Hof abzusagen und sich in Paris mit ihren Lustfahrten volkstümlich zu machen, fährt sie in Wirklichkeit mit ihrer gläsern klingenden, ihrer luxuriösen und gefederten Karosse zwanzig Jahre lang an dem wirklichen Volk und an dem wirklichen Paris vorbei.

Der mächtige Eindruck des Pariser Empfangs hat etwas in Marie Antoinette verwandelt. Immer bestärkt fremde Bewunderung das eigene Selbstgefühl: eine junge Frau, der Tausende bestätigt haben, daß sie schön ist, wird sofort schöner durch dieses Wissen um ihre Schönheit; so auch dieses verschüchterte Mädchen, das sich in Versailles bisher immer als Fremde und Überflüssige fühlte. Jetzt aber löscht ein junger, von sich selbst überraschter Stolz in ihrem Wesen völlig alle Unsicherheit und Scheu aus; verschwunden ist die Fünfzehnjährige, die, begönnert und bevormundet von Botschafter und Beichtiger, von Tanten und Verwandten, durch die Zimmer schlich und sich vor jeder Hofdame duckte. Jetzt erlernt Marie Antoinette die langgeforderte Hoheitshaltung mit einem Ruck, sie strafft sich von innen; aufrecht schreitet sie wie an Untergebenen graziös beschwingten Schrittes an allen Damen des Hofes vorbei. Alles wird anders in ihr, die Persönlichkeit beginnt durchzubrechen, sogar die Schrift verwandelt sich mit einem Schlage: bisher ungelenk, mit riesigen kindischen Lettern, drängt sie sich jetzt frauenhaft nervös in zierliche Billette zusammen. Allerdings, die Ungeduld, die Fahrigkeit, das Abgerissene und Unbedachte ihres Wesens wird sich nie ganz aus ihrer Schrift verlieren, dafür aber beginnt im Ausdruck eine gewisse Selbständigkeit. Jetzt wäre dies brennende, vom Gefühl pulsender Jugend ganz erfüllte Mädchen reif, ein persönliches Leben zu leben, jemand zu lieben. Jedoch die Politik hat sie an diesen plumpen Ehemann, der noch kein Mann ist, geschmiedet, und da Marie Antoinette ihr Herz nicht entdeckt hat und keinen anderen weiß, um ihn zu lieben, ist diese Achtzehnjährige in sich selbst verliebt. Das süße Gift der Schmeichelei strömt ihr heiß in die Adern. Je mehr man sie bewundert, um so mehr will sie sich bewundert sehen, und, noch ehe Herrscherin durch das Gesetz, will sie als Frau durch ihre Anmut sich den Hof, die Stadt und das Reich untertänig machen. Sobald sich eine Kraft einmal selbstbewußt erkannt hat, fühlt sie Verlangen, sich zu erproben.

Die erste Probe der jungen Frau, ob sie andern, ob sie dem Hof und der Stadt ihren Willen aufzwingen kann, gilt glücklicherweise – fast möchte man sagen: ausnahmsweise – einem guten Anlaß. Der Meister Gluck hat seine »Iphigenie« vollendet und möchte sie in Paris uraufgeführt sehen. Für den sehr musikalischen Wiener Hof gilt sein Erfolg als eine Art Ehrensache, und Maria Theresia, Kaunitz, Joseph II. erwarten von der Dauphine, daß sie ihm den Weg ebnen wird. Nun war das Unterscheidungsvermögen Marie Antoinettes bei künstlerischen Werten keineswegs hervorragend, weder in Musik noch in Malerei noch in Literatur. Sie hatte einen gewissen natürlichen Geschmack, aber keinen selbständig prüfenden, sondern nur jenen lässig neugierigen, der gehorsam jede neue Mode mitmacht und sich für alles gesellschaftlich Anerkannte mit kurzem Strohfeuerinteresse begeistert. Zu tieferem Verständnis fehlte Marie Antoinette, die nie ein Buch zu Ende las und jedem eindringlichen Gespräch auszuweichen wußte, die unerläßliche Charaktervorbedingung wirklichen Unterscheidens: Ernst, Ehrfurcht, Mühe und Nachdenklichkeit. Kunst war für sie nie mehr als ein Zierat des Lebens, ein Vergnügen zwischen anderen Vergnügen, sie kannte bloß den mühelosen, also nie den wirklichen Kunstgenuß. Um Musik hatte sie sich, wie um alles, lässig bemüht, die Klavierstunden bei Meister Gluck in Wien hatten sie nicht weit gebracht, sie dilettierte auf dem Clavecin so wie als Schauspielerin auf der Bühne und als Sängerin im intimen Kreise. Das Neue und Grandiose der »Iphigenie« vorahnend zu begreifen, war sie, die ihren Landsmann Mozart in Paris überhaupt nicht bemerkte, selbstverständlich völlig unfähig. Aber Maria Theresia hatte ihr Gluck ans Herz gelegt, und sie empfindet eine wirklich amüsierte Neigung zu diesem scheingrimmigen, breiten und jovialen Mann, außerdem aber will sie, gerade weil sich in Paris die italienische und französische Oper mit den heimtückischsten Kabalen gegen den »Barbaren« wehrt, die Gelegenheit nützen, einmal ihre Macht zu zeigen. Sofort erzwingt sie, daß die Oper, welche die Herren Hofmusiker für »undurchführbar« erklärt hatten, angenommen wird und die Proben unverzüglich angesetzt werden. Leicht macht ihr freilich der ungefüge, cholerische, von der fanatischen Unnachgiebigkeit des großen Künstlers besessene Mann die Protektion nicht. Er rüffelt bei den Proben die verwöhnten Sängerinnen so zornig zusammen, daß sie weinend zu ihren prinzlichen Liebhabern stürzen und sich beschweren; unerbittlich setzt er den an solche Genauigkeit nicht gewöhnten Musikern zu und schaltet im Opernhaus wie ein Tyrann, durch die geschlossenen Türen hört man seine mächtige Stimme streithaft donnern. Dutzende Male droht er alles hinzuwerfen, nach Wien zurückzureisen, und nur die Furcht vor seiner kronprinzlichen Gönnerin verhindert noch einen Skandal. Endlich, für den 13. April 1774, wird die Erstaufführung festgesetzt, der Hof bestellt bereits seine Plätze, seine Karossen. Da erkrankt ein Sänger und soll rasch durch einen andern ersetzt werden. Nein, befiehlt Gluck, die Erstaufführung wird verschoben. Verzweifelt beschwört man ihn, was ihm denn einfalle, der Hof hätte seine Einteilung doch schon getroffen; wegen eines mehr oder minder guten Sängers dürfe ein Komponist und gar ein bürgerlicher und überdies ein ausländischer doch nicht wagen, die hohen Verfügungen des Hofes, die Dispositionen aller durchlauchtigsten Herrschaften umzustoßen. Das sei ihm gleichgültig, poltert der bäuerische Hartschädel, lieber werfe er seine Partitur ins Feuer, als die Oper unzulänglich spielen zu lassen, furios stürzt er zu seiner Gönnerin Marie Antoinette, der dieser wilde Mann Spaß macht. Sie ergreift sofort Partei für den »bon Gluck«, die Hofkarossen werden zum Ärger des Prinzen abbestellt und die Erstaufführung auf den Neunzehnten verschoben. Außerdem läßt Marie Antoinette durch den Polizeileutnant Maßnahmen treffen, um zu verhindern, daß die hohen Herrschaften ihren Ärger über den unhöfischen Musikanten mit Pfeifen äußern: mit allem Nachdruck macht sie öffentlich die Sache ihres Landsmannes zu der ihren.

Tatsächlich wird die Uraufführung der »Iphigenie« ein Triumph, aber mehr einer Marie Antoinettes als Glucks. Die Zeitungen, das Publikum zeigen sich eher frostig gesinnt; sie finden, daß es »einige sehr gute Stellen neben sehr platten« in der Oper gebe, denn wie immer in der Kunst begreift sich das großartige Kühne für ein unbelehrtes Auditorium selten auf den ersten Blick. Doch Marie Antoinette hat den ganzen Hof zur Premiere geschleppt; sogar ihr Gatte, der seine Jagd sonst nicht für die Musik der Sphären opfern würde und dem ein erlegter Hirsch wichtiger ist als alle neun Musen, muß diesmal mithalten. Da sich die rechte Stimmung nicht sogleich einstellen will, applaudiert Marie Antoinette demonstrativ von ihrer Loge nach jeder Arie; schon aus Höflichkeit müssen die Schwäger und Schwägerinnen und der ganze Hof fleißig mitklatschen, und so wird trotz aller Kabalen dieser Abend ein Ereignis der Musikgeschichte. Gluck hat Paris erobert, Marie Antoinette zum erstenmal öffentlich ihren Willen über Stadt und Hof durchgesetzt: es ist der erste Sieg ihrer Persönlichkeit, die erste Kundgebung dieser jungen Frau vor ganz Frankreich. Ein paar Wochen noch, und der Titel der Königin bekräftigt eine Macht, die sie aus eigener Kraft bereits selbstherrlich errungen hat.

Am 27. April 1774 befällt den König Ludwig XV. auf der Jagd plötzlich Mattigkeit; mit schweren Kopfschmerzen kehrt er nach seinem Lieblingsschloß Trianon zurück. In der Nacht stellen die Ärzte Fieber fest und holen Madame Dubarry an sein Lager. Am nächsten Morgen verordnen sie bereits beunruhigt die Übersiedlung nach Versailles. Selbst der unerbittliche Tod muß sich den noch unerbittlicheren Gesetzen der Etikette fügen: ein König von Frankreich darf nicht anderswo ernstlich krank sein oder sterben als in dem königlichen Paradebett. »C'ést à Versailles, Sire, qu'il faut être malade.« Dort umstehen sofort sechs Ärzte, fünf Chirurgen, drei Apotheker, im ganzen vierzehn Personen, das Krankenlager, sechsmal in jeder Stunde tastet jeder einzelne den Puls ab. Aber nur Zufall hilft zur Diagnose; als abends ein Diener die Kerze hochhebt, entdeckt einer unter den Umstehenden die berüchtigten roten Flecken im Gesicht, und im Nu weiß der ganze Hof und das ganze Schloß von der Schwelle bis zum First: die Blattern! Ein Windstoß von Schrecken fährt durch das riesige Haus, Angst vor der Ansteckung, die tatsächlich in den nächsten Tagen einige Personen ergreift, und mehr noch vielleicht Angst der Höflinge um ihre Stellung im Falle des Todes. Die Töchter zeigen den Mut der wirklich Frommen, tagsüber halten sie bei dem König die Wache, in der Nacht bleibt Madame Dubarry aufopfernd am Lager des Kranken. Den Thronerben dagegen, dem Dauphin und der Dauphine, verbietet das Hausgesetz, wegen der Ansteckungsgefahr das Zimmer zu betreten: seit drei Tagen ist ihr Leben um vieles kostbarer geworden. Und nun teilt sich mit einem gewaltigen Schnitt der Hof; an dem Krankenbett Ludwigs XV. wacht und zittert die alte Generation, die Macht von gestern, die Tanten und die Dubarry; sie wissen genau, daß ihre Herrlichkeit mit dem letzten Atemzug dieser fiebernden Lippen endet. In den anderen Zimmern versammelt sich die kommende Generation, der zukünftige König Ludwig XVI., die zukünftige Königin Marie Antoinette und der Graf von Provence, der, solange sich sein Bruder Ludwig nicht entschließen kann, Kinder zu zeugen, sich heimlich gleichfalls als künftigen Thronanwärter fühlt. Zwischen diesen beiden Räumen steht das Schicksal. Niemand darf das Krankenzimmer betreten, wo die alte Sonne der Herrschaft untergeht, niemand das andere Zimmer, in dem die neue Sonne der Macht aufsteigt: dazwischen, in dem Œil-de-Bœuf, dem großen Vorraum, wartet ängstlich und schwankend die Masse der Höflinge, unsicher, wohin sie ihre Wünsche wenden sollen, zu dem sterbenden oder zu dem kommenden König, nach Sonnenuntergang oder nach Sonnenaufgang.

Inzwischen durchpflügt mit tödlicher Wucht die Krankheit den abgelebten, verbrauchten und erschöpften Leib des Königs. Gräßlich aufgeschwollen, von Pusteln übersät, geht der lebende Körper, während das Bewußtsein nicht einen Augenblick aussetzt, in grauenhafte Zersetzung über. Die Töchter und Madame Dubarry brauchen reichlich Mut, um durchzuhalten, denn trotz der geöffneten Fenster erfüllt pestilenzartiger Gestank das königliche Gemach. Bald treten die Ärzte zur Seite, sie geben den Körper verloren – nun beginnt der andere Kampf, das Ringen um die sündige Seele. Aber Entsetzen: die Priester weigern sich, an das Krankenbett zu treten, Beichte und Kommunion zu gewähren; erst solle der sterbende König, der so lange unfromm und nur seinen Lüsten gelebt habe, tätig seine Reue erweisen. Erst müsse der Stein des Anstoßes weggeräumt sein, die Buhlerin, die verzweifelt an seinem Lager wacht, das sie so lange unchristlich geteilt hat. Schwer entschließt sich der

König gerade jetzt, in dieser fürchterlichen Stunde letzten Alleinseins, den einzigen Menschen wegzuschicken, an dem er innerlich hängt. Aber immer grimmiger würgt ihn die Angst vor dem Höllenfeuer die Kehle. Mit erstickter Stimme nimmt er Abschied von Madame Dubarry, und sofort wird sie unauffällig in einem Wagen in das nahe gelegene Schlößchen Rueil gebracht: dort soll sie warten, um wiederzukehren für den Fall, daß der König sich noch einmal erholt.

Jetzt erst, nach dieser sichtlichen Tat der Reue, sind Beichte und Kommunion möglich. Jetzt erst betritt ein Mann, der achtunddreißig Jahre lang der unbeschäftigtste am ganzen Hofe gewesen, das königliche Schlafgemach: der Beichtiger Seiner Majestät. Hinter ihm schließt sich die Tür, und sehr zu ihrem Leidwesen können die neugierigen Höflinge im Vorgemach das Sündenregister des Hirschparkkönigs (und es wäre so interessant!) nicht mit anhören. Aber, die Uhr in der Hand, zählen sie draußen die Minuten sorgfältig mit, um wenigstens dies in ihrer bösartigen Skandalfreude zu berechnen, wieviel Zeit ein Ludwig XV. benötigte, um seine sämtlichen Sünden und Ausschweifungen zu bekennen. Endlich, nach genau sechzehn Minuten, öffnet sich neuerdings die Tür, der Beichtiger tritt heraus. Aber schon deuten manche Zeichen darauf hin, daß Ludwig XV. die endgültige Absolution noch nicht gewährt sei, daß die Kirche von einem Monarchen, der achtunddreißig Jahre sein sündiges Herz nicht erleichtert und vor den Augen seiner Kinder in Schande und fleischlicher Lust gelebt hat, noch eine tiefere Demütigung verlange als dieses heimliche Bekenntnis. Gerade weil er der Höchste der Welt gewesen und sich sorglos über dem geistlichen Gesetz stehend gedünkt, verlangt von ihm die Kirche, daß er sich besonders tief vor dem Allerhöchsten beuge. Öffentlich, vor allen und zu allen, müsse der sündige König für seinen unwürdigen Lebenswandel Reue bekunden. Dann erst solle ihm das Abendmahl erteilt werden.

Großartige Szene am nächsten Morgen: der mächtigste Autokrat der Christenheit muß christliche Buße vor der versammelten Schar seiner eigenen Untertanen tun. Die ganze Treppe des Schlosses entlang stehen die Garden unter Waffen, die Schweizer bilden von der Kapelle bis zum Sterbezimmer hin Spalier, dumpf wirbeln die Trommeln, sobald im feierlichen Zuge unter dem Baldachin die hohe Geistlichkeit mit dem Hostiengefäß eintritt. Jeder eine brennende Kerze in der Hand, schreiten hinter dem Erzbischof und dessen Gefolge der Dauphin und seine beiden Brüder, die Prinzen und Prinzessinnen, um das Allerheiligste bis zur Tür zu begleiten. Bei der Schwelle machen sie halt und sinken in die Knie. Nur die Töchter des Königs und die nicht erbberechtigten Prinzen betreten mit dem hohen Klerus das Sterbegemach.

In der atemlosen Stille hört man den Kardinal eine leise Ansprache halten, man sieht ihn durch die offene Tür das heilige Abendmahl erteilen. Dann tritt er – Augenblick voll Schauer und ehrfürchtiger Überraschung – an die Schwelle des Vorsaales und spricht mit erhobener Stimme zu dem ganzen versammelten Hof: »Meine Herren, der König beauftragt mich, Ihnen zu sagen, daß er Gott um Verzeihung für die Beleidigungen bittet, die er ihm angetan, und für das schlechte Beispiel, das er seinem Volke gegeben hat. Wenn Gott ihm wieder Gesundheit schenkt, verspricht er, Buße zu tun, den Glauben zu unterstützen und das Schicksal seines Volkes zu erleichtern.« Vom Bett hört man ein leises Stöhnen. Nur für die Nächststehenden deutlich vernehmbar, murmelt der Sterbende: »Ich wollte, ich hätte selbst die Kraft gehabt, es zu sagen.«

Was jetzt kommt, ist nur noch Grauen. Nicht ein Mensch stirbt, sondern ein aufgedunsener, schwarzgefärbter Kadaver zerfällt in sich selbst. Aber riesenhaft wehrt sich, als wäre die Bourbonenkraft all seiner Ahnen in ihm versammelt, der Körper Ludwigs XV. gegen die unaufhaltsame Vernichtung. Furchtbar sind diese Tage für alle. Die Diener werden ohnmächtig vor dem fürchterlichen Geruch, die Töchter wachen mit letzter Kraft, längst haben sich die Ärzte hoffnungslos zurückgezogen, immer ungeduldiger harrt der Hof auf die baldige Beendigung der gräßlichen Tragödie. Unten stehen, seit Tagen angeschirrt, die Karossen bereit, denn um die Ansteckung zu vermeiden, soll der neue Ludwig, ohne eine Minute zu verlieren, mit seinem ganzen Gefolge nach Choisy übersiedeln, sobald der alte König den letzten Atemzug getan hat. Die Reiter haben bereits ihre Sättel zurechtgemacht, die Koffer sind gepackt, Stunde um Stunde warten unten die Diener und Kutscher; alles starrt nur noch auf die kleine brennende Kerze hin, die man ans Fenster des Sterbenden geklebt hat und die – ein vereinbartes Zeichen für alle – im bewußten Augenblick ausgelöscht werden soll. Aber der riesige Körper des alten Bourbonen wehrt sich noch einen ganzen Tag. Endlich, Dienstag, den 10. Mai, um halb vier Uhr nachmittags, verlischt die Kerze. Sofort wird das Murmeln zum Rauschen. Von Zimmer zu Zimmer läuft – eine springende Welle – die Nachricht, der Ruf, der wachsende Wind: »Der König ist tot, es lebe der König!«

Marie Antoinette wartet mit ihrem Gatten in einem kleinen Zimmer. Auf einmal hören sie jenes geheimnisvolle Brausen, immer lauter, näher und näher brandet von Zimmer zu Zimmer eine unverständliche Wortwoge. Jetzt, als ob ein Sturm sie groß aufgerissen hätte, öffnet sich die Tür, Madame de Noailles tritt ein, sinkt auf die Knie und grüßt als erste die Königin. Hinter ihr drängen die anderen, mehr, immer mehr, der ganze Hof, denn jeder will rasch heran, seine Huldigung darzubringen, jeder sich zeigen, unter den ersten Glückwünschenden sich bemerkbar machen. Die Tamboure wirbeln, die Offiziere schwingen die Degen, und von Hunderten von Lippen braust der Ruf: »Der König ist tot, es lebe der König!«

Als Königin schreitet Marie Antoinette aus dem Zimmer, das sie als Dauphine betreten. Und während man im verlassenen Hause mit einem Aufatmen der Erleichterung den blauschwarzen unkenntlichen Leichnam Ludwigs XV. rasch in den längst vorbereiteten Sarg packt, um ihn mit möglichst wenig Aufsehen zu verscharren, rollt die Karosse einen neuen König, eine neue Königin durch die vergoldeten Parktore von Versailles. Und an den Straßen jubelt das Volk ihnen zu, als sei mit dem alten König das alte Elend zu Ende und mit den neuen Herrschern beginne eine neue Welt.

Die alte Schwätzerin Madame Campan erzählt in ihren bald honigsüßen, bald tränennassen Memoiren, Ludwig XVI. und Marie Antoinette seien, als man ihnen die Kunde vom Tode Ludwigs XV. überbrachte, in die Knie gesunken und hätten schluchzend ausgerufen: »Mein Gott, schütze uns und bewahre uns, wir sind zu jung, viel zu jung, um zu regieren.« Das ist eine sehr rührende Anekdote und, weiß Gott, geeignet für eine Kinderfibel; schade nur, daß sie, wie die meisten Anekdoten um Marie Antoinette, den kleinen Nachteil hat, höchst ungeschickt und unpsychologisch erfunden zu sein. Denn solche bigotte Rührung paßt herzlich schlecht zu dem fischblütigen Ludwig XVI., der gar keinen Grund hatte, über ein Ereignis erschüttert zu sein, das der ganze Hof seit acht Tagen mit der Uhr in der Hand stündlich erwartete, und noch weniger zu Marie Antoinette, die sorglosen Herzens dies Geschenk der Stunde wie jedes andere entgegennahm. Nicht daß sie herrschgierig gewesen wäre oder schon ungeduldig, die Zügel zu fassen; nie hat Marie Antoinette davon geträumt, eine Elisabeth, eine Katharina, eine Maria Theresia zu werden: dazu war ihre seelische Energie zu gering, die Spannweite ihres Geistes zu eng, ihr Wesen zu träge. Ihre Wünsche reichen, wie immer bei einem mittleren Charakter, nicht weit über die eigene Person hinaus; diese junge Frau hat keine politischen Ideen, die sie der Welt aufprägen will, keinerlei Neigung, andere zu unterjochen und zu demütigen; nur ein starker, ein trotziger und oft kindischer Instinkt der Unabhängigkeit ist ihr von Jugend her eigen, sie will nicht herrschen, aber auch von niemand sich beherrschen und beeinflussen lassen. Herrin sein heißt für sie nicht mehr als selbst frei sein. Jetzt erst, nach mehr als drei Jahren Bevormundung und Bewachung, fühlt sie sich zum erstenmal ungehemmt, seit niemand mehr da ist, ihr Halt zu gebieten (denn die strenge Mutter wohnt tausend Meilen weit, und dem unterwürfigen Gemahl lächelte sie seine ängstlichen Proteste verächtlich weg). Um diese eine entscheidende Stufe von der Thronfolgerin zur Königin erhöht, steht sie endlich über allen, niemand untertan als ihrer eigenen kapriziösen Laune. Zu Ende ist es nun mit den Quengeleien der Tanten, zu Ende mit Erlaubnisbitten beim König, ob sie auf den Opernball fahren dürfe oder nicht, vorbei die Anmaßung ihrer verhaßten Gegnerin, der Dubarry; morgen wird die »créature« für immer in die Verbannung gestoßen sein, nie mehr werden ihre Brillanten bei den Soupers blitzen, nie mehr in ihrem Boudoir sich die Fürsten und Könige zum Handkuß drängen. Stolz, und ohne sich ihres Stolzes zu schämen, greift Marie Antoinette nach der ihr zugefallenen Krone: »Obwohl mich Gott schon in jenem Rang zur Welt kommen ließ«, schreibt sie ihrer Mutter, »den ich jetzt bekleide, so kann ich doch nicht umhin, die Güter der Vorsehung zu bewundern, die mich, das jüngste Ihrer Kinder, für das schönste Königreich Europas erwählt hat.« Wer in dieser Ankündigung nicht den Oberton der Freude mitschwingen hört, hat ein hartes Ohr. Gerade weil sie nur die Größe der Stellung fühlt und nicht auch ihre Verantwortung, besteigt Marie Antoinette sorglos und heiteren Hauptes den Thron.

Und kaum hat sie ihn bestiegen, so rauscht ihr aus der Tiefe schon Jubel entgegen. Noch haben sie nichts getan, nichts versprochen und nichts gehalten, und doch begrüßt schon Begeisterung die beiden jungen Herrscher. Wird nicht jetzt ein goldenes Zeitalter anbrechen, träumt das ewig wundergläubige Volk, da die markaussaugende Mätresse in die Verbannung geschickt, der alte gleichgültige Lüstling Ludwig XV. verscharrt ist, da ein junger, einfacher, sparsamer, bescheidener, frommer König, eine entzückende, lieblich-junge und gütige Königin über Frankreich herrschen? In allen Schaufenstern prangen die Bildnisse der neuen, mit noch ganz unverbrauchter Hoffnung geliebten Monarchen; Begeisterung grüßt jede ihrer Handlungen, und auch der in Angst erstarrte Hof beginnt sich zu freuen: jetzt kommen wieder Bälle und Paraden, Heiterkeit und neue Lebenslust, die Herrschaft der Jugend und der Freiheit. Ein Aufatmen begrüßt den Tod des alten Königs, und die Sterbeglocken auf den Türmen ganz Frankreichs klingen so frisch und freudig, als läuteten sie zu einem Fest.

Wahrhaft ergriffen und erschrocken, weil von düsterem Vorgefühl bewegt, ist in ganz Europa nur ein Mensch beim Tode Ludwigs XV.: die Kaiserin Maria Theresia. Als Monarchin kennt sie aus dreißig mühseligen Jahren die Last einer Krone, als Mutter die Schwächen und Fehler ihrer Tochter. Aufrichtig gern hätte sie den Augenblick der Thronbesteigung noch hinausgeschoben gesehen, bis dieses leichtköpfige und hemmungslose Geschöpf ein wenig mehr herangereift und vor den Versuchungen ihrer Verschwendungssucht geschützt gewesen wäre. Das Herz wird ihr schwer, der alten Frau, düstere Vorahnungen scheinen sie zu bedrücken. »Ich bin davon sehr ergriffen«, schreibt sie beim Empfang der Nachricht an den treuen Gesandten, »und noch mehr mit dem Schicksal meiner Tochter beschäftigt, das entweder ganz großartig oder sehr unglücklich werden muß. Die Stellung des Königs, der Minister, des Staates zeigen mir nichts, was mich beruhigen könnte, und sie selbst ist ja so jung! Sie hat niemals ein ernsteres Streben gekannt und wird es auch nie oder kaum jemals haben.« Melancholisch antwortet sie auch der Tochter auf ihre stolzbewußte Ankündigung: »Ich mache Dir keine Komplimente über Deine neue Würde, die teuer erkauft ist und noch teurer sein wird, wenn Du Dich nicht entschließen kannst, dasselbe ruhige und unschuldige Leben zu führen, das Du dank der Güte und der Nachsicht dieses guten Vaters während dieser drei Jahre geführt hast und das Euch beiden die Zustimmung und die Liebe Eurer Nation eingetragen hat. Dies bedeutet einen großen Vorteil für Eure gegenwärtige Stellung; aber nun heißt es, sie zu bewahren wissen und recht anzuwenden zum Wohl des Königs und des Staates. Ihr seid beide noch sehr jung, und die Last ist groß; ich bin deshalb in Sorge, wirklich in Sorge ... Alles, was ich Euch jetzt raten kann, ist, nichts zu übereilen; seht Euch alles mit Euren eigenen Augen an, ändert nichts, laßt alles sich entwickeln, sonst wird das Chaos und die Intrige unendlich sein, und Ihr würdet, meine teuren Kinder, in solche Verwirrungen geraten, daß Ihr Euch kaum mehr würdet heraushelfen können.« Von fern, aus der Höhe ihrer jahrelangen Erfahrung, übersieht die erprobte Regentin mit ihrem Kassandrablick die unsichere Lage Frankreichs viel besser als jene aus der Nähe, eindringlich beschwört sie die beiden, vor allem die Freundschaft mit Österreich und damit den Frieden der

Welt zu wahren. »Unsere beiden Monarchien brauchen nur Ruhe, um ihre Angelegenheiten in Ordnung zu bringen. Wenn wir im engen Einvernehmen weiterhandeln, wird niemand unsere Arbeit stören und Europa sich des Glücks und der Ruhe erfreuen. Nicht nur unser Volk wird glücklich sein, sondern auch alle anderen.« Aber am dringendsten warnt sie ihr Kind vor der persönlichen Leichtfertigkeit, vor ihrem Hang zur Vergnügungssucht. »Ich fürchte diesen mehr als alles andere bei Dir. Es ist durchaus notwendig, daß Du Dich mit ernsten Dingen befaßt und vor allem Dich nicht zu außerordentlichen Ausgaben verleiten läßt. Alles hängt davon ab, daß dieser glückliche Anfang, der alle unsere Erwartungen übertrifft, fortdauere und Euch beide glücklich macht, indem Ihr Eure Völker beglückt.«

Marie Antoinette, von der Sorge ihrer Mutter ergriffen, verspricht und verspricht. Sie bekennt ihre Schwäche aller ernsten Betätigung gegenüber und gelobt Besserung. Aber die Sorge der alten Frau, prophetisch bewegt, läßt sich nicht beruhigen. Sie glaubt nicht an das Glück dieser Krone, nicht an das ihrer Tochter. Und während die ganze Welt Marie Antoinette umjubelt und beneidet, schreibt sie ihrem vertrauten Botschafter den mütterlichen Seufzer: »Ich glaube, ihre schönsten Tage sind vorbei.«

BILDNIS EINES KÖNIGSPAARES

In den ersten Wochen nach der Thronbesteigung haben immer und überall die Kupferstecher, Maler, Bildhauer und Medaillenpräger alle Hände voll zu tun. Auch in Frankreich wird mit leidenschaftlicher Eile das Bildnis des längst nicht mehr »vielgeliebten« Königs Ludwigs XV. weggeräumt und durch das festlich bekränzte des neuen Herrscherpaares ersetzt: Le roi est mort, vive le roi.

Viel Schmeichelkunst ist für einen geübten Medaillenschneider gar nicht nötig, um dem braven Biedermannsgesicht Ludwigs XVI. etwas Cäsarisches aufzuprägen. Denn abgesehen von dem kurzen festen Nacken kann man den Kopf des neuen Königs keineswegs unedel nennen: eine ebenmäßig zurückfliehende Stirn, ein starker, beinahe kühner Schwung der Nase, eine vollsaftig sinnliche Lippe, ein fleischiges, aber wohlgeformtes Kinn ergeben, rundlich geeint, ein stattliches, ein durchaus sympathisches Profil. Verschönender Nachhilfe bedarf am ehesten der Blick, denn ohne Lorgnette erkennt der außergewöhnlich Kurzsichtige schon drei Schritte weit keinen Menschen; hier muß der Stichel des Graveurs schon ziemlich viel Korn und Tiefe nehmen, um diesen schwerlidrigen, blaßschwimmenden Kuhaugen etwas Autorität zu verleihen. Schlecht steht es bei Ludwig, dem Schwerfälligen, auch mit der Haltung; ihn im Ornat wirklich aufrecht und imposant erscheinen zu lassen, das bereitet allen Hofmalern arge Not, denn frühzeitig verfettet, unbeholfen und durch seine Kurzsichtigkeit bis zur Lächerlichkeit linkisch, macht Ludwig XVI., obwohl fast sechs Fuß hoch und gerade gewachsen, bei allen offiziellen Anlässen unglückliche Figur (la plus mauvaise tournure qu'on pût voir). Er geht über das blanke Parkett von Versailles plump und mit schaukelnden Schultern »wie ein Bauer hinter dem Pflug«, er kann weder tanzen noch Ball spielen; wenn er bloß hastig ausschreitet, stolpert er schon über seinen eigenen Degen. Dieser körperlichen Ungeschicklichkeit ist sich der arme Mann genau bewußt, sie macht ihn verlegen, diese Verlegenheit steigert neuerdings seine Tapsigkeit: so hat jeder zunächst den Eindruck, in dem König von Frankreich einen kläglichen Tölpel vor sich zu sehen.

Aber Ludwig XVI. ist keineswegs dumm und beschränkt; nur wie im Auftreten durch seine Kurzsichtigkeit, ist er geistig durch seine Schüchternheit (die im letzten wahrscheinlich auf seiner sexuellen Unmännlichkeit beruht) arg gehemmt. Eine Unterhaltung zu führen bedeutet für diesen krankhaft scheuen Herrscher jedesmal eine seelische Anstrengung, denn weil er weiß, wie langsam und schwerfällig er denkt, hat Ludwig XVI. eine unsagbare Angst vor klugen, witzigen und gescheiten Leuten, denen das Wort rasch auf die Lippen springt; schamvoll fühlt der ehrliche Mann im Vergleich zu ihnen die eigene Linkischkeit. Läßt man ihm aber Zeit, seine Gedanken zu ordnen, drängt man ihn nicht zu schnellen Entscheidungen und Antworten, so überrascht er selbst skeptische Partner wie Joseph II. oder Pétion durch seinen zwar niemals hervorragenden, aber doch redlichen und geradlinigen gesunden Menschenverstand; sobald seine nervöse Scheu einmal glücklich überwunden ist, wirkt er durchaus normal. Im allgemeinen liest und schreibt er aber lieber, statt zu sprechen, denn Bücher sind still und bedrängen nicht; Ludwig XVI. (man würde es nicht glauben) liest gern und viel, er hat gute Kenntnisse in Geschichte und Geographie, verbessert unablässig sein Englisch und Latein, wobei ihn ein ausgezeichnetes Gedächtnis unterstützt. In seinen Akten und Haushaltungsbüchern hält er tadellose Ordnung; jeden Abend verzeichnet er in seiner klaren, runden, fast kalligraphisch sauberen Schrift die armseligen Nüchternheiten seines Lebens (»sechs Hirsche geschossen«, »mich purgieren lassen«) in ein Tagebuch, das durch ein ahnungsloses Übersehen alles welthistorisch Wichtigen geradezu erschütternd wirkt – im ganzen das Musterbild eines mittelmäßigen, unselbständigen Intellekts, von Natur aus etwa zu einem verläßlichen Zollrevisor oder Kanzleibeamten bestimmt, zu irgendeiner rein mechanischen und subalternen Tätigkeit im Schatten der Geschehnisse – zu allem und allem, nur zu einem nicht: zu einem Herrscher.

Das eigentliche Verhängnis im Naturell Ludwigs XVI. aber ist: er hat Blei im Blut. Etwas Stockiges, Schweres versulzt seine Adern, nichts wird ihm leicht. Immer muß dieser redlich bemühte Mann einen Widerstand der Materie, eine Art Schlaftrunkenheit in sich überwinden, um etwas zu tun, zu denken oder bloß zu fühlen. Seine Nerven können, wie schlaff gewordene Gummibänder, sich nicht straffen, nicht spannen, nicht schwingen, sie sprühen nicht von Elektrizität. Diese angeborene Nervenstumpfheit schaltet Ludwig XVI. von jeder starken Gefühlsleistung aus: Liebe (im geistigen wie im physiologischen Sinn), Freude, Lust, Angst, Schmerz, Furcht, alle diese Elemente des Gefühls dringen bei ihm nicht durch die Elefantenhaut seiner Gleichgültigkeit, und nicht einmal unmittelbare Lebensgefahr kann ihn aus seiner Lethargie aufrütteln. Während die Revolutionäre die Tuilerien stürmen, geht sein Puls nicht eine Sekunde rascher, auch die Nacht vor der Guillotine kann keine der beiden Säulen seines Wohlbehagens, Schlaf und Eßlust, erschüttern. Nie wird dieser Mann, selbst die Pistole vor der Brust, erblassen, nie Zorn aus seinen stumpfen Augen aufleuchten, nichts kann ihn erschrecken, nichts aber auch ihn begeistern. Nur allergröbste Anstrengung, wie Schlosserei und Jagd, bringt wenigstens äußerlich seinen Körper in Bewegung; alles Zarte, Feingeistige, Graziöse, also Kunst, Musik, Tanz, ist dagegen seiner Gefühlswelt überhaupt nicht zugänglich; keine Muse und kein Gott vermögen seine trägen Sinne in Schwingung zu versetzen, selbst Eros nicht. Nie hat in zwanzig Jahren Ludwig XVI. eine andere Frau begehrt als die ihm sein Großvater als Gattin bestimmt hat; er bleibt mit ihr glücklich und zufrieden, wie er mit allem zufrieden ist in seiner geradezu aufreizenden Bedürfnislosigkeit. Darum war es eine teuflische Böswilligkeit des Schicksals, gerade von einer solchen stockigen und stumpf animalischen Natur die historisch wichtigsten Entscheidungen des ganzen Jahrhunderts zu verlangen, einen so durchaus auf das Beschauliche angelegten Menschen vor die fürchterlichste Weltkatastrophe zu stellen. Denn eben dort, wo die Tat beginnt, wo der Muskel des Willens in Zugriff oder Abwehr sich straffen soll, wird dieser körperlich robuste Mann auf die jämmerlichste Weise schwach: jede Entscheidung bedeutet für Ludwig XVI. jedesmal die allerschrecklichste Verlegenheit. Er kann nur nachgeben, nur tun, was andere wollen, weil er selbst nichts will als Ruhe, Ruhe, Ruhe. Bedrängt und überrascht, verspricht er jedem, was er verlangt, und, ebenso schlapp und bereitwillig, dem nächsten das Gegenteil; wer an ihn herankommt, hat ihn schon überwältigt. Durch diese namenlose Schwäche wird Ludwig XVI. immer wieder schuldlos schuldig und bei ehrlichster Absicht unehrlich, Spielball seiner Frau, seiner Minister, ein Bohnenkönig ohne Heiterkeit und Haltung, glücklich, wenn man ihm seinen Frieden läßt, verzweifelt und zum Verzweifeln in den Stunden, da er wirklich herrschen sollte. Hätte die Revolution diesem arglosen, dumpfen Menschen, statt ihm ein Fallbeil in den kurzen, dicken Hals zu treiben, irgendwo ein kleines Bauernhäuschen mit einem Gärtchen und einer unbedeutenden Pflicht gegönnt, sie hätte ihn glücklicher gemacht als der Erzbischof von Reims mit der Krone Frankreichs, die er ohne Stolz, ohne Lust und ohne Würde zwanzig Jahre hindurch gleichgültig trug.

Einen solchen gutmütig unmännlichen Mann als großen Imperator zu preisen, hat auch der höfischste aller Hofbarden nie gewagt. Die Königin dagegen in allen Formen und Worten zu verherrlichen, in Marmor, Terrakotta, Biskuit, Pastell, in zierlichen Elfenbeinminiaturen und graziösen Gedichten nachzubilden, wetteifern alle Künstler, denn ihr Antlitz, ihr Gehabe spiegelt geradezu vollendet das Zeitideal. Zart, schlank, anmutig, liebreizend, spielerisch und kokett, wird die Neunzehnjährige von der ersten Stunde an die Göttin des Rokoko, der vorbildliche Typus der Mode und des herrschenden Geschmacks; wenn eine Frau als schön und anziehend gelten will, bemüht sie sich, ihr ähnlich zu sein. Dabei hat Marie Antoinette eigentlich weder ein bedeutendes noch ein besonders eindrucksvolles Gesicht; ihr glattes, feingeschnittenes Oval mit kleinen pikanten Unregelmäßigkeiten, wie der habsburgischen starken Unterlippe und einer etwas zu flachen Stirn, bezaubert weder durch geistigen Ausdruck noch durch irgendeinen persönlich-physiognomischen Zug. Etwas Kühles und Leeres wie von glattfarbenem Email geht von diesem unausgeformten, noch auf sich selbst neugierigen Mädchengesicht aus, dem erst die späteren fraulichen Jahre eine gewisse majestätische Fülle und Entschlossenheit hinzutun. Einzig die weichen und im Ausdruck sehr wandelhaften Augen, die leicht in Tränen überströmen, um dann sofort wieder in Spiel und Spaß aufzufunkeln, deuten auf Belebtheit des Gefühls, und die Kurzsichtigkeit gibt ihrem seichten, nicht sehr tiefen Blau einen schwimmenden und rührenden Charakter; nirgends aber zeichnet Willensstraffheit eine harte Charakterlinie in dies blasse Oval: man spürt nur eine weiche, nachgiebige Natur, die von Stimmung sich führen läßt und, durchaus weiblich, immer nur den Unterströmungen ihres Empfindens folgt. Dieses Zärtlich-Anmutige ist es auch, was alle an Marie Antoinette vor allem bewundern. Wahrhaft schön ist an dieser Frau eigentlich nur das wesentlich Weibliche, das üppige, vom Aschblonden ins Rötliche schimmernde Haar, das Porzellanweiß und die Glätte ihres Teints, die füllige Weichheit der Formen, die vollendeten Linien ihrer elfenbeinglatten und zartrunden Arme, die gepflegte Schönheit ihrer Hände, all das Blühende und Duftende einer erst halb aufgefalteten Mädchenschaft, allerdings ein zu flüchtiger und sublimierter Reiz, als daß er sich aus den Nachbildungen ganz erahnen ließe.

Denn auch die wenigen meisterlichen unter ihren Bildern enthalten uns noch das Allerwesentlichste ihrer Natur vor, das Allerpersönlichste ihrer Wirkung. Bilder vermögen fast immer nur die erzwungene starre Pose eines Menschen festzuhalten, und der eigentlichste Zauber Marie Antoinettes beruhte, darüber ist nur eine Stimme, in der unnachahmlichen Anmut ihrer Bewegungen. Erst in der belebten Haltung enthüllt Marie Antoinette die eingeborene Musikalität ihres Körpers; wenn sie auf feinen Fesseln hoch und schlank durch das Spalier der Spiegelsäle schreitet, wenn sie sich kokett-nachgiebig in einem Sessel zum Plaudern zurücklehnt, wenn sie ungestüm aufspringt und beschwingt über die Stufen läuft, wenn sie mit natürlich anmutiger Geste die blendend weiße Hand zum Kusse darreicht oder zärtlich ihren Arm um die Taille der Freundin legt, wirkt ihre Haltung ohne jede Anstrengung vollendet aus weiblichkörperlicher Intuition. »Wenn sie sich aufrecht hält«, schreibt ganz trunken der sonst kühle Engländer Horace Walpole, »ist sie die Statue der Schönheit, wenn sie sich bewegt, die Grazie in Person.« Und wirklich, sie reitet, sie spielt Ball wie eine Amazone; überall, wo ihr biegsam geformter, talentierter Körper ins Spiel kommt, übertrifft sie die schönsten Frauen ihres Hofes, nicht nur an Geschicklichkeit, sondern auch an sinnlichem Reiz, und energisch weist der entzückte Walpole den Einwand, sie folge im Tanze nicht immer genau dem Rhythmus, mit dem hübschen Worte zurück, dann habe eben die Musik unrecht. Aus wissendem Instinkt – jede Frau kennt das Gesetz ihrer Schönheit – liebt Marie Antoinette darum die Bewegung. Unruhe ist ihr wahres Element; Stillsitzen dagegen, Zuhören, Lesen, Lauschen, Nachdenken und in gewissem Sinne sogar Schlaf sind für sie unerträgliche Geduldproben. Nur auf und ab und hin und her, etwas anfangen, immer etwas anderes und nichts zu Ende tun, immer beschäftigt sein und beschäftigt werden, ohne sich dabei selbst ernstlich anzustrengen; nur immer spüren, daß die Zeit nicht stillsteht, nur ihr nach, sie überholen, sie überrennen! Nicht lang essen, nur rasch ein bißchen Zukkerwerk naschen, nicht lange schlafen, nicht lange denken, nur weiter und weiter in wechselndem Müßiggang! So werden die zwanzig königlichen Jahre Marie Antoinettes ein ewiges, um das eigene Ich kreisendes Bewegtsein, das, keinem äußeren oder inneren Ziel zugewandt, menschlich und politisch einen völligen Leerlauf ergibt.

Diese Haltlosigkeit, dies Nie-bei-sich-selber-Haltmachen, diese Selbstvergeudung einer großen und nur falsch verwerteten Kraft ist es, was ihre Mutter so sehr an Marie Antoinette erbittert: sie weiß genau, die alte Menschenkennerin, dieses von Natur begabte und auch beseelte Mädchen könnte hundertmal mehr aus sich herausholen. Marie Antoinette brauchte nur sein zu wollen, was sie im Grunde ist, und sie hätte königliche Macht; aber, Verhängnis, sie lebt aus Bequemlichkeit ständig unter ihrem eigenen geistigen Niveau. Als echte Österreicherin hat sie unzweifelhaft viel und zu vielem Talent, leider nur nicht den mindesten Willen, diese eingeborenen Gaben ernsthaft auszunützen oder gar zu vertiefen: leichtfertig zerstreut sie ihre Talente, um sich selbst zu zerstreuen. »Ihre erste Regung«, urteilt Joseph II., »ist immer die richtige, und wenn sie dabei beharrte, ein wenig mehr nachdenken würde, wäre sie vortrefflich.« Aber gerade dieses auch nur ein wenig Nachdenken wird ihrem wirbeligen Temperament schon zur Last; jedes andere Denken als das aus dem Stegreif springende bedeutet für sie Anstrengung, und ihre kapriziös nonchalante

Natur haßt jede Art geistiger Anstrengung. Nur Spiel will sie, nur Leichtigkeit in allem und jedem, nur kein Bemühen, keine wirkliche Arbeit. Marie Antoinette plaudert ausschließlich mit dem Mund und nicht mit dem Kopf. Wenn man zu ihr spricht, hört sie sprunghaft-zerstreut zu; in der Konversation, bestechend durch bezaubernde Liebenswürdigkeit und glitzernde Leichtigkeit, läßt sie jeden Gedanken, kaum angesponnen, sofort wieder fallen, nichts spricht sie, nichts denkt sie, nichts liest sie zu Ende, nirgends hakt sie sich fest, um daraus einen Sinn und Sein wirklicher Erfahrung zu saugen. Darum mag sie auch keine Bücher, keine Staatsakte, nichts Ernstes, das Geduld und Aufmerksamkeit fordert, und nur ungern, mit ungeduldig kritzelnder Schrift entledigt sie sich der allernotwendigsten Briefe; selbst denen an die Mutter merkt man das Fertighabenwollen oft deutlich an. Nur nicht sich das Leben beschweren, nur nichts, was den Kopf düster oder dumpf oder melancholisch macht! Wer diese ihre Denkfaulheit am besten überspielt, gilt ihr als der klügste Mann, wer Anstrengung fordert, als lästiger Pedant, und mit einem Sprung ist sie weg von allen vernünftigen Ratgebern bei ihren Kavalieren und Gesinnungsschwestern. Nur genießen, nur sich nicht stören lassen durch Nachdenken und Rechnen und Sparen, so denkt sie, und so denken sie alle in ihrem Kreise. Nur den Sinnen leben und sich nicht besinnen: Moral eines ganzen Geschlechts, des Dixhuitième, dem das Schicksal sie symbolisch als Königin gesetzt, daß sie sichtbar mit ihm lebe und sichtbar mit ihm sterbe.

Einen krasseren charakterologischen Gegensatz als dieses höchst ungleiche Paar könnte kein Dichter erfinden; bis in den letzten Nerv ihrer Körper, bis in den Rhythmus des Bluts, bis in die äußerste Ausschwingung ihrer Temperamente stellen Marie Antoinette und Ludwig XVI. in allen ihren Eigenschaften und Eigenheiten eine geradezu schulmäßige Antithese dar. Er schwer, sie leicht, er plump, sie biegsam, er stockig, sie moussierend, er nervenstumpf, sie flackerig-nervös. Und weiter ins Seelische: er unentschlossen, sie zu rasch entschlossen, er langsam überlegend, sie spontan in Ja und Nein, er strenggläubig bigott, sie selig weltverliebt, er bescheiden demütig, sie kokett selbstbewußt, er pedantisch, sie fahrig, er sparsam, sie verschwenderisch, er überernst, sie unmäßig verspielt, er Tiefgänger mit schwerem Flutgang, sie Schaum und Wellentanz. Er fühlt sich allein am wohlsten, sie in lauter lärmender Gesellschaft, er liebt mit animalisch dumpfem Behagen viel zu essen und schweren Wein zu trinken, sie rührt Wein nie an, ißt wenig und flink. Sein Element ist der Schlaf, das ihre der Tanz, seine Welt der Tag, die ihre die Nacht; so geht der Stundenzeiger ihrer Lebensuhren ständig wie Sonne und Mond gegeneinander. Um elf Uhr, wenn sich Ludwig XVI. schlafen legt, beginnt Marie Antoinette erst richtig aufzuflackern, heute in den Spielsaal, morgen auf einen Ball, immer anderswohin; wenn er morgens schon stundenlang auf der Jagd herumreitet, fängt sie erst an, sich zu erheben. Nirgends, in keinem Punkt, treffen ihre Gewohnheiten, ihre Neigungen, ihre Zeiteinteilung zusammen; eigentlich machen Marie Antoinette und Ludwig XVI. einen Großteil ihres Lebens vie à part, wie sie (zum Leidwesen Maria Theresias) fast immer lit à part machen.

Eine schlechte, eine zanksüchtige, gereizte, eine mühsam zusammengehaltene Ehe also? Durchaus nicht! Im Gegenteil, eine durchaus gemütliche, zufriedene Ehe – und wäre das anfängliche Versagen der Männlichkeit mit den bekannten peinlichen Auswirkungen nicht, sogar eine völlig glückliche. Denn damit Spannungen entstehen, bedarf es beiderseits einer gewissen Kraft, Wille muß sich gegen Willen stemmen, hart gegen hart. Diese beiden aber, Marie Antoinette und Ludwig XVI., weichen jeder Reibung und Spannung aus, er aus körperlicher, sie aus seelischer Lässigkeit. »Mein Geschmack ist nicht derselbe wie der des Königs«, plaudert Marie Antoinette locker in einem Brief aus, »er interessiert sich für nichts als die Jagd und mechanische Arbeit ... Sie werden mir zugeben, daß meine Stellung in einer Schmiede nicht eben von besonderer Grazie wäre: ich wäre dort nicht Vulkan, und die Rolle der Venus würde meinem Gatten vielleicht noch mehr mißfallen als meine andern Neigungen.« Ludwig XVI. wieder findet die ganze wirbelige, geräuschvolle Art ihrer Vergnügungen gar nicht nach seinem Sinn, aber der schlaffe Mann hat weder Willen noch Kraft, energisch einzuschreiten; gutmütig lächelt er zu ihren Maßlosigkeiten und ist im Grunde stolz, eine so vielbewunderte, charmante Frau zu haben. Soweit sein mattes Gefühl sich einer Schwingung überhaupt fähig erweist, ist dieser biedere Mann auf seine Art – also schwerfällig und redlich – seiner schönen und ihm an Verstand überlegenen Frau völlig willenshörig zugetan, er drückt sich, seiner Minderwertigkeit bewußt, zur Seite, um ihr nicht im Licht zu stehen. Sie wiederum lächelt ein wenig über den bequemen Ehegatten, aber ohne Bosheit, denn auch sie hat ihn in einer gewissen nachsichtigen Weise gern, etwa wie einen großen zottigen Bernhardiner, den man ab und zu krault und streichelt, weil er niemals knurrt und murrt und gehorsam zärtlich dem kleinsten Wink gehorcht: auf die Dauer kann sie dem guten Dickfell nicht böse sein, schon aus Dankbarkeit nicht. Denn er läßt sie schalten und walten nach ihrer Laune, zieht sich zartfühlend zurück, wo er sich nicht erwünscht fühlt, betritt nie unangemeldet ihr Zimmer, ein idealer Gatte, der trotz seiner Sparsamkeit ihre Schulden immer wieder zahlt und ihr alles gestattet, am Ende sogar ihren Liebhaber. Je länger Marie Antoinette mit Ludwig XVI. zusammen lebt, um so mehr gewinnt sie Achtung vor seinem hinter aller Schwäche hochehrenwerten Charakter. Aus der diplomatisch gekuppelten Ehe wird allmählich eine wirkliche Kameradschaft, ein gutes herzliches Beisammensein, ein herzlicheres jedenfalls als in den meisten fürstlichen Ehen jener Zeit.

Nur Liebe, dies große und heilige Wort, läßt man besser bei diesem Anlaß aus dem Spiel. Zu rechter Liebe fehlt diesem unmännlichen Ludwig die Energie des Herzens; Marie Antoinettes Neigung für ihn enthüllt andererseits zuviel Mitleid, zuviel Herablassung, zuviel Nachsicht, als daß dieses laue Gemisch noch Liebe genannt werden dürfte. Körperlich konnte und mußte sich diese Feinnervige und Zarte aus Pflichtgefühl und Staatsräson ihrem Gatten ergeben, aber anzunehmen, daß dieser behäbige, bequeme, gefühlsfaule Mann, dieser Falstaff, in dieser muntern Frau Fluth erotische Spannungen erweckt oder befriedigt hätte, wäre einfach sinnlos. »Liebe hat sie gar keine für ihn«, meldet klipp und klar, in ruhiger sachlicher Feststellung Joseph II. von seinem Pariser Besuch nach Wien, und wenn sie ihrerseits ihrer Mutter schreibt, von den drei Brüdern sei ihr derjenige noch immer der liebste, den ihr Gott als Ehegemahl bescherte, so sagt dieses »noch«, dieses verräterisch in die Zeilen geschlüpfte »noch«, mehr, als sie bewußt ausdrücken wollte, etwa: da ich keinen besseren Mann bekommen konnte, ist dieser anständige, brave Gatte »noch« immer der annehmbarste Ersatz. In diesem einen Wort mißt sich die ganze laue Temperierung ihrer Beziehung. Nun wäre Maria Theresia schließlich – sie hört von ihrer andern Tochter aus Parma viel schlimmere Dinge – mit dieser elastischen Eheauffassung zufrieden, zeigte Marie Antoinette nur etwas Verstellungskunst und seelischen Takt in ihrem Verhalten, verstünde sie bloß besser vor andern zu verbergen, daß sie ihren königlichen Gemahl männlich als Null, als quantité négligeable betrachtet! Aber Marie Antoinette – und dies verzeiht ihr Maria Theresia nicht – vergißt die Form zu wahren und damit die Ehre ihres Gatten; glücklicherweise ist es die Mutter, die rechtzeitig eines dieser leichtfertigen Worte auffängt. Einer ihrer Staatsfreunde, Graf Rosenberg, war nach Versailles zu Besuch gekommen, Marie Antoinette hat den feinen alten galanten Herrn liebgewonnen und so viel Vertrauen zu ihm, daß sie ihm nach Wien einen muntern Plauderbrief schreibt, in dem sie erzählt, wie sie heimlich ihren Mann zum Narren gehalten, als der Herzog von Choiseul bei ihr Audienz erbat. »Sie werden mir gern glauben, daß ich ihn nicht gesehen habe, ohne den König zu verständigen. Aber Sie werden nicht ahnen können, welche Geschicklichkeit ich eingesetzt habe, um nicht den Anschein zu erwecken, eine Erlaubnis zu erbitten. Ich sagte, daß ich Herrn von Choiseul gern sehen möchte und nur mit der Wahl des Tages noch nicht im reinen wäre, und das machte ich so gut, daß der arme Mann (»le pauvre homme«) selbst die bequemste Stunde ausfindig machte, wo ich ihn sehen konnte. Meiner Meinung nach habe ich bei dieser Sache nur mein Recht als Frau weidlich genutzt.« Ganz locker fließt Marie Antoinette das Wort »pauvre homme« aus der Feder, sorglos siegelt sie den Brief, denn sie glaubt doch nur eine lustige Anekdote erzählt zu haben, und die Bezeichnung »pauvre homme« bedeutet in der Sprache ihres Herzens ganz ehrlich gutmütig: der »arme gute Kerl«. Aber in Wien liest man dieses Mischwort aus Sympathie, Mitleid und Verächtlichkeit anders. Maria Theresia erkennt sofort, welche gefährliche Taktlosigkeit darin liegt, wenn die Königin von Frankreich in einem Privatbrief den König von Frankreich, den obersten Herrn der Christenheit, öffentlich einen »pauvre homme« nennt, wenn sie nicht einmal den Monarchen in ihrem Gatten achtet und ehrt. In welchem Ton muß dieser Windkopf sich erst mündlich bei den Gartenfesten und Redouten mit seinen Lamballes und Polignacs, mit den jungen Kavalieren über den Gebieter Frankreichs mokieren! Sofort wird strenge Beratung in Wien gehalten und ein derartig energischer Brief an Marie Antoinette geschrieben, daß jahrzehntelang das kaiserliche Archiv seine Veröffentlichung nicht erlaubte. »Ich kann Dir nicht verschweigen«, rüffelt die alte Kaiserin die pflichtvergessene Tochter, »daß Dein Brief an Grafen Rosenberg mich auf das äußerste bestürzt hat. Was für eine Ausdrucksform, was für ein Leichtsinn! Wo ist das gute, so weiche, so hingebungsvolle Herz der Erzherzogin Marie Antoinette? Ich sehe dort nur Intrigen, kleinlichen Haß, Spott und Hämischkeit; eine Intrige, in der eine Pompadour, eine Dubarry hätte ihre Rolle spielen können, aber nicht eine Prinzessin, und zwar eine große Prinzessin aus dem Hause Habsburg-Lothringen voll Güte und Takt. Immer hat mich Dein rascher Erfolg und alles, was Dich umschmeichelt, seit diesem Winter, in dem Du Dich in die Vergnügen und lächerlichen Moden und Aufmachungen geworfen hast, erzittern lassen. Diese Hetzjagd von Vergnügen zu Vergnügen ohne den König, obwohl Du weißt, daß es ihn nicht freut und daß er nur aus reiner Nachgiebigkeit Dich begleitet oder sie duldet, all das ließ mich in meinen früheren Briefen meine berechtigte Unruhe äußern. Ich sehe sie durch diesen Brief nur bestätigt. Was für eine Sprache! ›Le pauvre homme!‹ Wo ist der Respekt und die Dankbarkeit für all sein Entgegenkommen? Ich überlasse Dich darüber Deinem eigenen Nachdenken und sage nicht mehr, obwohl noch viel zu sagen wäre … Aber wenn ich weiterhin noch derartige Ungehörigkeiten bemerke, werde ich nicht schweigen können, weil ich Dich zu sehr liebe, und ich sehe solche leider noch mehr als jemals voraus, weil ich Dich so leichtfertig, so heftig und so ohne jede Überlegung weiß. Dein Glück kann nur zu rasch enden und Dich durch

Dein eigenes Verschulden ins größte Unglück stürzen, und dies alles nur infolge jener furchtbaren Vergnügungssucht, die Dir keine ernste Beschäftigung gönnt. Was für Bücher liest Du denn? Und dann wagst Du Dich in alles einzumengen, in die wichtigsten Affären und in die Wahl der Minister? ... Es scheint, daß der Abbé und Mercy Dir unangenehm geworden sind, weil sie nicht diese niedrigen Schmeichler nachahmen und weil sie Dich glücklich machen wollen und nicht bloß amüsieren und von Deiner Schwäche Nutzen ziehen. Eines Tages wirst Du das einsehen, aber zu spät. Ich hoffe, diesen Augenblick nicht erleben zu müssen, und bitte Gott, so rasch als möglich meine Tage zu beschließen, weil ich Dir nicht mehr nützlich sein kann, weil ich es nicht ertragen könnte, mein Kind zu verlieren und unglücklich zu sehen, das ich zärtlich bis zu meinem letzten Augenblick lieben werde.«

Übertreibt sie nicht, malt sie nicht zu früh den Teufel an die Wand wegen dieses einen, doch nur übermütig gemeinten Spaßwortes »pauvre homme?« Aber Maria Theresia geht es in diesem Falle nicht um das zufällige Wort, sondern um ein Symptom. Diese Äußerung hellt ihr blitzartig auf, wie wenig Respekt Ludwig XVI. in der eigenen Ehe genießt und wie wenig im ganzen Hofkreise. Ihre Seele wird unruhig. Wenn in einem Staate Mißachtung des Monarchen bereits die festesten Tragbalken, die eigene Familie, unterhöhlt, wie sollen dann die andern Stützen und Pfeiler im Sturme aufrecht bleiben? Wie soll eine bedrohte Monarchie bestehen ohne Monarchen, ein Thron unter bloßen Statisten, die den Königsgedanken weder im Blute noch im Hirn noch im Herzen fühlen? Ein Schwächling und eine Mondäne, zu zaghaft denken der eine, zu unbedacht die andere, wie sollen diese Leichtfertigen ihre Dynastie behaupten gegen eine drohend gesammelte Zeit? Sie ist in Wahrheit gar nicht zornig gegen ihre Tochter, die alte Kaiserin, sie ist nur besorgt um sie.

Und wirklich, wie auch diesen beiden zürnen, wie sie verurteilen? Selbst dem Konvent, ihrem Ankläger, ist es bitter schwer geworden, diesen »armen Mann« als Tyrannen und Bösewicht anzusprechen; im tiefsten Grunde war kein Gran Bösartigkeit in diesen beiden und, wie meist in mittleren Naturen, keine Härte, keine Grausamkeit, nicht einmal Ehrsucht oder grobe Eitelkeit. Jedoch, leider, auch ihre Vorzüge kommen über bürgerlichen Mittelwuchs nicht hinaus: honette Gutmütigkeit, lockere Nachsicht, temperiertes Wohlwollen. In eine Zeit geraten, so mittelmäßig wie sie selber, hätten sie in Ehren gestanden und leidlich gute Figur gemacht. Aber einer dramatisch gesteigerten Epoche durch innere Mitverwandlung eine gleiche Erhobenheit des Herzens entgegenzuhalten, haben weder Marie Antoinette noch Ludwig gewußt; sie verstanden noch eher, anständig zu sterben, als stark und heroisch zu leben. Jeden erreicht immer nur das Schicksal, dessen er nicht Herr zu werden versteht – in allem Unterliegen ist ein Sinn und eine Schuld. Im Falle Marie Antoinettes und Ludwigs XVI. hat Goethe sie richterlich weise gemessen:

Warum denn wie mit einem Besen
Wird so ein König hinausgekehrt?
Wären's Könige gewesen,
Sie ständen alle noch unversehrt.

Im Augenblick, da Marie Antoinette, die Tochter seiner alten Gegnerin Maria Theresia, den französischen Thron besteigt, wird Friedrich der Große, der Erbfeind Österreichs, unruhig. Brief auf Brief sendet er an den preußischen Gesandten, er möge sorgfältig ihren politischen Plänen nachspüren. In der Tat, die Gefahr ist für ihn groß. Marie Antoinette brauchte nur zu wollen, sich ein ganz klein wenig zu bemühen, und alle Fäden der französischen Diplomatie liefen einzig durch ihre Hand, Europa wäre von drei Frauen beherrscht, von Maria Theresia, Marie Antoinette und Katharina von Rußland. Aber zum Glück für Preußen, zum Verhängnis für sich selbst, fühlt sich Marie Antoinette nicht im mindesten von der großartigen, der welthistorischen Aufgabe angezogen, sie denkt nicht daran, die Zeit zu verstehen, sondern einzig, sich die Zeit zu vertreiben, lässig greift sie nach der Krone wie nach einem Spielzeug. Statt die ihr zugefallene Macht zu nutzen, will sie sie bloß genießen.

Dies war der verhängnisvolle Fehler Marie Antoinettes von allem Anbeginn: sie wollte als Frau siegen statt als Königin, ihre kleinen weiblichen Triumphe zählten ihr mehr als die großen und weithin reichenden der Weltgeschichte, und weil ihr verspieltes Herz der königlichen Idee keinen seelischen Inhalt zu geben wußte, sondern nur eine vollendete Form, schrumpfte ihr unter den Händen eine große Aufgabe in ein vergängliches Spiel, ein hohes Amt in eine schauspielerische Rolle, Königin sein heißt für Marie Antoinette fünfzehn leichtsinnige Jahre lang ausschließlich: als die eleganteste, die kokett este, die bestangezogene, verwöhnteste und vor allem die vergnügteste Frau eines Hofes bewundert zu werden, der arbiter elegantiarum, die tonangebende Mondäne jener vornehm überzüchteten Gesellschaftswelt zu sein, die sich selbst für die Welt hält. Zwanzig Jahre spielt sie auf ihrer Privatbühne von Versailles, die wie ein japanischer Blumensteig über einen Abgrund gebaut ist, selbstverliebt die Primadonnenrolle der vollkommenen Rokokokönigin mit Stil und Anmut.

Aber wie arm bleibt das Repertoire dieser Gesellschaftskomödie: ein paar kleine flüchtige Koketterien, ein paar dünne Intrigen, sehr wenig Geist und sehr viel Tanz. Bei diesen Spielen und Spielereien hat sie keinen rechten Partner als König zur Seite, keinen wahrhaften Helden als Gegenspieler und eine immer gleiche, gelangweilt snobistische Zauberschaft, indes außerhalb der vergoldeten Gittertore ein Millionenvolk auf seine Herrscherin harrt. Aber die Verblendete läßt nicht von der Rolle, sie wird nicht müde, immer mit neuen Nichtigkeiten ihr törichtes Herz zu betören; selbst als von Paris her schon der Donner über die Gärten von Versailles drohend heranrollt, läßt sie nicht ab. Erst da sie die Revolution gewaltsam von dieser winzigen Rokokobühne auf die große und tragische der Weltgeschichte reißt, erkennt sie den ungeheueren Irrtum, daß sie zwanzig Jahre eine zu geringe Rolle gewählt, die der Soubrette, die der Salondame, indes das Schicksal ihr Kraft und Seelenstärke für eine heldische verliehen hatte. Spät erkennt sie diesen Irrtum und doch nicht zu spät. Denn gerade in dem Augenblick, da sie die Rolle der Königin nicht mehr zu leben und nur noch zu sterben hat, im tragischen Nachspiel der Schäferkomödie, erreicht sie wirkliches Maß. Erst als das Spiel Ernst wird und man ihr die Krone nimmt, wird Marie Antoinette wirklich vom Herzen her Königin.

Diese Gedanken- oder vielmehr Gedankenlosigkeitsschuld Marie Antoinettes, daß sie fast zwanzig Jahre lang das Wesenhafte dem Nichtigen aufopfert, die Pflicht dem Genuß, das

Schwere dem Leichten, Frankreich dem kleinen Versailles, die wirkliche Welt ihrer Spielwelt – diese historische Schuld ist beinahe unfaßbar. Um sie in ihrer Sinnlosigkeit sinnlich zu begreifen, nimmt man am besten zur Probe eine Karte Frankreichs zur Hand und zeichnet sich dort den winzigen Lebensraum nach, innerhalb dessen Marie Antoinette die zwanzig Jahre ihrer Regierung verbrachte. Das Ergebnis ist verblüffend. Denn dieser Kreis ist so klein, daß er auf einer mittleren Karte fast zum Pünktchen wird. Versailles, Trianon, Marly, Fontainebleau, Saint-Cloud, Rambouillet, in sechs Schlössern innerhalb eines lächerlichen Raumes weniger Wegstunden rollt der goldene Kreisel ihrer betriebsamen Langeweile unablässig hin und her. Nicht ein einziges Mal hat, räumlich so wenig wie geistig, Marie Antoinette das Bedürfnis empfunden, dieses Pentagramm zu überschreiten, in dem sie der dümmste aller Teufel, der Vergnügungsteufel, eingeschlossen hielt. Nicht ein einziges Mal in fast einem Fünftel eines Jahrhunderts hat die Herrscherin Frankreichs dem Wunsch Folge geleistet, ihr eigenes Reich kennenzulernen, die Provinzen, deren Königin sie ist, zu sehen, das Meer, das die Küsten umspült, die Berge, Festungen, Städte und Kathedralen, das breite und vielfältige Land. Nicht ein einziges Mal stiehlt sie ihrem Müßiggang eine Stunde Zeit, einen ihrer Untertanen zu besuchen oder auch nur an sie zu denken, nicht ein einziges Mal betritt sie ein bürgerliches Haus: all diese wahrhafte Welt außerhalb ihres Adelskreises war faktisch für sie nicht vorhanden. Daß sich rund um das Opernhaus von Paris eine riesige Stadt dehnt, dicht gefüllt mit Armut und Unmut, daß hinter den Teichen von Trianon mit den chinesischen Enten und wohlgefütterten Schwänen und Pfauen, hinter dem sauber und schmuck von Hofarchitekten entworfenen Paradedorf, dem Hameau, die wirklichen Bauernhäuser verfallen und die Scheunen leer stehen, daß hinter den vergoldeten Gittern ihrer Parks ein Millionenvolk arbeitet, hungert und hofft, hat Marie Antoinette nie gewußt. Vielleicht konnte dem Rokoko nur jenes Nichtwissen und Nichtwissenwollen um alle Tragik und Trübe der Welt jene bezaubernde Grazie, jene leichte, sorglose Anmut geben; nur wer den Ernst der Welt nicht kennt, kann ja so selig spielen. Aber eine Königin, die ihr Volk vergißt, wagt hohes Spiel. Eine Frage hätte Marie Antoinette die Welt aufgetan, aber sie wollte nicht fragen. Ein Blick in die Zeit, und sie hätte begriffen, aber sie wollte nicht begreifen. Sie wollte in ihrem Abseits heiter, jung und unbehelligt bleiben. Von einem Irrlicht geführt, geht sie unablässig im Kreise und versäumt mit ihren Hofmarionetten und inmitten einer künstlichen Kultur die entscheidenden und nicht wieder einzuholenden Jahre ihres Lebens.

Das ist ihre Schuld, ihre unleugbare: mit einem Leichtsinn ohnegleichen hingetreten zu sein vor die gewaltigste Aufgabe der Geschichte, mit einem weichen Herzen in die härteste Auseinandersetzung des Jahrhunderts. Eine unleugbare Schuld und doch eine läßliche, weil begreiflich durch ein Maß der Versuchung, der auch ein stärkerer Charakter kaum hätte widerstehen können. Aus der Kinderstube ins Ehebett geholt, aus den Hinterzimmern eines Palastes über Nacht zur höchsten Macht gleichsam noch träumend gerufen, noch nicht fertig, noch nicht geistig erweckt, fühlt sich diese arglose, nicht sonderlich starke, nicht sonderlich wache Seele plötzlich sonnenhaft umkreist von einem Planetentanz der Bewunderung; und wie schurkisch gut ist dies Geschlecht des Dixhuitième geübt, eine junge Frau zu verführen! Wie durchtrieben geschult in der Giftmischerei feiner Schmeicheleien, wie erfinderisch in der Fertigkeit, mit Nichtigkeit zu entzücken, wie meisterlich in der hohen Schule der Galanterie und der phäakischen Kunst, das

Leben leichtzunehmen! Erfahren und übererfahren in allen Verlockungen und Schwächungen der Seele, ziehen die Höflinge dieses unerfahrene, dieses auf sich selbst noch neugierige Mädchenherz gleich von Anfang an in ihren zauberischen Kreis. Seit dem ersten Tage ihres Königinnentums schwebt Marie Antoinette in einer Weihrauchwolke maßloser Vergötterung. Was sie sagt, gilt als klug, was sie tut, als Gesetz, was sie wünscht, wird erfüllt. Sie hat eine Laune, und morgen schon ist sie Mode. Sie macht eine Torheit, und ein ganzer Hof ahmt sie begeistert nach. Ihre Nähe ist Sonne für diese eitle, ehrgeizige Schar, ihr Blick ist ein Geschenk, ihr Lächeln Beglückung, ihr Kommen ein Fest; wenn sie Empfang hält, machen alle Damen, die ältesten wie die jüngsten, die vornehmsten wie die eben zum Hofe zugelassenen, die krampfhaftesten, die heitersten, die lächerlichsten, die läppischsten Anstrengungen, um Gottes willen nur für eine Sekunde ihre Aufmerksamkeit auf sich zu lenken, eine Artigkeit zu erhaschen, ein Wort, und wenn nicht dies, so doch wenigstens bemerkt und nicht übersehen zu werden. Auf den Straßen wiederum jubelt ihr das Volk, zu Scharen gereiht, gläubig entgegen, im Theater erhebt sich vom ersten Platz bis zum letzten die versammelte Zuhörerschaft, und wenn sie an den Spiegeln vorbeischreitet, sieht sie darin, herrlich gekleidet und vom eigenen Triumph beschwingt, eine junge, hübsche Frau, sorglos und glücklich, so schön wie die schönsten am Hofe und somit auch – sie verwechselt ja diesen Hof mit der Welt – die schönste auf Erden. Wie mit einem kindischen Herzen, wie mit einer mittleren Kraft sich wehren gegen einen so betäubenden Rauschtrunk des Glücks, der aus allen scharfen und süßen Essenzen des Gefühls gemischt ist, aus dem Aufblick der Männer, dem bewundernden Neid der Frauen, der Hingabe des Volkes, aus dem eigenen Stolz? Wie nicht leichtsinnig werden, da alles so leicht ist? Da das Geld herschwebt auf immer neuen papiernen Zetteln und ein Wort, das eine Wort »payez«, flüchtig auf ein Blatt geschrieben, Dukaten tausendweise herrollt und kostbare Steine, Gärten und Schlösser hervorzaubert? Da die linde Luft des Glücks so süß und locker alle Nerven entspannt? Wie nicht sorglos und leichtherzig werden, wenn sich solche Schwingen vom Himmel her an die jungen, leuchtenden Schultern heften? Wie nicht den Boden verlieren unter den Füßen, wenn eine solche Verführung entführt?

Diese Leichtfertigkeit der Lebensauffassung, von dem Aspekt der Geschichte aus gesehen zweifellos ihre Schuld, war zugleich Schuld ihrer ganzen Generation: gerade durch ihr völliges Eingehen auf den Geist ihrer Zeit ist Marie Antoinette die typische Vertreterin des Dixhuitième geworden. Das Rokoko, diese überzüchtete und zarteste Blüte uralter Kultur, das Jahrhundert der feinen und müßigen Hände, des verspielten und verzärtelten Geistes, wollte, ehe es unterging, sich darstellen in einer Gestalt. Kein König, kein Mann hätte nun dies Jahrhundert der Dame im Bilderbuch der Geschichte repräsentieren können – nur in der Figur einer Frau, einer Königin, konnte es sich sinnlich abbilden, und diese Königin des Rokoko ist Marie Antoinette vorbildlich gewesen. Von den Sorglosen die sorgloseste, von den Verschwendern die verschwenderischste, unter den galanten und koketten Frauen die zierlich galanteste, die bewußt kocketteste, hat sie die Sitten und die künstlerische Lebensform des Dixhuitième in ihrer eigenen Person geradezu dokumentarisch deutlich und unvergeßlich zum Ausdruck gebracht. »Es ist unmöglich«, sagte Madame de Staël von ihr, »mehr Grazie und Güte in die Höflichkeit zu legen. Sie besitzt eine gewisse Art der Umgänglichkeit, die ihr nie erlaubt zu vergessen, daß sie Königin ist, und immer so tut, als ob sie es vergäße.« Marie Antoinette spielte mit ihrem Leben wie auf einem sehr zarten und zerbrechlichen Instrument. Statt menschlich groß für alle Zeiten wurde sie so charakteristisch für ihre Zeit; und während sie ihre innere Kraft sinnlos versäumt, hat sie doch einen Sinn erfüllt: in ihr vollendet sich das Dixhuitième, mit ihr geht es zu Ende.

Was ist die erste Sorge einer Rokokokönigin, wenn sie morgens in ihrem Schloß von Versailles erwacht? Die Berichte aus der Stadt, aus dem Staat? Die Briefe der Gesandten, ob die Armeen gesiegt haben, ob man den Krieg an England erklärt? Keineswegs. Marie Antoinette ist wie gewöhnlich erst um vier oder um fünf Uhr morgens heimgekehrt – sie hat nur wenige Stunden geschlafen, ihre Unruhe braucht nicht viel Ruhe; mit wichtiger Zeremonie beginnt jetzt der Tag. Die Oberzofe, der die Garderobe untersteht, tritt mit einigen Hemden, Taschentüchern und Handtüchern zur Morgentoilette ein, ihr zur Seite die erste Kammerfrau. Diese verbeugt sich und reicht einen Folianten zur Ansicht, in dem mit Stecknadeln kleine Stoffmuster aller in der Garderobe vorhandenen Toiletten eingeheftet sind. Marie Antoinette hat sich zu entscheiden, welche Roben sie heute anzuziehen wünscht: welche schwierige, verantwortungsreiche Wahl, denn für jede Saison sind zwölf neue Staatskleider, zwölf Phantasiekleider, zwölf Zeremonienkleider vorgeschrieben, die hundert anderen gar nicht zu zählen, die alljährlich neu angeschafft werden (man erdenke die Schmach, eine Königin der Mode würde etwa dieselben Roben mehrmals tragen!). Dazu die Morgenröcke, die Leibchen, die Spitzentücher und Fichus, die Hauben, Mäntel, Gürtel, Handschuhe, Strümpfe und Unterkleider aus dem unsichtbaren Arsenal, das ein Heer von Schneiderinnen und Garderobenfrauen beschäftigt. Die Wahl dauert gewöhnlich lange: schließlich werden mit Stecknadeln die Proben der Toiletten bezeichnet, welche Marie Antoinette für heute wünscht, das Staatskleid für den Empfang, das Deshabillé für den Nachmittag, das große Kleid für den Abend. Die erste Sorge ist erledigt, und das Buch mit den Stoffproben wird hinaus-, die gewählten Roben werden im Original hereingebracht.

Kein Wunder, daß bei solcher Wichtigkeit der Toilette die oberste Modistin, die göttliche Mademoiselle Bertin, mehr Macht über Marie Antoinette bekommt als alle Staatsminister, diese doch dutzendweise ersetzbar, jene einzig und unvergleichlich. Von Herkunft zwar nur eine gewöhnliche Putzmacherin aus der untersten Volksklasse, derb, selbstbewußt, ellbogenkräftig und eher ordinär als von feinen Manieren, hält diese Meisterin der haute couture die Königin vollkommen in ihrem Bann. Um ihretwillen wird achtzehn Jahre vor der eigentlichen Revolution eine Palastrevolution in Versailles angezettelt: Mademoiselle Bertin sprengt die Vorschrift der Etikette, die einer Bürgerlichen den Eintritt in die petits cabinets der Königin versagt; diese Künstlerin in ihrem Fach erreicht, was Voltaire und allen Dichtern und Malern der Zeit nie gelang: von der Königin allein empfangen zu werden. Wenn sie zweimal in der Woche mit ihren neuen Dessins erscheint, verläßt Marie Antoinette ihre adeligen Hofdamen und begibt sich zu geheimer Beratung mit der verehrten Künstlerin in verschlossene Privatgemächer, um mit ihr eine neue, noch närrischere Mode als die gestrige loszulassen. Selbstverständlich münzt die geschäftstüchtige Modistin einen solchen Triumph weidlich für ihre Kasse aus. Nachdem sie Marie Antoinette selbst zu dem kostspieligsten Aufwand verleitet, brandschatzt sie den ganzen Hof und Adel: mit Riesenlettern läßt sie über ihrem Geschäft in der Rue Saint-Honoré ihren Titel als Hoflieferantin der Königin anbringen und erklärt hochfahrend nachlässig ihren Kunden, die sie warten läßt: »Ich habe eben mit Ihrer Majestät zusammengearbeitet.« Bald steht ihr ein ganzes Regiment von Schneiderinnen und Stickerinnen zu Diensten, denn je eleganter sich die Königin trägt, um so ungestümer bemühen sich die anderen Damen, nicht zurückzustehen. Manche bestechen mit schweren Goldstücken die ungetreue Zauberin, ihnen ein Modell zu schneidern, das die Königin selbst noch nicht getragen hat: wie eine Krankheit greift der Toilettenluxus um sich. Die Unruhen im Lande, die Auseinandersetzungen mit dem Parlament, der Krieg mit England erregen bei weitem nicht so sehr diese eitle Hofgesellschaft wie das neue Flohbraun, das Mademoiselle Bertin in Mode bringt, oder eine besonders kühn geschweifte Turnüre des Reifrockes oder eine in Lyon zum erstenmal erzeugte Seidennuance. Jede Dame, die auf sich hält, fühlt sich verpflichtet, den Affentanz der Übertreibungen Schritt für Schritt mitzumachen, und seufzend klagt ein Gatte: »Niemals haben die Frauen in Frankreich so viel Geld ausgegeben, um sich lächerlich zu machen.«

Aber in dieser Sphäre die Königin zu sein, empfindet Marie Antoinette als ihre ureigene Pflicht. Nach einem Vierteljahr Regierung ist die kleine Prinzessin schon zur Modepuppe der eleganten Welt aufgestiegen, zum Modell aller Kostüme und Frisuren; durch alle Salons, durch alle Höfe rauscht ihr Triumph. Freilich auch bis nach Wien, und von dort kommt unfrohes Echo. Maria Theresia, die für ihr Kind würdigere Aufgaben wollte, schickt dem Botschafter ärgerlich ein Bild zurück, das ihr die Tochter modisch aufgeputzt und in übertriebenem Prunke zeigt, es sei das Bild einer Schauspielerin und nicht einer Königin von Frankreich. Ärgerlich mahnt sie die Tochter, freilich immer vergeblich: »Du weißt, daß ich stets der Meinung war, man müsse die Moden maßvoll befolgen, aber sie niemals übertreiben. Eine junge hübsche Frau, eine Königin voll Anmut hat allen diesen Unsinn nicht nötig, im Gegenteil,

Einfachheit der Kleidung steht ihr besser an und ist dem Rang einer Königin würdiger. Da sie den Ton angibt, wird sich die ganze Welt bemühen, ihr selbst auf ihren kleinen Fehltritten zu folgen. Aber ich, die ich meine kleine Königin liebe und sie Schritt für Schritt beobachte, darf nicht zögern, sie auf diese kleine Leichtfertigkeit aufmerksam zu machen.«

Zweite Sorge jedes Morgens: die Frisur. Glücklicherweise ist auch hier ein hoher Künstler zur Stelle, Herr Léonhard, der unerschöpfliche und unübertreffliche Figaro des Rokoko. Als großer Herr fährt er sechsspännig jeden Morgen von Paris nach Versailles, um mit Kamm, Haarwässern und Salben seine edle und täglich neue Kunst an der Königin zu erproben. Wie Mansart, der große Architekt, auf die Häuser die nach ihm benannten kunstvollen Dächer, so baut Herr Léonhard über der Stirn jeder Frau von Rang, die auf sich hält, ganze Türme von Haaren auf und modelliert das hochgesträubte Gebilde zu symbolischen Ornamenten. Mit riesigen Haarnadeln und kräftiger Verschwendung von starrer Pomade werden zunächst die Haare von der Wurzel her über der Stirn kerzengerade aufgebäumt, etwa doppelt so hoch wie eine preußische Grenadiermütze, dann erst im luftigen Raum, einen halben Meter über der Augenhöhe, beginnt das eigentliche plastische Reich des Künstlers. Nicht nur ganze Landschaften und Panoramen mit Früchten, Gärten, Häusern und Schiffen, mit bewegtem Meer, eine farbige Allerweltsschau wird auf diesen »Poufs« oder »Quäsacos« (so heißen sie nach einem Pamphlet von Beaumarchais) mit dem Kamm modelliert, sondern um die Mode recht abwechslungsreich zu machen, bilden diese Plastiken jederzeit das Geschehnis des Tages symbolisch nach. Alles, was diese Kolibrigehirne beschäftigt, was diese meist hohlen Frauenköpfe füllt, muß auf dem Kopfe affichiert werden. Erregt die Oper

Glucks Aufsehen, sofort erfindet Léonhard eine Coiffure à la Iphigénie mit schwarzen Trauerbändern und dem Halbmond der Diana. Wird der König gegen die Pocken geimpft, prompt erscheint dieses aufregende Tagesereignis als »Poufs de l'inoculation«. Kommt der amerikanische Aufstand in die Mode, gleich wird die Freiheitscoiffure die Siegerin des Tages, aber noch niederträchtiger und dümmer: als die Bäckerläden von Paris während der Hungersnot geplündert werden, weiß diese frivole Hofgesellschaft nichts Wichtigeres, als das Ereignis in den »Bonnets de la révolte« zur Schau zu tragen. Diese Kunstbauten über leeren Köpfen übersteigern sich immer toller. Allmählich werden die Haartürme, dank massigerer Unterlagen und künstlicher Strähnen, so hoch, daß die Damen damit nicht mehr in ihren Karossen sitzen können, sondern mit aufgehobenen Röcken knien müssen, sonst würde das kostbare Haargebäude an die Wagendecke stoßen; die Türrahmen im Schloß werden höher geschnitten, damit die Damen in großer Toilette sich nicht immer beim Durchschreiten zu bücken brauchen, die Decken in den Theaterlogen werden aufgewölbt. Welch besonderen Peinlichkeiten diese überirdischen Schöpfe gar den Liebhabern dieser Damen bereiten, darüber findet man mancherlei Ergötzliches in den zeitgenössischen Satiren. Aber wenn es einer Mode gilt, sind Frauen bekanntlich zu jedem Opfer bereit, und die Königin ihrerseits bildet sich offenbar ein, nicht wirklich die Königin zu sein, wenn sie nicht alle diese Tollheiten anführte oder überböte.

Und wieder grollt das Echo aus Wien: »Ich kann nicht umhin, einen Punkt zu berühren, den ich in den Zeitungen so oft wiederholt finde, nämlich Deine Frisuren! Man sagt, daß sie von der Wurzel des Haares sechsunddreißig Zoll hoch sind und darüber noch Federn und Bänder haben.« Ausflüchtend antwortet die Tochter der chère Maman, hier in Versailles seien die Augen schon so sehr daran gewöhnt, daß die ganze Welt – mit Welt meint Marie Antoinette immer nur die hundert Edeldamen des Hofes – nichts Auffälliges daran fände. Und Meister Léonhard baut munter weiter und weiter, bis es dem allmächtigen Herrn beliebt, der Mode Einhalt zu gebieten, und im nächsten Jahr werden die Türme abgetragen, freilich nur, um einer noch kostspieligeren Mode, jener der Straußenfedern, Platz zu machen.

Dritte Sorge: kann man immer andersartig angezogen sein, ohne den entsprechenden Schmuck? Nein, eine Königin braucht größere Diamanten, dickere Perlen als alle anderen. Sie braucht mehr Ringe und Reifen und Armbänder und Diademe und Haarketten und Edelsteine, mehr Schuhspangen oder Diamanteinfassungen für die von Fragonard gemalten Fächer als die Frauen der jüngeren Brüder des Königs, als alle anderen Damen des Hofes. Zwar hat sie schon von Wien reichlich Diamanten mitbekommen und von Ludwig XV. zur Hochzeit eine ganze Kassette mit Familienschmuck. Aber wozu wäre man Königin, wenn nicht, um immer neue, schönere und kostbarere Steine zu kaufen? Marie Antoinette, jeder weiß dies in Versailles – und es wird sich bald zeigen, daß es nicht guttut, wenn jeder davon redet und raunt –, ist vernarrt in Schmuck. Nie kann sie widerstehen, wenn diese geschickten und geschmeidigen Juweliere, diese aus Deutschland zugewanderten Juden, Böhmer und Bassenge, ihr auf samtenen Platten ihre neuesten Kunstwerke zeigen, zauberhafte Ohr- und Fingerringe und Schließen. Außerdem machen diese braven Männer ihr den Kauf niemals schwer. Sie wissen eine Königin von Frankreich zu ehren, indem sie ihr zwar doppelte Preise anrechnen, aber Kredit gewähren und ihr allenfalls die alten Diamanten zur Hälfte des Wertes in Abzug bringen; ohne das Herabwürdigende solcher Wuchergeschäfte zu bemerken, macht Marie Antoinette nach allen Seiten hin Schulden – im Notfall, sie weiß es, springt der sparsame Gatte ein.

Jetzt aber kommt schon härter die Mahnung aus Wien: »Alle Nachrichten aus Paris stimmen darin überein, daß Du abermals Dir Braceletts für zweihundertfünfzigtausend Livres gekauft und damit Deine Einkünfte in Unordnung und Dich in Schulden gebracht hast und daß Du sogar, um dem zu steuern, um einen geringen Preis Deine Diamanten verkaufst ... Solche Mitteilungen zerreißen mein Herz, insbesondere wenn ich an die Zukunft denke. Wann wirst Du Du selbst werden?« ruft ihr die Mutter verzweifelt zu. »Eine Herrscherin erniedrigt sich, wenn sie sich so herausputzt, und sie erniedrigt sich noch mehr, wenn sie gerade in einer solchen Zeit es bis zu solchen Ausgaben treibt. Ich kenne nur zu sehr diesen Geist der Verschwendung und kann nicht darüber schweigen, weil ich Dich um Deinetwillen liebe und nicht um Dir zu schmeicheln. Gib acht, nicht durch solche Frivolitäten das Ansehn zu verlieren, das Du im Anfang der Regierung gewonnen hast. Man weiß allgemein, daß der König sehr bescheiden ist, so fiele alle Schuld einzig auf Dich. Eine solche Veränderung, einen solchen Umsturz wünsche ich nicht zu erleben.«

Diamanten kosten Geld, Toiletten kosten Geld, und obwohl gleich nach dem Regierungsantritt der gutmütige Gatte seiner Frau die Apanage verdoppelt hat, diese reich gefüllte Schatulle muß doch irgendein Loch haben, denn immer herrscht dort erschreckende Ebbe.

Wie also Geld beschaffen? Für die Leichtsinnigen hat glücklicherweise der Teufel ein Paradies erfunden: das Spiel. Vor Marie Antoinette galt das Spiel am Königshofe noch als unschuldige Abendunterhaltung, etwa wie Billard oder Tanz: man spielte das ungefährliche Lansquenet mit kleinen Einsätzen.

Marie Antoinette entdeckt sich und den anderen das berüchtigte Pharao, das wir von Casanova als das erlesene Jagdfeld aller Gauner und Schwindler kennen. Daß ein ausdrücklich erneuter Befehl des Königs jedes Hasard unter Strafe gesetzt hat, ist ihren Kumpanen gleichgültig: zu den Salons der Königin hat die Polizei keinen Zutritt. Und daß er selbst diese mit Gold beschwerten Spieltische nicht dulden will, kümmert diese frivole Bande keinen Pfifferling: man spielt eben hinter seinem Rücken weiter, und die Türsteher haben Auftrag, falls der König kommt, sofort Alarm zu geben. Dann verschwinden wie weggezaubert die Karten unter dem Tisch, es wird nur noch geplaudert, alles lacht über den braven Biedermann, und die Partie geht weiter. Zur Belebung des Geschäfts und zur Steigerung des Umsatzes gewährt die Königin jedem Beliebigen, der Geld in die Bude bringt, Zutritt zu ihrem grünen Tisch; Schlepper und Schieber drängen sich heran, es dauert nicht lange, und man spricht in der Stadt die Schande herum, daß in der Gesellschaft der Königin falschgespielt werde. Nur eine weiß nichts davon, weil sie, in ihrem Vergnügen verblendet, nichts wissen will: Marie Antoinette. Wo sie einmal in Schwung und Feuer ist, kann niemand sie halten, sie spielt Tag für Tag bis drei, vier, bis fünf Uhr morgens, einmal sogar zum Skandal des Hofs die ganze Nacht vor Allerheiligen durch.

Und wieder das Echo aus Wien: »Das Spiel ist zweifellos eine der allergefährlichsten Vergnügungen, denn es zieht schlechte Gesellschaft und üble Rede heran ... Es fesselt zu sehr durch die Leidenschaft, zu gewinnen, und wenn man richtig rechnet, ist man dabei doch der Genarrte, denn auf die Dauer kann man, wenn man anständig spielt, nicht gewinnen. So bitte ich Dich, meine geliebte Tochter: keine Nachgiebigkeit, man muß sich mit einem Ruck von einer solchen Leidenschaft losreißen.«

Aber Kleider, Putz und Spiel, das beschäftigt nur den halben Tag, die halbe Nacht. Eine andere Sorge macht mit dem Uhrzeiger den doppelten Stundenkreis: wie amüsiert man sich? Man reitet aus, man jagt, uraltes, fürstliches Vergnügen: allerdings begleitet man dabei, er ist ja so sterbenslangweilig, selten den eigenen Gatten, sondern wählt lieber den munteren Schwager d'Artois und andere Kavaliere. Manchmal reitet man auch zum Spaß auf Eseln, das ist zwar nicht so vornehm, aber man kann, wenn ein solcher grauer Bursche bockt, auf die bezauberndste Weise herunterfallen und dem Hof die Spitzendessous und wohlgeformten Beine einer Königin zeigen. Im Winter fährt man, warm eingepackt, im Schlitten spazieren, im Sommer belustigt man sich abends an Feuerwerken und ländlichen Bällen, an kleinen Nachtkonzerten im Park. Ein paar Schritte von der Terrasse hinab, und man ist mit seiner auserlesenen Gesellschaft ganz vom Dunkel geschützt und kann dort munter plaudern und spaßen – in allen Ehren natürlich, aber doch spielen mit der Gefahr wie mit allen anderen Dingen des Lebens. Daß dann irgendein boshafter Höfling eine Broschüre in Versen schreibt über die nächtlichen Abenteuer einer Königin, »Le lever de l'aurore«: was hat das weiter auf sich? – der König, der nachsichtige Gatte, gerät durch derlei Nadelstiche nicht in Harnisch, und man hat sich gut unterhalten. Nur nicht allein sein, nur keinen Abend zu Hause, mit einem Buch, mit dem eigenen Mann, nur immer munteres Treiben und Getriebensein. Wo eine neue Mode in Schwung kommt, ist Marie Antoinette die erste, ihr zu huldigen; kaum bringt der Graf von Artois – seine einzige Leistung für Frankreich – die Pferderennen von England herüber, schon sieht man die Königin auf der Tribüne, von Dutzenden junger anglomaner Gecken umringt, wettend, spielend und von dieser neuartigen Nervenanspannung leidenschaftlich erregt. Gewöhnlich hält allerdings dieses Strohfeuer ihrer Begeisterungen nicht lange an, meist langweilt sie schon morgen, was sie gestern noch entzückte; nur steter Wechsel im Vergnügen kann ihre nervöse Unrast, die, es ist kein Zweifel, durch jenes Geheimnis des Alkovens begründet ist, überspielen. Die liebsten unter hundert wechselnden Unterhaltungen, die einzigen, in die sie dauernd vernarrt bleibt, sind allerdings auch die für ihren Ruf gefährlichsten: die Maskenredouten. Sie werden Marie Antoinettes dauernde Leidenschaft, denn da kann sie doppelt genießen, die Lust, Königin zu sein, und die zweite, dank der dunklen Samtmaske nicht mehr als Königin erkennbar, sich bis an den Rand zärtlicher Abenteuer zu wagen, nicht also nur wie am Spieltisch bloß Geld einzusetzen, sondern sich selber als Frau. Verkleidet als Artemis oder in kokettem Domino, kann man von der eiskalten Höhe der Etikette hinabsteigen in das fremde, warme Menschengewühl, den Atem der Zärtlichkeit, die Nähe der Verführung, das Schon-halb-Hinabgleiten in die Gefahr bis ins Mark schauernd spüren, man kann sich einen eleganten jungen, einen englischen Gentleman unter dem Schutz der Larve für eine halbe Stunde an den Arm nehmen oder dem bezaubernden schwedischen Kavalier, Hans Axel von Fersen, durch ein paar kühne Wörter zeigen, wie sehr er der Frau gefällt, die leider, ach leider, als Königin zur Tugend gewaltsam gezwungen ist. Daß dann diese kleinen Späße, vom Gerede in Versailles sofort grob erotisiert, sich in allen Salons herumsprechen, daß, als einmal ein Rad der Hofkarosse unterwegs bricht und Marie Antoinette für zwanzig Schritte einen Mietfiaker nimmt, um zum Opernhaus zu fahren, die Berichte in den geheimen Journalen diese Torheiten zu frivolen Abenteuern umlügen, das weiß Marie Antoinette nicht, oder sie will es nicht wissen. Vergebens mahnt die Mutter: »Wäre es noch in der Gesellschaft des Königs, so würde ich schweigen, aber immer ohne ihn und immer mit dem schlechtesten und jüngsten Volk von Paris, und dabei die bezaubernde Königin die Älteste unter der ganzen Bande. Die Zeitungen, die Blätter, die früher mir Wohltat bedeuteten, weil sie die Großmut und Herzensgüte meiner Tochter rühmten, sind mit einmal verwandelt. Man hört nichts als von Pferderennen, Hasardspielen und durchwachten Nächten, so daß ich sie gar nicht mehr sehen will; aber dennoch, ich kann nichts daran ändern, daß alle Welt, die meine Liebe und Zärtlichkeit zu meinen Kindern kennt, davon spricht und erzählt. Oft vermeide ich sogar in Gesellschaft zu gehen, damit ich nichts davon höre.«

Aber alle Vorstellungen haben keine Gewalt über die Unverständige, die schon so weit ist, nicht mehr zu verstehen, daß man sie nicht versteht. Warum nicht das Leben genießen, es hat doch keinen andern Sinn. Und mit erschütternder Offenheit antwortet sie auf die mütterlichen Mahnungen dem Botschafter Mercy: »Was will sie? Ich habe Angst, mich zu langweilen.«

»Ich habe Angst, mich zu langweilen«: mit diesem Wort hat Marie Antoinette das Stichwort der Zeit und ihrer ganzen Gesellschaft ausgesprochen. Das achtzehnte Jahrhundert ist an seinem Ende, es hat seinen Sinn erfüllt. Das Reich ist gegründet, Versailles ist erbaut, die Etikette vollendet, nun hat der Hof eigentlich nichts mehr zu tun; die Marschälle sind, da kein Krieg ist, bloße Haubenstücke in Uniformen geworden, die Bischöfe, da dieses Geschlecht nicht mehr an Gott glaubt, galante Herren in violetten Soutanen, die Königin, da sie keinen wahren König zur Seite und keinen Thronfolger zu erziehen hat, eine muntere Mondäne. Gelangweilt und verständnislos stehen sie alle vor der mächtig anströmenden Zeit; mit neugierigen Händen greifen sie manchmal hinein, sich ein paar glitzernde Steinchen zu holen; lachend wie die Kinder spielen sie, weil es ihnen so leicht um die Finger sprüht, mit dem ungeheuren Element. Aber keiner spürt das rasche und raschere Steigen der Flut; und als sie endlich der Gefahr gewahr werden, ist die Flucht schon vergebens, das Spiel bereits verloren, das Leben vertan.

TRIANON

Mit ihrer leichten, tändelnden Hand faßt Marie Antoinette die Krone als ein unvermutetes Geschenk; noch ist sie zu jung, um zu wissen, daß das Leben nichts umsonst gibt und allem, was man vom Schicksal empfängt, geheim ein Preis eingezeichnet ist. Diesen Preis denkt Marie Antoinette nicht zu bezahlen. Sie nimmt nur die Rechte der königlichen Stellung und bleibt die Pflichten schuldig. Sie möchte zwei Dinge vereinigen, die menschlich nicht zu verbinden sind; sie möchte herrschen und dabei genießen. Sie möchte als Königin, daß alles ihren Wünschen dient, und selbst jeder Laune unbehelligt nachgeben; sie will die Machtfülle der Herrscherin und die Freiheit der Frau, doppelt also, zwiefach gesteigert ihr junges, stürmisches Leben genießen.

Aber in Versailles ist Freiheit nicht möglich. Zwischen diesen erhellten Spiegelgalerien bleibt kein Schritt verborgen. Jede Bewegung wird reglementiert, jedes Wort von verräterischem Wind weitergetragen. Hier gibt es kein Alleinsein und kein Zuzweitsein, kein Ausruhen und kein Entspannen, der König ist Mittelpunkt einer riesigen Stundenuhr, die unerbittlich regelmäßig weiterschreitet, jeder einzelne Lebensakt von der Geburt bis zum Tod, vom Aufstehen bis zum Schlafengehen, die Liebesstunde selbst, verwandelt sich in einen Staatsakt. Der Herrscher, dem alles gehört, gehört hier allen und nicht sich selbst. Marie Antoinette aber haßt jede Kontrolle; so verlangt sie von ihrem immer willfährigen Gatten, kaum daß sie Königin wird, einen Schlupfwinkel, wo sie nicht Königin sein muß. Und Ludwig XVI., halb schwach, halb galant, schenkt ihr als Morgengabe das Sommerschlößchen Trianon, ein zweites winziges, aber ureigenes Reich zu dem mächtigen Reiche Frankreich.

An sich ist es kein großes Geschenk, das Marie Antoinette von ihrem Gatten mit Trianon empfängt, nur ein Spielzeug, das ihre Unbeschäftigtheit mehr als ein Jahrzehnt lang entzükken und festhalten soll. Von seinem Erbauer war dies kleine Schlößchen niemals als ständiger Aufenthaltsort für eine königliche Familie gedacht, sondern nur als maison de plaisir, als buen retiro, als Absteigequartier, und in diesem Sinne eines unbelauschten Liebesnestes hat es Ludwig XV. mit seiner Dubarry und anderen Gelegenheitsdamen reichlich benützt. Ein tüchtiger Mechaniker hatte für die galanten Soupers einen versenkbaren Tisch erfunden, so daß die angerichteten Gedecke höchst diskret aus den unterirdischen Küchenräumen in den Speisesaal emporstiegen und kein Diener die Tafelszenen belauschen konnte: für diese Steigerung der erotischen Behaglichkeit erhielt der treffliche Leporello eine besondere Belohnung von zwölftausend Livres zu den siebenhundertsechsunddreißigtausend, die das ganze Lusthaus die Staatskasse gekostet hatte. Noch schwül von zärtlichen Szenen, wird dies abseitige Schlößchen im Park von Versailles von Marie Antoinette übernommen. Nun hat sie ihr Spielzeug, und zwar eines der bezaubernsten, das französischer Geschmack je erfunden hat, zart in den Linien, vollendet in den Maßen, ein rechtes Schmuckkästchen für eine elegante und junge Königin. In einfacher, leicht antikisierender Architektur gebaut, weiß leuchtend im holden Grün der Gärten, völlig abseits und Versailles doch nah, ist dieses Palais einer Favoritin und nun einer Königin nicht größer als ein Einfamilienhaus von heute und kaum bequemer oder luxuriöser: sieben oder acht Räume im ganzen, ein Vorzimmer, ein Speisezimmer, ein kleiner, ein großer Salon, ein Schlafzimmer, ein Bad, eine Miniaturbibliothek (lucus a non lucendo, denn nach einhelligem Zeugnis hat Marie Antoinette in ihrem ganzen Leben nie ein Buch aufgeschlagen, außer ein paar flüchtig angeblätterten Romanen). Innerhalb dieses kleinen Schlößchens verändert die Königin in all den Jahren nicht viel an der Einrichtung, sie bringt mit sicherem Geschmack nichts Prunkvolles, nichts Pompöses, nichts Grob-Kostbares in diese ganz auf intime Wirkung gestellten Räume; im Gegenteil, sie stellt alles auf das Zarte, Helle und Zurückhaltende ein, auf jenen neuen Stil, den man ebenso zu Unrecht Louis Seize nennt wie Amerika nach Amerigo Vespucci. Nach ihr, nach dieser zarten, beweglichen, eleganten Frau, müßte er genannt werden, Stil Marie Antoinette, denn nichts an diesen fragil anmutenden Formen erinnert an den feisten massiven Mann, Ludwig XVI., und seinen groben Geschmack, sondern alles an die leichte, anmutige Frauengestalt, deren Bildnis noch heute diese Räume schmückt; einheitlich vom Bett bis zur Puderdose, vom Clavecin bis zum Elfenbeinfächer, von der Chaiselongue bis zur Miniatur, nur das erlesenste Material in den unauffälligsten Formen nutzend, scheinbar zerbrechlich und doch dauerhaft, antike Linien und französische Anmut vereinend, kündigt dieser uns heute noch verständliche Stil wie keiner vordem die sieghafte Herrschaft der Dame, der kultivierten, geschmackvollen Frau in Frankreich an und ersetzt das Dramatisch-Pompöse des Louis Quinze und Louis Quatorze durch Intimität und Musikalität. Der Salon, in dem man plaudert und sich locker-zärtlich unterhält, wird damit anstatt der hochmütig hallenden Repräsentationsräume Mittelpunkt des Hauses; geschnitzte und vergoldete Holzverkleidung ersetzt den schroffen Marmor, nachgiebig glitzernde Seide den drückenden Samt, den schweren Brokat. Die blassen und zärtlichen Farben, das matte Creme, das Pfirsichrosa, das Frühlingsblau treten ihre linde Herrschaft an: auf Frauen und Frühling ist diese Kunst gestellt, auf Fêtes galantes und sorgloses Sichzusammenfinden; nicht Großartigkeit ist hier herausfordernd angestrebt, nicht das theatralisch Imposante, sondern das Unaufdringliche und Gedämpfte, nicht die Macht der Königin soll hier betont, sondern die Anmut der jungen Frau von allen Gegenständen, die sie umgeben, zärtlich erwidert werden. Erst innerhalb dieses kostbaren und koketten Rahmens haben die zierlichen Statuetten Clodions, die Gemälde Watteaus und Paters, die silberne Musik Boccherinis und all die anderen erlesenen Schöpfungen des Dix-huitième ihr wahres und richtiges Maß; diese unvergleichliche Spielkunst seliger Sorglosigkeit knapp vor der großen Sorge wirkt nirgends so berechtigt und echt. Für immer bleibt Trianon das feinste, zarteste und doch unzerbrechliche Gefäß dieser hochgezüchteten Blüte: hier hat sich die Kultur des raffinierten Genießens vollkommen als Kunst gebildet in einem Haus, einer Gestalt. Und Zenit und Nadir des Rokoko, gleichzeitig Blüte- und Sterbestunde, sie liest man noch heute am besten von der kleinen Pendeluhr auf dem Marmorkamin in den Räumen Marie Antoinettes ab.

Eine Miniatur- und Spielwelt, dieses Trianon: es wirkt symbolisch, daß man von seinen Fenstern keinen Blick ins Lebendige hinein hat, nicht auf die Stadt, nicht nach Paris, nicht in das Land. In zehn Minuten sind seine wenigen Klafter durchschritten, und doch war dieser winzige Raum Marie Antoinette wichtiger und lebensbedeutsamer als ganz Frankreich mit seinen zwanzig Millionen Untertanen. Denn hier fühlte sie sich niemandem verpflichtet, nicht der Zeremonie, der Etikette und kaum der Sitte. Um deutlich kundzutun, daß auf diesen wenigen Schollen Erde nur sie und niemand anders gebiete, erläßt sie, sehr zum Ärger des Hofs, der das Salische Gesetz streng achtet, statt im Namen ihres Gatten in ihrem eigenen, »de par la reine«, alle Verordnungen; die Bedienten tragen nicht die königliche Livree Rot-Weiß-Blau, sondern die ihre, Rot-Silber. Sogar der eigene Gemahl erscheint hier nur als Gast – ein sehr taktvoller und bequemer übrigens, der nie ungeladen oder zu ungelegener Zeit erscheint, sondern streng das Hausrecht seiner Gattin achtet. Aber der einfache Mann kommt gern, weil es hier gemütlicher zugeht als im großen Schloß: »par ordre de la reine« ist hier jede Strenge und Gespreiztheit aufgehoben, man hält nicht hof, sondern sitzt ohne Hut mit lockern leichten Kleidern im Grünen, die Rangordnungen verschwinden im fröhlichen Beisammensein, alle Steifheit, manchmal allerdings auch die Würde. Hier fühlt sich die Königin wohl, und bald hat sie sich derart an diese aufgelockerte Lebensform gewöhnt, daß es ihr abends immer schwerfällt, nach Versailles zurückzukehren. Immer fremder wird ihr, nachdem sie diese ländliche Freiheit einmal ausgeprobt, der Hof, immer langweiliger werden die Repräsentationspflichten und wahrscheinlich auch die ehelichen, immer häufiger zieht sie sich tagsüber in ihren lustigen Taubenschlag zurück. Am liebsten bliebe sie ständig in ihrem Trianon. Und da Marie Antoinette immer das tut, was sie will, übersiedelt sie tatsächlich ganz in ihr Sommerpalais. Ein Schlafzimmer wird eingerichtet, allerdings eines mit einem einschläfrigen Bett, in dem der umfängliche König kaum Platz gefunden hätte. Wie alles andere unterliegt von nun ab auch die eheliche Intimität nicht mehr dem Wunsch des Königs, sondern wie die Königin von Saba Salomon, so besucht

Marie Antoinette gerade nur, wenn es ihr beliebt (und die Mutter zu heftig gegen das »lit à part« zetert) den braven Gemahl. In ihrem Bette ist er nicht ein einziges Mal zu Gast, denn Trianon ist für Marie Antoinette das selig unberührte Reich, einzig Cytheren, einzig dem Vergnügen geweiht, und ihren Vergnügungen hat sie niemals die Pflichten, am wenigsten die ehelichen, beigezählt. Hier will sie unbehindert sich selber leben, nichts als die verwöhnte, verehrte und maßlose junge Frau sein, die über tausend müßigen Geschäftigkeiten alles vergißt, das Reich, den Gatten, den Hof, die Zeit und die Welt und manchmal – es sind vielleicht die seligsten Minuten – sogar sich selbst.

Mit Trianon hat diese unbeschäftigte Seele endlich eine Beschäftigung, ein immer wieder sich erneuerndes Spielzeug. Wie bei der Putzmacherin Kleid auf Kleid, wie beim Hofjuwelier immer andern Schmuck, so hat Marie Antoinette für den Aufputz ihres Reiches immer Neues zu bestellen; neben der Putzmacherin, neben dem Juwelier, dem Ballettmeister, dem Musiklehrer und Tanzmeister füllen jetzt die Architekten, der Gartenkünstler, der Maler, der Dekorateur, alle diese neuen Minister ihres Miniaturkönigreichs, ihr die lange, ach so schrecklich lange Zeit aus und leeren gleichzeitig aufs kräftigste den Säckel des Staates. Die Hauptsorge Marie Antoinettes gilt ihrem Garten, denn selbstverständlich darf er in nichts dem historischen von Versailles gleichen, er muß der modernste, der modischste, der eigenartigste, der kokketteste der ganzen Zeit werden, ein echter und rechter Rokokogarten. Abermals folgt, bewußt oder unbewußt, Marie Antoinette mit diesem Wunsch dem veränderten Geschmacksgefühl ihrer Zeit. Denn man ist müde geworden der von dem Gartengeneral Lenôtre wie mit dem Lineal gezogenen Wiesenflächen, der wie mit dem Rasiermesser geschnittenen Hecken, seiner am Zeichenstift kalt errechneten Ornamente, die prahlerisch zeigen sollten, Ludwig der Sonnenkönig habe nicht nur das Reich, den Adel, die Stände, die Nation in eine von ihm angeforderte Form gezwungen, sondern auch die Landschaft Gottes. Man hat sich satt gesehen an dieser grünen Geometrie, man ist müde dieser »Massakrierung der Natur«; wie für das ganze kulturelle Mißbehagen der Zeit findet auch hier wieder der Außenseiter der »Gesellschaft«, Jean-Jacques Rousseau, das erlösende Wort, indem er in seiner »Neuen Héloïse« einen »Naturpark« fordert.

Nun hat zweifellos Marie Antoinette nie die »Neue Héloïse« gelesen, Jean-Jacques Rousseau kennt sie bestenfalls als Komponisten der musikalischen Bluette »Le devin du village«. Aber die Anschauungen Jean-Jacques Rousseaus schweben damals in der Luft. Marquisen und Herzöge bekommen feuchte Augen, spricht man ihnen von diesem edlen Anwalt der Unschuld (im Privatleben Homo perversissimus). Sie sind ihm dankbar, denn er hat ihnen nach all den vielen aufpeitschenden Mitteln noch glücklich einen letzten Reiz erfunden: das Spiel mit der Naivität, die Perversion der Unschuld, das Maskenkleid der Natürlichkeit. Selbstverständlich will jetzt Marie Antoinette einen »natürlichen« Garten, eine unschuldige Landschaft, und zwar den natürlichsten aller neumodisch natürlichen Gärten. Und so ruft sie die besten, die raffiniertesten Künstler der Zeit zusammen, damit sie ihr auf die allerkünstlichste Weise den allernatürlichsten Garten ausklügeln.

Denn – Mode der Zeit! – man will in diesem »anglochinesischen Garten« nicht nur die Natur, sondern die ganze Natur darstellen, in dem Mikrokosmos von ein paar Quadratkilometern den kompletten Kosmos in spielzeughafter Verkürzung. Alles soll auf diesem winzigen Fleck beisammen sein, französische, indische, afrikanische Bäume, holländische Tulpen, südländische Magnolien, ein Teich und ein Flüßchen, ein Berg und eine Grotte, eine romantische Ruine und ländliche Häuser, griechische Tempel und orientalische Prospekte, holländische Windmühlen, Nord und Süd, West und Ost, das Natürlichste und das Absonderlichste, alles künstlich und alles denkbar echt; sogar einen feuerspeienden Vulkan und eine chinesische Pagode will ursprünglich der Architekt in diese Handbreit Erde hineinstilisieren, glücklicherweise erweist sich sein Vorschlag als zu teuer. Von der Ungeduld der Königin getrieben, beginnen Hunderte von Arbeitern nach den Plänen der Baumeister und Maler eine möglichst malerische, eine bewußt lokkere und natürlich aufgemachte Landschaft in die wirkliche rasch hineinzuzaubern. Zunächst wird ein leise und lyrisch murmelndes Bächlein, unentbehrliches Zubehör jeder echten Schäferidylle, zwischen die Wiesen gelegt; zwar muß man das Wasser mit zweitausend Fuß langen Röhren von Marly herüberführen, und es rinnt gleichzeitig viel Geld in diesen Röhren mit, aber: Hauptsache, sein mäandrischer Lauf sieht lieblich und natürlich aus. Leise plätschernd mündet der Bach in den künstlichen Teich mit der künstlich erhobenen Insel, gefällig beugt er sich unter die zierlichen Brücken, anmutig trägt er den schimmernden Flaum der weißen Schwäne. Wie aus anakreontischen Versen stammt der Fels mit seinem künstlichen Moos, seiner künstlich verdeckten Liebesgrotte und dem romantischen Belvedere; nichts läßt ahnen, daß diese so rührend naive Landschaft auf zahllosen kolorierten Blättern vorgezeichnet war, daß von der ganzen Anlage zwanzig Gipsmodelle hergestellt wurden, in denen der Teich und das Bächlein durch ausgeschnittene Spiegelstücke, die Wiesen und Bäume wie im Krippenspielzeug durch gestopftes und bemaltes Moos ausgespart waren. Aber weiter und weiter! Jedes Jahr hat die Königin ein neues Gelüst, immer ausgesuchtere und natürlichere

Anlagen sollen ihr Reich verschönern, sie will nicht warten, bis die alten Rechnungen bezahlt sind; jetzt hat sie ihr Spiel und will es weiterspielen. Wie zufällig hingestreut und doch genau vorausberechnet von ihrem romantischen Architekten, ordnen sich kleine Kostbarkeiten in den Garten ein, um seine Lieblichkeit zu mehren. Ein Tempelchen, dem Gotte jener Zeit geweiht, der Liebestempel, steigt auf einem kleinen Hügel empor, seine offene antike Rotunde zeigt eine der schönsten Plastiken Bouchardons, einen Amor, der aus der Keule des Herkules sich seinen weithin treffenden Bogen schnitzt. Eine Grotte, die Liebesgrotte, wird so geschickt in den Felsen gehauen, daß ein dort tändelndes Paar rechtzeitig die Nahenden bemerken und sich nicht bei seiner Zärtlichkeit ertappen lassen muß. Durch das Wäldchen werden verschlungene Wege geführt, die Wiesen mit seltenen Blumenarten durchstickt, bald leuchtet auch durch das blühende Grün ein kleiner Musikpavillon, weißschimmerndes Oktogon, und all dies so geschmackvoll nebeneinander und ineinander sich lösend, daß man tatsächlich das künstliche Gewollte in dieser Anmut nicht mehr spürt.

Aber die Mode will noch mehr Echtheit. Um die Natur noch durchtriebener zu vernatürlichen, den Kulissen das Raffinierteste an Lebenswahrheit aufzuschminken, werden in diese kostspieligste Schäferkomödie aller Zeiten zur Erhöhung des Echtheitsschwindels richtige Figuranten herangeholt: echte Bauern und echte Bäuerinnen, echte Kuhmägde mit echten Kühen, Kälbern und Schweinen, Kaninchen und Schafen, echte Mäher, Schnitter und Schäfer, Jäger, Wäscher und Käser, damit sie mähen und waschen und düngen und melken, damit das Marionettenspiel sich unablässig munter bewege. Ein neuer, ein tieferer Griff in die Kasse, und auf Marie Antoinettes Befehl wird neben Trianon ein lebensgroßes Puppentheater für diese verspielten Kinder aus der Schachtel geholt, mit Ställen, Schobern und Scheunen, mit Taubenschlägen und Hühnersteigen, das berühmte Hameau. Der große Architekt Mique und der Maler Hubert Robert zeichnen, entwerfen, bauen acht genau den landläufigen nachgebildete Bauernhöfe mit strohgedeckten Dächern, mit Hühnerhof und Düngerhaufen. Damit diese funkelnagelneuen Attrappen inmitten dieser teuer aufgebauten Natur um Himmels willen doch nicht unecht wirken, ahmt man äußerlich sogar die Armut und die Verfallenheit wirklicher Elendshütten nach. Mit dem Hammer werden Sprünge in die Mauer geschlagen, man läßt den Kalk romantisch abbröckeln, reißt ein paar Schindeln wieder ab; Hubert Robert tüncht künstliche Risse in das Holz, damit alles morsch und uralt anmute, die Schornsteine werden schwarz angeraucht. Innen werden dafür manche der scheinbar verfallenen Häuschen mit aller Bequemlichkeit ausgerüstet, mit Spiegeln und Öfen, Billards und behaglichen Kanapees. Denn wenn die Königin sich einmal langweilt und Lust hat, Jean-Jacques Rousseau zu spielen, etwa mit ihren Hofdamen eigenhändig Butter anzufertigen, so darf sie sich keinesfalls dabei die Finger beschmutzen. Wenn sie ihre Kühe Brunette und Blanchette im Stall besucht, wird selbstverständlich von unsichtbarer Hand zuvor der Fußboden wie ein Parkett geputzt, das Fell blütenweiß und mahagonibraun gestriegelt und nicht in groben Bauernkübeln, sondern in eigens von der Fabrik in Sèvres gefertigten und mit ihrem Monogramm versehenen Porzellanvasen die schäumende Milch serviert. Dieses Hameau, heute lieblich durch seinen Verfall, war für Marie Antoinette Theater am lichten Tag, eine leichte, gerade in ihrer Leichtfertigkeit fast aufreizende Comédie champêtre. Denn während in ganz Frankreich sich schon die Bauern zusammenrotten, während das wirkliche, von Steuern erdrückte Landvolk mit maßloser Erregung endlich Besserung der unhaltbaren Lage aufrührerisch verlangt, herrscht in diesem Potemkinschen Kulissendörfchen ein läppisches und lügnerisches Wohlbehagen. Am blauen Bändchen werden Schafe auf die Weide geführt, unter dem von der Hofdame getragenen Sonnenschirm schaut die Königin zu, wie an dem murmelnden Bach die Wäscherinnen das Linnen spülen: ach, sie ist so herrlich, diese Einfachheit, so moralisch und so bequem, alles sauber und reizend in dieser paradiesischen Welt, so hell und klar hier das Leben wie die Milch, die aus den Eutern der Kühe hervorsprudelt. Man zieht Kleider an aus dünnem Musselin, ländlich einfache (und läßt sich darin für ein paar tausend Livres malen); man ergibt sich unschuldigen Vergnügungen, man huldigt dem »goût de la nature« mit der ganzen Frivolität der Übersättigung. Man fischt, man pflückt Blumen, man promeniert – sehr selten allein – durch die verschlungenen Wege, man läuft über Wiesen, man sieht den braven Bauernstatisten bei der Arbeit zu, man spielt Fangball, man tanzt Menuett und Gavotte über Blumen statt auf den glatten Fliesen, man hängt Schaukeln zwischen die Bäume, man baut ein chinesisches Ringspiel auf, man verliert und man begegnet sich zwischen den Häuschen und Schattengängen, man reitet und amüsiert sich und läßt sich Theater vorspielen inmitten dieses natürlichen Theaters, und schließlich spielt man es den andern vor.

Diese Leidenschaft ist die zuletzt von der Königin Marie Antoinette entdeckte. Ursprünglich läßt sie sich ein kleines, heute noch erhaltenes und in seinen zierlichen Verhältnissen entzückendes Privattheater bauen – die Laune kostet nur 141 000 Livres –, um darin die italienischen und französischen Komödianten auftreten zu lassen, dann aber tut sie plötzlich, kühn entschlossen, selbst den Sprung auf die Bühne. Das lustige Völkchen um sie begeistert sich gleichfalls für das Theaterspielen, ihr Schwager, der Graf von Artois, die Polignac und ihre Kavaliere machen gerne mit, ein paarmal kommt sogar der König herüber, um seine Frau als Actrice zu bewundern, und so dauert der fröhliche Karneval in Trianon das ganze Jahr. Feste gibt es bald zu Ehren des Gatten, des Bruders, bald für fremde fürstliche Gäste, denen Marie Antoinette ihr Zauberreich zeigen will, Feste, bei denen tausend kleine versteckte Lichtflammen, von farbigen Gläsern gespiegelt, wie Amethyste, Rubine und Topase aus dem Dunkel flimmern, indes prasselnde Feuergarben den Himmel durchschneiden und Musik von unsichtbarer Nähe sich süß vernehmbar macht. Bankette mit Hunderten von Gedecken werden aufgestellt, Jahrmarktsbuden zu Spaß und Tanz gebaut, die Unschuldslandschaft dient gehorsam dem Luxus als raffinierter Hintergrund. Nein, man langweilt sich nicht in der »Natur«. Marie Antoinette hat sich nicht nach Trianon zurückgezogen, um nachdenklich zu werden, sondern um besser und ungehemmter sich zu unterhalten.

Die abschließende Rechnung für Trianon ist erst am 31. August 1791 vorgelegt worden, sie betrug 1 649 529 Livres und in Wirklichkeit zusammen mit anderen versteckten Einzelposten über 2 Millionen – an sich freilich nur ein Tropfen im Danaidenfaß der königlichen Mißwirtschaft, aber doch eine übermäßige Ausgabe in Anbetracht der zerrütteten Finanzen und des allgemeinen Elends. Vor dem Revolutionstribunal wird die »Witwe Capet« selber zugeben müssen: »Es ist möglich, daß das kleine Trianon riesige Summen gekostet hat und vielleicht mehr, als ich selber wünschte. Man wurde nach und nach in die Ausgaben hineingezogen.« Aber auch im politischen Sinne ist die Königin ihre Laune teuer zu stehen gekommen. Denn indem sie die ganze Höflingsgesellschaft unbeschäftigt in Versailles zurückläßt, nimmt sie dem Hof seinen Lebenssinn. Die Dame, die ihr die Handschuhe zu reichen hat, jene, die ihr den

Nachtstuhl ehrfürchtig hinschiebt, die Ehrendamen und Ehrenkavaliere, die tausend Garden, Diener und Schranzen, was sollen sie nun anfangen ohne ihr Amt? Unbeschäftigt sitzen sie tagsüber im Œil-de-Bœuf, und so wie eine Maschine, wenn sie nicht arbeitet, vom Rost angefressen wird, so durchsetzt sich dieser gleichgültig zurückgelassene Hof immer gefährlicher mit Galle und Gift. Bald kommt es so weit, daß die vornehme Gesellschaft in geheimem Einverständnis die Feste bei Hof meidet: möge sich die hochmütige »Österreicherin« in ihrem »petit Schönbrunn«, ihrem »petite Vienne«, allein unterhalten; für bloß flüchtigkühles Kopfnicken beim Empfang ist sich dieser Adel, der ebenso alt ist wie der habsburgische, doch zu gut. Immer offener wird die Fronde der französischen Hocharistokratie gegen die Königin, seit sie Versailles verlassen hat, und der Herzog von Lévis schildert sehr anschaulich die Situation: »In den Jahren der Unterhaltung und der Leichtfertigkeit, im Rausche der höchsten Macht liebte es die Königin nicht, sich Zwang anzutun. Die Etikette und die Zeremonien waren für sie Anlaß zur Ungeduld und Langeweile. Man bewies ihr, daß in einem so aufgeklärten Jahrhundert, da sich die Menschen von allen Vorurteilen befreiten, auch die Herrscher sich der unbequemen Fesseln entledigen sollten, die der Brauch ihnen auferlegte, kurz, daß es lächerlich sei zu denken, der Gehorsam der Völker hinge von der größeren oder geringeren Anzahl von Stunden ab, welche die königliche Familie im Kreise langweiliger und gelangweilter Höflinge verbrächte ... Außer einigen Begünstigten, die der Laune oder einer Intrige ihre Wahl verdankten, wurde alle Welt vom Hofe ausgeschlossen. Rang, geleistete Dienste, Ansehen, hohe Geburt waren keine Rechtsgründe mehr, um in den vertraulichen Kreis der königlichen Familie einbezogen zu werden. Nur sonntags konnten jene, die vorgestellt worden waren, die Fürstlichkeiten während einiger Augenblicke sehen. Aber die meisten unter ihnen verloren bald den Geschmack an dieser unnötigen Plage, für die man ihnen keinerlei Dank wußte; sie erkannten ihrerseits, daß es töricht war, von so weit her zu kommen, um nicht besser aufgenommen zu werden, und gaben es auf ... Versailles, der Schauplatz der Herrlichkeit Ludwigs XIV., wohin man aus allen Teilen Europas freudig gereist war, um verfeinerte Lebensform und Höflichkeit zu erlernen, war nichts mehr als eine kleine Provinzstadt, in die man sich nur noch mit Widerwillen begab und von der man sich so rasch als möglich wieder entfernte.«

Auch diese Gefahren hat Maria Theresia von ferne rechtzeitig vorausgesehen: »Ich kenne selbst die ganze Langeweile und Leere des Repräsentierens, aber glaube mir, wenn man es unterläßt, so ergeben sich daraus noch viel weiterreichende Unannehmlichkeiten als diese kleinen Lästigkeiten, insbesondere bei Euch, einer so lebhaften Nation.« Doch, wo Marie Antoinette nicht verstehen will, hat es keinen Sinn, mit ihr verständig zu sprechen. Was für Aufhebens wegen der halben Stunde, die sie von Versailles entfernt lebt! In Wirklichkeit aber hat sie durch diese zwei oder drei Meilen sich sowohl vom Hof wie vom Volke auf Lebenszeit entfernt. Wäre Marie Antoinette in Versailles geblieben, inmitten des französischen Adels und der traditionellen Sitte, sie hätte in der Stunde der Gefahr die Prinzen, die Fürsten, die Adelsarmee an ihrer Seite gehabt. Hätte sie andrerseits, wie ihr Bruder Joseph es versuchte, sich demokratisch dem Volke genähert, die Hunderttausende von Paris, die Millionen Frankreichs hätten sie vergöttert. Aber Marie Antoinette, absolute Individualistin, handelt weder den Aristokraten zu Gefallen noch dem Volke, sie denkt nur an sich, und durch diese eine Lieblingslaune Trianon wird sie gleich unbeliebt beim ersten, zweiten und dritten Stand; weil sie allzulange allein sein wollte in ihrem Glück, wird sie einsam in ihrem Unglück und ein kindliches Spielzeug mit einer Krone und einem Leben bezahlen müssen.

DIE NEUE GESELLSCHAFT

Kaum wohnt Marie Antoinette in ihrem muntern Haus, so beginnt schon kräftig der neue Besen zu kehren. Weg zunächst mit den alten Leuten – alte Leute sind langweilig und häßlich. Sie können nicht tanzen, sie können nicht amüsieren, immer predigen sie Vorsicht und Bedacht, und dieses ewige Zurückgehaltenwerden, Ermahntwerden hat die temperamentvolle Frau aus ihrer Kronprinzessinnenzeit gründlich satt. Fort also mit der steifen Erzieherin, der Madame Etikette, Comtesse de Noailles: eine Königin braucht nicht erzogen zu werden, sie darf tun, was sie will! In gebührende Distanz den von der Mutter ihr mitgegebenen Beichtvater und Berater, Abbé Vermond, weg, weit weg mit allen, bei denen man sich geistig anstrengen muß! Ausschließlich Jugend heran, ein munteres Geschlecht, das nicht durch ein törichtes Ernstnehmen des Lebens Spiel und Spaß versäumt! Ob diese Amüsierkameraden von hohem Rang, von erster Familie sind und ehrenfeste untadelige Charaktere, kommt weniger in Betracht, auch sonderlich klug und gebildet brauchen sie nicht zu sein – gebildete Leute sind pedantisch und kluge boshaft –, genug, wenn sie funkelnd geistreich sind, prickelnde Anekdoten zu erzählen wissen und bei Festen eine gute Figur machen. Unterhaltung, Unterhaltung, Unterhaltung, das ist die erste und einzige Forderung Marie Antoinettes an ihren engen Kreis. So umgibt sie sich »avec tout ce qui est du plus mauvais à Paris et de plus jeune«, wie Maria Theresia seufzt, mit einer »soidisante société«, wie ihr Bruder, Joseph II., ärgerlich murrt, einem scheinbar lässigen, in Wirklichkeit aber höchst selbstsüchtigen Klüngel, der sich den leichten Dienst als maître de plaisir der Königin mit den gewichtigsten Pfründen bezahlen läßt und während des galanten Spiels heimlich die ergiebigsten Pensionen in seine Harlekintaschen schiebt.

Ein einziger langweiliger Herr verunstaltet ab und zu flüchtig die lockere Gesellschaft. Aber man kann ihn nicht ohne Peinlichkeit wegweisen, denn – beinahe hätte man es vergessen – er ist ja der Ehegemahl dieser heitern Frau und außerdem der Herrscher Frankreichs. Rechtschaffen in seine bezaubernde Gattin verliebt, kommt Ludwig der Nachsichtige nach vorher eingeholter Erlaubnis manchmal nach Trianon hinüber, sieht zu, wie sich die jungen Leute amüsieren, versucht manchmal, schüchtern Vorhaltungen zu machen, wenn man die Grenzen der Konvention zu sorglos überwirbelt oder wenn die Ausgaben ins Blaue wachsen; aber dann lacht die Königin, und mit diesem Lachen ist alles abgetan. Auch die muntern Zaungäste haben für den König, der immer brav und gehorsam sein schön geschriebenes »Louis« unter all jene Dekrete setzt, mit denen die Königin ihnen die höchsten Ämter zuschiebt, eine Art herablassende Sympathie. Der Gute stört sie ja niemals lange, er bleibt immer eine Stunde, zwei Stunden, dann trollt er sich nach Versailles zurück zu seinen Büchern oder in seine Schlosserei. Einmal, als er zu lange herumsitzt und die Königin schon ungeduldig ist, mit ihrer muntern Gesellschaft nach Paris zu fahren, stellt sie heimlich die Pendeluhr um eine Stunde vor, und der König geht, den kleinen Betrug nicht merkend, lammfromm statt um elf um zehn ins Bett, und die ganze elegante Kanaille lacht sich die Schultern schief.

Der Begriff der königlichen Würde wird durch solche Späße freilich nicht erhöht. Aber was soll Trianon mit einem so ungeschickten, tölpeligen Mann anfangen? Er kann keine lockeren Anekdoten erzählen, er versteht nicht zu lachen. Geängstigt und scheu, als wenn er Bauchweh hätte, sitzt er inmitten der heitern Gesellschaft und gähnt sich in seinen Schlaf, während die andern erst um Mitternacht richtig munter werden. Er geht auf keine Maskenbälle, er spielt nicht Hasard, er macht keiner Frau die Cour – nein, man kann ihn nicht brauchen, diesen guten langweiligen Mann; in der Gesellschaft von Trianon, im Reich des Rokoko, in diesen arkadischen Gefilden des Leichtsinns und des Übermuts ist er fehl am Ort.

Der König zählt also als Teilnehmer überhaupt nicht mit in der neuen Gesellschaft. Auch sein Bruder, der Graf von Provence, der seinen Ehrgeiz hinter scheinbarer Gleichgültigkeit versteckt, findet es klüger, sich nicht durch den Umgang mit diesen jungen Laffen seine Würde zu verderben. Da jedoch irgendein männliches Mitglied des Hofes die Königin bei ihren Vergnügungen begleiten muß, übernimmt der jüngste Bruder Ludwigs XVI., der Graf von Artois, die Stelle des Schutzheiligen. Leichtköpfig, frivol, frech, aber geschmeidig und geschickt, leidet er an der gleichen Angst wie Marie Antoinette, nämlich sich zu langweilen oder mit ernsten Dingen zu beschäftigen. Frauenjäger, Schuldenmacher, amüsanter Elegant, Prahlhans, mehr frech als mutig, mehr sprühend als wirklich leidenschaftlich führt er die muntere Truppe an, wo es einen neuen Sport, eine neue Mode, ein neues Vergnügen gibt, und hat bald mehr Schulden als der König, die Königin und der ganze Hof zusammen. Aber gerade so, wie er ist, paßt er ausgezeichnet zu Marie Antoinette. Sie achtet diesen frivolen Leichtfuß nicht sehr, und noch weniger liebt sie ihn, obwohl die bösen Zungen dies rasch behaupten; er deckt ihr nur den Rücken. Bruder und Schwester in der Vergnügungswut, bilden die beiden bald ein unzertrennliches Paar.

Der Graf von Artois ist der gewählte Kommandant der Leibgarde, mit der Marie Antoinette ihre täglichen und nächtlichen Streifzüge in alle Provinzen des heiteren Müßiggangs unternimmt; diese Truppe ist eigentlich klein und wechselt unablässig die führenden Chargen. Denn alle Vergehen verzeiht die nachsichtige Königin ihren Trabanten, Schulden und Anmaßung, herausforderndes und allzu kameradschaftliches Betragen, Liebschaften und Skandale – vertan aber hat jeder ihre Gunst, sobald er sie zu langweilen beginnt. Eine Zeitlang hat Baron Besenval die Oberhand, ein fünfzigjähriger Schweizer Edelmann mit der lauten Brüskheit eines alten Soldaten, dann fällt der Vorzug an den Herzog von Coigny, »un des plus constamment favorisés et le plus consultés«. Diesen beiden wird gleichzeitig mit dem ehrgeizigen Herzog von Guines und dem ungarischen Grafen Esterhazy die merkwürdige Aufgabe zugeteilt, die Königin während ihrer Rötelerkrankung zu betreuen, was bei Hofe zu der boshaften Frage Anlaß gibt, welche vier Hofdamen sich der König in der gleichen Situation auswählen würde. Ständig bewahrt seine Stellung der Graf von Vaudreuil, der Liebhaber der Favoritin Marie Antoinettes, der Gräfin Polignac; etwas mehr im Hintergrund bleibt der Klügste, der Feinste von allen, der Prinz von Ligne, der einzige, der aus seiner Stellung in Trianon keine einträgliche Staatsrente bezieht, der einzige auch, der dem Andenken seiner Königin noch als alter Mann in seinen Lebenserinnerungen Ehrfurcht bewahrt. Schwankende Sterne dieses arkadischen Himmels sind der »schöne« Dillon und der junge feurige Tollkopf, der Herzog von Lauzun, die beide der unfreiwillig jungfräulichen Königin eine Zeitlang recht gefährlich werden. Mit Mühe nur gelingt es den energischen Anstrengungen des Botschafters Mercy, diesen jungen Tollkopf abzudrängen, ehe er mehr erobert hat als ihre bloße Sympathie. Der Graf Adhémar wieder singt hübsch zur Harfe und spielt gut Theater: dies genügt, ihm den Gesandtschaftsposten in Brüssel und dann in London einzubringen. Die andern aber bleiben lieber daheim und fischen sich in dem künstlich aufgesprudelten Wasser die einträglichsten Stellen bei Hofe heraus. Keiner von diesen Kavalieren, der Prinz von Ligne ausgenommen, hat wirklichen geistigen Rang, keiner den Ehrgeiz, die Machtstellung, welche die Freundschaft der Königin bietet, im politischen Sinn großzügig zu nützen, keiner dieser Maskenhelden von Trianon ist ein wirklicher Heros der Geschichte geworden. Keiner von ihnen hat Marie Antoinette auch innerlich wirklich geachtet. Manchem hat die junge kokette Frau mehr gesellschaftliche Vertraulichkeit erlaubt, als der Stellung einer Königin geziemt hätte, aber keinem von diesen, und das ist entscheidend, hat sie sich weder seelisch noch als Frau völlig hingegeben. Der einzige von ihnen allen, er, der der einzige sein soll und wird, der einzige, der jemals und für immer ihr Herz erreicht, steht noch im Schatten verborgen. Und das bunte Treiben der Komparserie dient vielleicht nur, sein Nahen und seine Gegenwart besser zu verbergen.

Gefährlicher als diese unzuverlässigen und wechselnden Kavaliere werden der Königin ihre Freundinnen; hier treten geheimnisvoll vermengte Gefühlskräfte verhängnisvoll mit ins Spiel. Marie Antoinette ist charaktermäßig eine durchaus natürliche, eine sehr weibliche und weiche Frau voll Hingebungsbedürfnis und Zärtlichkeit, ein Bedürfnis, das bei dem schläfrigen, gefühlsstumpfen Gatten in diesen ersten Jahren unerwidert geblieben war. Aufrichtig geartet, möchte sie ihre seelischen Spannungen irgend jemandem anvertrauen, und da es um der Sitte willen ein Mann, ein Freund nicht oder noch nicht sein darf, sucht Marie Antoinette unwillkürlich von Anfang an nach einer Freundin.

Daß ein gewisser zärtlicher Ton in Marie Antoinettes Frauenfreundschaften mitschwingt, ist nur natürlich. Die sechzehnjährige, die siebzehnjährige, die achtzehnjährige Marie Antoinette, obwohl verheiratet oder vielmehr scheinverheiratet, ist seelisch im typischen Alter und in der typischen Disposition der Pensionsfreundschaften. Als Kind früh von der Mutter, von der sehr ehrlich geliebten Erzieherin weggerissen, neben einen ungeschickten, unzärtlichen Mann gestellt, hat sie jenes vertrauensselige Sich-irgend-jemandem-Entgegenspannen, das zur Natur des jungen Mädchens gehört wie der Duft zur Blüte, noch nie ausströmen lassen können. All diese kindlichen Kleinigkeiten, das Hand-in-Hand-Gehen, das Sichunterfassen, das Kichern in den Ecken, das Durch-die-Zimmer-Tollen, das Sich-gegenseitig-Anhimmeln, alle diese naiven Symptome des »Frühlingserwachens« sind noch nicht herausgegoren aus ihrem kindlichen Körper. Mit sechzehn, mit siebzehn, mit achtzehn, mit neunzehn, mit zwanzig Jahren hat Marie Antoinette noch immer nicht redlich jung und kindisch verliebt sein dürfen – es ist gar nicht das Sexuelle, das sich in solchen stürmischen Wallungen auslebt, sondern sein schüchternes Vorgefühl, das Schwärmerische. So mußten auch Marie Antoinettes erste Beziehungen zu Freundinnen auf das zärtlichste gestimmt sein, und dieses unkonventionelle Benehmen einer Königin hat sofort der galante Hof auf das ärgerlichste mißdeutet. Überkultiviert und pervertiert, vermag er das Natürliche nicht zu begreifen, und bald beginnt das Raunen und Reden über sapphische Neigungen der Königin. »Man hat mir in sehr weitgehendem Maße besondere Vorliebe für Frauen und für Liebhaber zugemutet«, schreibt Marie Antoinette aus der Sicherheit ihres Gefühls ganz offen und heiter der Mutter; ihre hochmütige Aufrichtigkeit verachtet den Hof, die öffentliche Meinung, die Welt. Noch weiß sie nicht um die tausendzüngige Macht der Verleumdung, noch gibt sie sich rückhaltslos der unvermuteten Freude hin, endlich einmal lieben und vertrauen zu dürfen, und opfert jede Vorsicht auf, nur um ihren Freundinnen zu beweisen, wie unbedingt sie zu lieben vermag.

Die erste Favoritin der Königin, Madame de Lamballe, war eine verhältnismäßig glückliche Wahl. Einer der ersten Familien Frankreichs angehörig und darum nicht geld- oder machtgierig, eine zarte, sentimentale Natur, nicht sehr klug, aber dafür auch nicht intrigant, nicht sehr bedeutend, aber auch nicht ehrgeizig, erwidert sie die Neigung der Königin mit wirklicher Freundschaft. Ihre Sitten gelten als tadellos, ihr Einfluß beschränkt sich auf den privaten Lebenskreis der Königin, sie bettelt nicht um Protektionen für ihre Freunde, für ihre Familie, sie mischt sich nicht in das Staatswesen oder in die Politik. Sie hält keinen Spielsaal, treibt Marie Antoinette nicht tiefer in den Kreislauf der Vergnügungen hinein, sondern wahrt ihr still und unauffällig die Treue, und ein heroischer Tod prägt schließlich ihrer Freundschaft das Siegel auf. Aber eines Abends erlischt plötzlich ihre Macht wie ein ausgeblasenes Licht. Bei einem Hofball bemerkt im Jahre 1775 die Königin eine junge Frau, die sie noch nicht kennt, rührend in ihrer bescheidenen Anmut, engelhaft rein der blaue Blick, mädchenhaft zart die Figur; auf ihre Frage nennt man ihr den Namen, die Gräfin Jules de Polignac. Diesmal ist es nicht wie bei der Prinzessin von Lamballe eine menschliche Sympathie, sondern ein plötzliches leidenschaftliches Interesse, ein coup de foudre, eine Art hitziger Verliebtheit. Marie Antoinette tritt auf die Fremde zu und fragt sie, warum sie so selten bei Hof erscheine. Sie sei zur Repräsentation nicht vermögend genug, gesteht die Gräfin Polignac ehrlich ein, und diese Offenheit entzückt die Königin, denn eine wie reine Seele muß in dieser bezaubernden

Frau sich bergen, daß sie die ärgste Schande der damaligen Zeit, kein Geld zu haben, so rührend unbefangen beim ersten Wort eingesteht! Wird nicht diese für sie die ideale, die lang gesuchte Freundin sein? Sofort zieht Marie Antoinette die Gräfin Polignac an den Hof, überhäuft sie mit derart auffälligen Bevorzugungen, daß sie allgemeinen Neid erregen: sie geht mit ihr öffentlich Arm in Arm, sie läßt sie in Versailles wohnen, sie nimmt sie überall mit und verlegt einmal sogar den ganzen Hofstaat nach Marly, nur um dem Wochenbett der vergötterten Freundin nahe sein zu können. Nach wenigen Monaten ist aus der verarmten Adeligen die Herrin Marie Antoinettes und des ganzen Hofes geworden.

Leider aber, dieser zarte, unschuldsvolle Engel stammt nicht vom Himmel, sondern aus einer schwer verschuldeten Familie, die eifrig solche unerwartete Gunst für sich ausmünzen will; bald wissen die Finanzminister ein Lied davon zu singen. Zunächst werden 400 000 Livres Schulden gezahlt, 800 000 bekommt die Tochter als Mitgift, der Schwiegersohn einen Kapitänsplatz, ein Jahr später dazu einen Gutsbesitz, der siebzigtausend Dukaten Rente trägt, der Vater eine Pension und der gefällige Gatte, den in Wirklichkeit längst ein Liebhaber ersetzt, den Herzogstitel und eine der einträglichsten Pfründen Frankreichs, die Post. Die Schwägerin Diane von Polignac wird trotz ihres elenden Rufes Ehrendame bei Hof, die Gräfin Jules selber Gouvernante der königlichen Kinder, ihr Vater nebst einer Pension noch Gesandter, die ganze Familie schwimmt in Geld und Ehren und schüttet überdies aus vollem Füllhorn Begünstigungen an ihre Freunde aus; schließlich kostet diese eine Laune der Königin, diese eine Familie Polignac, dem Staate jährlich eine halbe Million Livres. »Es gibt kein Beispiel«, schreibt der Botschafter Mercy entsetzt nach Wien, »daß in so kurzer Zeit eine so große Summe einer einzelnen Familie zugeteilt worden wäre.« Selbst die Maintenon, die Pompadour, hat nicht mehr gekostet als diese Favoritin mit den engelhaft niedergeschlagenen Augen, als die so bescheidene, so gütige Polignac.

Die selbst nicht in den Strudel mitgerissen sind, stehen und staunen und begreifen die grenzenlose Nachgiebigkeit der Königin nicht, die ihren Namen, ihre Stellung, ihren Ruf zugunsten dieser unwürdigen, wertlosen und ausbeuterischen Sippe mißbrauchen läßt. Jeder weiß, daß die Königin an natürlicher Intelligenz, an innerer Kraft und an Aufrichtigkeit hundertfach diesen kleinen Kreaturen überlegen ist, die ihren täglichen Umgang bilden. Aber im Spannungsverhältnis zwischen Charakteren entscheidet niemals die Kraft, sondern die Geschicklichkeit, nicht die geistige Überlegenheit, sondern jene des Willens. Marie Antoinette ist lässig und die Polignac streberisch, sie ist sprunghaft und jene zäh, sie steht allein, jene aber haben sich zu einem Klüngel geballt, der die Königin planvoll von dem ganzen übrigen Hofe abschließt; sie halten sie fest, indem sie sie unterhalten. Was hilft es, daß der arme alte Beichtiger Vermond seine ehemalige Schülerin mahnt: »Sie sind zu nachsichtig für die Sitten und den Ruf Ihrer Freunde und Freundinnen geworden«, daß er ihr mit bemerkenswerter Kühnheit vorhält: »Schlechtes Benehmen, üble Sitten, ein angekränkelter oder verlorener Ruf sind geradezu ein Mittel geworden, um in Ihrer Gesellschaft Aufnahme zu finden«; aber was hilft ein Wort gegen dies süße zarte Geplauder bei untergefaßten Armen; was Klugheit gegen diese täglich berechnende List! Die Polignac und ihr Klüngel haben den magischen Schlüssel ihres Herzens, indem sie die Königin amüsieren, indem sie ihre Langeweile füttern, und nach einigen Jahren ist Marie Antoinette dieser kalt berechnenden Bande völlig hörig. Einer unterstützt im Salon der Polignac die Werbungen des andern um Posten und Stellungen, gegenseitig spielen sie sich Pfründen und Pensionen zu, jeder selbst scheinbar nur um das Wohl der andern bemüht, und so fließen unter der Hand der Königin, die nichts merkt, die letzten goldenen Quellen aus den versiegenden Schatzkammern des Staates einigen wenigen zu. Die Minister können diesem Treiben nicht wehren. »Faites parler la Reine« – »Trachten Sie, daß die Königin zu Ihren Gunsten spricht«, antworten sie achselzuckend allen Bittstellern, denn Rang und Titel, Stellung und Pensionen verleiht in Frankreich einzig die Hand der Königin, und diese Hand wieder führt unsichtbar die Frau mit den Veilchenaugen, die schöne, die sanfte Polignac.

Mit diesen ständigen Vergnügungen zieht der Kreis um Marie Antoinette eine unzugängliche Schranke. Die andern bei Hof merken dies bald, sie wissen, hinter dieser Mauer ist das irdische Paradies. Dort blühen die Stellungen, dort strömen die Pensionen, dort pflückt man mit einem Scherz, einem muntern Kompliment eine Gunst, um die sich andere jahrzehntelang mit beharrlicher Leistung bemühten. In jenem seligen Jenseits herrscht ewig Heiterkeit, Sorglosigkeit und Freude, und wer in diese elysäischen Gefilde der königlichen Gunst vorgedrungen, für den sind alle Gnaden der Erde bereit. Kein Wunder, daß alle jene sich immer heftiger erbittern, die diesseits der Mauer verbannt sind, die altadeligen, verdienten Geschlechter, die nicht zugelassen werden nach Trianon, deren gleichfalls gierige Hände nie der goldene Regen netzt. Ist man denn weniger als diese verarmten Polignacs, murren die Orléans, die Rohans, die Noailles, die Marsans? Hat man dazu einen jungen bescheidenen honetten König, endlich einen, der nicht Spielball seiner Mätressen ist, daß man nach der Pompadour, der

Dubarry abermals von einer Favoritin, von einer Günstlingsfrau sich erbetteln soll, was einem nach Fug und Recht gehört? Soll man wirklich dieses freche Zur-Seite-geschoben-Werden, dies kühle Übersehenwerden von der jungen Österreicherin dulden, die sich mit fremden Burschen und zweifelhaften Frauen umgibt, statt mit dem angestammten, seit Jahrhunderten eingesessenen Adel? Enger scharen sich die Ausgeschlossenen zusammen, jeder Tag, jedes Jahr mehrt ihre Reihen. Und bald blickt aus den verödeten Fenstern von Versailles hundertäugiger Haß hinüber in die sorglose und ahnungslose Spielwelt der Königin.

DER BRUDER BESUCHT SEINE SCHWESTER

Im Jahre 1776 und im Karneval 1777 erreicht der Vergnügungstaumel Marie Antoinettes den höchsten Punkt der scharf ansteigenden Kurve. Die mondäne Königin fehlt bei keinem Rennen, keinem Opernball, keiner Redoute, nie kommt sie vor Morgengrauen nach Hause, ständig meidet sie das eheliche Bett. Bis vier Uhr früh sitzt sie vor dem Spieltisch, ihre Verluste und Schulden erregen bereits öffentliches Ärgernis. Verzweifelt schmettert der Botschafter Mercy Bericht auf Bericht nach Wien: »Ihre Königliche Majestät vergißt vollkommen ihre äußere Würde«, es sei kaum möglich, sie zu belehren, denn »die verschiedenen Arten des Vergnügens folgen einander mit solcher Geschwindigkeit, daß man nur mit größter Mühe einige Augenblicke findet, mit ihr von ernsten Dingen zu sprechen«. Seit langem habe man Versailles nicht so verlassen gesehen wie in diesem Winter; im Laufe des letzten Monats hätten sich die Beschäftigungen der Königin oder, besser gesagt, ihre Vergnügungen nicht geändert oder vermindert. Es ist, als ob ein Dämon sich dieser jungen Frau bemächtigt habe: nie war ihre

Unruhe, ihre Unrast unsinniger als in diesem entscheidenden Jahr.

Dazu tritt nun zum erstenmal eine neue Gefahr. Marie Antoinette ist 1777 nicht mehr das fünfzehnjährige naive Kind, als das sie nach Frankreich gekommen, sondern eine zweiundzwanzigjährige, zu üppiger Schönheit aufgeblühte, eine verlokkende und selbst schon verlockte Frau; es wäre eher unnatürlich, bliebe sie völlig teilnahmslos kühl inmitten der erotischen, der überreizt sinnlichen Atmosphäre des Versailler Hofes. Alle ihre gleichaltrigen Verwandten, all ihre Freundinnen haben längst schon Kinder, jede einen wirklichen Mann oder wenigstens Liebhaber; nur sie allein ist durch das Ungeschick ihres unglücklichen Gatten ausgeschlossen, nur sie, schöner als alle, begehrlicher und begehrter als jede in ihrem Kreise, hat noch niemandem ihr Gefühl hingegeben. Vergeblich hat sie ihr starkes Zärtlichkeitsbedürfnis abgelenkt auf ihre Freundinnen, die innere Leere mit unablässigen Gesellschaftlichkeiten überlärmt – es hilft nichts, die Natur will bei jeder, also auch bei dieser durchaus natürlichen und normalen Frau allmählich ihr Recht. Immer mehr verliert im Zusammensein mit den jungen Kavalieren Marie Antoinette die ursprüngliche unbekümmerte Sicherheit. Zwar fürchtet sie sich noch vor dem Gefährlichsten. Aber sie läßt nicht ab, mit der Gefahr zu spielen, und vermag dabei nicht, ihrem Blut zu befehlen, das sie verrät; sie errötet, sie erblaßt, sie beginnt in der Nähe dieser unbewußt begehrten jungen Menschen zu erzittern, sie verwirrt sich, bekommt Tränen in die Augen und fordert doch immer wieder von neuem die galanten Komplimente dieser Kavaliere heraus; die Memoiren Lauzuns mit jener merkwürdigen Szene, da die eben noch zornig irritierte Königin ihn plötzlich in flüchtiger Umarmung umpreßt und, über sich selbst erschrocken, sofort beschämt entflieht, hat durchaus den Akzent der Wahrheit, denn der Bericht des schwedischen Gesandten über ihre offenkundige Passion für den jungen Grafen Fersen spiegelt den gleichen erregten Zustand. Es ist unverkennbar: die gequälte, von ihrem tölpischen Gatten aufgesparte und aufgeopferte zweiundzwanzigjährige Frau steht am Rande ihrer Selbstbeherrschung. Ihre Nerven halten nicht mehr der unsichtbaren Spannung stand, obwohl sich Marie Antoinette verteidigt, und vielleicht eben deshalb. Tatsächlich berichtet, als wollte er das klinische Bild ergänzen, der Botschafter Mercy über plötzlich auftretende »affectations nerveuses«, über sogenannte »vapeurs«. Vorläufig rettet Marie Antoinette noch die ängstliche Rücksicht ihrer eigenen Kavaliere vor einem wirklichen Verstoß gegen die eheliche Ehre – beide, Lauzun und Fersen, verlassen hastig den Hof, sobald sie das allzu offenbare Interesse der Königin für sich merken –; aber es ist kein Zweifel, wenn einer von den jungen Günstlingen, mit denen sie kokett spielt, in günstigem Augenblick kühn zugriffe, könnte er sich leicht dieser innerlich nur noch matt bewahrten Tugend bemächtigen. Bisher ist es Marie Antoinette glücklicherweise gelungen, noch einen Schritt vor dem Fall sich aufzufangen. Aber mit der inneren Unruhe wächst die Gefahr: immer näher, immer flattriger kreist der Schmetterling um das lockende Licht; ein ungeschickter Flügelschlag, und die Spielende stürzt unrettbar in das zerstörende Element.

Weiß der mütterliche Wächter auch von dieser Gefahr? Man darf es annehmen, denn seine Warnungen vor Lauzun, vor Dillon, vor Esterhazy deuten an, daß der alte erfahrene Junggeselle die gespannte Lage besser in ihrer letzten Ursache erfaßt als die Königin, die nicht ahnt, wie verräterisch ihre springende Erregtheit, ihre wilde und unstillbare Fahrigkeit ist. Er begreift im ganzen Ausmaß die Katastrophe, die es bedeuten würde, wenn die Königin von Frankreich, ehe sie ihrem Gatten einen echten Erben geboren, irgendeinem fremden Liebhaber zur Beute fiele; das muß verhindert werden, um jeden Preis. So sendet er Brief um Brief nach Wien, Kaiser Joseph möge endlich nach Versailles kommen, um nach dem Rechten zu sehen. Denn er weiß, der stille, ruhige Beobachter: es ist höchste Zeit, die Königin vor sich selbst zu retten.

Die Reise Josephs II. nach Paris hat einen dreifachen Zweck. Er soll, Mann zu Mann, mit dem König, seinem Schwager, über die heikle Angelegenheit der noch immer nicht vollzogenen ehelichen Pflichten reden. Er soll mit der Autorität des älteren Bruders seiner vergnügungssüchtigen Schwester den Kopf waschen, ihr die politischen und menschlichen Gefahren ihrer Vergnügungssucht vor Augen halten. Drittens soll er das staatliche Bündnis zwischen dem französischen und österreichischen Herrscherhaus menschlich festigen.

Zu diesen drei ihm vorgesetzten Aufgaben fügt Joseph II. freiwillig noch eine vierte hinzu: er will die Gelegenheit dieses auffälligen Besuches wahrnehmen, ihn noch auffälliger zu machen, und für seine eigene Person möglichst viel Bewunderung einheimsen. Dieser im Innersten ehrenhafte, nicht unkluge, wenn auch nicht übermäßig begabte und vor allem eitle Mann leidet seit Jahren an der typischen Kronprinzenkrankheit; es verärgert ihn, als erwachsener Mann noch immer nicht frei und unbeschränkt herrschen zu dürfen, sondern im Schatten seiner berühmten, gefeierten Mutter auf der politischen Bühne bloß die zweite Rolle zu spielen oder, wie er sich ärgerlich ausdrückt, »das fünfte Rad am Wagen zu sein«. Gerade weil er weiß, daß er die große Kaiserin, die ihm im Lichte steht, weder an Klugheit noch an moralischer Autorität übertreffen kann, sucht er sich für diese Nebenrolle eine besonders hervorstechende Nuance. Wenn sie vor Europa schon die heroische

Auffassung des Herrschertums versinnlicht, will er für seinen Teil den Volkskaiser spielen, den modernen, philanthropischen, vorurteilsfreien, aufgeklärten Landesvater. Er geht als Arbeitsmann hinter dem Pflug, er mischt sich im schlichten Bürgerrock unter die Menge, er schläft im einfachen Soldatenbett, er läßt sich zur Probe auf dem Spielberg einsperren, sorgt aber gleichzeitig dafür, daß die Welt diese ostentative Bescheidenheit im weitesten Maße erfährt. Bisher konnte Joseph II. diese Rolle des leutseligen Kalifen aber nur vor seinen eigenen Untertanen verkörpern; diese Reise nach Paris bietet ihm endlich Gelegenheit, auf der großen Weltbühne aufzutreten. Und schon viele Wochen vorher studiert der Kaiser seine Bescheidenheitsrolle mit allen nur denkbaren Einzelheiten ein.

Zur Hälfte ist Kaiser Joseph diese Absicht gelungen. Zwar hat er die Geschichte nicht zu täuschen vermocht, sie verzeichnet in seinem Schuldbuch Fehler über Fehler, verfrühte, ungeschickt eingeführte Reformen, verhängnisvolle Voreiligkeiten, und vielleicht nur sein frühzeitiger Tod hat Österreich vor dem schon damals drohenden Zerfall bewahrt; aber die Legende, gutgläubiger als die Geschichte, sie hat er sich gewonnen. Lange wurde noch das Lied von dem gütigen Volkskaiser gesungen, unzählige Kolportageromane schildern, wie ein edler Unbekannter, in schlichten Mantel gehüllt, Wohltaten mit linder Hand übt und die Mädchen aus dem Volke liebt; berühmt ist von diesen Romanen der immer wiederkehrende Schluß: der Unbekannte schlägt den Mantel auf, man erblickt staunend eine prunkvolle Uniform, und der edle Mann wendet sich weiter mit den tiefsinnigen Worten: »Meinen Namen werdet ihr nie erfahren, ich bin der Kaiser Joseph.«

Ein törichtes Scherzwort, aber doch, es ist aus Instinkt klüger, als man denkt; in fast genialer Weise karikiert es jene historische Eigenheit Kaiser Josephs, einerseits den bescheidenen

Mann zu spielen und gleichzeitig alles zu tun, daß diese Bescheidenheit auch gehörig bewundert werde. Seine Reise nach Paris gibt davon eine bezeichnende Probe. Denn Kaiser Joseph II. reist selbstverständlich nicht als Kaiser nach Paris, er will kein Aufsehen, sondern als Graf Falkenstein, und stärkstes Gewicht wird darauf gelegt, daß niemand von diesem Inkognito erfahre. In langen Schriftstücken wird festgelegt, daß niemand ihn anders als »Monsieur« ansprechen darf, auch der König von Frankreich nicht, daß er nicht in Schlössern wohnen und nur schlichte Mietwagen benutzen will. Selbstverständlich wissen aber alle Höfe Europas auf Tag und Stunde genau sein Eintreffen; gleich in Stuttgart spielt ihm der Herzog von Württemberg einen schlimmen Streich und befiehlt, sämtliche Schilder von den Gasthäusern zu entfernen, so daß dem Volkskaiser nichts anderes übrigbleibt, als doch im Palais des Herzogs zu schlafen. Aber mit pedantischer Starrheit hält der neue Harun al Raschid bis zum letzten Augenblick an seinem längst weltbekannten Inkognito fest. Im einfachen Fiaker fährt er in Paris ein, steigt im Hotel de Tréville, dem heutigen Hotel Foyot, als unbekannter Graf Falkenstein ab; in Versailles nimmt er ein Zimmer in einem minderen Haus, schläft dort, als wäre er im Biwak, auf einem Feldbett, bloß mit dem Mantel bedeckt. Und er hat richtig gerechnet. Für das Pariser Volk, das seine Könige nur in Luxus kennt, ist ein solcher Herrscher Sensation, ein Kaiser, der in den Hospitälern die Armensuppen kostet, der den Sitzungen der Akademien, den Verhandlungen im Parlament beiwohnt oder die Schiffer, die Kaufleute, die Taubstummenanstalt, den botanischen Garten, die Seifenfabrik, die Handwerker besucht; Joseph sieht viel in Paris und freut sich zugleich, gesehen zu werden; er entzückt alle durch seine Leutseligkeit und ist selber noch mehr entzückt über den begeisterten Beifall, den er dafür findet. Mitten in solcher Doppelrolle zwischen Echt und Unecht bleibt dieser geheimnisvolle Charakter sich seines Zwiespaltes ständig bewußt, und vor seinem Abschied schreibt er an seinen Bruder: »Du bist mehr wert als ich, aber ich bin mehr Scharlatan, und in diesem Lande muß man es sein. In bin mit Vorbedacht und aus Bescheidenheit einfach, aber ich übertreibe das mit Absicht; ich habe hier einen Enthusiasmus erregt, der mir wirklich schon peinlich wird. Ich verlasse dieses Königreich sehr zufrieden, aber ohne Bedauern, denn ich habe schon genug von meiner Rolle.«

Neben diesem persönlichen Erfolg erreicht Joseph auch die vorgezeichneten politischen Ziele; vor allem geht die Aussprache mit seinem Schwager über die bewußte heikle Angelegenheit überraschend leicht vonstatten. Ludwig XVI., ehrlich und jovial, empfängt seinen Schwager mit vollem Vertrauen. Es hat Friedrich dem Großen nichts geholfen, daß er seinem Gesandten, Baron Goltz, Anweisung gab, in ganz Paris zu verbreiten, daß Kaiser Joseph zu ihm gesagt habe: »Ich habe drei Schwäger, und alle drei sind jämmerlich: der eine in Versailles ist ein Schwachsinniger, der in Neapel ein Narr und der in Parma ein Dummkopf.« In diesem Falle hatte der »schlimme Nachbar« den Kessel vergebens geheizt, denn Ludwig XVI. ist im Punkt der Eitelkeit nicht kitzlig, der Pfeil prallt ab an seiner biederen Gutmütigkeit. Die beiden Schwäger sprechen frei und ehrlich miteinander, und Ludwig XVI. nötigt bei näherer Bekanntschaft auch Joseph II. eine gewisse menschliche Achtung ab: »Dieser Mann ist ein Schwächling, aber kein Dummkopf. Er hat Kenntnisse und Urteil, aber er ist körperlich wie geistig apathisch. Er führt vernünftige Gespräche, hat aber keine rechte Lust, sich tiefer zu bilden, und keine rechte Neugier; das fiat lux ist bei ihm noch nicht gekommen, die Materie noch im Urzustand.« Nach einigen Tagen hat Joseph II. den König ganz in der Hand, sie verstehen sich in allen politischen Fragen, und man kann kaum zweifeln, daß es ihm ohne Mühe gelungen ist, seinen Schwager zu jener diskreten Operation zu bewegen.

Schwieriger, weil verantwortlicher, wird Josephs Stellung zu Marie Antoinette. Mit gemischten Gefühlen hat die Schwester den Besuch des Bruders erwartet, glücklich, sich endlich einmal mit einem Blutsverwandten, und zwar dem vertrautesten, ehrlich aussprechen zu können, aber auch voll Angst vor der schroffen lehrhaften Art, die der Kaiser der jüngeren Schwester gegenüber anzunehmen liebt. Erst vor kurzem hat er sie gerüffelt wie ein Schulmädchen: »In was mengst Du Dich ein«, hatte er ihr geschrieben. »Du läßt Minister absetzen, einen andern auf seine Güter verbannen, Du schaffst neue kostspielige Ämter bei Hof! Hast Du Dich schon einmal gefragt, mit welchem Rechte Du Dich in die Angelegenheiten des Hofes und der französischen Monarchie mengst? Was für Kenntnisse hast Du Dir erworben, um zu wagen, Dich einzumengen und Dir einzubilden, Deine Meinung könnte in irgendeiner Hinsicht wichtig sein und besonders in jener des Staates, die doch ganz besondere vertiefte Kenntnisse erfordert? Du, eine liebenswürdige junge Person, die den ganzen Tag an nichts als an Frivolitäten, ihre Toiletten und Vergnügungen denkt, die nichts liest, nicht eine Viertelstunde im Monat in vernünftigem Gespräch verbringt oder zuhört, die nicht nachdenkt, nichts zu Ende und nie, ich bin dessen sicher, an die Folgen dessen denkt, was sie sagt oder tut …« Einen solchen bittern Schulmeisterton ist die verwöhnte, verhätschelte Frau von ihren Höflingen in Trianon nicht gewöhnt, und man versteht ihr Herzklopfen, als plötzlich der Hofmarschall meldet, der Graf von Falkenstein sei in Paris eingetroffen und werde morgen in Versailles erscheinen.

Aber es kommt besser, als sie es erwartet hat. Joseph II. ist Diplomat genug, um nicht sofort mit dem Donner ins Haus zu fallen; im Gegenteil, er sagt ihr Artiges über ihr reizendes Aussehen, versichert, wenn er noch einmal heiraten sollte, müßte seine Frau ihr ähnlich sein, er spielt eher den Galan. Maria Theresia hat wieder einmal richtig prophezeit, als sie im voraus ihrem Botschafter ankündigte: »Ich fürchte eigentlich nicht, daß er ein zu strenger Beurteiler ihres Verhaltens sein wird, ich glaube eher, daß, hübsch und anreizend, wie sie ist, und mit ihrer Geschicklichkeit, Geist und gute Haltung im Gespräch zu vermengen, sie seinen Beifall finden wird, was wiederum ihm schmeicheln wird.« In der Tat, die Liebenswürdigkeit der entzückend hübschen Schwester, ihre aufrichtige Freude, ihn wiederzusehen, die Achtung, mit der sie ihm zuhört, andrerseits die familiäre Gutmütigkeit des Schwagers und der große Triumph, den er mit seiner Bescheidenheitskomödie in Paris erringt, machen den gefürchteten Pedanten stumm; der strenge Brummbär läßt sich beruhigen, seit man ihm so reichlich Honig gibt. Sein erster Eindruck ist eher freundlich: »Sie ist eine liebenswürdige und anständige Frau, noch etwas jung und zu wenig nachdenkend, aber sie hat doch einen guten Fond von Anständigkeit und Tugend und dazu noch eine gewisse richtige Gabe der Auffassung, die mich oft überrascht hat. Die erste Regung ist immer richtig, und würde sie sich ihr hingeben und ein bißchen mehr nachdenken, statt der Legion Zubläser, die sie umringen, nachzugeben, so wäre sie vollendet. Die Vergnügungslust ist bei ihr sehr mächtig, und da man diese Schwäche kennt, hält man sich daran, und sie hört immer wieder am meisten auf jene, die ihr darin zu dienen wissen.«

Während sich Joseph II. aber scheinbar lässig bei all den Festen vergnügt, die ihm seine Schwester darbietet, beobachtet dieser merkwürdige Zwielichtgeist gleichzeitig scharf und genau. Vor allem muß er feststellen, daß Marie Antoinette »gar keine Liebe für ihren Gatten empfindet«, daß sie ihn nachlässig, gleichgültig und mit einem ungebührlichen Vonobenherab behandelt. Er hat ferner nicht viel Mühe, die üble Gesellschaft des »Windkopfs«, vor allem jene der Polignacs, zu durchschauen. Nur in einer Hinsicht scheint er beruhigt. Joseph II. atmet sichtlich erleichtert auf – wahrscheinlich hat er Ärgeres befürchtet –, daß trotz aller Koketterien mit jungen Kavalieren die Tugend seiner Schwester bisher standgehalten hat, daß – sorgfältig fügt er die Klausel bei »wenigstens bis jetzt« – inmitten dieser verluderten Moral ihr Verhalten in sittlicher Hinsicht besser sei als ihr Ruf. Allerdings: sehr sicher für die Zukunft scheint ihn, was er in dieser Beziehung gehört und gesehen, nicht gemacht zu haben; ein paar kräftige Warnungen scheinen ihm nicht überflüssig. Einige Male nimmt er sich seine junge Schwester vor, es kommt zu heftigen Zusammenstößen, zum Beispiel, als er ihr vor Zeugen grob vorhält, daß sie »ihrem Mann zu nichts gut sei«, oder das Spielzimmer ihrer Freundin, der Herzogin von Guémenée, »un vrai tripot«, eine wahre Gaunerhöhle, nennt. Solche öffentlichen Vorhalte erbittern Marie Antoinette: es geht manchmal hart auf hart bei diesen Unterredungen zwischen den Geschwistern. Der kindische Trotz der jungen Frau wehrt sich gegen die angemaßte Bevormundung; aber gleichzeitig spürt ihre innere Aufrichtigkeit, wie sehr ihr Bruder mit allen seinen Vorwürfen im Recht ist, wie notwendig ihrer eigenen Charakterschwäche ein solcher Wächter an ihrer Seite wäre.

Zu einer endgültig zusammenfassenden Aussprache scheint es zwischen den beiden nicht gekommen zu sein. Zwar erinnert später in einem Brief Joseph II. mahnend Marie Antoinette an ein gewisses Gespräch auf einer Steinbank, aber das Eigentlichste und Wichtigste will er ihr offenbar nicht in gelegentlichen Gesprächen anvertrauen. In zwei Monaten hat Joseph II. ganz Frankreich gesehen, er weiß mehr von diesem Land als der eigene König und mehr von den Gefahren seiner Schwester als sie selbst. Aber auch dies hat er erkannt, daß bei dieser flüchtigen Person jedes gesprochene Wort sich verflüchtigt, daß sie in der nächsten Stunde alles vergißt, besonders das, was sie vergessen will. So verfaßt er in aller Stille eine Instruktion, die alle seine Beobachtungen und Bedenken vereinigt, und übergibt ihr dieses dreißigseitige Dokument absichtlich in der allerletzten Stunde, mit der Bitte, es erst nach seiner Abreise zu lesen. Scripta manent, die geschriebene Mahnung soll ihr in seiner Abwesenheit zur Seite stehen.

Diese »instruction« ist das für den Charakter Marie Antoinettes vielleicht aufschlußreichste Dokument, das wir besitzen, denn Joseph II. schreibt es guten Willens und in völliger Unbestechlichkeit. Ein wenig schwülstig in der Form, für unsern Geschmack etwas zu pathetisch in seinem Moralismus, zeigt es gleichzeitig eine große diplomatische Geschicklichkeit, denn mit Takt vermeidet der Kaiser von Österreich, einer Königin von Frankreich direkte Verhaltensmaßregeln für ihr Betragen zu erteilen. Er reiht nur Frage an Frage, eine Art Katechismus, um die Gedankenfaule zum Nachdenken, zur Selbsterkenntnis und Selbstbeantwortung anzuregen; aber ohne es zu wollen, werden die Fragen zur Anklage, ihr scheinbar lockeres Hintereinander zu einem vollständigen Register der Verfehlungen Marie Antoinettes. Joseph II. erinnert seine Schwester vor allem, wieviel Zeit schon unnütz vertan sei. »Du schreitest im Alter vor, Du hast also nicht mehr die Entschuldigung, ein Kind zu sein. Was soll geschehen, was aus Dir werden, wenn Du länger zögerst?« Und er antwortet mit erschreckender Hellsicht selbst: »Eine unglückliche Frau und eine noch unglücklichere Königin.« Einzeln zählt er in Frageform alle ihre Nachlässigkeiten auf: ein scharfes kaltes Blitzlicht fällt vor allem auf ihr Verhalten zum König. »Suchst Du wirklich alle Gelegenheiten? Erwiderst Du die Gefühle, die er Dir offenbart? Bist Du nicht kalt und zerstreut, wenn er mit Dir spricht? Scheinst Du nicht manchmal gelangweilt oder abgestoßen? Wie willst Du bei einem solchen Verhalten, daß ein von Natur aus kühler Mann sich Dir nähert und Dich wirklich liebt?« Unbarmherzig hält er ihr – immer scheinbar nur fragend, in Wahrheit aber scharf anklagend – vor, daß sie, statt sich dem König unterzuordnen, seine Ungeschicklichkeit und Schwäche ausnütze, um statt seiner alle Erfolge und Aufmerksamkeit auf sich zu ziehen. »Verstehst Du, Dich ihm wirklich notwendig zu machen?« fragt er strenger. »Überzeugst Du ihn, daß niemand ihn aufrichtiger liebt und mehr seinen Ruhm und sein Glück im Herzen hegt als Du? Unterdrückst Du jemals Deinen Wunsch, auf seine Rechnung zu glänzen? Beschäftigst Du Dich mit den Dingen, die er vernachlässigt, um den Anschein zu vermeiden, Du hättest Verdienste auf seine Kosten? Bringst Du ihm Opfer? – Und bewahrst Du undurchdringliches Schweigen über seine Fehler und Schwächen? Entschuldigst Du sie, und befiehlst Du sofort denjenigen Schweigen, die wagen, darüber Andeutungen zu machen?«

Blatt um Blatt rollt Kaiser Joseph dann das ganze Register der Vergnügungswut auf: »Hast Du schon einmal darüber nachgedacht, welche schlechte Wirkung Deine gesellschaftlichen Bindungen, Deine Freundschaften, wenn sie sich nicht auf in jeder Hinsicht untadelige Personen erstrecken, auf die öffentliche Meinung haben können und müssen, weil dadurch doch unwillkürlich der Verdacht entsteht, daß Du diese schlechten Sitten entweder billigst oder sogar an ihnen teilnimmst? Hast Du einmal die furchtbaren Folgen ausgewogen, die das Hasardspiel mit sich bringen kann durch die schlechte Gesellschaft und den Ton, den es nach sich zieht? Erinnere Dich doch an die Dinge, die vor Deinen eigenen Augen vor sich gegangen sind, erinnere Dich, daß der König selbst nicht spielt und daß es aufreizend wirkt, wenn Du sozusagen als einzige der ganzen Familie diesen schlechten Brauch unterstützest. Ebenso denke auch wenigstens einen Augenblick an alle die Peinlichkeiten, die sich an die Opernbälle knüpfen, an alle die üblen Abenteuer, die Du mir ja selbst in dieser Hinsicht erzählt hast. Ich kann Dir nicht verschweigen, daß von allen Vergnügungen dieses zweifellos das ungehörigste ist und besonders durch die Art, wie Du auf jene Bälle gehst, denn daß Dich Dein Schwager dorthin begleitet, macht nichts aus. Was hat es für einen Sinn, dort unbekannt zu sein, eine Fremde, Maske spielen zu wollen, siehst Du denn nicht ein, daß man Dich trotzdem kennt und manche Dinge zu Dir sagt, von denen es sich nicht paßt, daß Du sie hörst, die man aber mit Absicht sagt, um Dich zu amüsieren und Dich glauben zu machen, man habe sie in aller Unschuld gesagt? Schon der Ort hat einen sehr schlechten Ruf. Was suchst Du denn dort? Die Maske verhindert ein anständiges Gespräch, auch tanzen kannst Du dort nicht, wozu also diese Abenteuer, diese Ungehörigkeiten, wozu sich also mit diesem Pack von zügellosen Burschen und Dirnen und Fremden gemein machen, zweideutige Reden hören und vielleicht welche halten, die ihnen ähnlich sind? Nein, das gehört sich nicht. Ich gestehe Dir, daß das der Punkt ist, über den ich alle Leute, die Dich lieben und die anständig denken, am meisten empört gesehen habe: der König wird ganze Nächte lang in Versailles allein gelassen, und Du bist in Gesellschaft der ganzen Kanaille in Paris!« Dringend wiederholt ihr Joseph die alten Lehren ihrer Mutter, sie solle endlich anfangen, sich ein wenig mit Lektüre zu befassen, zwei Stunden täglich seien nicht viel und würden sie klüger und vernünftiger machen für die übrigen zweiundzwanzig. Und plötzlich springt mitten in der langen Predigt ein seherisches Wort auf, das man nicht ohne Schauer lesen kann. Wenn sie ihm nicht folge in dieser Hinsicht, sagt Joseph II., so sehe er arge Dinge voraus, und wörtlich schreibt er hin: »Ich zittere jetzt für Dich, denn so kann es nicht weitergehen; la révolution sera cruelle si vous ne la préparez.« – »Die Revolution wird grausam sein« – das unheimliche Wort, hier ist es zum erstenmal hingeschrieben. Obwohl in einem andern Sinn gemeint, ist es doch prophetisch gesprochen. Aber erst ein ganzes Jahrzehnt später wird Marie Antoinette den Sinn dieses Wortes begreifen.

MUTTERSCHAFT

Dieser Besuch Kaiser Josephs II. scheint, historisch gesehen, eine belanglose Episode im Leben Marie Antoinettes; in Wahrheit bewirkt er die entscheidende Umstellung. Denn schon einige Wochen später zeigen sich die Früchte der Zwiesprache des Kaisers mit Ludwig XVI. über das heikle Thema des Alkovens. Mit neuem Mut macht sich der Gekräftigte an seine ehelichen Pflichten. Noch am 19. August 1777 meldet Marie Antoinette nach Wien bloß »un petit mieux«: ihr (jungfräulicher) »Zustand sei unverändert«, der große Angriff nicht gelungen, »aber ich zweifle dennoch nicht daran, denn eine kleine Besserung ist zu verzeichnen, nämlich, der König wird zärtlicher als vordem, und das bedeutet viel bei ihm«. Am 30. August ertönt endlich, endlich die Siegesfanfare; zum erstenmal nach ungezählten Niederlagen in diesem siebenjährigen Kriege des Eros hat der »nonchalant mari« die gar nicht verteidigte Festung erstürmt. »Ich befinde mich im größten Glück für mein ganzes Leben«, eilt Marie Antoinette, der Mutter zu berichten:

»jetzt sind es schon acht Tage her, daß meine Ehe vollkommen vollzogen ist; der Versuch wurde erneuert und gestern noch vollständiger als das erste Mal. Ich dachte zuerst, sofort einen Kurier an meine teure Mutter abzusenden, aber ich bekam dann Angst, das würde zuviel Aufsehen und Geschwätz verursachen, auch wünschte ich, meiner Sache erst vollkommen sicher zu sein. Ich glaube noch nicht schwanger zu sein, aber ich habe jetzt wenigstens die Hoffnung, es von einem Augenblick zum andern werden zu können.« Lange bleibt diese glorreiche Wendung übrigens kein Geheimnis: der spanische Botschafter, der bestinformierte von allen, weiß seiner Regierung sogar das Datum des schicksalwendenden Tages (25. August) zu melden und fügt bei: »Da ein solches Ereignis interessant und von öffentlicher Wichtigkeit ist, habe ich mit den Ministern Maurepas und Vergennes einzeln darüber gesprochen, und beide haben mir die gleichen Umstände bestätigt. Übrigens ist sicher, daß der König die Sache einer seiner Tanten erzählte und mit viel Freimut sagte: ›Ich liebe sehr diese Art des Vergnügens und bedaure, sie so lange nicht gekannt zu haben.‹ Seine Majestät ist jetzt viel heiterer als früher, und die Königin hat jetzt öfter, als man es bisher beobachtet hatte, umränderte Augen.« Der erste Jubel der jungen Frau über ihren tüchtigen Ehemann erweist sich übrigens noch als verfrüht, denn diesem »neuen Vergnügen« geht Ludwig XVI. bei weitem nicht so eifrig nach wie der Jagd, und schon zehn Tage später muß Marie Antoinette der Mutter wieder klagen: »Der König liebt es nicht, zu zweit zu schlafen. Ich suche ihn zu bewegen, wenigstens nicht gänzlich auf diese Gemeinschaft Verzicht zu leisten. Manchmal verbringt er die Nacht bei mir, und ich glaube ihn nicht quälen zu dürfen, es öfter zu tun.« Die Mutter hört dies mit wenig Freude, weil sie diesen Punkt als sehr »essentiell« betrachtet, aber sie stimmt der taktvollen Tochter bei, ihren Gatten nicht zu bedrängen; nur solle sie sich auch ihrerseits mehr als bisher den Bettstunden ihres Gatten anpassen. Die in Wien brennend ersehnte Nachricht der eingetretenen Schwangerschaft läßt in dieser unleidenschaftlichen Ehe also noch immer auf sich warten, erst im April glaubt die ungeduldige Frau, ihren innigsten Wunsch erfüllt zu fühlen. Schon bei den ersten Anzeichen will Marie Antoinette rasch an ihre Mutter einen Eilkurier abschicken, aber der Hofarzt, obwohl privatim bereit, tausend Louis zu wetten, daß die Königin recht habe, rät zunächst ab. Am 5. Mai meldet der vorsichtige Mercy die Gewißheit an, am 4. August wird die Schwangerschaft am Hof amtlich verkündet, nachdem die Königin am 31. Juli um halb elf Uhr abends die ersten Bewegungen des Kindes gespürt hat. »Seitdem«, schreibt sie an Maria Theresia, »bewegt es sich oft, und das macht mir große Freude.« Ihrer guten Laune bereitet es besonderen Spaß, auf urwüchsige Weise dem spät erprobten Gatten seine Vaterschaft mitzuteilen. Sie tritt vor ihn hin, zieht ein finsteres Gesicht, stellt sich beleidigt: »Sire, ich muß mich über einen Ihrer Untertanen beschweren, der so kühn gewesen ist, mir mit den Füßen in den Bauch zu stoßen.« Der brave König versteht nicht gleich, dann lacht er stolz behäbig und umarmt, von seiner eigenen unerwarteten Tüchtigkeit ganz verblüfft, seine Frau.

Sofort beginnen jetzt die vielfältigsten öffentlichen Zeremonien. In den Kirchen werden Tedeums gesungen, das Parlament sendet seine Glückwünsche, der Erzbischof von Paris ordnet Bittgebete für den glücklichen Verlauf der Schwangerschaft an; mit ungeheurer Sorgfalt wird für das kommende Königskind die Amme ausgesucht, für die Armen werden hunderttausend Livres bereitgehalten. Alle Welt ist auf das große Ereignis gespannt, nicht am wenigsten der Geburtshelfer, denn im Falle eines Thronerben winken ihm vierzigtausend Livres

Pension und nur zehntausend im Falle einer Prinzessin. Geradezu aufgeregt aber wartet der Hof auf das lang versagte Schauspiel, denn nach jahrhundertelang geheiligtem Brauch stellt die Entbindung einer Königin von Frankreich keineswegs nur ein privates Familienereignis dar; ihre schwere Stunde muß nach den uralten Regeln angesichts aller Prinzen, Prinzessinnen und unter Kontrolle des ganzen Hofes vor sich gehen. Jedes Mitglied der königlichen Familie sowie eine Reihe der höchsten Würdenträger haben das Recht, während des Geburtsaktes im Zimmer der Wöchnerin anwesend zu sein, und keiner denkt natürlich im entferntesten daran, auf dieses barbarische und gesundheitsstörende Privileg zu verzichten. Aus allen Provinzen, von den entlegensten Schlössern kommen die Neugierigen herausgefahren, die kleinste Mansarde in der winzigen Stadt Versailles ist bewohnt, und der riesige Menschenzudrang treibt die Lebensmittelpreise auf das Dreifache hinauf. Aber die Königin läßt die ungewünschten Gäste lange auf das Schauspiel warten. Endlich, am 18. Dezember, schellt nachts die Glokke durch das Haus, die Wehen haben begonnen. Als erste stürzt Madame de Lamballe in das Zimmer der Wöchnerin, hinter ihr aufgeregt alle Ehrendamen. Um drei Uhr werden der König, die Prinzen und Prinzessinnen geweckt, Pagen und Garden setzen sich aufs Pferd und rasen in gestrecktem Galopp nach Paris und Saint-Cloud, um alles, was königlichen Geblüts oder prinzlichen Ranges ist, als Zeugen rechtzeitig heranzuholen: es fehlt nur noch, daß man Sturmglocken läutet oder Alarmkanonen abschießt.

Ein paar Minuten, nachdem der Hofarzt mit lauter Stimme angekündigt hat, die schwere Stunde der Königin sei gekommen, poltert die ganze adelige Rotte herein, dicht gedrängt im engen Zimmer setzen sich die Zuschauer auf nach der Rangordnung gestellte Fauteuils rings um das Bett. Die in den Vorderreihen nicht mehr Platz gefunden haben, steigen sogar auf Sessel und Bänke, damit ihnen um Gottes willen nur keine Bewegung, kein Stöhnen der gequälten Frau entgehe. Die Luft wird in dem verschlossenen Raum immer dicker und schwüler vom Atmen der etwa fünfzig Menschen, von dem scharfen Geruch des Essigs und der Essenzen. Aber niemand öffnet ein Fenster, keiner verläßt seinen Platz, und sieben volle Stunden dauert die öffentliche Folterszene, bis endlich um halb zwölf Uhr mittags Marie Antoinette einem Kind das Leben gibt – hélas! – eine Tochter. Ehrfurchtsvoll trägt man den Königssprossen in ein nachbarliches Kabinett, um ihn zu baden und dann sofort der Obhut der Gouvernante zu übergeben; von Stolz bewegt folgt der König, um die späte Leistung seiner Lenden zu bewundern, hinter ihm drängt neugierig wie immer der ganze Hof – da plötzlich tönt ein geller Befehl des Geburtshelfers: »Luft und heißes Wasser! Ein Aderlaß ist notwendig.« Der Königin ist plötzlich das Blut zu Kopf gestiegen; in Ohnmacht gefallen, halb erstickt von der verpesteten Luft und vielleicht auch von der Anstrengung angesichts der fünfzig neugierigen Zuschauer, ihre Schmerzen zu unterdrücken, liegt sie regungslos und röchelnd in den Kissen. Ein allgemeiner Schreck entsteht, der König reißt eigenhändig die Fenster auf, alles läuft entsetzt durcheinander. Aber das heiße Wasser kommt und kommt nicht. An sämtliche mittelalterlichen Zeremonien haben die Schranzen bei dieser Geburt gedacht, nur nicht an die natürlichste Maßnahme in solchem Falle: heißes Wasser bereitzuhalten. So wagt der Chirurg den Aderlaß ohne weitere Vorbereitung. Ein Blutstrahl spritzt aus der angeschlagenen Ader des Fußes, und siehe: die Königin schlägt die Augen auf, sie ist gerettet. Jetzt erst bricht ungehemmt der Jubel los, man umarmt sich, man weint vor Freude, und die Glocken dröhnen die frohe Botschaft ins Land.

Die Qual der Frau ist zu Ende, das Glück der Mutter beginnt. Wenn auch die Freude nicht vollkommen ist, die Kanone nur einundzwanzigmal zu Ehren einer Prinzessin erdröhnt, statt hunderteinmal, um einen neugeborenen Thronfolger zu begrüßen, so jubeln doch Versailles und Paris. Stafetten werden abgeschickt, in alle Länder Europas, Almosen verteilt im ganzen Land, Gefangene aus Schuldhaft und Kerkern befreit, hundert junge Verlobte auf Kosten des Königs neu gekleidet, vermählt und mit einer Mitgift beschenkt. Als die Königin, von ihrem Wochenbett aufgestanden, nach Notre-Dame kommt, erwarten sie in glückseliger Reihe dort die hundert Paare – der Polizeiminister hat mit Absicht besonders hübsche ausgesucht – und begrüßen begeistert ihre Wohltäterin. Für das Volk von Paris gibt es Feuerwerk, Festbeleuchtung, Wein aus sprudelnden Brunnen, Brot- und Wurstverteilung, freien Zutritt in die Comédie Française, den Kohlenbrennern wird die Loge des Königs, den Fischweibern die der Königin zugewiesen: auch die Armen sollen einmal Feste feiern dürfen. Alles scheint jetzt glücklich und gut, nun könnte Ludwig XVI. ein heiterer, selbstsicherer Mann werden, seit er Vater, und Marie Antoinette eine glückliche, ernste, gewissenhafte Frau, seit sie Mutter ist; das große Hemmnis ist beseitigt, die Ehe gesichert und gestärkt. Eltern, Hof und das ganze Land, sie dürfen sich freuen, und sie freuen sich tatsächlich ausgiebig mit Feiern und Vergnügungen.

Eine einzige nur ist nicht ganz zufrieden: Maria Theresia. Durch diese Enkelin scheint ihr die Stellung ihres Lieblingskindes zwar verbessert, aber noch nicht genug gefestigt. Als Kaiserin, als Politikerin denkt sie über das private Familienglück hinaus unaufhörlich vor allem an die Erhaltung der Dynastie. »Wir brauchen unbedingt einen Dauphin, einen Thronfolger.« Wie eine Litanei wiederholt sie die Mahnung an die

Tochter, nur nicht jetzt »lit à part« zu machen, keiner Leichtfertigkeit sich hinzugeben. Als neuerdings Monat um Monat ohne Schwangerschaft vergeht, wird sie geradezu zornig, wie schlecht Marie Antoinette ihre ehelichen Nächte nützt. »Der König zieht sich zu früher Stunde zurück, er steht früh auf, die Königin tut das Gegenteil, wie kann man da etwas Gutes erwarten? Wenn man sich nur so im Vorübergehen sieht, ist kein wirklicher Erfolg zu erhoffen.« Immer lebhafter wird ihre Dringlichkeit. »Bisher war ich diskret, aber nun werde ich zudringlich werden; es wäre ein Verbrechen, nicht mehr Kinder dieses Blutes zu zeugen.« Nur dies eine will sie noch erleben: »Ich habe Ungeduld – in meinem Alter kann man nicht mehr lange warten.«

Aber diese letzte Freude, einen zukünftigen König von Frankreich aus ihrem habsburgischen Blute zu sehen, ist ihr nicht mehr vergönnt. Die nächste Schwangerschaft Marie Antoinettes bleibt fruchtlos; eine heftige Bewegung, um das Fenster der Karosse zu schließen, verschuldet eine Fehlgeburt, und ehe der lang ersehnte, der so ungeduldig herbeigewünschte Enkel geboren oder auch zu erwarten ist, erliegt am 29. November 1780 Maria Theresia einer Lungenentzündung. Zwei Wünsche hatte die alte, vom Leben längst enttäuschte Frau noch an das Dasein gerichtet. Den ersten: von ihrer Tochter geboren, einen Enkel für den französischen Thron zu sehen – ihn hat ihr das Schicksal versagt. Aber den andern: nicht mehr erleben zu müssen, wie ihr eigenes, geliebtes Kind durch Torheit und Unverstand ins Unglück gerät, ihn hat Gott der frommen Frau erfüllt. Erst ein Jahr nach Maria Theresias Hinscheiden bringt Marie Antoinette den ersehnten Sohn zur Welt: im Hinblick auf die aufregenden Vorfälle bei der ersten Geburt war diesmal die große Schaustellung in der Wochenstube abgesagt worden; nur allernächste Familienmitglieder hatten Zutritt erhalten. Diesmal geht die Geburt leicht vonstatten. Doch als man das neugeborene Kind hinausträgt, hat die Königin nicht mehr die Kraft zu fragen, ob es ein Knabe oder wieder nur ein Mädchen sei. Aber da tritt der König an ihr Bett, Tränen fließen dem sonst schwer erregbaren Mann die Wangen hinab und mit seiner schallenden Stimme kündigt er an: »Der Kronprinz wünscht einzutreten.« Nun bricht allgemeiner Jubel los, beide Türen werden feierlich geöffnet, unter Beifallsrufen des versammelten Hofes wird das gewaschene und gewindelte Kind – der Herzog der Normandie – der beglückten Mutter wiedergebracht. Jetzt kann sich das große Kronprinzen-Geburtszeremoniell endlich ausleben. Abermals ist es der schicksalsbestimmte Gegenspieler Marie Antoinettes, Kardinal Rohan, er, der immer in entscheidender Stunde ihren Weg kreuzen soll, welcher die Taufe vornimmt; eine prächtige Amme wird besorgt, die erheiternderweise Madame »Poitrine« heißt, die Kanonen erdröhnen, bald weiß Paris von dem Ereignis. Und neuerdings beginnt, bedeutend großartiger als bei der Geburt der Prinzessin, der Reigen der Feste. Alle Zünfte senden, von Musikanten begleitet, Abordnungen nach Versailles, neun Tage dauert der farbenprächtige Aufmarsch der Gilden, denn jeder Stand will den neugeborenen zukünftigen König in seiner besonderen Art begrüßen. Die Rauchfangkehrer schleppen im Triumph einen ganzen Schornstein herbei, auf dessen Höhe kleine Schornsteinfeger sitzen und lustige Lieder singen; Fleischer treiben einen dicken Ochsen heran, Sänftenträger bringen eine vergoldete Sänfte, in der eine Amme und ein kleiner Dauphin als Puppen sitzen, Schuhmacher kleine Kinderschuhe, Schneider eine Miniaturuniform seines künftigen Regimentes, die Schmiede einen Amboß, den sie in musikalischem Takt schlagen. Die Schlossermeister aber, die in dem König einen kollegialen Liebhaber ihres Handwerks wissen, haben sich besonders bemüht, sie spenden ein kunstvolles Geheimschloß, und als es Ludwig XVI. mit der Neugier des Fachmannes öffnet, springt ein kleiner Dauphin heraus, wunderbar aus Stahl gearbeitet. Die Damen der Halle wiederum, dieselben, die ein paar Jahre später die Königin mit ordinärsten Zoten verhöhnen werden, kleiden sich nobel in schwarze Seidenkleider und sagen Ansprachen von La Harpe auf. In den Kirchen werden Gottesdienste gehalten, im Stadthaus von Paris veranstalten die Kaufleute ein großes Bankett; der Krieg mit England, die Not, alles Unangenehme ist vergessen. Einen Augenblick gibt es keinen Unfrieden und keine Unzufriedenen mehr, sogar die zukünftigen Revolutionäre und Republikaner schwelgen in geräuschvollstem Erzroyalismus. Der spätere Präsident der Jakobiner, Collot d'Herbois, damals noch schlichter Schauspieler in Lyon, verfaßt ein eigenes Stück zu Ehren »der hohen Fürstin, deren Tugenden alle Herzen erobert haben«, er, der spätere Unterfertiger des Todesurteils für Louis Capet, bittet ehrfürchtig den Himmel:

Pour le bonheur des Français,
Notre bon Louis seize
S'est allié pour jamais
Au sang de Thérèse.
De cette heureuse union
Il sort un beau rejeton.
Pour répandre en notre cœur
Félicité parfaite,
Conserve, o ciel protecteur,
Les jours d'Antoinette.

Noch ist das Volk seinen Herrschern verbunden, noch dieses Kind dem ganzen Lande geboren und seine Ankunft ein allgemeines Fest. An den Straßenecken erscheinen Geiger und Trompeter, man spielt, man fiedelt, man dudelt, man trommelt und singt und tanzt in allen Städten und Dörfern. Alles liebt, alles lobt den König und die Königin, die endlich so tapfer ihre Pflicht getan.

Nun ist der verhängnisvolle Bann endlich gebrochen. Noch zweimal wird Marie Antoinette Mutter, 1785 bringt sie einen zweiten Sohn, den zukünftigen Ludwig XVII., zur Welt, ein kräftiges, gesundes Kind, »einen richtigen Bauernjungen«, im Jahre 1786 ihr viertes und letztes, Sophie Beatrix, das jedoch nur ein Alter von elf Monaten erreicht. Mit der Mutterschaft beginnt die erste Verwandlung in Marie Antoinette, noch nicht die entscheidende, aber der Anfang einer Entscheidung. Die Schwangerschaften gebieten an sich schon immer mehrmonatige Enthaltung von ihren unsinnigen Amüsements, das zärtliche Spiel mit den Kindern wird ihr bald reizvoller als das frivole des grünen Tisches, ihr starkes, bisher an nichtige Gefallsüchtigkeiten verzetteltes Zärtlichkeitsbedürfnis hat endlich einen normalen Ausstrom gefunden. Der Weg zur Selbstbesinnung, er steht jetzt offen. Nur ein paar stille, ein paar glückliche Jahre noch, und sie wird selbst still werden, diese schöne Frau mit den zärtlichen Augen, sie wird, rückflüchtig aus dem Getümmel der Nichtigkeiten, zufrieden ihren Kindern zusehen, wie sie langsam ins Leben hineinwachsen. Aber diese Frist ist ihr vom Schicksal nicht mehr gegeben; gerade da die Unruhe in Marie Antoinette endet, beginnt sie in der Welt.

Die Geburtsstunde des Dauphin hatte den Höhepunkt der Macht Marie Antoinettes bedeutet. Indem sie dem Reich einen Thronerben schenkte, war sie gleichsam ein zweites Mal Königin geworden. Noch einmal hatte ihr der rauschende Jubel der Menge gezeigt, welches unerschöpfliche Kapital an Liebe und Vertrauen im französischen Volke trotz aller Enttäuschungen dem angestammten Königshause bereitstand, mit wie wenig Mühe ein Herrscher diese Nation hätte an sich fesseln können. Jetzt müßte sie nur den einen entscheidenden Schritt tun, aus Trianon nach Versailles, nach Paris zurück, aus der Rokokowelt in die wirkliche, aus ihrer flattrigen Gesellschaft zum Adel, zum Volk, und alles wäre gewonnen. Aber noch einmal geht sie aus ihrer schweren Stunde unbesorgt in die leichten und vergnüglichen zurück; nach den Festen des Volkes beginnen abermals die kostspielig-verhängnisvollen in Trianon. Doch nun ist die große Geduld an ihrem Ende, die Wasserscheide des Glücks erreicht. Von nun an fließen die Wasser abwärts, der Tiefe entgegen.

Nichts Sichtliches, nichts Auffälliges ereignet sich zunächst. Es wird nur stiller und stiller in Versailles, immer weniger Herren und Damen erscheinen bei den großen Empfängen, und diese wenigen zeigen eine gewisse sachliche Kühle im Gruß. Noch wahren sie die Formen, aber um der Form und nicht um der Königin willen. Noch beugen sie das Knie, noch küssen sie höfisch die königliche Hand, aber sie eifern nicht mehr um die Gunst eines Gesprächs, die Blicke bleiben finster und fremd. Wenn Marie Antoinette das Theater betritt, erheben sich nicht mehr wie vordem stürmisch das Parterre und die Logen, in den Straßen verstummt das längst vertraute »Vive la Reine!« Noch regt sich allerdings keine offene Feindseligkeit, nur jene Wärme ist dahin, die vordem den schuldigen Respekt wohltuend beseelte; man gehorcht noch der Herrscherin, aber man huldigt nicht mehr der Frau. Man dient achtungsvoll der Gattin des Königs, aber man bemüht sich nicht mehr um sie. Man widerspricht ihren Wünschen nicht offen, sondern schweigt; es ist das harte, böse, zurückhaltende Schweigen einer Verschwörung.

Das Hauptquartier dieser heimlichen Verschwörung ist auf die vier oder fünf Schlösser der königlichen Familien verteilt; auf das Luxembourg, das Palais Royal, das Schloß Bellevue und auf Versailles selbst, sie alle sind verbündet gegen Trianon, die Residenz der Königin.

Den Chor der Gehässigkeit führen die drei alten Tanten. Sie haben noch immer nicht vergessen, daß das junge Mädchen ihnen aus der Schule der Bosheit entwischt und als Königin über den Kopf gewachsen ist; verdrossen, weil sie keine Rolle mehr spielen, haben sie sich nach dem Schloß Bellevue zurückgezogen. Dort sitzen sie in den ersten Triumphjahren Marie Antoinettes recht verlassen und gelangweilt in ihren Zimmern; niemand kümmert sich um sie, denn alle Beflissenheit flirrt und flittert um die junge bezaubernde Herrscherin, die alle Macht in ihren leichten weißen Händen trägt. Je mehr aber Marie Antoinette unbeliebt wird, um so häufiger gehen im Schloß Bellevue die Türen. All die Damen, die nicht nach Trianon geladen wurden, die entlassene »Madame Etikette«, die abgesägten Minister, die häßlichen und darum sittsam gebliebenen Frauen, die zurückgesetzten Kavaliere, die ausgebooteten Stellungspiraten, die den »neuen Kurs« verabscheuen und der altfranzösischen Tradition, der Kirchenfrömmigkeit und den »guten« Sitten wehmütig nachtrauern, sie geben sich in diesem Salon der Zurückgesetzten regelmäßiges Stelldichein. Das

Zimmer der Tanten in Bellevue wird zur geheimen Giftapotheke, in welcher der ganze gehässige Hofklatsch, die neuesten Tollheiten der »Österreicherin«, die »Ondits« ihrer Galanterien Tropfen um Tropfen destilliert und auf Flaschen gezogen werden; hier etabliert sich das Großarsenal aller boshaften Zubringereien, das berüchtigte »atelier des calomnies«; hier werden die kleinen bissigen Couplets gedichtet und vorgelesen und beflügelt, die dann munter durch Versailles schwirren; hier sammelt sich, heimtückischen, hinterhältigen Gehabens, alles, was das Rad der Zeit noch einmal zurückdrehen möchte, alle die lebenden Leichname der Enttäuschten, der Entthronten, der Erledigten, die Larven und Mumien einer vergangenen Welt, das ganze abgetane alte Geschlecht, um Rache zu nehmen dafür, daß es alt und abgetan ist. Aber das Gift des gespeicherten Hasses gilt nicht dem »armen, guten König«, den sie scheinheilig bedauern, sondern einzig Marie Antoinette, der jungen, der strahlenden, der glücklichen Königin.

Gefährlicher, als diese zahnlosen Gestrigen und Vorgestrigen, die nicht mehr beißen, sondern nur Geifer spritzen können, ist das neue Geschlecht, das noch niemals zur Macht gelangt ist und nicht länger im Dunkel bleiben will. Versailles hat sich durch seine exklusive und lässige Haltung derart ahnungslos von dem wirklichen Frankreich abgeschnürt, daß es der neuen Strömungen, die das Land bewegen, überhaupt nicht gewahr wird. Eine intelligente Bürgerschaft ist erwacht, sie hat sich an den Werken Jean-Jacques Rousseaus über die Rechte belehrt, sie sieht im nachbarlichen England eine demokratische Regierungsform; die Heimkehrer aus dem amerikanischen Unabhängigkeitskrieg bringen ihnen Botschaft aus einem fremden Lande, wo der Unterschied der Kasten und Stände durch die Idee der Gleichheit und Freiheit aufgehoben ist. In Frankreich aber sehen sie nur Starre und Niedergang durch die völlige Unfähigkeit des Hofes. Einmütig hatte das Volk bei dem Tode Ludwigs XV. gehofft, jetzt sei endlich die Schmach der Mätressenwirtschaft, der Unfug der unsauberen Protektionen zu Ende; statt dessen regieren neuerdings die Frauen, Marie Antoinette und hinter ihr die Polignac. Die aufgeklärte Bürgerschaft erkennt mit steigender Erbitterung, wie die politische Machtstellung Frankreichs verfällt, wie die Schulden steigen, das Heer, die Flotte verdorrt, die Kolonien verlorengehen, während ringsum alle anderen Staaten sich energisch entfalten; und in weiten Kreisen wächst der Wille, dieser indolenten Mißwirtschaft ein Ende zu bereiten.

Dieser zusammengeballte Unmut der aufrichtig patriotisch und national Empfindenden wendet sich – und nicht mit Unrecht – vor allem gegen Marie Antoinette. Unfähig und unwillig zu wirklichem Entschluß, zählt der König – dies weiß das ganze Land – überhaupt als Herrscher nicht mit, einzig der Einfluß der Königin ist allmächtig. Nun hätte Marie Antoinette zwei Möglichkeiten gehabt: sich entweder ernst, tätig, energisch wie ihre Mutter der Regierungsgeschäfte anzunehmen oder gänzlich davon zu lassen. Sie in die Politik zu drängen, versucht unablässig die österreichische Gruppe, aber vergeblich, denn, um zu regieren oder mitzuregieren, müßte man regelmäßig täglich ein paar Stunden Akten lesen, aber die Königin liest nicht gern. Man müßte Vorträge der Minister anhören und überdenken, aber Marie Antoinette denkt nicht gern. Schon das bloße Zuhörenmüssen bedeutete für ihren flattrigen Sinn eine arge Anstrengung. »Sie hört kaum hin, wenn man etwas sagt«, klagt der Botschafter Mercy nach Wien, »und es besteht fast nie die Möglichkeit, mit ihr eine wichtige und ernsthafte Sache zu besprechen oder ihre Aufmerksamkeit auf einen bedeutsamen Gegenstand zu sammeln. Die Vergnügungssucht hat über sie zu geheimnisvolle Gewalt.« Bestenfalls antwortet sie ihm ab und zu, wenn er im Auftrag ihrer Mutter oder ihres Bruders sie allzu heftig bedrängt: »Sagen Sie mir, was ich tun soll, und ich werde es auch tun«, und geht dann auch tatsächlich zum König. Aber am nächsten Tag hat ihr Unbestand alles wieder vergessen, ihre Einmischung geht über »gewisse ungeduldige Impulse« nicht hinaus, und schließlich resigniert Kaunitz am Wiener Hof. »Zählen wir niemals auf sie und in nichts. Begnügen wir uns, aus ihr, wie aus einem schlechten Zahler, wenigstens das herauszuholen, was zu holen ist.« Man müsse sich bescheiden, schreibt er Mercy, daß eben auch an anderen Höfen Frauen sich nicht in die Politik mengen.

Aber ließe sie nur wirklich vom Staatsruder die Hand! Dann bliebe sie wenigstens ohne Schuld und Verantwortlichkeit! Aber von ihrem Polignac-Klüngel getrieben, mengt sie sich, sobald es eine Neubesetzung eines Ministerpostens, eine Staatsstellung gilt, ununterbrochen ein; sie tut das Gefährlichste, was man in der Politik tun kann, sie redet, ohne nur im entferntesten die Materie zu kennen, überall mit, sie dilettiert und beschließt aus dem Handgelenk in den wichtigsten Fragen, sie verzettelt ihre ungeheure Macht über den König ausschließlich zum Vorteil ihrer Günstlinge. »Wenn es sich um ernste Dinge handelt«, klagt Mercy, »wird sie sofort ängstlich und unsicher in ihren Bemühungen; wird sie aber von ihrer perfiden und intriganten Gesellschaft bedrängt, so tut sie alles, um deren Wünsche durchzusetzen.« – »Nichts hat der Königin mehr Haß eingebracht«, vermerkt der Staatsminister Saint-Priest, »als diese sprunghaften Einmengungen, diese ungerechtfertigten Protektionsernennungen.« Denn da sie in den Augen der Bürgerschaft die Staatsgeschäfte führt, da alle diese von ihr durchgesetzten Generale und Gesandten und Minister sich nicht bewähren, das System dieser eigenwilligen Autokratie völlig Schiffbruch leidet und Frankreich mit immer größerer Stromschnelle dem wirtschaftlichen Bankrott entgegentreibt, fällt alle Schuld auf die ihrer Verantwortung völlig unbewußte Königin (ach, sie hat doch nur ein paar reizenden netten Leuten zu guten Posten verholfen!). Alles, was in Frankreich Fortschritt, Neuordnung, Gerechtigkeit und schöpferische Tat will, redet und murrt und droht gegen die verschwenderisch sorglose, gegen die ewig muntere Schloßherrin von Trianon, welche die Liebe und den Wohlstand von zwanzig Millionen Menschen töricht und gedankenlos einem hochmütigen Klüngel von zwanzig Damen und Kavalieren aufopfert.

Diese große Unzufriedenheit all derer, die ein neues System, eine bessere Ordnung, eine sinnvollere Verteilung der Verantwortung verlangen, hat lange eines Sammelpunktes entbehrt. Endlich finden sie ihn in einem Haus, in einem Menschen. Auch dieser erbitterte Widersacher trägt königliches Blut in den Adern: wie die Reaktion im Schlosse der Tanten zu Bellevue, so sammelt sich die Revolution im Palais Royal des Herzogs von Orléans: von zwei Fronten aus wird gleichzeitig in ganz gegensätzlichem Sinn der Kampf gegen Marie Antoinette eröffnet. Von Natur aus eher dem Genuß als dem Ehrgeiz zubestimmt, Frauenfreund, Spieler, Prasser und Elegant, durchaus nicht klug und eigentlich auch nicht bösartig, hat dieser völlig durchschnittliche Aristokrat die übliche Schwäche unschöpferischer Naturen: eine nur auf das Äußerliche gerichtete Eitelkeit. Und die Eitelkeit hat Marie Antoinette persönlich gekränkt, indem sie sich, locker spaßend – »frotzelnd«, wie man auf österreichisch sagt und meint –, über die kriegerischen Leistungen ihres Vetters geäußert und verhindert hat, daß ihm der Großadmiralsstab von Frankreich zugeteilt werde. Der Herzog von Orléans, schwer beleidigt, nimmt den Handschuh auf; als Abkömmling einer gleich alten Linie des Königshauses, als schwerreicher, unabhängiger Mann, scheut er sich nicht, dem König im Parlament trotzigen Widerstand zu leisten und die Königin offen als seine Feindin zu behandeln. Mit seiner Person hat die Unzufriedenheit endlich den ersehnten Führer gewonnen. Wer sich gegen Habsburg und die herrschende Linie der Bourbonen auflehnen will, wer die unbeschränkte Königsautokratie als veraltet und drückend betrachtet, wer vernünftige und demokratische Neuordnung in Frankreich fordert, begibt sich von nun ab unter den Schutz des Herzogs von Orléans. Im Palais Royal, dem eigentlichen ersten, noch fürstlich protegierten Klub der Revolution, sammeln sich alle Neuerer, Liberalen, Konstitutionellen, Voltairianer, Philanthropisten, Freimaurer; dazu mengen sich alle Elemente der Unzufriedenheit, die Verschuldeten, die zurückgesetzten Aristokraten, die gebildeten Bürger, die zu keiner Stellung kommen, die unbeschäftigten Advokaten, Demagogen und Journalisten, alle jene gärenden und überlebendigen Kräfte, die später zusammengefaßt die Sturmgarde der Revolution bilden werden. Unter einem schwachen, eitlen Führer steht die mächtigste geistige Armee, mit der Frankreich sich die Freiheit erobern wird, geschlossen bereit. Noch ist das Zeichen zum Angriff nicht gegeben. Aber jeder kennt die Richtung, weiß die Parole: gegen den König! und vor allem gegen die Königin! Zwischen diesen beiden Gruppen der Gegner, der revolutionären und der reaktionären, steht als einzelner Mann der vielleicht gefährlichste und verhängnisvollste Feind der Königin, der eigene Bruder ihres Mannes, »Monsieur«, Franz Xavier Graf von Provence, der spätere König Ludwig XVIII. Leisetreter und Schattengänger, intrigant und vorsichtig, schließt er sich, um sich nicht voreilig zu kompromittieren, keiner dieser Gruppen an, er pendelt abwartend nach rechts und links, bis das Schicksal ihm die rechte Zeigerstunde offenbaren wird. Er sieht nicht ungern die wachsenden Schwierigkeiten, aber er hütet sich, sie öffentlich zu bekritteln; ein schwarzer, stummer Maulwurf, gräbt er unterirdisch seine Minengänge und wartet, bis die Stellung seines Bruders genug erschüttert ist. Denn nur wenn Ludwig XVI. und Ludwig XVII. erledigt sind, kann Graf Franz Xavier von Provence endlich König werden, endlich Ludwig XVIII. – seit der Kindheit heimlich verschlossenes Ziel seines Ehrgeizes. Schon einmal hatte er sich berechtigter Hoffnung hingegeben, der Vertreter, der »Regent« und rechtliche Nachfolger seines Bruders zu werden; die sieben tragischen Jahre, da die Ehe Ludwigs XVI. infolge des ominösen Hemmnisses unfruchtbar blieb, waren für seinen ungeduldigen Ehrgeiz die sieben fetten Jahre der Bibel. Aber dann kam der grimmige Stoß gegen seine erbschleicherischen Hoffnungen; als Marie Antoinette von einer Tochter entbunden wird, entringt sich ihm in einem Brief an den König von Schweden das schmerzliche Bekenntnis: »Ich verberge mir selbst nicht, daß mich der Umstand empfindlich berührt hat ... Nach außen hin bin ich rasch wieder Herr meiner selbst geworden und habe das gleiche Betragen wie vordem gezeigt, allerdings ohne eine Freude zu betonen, die man für Falschheit genommen hätte, was ja auch schließlich wahr gewesen wäre ... Innerlich war es mir schwerer, siegreich zu bleiben. Manchmal lehnte sich das Gefühl noch auf, aber ich hoffe, es in Schach zu halten, wenn es schon nicht gänzlich besiegt werden kann.«

Die Geburt des Dauphin knickt dann gänzlich seine letzten Träume der Thronfolgerschaft; nun ist der gerade Weg versperrt, und er muß jene gewundenen und heuchlerischen gehn, die schließlich – allerdings erst nach dreißig Jahren – an das ersehnte Ziel geführt haben. Die Gegnerschaft des Grafen von Provence ist nicht wie jene des Herzogs von Orléans, eine offene Haßflamme, sondern ein unter der Asche der Verstellung schwelendes Neidfeuer; solange Marie Antoinette und Ludwig XVI. die Macht unbestritten in Händen bewahren, verhält sich der heimliche Kronprätendent, ohne im geringsten einen Anspruch öffentlich anzukündigen, kühl und still; erst mit der Revolution beginnt sein verdächtiges Hinüber und Herüber, die merkwürdigen Konferenzen im Luxembourg-Palais. Aber kaum glücklich über die Grenze gerettet, schaufelt er durch seine herausfordernden Proklamationen wacker mit an dem Grab seines Bruders, seiner Schwägerin, seines Neffen, in der – tatsächlich erfüllten – Hoffnung, in ihrem Sarg die ersehnte Krone zu finden.

Hat der Graf von Provence noch mehr getan? War seine Rolle noch mephistophelischer, wie so viele behaupten? Ist sein Prätendentenehrgeiz wirklich so weit gegangen, daß er selbst die Broschüren gegen die Ehre seiner Schwägerin drukken und verbreiten ließ? Hat er tatsächlich jenes unglückliche Kind, Ludwig XVII., das man heimlich aus dem Temple gerettet, wieder durch Dokumentendiebstahl in ein dunkles und heute noch nicht völlig erhelltes Schicksal zurückgeschleudert? Vieles in seinem Verhalten gibt dem äußersten Verdachte Raum. Denn sofort nach seiner Thronbesteigung hat der König Ludwig XVIII. für schweres Geld oder mit grober Gewalt viele Briefe an sich gezogen oder sonst vernichten lassen, die einstmals der Graf von Provence geschrieben hatte. Und daß er nicht wagte, den Leichnam jenes im Temple gestorbenen Kindes als Ludwig XVII. beisetzen zu lassen, wie wäre dies anders zu deuten, als daß Ludwig XVIII. selbst nicht an den Tod Ludwigs XVII., sondern an die tatsächliche Unterschiebung eines fremden Kindes geglaubt hat? Aber dieser hartnäckige Schattengänger hat gut zu schweigen und sich zu verbergen verstanden; heute sind jene unterirdischen Stollen, mit denen er sich an den französischen Thron heranminiert, längst verschüttet. Nur das weiß man: selbst unter ihren erbittertsten Gegnern hatte Marie Antoinette keinen gefährlicheren Feind als diesen hintergründigen und undurchdringlichen Mann.

Nach zehn verspielten, vergeudeten Regierungsjahren ist Marie Antoinette bereits von allen Seiten umstellt, 1785 steht der Haß schon in hohem Halm. Alle der Königin feindlichen Gruppen – sie umfassen beinahe den ganzen Adel und die halbe Bürgerschaft – haben ihre Positionen bezogen und warten nur auf ein Zeichen zum Angriff. Noch aber ist die Autorität der ererbten Macht zu stark, noch wird kein einzelner entschlossener Plan gehegt. Nur ein leises Reden und Raunen, ein Surren und Schwirren von feingefiederten Pfeilen geht durch Versailles; jeder einzelne trägt an seiner Spitze einen Tropfen aretinischen Giftes, und alle zielen sie an dem König vorbei nach der Königin. Kleine bedruckte oder beschriebene Blättchen wandern unter dem Tisch von Hand zu Hand und werden rasch unter den Rock geschoben, wenn ein fremder Schritt naht. In den Buchläden des Palais Royal lassen sich sehr vornehme Adelsherren mit dem Ludwigskreuz und diamantenen Schuhschnallen in die Hinterstube von dem Verkäufer führen, der, nachdem er sorgfältig die Tür verriegelt hat, aus irgendeinem staubigen Versteck zwischen alten Schmökern das neueste Libell gegen die Königin herausholt; angeblich aus London oder Amsterdam geschmuggelt, in Wirklichkeit ist der Druck noch merkwürdig frisch, ja noch feucht, vielleicht ist es in demselben Haus gedruckt, im Palais Royal, das dem Herzog von Orléans gehört, oder im Luxembourg. Ohne Zögern zahlen die vornehmen Kunden oft mehr Goldstücke, als diese Broschüren Blätter haben; manchmal sind es deren nicht mehr als zehn oder zwanzig, aber dafür reichlich mit lasziven Kupfern geschmückt und mit boshaften Späßchen gepfeffert. Solch ein saftiges Pasquill gilt nun als das beliebteste Präsent an eine Geliebte von Adel, eine von jenen, der Marie Antoinette nicht die Ehre erwies, sie nach Trianon zu laden; so ein perfides Geschenk erfreut mehr als ein kostbarer Ring oder Fächer. Von unbekannten Verfassern gedichtet, von geheimen Händen gedruckt, von unfaßbaren Händen verbreitet, flattern diese ehrabschneiderischen Schriften gegen die Königin fledermausflügelnd durch die Parktore von Versailles in die Boudoirs der Damen und in die Schlösser der Provinz; wenn aber der Polizeileutnant ihnen nachjagen will, fühlt er sich plötzlich von unsichtbaren Mächten gehemmt. Überallhin schlüpfen diese Blätter; die Königin findet sie bei Tisch unter der Serviette, der König auf seinem Schreibtisch mitten unter den Akten; in der Loge der Königin steckt vor ihrem Sitz, mit einer Nähnadel in den Samt gedrückt, ein boshaftes Gedicht, und wenn sie sich nachts aus ihrem Fenster beugt, hört sie das höhnende Bänkellied, das seit langem in aller Munde ist und mit der Frage beginnt:

Chacun se demande tous bas:
Le Roi peut-il? Ne peut-il pas?
La triste Reine en désespère ...

und nach den erotischen Einzelheiten mit der Drohung endet:

Petite Reine de vingt ans
Quit traitez aussi mal les gens
Vous repasserez en Bavière,

Diese Pamphlete und »Polissonnerien« der ersten Zeit sind im Vergleich zu den späteren allerdings noch zurückhaltend, eher boshaft als bösartig. Noch sind die Pfeilspitzen nur in Lauge getaucht und nicht in Gift, mehr zugeschnitten, um zu ärgern, als um tödlich zu treffen. Erst von der Stunde an, da die Königin schwanger wird und dieses unerwartete Ereignis die verschiedenen Erbschleicher bei Hofe im tiefsten verärgert, verschärft sich merklich der Ton. Gerade jetzt, da es nicht mehr wahr ist, beginnen alle absichtlich laut den König als impotent, die Königin als Ehebrecherin zu verspotten, um damit gleich von vornherein – man ahnt in wessen Interesse – die allfälligen Nachkommen als Bastarde hinzustellen. Insbesondere seit der Geburt des Dauphin, des unbestreitbar rechtmäßigen Thronerben, wird aus jenen gedeckten und verdeckten Unterständen auf Marie Antoinette mit »roten Kugeln« geschossen. Ihre Freundinnen Lamballe und Polignac werden als geübte Meisterinnen lesbischen Liebesdienstes an den Pranger gestellt. Marie Antoinette als unersättliche und perverse Erotomanin, der König als armer Gehörnter, der Dauphin als Bastard; zur Probe diene der Spruch, der damals munter über alle Lippen sprang:

Louis, si tu veux voi
Bâtard, cocu, putain,
Regarde to miroir,
La Reine et le Dauphin.

1785 ist das Verleumdungskonzert schon in vollem Gang, der Takt gegeben, der Text geliefert. Die Revolution braucht dann nur laut über die Straße zu schreien, was in den Salons erreimt und ersonnen wurde, um Marie Antoinette vor ihr Tribunal zu fordern. Die eigentlichen Stichworte der Anklage hat der Hof souffliert. Und die Hacke des Hasses, welche die Königin fällt, sie ist von feinen, schmalen, beringten Aristokratenhänden dem Henker in die Hand gedrückt worden.

Wer verfaßt diese rufmörderischen Schriften? Das ist eigentlich nebensächliche Frage, denn die Poetaster, die jene Verslein dichten, besorgen ihr Geschäft meist völlig ahnungs- und absichtslos. Sie arbeiten für fremde Zwecke und für fremdes Geld. Wenn zur Zeit der Renaissance vornehme Herren sich eines Unbequemen entledigen wollten, kauften sie sich für ein Felleisen voll Gold einen sicheren Dolch, oder sie bestellten Gift. Das achtzehnte Jahrhundert, philanthropisch geworden, bedient sich feinerer Methoden. Man mietet gegen politische Gegner nicht mehr Dolche, sondern eine Feder, man läßt seine politischen Feinde nicht mehr körperlich, sondern moralisch erledigen: man tötet durch Lächerlichkeit. Glücklicherweise bekommt man gerade um 1780 für gutes Geld die allerbesten Federn geliehen. Herr Beaumarchais, Verfasser unsterblicher Komödien, Brissot, der zukünftige Tribun, Mirabeau, der Genius der Freiheit, Choderlos de Laclos, diese großen Männer sind alle, weil zurückgestoßen, trotz ihres Genies zu billigen Preisen käuflich. Und hinter diesen genialen Pasquillanten warten hundert andere gröbere und gemeinere mit schmutzigen Nägeln und leerem Magen, jederzeit bereit, alles zu schreiben, was man von ihnen verlangt, Honig oder Gift, Hochzeitsgedichte oder Schmähschrift, Hymnus oder Phamphlet, lang oder kurz, scharf oder zart, politisch oder unpolitisch, ganz wie der gnädige Herr es bestellt. Hat man außerdem noch Verwegenheit und Geschick, so verdient man bei solchen Geschäften doppelt und dreifach. Erstlich läßt man sich für das gelieferte Pasquill gegen die Pompadour, gegen die Dubarry oder jetzt gegen Marie Antoinette von dem ungenannten Besteller bezahlen; dann meldet man heimlich dem Hof, eine solche Schandschrift liege in Amsterdam oder London druckfertig bereit, und erhält dafür, daß man die Auflage unterdrücken hilft, Geld vom Hofkassierer oder Polizeileutnant. Und drittens verdient der dreifach Kluge – so hat es Beaumarchais gehalten –, wenn er trotz Eid und Ehrenwort von der angeblich völlig eingestampften Auflage dennoch ein oder zwei Exemplare zurückbehält und diese, verändert oder unverändert, neu zu drucken droht – ein munterer Spaß, der seinem genialen Erfinder in Wien bei Maria Theresia vierzehn Tage Gefängnis, aber dann im ängstlichen Versailles tausend Goldgulden Entschädigung und noch siebzigtausend Livres einbringt. Bald spricht sich unter den Sudlern die Nachricht herum: Pamphlete gegen Marie Antoinette seien zur Zeit das einträglichste Geschäft und zudem nicht einmal sehr gefährlich; so verbreitet sich die verhängnisvolle Mode munter weiter. Schweigen und Schwatz, Geschäft und Gemeinheit, Haß und Habsucht arbeiten gut und treu in Bestellung und Verbreitung dieser Schriften zusammen. Und bald ist ihren vereinten Bemühungen die gewünschte Absicht gelungen: Marie Antoinette als Frau, als Königin in ganz Frankreich endgültig verhaßt zu machen.

Marie Antoinette spürt deutlich diese bösartigen Machenschaften hinter ihrem Rücken, sie weiß von den Spottschriften und ahnt auch deren Urheber. Aber ihre desinvoltura, ihr eingeborener und unbelehrbarer Habsburgerstolz halten es für mutiger, Gefahren zu verachten, als ihnen klug oder vorsichtig zu begegnen. Verächtlich streift sie diese Schmutzspritzer vom Kleid. »Wir befinden uns in einer Epoche satirischer Chansons«, schreibt sie rascher Hand ihrer Mutter, »man macht solche über alle Personen bei Hof, Männer und Frauen, und die französische Leichtfertigkeit hat nicht einmal vor dem König haltgemacht. Was mich betrifft, so bin ich auch nicht verschont worden.« Das ist alles, anscheinend ihr ganzer Ärger, ihr ganzer Groll. Wie kann es ihr schaden, wenn ein paar Schmeißfliegen sich auf ihr Kleid setzen! Gepanzert in ihrer königlichen Würde, meint sie sich unverwundbar von papiernen Pfeilen.

Aber sie vergißt, daß ein einziger Tropfen solchen teuflischen Verleumdungsgifts, einmal in den Blutkreislauf der öffentlichen Meinung eingedrungen, ein Fieber erzeugen kann, dem später selbst die weisesten Ärzte ohnmächtig gegenüberstehen. Lächelnd und leicht geht Marie Antoinette an der Gefahr vorbei. Worte sind für sie bloß Spreu im Wind. Es muß erst ein Sturm kommen, um sie zu erwecken.

DER BLITZSCHLAG INS ROKOKOTHEATER

Die ersten Augustwochen von 1785 finden die Königin ungemein beschäftigt, aber nicht etwa, weil die politische Situation besonders schwierig geworden ist und der Aufstand der Niederlande die französisch-österreichische Allianz auf die gefährlichste Probe stellt: immer noch erscheint Marie Antoinette ihr Rokokotheaterchen in Trianon wichtiger als die dramatische Bühne der Welt. Ihre ungestüme Aufregung gilt diesmal ausschließlich einer neuen Premiere. Man ist schon ungeduldig, den »Barbier von Sevilla«, die Komödie des Herrn von Beaumarchais, im Schloßtheater aufzuführen, und welche erlesene Besetzung heiligt die profanen Rollen! Der Graf von Artois in höchsteigener Person soll den Figaro, Vaudreuil den Grafen und die Königin das muntere Mädchen Rosina spielen.

Des Herrn von Beaumarchais? Doch nicht desselben, des polizeibekannten Herrn Caron, der vor zehn Jahren jenes niederträchtige Pamphlet »Avis important à la branche espagnole sur ses droits à la couronne de France«, das die Impotenz Ludwigs XVI. in die Welt hinausbrüllte, angeblich aufgestöbert, in Wirklichkeit aber selbst geschrieben und der erbitterten Kaiserin Maria Theresia überbracht hat? Den die kaiserliche Mutter einen »fripon«, einen Lumpen, Ludwig XVI. einen Narren und ein »mauvais sujet« genannt hat? Der in Wien auf kaiserlichen Befehl als frecher Erpresser in Haft gesetzt wurde, der im Gefängnis von Saint-Lazare die damals übliche Tracht von Rutenstreichen zum Empfang bekam? Jawohl, ebenderselbe! Sobald es ihr Vergnügen gilt, hat Marie Antoinette ein schrecklich kurzes Gedächtnis, und Kaunitz in Wien übertreibt nicht, wenn er sagt, ihre Torheiten täten nichts »als wachsen und immer schöner werden« (croître et embellir). Denn nicht nur, daß dieser betriebsame und gleichzeitig geniale Abenteurer sie selber verhöhnt und ihre Mutter erbittert hat, knüpft sich außerdem die furchtbarste Blamage der königlichen Autorität an den Namen dieses Komödiendichters. Die Literaturgeschichte, auch die Weltgeschichte, sie wissen nach hundertundfünfzig Jahren noch von dieser kläglichen Niederlage eines Königs durch einen Dichter; nur die eigene Frau hat sie nach vier Jahren schon völlig vergessen. 1781 hatte die Zensur mit klugen Nüstern gewittert, daß die neue Komödie dieses Dichters, die »Hochzeit des Figaro«, bedenklich nach Pulver riecht und, an der feurigen Laune eines skandalisierten Theaterabends entzündet, das ganze alte Regime in die Luft sprengen könnte; einstimmig verbot der Ministerrat die Aufführung. Aber Beaumarchais, immer unvergleichlich rührig, wenn es um seinen Ruhm oder gar um sein Geld geht, findet hundert Wege, sein Stück immer wieder vorzubringen, schließlich erreicht er, daß es zu letzter und endgültiger Entscheidung dem König selbst vorgelesen wird. So dumpf dieser brave Mann sonst sein mochte, er ist doch nicht beschränkt genug, um das Aufrührerische dieser göttlichen Komödie zu verkennen. »Dieser Mann macht sich über alle Dinge lustig, die man in einem Staat achten muß«, schimpft er verdrossen. »Das Stück wird also wirklich nicht gespielt werden?« fragt enttäuscht die Königin, der eine interessante Premiere wichtiger ist als das Staatswohl. »Nein, ganz bestimmt nicht«, antwortet Ludwig XVI., »da kannst du sicher sein.«

Damit scheint dem Stück das Urteil gesprochen; der Allerchristlichste König, der unumschränkte Herrscher von Frankreich, wünscht die »Hochzeit des Figaro« nicht in seinem Theater gespielt zu sehen: Da gibt es keinen Widerspruch. Die Angelegenheit ist für den König erledigt. Aber keineswegs für Beaumarchais. Der denkt nicht daran, die Segel zu streichen; ihm ist zu wohl bekannt, daß der königliche Kopf nur auf den Münzen und Amtspapieren gebietet, aber über den Herrscher herrscht doch in Wirklichkeit die Königin, über die Königin wieder die Polignacs. Also heran an diese höchste Instanz! Beaumarchais liest das Stück – durch das Verbot ist es in Mode gekommen – eifrigst in allen Salons vor, und mit jenem geheimnisvollen Trieb zur Selbstzerstörung, der für die entartete Gesellschaft jener Zeit so charakteristisch ist, begönnert der ganze Adel begeistert die Komödie, erstens weil sie ihn selbst verhöhnt, zweitens weil Ludwig XVI. sie unpassend gefunden hat. Vaudreuil, der Geliebte der Polignac, erfrecht sich, das vom König verbotene Stück in seinem Gunsttheater aufführen zu lassen; aber nicht genug daran: der König muß öffentlich unrecht behalten und Beaumarchais öffentlich recht, die Komödie muß im eigenen Hause des Königs gespielt werden, der sie verboten hat, und gerade weil er sie verboten hat. Heimlich, und wahrscheinlich mit Wissen der Königin, der ein Lächeln der Polignac wichtiger ist als das Ansehen ihres Gatten, erhalten die Schauspieler Auftrag, ihre Rollen einzustudieren; schon werden Billetts verteilt, schon drängen sich die Wagen vor der Tür des Theaters – da besinnt sich der König im letzten Augenblick doch noch auf seine bedrohte Würde. Er hat verboten, das Stück zu spielen; jetzt geht es um seine Autorität. Eine Stunde vor Beginn untersagt Ludwig XVI. die Aufführung durch eine Lettre de cachet. Die Lichter werden verlöscht, die Equipagen müssen nach Hause fahren.

Abermals scheint die Angelegenheit erledigt. Aber dem frechen Klüngel der Königin macht es Spaß, jetzt erst recht zu beweisen, daß ihre vereinte Macht größer sei als die eines gekrönten Schwächlings. Der Graf von Artois und Marie Antoinette werden vorausgeschickt, den König zu bedrängen; wie immer knickt der willenlose Mann ein, sobald seine Frau etwas von ihm fordert. Er verlangt nur, um seine Niederlage zu decken, Änderungen der herausforderndsten Stellen, also jener, die in Wirklichkeit jeder längst auswendig weiß. Für den 17. April 1784 wird im Théâtre Français die »Hochzeit des Figaro« angesetzt: Beaumarchais hat über Ludwig XVI. triumphiert. Daß der König die Aufführung verbieten wollte und die Hoffnung aussprach, das Stück werde durchfallen, macht den frondierenden Edelleuten den Abend zur Sensation. Der Andrang wird so groß, daß die Türen eingedrückt, die Eisenstangen zerbrochen werden; mit rasendem Beifall empfängt die alte Gesellschaft das Stück, das ihr moralisch den Genickfang gibt, und dieser Beifall ist, sie ahnen es nicht, die erste öffentliche Geste der Auflehnung, das Wetterleuchten der Revolution.

Das geringste Maß von Anstand, von Takt, von Vernunft, müßte Marie Antoinette bei solchem Sachverhalt gebieten, sich bei einer Komödie dieses Herrn von Beaumarchais abseits zu halten. Gerade dieser eine Herr von Beaumarchais, der frech ihre Ehre mit Tinte beschmutzt und den König vor ganz Paris lächerlich gemacht hat, dürfte sich nicht rühmen können, eine seiner Theaterfiguren von der Tochter Maria Theresias, von der Gattin Ludwigs XVI., die ihn beide als Lumpen einsperren ließen, persönlich verkörpert zu sehen. Aber – summa lex, höchste Instanz für die mondäne Königin – Herr Beaumarchais gilt seit seinem Sieg über den König als große Mode in

Paris; und die Königin gehorcht der Mode. Was zählen da Ehre und Anstand, man spielt doch nur Theater. Und dann, welche entzückende Rolle, dieses schalkhafte Mädchen! Wie heißt es nur im Text? »Stellen Sie sich das hübscheste Schätzchen vor, sanft, zärtlich, zuspringig, frisch und appetitlich, mit fliehenden Füßchen, schnurgerader schwingender Taille, mit rundlichen Armen, taufrischem Mund! Was für Hände! Welche Zähne! Welche Augen!« Darf wirklich eine andere – wer hat so weiße Hände, so weiche Arme? – diese bezaubernde Rolle spielen als die Königin von Frankreich und Navarra? Also unter den Tisch alle Bedenken und Rücksichtnahmen! Den vortrefflichen Dazincourt von der Comédie Française her, damit er den vornehmen Dilettanten die recht graziöse Haltung beibringe und die anmutigsten Kostüme der Mademoiselle Bertin bestellt! Man will sich doch wieder einmal amüsieren, nicht ewig an die Gehässigkeiten des Hofes, an die Bosheiten der lieben Verwandten, an die dummen Widrigkeiten der Politik denken. Tag für Tag ist jetzt Marie Antoinette mit dieser Komödie in ihrem entzückenden weißgoldenen Theaterchen beschäftigt, ahnungslos, daß sich bereits über einer anderen Komödie der Vorhang hebt, in der sie ohne Wissen und Willen ausersehen ist, die Hauptrolle zu spielen.

Die Proben des »Barbier von Sevilla« gehen zu Ende. Marie Antoinette ist noch immer äußerst beunruhigt und beschäftigt. Wird sie auch wirklich jung genug, hübsch genug aussehen als Rosinchen, wird ihr nicht wieder das anspruchsvoll verwöhnte Parterre der eingeladenen Freunde zum Vorwurf machen, sie sei zu wenig behend und unbefangen und doch mehr Dilettantin als Schauspielerin? Wahrhaftig, sie macht sich Sorgen – sonderbare Sorgen einer Königin! Und warum kommt denn Madame Campan heute noch immer nicht, mit der sie die Rolle durchproben soll? Endlich, endlich erscheint sie, aber, was geht denn da vor? Sie tut so merkwürdig aufgeregt. Gestern sei der Hofjuwelier Böhmer ganz verstört bei ihr erschienen, um sofort Audienz bei der Königin zu erbitten, stottert sie schließlich heraus. Eine ganz tolle und konfuse Geschichte habe dieser sächsische Jude erzählt; die Königin hätte bei ihm vor einigen Monaten das berühmte kostbare Diamantenhalsband heimlich kaufen lassen, und damals hätte man Ratenzahlungen ausgemacht. Aber der Termin für die erste Rate sei längst vorbei und nicht ein Dukaten bezahlt. Seine Gläubiger drängten ihn, er brauche sofort sein Geld.

Wie? Was? Welche Diamanten? Welches Halsband? Welches Geld? Was für Raten? Die Königin versteht zuerst nicht. Das große kostbare Kollier am Ende, das diese beiden Juweliere, Böhmer und Bassenge, so kunstvoll angefertigt haben, natürlich kennt sie das. Sie haben es ihr doch einmal, zweimal, dreimal für eine Million sechsmal hunderttausend Livres angeboten; selbstverständlich hätte sie dieses Prachtstück gern gehabt, aber die Minister geben doch kein Geld her, immer schwatzen sie vom Defizit. Wie können dann diese Schwindler behaupten, sie hätte es erstanden, auf Raten sogar und heimlich, und sei ihnen dafür Geld schuldig? Da muß eine tolle Verwechslung vorliegen. Allerdings, jetzt erinnert sie sich auch, vor einer Woche etwa, ist da nicht schon von diesen Juwelieren so ein sonderbarer Brief gekommen, in dem sie sich für irgend etwas bedankten und von einem kostbaren Schmuck redeten? Wo ist der Brief? Ach richtig, verbrannt. Sie pflegt Briefe ja nie gründlich zu lesen, und auch damals hat sie dieses ehrerbietige unverständliche Geschwätz sofort vernichtet. Aber was will man eigentlich von ihr? Sofort läßt Marie Antoinette von ihrem Sekretär ein Billett an Böhmer schreiben. Allerdings bestellt sie ihn nicht gleich für morgen, sondern für den 9. August;

mein Gott, die Angelegenheit mit dem Narren hat doch keine solche Eile, und man braucht seinen Kopf für die Proben zum »Barbier von Sevilla«.

Am 9. August, aufgeregt, blaß, erscheint Böhmer, der Juwelier. Die Geschichte, die er erzählt, ist vollkommen unverständlich. Zuerst glaubt die Königin, einen Irrsinnigen vor sich zu haben. Eine Gräfin Valois, die intime Freundin der Königin – »Wie? Meine Freundin? Ich habe ja nie eine Dame dieses Namens vorgelassen!« –, hätte bei ihm jenen Schmuck besichtigt und erklärt, die Königin wünsche ihn heimlich zu kaufen. Und seine Eminenz, der Herr Kardinal von Rohan – »Was, dieser widerliche Kerl, mit dem ich nie ein Wort gesprochen habe?« –, hätte ihn im Auftrag Ihrer Majestät empfangen und übernommen.

So toll sich das alles anhört, etwas muß an der Sache doch wahr sein, denn der Schweiß steht diesem armen Menschen auf der Stirn, er zittert an Händen und Füßen. Auch die Königin bebt vor Wut über den niederträchtigen Mißbrauch ihres Namens durch fremde Lumpen. Sie befiehlt dem Juwelier, unverzüglich eine genaue, schriftliche Darstellung des ganzen Falles zu verfassen. Am zwölften August hat sie dieses noch heute in den Archiven befindliche phantastische Dokument in Händen. Marie Antoinette glaubt zu träumen. Sie liest und liest, ihre Wut, ihr Zorn steigern sich von Zeile zu Zeile: ein solcher Betrug ist ohne Beispiel. Hier muß ein warnendes Exempel aufgestellt werden. Vorläufig verständigt sie noch nicht die Minister und berät sich mit keinem ihrer Freunde; ausschließlich dem König vertraut sie die ganze Affäre am 14. August an und fordert von ihm, er möge ihre Ehre verteidigen.

Später wird Marie Antoinette wissen: sie hätte besser getan, eine dermaßen verwirrte und hintergründige Angelegenheit sorgfältig zu überlegen. Aber gründliches Nachdenken, prüfende Besonnenheit hat nie zu den Vorzügen dieser herrisch ungeduldigen Natur gehört und am wenigsten, wenn der entscheidende Nerv ihres Wesens schon erregt war: ihr impulsiv losfahrender Stolz.

In ihrer Unbeherrschtheit liest und sieht die Königin in dieser Anklageschrift zuerst und immer nur einen Namen, jenen des Kardinals Louis von Rohan, den sie mit der ganzen Heftigkeit ihres unbändigen Herzens seit Jahren haßt, und dem sie jede Leichtfertigkeit und Niedertracht unbedenklich zutraut. An und für sich hat ihr dieser weltliche Priesteredelmann niemals Böses getan, er war es sogar, der sie beim Einzug in Frankreich am Tor des Straßburger Münsters in überschwenglicher Weise willkommen hieß. Er hat ihre Kinder aus der Taufe gehoben und jede Gelegenheit gesucht, sich ihr freundschaftlich zu nähern. Im tiefsten besteht zwischen ihren Naturen durchaus kein Gegensatz; im Gegenteil, dieser Kardinal von Rohan ist eigentlich ein männliches Spiegelbild Marie Antoinettes, genauso leichtfertig, genauso oberflächlich und verschwenderisch und ebenso lässig gegenüber seinen geistlichen Pflichten wie sie gegenüber ihren königlichen, ein mondäner Priester, wie sie eine mondäne Herrscherin, Bischof des Rokoko, wie sie Königin des Rokoko. Er hätte ausgezeichnet nach Trianon gepaßt mit seinen gepflegten Manieren, seiner geistreichen Langeweile, seiner grenzenlosen Großzügigkeit, und sie hätten sich wahrscheinlich vortrefflich verstanden, der elegante, schöne, leichtfertige, angenehm frivole Kardinal und die gefallsüchtige, hübsche, spielfreudige, lebenslustige Königin. Nur ein Zufall hat die beiden zu Gegnern gemacht. Aber oft werden gerade die, die einander im Grunde am ähnlichsten sind, die erbittertsten Feinde.

Den eigentlichen Keil hat Maria Theresia zwischen Rohan

und Marie Antoinette getrieben; der Haß der Königin ist ein mütterlich ererbter, ein übernommener, ein eingeredeter Haß. Bevor Kardinal von Straßburg, war Louis von Rohan in Wien Gesandter gewesen: dort verstand er es, den maßlosen Zorn der alten Kaiserin auf sich zu ziehen. Sie erwartete einen Diplomaten und fand einen anmaßenden Schwätzer. Seine geistige Minderwertigkeit hätte Maria Theresia nun willig in Kauf genommen, denn ein einfältiger Gesandter einer fremden Macht bedeutet einen Glücksfall für die eigene Politik. Auch seinen Prunk hätte sie ihm noch verziehen, obwohl es sie arg verdroß, daß dieser eitle Diener Jesu in zwei Staatskarossen, deren jede vierzigtausend Dukaten kostete, mit einem Marstall von Pferden, mit Kammerjunkern und Kammerdienern, Heiducken und Lektoren, Hofmeistern und Haushofmeistern, mit einem bunten Wald von Federbüschen und betreßten Dienern in grüner Seide, mit einem Aufwand, der frech den kaiserlichen Hof in den Schatten stellte, in Wien eingezogen war. Aber in zwei Punkten bleibt die alte Kaiserin unerbittlich: wo es um die Religion geht oder an die Sittsamkeit, da läßt sie nicht mit sich spaßen. Der Anblick eines Gottesdieners, der das heilige Kleid ablegt, um, von bezauberten Damen umringt, im braunen Rock an einem einzigen Tag 130 Stück Wild abzuknallen, erregt in der bigotten Frau maßlose Entrüstung, die sich zur ehrlichen Wut steigert, sobald sie sieht, wie das lockere, verschwenderische, frivole Betragen, statt zu empören, in Wien allgemeinen Beifall findet, in ihrem Wien der Jesuiten und Sittenkommissionen. Der ganze Adel, dem die sparsam strenge Art des Schönbrunner Hofes die Halskrause drückt, atmet in der Gesellschaft dieses noblen, eleganten Luftikus auf; vor allem drängen sich die Damen, denen die Sittenstrenge der puritanischen Witwe das Leben sauer macht, zu seinen heiteren Soupers. »Unsere Frauen«, muß die Verärgerte bekennen, »ob jung oder alt, schön oder häßlich, sind von ihm bezaubert. Er ist ihr Abgott, sie sind rein toll auf ihn, so daß er sich hier ausnehmend wohl fühlt und versichert, sogar nach dem Tode seines Onkels, des Bischofs von Straßburg, hier bleiben zu wollen.« Aber mehr noch, die gekränkte Kaiserin muß sogar sehen, wie ihr getreuer Vertrauensmann Kaunitz Rohan seinen lieben Freund nennt und ihr eigener Sohn Joseph, dem es immer Spaß macht, »ja« zu sagen, wo die Mutter »nein« sagt, dem Bischofskavalier sich anfreundet; sie muß miterleben, wie dieser Elegant die Familie, den ganzen Hof, die ganze Stadt zu seiner lockeren Lebenskunst verführt. Aber Maria Theresia will aus ihrem streng katholischen Wien kein frivoles Versailles, kein Trianon machen, bei ihrem Adel nicht Ehebruch und Buhlerei einreißen lassen: diese Pest darf sich in Wien nicht festsetzen, und darum muß Rohan fort. Brief auf Brief geht an Marie Antoinette, alles daranzusetzen, daß dieses »verwerfliche Individuum«, dieser »vilain évêque«, dieser »unverbesserliche Geist«, dieses »volume farci de bien de mauvais propos«, dieses »mauvais sujet«, dieses »vrai panier percé« aus ihrer Nähe komme – man sieht, zu welchen grimmigen Worten der Zorn die besonnene Frau verleitet. Sie stöhnt, sie schreit geradezu verzweifelt, man möge sie doch endlich von diesem Sendboten des Antichrist »befreien«. Und kaum wird Marie Antoinette Königin, so setzt sie tatsächlich, gehorsam ihrer Mutter, die Rückberufung Louis Rohan vom Wiener Gesandtschaftsposten durch.

Aber wenn ein Rohan fällt, so fällt er nach oben. Für den verlorenen Gesandtenposten erhebt man ihn zum Bischof und kurz darauf zum Großalmosenier, dem obersten geistlichen Würdenträger bei Hof, aus dessen Händen alle wohltätigen Gaben des Königs verteilt werden. Unermeßlich sind seine Einkünfte; denn er wird Bischof von Straßburg und zudem Landgraf des Elsaß, Abt der sehr einträglichen Abtei von Saint-Vaast,

Obervorsteher des Königlichen Spitals, Provisor der Sorbonne und überdies noch – man weiß nicht, für welche Leistung – Mitglied der Französischen Akademie. Aber so gewaltig auch seine Einnahmen sich häufen, immer werden sie noch von den Ausgaben übertroffen, denn Rohan streut, gutmütig, leichtherzig und verschwenderisch, das Geld mit vollen Händen aus. Er baut für Millionen den Palast der Bischöfe in Straßburg neu, gibt die luxuriösesten Feste, er spart nicht bei Frauen, vor allem jedoch gehört Herr Cagliostro zu seinen Liebhabereien, der allein mehr kostet als sieben Mätressen. Bald bleibt es kein Geheimnis, daß die Finanzen des Bischofs äußerst traurig sind, man begegnet dem Diener Christi öfter bei jüdischen Geldverleihern als im Gotteshaus und häufiger in Damengesellschaft als in jener gelehrter Theologen. Eben hat sich auch das Parlament mit der Schuldenwirtschaft in dem von Rohan geleiteten Spital beschäftigt: ist es da ein Wunder, wenn die Königin auf den ersten Anschein überzeugt ist, dieser Bruder Leichtfuß habe den ganzen Schwindel angezettelt, um sich auf ihren Namen Kredit zu verschaffen? »Der Kardinal hat meinen Namen mißbraucht«, schreibt sie im ersten hellen Zorn an ihren Bruder, »wie ein niedriger, ungeschickter Falschmünzer. Wahrscheinlich hat er in seiner dringenden Geldbedrängnis gehofft, die Juweliere bis zum festgesetzten Termin bezahlen zu können, ohne daß etwas ans Licht käme.« Man versteht ihren Irrtum, man versteht ihre Erbitterung, daß sie gerade diesem *einen* Mann nicht verzeihen will. Denn während fünfzehn Jahren, seit jener ersten Begegnung vor dem Straßburger Münster, hat Marie Antoinette getreu dem Befehl ihrer Mutter nicht ein einziges Mal das Wort an diesen Mann gerichtet, sondern ihn offen vor dem ganzen Hof brüskiert. So muß sie es als niederträchtigen Racheakt empfinden, daß gerade dieser Mann ihren Namen in ein betrügerisches Geschäft mengt; von allen

Herausforderungen gegen ihre Ehre, die sie von dem französischen Hochadel erlitten, scheint ihr diese die frechste und hinterlistigste. Und mit leidenschaftlichen Worten, mit Tränen in den Augen befiehlt sie dem König, mitleidlos und exemplarisch diesen Betrüger – dafür hält sie irrigerweise den selber Betrogenen – vor der ganzen Öffentlichkeit zu bestrafen.

Der König, willenlos hörig seiner Frau, denkt nicht weiter nach, wenn die Königin etwas fordert, die selbst bei allen ihren Handlungen und Wünschen niemals die Folgen erwägt. Ohne die Anschuldigung zu überprüfen, Akten zu fordern, ohne den Juwelier oder den Kardinal zu befragen, macht er sich sklavisch gehorsam zum Handlanger eines unbedachten Frauenzorns. Am 15. August überrascht der König seinen Ministerrat mit der Absicht, den Kardinal sofort verhaften zu lassen. Den Kardinal? Den Kardinal Rohan? Die Minister staunen auf, erschrekken, blicken einander verblüfft an. Endlich wagt einer vorsichtig zu fragen, ob das doch nicht zu peinlich wirken werde, wenn man einen so hohen und gar einen geistlichen Würdenträger öffentlich festnehmen ließe wie einen gemeinen Verbrecher. Aber gerade dies, gerade die öffentliche Schmach, fordert Marie Antoinette als Züchtigung. Ein weithin sichtbares Exempel soll endlich statuiert werden, daß der Name der Königin nicht zu jeder Niedertracht feil sei. Unerschütterlich besteht sie deshalb auf der öffentlichen Prozedur. Sehr ungern, sehr beunruhigt und mit üblen Vorgefühlen geben die Minister endlich nach. Wenige Stunden später entrollt sich das unerwartete Schauspiel. Da Mariä Himmelfahrt gleichzeitig der Namenstag der Königin ist, erscheint der ganze Hof in Versailles zur Gratulationscour; das Œil-de-Bœuf und die Galerien stehen vollgedrängt mit Höflingen und hohen Würdenträgern. Auch der ahnungslose Hauptdarsteller Rohan, dem die Aufgabe zufällt, das heilige Pontifikalamt an diesem festlichen Tage zu zelebrieren, wartet in seiner scharlachenen Soutane, das Chorhemd bereits umgetan, in dem für die hohen Herrschaften, die »grandes entrées«, bestimmten Raum vor dem Zimmer des Königs.

Aber statt daß Ludwig XVI. feierlich erscheint, um mit seiner Gemahlin zur Messe zu gehen, nähert sich Rohan ein Diener. Der König lasse ihn in sein Privatzimmer bitten. Dort steht, die Lippen verbissen, mit abgewandtem Blick die Königin, ohne seinen Gruß zu erwidern, und ebenfalls förmlich, eiskalt und unhöflich, der Minister Baron Breteuil, sein persönlicher Feind. Ehe Rohan recht überlegen kann, was man eigentlich von ihm wünsche, beginnt der König gerade und grob: »Lieber Vetter, welche Bewandtnis hat es mit dem diamantenen Halsband, das Sie im Namen der Königin gekauft haben?« –

Rohan wird blaß. Darauf war er nicht gefaßt. »Sire, ich sehe, ich bin betrogen worden, aber ich selber habe nicht betrogen«, stammelt er.

»Wenn sich dies so verhält, lieber Vetter, dann haben Sie keine Sorge. Aber bitte, klären Sie all das auf.«

Rohan vermag nicht zu antworten. Er sieht stumm und drohend Marie Antoinette sich gegenüber. Das Wort versagt ihm. Seine Verwirrung erregt beim König Mitleid, er sucht einen Ausweg. »Schreiben Sie nieder, was Sie mir zu berichten haben«, sagt der König und verläßt mit Marie Antoinette und Breteuil das Zimmer. Der Kardinal, allein geblieben, bringt etwa fünfzehn Zeilen zu Papier und überreicht dem wiedereintretenden König seine Erklärung. Eine Frau namens Valois habe ihn bestimmt, dieses Halsband für die Königin zu erwerben. Er sehe jetzt ein, daß er von dieser Person betrogen worden sei.

»Wo ist diese Frau?« fragte der König.

»Sire, ich weiß es nicht.«

»Haben Sie das Halsband?«

»Es ist in den Händen dieser Frau.«

Der König läßt nun die Königin, Breteuil und den Großsiegelbewahrer rufen und die Eingabe der beiden Juweliere verlesen. Er fragt nach den Vollmachten, die angeblich von der Hand der Königin gefertigt sein sollen.

Ganz zerschmettert muß der Kardinal zugeben: »Sire, sie befinden sich in meinem Besitz. Sie sind offenbar gefälscht.«

»Das sind sie allerdings«, antwortet der König. Und obwohl der Kardinal jetzt anbietet, das Halsband zu bezahlen, schließt er streng: »Mein Herr, unter den vorliegenden Verhältnissen kann ich nicht davon abstehen, an Ihrem Haus die Siegel anbringen zu lassen und auf Ihre Person Beschlag zu legen. Der Name der Königin ist mir teuer. Er wurde kompromittiert, ich darf mich keines Versäumnisses schuldig machen.«

Rohan ersucht inständig, ihm solche Schmach zu ersparen, und besonders zu einer Stunde, da er vor das Antlitz Gottes treten und die Pontifikalmesse für den ganzen Hof lesen soll. Der König, weich und gutmütig, wird unsicher vor der offenkundigen Verzweiflung des selbst betrogenen Mannes. Aber jetzt kann sich Marie Antoinette nicht länger halten, mit Tränen des Zorns in den Augen fährt sie Rohan an, wie er habe glauben dürfen, daß sie, die acht Jahre lang ihn keines Wortes gewürdigt, ihn als Vermittler ausersehen würde, um hinter dem Rücken des Königs heimliche Geschäfte abzuschließen. Auf diesen Vorwurf findet der Kardinal keine Antwort: er versteht jetzt selbst nicht mehr, wie er sich in dieses Narrenabenteuer sinnlos verstricken lassen konnte. Der König bedauert, aber er beschließt: »Ich wünsche, daß Sie sich zu rechtfertigen vermögen! Aber ich muß tun, wozu ich als König und Gatte verpflichtet bin.«

Die Unterredung ist zu Ende. Draußen wartet in dem überfüllten Empfangszimmer schon ungeduldig und neugierig der ganze Adel. Die Messe hätte doch längst beginnen sollen, warum zögert man so lange, was geht da vor? Leise klirren die Fenster, so heftig und ungeduldig gehen einige auf und ab; andere haben sich niedergesetzt und tuscheln: man spürt, irgendein Gewitter hängt in der Luft.

Plötzlich wird die Flügeltür zum Zimmer des Königs aufgerissen. Als erster erscheint der Kardinal Rohan in seiner purpurroten Soutane, blaß und die Lippen verklemmt, hinter ihm Breteuil, der alte Soldat, rot das grobe Weinbauerngesicht, seine Augen funkeln vor Erregung. In der Mitte des Zimmers brüllt er plötzlich dem Hauptmann der Leibgarde absichtlich laut zu: »Verhaften Sie den Herrn Kardinal!«

Alles zuckt zusammen. Alles ist starr. Ein Kardinal verhaftet! Ein Rohan! Und im Vorgemach des Königs! Ist der alte Haudegen Breteuil betrunken? Aber nein, Rohan wehrt sich nicht, empört sich nicht, mit gesenkten Augen geht er gehorsam der Wache entgegen. Schaudernd treten die Höflinge zur Seite, und durch diesen Spießrutengang forschender, beschämender, erbitterter Blicke schreitet von Saal zu Saal bis zur Treppe hinab der Prinz von Rohan, Großalmosenier des Königs, Kardinal der alleinseligmachenden Kirche, Reichsfürst des Elsaß, Mitglied der Akademie und Träger ungezählter Würden, und, wie hinter einem Galeerensträfling, der harte Soldat als Wächter. Während man Rohan in einem abseitigen Zimmer der Hofwache übergibt, benützt der aus der Betäubung Erwachte die allgemeine Verblüffung, um rasch mit Bleistift ein paar Zeilen auf ein Blatt Papier zu werfen, die seinen Hausabbé anweisen, alle in einer roten Brieftasche befindlichen Schriftstücke rasch zu verbrennen – es sind, wie man später im Prozeß erfährt, die gefälschten Briefe der Königin. Unten wirft sich einer der Heiducken Rohans rasch auf das Pferd, jagt mit dem Zettel in das

Hôtel de Strasbourg, ehe die langsameren Polizeileute nachrücken, um die Papiere zu versiegeln, und ehe – beispiellose Schmach – der Großalmosenier von Frankreich in dem Augenblick, da er die Messe vor dem König und dem ganzen Hof lesen sollte, in die Bastille gebracht wird. Gleichzeitig ergeht Befehl, alle seine Helfershelfer in der noch dunklen Angelegenheit festzunehmen. An diesem Tage wird in Versailles keine Messe mehr gelesen, und wozu auch? Niemand hätte mehr Andacht, ihr zuzuhören; der ganze Hof, die ganze Stadt, das ganze Land stehen betäubt unter dieser Nachricht wie vor einem Blitz aus heiterem Himmel.

Hinter der verschlossenen Tür bleibt die Königin erregt zurück, ihr beben noch die Nerven vor Zorn; die Szene hat sie selber fürchterlich erregt – aber endlich ist zumindest einer gestellt von den Verleumdern, von den hinterhältigen Meuchlern ihrer Ehre. Werden jetzt nicht alle Wohlgesinnten zu ihr eilen, sie beglückwünschen zur Festnahme dieses Schurken? Wird nicht der ganze Hof die Energie des so lange schwach vermeinten Königs rühmen, der mit festem Griff diesen unwürdigsten aller Priester dingfest gemacht? Aber sonderbar: niemand kommt. Mit verlegenen Blicken weichen selbst ihre Freundinnen aus, es bleibt sehr still heute in Trianon und in Versailles. Der Adel gibt sich keine Mühe, seine Entrüstung zu verbergen, daß man einen aus seiner privilegierten Klasse derart entehrend angepackt, und den Kardinal von Rohan, dem der König Nachsicht angeboten, falls er sich seinem persönlichen Rechtsspruch unterwerfe, lehnt, von seinem ersten Schrecken erholt, kühl die Gnade ab und wählt das Parlament als seinen Richter. Ein Unbehagen überkommt die Eilfertige. Marie Antoinette wird ihres Erfolges nicht froh: am Abend finden sie ihre Kammerfrauen in Tränen.

Aber bald bricht der alte Leichtsinn durch. »Was mich betrifft«, schreibt sie in törichter Selbsttäuschung ihrem Bruder Joseph, »so bin ich entzückt, daß wir nichts von dieser widerlichen Affäre mehr hören werden.« Man schreibt ja August, und der Prozeß vor dem Parlament wird bestenfalls erst im Dezember stattfinden, vielleicht sogar erst im nächsten Jahr – wozu sich jetzt weiter mit solchem Ballast den Kopf beschweren? Mögen die Leute schwätzen oder murren, was liegt daran! Also rasch den Schminktopf her und die neuen Kostüme, man wird doch nicht eine so entzückende Komödie absagen wegen einer solchen Nichtigkeit. Die Proben gehen weiter ihren Gang, die Königin studiert (statt der Akten der Polizei über jenen großen Prozeß, der vielleicht noch aufzuhalten wäre) die Rolle des muntern Rosinchens im »Barbier von Sevilla«. Aber es scheint, auch diese Rolle hat sie zu lässig geprobt. Denn sonst hätte sie doch stutzen und nachdenken müssen bei den Worten ihres Partners Basilio, der so prophetisch die Macht der Verleumdung schildert. »Die Verleumdung! Sie ahnen nicht, wen Sie in ihr verachten! Ich habe die ehrlichsten Leute ihr unterliegen sehen. Glauben Sie mir, es gibt keine noch so platte Bösartigkeit, keine Niedertracht, keine absurde Geschichte, die man nicht den Müßigen einer großen Stadt einimpfen könnte, wenn man es richtig anpackt, und wir haben hierzulande Leute von einer Geschicklichkeit ...! Erst ist es nur ein leiser Laut, der vorbeistreift wie die Schwalbe vor dem Sturm, pianissimo, nur murmelt und schwindet, aber im Flug seinen vergifteten Samen aussät. Ein Mund fängt ihn auf und flüstert ihn piano, piano geschicktestens ins Ohr. Jetzt ist das Unheil da, es wächst, es reckt sich noch, es macht sich auf den Weg rinforzando von Mund zu Mund, es rennt wie der Teufel. Und plötzlich, weiß Gott wie, richtet die Verleumdung sich auf, pfeift und schwillt zusehends, schwingt sich hoch, wirbelt, kreist, reißt mit, bricht als Donner aus und wird dank dem Himmel ein allgemeiner Schrei, ein öffentliches Crescendo, ein Generalchorus des Hasses und der Achtung. Welcher Teufel könnte ihr widerstehn?«

Aber Marie Antoinette hat wie immer schlecht auf ihre Partner gehört. Sonst hätte sie begreifen müssen: hier plaudert ein scheinbar lockeres Spiel ihr eigenes Schicksal aus. Die Rokoko-Komödie, sie ist mit dieser letzten Vorstellung am 19. August 1785 endgültig zu Ende: incipit tragoedia.

DIE HALSBANDAFFÄRE

Was ist in Wirklichkeit geschehen? Das glaubhaft darzustellen fällt nicht leicht, denn so, wie sich die Halsbandaffäre tatsächlich ereignet hat, ist sie die unwahrscheinlichste aller Unwahrscheinlichkeiten, wie man sie in einem Roman nicht glauben würde. Hat die Wirklichkeit aber einmal einen sublimen Einfall und zugleich einen dichterischen Tag, dann übertrifft sie an Phantasie, an Verwicklungskunst den erfindungsreichsten Poeten. Dann tun aber auch alle Dichter besser, die Hand von ihrem Spiel zu lassen und nicht ihre geniale Kombinationskunst noch überkombinieren zu wollen: selbst Goethe, der im »Großkophta« versucht, die Halsbandgeschichte zu dramatisieren, verhärtet zu einem ledernen Spaß, was in Wirklichkeit eine der frechsten, flirrendsten und erregendsten Farcen der Geschichte gewesen ist. In allen Komödien Molières zusammengenommen, findet man nicht ein so farbig und logisch-lustig verflochtenes Bukett von Gaunern, Schwindlern und Beschwindelten, von Narren und köstlich Genarrten wie in diesem munteren Ollapodrida, in dem eine diebische Elster, ein mit allen Salben der Scharlatanerie geschmierter Fuchs und ein plump gutgläubiger Bär die tollste Affenkomödie der Weltgeschichte zusammenbrauen.

Im Mittelpunkt einer echten und rechten Komödie steht immer eine Frau. Die in der Halsbandaffäre wächst als Tochter eines verkrachten Edelmannes und einer verlotterten Dienstmagd als schmutziges verwahrlostes Bettelkind auf, das sich barfuß Kartoffeln aus dem Felde stiehlt und für ein Stück Brot den Bauern die Kühe hütet. Nach dem Tode des Vaters legt sich die Mutter auf die Hurerei, die Kleine auf das Streunen; die Siebenjährige wäre verkommen ohne den Glückszufall, auf der Straße gerade die Marquise von Boulainvilliers mit dem verblüffenden Jammerruf anzubetteln: »Barmherzigkeit für eine arme Waise aus dem Blute der Valois!« Wie? Ein solches verlaustes, halbverhungertes Kind Nachfahre königlichen Blutes? Des heiligen Blutes des frommen Ludwig? Unmöglich, denkt die Marquise. Aber immerhin, sie läßt ihre Karosse halten und fragt die kleine Bettlerin aus.

In der Halsbandaffäre muß man sich von Anfang an gewöhnen, das Unwahrscheinlichste als das Wahre zu nehmen; das Verblüffendste wird in ihr zur Tatsache. Diese Jeanne ist wirklich eine eheliche Tochter von Jacques de Saint-Rémy, seines Zeichens Wilddieb, Säufer und Bauernschreck, aber nichtsdestoweniger ein gerader und unmittelbarer Nachkomme der Valois, die den Bourbonen an Rang und Alter nichts nachgeben. Die Marquise Boulainvilliers, von solch phantastischem Sturz eines Königssprosses in solches Elend gerührt, nimmt sofort das Mädchen samt der jüngeren Schwester mit und läßt beide auf ihre Kosten in einem Pensionat erziehen. Vierzehnjährig kommt Jeanne zu einer Schneiderin in die Lehre, wird Wäscherin, Büglerin, Wasserträgerin, Weißnäherin und wird endlich in einem Kloster für adelige Mädchen untergebracht.

Aber zur Nonne, das wird sich bald erweisen, hat die kleine

Jeanne wenig Talent. Das väterliche Vagantenblut brodelt in ihren Adern, mit zweiundzwanzig Jahren klettert sie mit ihrer Schwester entschlossen über den Klosterzaun. Ohne Geld in der Tasche, den Kopf voll Abenteuer, tauchen sie in Bar-sur-Aube auf. Dort findet Jeanne, hübsch wie sie ist, einen kleinadeligen Gendarmerieoffizier, Nicolas de La Motte, der sie bald darauf heiratet, und zwar in zwölfter Stunde, denn der priesterliche Segen überholt nur um einen Monat ein bereits heranrückendes Zwillingspaar. Mit einem derart moralisch weitmaschigen Mann – er ist niemals eifersüchtig gewesen – könnte Madame de La Motte eigentlich gemächlich ein bescheidenes Kleinbürgerleben führen. Aber »das Blut der Valois« heischt seine Rechte; von allem Anfang an kennt diese kleine Jeanne nur einen Gedanken: hinauf! gleichgültig, wie und auf welchen Wegen. Zunächst rückt sie ihrer Wohltäterin, der Marquise de Boulainvilliers, auf den Hals und hat das Glück, von ihr gerade zu Zabern im Schloß des Kardinals Rohan empfangen zu werden. Hübsch und geschickt wie sie ist, nützt sie sofort die liebenswürdige Schwäche des galanten und gutmütigen Kardinals aus. Durch seine Vermittlung erhält ihr Mann – wahrscheinlich um den Preis eines unsichtbaren Geweihs – sofort das Rittmeisterpatent in einem Dragonerregiment und auch die Bezahlung der bisher aufgelaufenen Schulden.

Wieder könnte Jeanne jetzt zufrieden sein. Aber auch diesen schönen Ruck nach oben betrachtet sie nur als Stufe. Ihr La Motte ist vom König zum Rittmeister ernannt, nun ernennt er sich noch aus eigener Machtvollkommenheit taxfrei zum Grafen. Soll man wirklich, wenn man sich mit einem derart sonoren Namen wie »Gräfin Valois de La Motte« aufplustern kann, in der Provinz verkommen, mit einer Gnadenpension und einem bescheidenen Offiziersgehalt? Unsinn! Ein solcher Name ist hunderttausend Livres im Jahre für eine hübsche, skrupellose Frau wert, die entschlossen ist, alle Eitlen und Dummköpfe gründlich zu rupfen. Zu diesem Zwecke mieten die beiden Spießgesellen sich in Paris ein ganzes Haus in der Rue Neuve-Saint-Gilles, schwatzen den Wucherern von riesigen Gütern, auf welche die Gräfin als Nachfahrin der Valois Ansprüche habe, und mit den geliehenen Sachen wird große Gesellschaft gespielt – das Silbergeschirr ist immer nur für drei Stunden aus dem nahe gelegenen Laden geborgt. Als dann endlich in Paris ihr die Gläubiger zu hart an den Hals rücken, erklärt die Gräfin Valois de La Motte, sie begebe sich nach Versailles, um dort bei Hof ihre Ansprüche zu stellen.

Selbstverständlich kennt sie bei Hof keinen Menschen, und sie könnte sich ihre hübschen Beine wochenlang müde stehen, ohne auch nur im Vorgemach der Königin empfangen zu werden. Aber die gerissene Hochstaplerin hat sich bereits ihren Coup ausgedacht. Sie stellt sich mit den andern Bittstellern im Vorzimmer der Madame Elisabeth auf und fällt plötzlich in Ohnmacht. Alles stürzt herbei, ihr Mann nennt den hochtrabenden Namen und erzählt mit Tränen in den Augen, jahrelanger Hunger und die daraus entstandene Entkräftung seien die Ursache der Ohnmacht. Voll Mitleid wird die höchst gesunde Kranke auf einer Bahre nach Hause gebracht, zweihundert Livres werden ihr nachgeschickt und die Pension von achthundert auf fünfzehnhundert Livres erhöht. Aber ist das nicht ein Bettel für eine Valois? Also kräftig weiter hineingeschlagen in die Kerbe: ein zweiter Ohnmachtsanfall im Vorzimmer der Gräfin Artois, ein dritter in der Spiegelgalerie, welche die Königin durchschreiten muß. Leider erfährt Marie Antoinette, auf deren Großmut die Gewaltbettlerin besonders gehofft hat, nichts von diesem Vorfall, und eine vierte Ohnmacht in Versailles wäre verdächtig; so kehren die beiden nur mit geringer Beute nach Paris zurück. Sie haben lange nicht das erreicht, was sie wollten. Selbstverständlich hüten sie sich aber sehr, das auszuplaudern, im Gegenteil, sie blasen munter die Backen auf, wie gnädig, wie herzlich die Königin sie als liebe Verwandte empfangen habe. Und da es reichlich Leute gibt, denen eine in der Gesellschaft der Königin hochgeehrte Gräfin Valois als wichtige Bekanntschaft erscheint, kommen bald etliche fette Schafe zur Schur, der Kredit ist für einige Zeit wiederhergestellt. Die beiden verschuldeten Bettler schaffen sich – mundus vult decipi – einen ganzen Hofstaat an, geführt von einem sogenannten Sekretär, der Rétaux de Vilette heißt und in Wirklichkeit nicht nur die Gaunereien, sondern auch das Bett der edlen Gräfin unbedenklich teilt, ein zweiter Sekretär, Loth, ist sogar geistlichen Standes. Dazu werden Kutscher, Lakaien, Stubenkätzchen engagiert, bald geht es in der Rue Neuve-Saint-Gilles sehr vergnüglich zu. Es gibt dort amüsante Spielpartien, wenig einträglich zwar für die Gimpel, die sich auf den Leim locken lassen, aber doch erheiternd durch zweideutige Damenwelt. Leider mengen sich neuerdings jene zudringlichen Leute ein, ihres Zeichens Gläubiger und Gerichtsvollzieher, und stellen den ungebührlichen Anspruch, nach Wochen und Monaten endlich einmal bezahlt zu werden. Abermals ist das ehrenwerte Paar zu Ende mit seinem Latein, die kleinen Künste verfangen nicht mehr. Es wird bald Zeit, zu einem großen Streich auszuholen. Für einen Gaunerstreich von Format sind immer zwei Dinge notwendig: ein großer Gauner und ein großer Narr. Glücklicherweise ist dieser Narr schon zur Hand: und es ist kein anderer als das erlauchte Mitglied der französischen Akademie, Seine Eminenz der Bischof von Straßburg, der Großalmosenier von Frankreich, der Kardinal Rohan. Völlig Mann seiner Zeit, nicht klüger, nicht dümmer als die andern, leidet dieser äußerlich bezaubernde Kirchenfürst auch an der Krankheit seines Jahrhunderts, an der Leichtgläubigkeit. Die Menschheit vermag nie dauernd zu leben, ohne einen Glauben; und da der Abgott des Jahrhunderts, Voltaire, den Kirchenglauben aus der Mode gebracht hat, schleicht sich an seiner Stelle der Aberglaube in die Salons des Dix-huitième ein. Für Alchimisten, Kabbalisten, Rosenkreuzer, Scharlatane, Nekromanten und Wunderärzte hebt ein goldenes Zeitalter an. Kein Mann von Adel, keine Dame von Welt wird versäumen, bei Cagliostro in seiner Loge, mit dem Grafen von Saint-Germain zu Tisch, bei Mesmers magnetischem Zauber gewesen zu sein. Gerade weil so hellgeistig, so witzig frivol, gerade weil die Generale ihren Dienst, die Königin ihre Würde, die Priester ihren Gott nicht mehr ernst nehmen, brauchen die »aufgeklärten« Lebeleute gegen ihre entsetzliche Leere irgendein Spiel mit dem Metaphysischen, Mystischen, Übersinnlichen und Unbegreiflichen und gehen trotz aller Wachheit, allen Witzes den plumpsten Betrügern auf die allerdümmste Art ins Garn. Unter diesen geistig Armen ist nun der Allergutgläubigste, Seine Eminenz, der Kardinal Rohan, just an den allergerissensten der Blendmeister, an den Papst aller Schwindler geraten, an den »göttlichen« Cagliostro. Der hat sich eingenistet im Zaberner Schloß und zaubert sich meisterlich Geld und Verstand seines Gastgebers in die Tasche. Nun erkennen Auguren und Gauner einander immer gleich beim ersten Augenwink, so hier Cagliostro und die La Motte; durch ihn, den Mitwisser aller Geheimwünsche des Kardinals, erfährt sie den allergeheimsten Wunsch Rohans, erster Minister von Frankreich zu werden, und sie kriegt auch das einzige Hemmnis heraus, das er fürchtet: die bekannte, aber ihm selber unerklärliche Abneigung der Königin Marie Antoinette gegen seine Person. Die Schwäche eines Mannes kennen, das heißt für eine gerissene Frau immer so viel, als ihn schon in Händen haben; flugs spinnt die Gaunerin ein Seil, um den bischöflichen Bären so lange tanzen zu lassen, bis er Gold schwitzt. Im April 1784 beginnt die La Motte ab und zu eine kleine Bemerkung einzustreuen, wie zärtlich ihre »liebe Freundin«, die Königin, sich ihr anvertraue; immer phantasievoller erfindet sie Episoden, die in dem arglosen Kardinal die Meinung erwecken, diese kleine hübsche Frau könnte eigentlich eine ideale Fürsprecherin für ihn bei der Königin werden. Jawohl, es kränke ihn, gibt er offen zu, daß seit Jahren Ihre Majestät ihn nicht eines Blickes würdigt, da er doch kein höheres Glück kenne, als ihr ehrfürchtig dienen zu dürfen. Ach, wenn doch jemand endlich die Königin über seine wahre Gesinnung aufklären würde! Teilnehmend und gerührt verheißt die »intime« Freundin, zu seinen Gunsten bei Marie Antoinette zu sprechen, und welches Gewicht, Rohan staunt, muß ihre Fürsprache gehabt haben, denn im Mai kündigt sie ihm bereits an, die Königin sei umgestimmt und werde dem Kardinal demnächst ein diskretes Zeichen ihrer geänderten Gesinnung geben, allerdings noch kein offenbares: sie werde bei der nächsten Hofcour ihm auf eine bestimmte Weise heimlich zunicken. Wenn man etwas glauben will, so glaubt man es gern. Wenn man etwas sehen will, so sieht man es leicht. Tatsächlich meint der gute Kardinal, bei der nächsten Vorstellung eine gewisse »Nuance« des Kopfnickens beim Empfang bemerkt zu haben und zahlt der rührenden Vermittlerin gute Dukaten.

Aber der La Motte ist die goldene Ader lange nicht ausgiebig genug angeschlagen. Um den Kardinal noch fester einzunähen in den Narrensack, muß man ihm irgend etwas Handgreifliches königlicher Gunst vorzeigen. Wie wäre es wohl mit Briefen? Wozu hält man sich denn einen skrupellosen Sekretär in Haus und Bett? Rétaux fertigt tatsächlich ohne Zögern Briefe von der Hand Marie Antoinettes an ihre Freundin Valois an. Und da sie der Narr als echt bestaunt, warum nicht weiter einen Schritt tun auf dieser einträglichen Bahn? Warum nicht gleich einen geheimen Briefwechsel zwischen Rohan und der Königin inszenieren, damit man seiner Kasse bis auf den Grund komme? Auf den Rat der La Motte verfaßt der verblendete Kardinal eine ausführliche Rechtfertigung seines bisherigen Verhaltens, korrigiert Tage daran und übergibt endlich die Reinschrift dieser im wahrsten Sinne des Wortes unbezahlbaren Frau. Und siehe – ist sie nicht wirklich eine Zauberin und die vertrauteste Freundin der Königin? Wenige Tage später bringt die La Motte schon ein Brieflein kleinen Formats mit Goldschnitt auf weißem geripptem Papier, in einer Ecke die französische Lilie. Die sonst unzugängliche, abwehrende, die stolze Königin aus dem Hause Habsburg schreibt dem bisher Mißachteten: »Ich freue mich sehr, Sie nicht mehr als schuldig ansehen zu müssen; noch kann ich Ihnen die erbetene Audienz nicht bewilligen. Sobald die Verhältnisse eine solche gestatten, werde ich Sie benachrichtigen. Seien Sie verschwiegen!« Der Geprellte vermag sich vor Freude kaum zu fassen, er dankt, auf den Rat der La Motte, der Königin, empfängt abermals und schreibt abermals Briefe, und je mehr sich ihm das Herz mit Stolz und Sehnsucht füllt, bei Marie Antoinette in höchster Gunst zu stehen, um so mehr erleichtert ihm die La Motte die Taschen. Das verwegene Spiel ist in vollem Gange.

Schade nur, daß eine wichtige Person sich noch immer nicht bereit gefunden hat, in dieser Komödie wirklich mitzuspielen, und gerade die Hauptfigur: die Königin. Lange aber ist diese gefährliche Partie nicht zu halten ohne ihr Eingreifen, denn ewig kann man selbst dem Leichtgläubigsten nicht vorschwindeln, die Königin habe ihn gegrüßt, wenn sie in Wirklichkeit starr an dem verhaßten Mann vorbeiblickt und ihn niemals anspricht. Immer größer wird die Gefahr, daß der arme Narr endlich Lunte riecht. So muß ein ganz verwegener Schachzug ausgeklügelt werden. Da es selbstverständlich ausgeschlossen ist, daß die Königin jemals persönlich mit dem Kardinal sprechen werde – genügt es nicht, den Tölpel glauben zu lassen, er habe mit der Königin gesprochen? Wie wäre es, wenn man die Lieblingszeit aller Gaunerstreiche, das Dunkel und den rechten Ort, irgendeine verschattete Allee im Park von Versailles, wählte und Rohan statt der Königin eine Doppelgängerin, der man ein paar Worte einlernt, brächte? In der Nacht sind alle Katzen grau, und aufgeregt und vernarrt, wie er ist, wird sich der gute Kardinal auf diese Weise nicht minder narren lassen als durch die Flunkereien Cagliostros und die Goldschnittbriefe von der Hand eines ungebildeten Schreibers.

Wo aber in aller Eile eine Figurantin, ein »Double«, wie man heute im Film sagt, finden? Nun, dort, wo sehr gefällige Damen und Dämchen aller Sorten und Größe, schlanke und rundliche, schmale und feiste, blonde und brünette allstündlich zu Geschäftszwecken promenieren; im Garten des Palais Royal, dem Prostitutionsparadies von Paris. Der »Graf« de La Motte übernimmt die heikle Besorgung; er braucht nicht lange, und schon hat er die Doppelgängerin für die Königin ausfindig gemacht, eine junge Dame namens Nicole – später Baronin d'Oliva genannt –, angeblich Modistin, in Wirklichkeit mehr mit Herrendienst beschäftigt als mit Damenkundschaft. Es kostet nicht viel Mühe, sie zu der leichten Rolle zu überreden, »denn«, so motiviert Frau de La Motte vor ihren Richtern, »sie war sehr dumm«. Am 11. August bringt man die willige Liebesdienerin nach Versailles in eine Mietwohnung, höchst eigenhändig kleidet sie die Gräfin Valois in eine weißgetupfte Musselinrobe, genau derjenigen nachgeahmt, welche die Königin auf dem Porträt der Madame Vigée-Lebrun trägt. Nun noch einen breitkrempigen Hut, der das Gesicht umschattet, ihr auf das sorgsam gepuderte Haar gedrückt, und dann flink und frech los, mit der leicht verängstigten Kleinen, die für zehn Minuten die Königin von Frankreich vor dem Großalmosenier des Königtums spielen soll, in den abendlich dunklen Park! Das verwegenste Gaunerstück aller Zeiten ist im Gange.

Ganz leise schleicht das Paar mit seiner verkleideten Pseudokönigin über die Terrassen von Versailles. Der Himmel will ihnen, wie immer den Gaunern, wohl und strömt mondlose Dunkelheit nieder. Sie steigen hinab zum Venusboskett, das, dicht überschattet von Tannen, Zedern und Fichten, von einer Gestalt kaum mehr als den Umriß erkennen läßt, zauberisch geeignet also zum Liebes- und noch mehr für dieses phantastische Narrenspiel. Das arme kleine Hürchen beginnt zu zittern. In welches Abenteuer hat sie sich hier von fremden Leuten schleppen lassen? Am liebsten liefe sie weg. Voll Angst hält sie in ihrer Hand die Rose und das Billett, das sie vorschriftsmäßig einem vornehmen Herrn übergeben soll, der sie hier ansprechen wird. Da knirscht schon der Kies. Der Umriß eines Mannes taucht auf, es ist Rétaux, der Sekretär, der in der Rolle eines königlichen Dieners Rohan heranführt. Mit einemmal fühlt sich Nicole energisch vorgestoßen – wie vom Dunkel weggeschwemmt, verschwinden die beiden Kuppler an ihrer Seite. Sie steht allein oder vielmehr nicht mehr allein, denn hoch und schlank, den Hut tief in die Stirn gedrückt, kommt ihr jetzt ein fremder Mann entgegen: es ist der Kardinal.

Sonderbar, wie närrisch sich dieser Fremde benimmt. Er verneigt sich ehrfürchtig bis zur Erde, er küßt der kleinen Dirne den Saum ihres Gewandes. Jetzt sollte Nicole ihm die Rose übergeben und den bereitgehaltenen Brief. Aber in ihrer Verwirrung läßt sie die Rose fallen und vergißt den Brief. So stammelt sie nur mit erstickter Stimme die paar Worte, die man ihr mühsam eingetrichtert hat. »Sie dürfen hoffen, daß alles Vergangene vergessen ist.« Und diese Worte scheinen den fremden Kavalier maßlos zu entzücken, abermals und abermals verneigt er sich, stottert in offensichtlicher Beglückung alleruntertänigsten Dank, sie weiß nicht wofür, die arme kleine Modistin. Sie hat nur Angst, tödliche Angst, irgend etwas zu sprechen und sich damit zu verraten. Aber Gott sei Dank, da knirscht neuerdings im Kies ein hastiger Schritt, jemand ruft leise und aufgeregt: »Schnell, schnell weg! Madame und die Gräfin von Artois sind ganz in der Nähe.« Das Stichwort wirkt, der Kardinal erschrickt und entfernt sich eiligst in Begleitung der La Motte, indes der edle Gatte die kleine Nicole zurückführt; mit pochendem Herzen schleicht die Pseudokönigin dieser Komödie am Schlosse vorbei, wo hinter nachtschwarz verdunkelten Scheiben die wirkliche Königin ahnungslos schläft.

Der aristophanische Streich ist glorreich gelungen. Jetzt hat der arme Ochse, der Kardinal, einen Hieb auf dem Schädel, der ihm gänzlich alle Sinne raubt. Bisher mußte man sein Mißtrauen immer wieder chloroformieren, das vermeinte Kopfnicken war doch nur halber Beweis, ebenso die Briefe; nun aber, da der Geprellte leibhaftig mit der Königin gesprochen zu haben glaubt und aus ihrem Munde vernommen hat, daß sie ihm verziehen, wird für ihn jedes Wort der Gräfin de La Motte wahrhaftiger als das Evangelium. Jetzt geht er ihr am Gängelband, durch dick und dünn. An diesem Abend gibt es keinen glücklicheren Menschen in Frankreich. Schon sieht sich Rohan als erster Minister, als Günstling der Königin.

Einige Tage später meldet die La Motte dem Kardinal bereits abermaligen Beweis der Gunst der Königin. Ihre Majestät – Rohan kenne ja ihr wohltätiges Herz – habe den Wunsch, einer in Not geratenen adeligen Familie fünfzigtausend Livres zukommen zu lassen, sei aber im Augenblick an der Zahlung behindert. Ob nicht der Kardinal diesen milden Dienst für sie übernehmen wolle. Rohan, hochbeglückt, wundert sich keinen Augenblick, daß die Königin trotz ihrer riesigen Einkünfte schwach bei Kasse sei. Ganz Paris weiß doch, sie steckt ständig in Schulden. Sofort läßt er einen elsässischen Juden namens Cerf-Beer kommen, borgt ihm die fünfzigtausend ab, zwei Tage später klirrt das Gold auf den Tisch der La Motte. Jetzt haben sie endlich den Faden in der Hand, um den Hampelmann springen zu lassen. Drei Monate später ziehen sie schon schärfer an; abermals wünscht die Königin Geld, und Rohan verpfändet beflissen Möbel und Silberzeug, nur um rasch und ausgiebig seiner Gönnerin gefällig zu sein.

Nun kommen für Graf und Gräfin de La Motte himmlische Zeiten. Der Kardinal sitzt weit im Elsaß, aber sein Geld klimpert lustig in ihren Taschen. Jetzt brauchen sie keine Sorgen mehr zu haben, ein Narr und Zahler ist gefunden. Man wird ihm von Zeit zu Zeit einen Brief schreiben im Namen der Königin, und er wird neue Dukaten schwitzen. Bis dahin herrlich und in Freuden drauflosgelebt und nicht an das Morgen gedacht! Nicht nur die Herrscher, die Fürsten, die Kardinäle sind in diesen lockeren Zeiten leichtsinnig, sondern auch die Gauner. Ein Landhaus in Bar-sur-Aube mit einem prächtigen Garten und einem reichen Wirtschaftshof wird eiligst gekauft, aus goldenen Schüsseln gegessen, aus glitzerndem Kristall getrunken, man spielt und musiziert in diesem noblen Palais, die beste Gesellschaft drängt sich um die Ehre, bei der Gräfin Valois de La Motte verkehren zu dürfen. Wie schön ist die Welt, in der es solche Gimpel gibt!

Wer dreimal im Spiel die höchste Karte gezogen, wird unbedenklich auch zum viertenmal allerverwegensten Einsatz wagen. Ein unvermuteter Zufall schiebt der La Motte das Trumpfas in die Hand. Bei einer ihrer Gesellschaften erzählt jemand, die armen Hofjuweliere Böhmer und Bassenge säßen in dicken Sorgen. Sie hätten ihr ganzes Kapital und ein gutes Stück Schulden in das herrlichste Diamantenhalsband gesteckt, das man auf Erden gesehen. Eigentlich sei es für die Dubarry bestimmt gewesen, die hätte es gewiß gekauft, wenn nicht unglücklicherweise die Blattern Ludwig XV. heimgeholt hätten; nachher hätten sie es dem spanischen Hof angeboten und dreimal der Königin Marie Antoinette, die doch in Schmuck vernarrt sei und sonst so locker kaufe, ohne viel nach dem Preis zu fragen. Aber Ludwig, der lästige Sparmeister, habe nicht mit der Million sechsmal hunderttausend Livres herausrücken wollen; jetzt stünde den Juwelieren das Wasser bis zum Hals, die Zinsen knabberten an den schönen Diamanten; wahrscheinlich müßten sie das wunderbare Kollier wieder zerkrümeln und damit ihr ganzes Geld. Ob nicht sie, die Gräfin Valois, die doch mit der Königin Marie Antoinette auf so vertrautem Fuß stünde, ihre königliche Freundin überreden könnte, das Schmuckstück zu kaufen, auf Raten natürlich, unter den besten Bedingungen – es sei dabei ein saftiger Happen Geld zu verdienen. Die La Motte, eifrig bedacht, die Legende ihres Einflusses in Schwung zu halten, sagt gütigst ihre Fürsprache zu, und am 29. Dezember bringen die beiden Juweliere den köstlichen Schrein zur Ansicht in die Rue Neuve-Saint-Gilles.

Welch ein Anblick! Der La Motte stockt der Herzschlag. Wie diese Diamanten im Sonnenlicht, so funkeln und flitzen ihr freche Gedanken durch den klugen Kopf: wie, wenn man den Erzesel von Kardinal auch dazu bringen könnte, heimlich das Halsband für die Königin zu kaufen. Kaum ist er aus dem Elsaß zurückgekehrt, so nimmt die La Motte ihn scharf in die Presse. Eine neue Gunst winke ihm. Die Königin wünschte, natürlich ohne Wissen ihres Gatten, einen kostbaren Schmuck zu kaufen, dazu brauche sie einen verschwiegenen Vermittler; diese heimliche und ehrenvolle Aufgabe habe sie Rohan als Zeichen ihres Vertrauens zugedacht. Tatsächlich, schon wenige Tage später kann die La Motte triumphierend dem beglückten Böhmer mitteilen, ein Käufer sei gefunden: der Kardinal von Rohan. Am 29. Januar wird im Palais des Kardinals, im Hôtel de Strasbourg, der Kauf abgeschlossen: eine Million sechshunderttausend Livres, zahlbar innerhalb zweier Jahre in vier sechsmonatlichen Raten. Der Schmuck solle am 1. Februar geliefert werden, die erste Ratenzahlung am 1. August 1785 erfolgen. Der Kardinal paraphiert die Bedingungen mit eigener Hand und übergibt sie der La Motte, damit diese den Vertrag ihrer »Freundin«, der Königin, unterbreite; umgehend, am 30. Januar, bringt die Betrügerin die Antwort, Ihre Majestät sei mit allem einverstanden.

Aber – einen Schritt vor der Stalltür bockt der bisher so gutmütige Esel. Schließlich, es geht um eine Million sechsmal hunderttausend Livres, selbst für den verschwenderischsten Fürsten kein Pappenstiel! Bei einer so riesigen Bürgschaft muß man doch um Lebens oder Sterbens willen wenigstens etwas wie einen Schuldschein, ein von der Königin unterzeichnetes Dokument in Händen haben. Etwas Geschriebenes? Aber gern! Wozu hält man sich einen Sekretär? Am nächsten Tag bringt die La Motte neuerdings den Vertrag, und siehe, bei jeder Klausel steht am Rande manu propria das Wort »genehmigt!« und am Schluß des Vertrages die »eigenhändige« Unterschrift: »Marie Antoinette de France.« Mit etwas Grütze im Kopf müßte zwar ein Großalmosenier des Hofes, Mitglied der Akademie, ein ehemaliger Gesandter und in seinen Träumen schon zukünftiger Staatsminister, sofort beanstanden, daß in Frankreich eine Königin ein Dokument nie anders als mit ihrem Vornamen unterzeichnet, daß also ein Signum »Marie Antoinette de France« auf den ersten Blick nicht einen geschickten, sondern einen sehr ungebildeten Fälscher letzter Klasse entlarvt. Aber wie zweifeln, da die Königin ihn persönlich im Venusboskett heimlich empfangen hat? Hoch und heilig schwört der Verblendete der Schwindlerin zu, niemals diesen Schuldschein aus den Händen zu lassen und ihn niemandem zu zeigen. Am nächsten Morgen, am 1. Februar, überbringt der Juwelier den Schmuck dem Kardinal, der ihn abends eigenhändig zur La Motte trägt, um sich persönlich zu überzeugen, daß er zu treuen Händen der Königin übernommen werde. Er braucht in der Rue Neuve-Saint-Gilles nicht lange zu warten, schon hört man die Treppe herauf einen männlichen Schritt kommen. Die La Motte ersucht den Kardinal, in ein Nebenzimmer einzutreten, von dem aus er durch die Glastür die ordnungsgemäße Übergabe beobachten und bestätigen könne. Tatsächlich, ein junger Mann, ganz in Schwarz gekleidet, ist erschienen – natürlich wieder Rétaux, der wackere Sekretär – und meldet sich mit den Worten an: »Im Auftrage der Königin.« Welch wunderbare Frau, diese Gräfin Valois de La Motte, muß der Kardinal denken, wie diskret und treu und geschickt sie alles ihrer Freundin vermittelt! Beruhigt übergibt er die Kassette der La Motte, diese händigt sie dem geheimnisvollen Boten ein; er verschwindet mit der guten Last rasch, wie er gekommen, und mit ihm das Kollier bis zum Jüngsten Gericht. Gerührt verabschiedet sich der Kardinal: jetzt, nach solchem Freundschaftsdienst, kann es nicht mehr lange währen, und er, der geheime Helfer der Königin, muß bald der erste Diener des Königs, der Staatsminister von Frankreich, sein!

Wenige Tage später erscheint ein jüdischer Juwelier bei der Pariser Polizei, um sich im Namen seiner geschädigten Standesgenossen zu beschweren, ein gewisser Rétaux de Villette biete

Diamanten kostbarster Art zu so niedrigen Preisen an, daß man auf Diebstahl schließen müsse. Der Polizeiminister holt sich Rétaux. Der erklärt, er habe die Diamanten von einer Verwandten des Königs, von der Gräfin Valois de La Motte, zum Verkauf erhalten. Gräfin Valois, dieser noble Name wirkt auf den Beamten sofort wie ein Laxativ, schleunigst läßt er den zu Tode erschrockenen Rétaux laufen. Aber immerhin: die Gräfin hat jetzt gemerkt, wie halsbrecherisch es wäre, weiterhin die einzeln herausgebrochenen Steine – sie haben sofort das kostbare, lang gejagte Wild ausgeweidet und zerstückelt – in Paris selbst loszuschlagen: so stopft sie dem wackeren Gatten die Taschen mit Brillanten voll und schickt ihn nach London – die Juweliere von New Bond Street und Piccadilly haben bald über reichliches und billiges Angebot nicht zu klagen.

Hussah, jetzt ist mit einemmal Geld da, tausendmal mehr, als selbst diese allerkühnste Gaunerin zu träumen wagte. Schamlos verwegen, wie sie der tolle Erfolg gemacht hat, zögert sie nicht, diesen neuen Reichtum protzig zu zeigen. Wagen mit vier englischen Stuten werden angeschafft, Lakaien mit prachtvollen Uniformen, ein Neger, vom Scheitel bis zur Sohle in Silber galoniert, Teppiche, Gobelins, Bronzen und Federhüte, ein Bett aus scharlachrotem Samt. Als dann das würdige Paar in seine erlauchte Residenz nach Bar-sur-Aube übersiedelt, sind nicht weniger als zweiundvierzig Fuhren nötig, um die vielen rasch zusammengekauften Kostbarkeiten zu verfrachten. Bar-sur-Aube erlebt ein unvergeßliches Fest aus Tausendundeiner Nacht. Prunkvolle Kuriere reiten dem Zug des neuen Großmoguls voran, dann kommt die englische, perlgrau lackierte Berline, mit weißem Tuch ausgeschlagen. Die Atlasdecken, die dem Paar die Beine wärmen (mit denen sie lieber rasch ins Ausland fliehen sollten), tragen das Wappen der Valois: »Rege ab avo sanguinem, nomen et lilia« – »Vom König, meinem Ahnherrn, habe ich das Blut, den Namen und die Lilien.« Der ehemalige Gendarmerieoffizier hat sich prächtig herausgeputzt: an sämtlichen Fingern trägt er Ringe, an den Schuhen diamantene Schnallen, drei oder vier Uhrketten glitzern vor der Heldenbrust, und das Inventar seiner Garderobe – man kann es im späteren Gerichtsakt nachprüfen – verzeichnet nicht weniger als achtzehn seidene oder brokatene funkelnagelneue Anzüge, garniert mit Mechelner Spitzen, mit Knöpfen aus ziseliertem Gold und kostbarsten Verschnürungen. Die Gattin an seiner Seite gibt ihm an Luxus nichts nach; wie ein indisches Götzenbild blitzt und blinkt sie von Juwelen. Solcher Reichtum ward in dem kleinen Bar-sur-Aube noch nie gesehen, bald übt er seine magnetische Kraft. Der ganze Adel der Umgebung strömt ins Haus und letzt sich an lukullischen Festen, die hier gegeben werden, Scharen von Lakaien servieren auf kostbarem Silbergeschirr die erlesensten Speisen, Musikanten machen Tafelmusik, als neuer Krösus schreitet der Graf durch seine fürstlichen Räume und streut mit vollen Händen Geld unter die Leute.

Wiederum wird an diesem Punkt die Halsbandgeschichte so absurd und phantastisch, daß sie unwahrscheinlich wirkt. Muß denn nicht der Betrug in drei, fünf, in acht, in zehn Wochen spätestens auffliegen? Wie können da – so fragt unwillkürlich die normale Vernunft – diese beiden Gauner so sorglos frech mit ihrem Reichtum prunken, als gäbe es keine Polizei? Aber die La Motte rechnet eigentlich vollkommen richtig, sie denkt: wenn wirklich ein böser Stoß kommen sollte, so haben wir einen guten Vordermann. Knallt die Sache auf, je nun, er wird sie schon ordnen, der Herr Kardinal von Rohan! Er wird sich hüten, eine Affäre hochsausen zu lassen, der Großalmosenier von Frankreich, die ihn unsterblich lächerlich macht. Lieber wird er ganz still und ohne mit der Wimper zu zucken das Halsband aus der eigenen Tasche bezahlen. Wozu also sich ängstigen: mit einem solchen Kompagnon im Geschäft kann man getrost in seinem damastenen Bette schlafen. Und sie sorgen sich wahrhaft nicht, die wackere La Motte, ihr ehrenwerter Gemahl, der schreibgewandte Sekretär, sondern genießen mit vollen Zügen den Zins, den sie mit geschickter Hand aus dem unerschöpflichen Kapital der menschlichen Dummheit gezogen haben.

Eine Kleinigkeit wird unterdessen dem guten Kardinal Rohan doch merkwürdig. Er hat erwartet, beim nächsten offiziellen Empfang die Königin schon mit dem kostbaren Kollier geschmückt zu sehen, wahrscheinlich auch auf ein Wort oder ein vertrauliches Kopfnicken gehofft, auf eine für alle andern undurchsichtige und nur ihm verständliche Geste der Erkenntlichkeit. Aber nichts! Kühl wie immer sieht Marie Antoinette an ihm vorüber, das Kollier leuchtet nicht auf ihrem weißen Nacken. »Warum trägt die Königin meinen Schmuck nicht?« fragt er schließlich ganz verwundert die La Motte. Die Listige ist um eine Antwort niemals verlegen: es widerstrebe der Königin, das Halsband anzulegen, solange es nicht völlig bezahlt sei. Erst dann wolle sie ihren Gatten damit überraschen. Wieder steckt der geduldige Esel den Kopf in das Heu und gibt sich zufrieden. Aber aus April ist langsam Mai, aus Mai Juni geworden, immer näher rückt der 1. August, der verhängnisvolle Termin der ersten vierhunderttausend. Um Aufschub zu erlangen, erfindet die Schwindlerin einen neuen Trick. Die Königin habe sich die Sache überlegt, erzählt sie, der Preis sei ihr doch zu hoch; wenn nicht die Juweliere einen Nachlaß von zweihunderttausend Livres gewähren wollten, sei sie entschlossen, den Schmuck zurückzuschicken. Die Verschlagene rechnet damit, die Juweliere würden sich aufs Parlamentieren legen, und damit würde die Zeit vergehen. Aber sie irrt. Die

Juweliere, die den Preis viel zu hoch angesetzt hatten und denen schon das Feuer unter den Nägeln brennt, erklären sich ohne weiteres einverstanden. Bassenge entwirft ein Schreiben, das der Königin ihre Zustimmung melden soll, und Böhmer übergibt es mit Rohans Bewilligung am 12. Juli, einem Tag, an dem er ohnehin Marie Antoinette ein anderes Schmuckstück einzuhändigen hat. Dieser Brief lautet: »Majestät, wir sind aufs höchste beglückt, annehmen zu dürfen, daß die letzten Zahlungsbedingungen, die uns vorgeschlagen wurden und denen wir uns mit aller Beflissenheit und Ehrerbietung unterwerfen, als neuer Beweis unserer Ergebenheit und unseres Gehorsams den Befehlen Eurer Majestät gegenüber angesehen werden. Es gereicht uns zur wahren Genugtuung, zu denken, daß der schönste Diamantschmuck, der existiert, der erhabensten und besten der Königinnen zu Diensten sein darf.«

Dieser Brief ist durch seine gewundene Form für eine Ahnungslose auf den ersten Blick unverständlich. Aber dennoch, wenn sie ihn aufmerksam lesen und ein wenig nachdenken würde, müßte die Königin erstaunt fragen: welche Zahlungsbedingungen? Welcher Diamantschmuck? Aber man weiß es von hundert anderen Gelegenheiten: Marie Antoinette liest selten etwas Geschriebenes oder Gedrucktes aufmerksam zu Ende, es langweilt sie zu sehr; ernstliches Nachdenken war niemals ihre Sache. So öffnet sie den Brief überhaupt erst, als Böhmer sich bereits empfohlen hat. Da sie – gänzlich ahnungslos über die wirklichen Vorgänge – den Sinn dieser devot gewundenen Phrasen nicht versteht, befiehlt sie der Kammerfrau, Böhmer zur Aufklärung zurückzuholen. Aber schade, der Juwelier hat bereits das Schloß verlassen. Nun, es wird sich bald klären, was dieser Narr von Böhmer meint! Das nächste Mal also, denkt die Königin, und wirft das Billett sofort ins Feuer.

Auch dies Vernichten des Briefes, dieses Nicht-weiter-Nachfragen seitens der Königin wirkt – wie alles in der Halsbandaffäre – auf den ersten Blick unwahrscheinlich, und selbst so redliche Geschichtsschreiber wie Louis Blanc haben in diesem raschen Beiseiteschaffen ein Verdachtsmoment sehen wollen, als ob die Königin doch irgend etwas von der trüben Sache gewußt hätte. In Wirklichkeit bedeutet dies hastige Verbrennen nichts Auffälliges bei einer Frau, die zeitlebens jede an sie gerichtete Zeile aus Angst vor ihrer eigenen Unachtsamkeit und der Spionage des Hofes immer sofort vernichtete: selbst nach dem Sturme auf die Tuilerien fand sich in ihrem Schreibtisch nicht ein einziges für sie bestimmtes Schriftstück. Nur – was sonst der Vorsicht diente, wurde in diesem Falle zur Unvorsichtigkeit.

Eine Kette von Zufällen mußte also zusammenlaufen, damit der Betrug nicht früher an den Tag kam. Aber jetzt hilft alle Taschenspielerei nicht mehr weiter, der 1. August rückt heran, und Böhmer will sein Geld. Noch einen letzten Abwehrstreich versucht die La Motte: sie deckt plötzlich vor den Juwelieren die Karten auf und erklärt frech: »Sie sind betrogen worden. Die Bürgschaft, die der Kardinal besitzt, trägt eine falsche Unterschrift. Aber der Prinz ist reich, er kann selber zahlen.« Damit hofft sie, den Hieb abzulenken, sie hofft – eigentlich ganz logisch rechnend –, die Juweliere würden jetzt zornig zum Kardinal stürzen, ihm alles berichten und er aus Furcht, sich vor dem ganzen Hof und der Gesellschaft unsterblich lächerlich zu machen, beschämt den Mund halten und lieber still eine Million sechsmal hunderttausend Livres berappen. Aber Böhmer und Bassenge denken nicht logisch und psychologisch, sie zittern einzig um ihr Geld. Sie wollen mit dem verschuldeten Kardinal nichts mehr zu tun haben. Die Königin – noch sind beide der Meinung, Marie Antoinette sei mit im Spiel, sie hat ja stillgeschwiegen zu jenem Brief – stellt für sie einen zahlungskräftigeren Schuldner dar als dieser Windbeutel von Kardinal. Und dann: im schlimmsten Fall – so meinen sie abermals irrig – besitzt sie doch das Halsband, das kostbare Pfand.

Jetzt ist der Punkt erreicht, wo das Narrenseil nicht mehr straffer gespannt werden kann. Und mit einem einzigen schmetternden Ruck stürzt dieser babylonische Turmbau von Lügen und gegenseitiger Irreführung zusammen, als Böhmer nach Versailles kommt und Audienz bei der Königin verlangt. Nach einer Minute wissen die Juweliere und weiß die Königin, daß hier schändlich betrogen worden ist; wer aber der eigentliche Betrüger gewesen, soll nun der Prozeß erweisen.

Nach all den Akten und Aussagen, die über diesen verwickeltesten aller Prozesse vorliegen, ist heue eines unumstößlich gewiß: Marie Antoinette hat nicht die leiseste Ahnung gehabt von dem niederträchtigen Spiel, das mit ihrem Namen, ihrer Person, ihrer Ehre getrieben wurde. Sie war im juristischen Sinne so unschuldig wie nur denkbar, ausschließlich Opfer und nicht Mitwisserin, geschweige denn Mittäterin in diesem verwegensten Gaunerstreich der Weltgeschichte. Sie hat niemals den Kardinal empfangen, sie hat niemals die Schwindlerin La Motte gekannt, sie hat nie einen Stein des Halsbandes in Händen gehalten. Nur entschlossen böswillige Gehässigkeit, nur bewußte Verleumdung konnten Marie Antoinette ein Einverständnis mit dieser Hochstaplerin, mit diesem schwachköpfigen Kardinal unterschieben; nochmals und nochmals, die Königin ist völlig ahnungslos von einer Bande von Gaunern, Fälschern, Dieben und Narren in die ehrabschneiderische Affäre hineingezogen worden.

Und trotzdem – im moralischen Sinne ist Marie Antoinette nicht völlig freizusprechen. Denn dieser ganze Betrug konnte nur angezettelt werden, weil ihr stadtbekannt schlechter Leumund den Betrügern Mut machte, weil den Betrogenen jedwede Unbesonnenheit auf seiten der Königin von vornherein glaubhaft war. Ohne die jahrelangen Leichtsinnigkeiten und Torheiten von Trianon hätte dieser Lügenkomödie jede Voraussetzung gefehlt. Kein Mensch mit geraden Sinnen hätte gewagt, einer Maria Theresia, einer wirklichen Monarchin, heimliche Korrespondenz hinter dem Rücken ihres Mannes oder gar ein Stelldichein in dunklen Parkbosketten zuzumuten. Nie wäre ein Rohan, nie die beiden Juweliere auf den plumpen Schwindel hereingefallen, die Königin sei knapp bei Geld und wolle hinterrücks, ohne Wissen ihres Gemahls, kostbare Diamantengarnituren auf Raten und durch Zwischenleute kaufen, wäre nicht zuvor schon in ganz Versailles gemunkelt worden von nächtlichen Spaziergängen im Park, von zurückgetauschten Juwelen, von unbezahlten Schulden. Nie hätte die La Motte ein solches Lügengebaude aufrichten können, hätte der Leichtsinn der Königin nicht selbst den Grundstein gelegt, und ihr schlechter Ruf dabei die Leiter gehalten. Nochmals und nochmals: an den ganzen phantastischen Schiebungen der Halsbandaffäre war Marie Antoinette so unschuldig wie nur denkbar; daß aber ein solcher Betrug unter ihrem Namen überhaupt gewagt und glaubhaft werden konnte, war und bleibt ihre historische Schuld.

PROZESS UND URTEIL

Mit seinem Falkenblick hat Napoleon den entscheidenden Denkfehler Marie Antoinettes im Halsbandprozeß festgestellt. »Die Königin war unschuldig, und um ihre Unschuld öffentlich bekanntzugeben, wollte sie, das Parlament sollte Richter sein. Das Ergebnis war, daß man die Königin für schuldig hielt.« In der Tat: bei dieser Gelegenheit hat zum erstenmal Marie Antoinette ihre Selbstsicherheit verloren. Während sie sonst, ohne den Blick zu wenden, verächtlich an dem übelriechenden Schlamm von Schwätzereien und Verleumdungen vorbeischritt, suchte sie diesmal Zuflucht bei einer Instanz, die sie bisher mißachtet hatte: bei der öffentlichen Meinung! Jahrelang hatte sie so getan, als hörte und merkte sie nichts von dem Surren der vergifteten Pfeile. Indem sie jetzt in plötzlichem, fast hysterischem Zornausbruch Gericht fordert, verrät sie, wie lange und wie heftig ihr Stolz schon gereizt war; nun soll dieser Kardinal Rohan, der sich am weitesten vorgewagt hat, als der Sichtbarste für alle büßen. Aber verhängnisvollerweise ist sie die einzige, die noch an eine feindselige Absicht des armen Narren glaubt. Sogar in Wien schüttelt Joseph II. zweifelnd den Kopf, als seine Schwester ihm Rohan als Erzverbrecher schildert: »Ich habe den Großalmosenier als den denkbar leichtfertigsten und verschwenderischsten Menschen erkannt, aber ich gestehe, daß ich ihn niemals einer Gaunerei oder einer derart schwarzen Niedertracht für fähig gehalten hätte wie jener, deren man ihn jetzt beschuldigt.« Noch weniger glaubt Versailles an Rohans Schuld, und bald entsteht ein merkwürdiges Munkeln, mit dieser brutalen Verhaftung wolle die Königin bloß einen unbequemen Mitwisser abschütteln. Der von ihrer Mutter eingeimpfte Haß hatte Marie Antoinette zu unbedacht losfahren lassen. Und bei der ungeschickten heftigen Bewegung fällt ihr der schützende Herrschermantel von der Schulter; sie entblößt sich selber dem allgemeinen Haß.

Denn jetzt endlich können sich alle heimlichen Gegner um eine gemeinsame Sache sammeln. Marie Antoinette hat vorwitzig in ein ganzes Schlangennest gekränkter Eitelkeiten gegriffen. Louis Kardinal von Rohan ist – wie konnte sie es vergessen! – Träger eines der ältesten und ruhmvollsten Namen

Frankreichs und mit andern Feudalgeschlechtern, vor allem den Soubises, den Marsans, den Condés durch gemeinsames Blut verbunden; alle diese Familien fühlen sich selbstverständlich tödlich beleidigt, daß einer der Ihren wie ein gemeiner Taschendieb im Palast des Königs verhaftet wurde. Entrüstet ist ferner die hohe Geistlichkeit. Einen Kardinal, eine Eminenz, wenige Minuten, bevor er die Messe vor dem Antlitz des Herrn lesen soll, im großen Ornat der Kirche durch einen groben Haudegen festnehmen zu lassen! Bis nach Rom wird Beschwerde geführt: sowohl der Adel als die Geistlichkeit empfinden sich in ihrem ganzen Stande beschimpft. Kampfentschlossen tritt ferner die mächtige Gruppe der Freimaurerei in die Arena, denn nicht nur ihren Gönner, den Kardinal, sondern auch den Gott der Gottlosen, ihr Oberhaupt, den Meister vom Stuhl, Cagliostro, haben die Gendarmen in die Bastille geholt; jetzt winkt endlich Gelegenheit, der Allherrlichkeit von Thron und Altar ein paar kräftige Steine in die Fenster zu werfen. Begeistert dagegen von der ganzen Affäre ist das von allen Festen und pikanten Skandalen der höfischen Welt sonst ausgeschlossene Volk. Endlich einmal wird ihm ein großes Schauspiel beschert: ein leibhaftiger Kardinal als öffentlich Angeklagter und im purpurnen Schatten der Bischofstoga eine wahre Mustersammlung von Gaunern, Schwindlern, Zutreibern, Fälschern und überdies im Hintergrunde – ein Hauptspaß! – die stolze, die hochmütige Österreicherin! Ein amüsanteres Sujet konnte allen Glücksrittern der Feder und des Stifts, den Pamphletschreibern, den Karikaturenzeichnern, den Zeitungsausrufern, nicht geschenkt werden als der Skandal der »schönen Eminenz«. Selbst der Aufstieg Montgolfiers, der einer ganzen Menschheit eine neue Sphäre erobert, hat in Paris, nein, in der ganzen Welt kein solches Aufsehen erregt wie dieser Prozeß einer Königin, der langsam zum Prozeß gegen die Königin wird. Da schon vor der Verhandlung die Verteidigungsreden nach dem Gesetz zensurfrei in Druck erscheinen dürfen, werden die Buchläden gestürmt, die Polizei muß einschreiten. Nicht Voltaires, nicht Jean-Jacques Rousseaus, nicht Beaumarchais' unsterbliche Werke erleben in Jahrzehnten solche Riesenauflagen wie diese Plädoyers in einer einzigen Woche. Siebentausend, zehntausend, zwanzigtausend Exemplare werden den Kolporteuren noch druckfeucht aus den Händen gerissen, in den ausländischen Botschaften haben die Gesandten den ganzen Tag Pakete zu schnüren, um ohne Zeitverlust die neuesten Spottschriften über den Versailler Hofskandal ihren kameradschaftlich neugierigen Fürsten zu schicken. Alles will alles lesen und gelesen haben, wochenlang gibt es kein anderes Gespräch, die tollsten Vermutungen werden blindlings geglaubt. Zum Prozeß selbst kommen ganze Karawanen aus der Provinz. Edelleute, Bürger, Advokaten; in Paris lassen die Handwerker ihre Verkaufsläden stundenlang im Stich. Unbewußt spürt der untrügliche Instinkt des Volkes: hier wird nicht nur Gericht gehalten werden über eine einzige Verfehlung, sondern aus diesem kleinen schmutzigen Knäuel rollen sich selbsttätig alle Fäden auf, die nach Versailles führen, der Unfug der Lettres de cachet, dieser eigenwilligen Haftbefehle, die Verschwendung des Hofes, die Mißwirtschaft in den Finanzen, alles kann jetzt aufs Korn genommen werden, zum erstenmal kann die ganze Nation durch eine zufällig aufgerissene Latte in die Geheimwelt der Unnahbaren blicken. Es geht um mehr in diesem Prozeß als um ein Halsband, es geht um das bestehende Regierungssystem, denn diese Anklage kann, wenn geschickt gewendet, zurückprellen gegen die ganze herrschende Klasse, gegen die Königin und damit gegen das Königtum. »Welch ein großes und vielverheißendes Ereignis!« ruft einer der heimlichen Frondeure im Parlament aus.

»Ein Kardinal als Gauner entlarvt! Die Königin in einen Skandalprozeß verwickelt! Welcher Schmutz an dem Bischofsstab und dem Zepter! Welch ein Triumph für die Idee der Freiheit!«

Noch ahnt die Königin nicht, welches Unheil sie mit einer einzigen übereilten Geste entfesselt hat. Aber wo ein Gebäude morsch und längst unterhöhlt ist, genügt es, einen einzigen Nagel aus der Wand zu ziehen, und das ganze Haus bricht zusammen.

Vor Gericht wird die geheimnisvolle Büchse der Pandora sachte aufgetan. Ihr Inhalt verbreitet einen nicht eben rosigen Geruch. Als vorteilhaft für die Diebin erweist sich einzig der Umstand, daß der edle Gatte La Motte rechtzeitig mit den Resten des Halsbands Reißaus nach London nehmen konnte; damit fehlt das optische Beweisstück, und einer kann den Diebstahl und Besitz des unsichtbaren Objekts auf den andern abschieben und dabei unterirdisch immer die Möglichkeit durchscheinen lassen, vielleicht befinde sich sogar noch das Halsband in den Händen der Königin. Die La Motte, welche ahnt, daß die vornehmen Herren die Sache auf ihrem Rücken austragen werden, hat, um Rohan lächerlich zu machen und den Verdacht von sich abzulenken, den ganz unschuldigen Cagliostro des Diebstahls beschuldigt und in den Prozeß gewaltsam hineingezerrt. Vor keinem Mittel scheut sie zurück. Ihren plötzlichen Reichtum erklärt sie frech und schamlos damit, daß sie die Geliebte Seiner Eminenz gewesen sei – und jeder kenne doch die Freigebigkeit dieses zärtlichen Priesters! Schon wird die Angelegenheit zumindest peinlich für den Kardinal, da gelingt es endlich, Hand auf die Helfershelfer Rétaux und die »Baronin d'Oliva«, die kleine Modistin, zu legen, und durch ihre Aussagen wird alles klar.

Über einen Namen aber wird in Angriff oder Verteidigung immer ängstlich hinweggehuscht: über den der Königin. Sorgfältig hütet sich jeder Angeklagte, Marie Antoinette auch nur im geringsten zu belasten, selbst die La Motte – sie wird später anders sprechen – weist Gedanken, die Königin habe das Halsband erhalten, als verbrecherische Lästerung zurück. Gerade aber dieser Umstand, daß sie alle wie auf Vereinbarung mit so tiefen Verbeugungen und so verehrungsvoll von der Königin reden, wirkt auf die mißtrauische Öffentlichkeit im Gegensinn; immer mehr verbreitet sich das Gerücht, es sei Parole ausgegeben, die Königin zu »schonen«. Bereits munkelt man, der Kardinal habe großmütig die Schuld auf sich genommen; und die Briefe, die er so hastig und diskret habe verbrennen lassen – ob die wirklich alle Fälschungen gewesen seien? Oder nicht doch etwas, man weiß zwar nicht, was –, aber doch etwas, etwas, etwas brenzlig in dieser Angelegenheit für die Königin sei?

Es hilft nichts, daß sich die Tatsachen völlig klären, semper aliquid haeret; gerade weil vor Gericht ihr Name nicht genannt wird, steht Marie Antoinette unsichtbar mit vor Gericht.

Am 31. Mai soll endlich das Urteil gefällt werden. Seit fünf Uhr morgens staut sich die Menge unübersehbar vor dem Justizpalast, das linke Ufer allein vermag sie nicht zu fassen, auch der Pont-Neuf und das rechte Seineufer starren von ungeduldigen Menschen; mit Mühe hält berittene Polizei die Ordnung aufrecht. Schon unterwegs fühlen die vierundsechzig Richter an den aufgeregten Blicken, an den leidenschaftlichen Zurufen der Zuschauer die Wichtigkeit ihres Spruchs für ganz Frankreich; aber die entscheidende Mahnung erwartet sie im Vorzimmer des großen Beratungssaales, der »grande chambre«. Dort stehen in Trauerkleidung neunzehn Vertreter der Familien Rohan, Soubise und Lothringen bei ihrem Kommen Spalier und verneigen sich vor den vorbeischreitenden Richtern. Keiner sagt ein Wort, keiner tritt vor. Ihr Gewand, ihre Haltung sprechen alles aus. Und diese stumme Beschwörung, das Gericht möge mit seinem Spruch der Familie Rohan die bedrohte Ehre wiedergeben, wirkt gewaltig auf die Ratsherren, die selbst zum Großteil dem Hochadel Frankreichs angehören; ehe sie die Beratung beginnen, wissen sie schon: Volk und Adel, das ganze Land wartet auf einen Freispruch des Kardinals.

Aber doch, sechzehn Stunden lang dauert die Beratung, siebzehn Stunden müssen die Rohans und die Zehntausende auf der Straße warten, von sechs Uhr morgens bis zehn Uhr abends. Denn die Richter stehen vor einer weittragenden Entscheidung. Über die Betrügerin ist der Spruch von vornherein gefällt, ebenso über ihre Helfershelfer, und die kleine Modistin, die lassen sie gerne laufen, weil sie so hübsch und ahnungslos in das Venusboskett hineingetölpelt ist. Die wirkliche Entscheidung geht ausschließlich um den Kardinal. Ihn freizusprechen, weil er erwiesenermaßen selbst betrogen wurde und kein Betrüger ist, sind alle einig; Meinungsverschiedenheit herrscht bloß über die Form dieses Freispruchs, denn daran hängt eine große politische Sache. Die Hofpartei verlangt – und nicht mit Unrecht –, dieser Freispruch müsse verbunden sein mit einer Rüge für »sträfliche Vermessenheit«, denn nichts anderes sei es seitens des Kardinals gewesen, zu glauben, eine Königin von Frankreich werde sich heimlich mit ihm ein Stelldichein in einem dunklen Boskett geben. Für diesen Mangel an Ehrerbietung vor der geheiligten Person der Königin fordert der Vertreter der Anklage seine demütige und öffentliche Entschuldigung vor der Grande chambre sowie Niederlegung seiner Ämter. Die Gegenpartei, die Antiköniginpartei, dagegen wünscht Einstellung des Verfahrens. Der Kardinal sei betrogen worden, also ohne Makel und Schuld. Ein solcher völliger Freispruch trägt einen Giftpfeil im Köcher. Denn wenn man dem Kardinal zubilligt, er habe aus dem allbekannten Verhalten der Königin solche Heimlichkeiten und Selbständigkeiten für denkbar halten können, so ist damit der Leichtsinn der Königin öffentlich angeprangert. Ein schweres Gewicht liegt in der Waagschale: betrachtet man das Verhalten Rohans zumindest als Respektlosigkeit gegen die Monarchin, so ist Marie Antoinette für den erlittenen Mißbrauch ihres Namens entschädigt; spricht man ihn völlig frei, so verurteilt man gleichzeitig moralisch die Königin.

Das wissen die Richter des Parlaments, das wissen beide Parteien, das weiß das gierig ungeduldige Volk: diese Entscheidung entscheidet über mehr als über einen einzelnen unbeträchtlichen Fall. Hier kommt keine private Angelegenheit zum Austrag, sondern die zeitpolitische, ob das Parlament Frankreichs die Person der Königin noch als »geheiligt«, als unantastbar betrachte oder als eine den Gesetzen ganz genauso wie jeder andere französische Bürger unterstellte; zum erstenmal wirft die kommende Revolution einen morgenrötlichen Lichtschein in die Fenster jenes Gebäudes, das auch die Conciergerie enthält, jenes schaurige Gefängnis, aus dem Marie Antoinette zum Schafott geführt werden wird. Im gleichen Hause hebt an, was im gleichen endet. Im selben Saal wie die La Motte wird später die Königin sich zu verantworten haben.

Sechzehn Stunden beraten die Richter, erbittert streiten die Meinungen und nicht minder die Interessen. Denn beide Parteien, die königliche und die antikönigliche, haben alle Minen springen lassen, nicht zuletzt die goldenen; seit Wochen sind alle Parlamentsmitglieder beeinflußt, bedroht, bearbeitet, bestochen und gekauft, und schon singt man in den Straßen:

Si cet arrêt du cardinal
Vous paraissait trop illégal
Sachez que la finance
Eh bien
Dirige tout en France,
Vous m'entendez bien!

Schließlich rächt sich die langjährige Gleichgültigkeit des Königs und der Königin gegen das Parlament, zu viele sind unter den Richtern, die meinen, es sei Zeit, der Autokratie einmal eine gründliche und unüberhörbare Lektion zu erteilen. Mit sechsundzwanzig Stimmen gegen zweiundzwanzig – die Partie geht knapp aus – wird der Kardinal »ohne jeden Tadel« freigesprochen, ebenso sein Freund Cagliostro und die kleine Palais-Royal-Modistin. Auch gegen die Helfershelfer zeigt man Milde, sie kommen mit bloßer Landesverweisung davon. Die Zeche zahlt die La Motte, mit Stimmeneinheit verurteilt, vom Henker mit Ruten gezüchtigt, mit einem »V« (»voleuse«) gebrandmarkt zu werden, um dann auf Lebenszeit in der Salpêtrière zu verschwinden.

Aber auch eine, die nicht auf der Anklagebank saß, wird mit dem Freispruch des Kardinals verurteilt, und zwar gleichfalls auf Lebenszeit: Marie Antoinette. Von dieser Stunde an ist sie der Verleumdung und dem hemmungslosen Haß ihrer Gegner schutzlos preisgegeben.

Ein erster stürmt mit dem Urteil aus dem Gerichtssaal, Hunderte folgen und rufen ekstatisch den Freispruch auf die Gasse. So stark schwillt der Jubel an, daß sein Brausen zum andern Ufer hinüberdringt. »Es lebe das Parlament« – ein neuer Ruf statt des gewohnten: »Es lebe der König!« – durchdonnert die Stadt. Die Richter haben Mühe, sich gegen die dankbare Begeisterung zu wehren. Man umarmt sie, die Frauen der

Halle küssen sie, Blumen werden auf ihren Weg gestreut; großartig beginnt der Siegeszug der Freigesprochenen. Zehntausend Menschen folgen wie einem triumphierenden Feldherrn dem nun wieder in Purpur gekleideten Kardinal in die Bastille, wo er diese Nacht noch verbringen soll; bis zum Morgengrauen warten und jubeln dort immer erneute Scharen. Nicht minder wird Cagliostro vergöttert, und nur polizeilicher Befehl kann verhindern, daß die Stadt zu seinen Ehren illuminiert. So feiert – bedenkliches Zeichen – ein ganzes Volk zwei Männer, die nichts anderes für Frankreich getan und geleistet haben, als das Ansehen der Königin und des Königtums auf tödliche Weise zu schädigen.

Vergebens bemüht sich die Königin, ihre Verzweiflung zu verbergen; dieser Peitschenhieb mitten ins Gesicht ist zu scharf, zu öffentlich niedergesaust. Ihre Kammerfrau findet sie in Tränen aufgelöst, Mercy meldet nach Wien, ihr Schmerz sei »größer, als der Anlaß vernünftigerweise zu begründen scheint«. Immer stärker im Instinkt als im bewußten Nachdenken, hat Marie Antoinette sofort das Nicht-wieder-Gutzumachende dieser Niederlage erkannt; zum erstenmal, seit sie die Krone trägt, ist ihr eine Macht stärker als ihr Wille entgegengetreten.

Aber noch hält der König die letzte Entscheidung in Händen. Noch könnte er durch eine energische Maßnahme die beleidigte Ehre seiner Frau retten und den dumpfen Widerstand rechtzeitig einschüchtern. Ein starker König, eine entschlossene Königin müßten ein dermaßen meuterisches Parlament nach Hause jagen; so hätte Ludwig XIV. gehandelt und vielleicht noch Ludwig XV. Aber Ludwig XVI. hat nur matten Mut. Er wagt sich nicht an das Parlament, sondern schickt nur, um seiner Gattin eine Art Genugtuung zu geben, den Kardinal in die Verbannung und Cagliostro außer Landes – eine halbe Maßregel, die das Parlament verärgert, ohne es wirklich zu treffen, und die Justiz beleidigt, ohne die Ehre seiner Frau wiederherzustellen. Unentschlossen wie immer tut er das Mittlere, das sich in der Politik jederzeit als das Fehlerhafteste erweist. Damit ist die schiefe Bahn betreten, und bald erfüllt sich in dem verbündeten Geschick der beiden Gatten der alte Habsburgerfluch, den Grillparzer so unvergeßlich in den Versen gestaltet:

Das ist der Fluch von unserem edlen Haus,
Auf halben Wegen und zu halber Tat
Mit halben Mitteln zauderhaft zu streben.

Eine große Entscheidung ist für den König unwiederbringlich versäumt. Eine neue Epoche hat mit dem Urteil des Parlaments gegen die Königin begonnen.

Auch gegen die La Motte wendet der Hof das gleiche verhängnisvolle Verfahren der Halbheit an. Auch hier bestand zwiefache Möglichkeit: entweder großmütig der Verbrecherin die grausame Strafe zu ersparen – das hätte vortrefflich Eindruck gemacht – oder andernfalls die Züchtigung möglichst öffentlich vollziehen zu lassen. Aber wiederum flüchtet sich die innere Verlegenheit in eine mittlere Maßregel. Zwar stellt man feierlich die Gerüste auf und verheißt damit dem ganzen Volk das barbarische Schauspiel der öffentlichen Brandmarkung, schon werden die Fenster der umliegenden Häuser zu phantastischen Preisen vermietet; jedoch im letzten Augenblick erschrickt der Hof vor seinem eigenen Mut. Um fünf Uhr morgens, also absichtlich zu einer Stunde, da Zeugen nicht zu befürchten sind, schleppen vierzehn Henker die gellend Schreiende und wütend um sich Schlagende zur Treppe des Justizpalastes, wo ihr das Urteil, gestäupt und gebrandmarkt zu werden, verlesen wird. Aber man hat eine rasende Löwin gepackt, die hysterische Frau stößt ein schrilles Heulen aus, ihre Lästerungen gegen den König, den Kardinal, das Parlament wekken die Schläfer im ganzen Umkreis, sie schnappt, sie beißt, sie stößt mit den Füßen, schließlich ist man gezwungen, ihr die Kleider vom Leib zu reißen, um das Brandzeichen aufprägen zu können. In der Sekunde aber, da der feurige Stempel ihre Schulter berührt, wirft sich die Gefolterte konvulsivisch empor, ihre ganze Nacktheit zum Gaudium der Zuschauer entblößend, und das brennende »V« fährt statt auf die Schulter auf ihren Busen. Aufheulend beißt das rasende Tier dem Henker mitten durch sein Wams, dann bricht die Gepeinigte ohnmächtig zusammen. Wie einen Kadaver schleppt man die Besinnungslose in die Salpêtrière, wo sie gemäß dem Urteil lebenslang in sackgrauer Leinwand und Holzpantinen arbeiten soll, einzig von schwarzem Brot und Linsen genährt.

Kaum werden die grauenhaften Einzelheiten dieser Züchtigung bekannt, so wendet sich alle Sympathie mit einem Ruck der La Motte zu. Während fünfzig Jahre vorher – man lese es bei Casanova nach – der ganze Adel mit seinen Damen bei der Folterung des schwachsinnigen Damiens, der Ludwig XV. mit einem winzigen Federmesser geritzt hat, vier Stunden zusah und sich ergötzte, wie dieses unglückliche Stück Mensch mit glühenden Zangen gezwickt, mit siedendem Öl verbrüht und nach einer endlosen Agonie, indes sich ihm die Haare, plötzlich weiß geworden, auf dem Kopfe sträuben, auf das Rad geflochten wurde, ist ebendieselbe im Zeichen der Morde philanthropisch gewordene Gesellschaft mit einemmal voll rührender Teilnahme für die »unschuldige« La Motte. Denn man hat jetzt glücklich eine neue und gar nicht gefährliche Form gefunden, gegen die Königin zu frondieren: indem man offensichtliche Sympathie für das »Opfer«, für die »arme Unglückselige« zur Schau trägt. Der Herzog von Orléans veranstaltet eine öffentliche Sammlung, der ganze Adel sendet in das Zuchthaus Geschenke, Tag für Tag fahren vornehme Karossen vor der Salpêtrière auf. Besuch bei der abgestraften Diebin gilt als der »dernier cri« der Pariser Gesellschaft. Mit Staunen aber erkennt die Äbtissin eines Tages unter den gerührten Besucherinnen eine der besten Freundinnen der Königin, die Prinzessin von Lamballe. Ist sie aus eigenem Antrieb gekommen oder, wie sofort die Leute tuscheln, im geheimen Auftrag Marie Antoinettes? Jedenfalls wirft dieses unangebrachte Mitleid auf die Sache der Königin einen peinlichen Schatten: was bedeutet diese auffällige Teilnahme? fragen alle. Drückt die Königin das Gewissen? Sucht sie heimlich Verständigung mit ihrem »Opfer«? Das Raunen wird nicht still. Und als wenige Wochen später auf geheimnisvolle Weise – unbekannte Hände haben ihr nächtlich die Gefängnistüren aufgetan – die La Motte nach England flüchtet, herrscht nur eine Stimme in ganz Paris: die Königin hat ihre »Freundin« gerettet aus Dank dafür, daß sie vor Gericht ihre Schuld oder Mitschuld in der Halsbandaffäre großmütig verschwiegen.

In Wirklichkeit war die Ermöglichung der Flucht der La Motte der perfideste Streich, den die verschworene Sippe aus dem Hinterhalt führen konnte. Denn jetzt ist nicht nur dem geheimnisvollen Gerede vom Einverständnis der Königin mit der Diebin Tür und Tor aufgetan, sondern ihrerseits kann die gezüchtigte La Motte sich von London aus als Anklägerin aufspielen, die schamlosesten Lügen und Verleumdungen drucken lassen, und mehr sogar, sie kann, da Unzählige in Frankreich und Europa auf »Enthüllungen« solcher Art lauern, endlich wieder viel Geld verdienen. Gleich am Tag ihrer Ankunft bietet ihr ein Londoner Drucker große Summen; vergebens sucht der Hof, der jetzt die Tragweite von Verleumdungen erkannt hat, den vergifteten Pfeil abzufangen; die Favoritin der Königin, die Polignac, wird abgesandt, um das Schweigen der Diebin gegen zweimal hunderttausend Livres zu erkaufen; aber die gerissene Gaunerin betrügt noch ein zweites Mal den Hof, sie nimmt das Geld, läßt aber ohne Zögern dann einmal, zweimal, dreimal, in immer veränderten Formen und mit immer neuen sensationellen Zudichtungen, ihre »Memoiren« erscheinen. In diesen Memoiren steht alles, was ein skandalsüchtiges Publikum zu hören hofft, und noch mehr: der Prozeß vor dem Parlament sei eitle Spiegelfechterei gewesen, man habe die arme La Motte auf das niederträchtigste preisgegeben. Selbstverständlich habe niemand anders als die Königin das Halsband bestellt und von Rohan empfangen, sie aber, die reine Unschuld, habe nur aus Freundschaft das Verbrechen auf sich genommen, um die verunglimpfte Ehre der Königin zu schützen. Auf welche Weise sie mit Marie Antoinette so befreundet geworden sei, auch dies erklärt die unverfrorene Lügnerin genauso, wie es die lüsterne Bande erklärt wissen will: more lesbico, Intimität aus dem Bett. Es hilft nichts, daß jedem unbefangenen Blick sich die meisten dieser Lügen schon durch ihre plumpe Aufmachung entlarven, die La Motte behauptet, Marie Antoinette habe mit dem Kardinal Rohan schon als Erzherzogin zur Zeit seiner Gesandtschaft ein Liebesverhältnis gehabt – denn jeder Gutwillige kann sich an den Fingern abzählen, daß Marie Antoinette zur Zeit der Wiener Gesandtschaft Rohans längst Dauphine in Versailles war. Aber die Gutwilligen sind spärlich geworden. Das große Publikum hingegen liest entzückt die Dutzende nach Moschus duftenden Liebesbriefe der Königin an Rohan, welche die La Motte in ihre Memoiren einfälscht, und je mehr Perversitäten sie von ihr zu erzählen weiß, um so mehr will man erfahren. Schmähschrift folgt jetzt auf Schmähschrift, eine übertrifft die andere an Laszivität und Gemeinheit; bald erscheint eine öffentliche »Liste all jener Personen, mit denen die Königin in ausschweifenden Beziehungen gestanden habe«; sie enthält nicht weniger als vierunddreißig Namen beiderlei Geschlechts, Herzöge, Schauspieler, Lakaien, den Bruder des Königs neben seinem Kammerdiener, die Polignac, die Lamballe und endlich kurz und bündig »toutes les tribades de Paris«, einschließlich der ausgepeitschten Straßendirnen. Aber diese vierunddreißig erschöpfen bei weitem nicht alle Liebespartner, welche die künstlich aufgeregte Meinung der Salons und der Gasse Marie Antoinette zuschreibt; hat sich die erotisch schweifende Phantasie einer ganzen Stadt, einer ganzen Nation erst einmal einer Frau, sei sie Kaiserin oder Filmdiva, Königin oder Opernsängerin, bemächtigt, so dichtet sie ihr heute wie damals lawinenhaft alle erdenkbaren Exzesse und Perversionen zu, um in anonymem Orgasmus und mit scheinbarer Entrüstung ihre erträumten Lüste mitzugenießen. Ein anderes Libell, »La vie scandaleuse de Marie Antoinette«, weiß von einem kräftigen Panduren zu berichten, der bereits am österreichischen Kaiserhof die unstillbaren »fureurs utérines« (dies der geschmackvolle Titel eines dritten Pamphlets) der Dreizehnjährigen beschwichtigt habe; ausführlich wird das »Bordel Royal« (ein anderer Pamphlettitel) mit seinen »mignons et mignonnes« der entzückten Leserschaft an Hand von zahlreichen pornographischen Kupferstichen geschildert, welche die Königin mit den verschiedenen Partnern in aretinischen Liebesposen entblößen. Immer höher spritzt die Jauche, immer gehässiger werden die Lügen, und jede wird geglaubt, weil man alles von dieser »Verbrecherin« glauben will. Zwei, drei Jahre nach dem Halsbandprozeß ist Marie Antoinette bereits unrettbar als die laszivste, verworfenste, hinterhältigste, tyrannischste Frau in ganz Frankreich berüchtigt; die abgefeimte und gebrandmarkte La Motte dagegen gilt als unschuldiges Opfer. Und kaum setzt die Revolution ein, so versuchen die Klubs, die geflüchtete La Motte unter ihrem Schutz wieder nach Paris zu bringen, um den ganzen Halsbandprozeß künstlich noch einmal aufzurollen, diesmal aber vor ihrem Revolutionstribunal, mit der La Motte als Anklägerin und Marie Antoinette auf dem Armesünderstuhl: nur der plötzliche Tod der La Motte – sie stürzt sich in einem Anfall von Verfolgungswahn 1791 aus dem Fenster – hat verhindert, daß diese großartige Schwindlerin im Triumph durch Paris getragen und ihr das Dekret verliehen wurde, »sie habe sich um die Republik verdient gemacht«. Ohne diesen Eingriff des Schicksals hätte die Welt eine noch viel groteskere Justizkomödie miterlebt als den Halsbandprozeß: die La Motte als umjubelte Zuschauerin bei der Hinrichtung der von ihr verleumdeten Königin.

DAS VOLK ERWACHT, DIE KÖNIGIN ERWACHT

Die welthistorische Bedeutung des Halsbandprozesses liegt darin, daß er den Scheinwerfer der Öffentlichkeit scharf und grell auf die Person der Königin und die Fenster von Versailles einstellt; in aufgewühlten Zeiten aber ist Sichtbarkeit immer gefährlich. Denn um wehrhaft zu werden, um sich in Tat umzusetzen, braucht Unzufriedenheit – an sich ein noch passiver Zustand – immer eine menschliche Gestalt, sei es als Fahnenträger einer Idee, sei es als Zielscheibe für den aufgesparten Haß: den biblischen Sündenbock. Dem geheimnisvollen Wesen »Volk« ist es nur gegeben, anthropomorph, einzig vom Menschen her, zu denken; Begriffe werden seiner Fassungsenergie niemals völlig deutlich, sondern nur Gestalten; immer darum, wo es eine Schuld fühlt, will es einen Schuldigen sehen. Das französische Volk spürt nun seit langem schon dumpf ein Unrecht, das ihm von irgendwoher geschieht. Lange hat es sich gehorsam geduckt und auf bessere Zeiten gläubig gehofft, bei jedem neuen Ludwig hat es immer wieder begeistert die Fahnen geschwungen, immer fromm dem Feudalherrn und der Kirche Zins und Fron geleistet, aber je mehr es sich beugte, um so härter wurde der Druck, immer gieriger saugen die Steuern an seinem Blut. Im reichen Frankreich liegen die Scheunen leer, die Pächter verarmen, auf der üppigen Erde, unter dem schönsten Himmel Europas mangelt das Brot. Irgendwer muß da Schuld tragen; wenn die einen zuwenig Brot haben, so muß es sein, weil andere zuviel fressen; wenn die einen erdrosselt werden von ihren Pflichten, so müssen andere sein, die zuviel Rechte an sich gerissen haben. Jene dumpfe Unruhe entsteht allmählich im ganzen Lande, die jedem klaren Denken und Suchen immer schöpferisch vorausgeht. Die Bürgerschaft, der ein Voltaire, ein Jean-Jacques Rousseau die Augen geöffnet, beginnt selbständig zu urteilen, zu tadeln, zu lesen, zu schreiben, sich zu verständigen; manchmal zuckt schon ein Wetterleuchten dem großen Gewitter voraus. Gehöfte werden geplündert und die Feudalherren bedroht. Eine große Unzufriedenheit lastet wie eine schwarze Wolke seit langem über dem ganzen Land.

Da fahren hintereinander zwei grelle Blitze nieder und erhellen dem Volk die gesamte Lage: der Halsbandprozeß ist der eine, die Enthüllungen Calonnes über das Defizit der andere. Gehemmt in seinen Reformen, vielleicht auch aus geheimer Feindseligkeit gegen den Hof, hat der Finanzminister zum erstenmal klare Zahlen genannt. Jetzt weiß man das lang Verschwiegene: in zwölf Jahren der Regierung Ludwigs XVI. hat man eine Milliarde zweihundertfünfzig Millionen geborgt. Blaß steht das ganze Volk unter diesem Blitz. Eine Milliarde zweihundertfünfzig Millionen, astronomische Zahl, verbraucht, und wofür und durch wen? Der Halsbandprozeß gibt die Antwort; hier erfahren die armen Teufel, die für ein paar Sous zehn Stunden roboten, daß Diamanten im Wert von anderthalb Millionen in gewissen Kreisen als gelegentliche Liebesgeschenke gelten, daß Schlösser gekauft werden für zehn und zwanzig Millionen, während das Volk darbt. Und da jeder den König, diesen bescheidenen Tropf, diesen geistigen Kleinbürger, an diesem phantastischen Verbrauch unbeteiligt weiß, strömt kataraktisch der ganze Unwille gegen die blendende, die verschwenderische, die leichtfertige Königin. Die Schuldige für die Staatsschuld ist gefunden. Jetzt weiß man, warum die Papierzettel von Tag zu Tag wertloser werden und das Brot immer teurer und die Steuern immer höher: weil dieses Hurenweib verschwenderisch in ihrem Trianon ein ganzes Zimmer mit Brillanten auskleiden läßt, weil sie ihrem Bruder Joseph hundert Goldmillionen für seinen Krieg heimlich nach Österreich schickt, weil sie ihre Bettgänger und Liebeskätzchen mit Pensionen und Ämtern und Pfründen überschüttet. Das Unglück hat plötzlich eine Ursache, der Bankrott seinen Urheber, die Königin einen neuen Namen. »Madame Defizit« nennt man sie von einem Ende Frankreichs bis zum andern: das Wort brennt wie eine Brandmarkung auf ihrem Rücken.

Jetzt ist die düstere Wolke geplatzt: ein Hagel von Broschüren, Kampfschriften, ein Schwall von Schriften, Vorschlägen, Petitionen saust nieder, noch nie ist so viel in Frankreich geredet, geschrieben und gepredigt worden; das Volk beginnt zu erwachen. Die Freiwilligen und Soldaten aus dem amerikanischen Krieg erzählen bis in die dümmsten Dörfer von einem demokratischen Land, in dem es weder Hof noch König noch Adel, sondern nur Bürger und Bürger gibt, vollkommene Gleichheit und Freiheit. Und steht nicht schon deutlich im »Contrat social« Jean-Jacques Rousseaus und, feiner, verborgener, in den Schriften Voltaires und Diderots, daß die königliche Ordnung keineswegs die einzig gottgewollte und die beste aller bestehenden Welten sei? Die alte, stumm gebeugte Ehrfurcht hebt zum erstenmal neugierig das Haupt, und damit überkommt Adel, Volk und Bürgerschaft eine neue Sicherheit; das leise Raunen in den Freimaurerlogen, in den Landesversammlungen steigert sich allmählich zu einem weithin vernehmbaren Murren und Donnerrollen, elektrische Spannung schwelt in der Luft, feuerträchtige Sphäre: »Was das Übel in ungeheuren Proportionen anschwellen läßt«, berichtet Botschafter Mercy nach Wien, »ist die sich steigernde Erregung der Geister. Man kann sagen, daß nach und nach die Agitation alle Klassen der Gesellschaft gewonnen hat, und diese fieberhafte Unruhe gibt dem Parlament die Kraft, in seiner Gegnerschaft zu verharren. Man würde es nicht glauben, mit welcher Kühnheit man sich selbst an öffentlichen Orten über den König, die Prinzen und die Minister äußert; man kritisiert ihre Ausgaben, man malt in schwärzesten Farben die Verschwendung des Hofes und unterstreicht die Notwendigkeit der Einberufung der Generalstände, als ob das Land ohne Regierung wäre. Es ist schon unmöglich, mit Strafmaßnahmen diese Freiheit der Rede zu unterdrücken, denn das Fieber ist so allgemein geworden, daß selbst, wenn man die Leute zu Tausenden ins Gefängnis werfen würde, man nicht mehr dem Übel beikäme, sondern nur den Zorn des Volkes zu einem solchen Grade brächte, daß ein Aufstand unvermeidlich wäre.«

Jetzt braucht der allgemeine Unwille keine Maske und Vorsicht mehr, offen tritt er vor und sagt, was er sagen will: selbst die äußeren Formen der Ehrfurcht werden nicht mehr gewahrt. Als die Königin, kurze Zeit nach dem Halsbandprozeß, zum erstenmal wieder ihre Loge betritt, wird sie mit so heftigem Zischen empfangen, daß sie fortan das Theater meidet. Als Madame Vigée-Lebrun ihr Bildnis Marie Antoinettes im »Salon« öffentlich ausstellen will, ist die Wahrscheinlichkeit einer Anpöbelung der gemalten »Madame Defizit« bereits so groß, daß man vorzieht, das Porträt der Königin eiligst wegzuschaffen. In den Boudoirs, in den Spiegelsälen von Versailles, überall spürt Marie Antoinette die kalte Gehässigkeit nicht mehr nur im Rücken, sondern offen Blick zu Blick, Stirn gegen Stirn. Schließlich erlebt sie noch die letzte Schmach: der Polizeileutnant meldet in gewundener Weise, es wäre ratsam, wenn die Königin zur Zeit Paris nicht besuchte, man könne für ihren Schutz gegen ärgerliche Zwischenfälle nicht mehr einstehen. Die ganze aufgestaute Erregung eines gesamten Landes schmettert jetzt wildgelöst nieder auf einen einzigen Menschen; und, plötzlich emporfahrend aus ihrer Sorglosigkeit, stöhnt die Königin, von diesen Spießruten des Hasses wachgepeitscht und geschlagen, verzweifelt zu ihren letzten Getreuen: »Was wollen sie von mir ...? Was habe ich ihnen getan?«

Ein Donnerschlag mußte niederknattern, um Marie Antoinette aus ihrem hochmütig indifferenten »laisser-aller« aufzuschrecken. Jetzt ist sie wach, jetzt beginnt die schlecht Beratene und jedem rechtzeitigen Rat Verschlossene zu begreifen, was sie versäumt hat, und mit der ihr eigenen nervösen Plötzlichkeit beeilt sie sich, die aufreizendsten ihrer Fehler sichtlich gutzumachen. Mit einem Federstrich schränkt sie zunächst ihre kostspielige Lebenshaltung ein. Mademoiselle Bertin wird fortgeschickt, in der Garderobe, dem Haushalt, den Stallungen werden Einschränkungen vorgenommen, die mehr als eine Million im Jahr ersparen, die Hasardspiele verschwinden mit den Bankhaltern aus den Salons, die Neubauten im Schlosse Saint-Cloud werden unterbrochen, andere Schlösser möglichst rasch verkauft, eine Reihe unnötiger Stellungen kassiert, in erster Linie die ihrer Günstlinge aus Trianon. Zum erstenmal lebt Marie Antoinette mit offenem Ohr, zum erstenmal gehorcht sie nicht mehr der alten Macht, der Gesellschaftsmode, sondern der neuen: der öffentlichen Meinung. Bereits diesem ersten Versuch dankt sie allerhand Aufklärung über die wirkliche Gefühlseinstellung ihrer bisherigen Freunde, welche sie zum Schaden ihres eigenen Rufs jahrzehntelang mit Wohltaten überschüttet hat, denn diese Ausbeuter zeigen wenig Verständnis für Reformen im Staate auf ihre Kosten. Es sei unerträglich, murrt in aller Öffentlichkeit einer dieser unverschämten Schranzen, in einem Land zu leben, in dem man nicht sicher sei, das morgen noch zu besitzen, was man gestern gehabt habe. Aber Marie Antoinette bleibt fest. Seit sie mit wachen Augen sieht, erkennt sie mancherlei besser. Merklich zieht sie sich aus der verhängnisvollen Gesellschaft der Polignacs zurück und nähert sich wieder den alten Beratern, Mercy und dem längst schon verabschiedeten Vermond: es ist, als wollte ihre späte Erkenntnis nachträglich Maria Theresia recht geben für ihre vergeblichen Mahnungen.

Aber »zu spät« – dieses verhängnisvolle Wort wird jetzt die Antwort auf jede ihrer Bemühungen sein. Alle diese kleinen Verzichtleistungen bleiben unbemerkt im allgemeinen Tumult, die hastigen Einsparungen versickern als Tropfen in dem ungeheuren Danaidenfaß des Defizits. Mit einzelnen gelegentlichen Maßnahmen, das erkennt jetzt erschrocken der Hof, kann nichts mehr gerettet werden, ein Herkules ist nötig, der den riesigen Stein des Defizits endlich wegwälzt. Ein Helfer, ein Minister nach dem andern wird ans Werk der Finanzierung berufen, aber alle wenden sie nur jene für den Augenblick berechneten Mittel an, die uns selbst von gestern und heute in guter Erinnerung sind (immer wiederholt sich die Geschichte):

riesige Anleihen, welche die früheren scheinbar verschwinden machen, rücksichtslose Besteuerung und Übersteuerung, Assignatendruck und Umschmelzung des Goldgeldes in entwertender Form, also verdeckte Inflation. Da aber die Krankheit in Wahrheit tiefer steckt, in einer fehlerhaften Zirkulation, in einer ungesunden nationalökonomischen Verteilung der Substanz durch Aufhäufung des ganzen Reichtums in den Händen von ein paar Dutzend Feudalgeschlechtern, und da die Finanzärzte nicht wagen, hier den notwendigen chirurgischen Eingriff vorzunehmen, bleibt die Entkräftung des Staatsschatzes chronisch. »Wenn die Verschwendung und die Leichtfertigkeit den königlichen Schatz erschöpft haben«, schreibt Mercy, »erhebt sich ein Schrei der Verzweiflung und der Angst. Dann wenden die Finanzminister immer mörderischere Mittel an, so wie letzthin die Umschmelzung des Goldgeldes unter betrügerischen Formen oder die Schaffung neuer Steuern. Diese momentanen Hilfsmittel besänftigen für den Augenblick die Schwierigkeiten, und man geht sofort mit einer unfaßbaren Leichtigkeit von der Verzweiflung zur größten Sorglosigkeit über. In letzter Linie ist sicher, daß die gegenwärtige Regierung an Unordnung und Ausbeutung die frühere Regierung übertrifft und daß es moralisch unmöglich ist, dieser Stand der Dinge könne noch länger andauern, ohne eine Katastrophe zur Folge zu haben.« Je rascher man aber den Zusammenbruch herannahen fühlt, um so unruhiger wird man bei Hof. Endlich, endlich beginnt man zu begreifen: es genügt nicht, die Minister zu wechseln, sondern man muß das System wechseln: Knapp vor dem Bankrott, fordert man zum erstenmal von dem ersehnten Retter nicht mehr, daß er aus vornehmer Familie sei, sondern vor allem, daß er – neuer Begriff am französischen Hofe – populär sei und diesem unbekannten und gefährlichen Wesen »Volk« Vertrauen einflöße.

Ein solcher Mann ist da, man kennt ihn bei Hof, man hat sich sogar in der Not schon von ihm beraten lassen, obwohl er bürgerlicher Herkunft war, ein Ausländer, ein Schweizer und tausendmal ärger noch: ein leibhaftiger Ketzer, ein Calvinist. Aber die Minister waren nicht sehr entzückt gewesen von diesem Außenseiter und hatten ihn, weil er in seinem »Compte rendu« die Nation allzusehr in eine Hexenküche blicken ließ, schleunigst abgehalftert. Auf einem beleidigend kleinen viereckigen Briefpapier hatte damals der Verärgerte dem König seine Demission geschickt; diese unhöfische Respektlosigkeit konnte ihm Ludwig XVI. nicht vergessen, und ausdrücklich erklärt er lange Zeit – oder schwört er sogar –, niemals wieder Necker zu berufen.

Aber jetzt oder nie ist Necker der Mann der Stunde; die Königin begreift endlich, wie notwendig gerade für sie ein Minister wäre, der dieses wilde, brüllende Tier: öffentliche Meinung, zu besänftigen vermöchte. Auch sie muß einen inneren Widerstand überwinden, seine Wahl durchzusetzen, denn auch der vorhergehende, so rasch unbeliebt gewordene Minister Loménie de Brienne war einzig durch ihren Einfluß berufen worden. Soll sie sich im Falle eines abermaligen Mißlingens neuerdings verantwortlich machen lassen? Aber da sie ihren ewig unentschlossenen Gatten noch immer zögern sieht, greift sie entschlossen zu diesem gefährlichen Manne wie zu einem Gift. Im August 1785 beruft sie Necker in ihr Privatkabinett und setzt ihre ganze Überredungskunst ein, den Verärgerten zu gewinnen. Necker erlebt in dieser Minute doppelten Triumph: von einer Königin nicht berufen, sondern erbeten und gleichzeitig von einem ganzen Volk gefordert zu sein. »Es lebe Necker!« – »Es lebe der König!« donnert es an diesem Abend durch die Galerien von Versailles, durch die Straßen von Paris, sobald seine Einsetzung bekannt wird.

Nur die Königin hat nicht den Mut mitzujubeln; zu schwer beängstigt sie die Verantwortung, mit ihren unerfahrenen Händen in das Rad des Schicksals eingegriffen zu haben. Und dann: ein unerklärliches Vorgefühl bewegt sie düster bei diesem Namen, sie weiß nicht, warum, und abermals zeigt sich ihr Instinkt stärker als ihr Verstand. »Ich zittere bei dem Gedanken«, schreibt sie am gleichen Tage an Mercy, »daß ich es war, die ihn wiederkommen ließ. Mein Schicksal ist es, Unglück zu bringen, und wenn ihn abermals teuflische Machenschaften scheitern lassen oder er die Autorität des Königs zurückdrängt, wird man mich noch mehr hassen als bisher.«

»Ich zittere bei dem Gedanken« – »Verzeihen Sie mir diese Schwäche« – »Mein Schicksal ist es, Unglück zu bringen« – »Ich habe es sehr nötig, daß ein so guter und treuer Freund wie Sie mich in diesem Augenblick unterstützt« – solche Worte hat man von der früheren Marie Antoinette nie gelesen, nie gehört. Das ist ein neuer Ton, die Stimme eines erschütterten, in seinen Tiefen aufgewühlten Menschen, nicht mehr die leichte und von Lachen beflügelte der verwöhnten jungen Frau. Marie Antoinette hat vom bittern Apfel der Erkenntnis gekostet, jetzt ist ihre traumwandlerische Sicherheit dahin, denn furchtlos ist immer nur, wer die Gefahr nicht erkennt. Nun beginnt sie den gewaltigen Preis zu verstehen, mit dem große Stellung belastet ist: Verantwortlichkeit, zum erstenmal drückt sie die Krone, die sie bisher leicht wie einen Modehut der Mademoiselle Bertin getragen hat. Wie zaghaft wird jetzt ihr Schritt, seit sie das dumpfe vulkanische Grollen unter der brüchigen Erde spürt: nur nicht weiter jetzt, lieber zurück! Lieber abseits bleiben von allen Entscheidungen, für immer weg von der Politik und ihren trüben Geschäften, nicht mehr sich einmengen in die so leicht vermeinten und jetzt als so gefährlich erkannten Entschließungen. Eine völlige Verwandlung in Marie Antoinettes Haltung setzt ein. Die bisher glücklich gewesen in Lärm und Gewühl, sucht jetzt Stille und Abseitigkeit. Sie meidet Theater, Redouten und Maskeraden, sie will nicht mehr in den Staatsrat des Königs; nur im Kreis ihrer Kinder kann sie noch atmen. In dieses von Lachen erfüllte Zimmer dringt nicht die Pestilenz von Haß und Neid. Als Mutter weiß sie sich sicherer denn als Königin. Auch ein anderes Geheimnis hat die enttäuschte Frau sich spät entdeckt: zum erstenmal bewegt, beruhigt, beglückt ein Mann, ein wirklicher Freund und Seelenfreund, ihr Gefühl. Jetzt könnte noch alles gut werden; nur still jetzt leben und im engsten natürlichsten Kreis, nicht mehr das Schicksal herausfordern, diesen geheimnisvollen Gegner, dessen Gewalt und Tücke sie zum erstenmal begreift.

Aber gerade jetzt, da alles in ihrem Herzen Stille begehrt, stellt sich das Barometer der Zeit auf Sturm. Eben in der Stunde, da Marie Antoinette ihrer Fehler gewahr wird und zurücktreten will, um sich unsichtbar zu machen, stößt sie ein unbarmherziger Wille vorwärts in die aufregendsten Geschehnisse der Geschichte.

DER SOMMER DER ENTSCHEIDUNG

Necker, der Mann, den die Königin in bitterster Seenot an das Steuerruder des Staates gestellt, nimmt geradewegs eine entschlossene Richtung gegen den Sturm. Er zieht nicht ängstlich die Segel ein, er laviert nicht lange, halbe Maßregeln helfen nicht mehr, sondern nur die eine entscheidende und gewaltige: die völlige Umschaltung des Vertrauens. In diesen letzten Jahren ist der Schwerpunkt der nationalen Zuversicht von Versailles abgerückt. Die Nation glaubt nicht mehr den Versprechungen des Königs, nicht seinen Schuldscheinen und Assignaten, sie erhofft nichts mehr vom Adelsparlament und der Notabelnversammlung; eine neue Autorität muß – wenigstens zeitweilig – geschaffen werden, um den Kredit zu festigen und die Anarchie einzudämmen, denn ein harter Winter hat auch die Fäuste des Volkes hart gemacht; jeden Augenblick kann sich die Verzweiflung der vom Land geflüchteten und jetzt in den Städten hungernden Rotten entladen. So beschließt der König nach üblichem Zögern in zwölfter Stunde, die Nationalstände einzuberufen, seit zwei Jahrhunderten wirklich das ganze Volk. Um denjenigen, in deren Händen noch die Rechte und der Reichtum sind, dem ersten und dem zweiten Stand, dem Adel und der Geistlichkeit, von vornherein das Übergewicht zu nehmen, hat der König auf Neckers Rat den dritten Stand in der Zahl verdoppelt. So halten sich beide Kräfte die Waage, und dem Monarchen ist dadurch die letzte Entscheidungsgewalt gewahrt. Die Einberufung der Nationalversammlung wird die Verantwortung des Königs mindern und seine Autorität stärken: so denkt der Hof.

Aber das Volk denkt anders; zum erstenmal fühlt es sich berufen und weiß: nur in Verzweiflung und niemals aus Güte fordern Könige ihr Volk zum Rat. Eine ungeheure Aufgabe ist damit der Nation gegeben, aber auch eine nicht wiederkehrende Gelegenheit; das Volk ist entschlossen, sie zu nutzen. Ein Rausch von Begeisterung brandet von Stadt zu Dorf, die Wahlen werden zum Fest, die Versammlungen zu Stätten nationalreligiöser Erhebung – wie immer vor großen Orkanen schafft die Natur die farbigsten und täuschendsten Morgenröten. Endlich kann das Werk beginnen: am 5. Mai 1789, dem Tag der Eröffnung der Ständeversammlung, ist Versailles zum erstenmal nicht bloß Residenz eines Königs, sondern Hauptstadt, Hirn, Herz und Seele des ganzen französischen Reiches.

Nie hat die kleine Stadt Versailles so viele Menschen beisammen gesehen wie in diesen schimmernden Frühlingstagen des Jahres 1789. Viertausend Personen umfaßt wie immer der königliche Hofstaat, beinahe zweitausend Abgeordnete hat Frankreich gesandt, dazu kommen die zahllosen Neugierigen aus Paris und hundert andern Orten, die dem welthistorischen Schauspiel beiwohnen wollen. Mit dicken Säckeln Goldes kauft man mühsam ein Zimmer, mit einer Handvoll Dukaten einen Strohsack, Hunderte, die kein Quartier gefunden haben, schlafen unter Torbogen und Haustoren, viele stellen sich schon nachts, trotz des strömenden Regens, im Spalier auf, um nur nicht das große Schauspiel zu versäumen. Die Lebensmittelpreise steigen um das Drei- und Vierfache, allmählich wird der Menschenzudrang unerträglich. Schon jetzt zeigt sich symbolisch: diese enge Provinzstadt hat Raum nur für *einen* Herrscher von Frankreich, nicht für zwei. Auf die Dauer wird einer den Platz räumen müssen: das Königtum oder die Nationalversammlung. Aber die erste Stunde soll nicht dem Streit gelten, sondern der großen Versöhnung zwischen König und Volk. Am vierten Mai läuten seit dem frühen Morgen die Glocken: ehe die Menschen beraten, soll an heiligem Ort der Segen Gottes für das hohe Werk herabbeschworen werden. Ganz Paris ist nach Versailles gepilgert, um Kindern und Kindeskindern von diesem Tage berichten zu können, mit dem ein neues Zeitalter anhebt. An den Fenstern, von denen kostbare Tapisserien herabhängen, drängt sich Kopf an Kopf, an den Schornsteinen kleben, gleichgültig gegen die Lebensgefahr, dicke Menschentrauben, niemand will eine Einzelheit der großen Prozession versäumen. Und tatsächlich, sie wird großartig, diese Schaustellung der Stände; zum letztenmal entfaltet der Hof von Versailles seine ganze Pracht, um sich eindrucksvoll vor dem Volk als die wahre Majestät, als der eingeborene und beschworene

Gebieter zu bekunden. Um zehn Uhr morgens verläßt der königliche Zug den Palast, voran reiten die Pagen in ihren flammenden Livreen, die Falkner, den Falken auf der steil erhobenen Faust, dann rollt, von wundervoll angeschirrten Pferden gezogen, auf deren Häuptern farbige Federbüsche schwanken, der goldengläserne Prunkwagen des Königs majestätisch langsam heran. Zu seiner Rechten sitzt ein älterer, auf dem Bock sein jüngerer Bruder, auf dem Rücksitz die jungen Herzöge von Angoulême, Berry und Bourbon. Jubelrufe: »Es lebe der König!« grüßen stürmisch die erste Karosse und schaffen einen peinlichen Gegensatz zu dem harten und verbissenen Schweigen, inmitten dessen die zweite Karosse mit der Königin und den Prinzessinnen vorbeifährt. Deutlich zieht schon in dieser Morgenstunde das öffentliche Urteil eine scharfe Scheidelinie zwischen dem König und der Königin. Gleiches Schweigen empfängt die folgenden Wagen, in denen die übrigen Mitglieder der Familie im langsamen und feierlichen Paßgang zur Kirche Notre-Dame rollen, wo die drei Stände, zweitausend Männer, jeder eine brennende Kerze in der Hand, den Hof erwarten um in gemeinsamer Prozession die Stadt zu durchschreiten.

Die Karossen halten vor der Kirche. Der König, die Königin und der Hof steigen sämtlich aus, ein ungewohnter Anblick steht ihnen bevor. Die Vertreter der Adelsstände, diese allerdings, sie sind ihnen vertraut von Festen und Bällen, prunkvoll in ihren seidenen goldverschnürten Mänteln, die Hüte mit den weißen Federn kühn aufgebogen, und ebenso die farbige Pracht der Geistlichkeit, das flammende Rot der Kardinäle, die violetten Soutanen der Bischöfe: diese beiden Stände, der erste und der zweite, sie umstehen seit hundert Jahren getreu den Thron, sie schmücken seit je seine Feste. Wer aber ist jene dunkle Masse, in absichtsvoll schlichten schwarzen Röcken, über denen nur die Halstücher weiß leuchten, wer sind diese fremden Menschen mit ihren gewöhnlichen dreieckigen Hüten, wer diese Unbekannten, namenlos heute noch jeder einzelne, die vor der Kirche als geschlossener Block beisammenstehen? Welche Gedanken bergen diese fremden, nie gesehenen Gesichter mit den kühnen, klaren und sogar strengen Blicken? Der König und die Königin mustern ihre Gegner, die, stark durch ihr Beisammensein, sich weder sklavisch verbeugen noch in begeisterte Jubelrufe ausbrechen, sondern nur männlich stumm warten, um gleichberechtigt mit diesen Stolzen und Geschmückten, mit den Privilegierten und Berühmten, an das Werk der Erneuerung zu gehen. Sehen sie nicht in ihrem düstern Schwarz, in ihrem ernsten, undurchdringlichen Wesen mehr Richtern ähnlich als gehorsamen Beratern? Vielleicht hat schon bei dieser ersten Begegnung den König und die Königin eine Ahnung ihres Schicksals erschauernd angerührt.

Aber diese erste Begegnung gilt keinem Waffengang: vor den unvermeidlichen Kampf soll eine Stunde der Eintracht gestellt sein. In riesiger Prozession, ernst und gelassen, jeder eine brennende Kerze in der Hand, schreiten die zweitausend die kleine Strecke von Kirche zu Kirche, von Notre-Dame de Versailles zur Kathedrale Saint-Louis durch das blitzende Spalier der französischen und Schweizergarden. Über ihnen dröhnen die Glocken, neben ihnen rasseln die Trommeln, flackern die Uniformen, und nur der geistliche Gesang der Priester mildert das militärische Gepräge zu höherer Feierlichkeit.

An der Spitze des langen Zuges marschieren – die Letzten werden die Ersten sein – die Vertreter des dritten Standes, in zwei Parallelreihen, hinter ihnen der Stand des Adels, dann der der Geistlichkeit. Als die letzten Abgeordneten des dritten Standes vorüberkommen, entsteht im Volke eine (nicht zufällige) Bewegung, die Zuschauer brechen in stürmische Jubelrufe aus. Die Begeisterung gilt dem Herzog von Orléans, dem Abtrünnigen des Hofes, der aus demagogischer Berechnung vorgezogen hat, statt inmitten der königlichen Familie zu gehen, sich den Abgeordneten des dritten Standes anzureihen. Nicht einmal der König, der hinter dem Baldachin mit dem Allerheiligsten – der Erzbischof von Paris in diamantenübersätem Meßgewande trägt es – daherschreitet, wird mit ähnlichem Beifall überschüttet wie derjenige, der sich öffentlich vor dem Volke zur Nation und gegen die königliche Autorität bekennt. Um diese geheime Gegnerschaft gegen den Hof zu verdeutlichen, wählen einige den Augenblick, da Marie Antoinette naht, um statt »Vive la Reine!« absichtsvoll den Namen ihres Feindes: »Es lebe der Herzog von Orléans!« laut zu rufen. Marie Antoinette spürt die Beleidigung, verwirrt sich und wird blaß; nur mit Mühe gelingt es ihr, ohne Auffälligkeit ihre Haltung zu meistern und den Weg der Erniedrigung aufrecht zu Ende zu gehen. Schon am nächsten Tage aber, bei der Eröffnung der Nationalversammlung, erwartet sie eine neue. Indes der König mit lebhaftem Beifall bei seinem Eintritt in den Saal bejubelt wird, regt sich bei ihrem Kommen keine Lippe, keine Hand: ein eisiges, ein offensichtliches Schweigen bläst ihr wie ein scharfer Luftzug entgegen. »Voilà la victime«, murmelt Mirabeau zu einem Nachbarn, und selbst ein ganz Unbeteiligter, der amerikanische Gouverneur Morris, bemüht sich, seine französischen Freunde zu ermutigen, dieses beleidigende Schweigen durch einen Zuruf weniger beleidigend zu gestalten. Aber ohne Erfolg. »Die Königin weinte«, schreibt dieser Sohn einer freien Nation in sein Tagebuch, »und nicht eine einzige Stimme erhob sich für sie. Ich würde meine Hand schon erheben, aber ich habe kein Recht hier, meine Gefühle auszudrücken, und vergebens bat ich meine Nachbarn, es zu tun.« Drei Stunden muß wie auf einer Anklagebank die Königin von Frankreich vor den Vertretern des Volkes ohne jede Begrüßung und Beachtung sitzen bleiben; erst als sie sich nach der endlosen Rede Neckers erhebt, um mit dem König den Saal zu verlassen, raffen sich ein paar Abgeordnete aus Mitleid zu einem schüchternen »Vive la Reine!« auf. Gerührt dankt mit einem Kopfnicken Marie Antoinette diesen wenigen, und an dieser Geste entzündet sich endlich der Beifall der ganzen Zuhörerschaft. Aber Marie Antoinette gibt sich, heimkehrend nach ihrem Schloß, keiner Täuschung hin; zu deutlich fühlt sie den Unterschied zwischen diesem zögernd mitleidigen Gruß und dem großen, warmen, strömenden Brausen der Volksliebe, die einstmals ungerufen ihr das noch kindische Herz bei ihrem ersten Kommen umdröhnte. Schon weiß sie, daß sie ausgeschlossen ist von der Versöhnung und daß ein Kampf auf Tod und Leben beginnt. All den Zuschauern in diesen Tagen fällt das beunruhigte und verstörte Wesen Marie Antoinettes auf. Sogar bei der Eröffnung der Nationalversammlung, da sie in königlicher Pracht in violettweißsilbernem Kleide, das Haupt mit einer herrlichen Straußenfeder geschmückt, erscheint, majestätisch und schön, bemerkt Madame de Staël einen Ausdruck von Trauer und Gedrücktheit in ihrer Haltung, der ihr an dieser sonst so sorglos heitern und koketten Frau völlig neu und fremd ist. Und tatsächlich, nur mühsam und mit äußerster Willensanstrengung hat sich Marie Antoinette auf diese Estrade gezwungen, ihr Sinn und ihre Sorgen sind in diesen Tagen anderswo. Denn sie weiß, während sie in königlicher Pracht und pflichtgemäßer Majestät vor dem Volke stundenlang paradieren muß, leidet und stirbt in seinem kleinen Bett in Meudon ihr ältester Sohn, der sechsjährige Dauphin. Schon im vorigen Jahr hat sie den Schmerz gehabt, eines ihrer vier Kinder zu verlieren, die erst elfmonatige Prinzessin Sophie-Beatrix, nun schleicht zum zweiten Male der

Tod um die Kinderstube nach einem Opfer. Die ersten Anzeichen einer rachitischen Veranlagung hatten sich bei ihrem Erstgeborenen schon 1788 gezeigt. »Mein ältester Sohn macht mir viel Sorge«, schrieb sie damals Joseph II. »Er ist ein wenig verwachsen, eine Hüfte ist höher als die andere, und auf dem Rücken sind die Wirbelknochen etwas verschoben und hervorgetreten. Seit einiger Zeit hat er immer Fieber und ist mager und geschwächt.« Dann kamen wieder trügerische Besserungen, bald aber bleibt der geprüften Mutter keine Hoffnung mehr. Die feierliche Prozession bei der Eröffnung der Generalstände, dieses farbige, fremdartige Schauspiel, wird die letzte Ergötzung des armen kranken Jungen: in Mäntel gehüllt, auf Kissen gebettet, längst zu schwach, um zu gehen, kann er mit seinen matten fiebrigen Augen vom Balkon der königlichen Stallungen noch seinen Vater, seine Mutter und das funkelnde Spalier vorbeiziehen sehen: einen Monat später wird er begraben. Diesen kommenden, diesen unvermeidlichen Tod ihres Kindes trägt Marie Antoinette während all dieser Tage in ihren Gedanken mit, ihre ganze Sorge gilt ihrem Kinde: nichts Törichteres darum als die immer wieder aufgewärmte Legende, Marie Antoinette hätte in diesen Wochen ihrer schwersten mütterlichen und menschlichen Sorgen von morgens bis abends hinterhältige Intrigen gegen die Versammlung geführt. In jenen Tagen ist ihr Kampfwille von erlebtem Schmerz, von erlittenem Haß völlig gebrochen; erst später, gänzlich allein und wie eine Verzweifelte um das nackte Leben und das Königtum ihres Mannes und ihres zweiten Sohnes kämpfend, wird sie sich wieder zu einem letzten Widerstand aufraffen. Jetzt aber ist ihre Kraft geschwunden, und gerade in jenen Tagen wäre die eines Gottes nötig, nicht die eines verstörten und unglücklichen Menschen, um das rollende Schicksal aufzuhalten.

Denn die Ereignisse folgen einander nun mit der Schnelle

eines Wildbachs. Nach wenigen Tagen stehen schon die beiden privilegierten Stände, der Adel und die Geistlichkeit, mit dem dritten Stande in erbitterter Eifersüchtelei; zurückgestoßen, erklärt sich der dritte Stand eigenmächtig zur Nationalversammlung und leistet im Ballhaus den Eid, sich nicht früher aufzulösen, als bis der Wille des Volkes, die Konstitution, erfüllt ist. Der Hof erschrickt vor dem Dämon Volk, den er sich selber ins Haus geholt; hin und her gerissen zwischen allen seinen berufenen und unberufenen Ratgebern, heute dem dritten Stand recht gebend, morgen dem ersten und zweiten, verhängnisvoll schwankend in eben der Stunde, die äußerste Klarheit und Kraft verlangt, neigt sich der König bald zu den militärischen Bramarbassen, die nach alter Hochmutsweise fordern, man möge den Pöbel mit der blanken Klinge nach Hause jagen, bald zu Necker, der immer wieder zur Nachgiebigkeit mahnt. Heute sperrt er dem dritten Stand den Beratungssaal, dann schrickt er wieder ängstlich zurück, sobald Mirabeau erklärt, »die Nationalversammlung werde nur der Macht der Bajonette weichen«. In gleichem Maße aber wie die Unentschlossenheit bei Hofe wächst die Entschlossenheit in der Nation. Über Nacht hat das stumme Wesen »Volk« durch die Pressefreiheit eine Stimme bekommen, in hundert Broschüren schreit es um sein Recht, in flammenden Zeitungsaufsätzen entlädt es seinen aufrührerischen Zorn. Im Palais Royal versammeln sich unter dem Hausschutz des Herzogs von Orléans täglich zehntausend redende, schreiende, agitierende, einander unablässig aufstachelnde Menschen. Unbekannte, denen der Mund zeitlebens verschlossen war, entdecken plötzlich die Lust an der Rede, am Schreiben, Hunderte von Ehrgeizigen und Unbeschäftigten spüren die günstige Stunde, alles politisiert, agitiert, liest, diskutiert, plädiert. »Jede Stunde«, schreibt der Engländer Arthur Young, »bringt ihre Broschüre hervor, dreizehn sind heute erschienen, sechzehn gestern, zweiundzwanzig die letzte Woche, und neunzehn unter zwanzig sind für die Freiheit« – das heißt für die Beseitigung der Privilegien, auch der monarchischen. Jeder Tag, jede Stunde fast schwemmt ein Stück der königlichen Autorität fort, die Worte »Volk« und »Nation« werden innerhalb von zwei oder drei Wochen Hunderttausenden aus kalten Buchstaben zum religiösen Begriff der Allmacht und höchster Gerechtigkeit. Schon reihen sich die Offiziere, die Soldaten der unwiderstehlichen Bewegung ein, schon merken betroffen die Beamten der Stadt und des Staates, wie ihnen die Zügel bei diesem Aufbäumen der Volkskraft aus den Händen gleiten, selbst die Nationalversammlung gerät ins Kielwasser dieser Strömung, verliert den dynastischen Kurs und beginnt zu schwanken. Immer ängstlicher werden die Ratgeber im königlichen Palast, und wie meist versucht die seelische Unsicherheit, sich aus ihrer Angst in eine auftrumpfende Geste der Kraft zu retten: der König zieht, um zu drohen, die letzten treugebliebenen und verläßlichen Regimenter heran, läßt in der Bastille Bereitschaft halten und wirft schließlich, um sich selber eine Stärke vorzutäuschen, die ihm innerlich fehlt, der Nation den Fehdehandschuh hin, indem er am 11. Juli den einzig populären Minister, Necker, entläßt und wie einen Verbrecher verbannt.

Die nächsten Tage sind in unvergänglicher Schrift in die Weltgeschichte eingemeißelt; freilich, in einem einzigen Buch darf man sie nicht nachzulesen versuchen, nämlich in dem handschriftlichen Tagebuch des unselig ahnungslosen Königs. Dort steht am 11. Juli nur: »Nichts. Abreise des Herrn Necker«, und am 14. Juli, dem Tage des Bastillesturms, der seine Macht endgültig zertrümmert, abermals dasselbe tragische Wort »Rien« – das heißt: keine Jagd an diesem Tage, kein erlegter Hirsch, also kein bedeutendes Ereignis. In Paris denkt man anders über diesen Tag, den noch heute eine ganze Nation als den Geburtstag ihres Freiheitsbewußtseins feiert. Am frühen Mittag des 12. Juli dringt Kunde von der Entlassung Neckers nach Paris, der Funke fällt ins Pulverfaß. Im Palais Royal springt Camille Desmoulins, einer der Klubfreunde des Herzogs von Orléans, auf einen Sessel, schwingt eine Pistole, schreit, der König bereite eine Bartholomäusnacht vor, ruft zu den Waffen. In einer Minute ist ein Symbol des Aufstandes, die Kokarde, gefunden, das dreifarbige Banner der Republik; wenige Stunden später wird das Militär überall angegriffen, werden Arsenale beraubt, die Straßen gesperrt. Am 14. Juli marschieren zwanzigtausend Menschen vom Palais Royal gegen die verhaßte Zwingburg von Paris, die Bastille, ein paar Stunden später ist sie gestürmt, und das Haupt des Gouverneurs, der sie verteidigen wollte, tanzt fahl auf der Spitze einer Pike: zum erstenmal leuchtet diese blutige Laterne der Revolution. Niemand wagt gegen den elementaren Ausbruch der Volkswut mehr Widerstand, die Truppen, die von Versailles keine klare Ordre erhalten, ziehen sich zurück, am Abend rüstet mit tausend Kerzen Paris zur Siegesfeier.

Zehn Meilen weit von dem Weltgeschehen aber, in Versailles, ist alles ahnungslos. Man hat den unbequemen Minister weggeschickt, nun wird Friede sein, man wird bald wieder auf die Jagd gehen können, hoffentlich schon morgen. Aber da kommt Bote auf Bote aus der Nationalversammlung: in Paris herrsche Unruhe, man plündere die Arsenale, man rücke gegen die Bastille vor. Der König läßt sich Meldung erstatten, aber er faßt keinen rechten Entschluß; schließlich, wozu hat man diese lästige Nationalversammlung? Sie soll Rat schaffen. Wie immer wird auch an diesem Tage die geheiligte Stundeneinteilung nicht geändert, wie immer legt sich der bequeme, phlegmatische und auf nichts neugierige Mann (man wird morgen schon alles rechtzeitig erfahren) um zehn Uhr zu Bett und schläft seinen dicken, dumpfen, durch kein Weltgeschehen zu erschütternden Schlaf! Aber welche freche, verwegene, welche anarchistische Zeit! Sie ist sogar so respektlos geworden, den Schlaf eines Monarchen zu stören. Der Herzog von Liancourt jagt auf schäumendem Pferd nach Versailles, um Botschaft von den Pariser Vorgängen zu bringen. Man erklärt ihm, der König schlafe schon. Er besteht darauf, daß der König geweckt werde; schließlich läßt man ihn in das geheiligte Schlafzimmer! Er meldet: »Die Bastille gestürmt! Der Gouverneur ermordet! Sein Haupt auf einer Pike durch die ganze Stadt getragen!«

»Aber das ist ja eine Revolte«, stammelt erschreckt der unglückliche Herrscher.

Doch unbarmherzig korrigiert der schlimme Bote: »Nein, Sire, das ist eine Revolution.«

DIE FREUNDE FLIEHEN

Man hat viel gespottet über Ludwig XVI., daß er am 14. Juli 1789, aus dem Schlaf geschreckt, auf die Nachricht vom Fall der Bastille hin nicht sofort dies eben in die Welt getretene Wort »Revolution« in seiner ganzen Tragweite begriffen habe. Aber »es ist allzu leicht«, erinnert Maurice Maeterlinck in dem berühmten Kapitel aus »Weisheit und Schicksal« die nachträglich Klugen, »das einzusehen, was man hätte tun sollen, in einem Zeitpunkt, da man schon von allem Kenntnis hat, was sich ereignete«. Zweifellos, weder der König noch die Königin hat bei den ersten Sturmzeichen auch nur annähernd das Zerstörungsfeld dieses Erdstoßes überblickt, aber, andere Frage: wer von allen Zeitgenossen hat in dieser ersten Stunde schon das Ungeheure gefühlt, das hier seinen Anfang nahm, wer selbst von denen, welche die Revolution entzündeten und entfachten? Alle die Führer der neuen Volksbewegung, Mirabeau, Baily, Lafayette, sie ahnen selber doch nicht im entferntesten, wie weit diese entfesselte Kraft sie über ihr Ziel hinausführen und gegen den eigenen Willen mitreißen wird, denn 1789 sind selbst die grimmigsten der späteren Revolutionäre, Robespierre, Marat, Danton, noch durchaus überzeugte Royalisten. Erst durch die Französische Revolution selbst hat der Begriff »Revolution« jenen weiten, wilden und welthistorischen Begriff bekommen, in dem wir ihn heute sprachlich gebrauchen. Erst die Zahl hat ihn in Blut und Geist geprägt und nicht schon die erste Stunde. Merkwürdiges Paradoxon nun: nicht dies wurde für König Ludwig XVI. so verhängnisvoll, daß er die Revolution nicht verstehen konnte, sondern das Gegenteil: daß dieser mittelbegabte Mann sich in der rührendsten Weise bemühte, sie zu verstehen. Ludwig XVI. las gern Geschichte, und nichts hatte dem schüchternen Knaben einen tieferen Eindruck gemacht, als daß ihm einmal der berühmte Herr David Hume, der Verfasser der »Geschichte Englands«, persönlich vorgestellt wurde, denn dieses Buch war sein Lieblingsbuch. Darin hatte er schon als Dauphin besonders jenes Kapitel mit besonderer Spannung gelesen, das schilderte, wie gegen einen anderen König, den König Karl von England, Revolution gemacht und er schließlich hingerichtet wurde: dieses Beispiel wirkte als mächtige Warnung auf den ängstlichen Thronkandidaten. Und als dann eine ähnliche Unzufriedenheitsbewegung in seinem eigenen Lande begann, meinte Ludwig XVI. sich am besten sicherzustellen, wenn er immer wieder dieses Buch studierte, um aus den Fehlern seines unglücklichen Vorläufers rechtzeitig zu lernen, wie es ein König im Falle eines solchen Aufruhrs *nicht* machen dürfte: wo jener heftig gewesen, wollte er nachgiebig sein, damit hoffte er, dem schlimmsten Ende zu entweichen. Gerade aber dieses Verstehenwollen der Französischen Revolution aus der Analogie einer ganz anders gearteten wurde dem König zum Verhängnis. Denn nicht nach vertrockneten Rezepten, nach immer ungültigen Vorbildern darf ein Herrscher in welthistorischen Sekunden seine Entscheidungen treffen: nur der seherische Augenblick des Genies kann in der Gegenwart das Rettende und Richtige erkennen, nur heroisch vorstoßende Tat kann die wilden und verworren andrängenden Kräfte des Elementaren bändigen. Nie aber wird ein Sturm beschworen, indem man die Segel einzieht; er wütet darum dennoch fort in ungebrochener Kraft, bis er sich selbst erschöpft und beruhigt hat.

Dies die Tragödie Ludwigs XVI.: er wollte das ihm Unverständliche verstehen, indem er nachschlug in der Geschichte wie in einem Schulbuch, und sich vor der Revolution schützen, indem er alles Königliche in seiner Haltung ängstlich preisgab. Anders Marie Antoinette: sie hat nicht Bücher um Rat gefragt und kaum einen Menschen. Zurückdenken und Vorausdenken war selbst in Augenblicken höchster Gefahr nicht ihre Art, jedes Berechnen und Kombinieren lag ihrem spontanen Charakter fern. Ihre menschliche Stärke beruhte einzig auf dem Instinkt. Und dieser Instinkt sagt vom ersten Augenblick an ein schroffes Nein zur Revolution. In einem Königsschlosse geboren, im Gottesgnadentum erzogen, von ihren Herrscherrechten als einer göttlichen Gegebenheit überzeugt, betrachtete sie von vornherein jeden Rechtsanspruch der Nation als eine ungebührliche Auflehnung des Pöbels: immer ist derjenige, der für sich selber alle Freiheiten und jedes Recht beansprucht, am wenigsten geneigt, sie auch andern zuzubilligen. Marie Antoinette läßt sich weder innerlich noch äußerlich auf eine Diskussion ein; wie ihr Bruder Joseph sagt sie: »Mon métier est d'être royaliste«, »Meine Aufgabe ist einzig, den Standpunkt des Königs zu vertreten.« Ihr Platz ist oben, der des Volkes unten; sie will nicht hinab, das Volk darf nicht empor. Vom Sturm der Bastille bis zum Schafott fühlt sie sich jede Sekunde unerschütterlich im Recht. Nicht einen Augenblick paktiert sie innerlich mit der neuen Bewegung: alles Revolutionäre bedeutet ihr nur ein verschönerndes Wort für Rebellion.

Diese hochmütig harte, diese unerschütterlich starre Haltung Marie Antoinettes gegen die Revolution enthält aber (zumindest im Anfang) nicht die geringste Feindseligkeit gegen das Volk. Im gemütlicheren Wien herangewachsen, sieht Marie Antoinette das Volk, »le bon peuple«, als ein durchaus gutartiges, nicht sehr vernünftiges Wesen an; felsenfest glaubt sie, eines Tages werde die brave Herde sich selbst enttäuscht von diesen Aufhetzern und Wortmachern abwenden und an die gute Krippe, zum angestammten Herrscherhause, zurückfinden. Ihr ganzer Haß geht darum gegen die »factieux«, gegen diese Verschwörer, Aufwiegler, Klubisten, Demagogen, Redner, Streber und Atheisten, die im Namen verworrener Ideologien oder aus ehrgeizigen Interessen dem biederen Volk Ansprüche gegen Thron und Altar einreden wollen: »Un amas de fous, de scélérats«, eine Ansammlung von Narren, Lumpen und Verbrechern, nennt sie die Abgeordneten von zwanzig Millionen Franzosen, und wer jener Rotte Korah nur eine Stunde angehört hat, ist für sie erledigt, wer überhaupt mit diesen Neuerungswütigen spricht, bereits verdächtig. Kein Wort des Dankes hört Lafayette, der dreimal das Leben ihres Gatten und ihrer Kinder unter Einsatz des eigenen rettet: lieber zugrunde gehen als sich von diesem eitlen Buhler um die Volksgunst retten lassen! Niemals, auch nicht im Gefängnis, wird sie ihren Richtern, die sie nicht anerkennt und Henker nennt, nie einem Abgeordneten die Ehre einer Bitte erweisen; mit der ganzen Trotzkraft ihres Charakters beharrt sie bei ihrer unbeugsamen Abwehr gegen jeden Kompromiß. Vom ersten Augenblick bis zum letzten hat Marie Antoinette die Revolution einzig als eine unsaubere, von den niedrigsten und gemeinsten Instinkten der Menschheit aufgewühlte Schlammwelle betrachtet; sie hat nichts von ihrem welthistorischen Recht, von ihrem aufbauenden Willen verstanden, weil sie entschlossen war, nur ihr eigenes Königsrecht zu verstehen und zu behaupten.

Dieses Nichtverstehenwollen war Marie Antoinettes historischer Fehler: man leugne es nicht. Überschau gedanklicher Zusammenhänge, seelischer Tiefblick war dieser durchaus mittleren und politisch engstirnigen Frau weder durch Erziehung noch durch inneren Willen gegeben, immer nur war das Menschliche, das Nahe, das Sinnliche ihr faßbar. Von der Nähe aber, vom Menschlichen aus gesehen, wird jede politische Bewegung trüb, jederzeit verzerrt sich das Bild einer Idee, sobald sie sich irdisch verwirklicht. Marie Antoinette beurteilt – wie könnte sie es anders? – die Revolution nach den Menschen, die sie führen; und wie immer in Umsturzzeiten waren hier die Lautesten nicht die Redlichsten und Besten. Muß es die Königin nicht mißtrauisch machen, daß es gerade die Verschuldeten und Verrufenen unter den Aristokraten sind, die sittlich Verderbtesten, wie Mirabeau und Talleyrand, die als erste ihr Herz für die Freiheit entdecken? Wie soll sich Marie Antoinette die Sache der Revolution als eine ehrliche und ethische denken, wenn sie den geizigen, gierigen, den zu jedem schmutzigen Geschäft bereiten Herzog von Orléans für die neue Brüderlichkeit schwärmen sieht? Wenn die Nationalversammlung als ihren Liebling Mirabeau erwählt, diesen Schüler Aretins sowohl im Sinne der Bestechlichkeit als in jenem der Zotenschreiberei, diesen Abschaum des Adels, der wegen Entführung und anderer dunkler Geschichten in allen Gefängnissen Frankreichs gesessen hat und dann als Spion sein Leben gefristet? Kann eine Sache göttlich sein, die solchen Menschen Altäre aufstellt? Soll sie den trüben Unrat von Fischweibern und Straßendirnen, die als kannibalische Zeichen ihres Sieges abgehackte Köpfe auf blutigen Piken tragen, wahrhaftig als die Vorhut einer neuen Humanität betrachten? Weil sie zunächst nur Gewalt sieht, glaubt Marie Antoinette nicht an die Freiheit, weil sie nur auf den Menschen blickt, ahnt sie nicht die Idee, die unsichtbar hinter dieser wilden und weltaufwühlenden Bewegung steht; sie hat nichts gemerkt und nichts verstanden von den großen humanen Errungenschaften einer Bewegung, welche uns die großartigsten Grundsätze menschlicher Beziehungen überliefert hat: die Glaubensfreiheit, Meinungsfreiheit, Pressefreiheit, Gewerbefreiheit, Versammlungsfreiheit, welche die Gleichheit der Klassen, Rassen und Konfessionen als erste in die Gesetzestafel der Neuzeit eingegraben und die schmachvollen Reste des Mittelalters, Folter, Fron und Sklaverei, aufgehoben hat, niemals hat sie nur das geringste von diesen geistigen Zielen hinter dem brutalen Tumult der Straße verstanden oder zu verstehen gesucht. Nur das Chaos sieht sie in diesem unübersichtlichen Getümmel und nicht den Umriß einer neuen Ordnung, die sich aus diesen gräßlichen Kämpfen und Krämpfen gebären will; vom ersten Tage bis zum letzten hat sie darum Führer und Geführte mit aller Entschlossenheit ihres trotzigen Herzens gehaßt. Und so kam, was kommen mußte. Da Marie Antoinette ungerecht war gegen die Revolution, wurde die Revolution hart und ungerecht gegen sie.

Die Revolution ist der Feind – dies der Standpunkt der Königin. Die Königin ist das Hindernis – dies die Grundüberzeugung der Revolution. Mit ihrem untrüglichen Instinkt spürt die Masse des Volkes in der Königin die einzige elementare

Widersacherin, von Anfang an wendet sich die volle Wut des Kampfes gegen ihre Person. Ludwig XVI. zählt nicht im Guten, nicht im Bösen, das weiß schon der letzte Bauer im Dorf, das jüngste Kind auf der Straße. Diesen ängstlichen, scheuen Mann kann man mit ein paar Flintenschüssen so schrecken, daß er zu jeder Forderung ja und amen sagt; man kann ihm die rote Mütze aufsetzen, und er wird sie tragen, und würde man ihm energisch befehlen, er solle rufen: »Nieder mit dem König! Nieder mit dem Tyrannen!« – obwohl König, würde er hampelmännisch Folge leisten. Ein einziger Wille verteidigt in Frankreich den Thron und seine Rechte, und dieser »einzige Mann, den der König hat«, ist nach dem Worte Mirabeaus »seine Frau«. Wer für die Revolution ist, muß also gegen die Königin sein; von Anfang an wird sie der Kugelfang, und um sie als Zielscheibe recht unverkennbar zu machen und reinliche Scheidung zu vollziehen, beginnen alle revolutionären Schriften, Ludwig XVI. als den wahren Vater des Volkes, als guten, tugendhaften, edlen, leider aber nur zu schwachen und »verführten« Mann hinzustellen. Wenn es nach diesem Menschenfreunde ginge, bestünde herrlichster Friede zwischen König und Nation. Aber diese Fremde, diese Österreicherin, hörig ihrem Bruder, verstrickt in den Kreis ihrer Liebhaber und Liebhaberinnen, herrschwütig und tyrannisch, sie allein will dieses Einvernehmen nicht, immer neue Komplotte ersinnt sie, um das freie Paris mit herbeigerufenen ausländischen Kriegstruppen in Trümmer zu legen. Mit infernalistischer List umgarnt sie Offiziere, sie sollten Kanonen auf das wehrlose Volk richten, voll Blutgier spornt sie die Soldaten durch Wein und Geschenke zu einer Bartholomäusnacht an; wahrhaftig, es wäre Zeit, dem armen unglücklichen König die Augen über sie zu öffnen! Im Grunde haben beide Parteien dieselbe Denkrichtung: für Marie Antoinette ist das Volk gut, aber von den »factieux« verführt. Für das Volk ist der König gut und nur von seiner Frau verhetzt und verblendet. So geht der Kampf eigentlich nur zwischen den Revolutionären und der Königin. Aber je mehr Haß sich gegen sie wendet, je ungerechter, verleumderischer die Beschimpfungen werden, um so mehr strafft sich in Marie Antoinette der Trotz. Wer eine große Bewegung entschlossen führt oder entschlossen bekämpft, wächst am Widerstand über sein eigenes Maß; seit eine ganze Welt sie befeindet, wird Marie Antoinettes kindischer Hochmut zu Stolz, und ihre zerstreute Kraft schließt sich zu wirklichem Charakter zusammen.

Die späte Kraft Marie Antoinettes aber kann sich nur in der Verteidigung bewähren; mit einem Bleigewicht am Fuße kann man dem Gegner nicht entgegentreten. Und dieses Bleigewicht ist der arme, zaghafte König. Auf die rechte Backe getroffen durch die Eroberung seiner Bastille, hält er am nächsten Morgen noch demütig-christlich die linke hin; statt zu zürnen, statt zu tadeln und zu züchtigen, verspricht er in der Nationalversammlung, seine Truppen, die vielleicht noch bereit gewesen wären, für ihn zu kämpfen, aus Paris zurückzuziehen, und verleugnet damit die Verteidiger, die für ihn gefallen sind. Dadurch, daß er kein hartes Wort gegen die Mörder des Gouverneurs der Bastille wagt, erkennt er den Terror als berechtigte Macht in Frankreich an, er legalisiert mit seinem Zurückweichen den Aufstand. Als Dank für eine solche Erniedrigung findet Paris sich gern bereit, diesen gefälligen Herrscher zu bekränzen und ihm – aber nur auf kurze Frist – den Titel »Restaurateur de la liberté française« zu verleihen. An den Stadttoren empfängt ihn der Bürgermeister mit den zweideutigen Worten, die Nation habe sich ihren König zurückerobert; gehorsam nimmt Ludwig XVI. die Kokarde, die das Volk zum Sturmabzeichen gegen seine Autorität gewählt, und merkt nicht, daß in Wahrheit die Menge gar nicht ihn bejubelt, sondern die eigene Kraft, die ihren Herrscher so unterwürfig gemacht hat. Am 14. Juli hat Ludwig XVI. die Bastille verloren, am 17. wirft er ihr noch seine Würde nach und verbeugt sich vor seinem Gegner so tief, daß die Krone von seinem Haupte rollt.

Da der König sein Opfer gebracht hat, kann Marie Antoinette das ihre nicht weigern. Auch sie muß einen Beweis guten Willens erbringen, indem sie sich öffentlich lossagt von jenen, welche der neue Herr, die Nation, am berechtigtsten haßt, von ihren Spielfreunden, den Polignacs und dem Grafen von Artois: für immer sollen sie als Geächtete Frankreich meiden. An und für sich fiele der Königin der Abschied kaum schwer, wäre er nicht ein erzwungener, denn innerlich hat sie sich längst von diesem lockeren Schwarm zurückgezogen. Nur jetzt, in der Abschiedsstunde, regt sich noch einmal die längst erkaltete Freundschaft zu diesen Gefährten ihrer schönsten, sorglosesten Jahre. Sie waren töricht gewesen mit ihren Torheiten, die Polignac hat all ihre Geheimnisse geteilt, sie hat ihre Kinder aufgezogen und werden und wachsen sehen. Nun soll sie fort: wie nicht erkennen, daß dieser Abschied gleichzeitig einer von der eigenen unbekümmerten Jugend ist? Denn jetzt wird es für immer vorbei sein mit sorglosen Stunden; zerklirrt von den Fäusten der Revolution ist die porzellanhelle und alabasterglatte Welt des Dix-huitième, vorbei für immer die Lust an den feinen und zarten Genüssen. Eine vielleicht große, aber grobe, eine mächtige, aber mörderische Zeit rückt heran. Die silberne Spieluhr des Rokoko hat ihre Melodie ausgeklungen, vorbei sind die Tage von Trianon. Mit Tränen kämpfend, kann Marie Antoinette sich nicht entschließen, ihre einstigen Freunde auf diesem letzten Gang zu begleiten: sie bleibt in ihrem Zimmer, so sehr fürchtet sie sich vor der eigenen Ergriffenheit. Aber abends dann, als unten im Hofe schon die Wagen für den Grafen von Artois und seine Kinder, für den Herzog von Condé, den Herzog von Bourbon, für die Polignac, die Minister und den Abbé von Vermond warten, für alle jene Menschen, die ihre Jugend umringten, da reißt sie noch rasch ein Briefblatt vom Tisch und schreibt an die Polignac die erschütternden Worte: »Adieu, teuerste Freundin! Das Wort ist furchtbar, aber es muß sein. Hier der Befehl für die Pferde. Ich habe nur noch die Kraft, Sie zu umarmen.«

Dieser sonore Unterton schwingt von nun ab in jedem Briefe der Königin mit: eine vorausahnende Melancholie beginnt alle ihre Worte zu umfloren: »Ich kann Ihnen nicht mein ganzes Bedauern ausdrücken«, schreibt sie in den nächsten Tagen an Frau von Polignac, »von Ihnen getrennt zu sein, und hoffe nur, daß Sie im gleichen Sinne fühlen. Meine Gesundheit ist ziemlich gut, obwohl ein wenig geschwächt durch die fortgesetzten Erschütterungen, denen sie ausgesetzt ist. Wir sind nur von Not und Unglück und von Unglücklichen umringt – diejenigen nicht mitzuzählen, die fort sind. Alle Welt flieht, und ich bin noch glücklich, zu denken, daß diejenigen, die mir nahestanden, jetzt von mir entfernt sind.« Doch als wollte sie sich selbst von der bewährten Freundin nicht bei einer Schwäche ertappen lassen, als wüßte sie, daß nur eines noch ihr geblieben ist von der einstigen Macht als Königin: die königliche Haltung, fügt sie rasch bei: »Aber rechnen Sie darauf, daß diese Widerwärtigkeiten weder meine Kraft noch meinen Mut erschüttern werden; davon werde ich nichts preisgeben, im Gegenteil, diese Widerwärtigkeiten werden mich nur mehr Vorsicht lehren. Gerade in Augenblicken wie diesen lernt man die Menschen kennen und lernt unterscheiden, welche einem wahrhaft zugetan sind und welche nicht.«

Nun wird es still um die Königin, die gern und allzugern im Lärm gelebt. Die große Flucht hat begonnen. Wo sind die Freunde von einst? Alle verschwunden wie der Schnee vom vergangenen Jahr. Die sonst wie gierige Kinder um den Tisch der Gaben lärmten, Lauzun, Esterhazy, Vaudreuil, wo sind sie, die Partner vom Kartentisch, die Tänzer und Kavaliere? Zu Pferd und zu Wagen – »sauve qui peut« – haben sie verkleidet Versailles verlassen, aber diesmal nicht maskiert für einen Ball, sondern vermummt, um nicht vom Volke gelyncht zu werden. Jeden Abend rollt ein anderer Wagen durch die vergoldeten Gittertore, um nicht wiederzukehren, immer stiller wird es in den allzu weit gewordenen Sälen; kein Theater, keine Bälle mehr, keine Aufzüge und Empfänge, nur die Messe noch am Morgen, und dann in dem kleinen Kabinett die langen vergeblichen Besprechungen mit den Ministern, die selbst nicht zu raten wissen. Versailles ist zum Eskorial geworden: wer klug ist, zieht sich zurück.

Gerade aber jetzt, da alle die Königin verlassen, die vor der Welt als ihre nächsten Freunde gegolten, tritt derjenige aus dem Dunkel, der es wahrhaft gewesen: Hans Axel von Fersen. Solange es Glanz brachte, als Günstling Marie Antoinettes zu gelten, hat dieser vorbildlich Liebende, um die Ehre der geliebten Frau zu schonen, sich scheu verborgengehalten und damit das tiefste Geheimnis ihres Lebens vor Neugier und Schwatz bewahrt. Jetzt aber, da Freund der Verfemten zu sein nicht Vorteil, nicht Ehre, nicht Achtung, nicht Neid einbringt, sondern Mut fordert und restlosen Opferwillen, jetzt tritt frei und entschlossen dieser einzig Liebende und einzig Geliebte an Marie Antoinettes Seite und damit in die Geschichte.

Der Name und die Gestalt Hans Axel von Fersen waren lange von Geheimnis umhüllt gewesen. Er ist nicht erwähnt in jener öffentlich gedruckten Liebhaberliste, nicht in den Briefen der Gesandten, in den Berichten der Zeitgenossen, Fersen gehört nicht zu den bekannten Gästen des Salons der Polignac; überall, wo Helligkeit und Lichtschein ist, fehlt seine hohe, ernste Gestalt. Dank dieser klugen und berechneten Zurückhaltung entgeht er dem böswilligen Gerede des Hofklüngels, aber auch die Geschichte übersieht ihn lange, und vielleicht wäre das tiefste Lebensgeheimnis der Königin Marie Antoinette für immer im Dunkel geblieben; da verbreitet sich im zweiten Teil des vorigen Jahrhunderts mit einem Mal ein romantisches Gerücht. Auf einem schwedischen Schlosse, unnahbar und versiegelt, lägen ganze Stöße intimer Briefe Marie Antoinettes aufbewahrt. Niemand schenkt zuerst diesem unwahrscheinlichen Gerede Glauben, bis dann plötzlich eine Ausgabe jener Geheimkorrespondenz erscheint, die – trotz grausamster Kastrierung aller intimer Einzelheiten – mit einem Schlag diesen unbekannten nordischen Adeligen an die erste, die bevorzugte Stelle unter allen Freunden Marie Antoinettes rückt. Diese Veröffentlichung verschiebt von Grund auf das ganze Charakterbild der bisher als leichtfertig geltenden Frau; ein Seelendrama wird offenbar, großartig und gefahrvoll, ein Idyll halb im Schatten des Königshofs, halb schon in dem der Guillotine, einer jener erschütternden Romane, wie sie derart unwahrscheinlich nur die Geschichte selbst zu erdichten wagt: zwei Menschen in brennender Liebe einander ergeben, durch Pflicht und Vorsicht gezwungen, ihr Geheimnis aufs ängstlichste zu verbergen, immer wieder auseinandergerissen und immer wieder zueinanderstrebend aus ihren gestirnweiten Welten, die eine

Königin von Frankreich, der andere ein kleiner fremder Junker aus Nordland. Und hinter diesem Zweimenschenschicksal eine stürzende Welt, apokalyptische Zeit – ein flammendes Blatt Geschichte, und um so erregender, weil man sich aus halbverwischten und verstümmelten Chiffren und Zeichen nur allmählich die ganze Wahrheit der Geschehnisse enträtseln kann.

Dieses große historische Liebesdrama beginnt gar nicht pompös, sondern ganz und gar im Rokokostil der Zeit; sein Vorspiel wirkt wie abgeschrieben aus dem Faublas. Ein junger Schwede, Sohn eines Senators, Erbe hochadeligen Namens, wird fünfzehnjährig in Begleitung eines Hauslehrers für drei Jahre auf Reisen geschickt – um weltmännisch zu werden. Hans Axel studiert in Deutschland die hohe Schule und das Kriegshandwerk, in Italien Medizin und Musik, in Genf macht er den damals unerläßlichen Besuch bei der Pythia aller Weisheit, bei Herrn Voltaire, der ihn, den vertrockneten federleichten Leib in gestickten Schlafrock gewickelt, gütig empfängt. Damit hat Fersen das geistige Bakkulaureat erobert. Jetzt fehlt dem Achtzehnjährigen nur noch der letzte Schliff: Paris, der feine Konversationston, die Kunst der guten Manieren, dann ist der typische Bildungsgang eines jungen Adeligen aus dem Dix-huitième vollendet. Nun kann der perfekte Kavalier Gesandter werden, Minister oder General, die obere Welt steht ihm offen.

Zu Adel, persönlichem Anstand, einer gemessenen sachlichen Klugheit, zu einem großen Vermögen und dem Nimbus des Ausländers bringt der junge Axel von Fersen noch einen besonderen Kreditbrief mit: er ist ein bildschöner Mann. Aufrecht, breitschultrig, stark gemuskelt, wirkt er, wie meist die Skandinavier, männlich, ohne darum gleich plump-massiv zu sein; mit uneingeschränkter Sympathie betrachtet man auf den Bildern sein offenes, regelmäßiges Gesicht mit den klaren, festen Augen, über die sich, rund wie Türkensäbel, zwei auffallend schwarze Augenbrauen wölben. Eine freie Stirn, ein warmer, sinnlicher Mund, der, wie wunderbar bewiesen, tadellos zu schweigen versteht: man kann nach den Bildern begreifen, daß eine wirkliche Frau solch einen Mann liebt, und mehr noch, daß sie sich menschlich auf ihn verläßt. Als Causeur, als »homme d'esprit«, als besonders amüsanten Gesellschafter rühmen allerdings Fersen die wenigsten, aber mit seiner etwas hausbackenen Intelligenz verbindet sich menschliche Offenheit und ein natürlicher Takt; schon 1774 kann der Botschafter an König Gustav stolz berichten: »Von allen Schweden, die zu meiner Zeit sich hier aufgehalten haben, war er es, der in der großen Welt am besten aufgenommen wurde.«

Dabei ist dieser junge Kavalier kein Griesgram und Kostverächter, die Damen rühmen ihm ein »cœur de feu« unter einer Hülle von Eis nach, er vergißt in Frankreich nicht, sich zu amüsieren, und besucht in Paris fleißig alle Bälle des Hofes und der großen Gesellschaft. Da begegnet ihm nun ein erstaunliches Abenteuer. Eines Abends, am 20. Januar 1774, auf dem Opernball, dem Treffpunkt der eleganten und auch der zweifelhaften Welt, steuert eine auffallend vornehm gekleidete schlanke junge Frau mit schmaler Taille und ungemein beschwingtem Gang auf ihn zu und beginnt, von der Samtmaske geschützt, ein galantes Gespräch. Fersen, geschmeichelt von der Auszeichnung, geht vergnügt auf den munteren Ton ein, findet seine aggressive Partnerin pikant und amüsant, vielleicht macht er sich bereits allerhand Hoffnungen für die Nacht. Da fällt ihm aber auf, daß allmählich einige andere Herren und Damen sich, neugierig wispernd, im Kreis um sie beide scharen, er sieht sich selber und jene maskierte Dame Mittelpunkt einer immer lebhafteren Aufmerksamkeit werden. Endlich, die Situation ist bereits peinlich geworden, nimmt die galante Intrigantin die Maske ab: es ist Marie Antoinette – unerhörter Fall in den Annalen des Hofes –, die Thronfolgerin Frankreichs, die wieder einmal, dem tristen Ehebett ihres schläfrigen Gemahls entwichen, auf die Opernredoute gefahren war und sich einen fremden Kavalier zum Plaudern geholt hat. Die Hofdamen verhüten allzu großes Aufsehen. Sofort umringen sie die extravagante Ausreißerin und führen sie in ihre Loge zurück. Aber was bleibt in diesem geschwätzigen Versailles Geheimnis? Jeder raunt und staunt über die etikettewidrige Gunst der Dauphine, morgen schon wird wahrscheinlich verärgert der Botschafter Mercy bei Maria Theresia Klage führen, und von Schönbrunn wird mit Eilkurieren einer jener bitteren Briefe an den »tête à vent«, den Windkopf Tochter, geschickt werden, sie solle doch endlich diese unpassenden »dissipations« lassen und sich nicht mit Krethi und Plethi auf diesen verdammten Redouten ins Gerede bringen. Aber Marie Antoinette hat ihren Willen durchgesetzt, der junge Mann hat ihr gefallen, sie hat es ihm gezeigt. Seit jenem Abend wird der dem Rang und der Stellung nach gar nicht sonderlich hervorragende junge Kavalier mit besonderer Freundlichkeit bei den Bällen von Versailles empfangen. Hat sich schon damals, nach so vielverheißendem Anfang, eine gewisse Neigung zwischen beiden entwickelt? Man weiß es nicht. Jedenfalls unterbricht bald ein großes Ereignis diesen – zweifellos unschuldigen – Flirt, denn die kleine Prinzessin wird über Nacht durch den Tod Ludwigs XV. Königin von Frankreich. Zwei Tage später – hat man ihm einen Wink gegeben? – reist Hans Axel von Fersen nach Schweden zurück.

Der erste Akt ist zu Ende. Er war nicht mehr als eine galante Einleitung, ein Vorspiel des eigentlichen Spieles. Zwei Achtzehnjährige sind einander begegnet und haben aneinander Gefallen gefunden, voilà tout – ins Gegenwärtige übersetzt: eine

Tanzstundenfreundschaft, eine Gymnasiastenliebelei. Noch ist nichts Wesentliches geschehen, noch die Tiefe des Gefühls nicht berührt.

Zweiter Akt: nach vier Jahren, 1778, reist Fersen neuerdings nach Frankreich: der Vater hat den Zweiundzwanzigjährigen ausgeschickt, sich eine reiche Gattin zu ködern, entweder ein Fräulein von Reyel in London oder Fräulein Necker, die Tochter des Genfer Bankiers, als Madame de Staël später weltberühmt. Aber Axel von Fersen zeigt keine sonderliche Neigung zum Ehestand, und bald begreift man, weshalb. Kaum angekommen, stellt sich der junge Edelmann im Galakleid bei Hofe vor. Kennt man ihn noch? Wird sich noch jemand seiner erinnern? Mürrisch nickt der König, gleichgültig blicken die andern auf den unbedeutenden Ausländer, niemand wendet an ihn ein höfliches Wort. Nur die Königin, kaum daß sie seiner ansichtig wird, ruft ungestüm: »Ah, c'est une vieille connaissance«, »Ah, wir kennen einander doch schon lange.« Nein, sie hat ihn nicht vergessen, ihren schönen nordischen Kavalier, sofort flammt – es war doch kein Strohfeuer! – ihr Interesse wieder auf. Sie lädt Fersen zu ihren Gesellschaften, sie überhäuft ihn mit Liebenswürdigkeiten; genau wie zu Beginn ihrer Bekanntschaft auf dem Opernball ist es Marie Antoinette, die den ersten Schritt tut. Bald kann Fersen seinem Vater berichten: »Die Königin, die liebenswürdigste Fürstin, die ich kenne, hatte die Güte, sich nach mir zu erkundigen. Sie hat Creutz gefragt, warum ich nicht zu ihrer sonntäglichen Spielpartie käme, und als sie hörte, daß ich an einem Tage abgesagten Empfangs gekommen war, hat sie sich gewissermaßen bei mir entschuldigt.« – »Furchtbare Gunst dem Knaben«, ist man versucht, mit Goethe zu sprechen, wenn diese Hochmütige, die selbst Herzoginnen den Gruß nicht erwidert, die sieben

Jahre einem Kardinal von Rohan und vier Jahre einer Dubarry kein Kopfnicken gewährt, sich bei einem kleinen zugereisten Edelmann entschuldigt, weil er sich einmal vergebens nach Versailles bemüht hat. »Jedesmal, wenn ich meine Aufwartung bei ihrer Spielgesellschaft mache, spricht sie mich an«, meldet wenige Tage später der junge Kavalier seinem Vater. Gegen alle Etikette bittet die »liebenswürdigste Fürstin« den jungen Schweden, er möge doch einmal in seiner heimatlichen Uniform nach Versailles kommen, sie wolle unbedingt – Laune einer Verliebten! – sehen, wie diese fremde Tracht ihn kleide. Selbstverständlich erfüllt der »beau Axel« diesen Wunsch. Das alte Spiel hat wieder neu begonnen.

Nur: diesmal ist es ein schon gefährliches Spiel für eine Königin, die der Hof mit tausend Argusaugen überwacht. Marie Antoinette müßte jetzt vorsichtiger sein, denn sie ist nicht mehr die kleine achtzehnjährige Prinzessin von einst, entschuldigt durch Kindlichkeit und Jugend, sondern Königin von Frankreich. Aber ihr Blut ist wach geworden. Endlich, nach sieben entsetzlichen Jahren, ist dem ungeschickten Ehemann Ludwig XVI. die eheliche Leistung gelungen, er hat die Königin wirklich zur Gattin gemacht. Aber doch, was muß diese feinfühlige Frau empfinden, wenn sie, aufgeblüht zu voller und fast üppiger Schönheit, diesen Dickbauch mit ihrem jungen strahlenden Liebling vergleicht! Ohne daß es ihr selbst bewußt wird, beginnt die zum erstenmal leidenschaftlich Verliebte durch gehäufte Artigkeiten und mehr noch durch eine gewisse errötende Verwirrung ihr Gefühl für Fersen vor allen Neugierigen zu verraten. Wieder, wie so oft, wird Marie Antoinette ihre menschlich sympathischste Eigenschaft gefährlich: daß sie in Neigung oder Abneigung sich nicht verstellen kann. Eine Hofdame behauptet, deutlich bemerkt zu haben, daß, als einmal Fersen unvermutet eintrat, die Königin in süßem Erschrecken zu zittern begonnen habe; ein andermal, als sie, am Klavier sitzend, die Arie der Dido singt, geschieht es ihr, daß sie vor dem ganzen Hof bei den Worten »Ah, que je fus bien inspirée, quand je vous reçus dans ma cour« die sonst so kühlen blauen Augen schwärmerisch-zärtlich auf den heimlich (und nun nicht mehr heimlich) Erwählten ihres Herzens richtet; schon regt sich das Geschwätz. Bald verfolgt die ganze Hofgesellschaft, für die königliche Intimitäten das wichtigste Weltereignis sind, mit leidenschaftlicher Lüsternheit die Lage: wird sie ihn zum Liebhaber nehmen, und wie und wann? Denn schon hat sich ihr Gefühl zu offenkundig eingelassen, als daß nicht jeder merkte, was einzig sie selber nicht bewußt weiß, nämlich daß Fersen jede Gunst, auch die letzte, der jungen Königin gewinnen könnte, wenn er den Mut oder Leichtsinn hätte, nach seiner Beute zu greifen.

Aber Fersen ist Schwede, ein ganzer Mann und Charakter: bei Nordländern kann eine starke romantische Anlage ungehindert Hand in Hand gehen mit einem ruhigen und beinahe nüchternen Verstand. Er übersieht sofort das Unhaltbare der Situation. Die Königin hat für ihn ein Faible, niemand weiß dies besser als er, aber so sehr er seinerseits diese junge reizende Frau liebt und verehrt, es widerstrebt seiner Rechtschaffenheit, eine solche sinnliche Schwäche frivol zu mißbrauchen und die Königin unnütz ins Gerede zu bringen. Offene Liebschaft würde einen beispiellosen Skandal hervorrufen: schon durch ihre platonischen Gunstbezeigungen hat sich Marie Antoinette genug kompromittiert. Anderseits, eine Josephsrolle zu spielen, die Gunstbezeigungen einer jungen, schönen, geliebten Frau keusch und kühl abzulehnen, dazu fühlt sich Fersen doch wieder zu heiß und jung. So tut dieser prachtvolle Mann das Nobelste, was ein Mann in einer solchen heiklen Lage tun kann – er stellt tausend Meilen zwischen sich und die gefährdete Frau, er meldet sich rasch zur Armee nach Amerika als Adjutant Lafayettes. Er zerschneidet den Faden, ehe er sich unlösbar und tragisch verwickelt.

Über diesen Abschied der Liebenden besitzen wir ein unanzweifelbares Dokument, jenes offizielle Schreiben des schwedischen Gesandten an König Gustav, das die leidenschaftliche Neigung der Königin zu Fersen historisch bezeugt. Der Botschafter schreibt: »Ich muß Eurer Majestät mitteilen, daß der junge Fersen von der Königin so wohl gesehen war, daß dies bei einigen Personen Verdacht erregte. Ich muß gestehen, ich glaube selbst, daß sie eine Neigung für ihn hat; ich habe zu deutliche Anzeichen davon wahrgenommen, als daß ich zweifeln könnte. Der junge Graf Fersen hat bei dieser Gelegenheit musterhafte Haltung bewiesen durch seine Bescheidenheit, seine Zurückhaltung und vor allem dadurch, daß er sich entschlossen hat, nach Amerika zu gehen. Dadurch, daß er abgereist ist, hat er alle Gefahren ausgeschaltet; einer solchen Versuchung aber zu widerstehen bedingte zweifellos Entschlossenheit über sein Alter. Während der letzten Tage konnte die Königin nicht die Augen von ihm wenden, und wenn sie ihn anblickte, waren sie mit Tränen gefüllt. Ich bitte Eure Majestät, dies Geheimnis für sich und den Senator Fersen allein zu behalten. Als die Günstlinge am Hof von der Abfahrt des Grafen hörten, waren sie alle entzückt, und die Herzogin von Fitz-James sagte ihm: ›Wie, mein Herr, Sie lassen Ihre Eroberung im Stich?‹ – ›Hätte ich eine gemacht, so würde ich sie nicht im Stich lassen. Ich reise frei ab und ohne Bedauern.‹ Majestät werden zugeben, daß diese Antwort von einer Klugheit und Zurückhaltung über seine Jahre war. Übrigens zeigt jetzt die Königin viel mehr Beherrschung und Klugheit als früher.«

Dieses Dokument schwenken die Verteidiger der »Tugend« Marie Antoinettes seitdem unentwegt als Fahne ihrer blütenweißen Unschuld. Fersen hat sich im letzten Augenblick einer ehebrecherischen Neigung entzogen, in bewundernswertem Verzicht haben die beiden Liebenden einander entsagt, die große Leidenschaft ist »rein« geblieben, so argumentieren sie. Aber dieser Beweis beweist gar nichts Endgültiges, sondern nur das vorläufige Faktum, daß es damals, 1779, zwischen Marie Antoinette und Fersen noch nicht zu letzten Vertraulichkeiten kam. Erst die nächsten Jahre werden die entscheidend gefährlichen dieser Leidenschaft. Wir sind erst am Ende des zweiten Aktes und noch weit von ihrer tiefsten Verstrickung.

Dritter Akt: abermalige Wiederkehr Fersens. Geradeaus von Brest, wo er nach vierjährigem, freiwilligem Exil im Juni 1783 mit dem amerikanischen Hilfskorps landet, eilt er nach Versailles. Brieflich war er mit der Königin von Amerika aus in Verbindung geblieben, doch Liebe will lebendige Gegenwart. Nur jetzt sich nicht mehr wieder trennen müssen, endlich sich nah verwurzeln, keine Ferne mehr zwischen Blick und Blick! Offenbar auf Wunsch der Königin bewirbt sich Fersen sofort um ein französisches Regimentskommando; weshalb: dies Rätsel kann der alte sparsame Vater Senator in Schweden sich nicht lösen. Warum will Hans Axel durchaus in Frankreich bleiben? Als erprobtem Soldaten, als Erben altadeligen Namens, als dem Liebling des romantischen Königs Gustav steht ihm doch daheim jede beliebige Stellung zur Wahl. Warum durchaus in Frankreich, fragt immer wieder ärgerlich der enttäuschte Senator. Um eine reiche Erbin zu heiraten, das Fräulein Necker mit ihren Schweizer Millionen, schwindelt eilig der Sohn dem ungläubigen Vater vor. Aber daß er in Wahrheit an alles, nur nicht an eine Heirat denkt, verrät sein gleichzeitiger intimer Brief an die Schwester, in den er ganz blank den Schlüssel seines Herzens legt. »Ich habe den Entschluß gefaßt, niemals ein eheliches Bündnis einzugehen, es wäre unnatürlich ... Der einzigen, der ich angehören möchte und die mich liebt, kann ich nicht angehören. So will ich niemandem gehören.«

Ist das deutlich genug? Muß man noch fragen, wer diese »einzige« war, die ihn liebt und der er ehelich nie angehören kann – sie, »elle«, wie er kurz die Königin in seinen Tagebüchern nennt? Entscheidende Dinge müssen geschehen sein, daß er sich selbst, daß er der Schwester die Zuneigung Marie Antoinettes so sicher, so offen zu bekennen wagt. Und wenn er dem Vater von »tausend persönlichen Gründen, die er dem Papier nicht anvertrauen könne« schreibt, die ihn in Frankreich zurückhielten, so steht hinter den tausend Gründen nur dieser einzige, den er nicht mitteilen will, nämlich der Wunsch oder Befehl Marie Antoinettes, den erwählten Freund dauernd nahe zu haben. Denn kaum daß Fersen jetzt um sein Regimentskommando einkommt, wer hat schon wieder »die Gnade, sich in die Angelegenheit einzumengen«? – Marie Antoinette, die sich sonst nie mit militärischen Ernennungen befaßte. Und wer meldet – entgegen allem Brauch – die bald durchgesetzte Verleihung der Charge dem König von Schweden? Nicht der oberste Kriegsherr, die einzig zuständige Stelle, sondern in einem handschriftlichen Brief seine Frau, die Königin.

In diese oder die folgenden Jahre ist mit äußerster Wahrscheinlichkeit der Beginn jener innigen oder vielmehr innigsten Beziehung zwischen Marie Antoinette und Fersen anzusetzen. Zwei Jahre freilich muß Fersen noch ›sehr widerwillig‹ – König Gustav auf seinen Reisen als Adjutant begleiten, dann aber, 1785, bleibt er endgültig in Frankreich. Und diese Jahre haben Marie Antoinette entscheidend verwandelt. Die Halsbandaffäre hat die allzu Weltgläubige vereinsamt und ihr den Sinn für das Wesenhafte aufgetan. Sie hat sich zurückgezogen aus dem wirbeligen Kreis der Geistreich-Unverläßlichen, der

Amüsant-Verräterischen, der Galant-Verspielten, statt der vielen Wertlosen sieht ihr bisher enttäuschtes Herz jetzt einen wirklichen Freund. Unter dem allgemeinen Haß ist ihr Bedürfnis nach Zärtlichkeit, nach Verläßlichkeit, nach Liebe unermeßlich gewachsen; nun ist sie reif, sich nicht länger eitel und töricht an den Spiegelschein allgemeiner Bewunderung zu verschwenden, sondern sich einem Menschen mit aufgeschlossener und entschlossener Seele hinzugeben. Und Fersen wieder, herrlich ritterliche Natur, liebt diese Frau eigentlich erst ganz mit der Fülle seines Gefühls, seit er sie verleumdet, verunglimpft, verfolgt und bedroht weiß; er, der zurückscheute vor ihrer Gunst, solange sie von der Welt vergöttert, von tausend Schmeichlern umringt war, wagt erst, sie zu lieben, seit sie hilfsbedürftig und einsam geworden ist. »Sie ist sehr unglücklich«, schreibt er seiner Schwester, »und ihr Mut, der über alles bewundernswert ist, macht sie noch anziehender. Meine einzige Kränkung ist, sie nicht ganz für alle ihre Leiden zu entschädigen und sie nicht so glücklich machen zu können, wie sie es verdiente.« Je unglücklicher sie wird, je verlassener, verstörter, um so mächtiger wächst sein männlicher Wille, durch Liebe ihr alles zu entgelten, »elle pleure souvent avec moi, jugez, si je dois l'aimer«. Und je näher die Katastrophe rückt, um so stürmischer, tragischer drängen die beiden zusammen, sie, um noch einmal für unermeßlich viel Enttäuschung ein letztes Glück bei ihm zu finden, er, um durch seine ritterliche Liebe, durch seine restlose Aufopferung ihr ein verlorenes Königtum zu ersetzen.

Nun diese einstmals oberflächliche Neigung eine seelische geworden ist, die Liebelei zur Liebe, machen beide alle denkbare Anstrengung, ihre Beziehung vor der Welt verborgen zu halten. Um jeden Verdacht zu zerstreuen, läßt Marie Antoinette dem jungen Offizier nicht etwa Paris als Garnison zuweisen, sondern das nahe der Grenze gelegene Valenciennes. Und wenn »man« (so heißt es zurückhaltend in Fersens Tagebuch) ihn in das Schloß beruft, so verbirgt er mit allen Künsten dies wirkliche Reiseziel vor allen Freunden, damit man sich aus seiner Anwesenheit in Trianon keinen billigen Reim machen könne. »Sage niemandem, daß ich Dir von hier schreibe«, ermahnt er seine Schwester aus Versailles, »denn ich datiere alle anderen Briefe aus Paris. Leb wohl, ich muß jetzt zur Königin.« Nie besucht Fersen die Gesellschaft der Polignacs, nie läßt er sich im intimen Kreise von Trianon blicken, nie tut er mit bei den Schlittenfahrten, Bällen, Spielpartien: dort sollen die Scheingünstlinge der Königin weiterhin möglichst auffällig paradieren, denn gerade mit ihren Galanterien helfen sie ahnungslos mit, das wirkliche Geheimnis vor dem Hof zu verschatten. Sie herrschen bei Tag, Fersens Reich ist die Nacht. Sie huldigen und reden, Fersen wird geliebt und schweigt. Saint-Priest, der Wohleingeweihte, der alles wußte, nur nicht, daß seine eigene Frau in Fersen vernarrt war und ihm glühende Liebesbriefe schrieb, berichtet mit jener Sicherheit, die seine Behauptungen gültiger macht als die aller andern: »Fersen begab sich drei- oder viermal jede Woche nach Trianon. Die Königin, ohne jedes Gefolge, tat das gleiche, und diese Rendezvous verursachten öffentliches Gerede ungeachtet der Bescheidenheit und Zurückhaltung des Günstlings, der äußerlich nie seine Stellung betonte und von allen Freunden der Königin der diskreteste war.« Allerdings, es sind innerhalb von fünf Jahren immer nur abgestohlene, knappe, flüchtige Stunden des Zusammenseins, die den Liebenden allein gegönnt sind, denn trotz persönlichen Muts und der Verläßlichkeit ihrer Kammerfrauen darf Marie Antoinette nicht zuviel wagen; erst 1790, kurz vor dem Abschied, kann Fersen in verliebter Seligkeit berichten, er habe endlich einen ganzen Tag »mit ihr«, »avec elle«, sein dürfen. Nur zwischen Nacht und Morgen, im Schatten des Parks, vielleicht in einem der unübersichtlich in Trianon verstreuten kleinen Dorfhäuschen des Hameau kann die Königin ihren Cherubin erwarten; die Gartenszene aus »Figaro« mit ihrer zärtlich romantischen Musik, sie spielt sich in den Bosketten von Versailles und den mäandrischen Wegen Trianons geheimnisvoll zu Ende. Aber schon dröhnt, großartig präludiert mit den harten Schlägen der Don-Juan-Musik, vor der Tür der steinerne, zermalmende Schritt des Komturs: der dritte Akt geht aus der Rokokozärtlichkeit in den großen Stil der Revolutionstragödie über. Erst der letzte, vom Schauer des Bluts und der Gewalt mächtig emporgestufte, wird das Krescendo bringen, Verzweiflung des Abschieds, Ekstase des Untergangs.

Jetzt erst, in äußerster Gefahr, da alle anderen sich verflüchtigen, tritt der vor, der sich in den Zeiten des Glücks vornehm verborgen, der wirkliche, der einzige Freund, bereit, mit ihr und für sie zu sterben; prachtvoll männlich konturiert sich jetzt Fersens bisher verschattete Gestalt vor dem fahlen Gewitterhimmel der Zeit. Je mehr die Geliebte bedroht ist, um so mehr wächst seine Entschlossenheit; unbekümmert setzen beide sich über die konventionellen Grenzen hinweg, die zwischen einer habsburgischen Prinzessin, einer Königin von Frankreich, und einem fremden schwedischen Edeljunker, bisher gesetzt waren. Jeden Tag erscheint Fersen im Schloß, alle Briefe gehen durch seine Hand, jeder Entschluß wird mit ihm erwogen, die schwierigsten Aufgaben, die gefährlichsten Geheimnisse ihm anvertraut, er kennt als einziger alle Absichten Marie Antoinettes, alle ihre Sorgen und Hoffnungen, er allein auch die Tränen, ihre Verzagtheiten und ihre erbitterte Trauer. Gerade im Augenblick, da alles sie verläßt, da sie alles verliert, findet die Königin, was sie ein ganzes Leben lang vergeblich gesucht: den ehrlichen, den aufrechten, den männlich-mutigen Freund.

WAR ER ES, WAR ER ES NICHT?

(Eine Zwischenfrage)

Dies weiß man nun und weiß es unwiderleglich, daß Hans Axel von Fersen nicht, wie man endlos lange vermeinte, Nebengestalt, sondern die Hauptfigur im Seelenroman Marie Antoinettes gewesen ist; man weiß, seine Beziehung zur Königin war durchaus nicht nur galante Tändelei, romantischer Flirt, eine chevalereske Troubadourallüre, sondern eine in zwanzig Jahren gehärtete und bewährte Liebe mit allen Insignien ihrer Macht, dem feuerfarbenen Mantel der Leidenschaft, der zepterlichen Hoheit des Muts, der verschwenderischen Größe des Gefühls. Eine letzte Unsicherheit umschwebt nur noch die Form dieser Liebe. War sie – wie man im vorigen Jahrhundert literarisch zu sagen beliebte – eine »reine« Liebe, womit niederträchtigerweise immer jene gemeint war, bei der eine leidenschaftlich liebende und leidenschaftlich geliebte Frau dem liebenden und geliebten Mann die letzte Hingabe prüde verweigert? Oder war sie eine in jenem Sinn »sträfliche«, das heißt: in unserem Sinne eine ganze, freie, großzügige und kühn sich schenkende, alles schenkende Liebe? War Hans Axel von Fersen bloß der »cavaliere servente«, der romantische Anbeter Marie Antoinettes oder wirklich und körperlich ihr Geliebter – war er es, war er es nicht?

»Nein!«, »Keinesfalls!« schreien sofort – mit einer merkwürdigen Gereiztheit und verdächtigen Voreiligkeit – gewisse royalistisch-reaktionäre Biographen, die um jeden Preis die Königin, »ihre« Königin, »rein« und vor jeder »Herabwürdigung« geschützt wissen wollen. »Er liebte die Königin leidenschaftlich«, behauptet Werner von Heidenstam mit beneidenswerter Sicherheit, »ohne daß je ein fleischlicher Gedanke diese Liebe verunreinigt hätte, die der Troubadoure und Ritter der Tafelrunde würdig gewesen wäre. Marie Antoinette hat ihn geliebt, ohne einen Augenblick ihre Pflichten als Gattin, ihre Würde als Königin zu vergessen.« Für diese Art Ehrfurchtsfanatiker ist es undenkbar – das heißt: sie protestieren, daß jemand es denke –, die letzte Königin von Frankreich könne das »dépôt d'honneur« verraten haben, das alle oder fast alle Mütter unserer Könige ihr vermachten. Um Gottes willen also keine Nachforschungen, überhaupt keine Diskussion über diese »affreuse calomnie« (Goncourt), kein »acharnement sournois ou cynique« zur Aufdeckung des wahrhaften Tatbestands! Sofort geben die unbedingten Verteidiger der »Reinheit« Marie Antoinettes nervös das Klingelzeichen, wenn man sich der Frage auch nur nähert.

Muß man sich wirklich diesem Befehl fügen und mit schweigender Lippe an der Frage vorübergehen, ob Fersen Marie Antoinette zeitlebens nur »mit der Aureole auf der Stirn« gesehen oder auch mit männlich-menschlichem Blick? Geht nicht vielmehr, wer dieser Frage keusch ausweicht, an dem eigentlichen Problem vorbei? Denn man kennt einen Menschen nicht, solange man nicht sein letztes Geheimnis weiß, und am wenigsten den Charakter einer Frau, solange man nicht die Wesensform ihrer Liebe verstanden hat. In einer welthistorischen Beziehung wie dieser, wo jahrelang niedergehaltene Leidenschaft nicht etwa bloß zufällig an ein Leben streift, sondern schicksalhaft den seelischen Raum füllt und überfüllt, ist die Frage nach der Grenzform dieser Liebe nicht müßig und nicht zynisch, sondern entscheidend für das seelische Bildnis einer Frau. Um richtig zu zeichnen, muß man richtig die Augen auftun. Also: treten wir heran, überprüfen wir die Situation und die Dokumente. Untersuchen wir, vielleicht gibt die Frage doch Antwort.

Erste Frage: vorausgesetzt, man betrachtet es im Sinn der bürgerlichen Moral als Schuld, hätte Marie Antoinette sich rückhaltlos Fersen hingegeben – wer beschuldigt sie dieser restlosen Hingabe? Von den Zeitgenossen nur drei, allerdings drei Männer größten Zuschnitts, keine Hintertreppenhorcher, sondern Eingeweihte, denen man unbedingte Kenntnis der Situation zutrauen darf: Napoleon, Talleyrand und der Minister Ludwigs XVI., Saint-Priest, dieser tägliche Augenzeuge aller Geschehnisse. Alle drei behaupten ohne Rückhalt, Marie Antoinette sei die Geliebte Fersens gewesen, und sie tun es in einer Weise, die ihrerseits jeden Zweifel ausschließt. Saint-Priest, als der am meisten mit der Situation Vertraute, ist in den Einzelheiten am genauesten. Ohne Feindseligkeit gegen die Königin, vollkommen sachlich, erzählt er von den geheimen nächtlichen Besuchen Fersens in Trianon, in Saint-Cloud und in den Tuilerien, zu denen Lafayette ihm als einzigem geheimen Zugang gestattet hatte. Er berichtet über die Mitwisserschaft der Polignac, die sehr einverstanden schien, daß die Gunst der Königin gerade auf einen Ausländer gefallen war, der keinerlei Vorteile aus seiner Günstlingsstellung ziehen wollte. Drei solche Aussagen beiseite zu schieben, wie es die rabiaten Tugendverteidiger tun, Napoleon, Talleyrand Verleumder zu nennen, erfordert eigentlich mehr Mut als eine unbefangene Untersuchung. Aber zweite Frage: welche von den Zeitgenossen oder Augenzeugen erklären die Anschuldigung, Fersen sei der Geliebte Marie Antoinettes gewesen, als Verleumdung? Kein einziger. Und es fällt auf, daß gerade die Intimen mit einer merkwürdigen Einhelligkeit vermeiden, Fersens Namen überhaupt auszusprechen: Mercy, der doch jede Nadel dreimal betrachtet, die sich die Königin ins Haar steckt, erwähnt nicht ein einziges Mal seinen Namen in seinen offiziellen Depeschen; immer schreiben die Getreuen bei Hof bloß von »einer gewissen

Person«, der man Briefe übergeben habe. Aber niemand spricht seinen Namen aus; ein Jahrhundert lang herrscht eine verdächtige Verschwörung des Schweigens, und die ersten offiziellen Biographien vergessen geflissentlich, ihn überhaupt zu erwähnen. Man kann sich also des Eindrucks nicht erwehren, es sei nachträglich ein »mot d'ordre« ausgegeben worden, diesen Störenfried der romantischen Tugendlegende möglichst gründlich vergessen zu lassen.

So stand die historische Forschung lange Zeit vor einer schwierigen Frage. Überall begegnete sie dringlichen Verdachtsmomenten, und überall war der entscheidende dokumentarische Beweis von beflissenen Händen wegeskamotiert. Auf Grund des vorhandenen Materials – das nicht mehr vorhandene enthielt die eigentlichen Belastungsbeweise – konnte sie ein wirkliches In-flagranti nicht feststellen. Forse che si, forse che no, vielleicht, vielleicht auch nicht, sagte, solange noch die letzten schlüssigen Beweise fehlten, die historische Wissenschaft im Falle Fersen und klappte das Aktenbündel zu mit dem Seufzer: wir haben nichts Geschriebenes, nichts Gedrucktes, also nicht den einzig in unserer Sphäre endgültigen Beweis.

Wo aber die an den Augenschein streng gebundene Forschung endet, beginnt die freie und beschwingte Kunst der Seelenschau; wo die Paläographie versagt, muß die Psychologie sich bewähren, deren logisch eroberte Wahrscheinlichkeiten oft wahrer sind als die nackte Wahrheit der Akten und Fakten. Hätten wir nichts als Dokumente der Geschichte, wie eng, wie arm, wie lückenhaft wäre sie! Das Eindeutige, das Offenbare, ist die Domäne der Wissenschaft, das Vieldeutige, das erst zu Deutende und zu Klärende, die zugeborene Zone der Seelenkunst; wo das Material nicht ausreicht für papiernen Beweis, bleiben noch unermeßliche Möglichkeiten für den Psychologen. Das Gefühl weiß von einem Menschen immer mehr als alle Dokumente.

Aber prüfen wir zuerst noch einmal die Dokumente. Hans Axel von Fersen, obgleich romantischen Herzens, war ein Mann der Ordnung. Mit pedantischer Genauigkeit führt er Tagebuch, jeden Morgen notiert er säuberlich das Wetter, den Luftdruck und neben den atmosphärischen die politischen und persönlichen Ereignisse. Er hält ferner – höchst ordentlicher Mann – ein Postbuch, in dem er die eingegangenen und abgesandten Briefe unter ihrem Datum verzeichnet. Er macht sich außerdem Notizen für seine Aufzeichnungen, bewahrt seine Korrespondenz methodisch auf – ein idealer Mann also für Geschichtsforscher; denn als er 1810 stirbt, hinterläßt er eine tadellos geordnete Registratur seines ganzen Lebens, einen dokumentarischen Schatz ohnegleichen.

Was geschieht nun mit diesem Schatz? Nichts. Schon dies mutet sonderbar an. Sein Vorhandensein wird von den Erben sorgfältig – oder sagen wir besser: ängstlich – verschwiegen, niemand erhält Zutritt zu den Archiven, niemand erfährt von ihrem Vorhandensein. Endlich, ein halbes Jahrhundert nach Fersens Tod, gibt ein Nachfahre, ein Baron Klinkowström, die Korrespondenz und einen Teil der Tagebücher heraus. Aber merkwürdig – sie sind nicht mehr vollständig. Eine Reihe von Briefen Marie Antoinettes, die das Postbuch als Briefe »Josephinens« vermerkt, sind verschwunden, ebenso das Tagebuch Fersens aus den entscheidenden Jahren, und – am allermerkwürdigsten – in den Briefen sind wiederum ganze Zeilen durch punktierte Stellen ersetzt. Irgendeine Hand hat da gewaltsam im Nachlaß geschaltet. Und immer, wo ein vorhandenes, einstmals vollständiges Briefmaterial von Nachfahren verstümmelt oder vernichtet wird, dort werden wir den Verdacht nicht los, es sollten zum Zweck blasser Idealisierung Tatsachen verdunkelt werden. Aber hüten wir uns vor gefaßten Meinungen. Bleiben wir kühl und gerecht.

Es fehlen also Stellen in den Briefen, und sie sind durch Punkte ersetzt. Warum? Sie sind im Original unleserlich gemacht, behauptet Klinkowström. Von wem? Wahrscheinlich von Fersen selbst. »Wahrscheinlich!« Aber weshalb? Darauf antwortet Klinkowström (in einem Briefe) recht verlegen, wahrscheinlich hätten jene Zeilen politische Geheimnisse enthalten oder mißliebige Bemerkungen Marie Antoinettes über König Gustav von Schweden. Und da Fersen diese Briefe alle – alle? – dem König zeigte, habe er wahrscheinlich – wahrscheinlich! – jene Stellen daraus getilgt. Sonderbar! Die Briefe waren zum großen Teil chiffriert, so konnte Fersen doch nur Abschriften dem König vorlegen. Wozu da die Originale verstümmeln und unleserlich machen? Schon dies wirkt verdächtig. Aber wie gesagt, keine Voreingenommenheit.

Untersuchen wir! Sehen wir uns einmal die unleserlich gemachten und durch Punkte ersetzten Stellen näher an. Was fällt auf? Zunächst dies: die verdächtigen Punkte erscheinen beinahe immer nur dort, wo der Brief beginnt oder endet, bei der Anrede oder nach dem Worte »Adieu«. – »Je vais finir«, heißt es zum Beispiel, also: ich bin mit dem Geschäftlich-Politischen zu Ende, jetzt kommt ... nein, nichts kommt jetzt in der verstümmelten Ausgabe als Punkte, Punkte, Punkte. Sind aber die Auslassungen in der Mitte eines Briefes, so findet man sie merkwürdigerweise immer an jenen Stellen, die mit Politik nichts zu tun haben. Abermals ein Beispiel: »Comment va votre santé? Je parie que vous ne vous soignez pas et vous avez tort ... pour moi je me soutiens mieux que je ne devrais« – wird irgendein Mensch mit geraden Sinnen da ein Politikum dazwischendichten können? Oder wenn die Königin von ihren Kindern schreibt: »Cette occupation fait mon seul bonheur . . . et quand je suis bien triste, je prends mon petit garçon«, so würden hier von tausend Menschen neunhundertneunundneunzig als selbstverständlich in die Lücke einsetzen: »seit du von hier fort bist«, und nicht eine ironische Bemerkung über den Schwedenkönig. Die verlegenen Behauptungen Klinkowströms sind also nicht ernst zu nehmen; hier ist etwas ganz anderes unterdrückt als politische Geheimnisse: ein menschliches Geheimnis. Dieses aufzudecken, gibt es glücklicherweise ein Mittel: die Mikrofotografie kann mit Leichtigkeit solche überschmierte Briefzeilen wieder sichtbar machen. Also her mit den Originalen!

Aber – Überraschung! Die Originale sind nicht mehr vorhanden: bis etwa 1900, also mehr als ein Jahrhundert, lagen die Briefe wohlerhalten und geordnet im Erbschlosse Fersens. Plötzlich sind sie fort und vernichtet. Denn die technische Möglichkeit, seine übertünchten Stellen aufzudecken, muß für den sittsamen Baron Klinkowström ein Angsttraum gewesen sein; so hat er kurzerhand die Briefe Marie Antoinettes an Fersen vor seinem Tode verbrannt – ein herostratischer Akt ohnegleichen, unsinnig und, wie man sehen wird, überdies sinnlos. Aber Klinkowström wollte um jeden Preis im Falle Fersen das Zwielicht statt des Lichts erhalten, die Legende statt der klaren und unwidersprechlichen Wahrheit. Nun, meinte er, könne er beruhigt sterben, denn die »Ehre« Fersens, die Ehre der Königin seien durch die Wegschaffung der Briefbeweise gerettet.

Aber dies Autodafé war nach dem alten Wort mehr als Verbrechen: es war eine Dummheit. Erstlich bildet Vernichtung von Beweisen in sich selbst schon einen Beweis für Schuldgefühl, und dann: ein unheimliches Gesetz der Kriminologie will, daß bei jedem hastigen Wegschaffen von Beweismaterial doch immer ein Beweis übrigbleibt. Und so hat Alma Sjöderhelm, die ausgezeichnete Forscherin, bei der Durchsicht der übriggebliebenen Papiere eine eigenhändige Abschrift Fersens eines jener Briefe Marie Antoinettes gefunden, den die Herausgeber seinerzeit übersehen hatten, weil er eben nur in Abschrift Fersens vorlag (und die »unbekannte Hand« wahrscheinlich das Original verbrannte). Dank dieses Fundes haben wir zum erstenmal ein intimes Billett der Königin in extenso und damit den Schlüssel oder vielmehr die erotische Stimmgabel aller anderen Briefe in unserer Hand. Jetzt können wir ahnen, was der zimperliche Herausgeber in den anderen wegpunktierte. Denn auch in diesem Briefe steht am Ende ein »Adieu«, ein Lebewohl; aber dann kommen nicht Rasuren und punktierte Stellen, sondern es heißt: »Adieu, le puis aimant et le plus aimé des hommes«, zu deutsch also: »Leb wohl, liebendster und geliebtester aller Männer.«

Wie anders wirkt dies Zeichen auf uns ein! Versteht man nun, warum die Klinkowströms, die Heidenstams und alle die anderen Eidesleister der »Reinheit«, die wahrscheinlich mehr Dokumente dieser Art in Händen gehabt haben, als die Nachwelt je erfahren wird, so auffällig nervös wurden und werden, sobald man den Fall Fersen vorurteilslos untersuchen will? Denn für den, der sich auf Herztöne versteht, kann kein Zweifel sein, daß eine Königin, die einen Mann so mutig und über alle Konventionen erhaben anspricht, ihm den letzten Beweis der Zärtlichkeit längst gegeben hat: diese eine gerettete Zeile ersetzt alle anderen vernichteten. Wäre das Vernichten in sich selbst schon Beweis – mit diesem einen geretteten Wort ist er dem Einsichtigen erbracht.

Aber weiter und mehr! Es gibt neben diesem geretteten Brief auch im Leben Fersens eine Szene, die charakterologisch entscheidend wirkt. Sie spielt sechs Jahre nach dem Tode der Königin. Fersen soll auf dem Kongreß von Rastatt die schwedische Regierung vertreten. Da erklärt Bonaparte brüsk dem Baron Edelsheim, er verhandle nicht mit Fersen, dessen royalistische Gesinnung er kenne und der überdies mit der Königin geschlafen habe. Er sagt nicht: in Beziehungen gestanden sei. Sondern er sagt herausfordernd das beinahe unflätige Wort »mit der Königin geschlafen habe«. Baron Edelsheim fällt es nicht ein, Fersen zu verteidigen; auch ihm scheint die Tatsache völlig selbstverständlich. So antwortet er nur lachend, er habe geglaubt, diese Geschichten aus dem »ancien régime« seien längst abgetan, das habe doch nichts mit Politik zu schaffen. Und dann geht er hin und erzählt Fersen die ganze Unterhaltung. Und Fersen, was tut er? Oder vielmehr, was müßte er tun, wenn das Wort Bonapartes eine Unwahrheit gewesen wäre? Müßte er nicht die tote Königin sofort gegen die Beschuldigung (falls sie eine ungerechte wäre) verteidigen? Nicht aufschreien: Verleumdung? Nicht diesen neugebackenen kleinen korsischen General, der für seine Anschuldigung noch das grobsachlichste Wort wählt, sofort vor die Klinge fordern? Darf ein ehrenhafter, aufrechter Charakter eine Frau beschuldigen lassen, seine Geliebte gewesen zu sein, wenn sie es nicht wirklich war? Jetzt oder nie hat Fersen Gelegenheit und sogar die Pflicht, eine Behauptung, die längst heimlich umgeht, mit der blanken Klinge niederzuschlagen, ein für allemal das Gerücht zu zerstreuen.

Aber was tut Fersen? O weh, er schweigt. Er nimmt die Feder und trägt die ganze Unterhaltung Edelheims mit Bonaparte einschließlich der Anschuldigung, daß er mit der Königin »geschlafen« habe, säuberlich in sein Tagebuch ein. Mit keinem Wort entkräftet er selbst in der tiefsten Intimität mit sich selbst die Behauptung, die nach der Meinung seiner Biographen »infame und zynische« Beschuldigung. Er senkt den Kopf und sagt damit: ja. Als einige Tage später die englischen

Gazetten sich über diesen Zwischenfall verbreiten und »dabei über ihn und die unglückliche Königin sprachen«, fügt er bei »ce qui me choqua«, zu deutsch »was mir ärgerlich war«. Das ist Fersens ganzer Protest oder vielmehr Nichtprotest. Abermals sagt ein Schweigen mehr als alle Worte.

Man sieht also: was ängstliche Nachfahren so krampfhaft zu verstecken suchten, nämlich, daß Fersen der Geliebte Marie Antoinettes gewesen, hat der Liebende selbst nie geleugnet. Zu Dutzenden ergeben sich aus einer Fülle von Tatsachen und Dokumenten weitere beweisende Einzelheiten: daß seine Schwester ihn beschwört, als er in Brüssel sich mit einer anderen Geliebten öffentlich zeigt, er möge doch dafür sorgen, daß sie (»elle«) nichts davon erfahre, sie würde sich kränken (mit welchem Recht, muß man fragen, wäre sie nicht seine Geliebte gewesen); daß im Tagebuch die Stelle ausgetilgt ist, wo Fersen vermerkt, die Nacht in den Tuilerien in den Gemächern der Königin verbracht zu haben; daß vor dem Revolutionstribunal ein Kammermädchen aussagt, jemand habe öfters nachts das Zimmer der Königin heimlich verlassen. Das sind Einzelheiten, schwerwiegend allerdings nur dadurch, daß sie alle so unheimlich einhellig zusammenstimmen – dennoch wäre der Beweis unter so auseinanderliegenden Elementen nicht überzeugend, fehlte ihm die letzte, die entscheidende Bindung mit dem Charakter. Nur aus der Gesamtheit einer Individualität wird immer eine Handlungsweise erklärbar, denn jeder einzelne Willensakt eines Menschen liegt in der geschlossenen Ursächlichkeit seiner Natur. Die Frage der Wahrscheinlichkeit einer leidenschaftlich-intimen oder einer bloß respektvoll-konventionellen Beziehung zwischen Fersen und Marie Antoinette ist darum im letzten in der seelischen Gesamthaltung der Frau beschlossen, und man muß nach allen belastenden Einzelheiten vor allem fragen: welches Verhalten, das frei hingebungsvolle oder das ängstlich sich versagende, entsprach logisch und charakterologisch dem Charakter der Königin? Wer aus dieser Perspektive sieht, der zögert nicht lange. Denn allen ihren Schwächen steht bei Marie Antoinette eine große Kraft gegenüber, ihr hemmungsloser, unbedenklicher, ihr wahrhaft souveräner Mut. Aufrichtig im Tiefsten, jeder Verstellung unfähig, hat diese Frau Hunderte Male bei viel unwichtigeren Anlässen sich über alle Schranken der Konvention hinweggesetzt, gleichgültig gegen das Gerede hinter ihrem Rücken. Wenn sie wirkliche Größe auch nur in den entscheidenden Steigerungsaugenblicken ihres Schicksals erreicht, nie ist Marie Antoinette jemals kleinlich, nie ängstlich gewesen, nie hat sie eine andere Form der Ehre und Sittlichkeit, der gesellschaftlichen oder höfischen Moral über ihren eigenen Willen gestellt. Und gerade bei dem einzigen, den sie wahrhaft liebt, sollte diese tapfere Frau plötzlich die Prüde gespielt haben, die ängstliche, die ehrsame Gattin ihres Ludwigs, dem sie doch nur durch Staatsräson und niemals durch Liebe verbunden war? Sie sollte gesellschaftlichem Vorteil eine Leidenschaft geopfert haben mitten in einer apokalyptischen Zeit, da alle Bande der Zucht und Ordnung sich lösen, in der rauschhaft wilden Verzückung der Todesnähe, inmitten aller Schauer des Untergangs? Sie sollte, sie, die niemand hemmen und bändigen konnte, sich selbst zurückgezwungen haben von der natürlichsten, weiblichsten Form des Gefühls um eines Phantoms willen, einer Ehe, die immer nur Hohnbild einer wirklichen war, um eines Mannes willen, den sie nie als Mann empfunden, um einer Sitte willen, die sie mit allem Freiheitsinstinkt ihrer unbeherrschten Natur von je gehaßt? Wer dies Unglaubhafte glauben will, dem kann es nicht versagt werden. Aber nicht die verunstalten ihr Bild, die Marie Antoinette Kühnheit und Unbedenklichkeit in ihrem einzigen leidenschaftlichen Liebeserlebnis voll und frei zusprechen, sondern jene, die dieser furchtlosen Frau eine matte, eine feige, eine von Rücksicht und Vorsicht verängstigte Seele zumuten wollen, eine, die das Letzte nicht wagt und das Natürliche in sich niederzwingt. Jedem aber, der einen Charakter nur als Einheit zu begreifen vermag, ist es völlig unbezweifelbar, daß Marie Antoinette wie mit ihrer ganzen enttäuschten Seele auch mit ihrem lange mißbrauchten und enttäuschten Leib die Geliebte Hans Axel von Fersens gewesen ist.

Aber der König? Bei jedem Ehebruch bildet der betrogene Dritte die heikle, die peinliche, die lächerliche Figur, und im Interesse Ludwigs XVI. mag ein gutes Teil der nachträglichen Abdunkelungen jener Dreiecksbeziehung erfolgt sein. In Wirklichkeit war Ludwig XVI. keineswegs der lächerliche Hahnrei, denn er hat von dieser intimen Beziehung Fersens zu seiner Frau zweifellos gewußt. Saint-Priest sagt ausdrücklich: »Sie hatte Mittel und Wege gefunden, ihn dahin zu bringen, daß er ihre Beziehung mit dem Grafen zur Kenntnis nahm.«

Diese Auffassung fügt sich vollkommen in das Bild der Situation. Nichts war Marie Antoinette fremder als Heuchelei und Verstellung; ein hinterhältiger Betrug an ihrem Gatten entspricht nicht ihrer seelischen Haltung, und auch die so häufig übliche unsaubere Vermischung, diese häßliche gleichzeitige Gemeinschaft zwischen Gatten und Liebhaber, kommt bei ihrem Charakter nicht in Frage. Es ist zweifellos, daß, sobald – verhältnismäßig spät, wahrscheinlich erst zwischen dem fünfzehnten und zwanzigsten Ehejahre – endlich ihre intime Beziehung zu Fersen einsetzte, Marie Antoinette die körperliche zu ihrem Gatten gelöst hat; diese bloß charakterologische Vermutung wird überraschend ergänzt durch einen Brief ihres kaiserlichen Bruders, der in Wien irgendwie vernommen hat, daß seine Schwester nach der Geburt des vierten Kindes sich von Ludwig XVI. zurückziehen wolle: der Zeitpunkt stimmt genau überein mit dem Beginn intimerer Beziehungen zu Fersen. Wer klar zu sehen liebt, sieht also die Situation klar. Marie Antoinette, durch Staatsräson verheiratet mit einem völlig ungeliebten und keineswegs einnehmenden Mann, unterdrückt jahrelang ihr seelisches Liebesbedürfnis zugunsten des ehelichen Zwanges. Aber sobald sie zwei Söhne geboren hat, also Thronfolger unzweifelhaft bourbonischen Blutes der Dynastie gegeben, fühlt sie ihre moralische Pflicht an den Staat, an das Gesetz, an ihre Familie als beendet und sich endlich frei. Nach zwanzig der Politik aufgeopferten Jahren nimmt in letzter und tragisch erschütterter Stunde die vielgeprüfte Frau sich ihr reines und natürliches Recht zurück, sich dem lange schon geliebten Manne nicht länger zu versagen, der ihr alles in einem ist, Freund und Geliebter, Vertrauter und Gefährte, mutig wie sie selbst und bereit, an Opfermut den ihren zu entgelten. Wie arm sind all die künstlichen Hypothesen von der süßlich tugendhaften Königin gegenüber der klaren Wirklichkeit ihres Verhaltens, und wie sehr setzen eben jene, die unbedingt die königliche »Ehre« dieser Frau verteidigen wollen, ihren menschlichen Mut und ihre seelische Würde herab! Denn nie ist eine Frau ehrlicher und edler, als wenn sie ganz frei ihren untrüglichen, jahrelang geprüften Gefühlen folgt, nie eine Königin königlicher, als wenn sie am menschlichsten handelt.

DIE LETZTE NACHT IN VERSAILLES

Nie ist im tausendjährigen Frankreich so rasch die Saat gereift wie in diesem Sommer 1789. Hoch schießt das Korn in die Halme, aber rascher noch, nachdem einmal mit Blut gedüngt, die ungeduldige Saat der Revolution. Versäumnisse von Jahrzehnten, Ungerechtigkeiten von Jahrhunderten tilgt ein einziger Federstrich, nun wird die andere unsichtbare Bastille niedergerissen, in der die Rechte des französischen Volkes von ihren Königen eingekerkert waren. Am 4. August stürzt unter endlosem Jubel die uralte Zwingburg des Feudalismus ein, die Adeligen verzichten auf Fron und Zehnten, die Kirchenfürsten auf Zins und Salzsteuer, frei werden die Bauern, frei die Bürger, frei die Presse erklärt, die Menschenrechte werden verkündet; alle Träume Jean-Jacques Rousseaus hat dieser Sommer wahrgemacht. Die Fenster klirren bald vom Jubel, bald vom Streit in diesem Saal der »Menus plaisirs« (von den Königen für ihre Vergnügungen, vom Volke nun für sein Recht bestimmt): hundert Schritte entfernt hört man schon das unaufhörliche Surren dieses menschlichen Bienenschwarms. Doch tausend Schritte weiter, im großen Palast von Versailles, herrscht betroffene Stille. Erschreckt blickt der Hof aus den Fenstern hinüber auf diesen lärmenden Gast, der, obwohl nur zur Beratung entboten, sich bereits anschickt, den Herrn des Herrschers zu spielen. Wie diesen Zauberlehrling wieder heimschicken? Ratlos berät sich der König mit seinen Räten, die einer dem anderen widersprechen; am besten, man wartet ab, denken die Königin und der König, bis dieser Sturm sich ausgetobt hat. Nur stillhalten jetzt und sich im Hintergrund halten. Nur Zeit gewinnen, dann ist alles gewonnen.

Aber die Revolution will vorwärts, sie muß vorwärts, wenn sie nicht versanden soll, denn Revolution ist flutende Bewegung: Stehenbleiben wäre für sie Verhängnis, Rücklauf ihr Ende, sie muß verlangen, immer mehr verlangen, um sich zu behaupten, sie muß erobern, um nicht besiegt zu werden. Die Trommeln für diesen ruhelosen Vormarsch schlagen die Zeitungen; diese Kinder, diese Gassenbuben der Revolution laufen lärmend und zügellos der eigentlichen Armee voraus. Ein einziger Federstrich hat dem geschriebenen, dem gesprochenen Wort die Freiheit gegeben, jene, die in ihrem ersten Überschwang immer zu Wildheit und Maßlosigkeit wird. Zehn, zwanzig, dreißig, fünfzig Zeitungen entstehen. Mirabeau gründet eine, Desmoulins, Brissot, Loustalot, Marat, und da jede sich Leser herantrommeln und eine die andere an Bürgerpatriotismus überbieten will, so prasseln sie ohne Rücksicht los; im ganzen Land hört man nur sie. Nur recht laut, nur recht wild, je lauter, um so besser, und allen Haß auf den Hof gehäuft! Der König plane Verrat, die Regierung hindere die Kornzufuhr, fremde Regimenter rückten schon heran, die Versammlungen zu sprengen, es drohe eine neue Bartholomäusnacht. Wacht auf, Bürger! Wacht auf, Patrioten! Rataplan, rataplan, rataplan! trommeln die Zeitungen Tag und Nacht Angst, Mißtrauen, Wut, Erbitterung in Millionen Herzen hinein. Und hinter den Trommlern steht schon, mit Piken und Säbeln und vor allem mit einem unermeßlichen Zorn bewehrt, die bisher noch unsichtbare Armee des französischen Volkes.

Dem König geht es zu schnell, der Revolution zu langsam, der vorsichtige beleibte Mann kann nicht Schritt halten mit dem leidenschaftlichen Vormarsch so junger Ideen. Versailles zögert und verzögert: also vorwärts, Paris! Mach ein Ende mit diesem langwierigen Parlamentieren, mit diesem unerträglichen Kuhhandel zwischen König und Volk, so trommeln die Zeitungen. Du hast hunderttausend, zweihunderttausend Fäuste, und in den Arsenalen liegen die Flinten, warten die Kanonen: hol sie heraus und hol dir den König, die Königin aus Versailles, nimm sie und damit dein Schicksal fest in die Hand! Im Hauptquartier der Revolution, im Palais des Herzogs von Orléans, dem Palais Royal, wird die Parole ausgegeben: schon ist alles gerüstet, und einer der Überläufer vom Hofe, der Marquis de Huruge, manövriert bereits heimlich die Expedition ein.

Aber zwischen dem Schloß und der Stadt laufen dunkle unterirdische Gänge. Die Patrioten in den Klubs wissen durch bestochene Dienstleute alles, was im Schloß geschieht, das Schloß wieder erfährt durch Agenten von dem geplanten Angriff. Man beschließt in Versailles zu handeln und bestellt, da die französischen Soldaten gegen ihre Mitbürger nicht mehr verläßlich genug sind, ein flandrisches Regiment zum Schutz des Palastes. Am ersten Oktober marschieren die Truppen von ihren Standquartieren nach Versailles, und um sie warm zu machen, bereitet der Hof ihnen einen feierlichen Empfang. Der große Opernsaal wird für ein Bankett ausgeräumt und ohne Rücksicht darauf, daß in Paris grimmige Lebensmittelnot herrscht, mit Wein und guten Speisen nicht gespart: auch die Treue geht, wie die Liebe, oft durch den Magen. Um die Truppen für ihren König noch besonders zu begeistern, begeben sich – bisher nie dagewesene Ehre – der König und die Königin mit dem Dauphin auf dem Arm in den Festsaal.

Marie Antoinette hat niemals die nützliche Kunst verstanden, durch bewußte Klugheit, durch Berechnung oder Schmeichelei Menschen zu gewinnen. Aber von Natur her ist ihrem Körper, ihrer Seele eine gewisse Hoheit eingeprägt, die auf jeden, der ihr zum erstenmal begegnet, gewinnend wirkt: weder ein einzelner noch die Masse konnte sich jemals dieser merkwürdigen Magie des ersten Eindrucks (sie verflüchtigt sich dann nach näherer Bekanntschaft) entziehen. Auch diesmal springen bei dem hoheitsvollen und gleichzeitig liebenswürdigen Eintreten dieser schönen jungen Frau die Offiziere, die Soldaten von ihren Sitzen, begeistert fliegen die Degen aus den Scheiden, brausend wird ein »Vivat« auf den Herrscher und die Herrscherin ausgebracht und dabei wahrscheinlich jenes vorgeschriebene auf die Nation vergessen. Die Königin geht durch die Reihen. Sie kann bezaubernd lächeln, auf eine wunderbar unverbindliche Art freundlich sein, sie weiß, wie ihre autokratische Mutter, wie ihre Brüder, wie fast alle Habsburger (und diese Kunst hat sich in der österreichischen Aristokratie weitervererbt), bei innerlich unerschütterlichem Hochmut gerade mit den geringsten Leuten auf die natürlichste Weise höflich und zutunlich zu sein, ohne deshalb herablassend zu wirken. Mit einem ehrlich beglückten Lächeln, denn wie lange hat sie dies »Vive la Reine!« nicht mehr gehört, umschreitet sie mit ihren Kindern den Bankettisch, und der Anblick dieser gütig huldvollen, dieser wahrhaft königlichen Frau, die zu ihnen, den groben Soldaten, als Gast kommt, versetzt Offiziere und Mannschaften in eine Ekstase der Königstreue: in dieser Stunde ist jeder bereit, für Marie Antoinette zu sterben. Aber auch die Königin ist beseligt, da sie diese lärmende Runde verläßt; mit dem dargebotenen Willkommenstrunk hat sie auch den goldenen Wein der Zuversicht in sich getrunken: es gibt noch Treue, noch Sicherheit für den Thron in Frankreich.

Aber am nächsten Tage rasseln schon die Trommeln der patriotischen Journale, rataplan, rataplan, rataplan, die Königin und der Hof haben Mörder gegen das Volk gedungen. Man hat die Soldaten mit rotem Wein berauscht, damit sie das rote Blut ihrer Mitbürger gehorsam vergießen, sklavische Offiziere haben die dreifarbige Kokarde zu Boden getreten und verhöhnt, man hat knechtische Lieder gesungen – und all dies unter dem herausfordernden Lächeln der Königin. Merkt ihr es noch immer nicht, Patrioten? – Man will Paris überfallen, die Regimenter marschieren schon. Also auf jetzt, Bürger, auf zum letzten Kampf, auf zur Entscheidung! Sammelt euch, Patrioten – rataplan, rataplan, rataplan …

Zwei Tage später, am 5. Oktober, entsteht Tumult in Paris. Er entsteht, und dies gehört zu den vielen undurchdringlichen Geheimnissen der Französischen Revolution: wie er eigentlich entstanden ist. Denn dieser Tumult, scheinbar elementar, erweist sich als wunderbar weitgedacht und organisiert, als politisch unübertrefflich eingesetzt, der Schuß geht so gerade und genau von einer richtigen Stelle aufs richtige Ziel los, daß sehr kluge, sehr wissende, sehr geschickte und geübte Hände ihn abgefeuert haben müssen. Schon dies war ein Meistergedanke – würdig eines Psychologen wie Choderlos de Laclos, der ja im Palais Royal für den Herzog von Orléans den Feldzug um die Krone leitet –, nicht mit einer Männerarmee, sondern mit einem Trupp von Frauen den König gewaltsam aus Versailles zu holen. Männer kann man Aufständische und Rebellen nennen; auf Männer schießt gehorsam ein gut kommandierter Soldat. Frauen aber wirken bei Volksaufständen immer bloß als Verzweifelte, vor ihrer weichen Brust zuckt das schärfste Bajonett zurück, und überdies, die Anstifter wissen es, ein so ängstlicher und sentimentaler Mann wie der König wird niemals Befehl geben, Kanonen auf Frauen zu richten. Also erst die Erregung hoch gespannt, indem – wieder weiß man nicht, durch wessen Hände und welche Machenschaften – die Brotzufuhr nach Paris zwei Tage künstlich zurückgehalten wird, damit Hunger entstehe, diese einzigartige Triebfeder des Volkszornes. Und dann, sobald der Wirbel in Gang kommt, die Frauen rasch heran, die Frauen nach vorn in die erste Reihe!

Tatsächlich ist es eine junge Frau, und man behauptet, sie hätte reich beringte Hände gehabt, die am Morgen des 5. Oktober in ein Wachlokal einbricht und eine Trommel ergreift. Hinter ihr sammelt sich im Nu ein Zug rasch anströmender Weiber, die laut nach Brot schreien. Der Tumult ist da, bald mengen sich verkleidete Männer in den Schwarm und geben dem brausenden Strom die vorbestimmte Richtung gegen das Stadthaus. Eine halbe Stunde später ist es gestürmt. Pistolen und Piken und sogar zwei Kanonen sind geraubt, und plötzlich – wer hat ihn bestellt und beeinflußt? – ist ein Führer da, namens Maillard, der diese ordnungslos quirlende Masse zur Armee ordnet und sie aufreizt, nach Versailles zu marschieren, angeblich um Brot, in Wirklichkeit, um den König nach Paris zu holen. Zu spät, wie immer – es ist das Verhängnis dieses edelgläubigen und ehrlich ungeschickten Mannes, immer eine Stunde hinter den Ereignissen zu sein –, kommt Lafayette, der Befehlshaber der Nationalgarde, heran auf seinem weißen Pferd. Seine Aufgabe wäre natürlich – und er möchte sie redlich durchsetzen –, den Abmarsch zu verhindern, aber seine Soldaten folgen ihm nicht. So bleibt ihm nur übrig, mit seiner Nationalgarde der Weiberarmee nachzumarschieren, um die offene Revolte nachträglich mit einem Schein von Gesetzlichkeit zu bemänteln. Kein edles Amt, er weiß es, der alte Freiheitsschwärmer, und ist seiner Aufgabe nicht froh. Auf seinem berühmten Schimmel trabt Lafayette düster hinter der Revolutionsarmee der Weiber her, Sinnbild der kühlen, logisch berechnenden, machtlos menschlichen Vernunft, die sich vergebens bemüht, die herrlich unlogische Leidenschaft der Elemente einzuholen.

Der Hof von Versailles ahnt bis Mittag nichts von der tausendköpfigen anmarschierenden Gefahr. Wie tagtäglich hat der König sein Jagdpferd satteln lassen und ist in die Wälder von Meudon geritten; die Königin wiederum ist am frühen Morgen allein zu Fuß nach Trianon gegangen. Was soll sie in Versailles, dem riesigen Schloß, aus dem der Hof und die besten Freunde längst geflohen sind und wo nebenan in der Nationalversammlung jeden Tag die »factieux« neue gehässige Anträge gegen sie stellen? Ach, sie ist müde all dieser Erbitterungen, dieses Kämpfens ins Leere, müde der Menschen, müde selbst ihres Königinseins. Nur rasten jetzt, nur ein paar Stunden stillsitzen, ohne Menschen, weit weg von aller Politik, im herbstlichen Park, dem Oktobersonne die Blätter verkupfert! Nur still die letzten Blumen in den Beeten pflücken, ehe der Winter kommt, der furchtbare, und vielleicht noch die Hühner füttern und die chinesischen Goldfische im kleinen Teich. Und dann ausruhen, endlich ausruhen von all den Aufregungen und Verstörungen; nichts tun, nichts wollen als mit gelösten Händen da in der Grotte im einfachen Morgenkleid sitzen, ein aufgeschlagenes Buch auf der Bank, ohne es zu lesen, die große Müdigkeit der Natur nachfühlen und den Herbst im eigenen Herzen.

So sitzt die Königin in der Grotte auf der Felsenbank – längst hat sie vergessen, daß man sie einst die »Liebesgrotte« nannte –, da sieht sie auf dem Weg einen Pagen kommen, einen Brief in der Hand. Sie steht auf und geht ihm entgegen. Der Brief ist vom Minister Saint-Priest und meldet, der Pöbel marschiere nach Versailles, die Königin möge unverzüglich zurück ins Schloß kommen. Rasch rafft sie ihren Hut, ihren Mantel zusammen und eilt hinüber mit ihrem jung und beschwingt gebliebenen Schritt, so rasch wahrscheinlich, daß sie gar keinen Blick mehr zurückwendet auf das kleine geliebte Schloß und die mit so viel spielerischer Mühe künstlich erbaute Landschaft. Denn wie kann sie ahnen, daß sie diese weichen Wiesen, diesen zärtlichen Hügel mit dem Liebestempel und dem herbstlichen Teich, daß sie ihr Hameau, ihr Trianon zum letztenmal im Leben gesehen hat, daß dies schon der Abschied für immer gewesen!

Im Schlosse findet Marie Antoinette Adelsherren und Minister in ratloser Erregung. Nur ungewisse Gerüchte vom Anmarsch aus Paris sind von einem vorausgeeilten Diener hergebracht worden, alle späteren Boten haben die Weiber unterwegs festgehalten. Da, endlich, jagt ein Reiter heran, springt vom schäumenden Pferd und hastig die Marmortreppe hinauf: Fersen. Beim Anzeichen der Gefahr hat sich der immer sich Aufopfernde in den Sattel geschwungen und ist der Weiberarmee, den »achttausend Judiths«, wie sie Camille Desmoulins pathetisch nennt, in scharfem Galopp vorausgeprescht, um im Augenblicke der Gefahr an der Seite der Königin zu sein. Endlich taucht auch der König im Rate auf. Man hat ihn im Walde bei der Porte de Châtillon aufgefunden und bei seinem liebsten Vergnügen stören müssen. Ärgerlich wird sein Tagebuch abends ein erbärmliches Jagdresultat verzeichnen mit dem Vermerk: »Unterbrochen durch die Ereignisse.«

Nun steht er da, bestürzt, mit seinen ängstlichen Augen, und jetzt, da schon alles versäumt ist, da man in der allgemeinen Verwirrung vergessen hat, der Avantgarde der Rebellion bei Sèvres die Brücke zu sperren, beginnt man zu beraten. Noch bleiben zwei Stunden, noch wäre reichlich Zeit zu energischem Entschluß. Ein Minister schlägt vor, der König sollte sich zu Pferd setzen und an der Spitze der Dragoner und der flandrischen Regimenter der undisziplinierten Masse entgegensprengen: sein bloßes Erscheinen würde die Weiberhorde zum Rückzug nötigen. Die Vorsichtigeren wiederum raten, der König und die Königin sollten sofort das Schloß verlassen und sich nach Rambouillet begeben, damit ginge der heimtückisch geplante Stoß gegen den Thron ins Leere. Aber Ludwig, ewiger Zauderer, zögert. Abermals läßt er die Ereignisse aus Entschlußunfähigkeit an sich herankommen, statt ihnen entgegenzutreten.

Die Königin steht, die Lippen verbissen, inmitten dieser ratlosen Männer, von denen keiner ein wirklicher Mann ist. Aus dem Instinkt heraus weiß sie, daß alle Gewalttätigkeiten gelingen müssen, weil seit dem ersten vergossenen Blut alle sich vor allen fürchten: »Toute cette révolution n'est qu'une suite de la peur.« Aber wie soll sie allein Verantwortung übernehmen für alles und alle! Unten im Hof stehen angeschirrt die Karossen, in einer Stunde kann die königliche Familie mit den Ministern und der Nationalversammlung, die geschworen hat, dem König überallhin zu folgen, in Rambouillet sein. Aber noch immer gibt der König nicht das Zeichen zum Aufbruch. Heftiger und heftiger drängen die Minister, Saint-Priest vor allem: »Wenn man Sie morgen nach Paris führt, Sire, ist die Krone verloren.« Necker wiederum, dem mehr an seiner Popularität liegt als an der Erhaltung aller Königreiche, widerspricht, und zwischen zwei Meinungen bleibt der König, wie jederzeit, ein willenlos schwankendes Pendel. Es wird allmählich Abend, und noch immer scharren die Pferde ungeduldig unten im unterdessen losgebrochenen Unwetter, seit Stunden warten die Lakaien am Wagenschlag, und noch immer wird beraten.

Doch da dröhnt schon ein wirrer hundertstimmiger Lärm die Avenue de Paris herauf. Sie sind da. Die Kittel zum Schutz gegen den strömenden Regen über den Kopf geschlagen, tausendköpfige Masse im Dunkel der Nacht, stapfen sie heran, die Amazonen der Halle. Die Garde der Revolution steht vor Versailles. Es ist zu spät.

Naß bis auf die Knochen, hungernd und frierend, die Schuhe gefüllt mit dem aufgeweichten Lehm der Straße, marschieren jetzt die Weiber heran. Diese sechs Stunden waren keine Vergnügungspromenade, auch wenn man unterwegs den Branntweinschenken gewaltsam Besuch gemacht und sich den knurrenden Magen ein wenig gewärmt hat. Die Stimmen der Weiber grölen rauh und heiser, und was sie rufen, klingt wenig freundlich für die Königin. Ihr erster Besuch gilt der Nationalversammlung. Die tagt seit früh am Morgen, und manchen darin, den Wegbereitern des Herzogs von Orléans, kommt dieser Amazonenmarsch nicht ganz unerwartet.

Zunächst verlangen die Weiber nur Brot von der Nationalversammlung: programmgemäß vorerst kein Wort von einer Einholung des Königs nach Paris! So wird beschlossen, eine Deputation von Frauen ins Schloß zu schicken, begleitet vom Präsidenten de Mounier und einigen Abgeordneten. Die sechs ausgewählten Frauen begeben sich ins Schloß, Lakaien öffnen diesen Putzmacherinnen, Fischweibern und Nymphen der Gasse höflich die Türen; mit allen Ehren wird die sonderbare Abordnung die große Marmortreppe empor in Räume geführt, die sonst nur blaublütiger, siebenfach gesiebter Adel betreten durfte. Unter den Abgeordneten, die den Präsidenten der Nationalversammlung begleiten, ist auch ein stattlicher, beleibter, jovial aussehender Herr, der nicht besonders auffällt. Aber sein Name gibt dieser ersten Begegnung mit dem König ein symbolisches Gewicht. Denn mit Dr. Guillotin, Abgeordnetem von Paris, hat am 5. Oktober die Guillotine ihren Antrittsbesuch bei Hof gemacht.

Der gutmütige Ludwig empfängt die Damen so freundlich, daß die Sprecherin, ein junges Mädchen, das den Habitués des Palais Royal Blumen und wahrscheinlich auch mehr anbietet, vor Verlegenheit in Ohnmacht fällt. Sorgsam wird sie gelabt, der gütige Landesvater umarmt das erschreckte Mädchen, verspricht den begeisterten Frauen Brot und alles, was sie nur wollen, stellt ihnen sogar für die Rückfahrt seine eigenen Karossen zur Verfügung. Alles scheint glänzend abgelaufen, doch unten, aufgereizt von den geheimen Agenten, empfängt mit Wutschreien die Weiberschar ihre eigene Deputation, sie hätte sich mit Geld bestechen, mit Lügen abfinden lassen. Nicht dazu sei man sechs Stunden von Paris im Wolkenbruch gestapft, um mit knurrendem Magen und leeren Versprechungen wieder heimzutrotten. Nein, man bleibe hier und gehe nicht früher, als bis man den König und die Königin und die ganze Bande mitgenommen habe, nach Paris, wo man ihnen die Hinterlist und Hinhalterei schon abgewöhnen werde. Rücksichtslos dringen die Frauen in die Nationalversammlung ein, um dort zu schlafen, während besonders die Professionellen unter ihnen, vor allem Théroigne de Méricourt, sich die Soldaten des flandrischen Regiments willfährig machen. Schlimme Nachzügler haben die Aufständischen noch vermehrt, gefährliche Gestalten umschleichen im unsicheren kleinen Licht der Öllaternen die Gitter.

Oben hat sich der Hof noch immer nicht entschieden. Ob man lieber nicht doch noch fliehen sollte? Aber wie durch diese aufgeregte Menge sich mit den schweren Karossen wagen? Es ist zu spät. Endlich, endlich um Mitternacht hört man Trommeln in der Ferne: Lafayette rückt heran. Seinen ersten Besuch macht er bei der Nationalversammlung, seinen zweiten beim König. Obwohl er sich mit ehrlicher Ergebenheit verbeugt und sagt: »Sire, ich bin gekommen und will mein Leben in die Schanze schlagen, um das Eurer Majestät zu retten«, dankt ihm niemand, am wenigsten Marie Antoinette. Der König erklärt, er habe nicht mehr die Absicht, abzureisen oder sich von der Nationalversammlung zu entfernen. Nun scheint alles geordnet. Der König hat sein Versprechen gegeben, Lafayette und die bewaffnete Volksmacht sind zur Stelle, um ihn zu schützen, so gehen die Abgeordneten nach Hause, die Nationalgarden und Insurgenten suchen vor dem markerweichenden Regen Schutz in den Kasernen und Kirchen, sogar unter Torbogen und auf überwölbten Stufen. Allmählich erlöschen die letzten Lichter, und nachdem er alle Posten noch einmal visitiert, legt sich Lafayette, obwohl er versprochen hat, über die Sicherheit des Königs zu wachen, im Hôtel de Noailles um vier Uhr morgens zu Bett. Auch die Königin und der König ziehen sich in ihre Gemächer zurück; sie ahnen nicht, daß sie zum letztenmal im Palast von Versailles zur Ruhe gegangen sind.

DER LEICHENWAGEN DER MONARCHIE

Die alte Macht, das Königtum und seine Hüter, die Aristokraten, sind schlafen gegangen. Aber die Revolution ist jung, sie hat heißes, unbändiges Blut, sie braucht keine Rast, ungeduldig wartet sie auf den Tag und die Tat. Um die Lagerfeuer, mitten in den Straßen, scharen sich die Soldaten des Pariser Aufstandes, die keine Unterkunft gefunden haben: niemand kann erklären, warum sie eigentlich noch in Versailles und nicht zu Hause in ihren Betten sind, da doch der König alles gehorsam zugesagt und versprochen hat. Aber ein unterirdischer Wille hält und beherrscht diesen unruhigen Schwarm. Hinüber und herüber aus den Türen schatten Gestalten, die geheime Aufträge geben, und um fünf Uhr morgens, noch liegt der Palast in Dunkel und Schlaf, schleichen einzelne Gruppen, von wissender Hand geführt, auf Umwegen durch den Hof der Kapelle bis unter die Fenster des Schlosses. Was wollen sie? Und wer führt diese zweifelhaften Gestalten, wer treibt sie heran, wer schiebt sie vor zu einem noch nicht erkennbaren, aber wohlerzogenen Zweck? Die Treiber, sie bleiben im Dunkel; der Herzog von Orléans und der Bruder des Königs, der Graf von Provence, sie haben vorgezogen, und wissen vielleicht, warum, in dieser Nacht nicht im Palais bei ihrem rechtmäßigen König zu sein. Jedenfalls: plötzlich kracht ein Schuß, einer jener provokatorischen Schüsse, die immer notwendig sind für einen gewollten Zusammenstoß. Sofort strömen von allen Seiten Aufständische heran, Dutzende, Hunderte, Tausende, bewaffnet mit Piken und Hacken und Flinten, die Regimenter der Frauen und der als Frauen verkleideten Männer. Der Vorstoß hat kerzengerade Richtung: zu den Gemächern der Königin! Doch wieso finden die Fischweiber von Paris, die Frauen der Halle, die Versailles nie betreten haben, so merkwürdig sicher in diesem völlig unübersichtlichen Schlosse mit seinen Dutzenden von Stiegen und Hunderten von Zimmern sofort den richtigen Aufgang? Mit einem Stoß schwemmt die Welle der Weiber und verkleideten Männer die Treppe zu den Gemächern der Königin empor. Ein paar Leibgarden versuchen, den Eintritt zu wehren, zwei werden herabgerissen, barbarisch ermordet, ein großer bärtiger Mann hackt auf dem offenen Platz den Leichen die Köpfe ab, die wenige Minuten später bluttropfend an riesigen Piken tanzen.

Aber die Geopferten haben ihre Pflicht erfüllt. Ihr schriller Todesschrei hat rechtzeitig den Palast geweckt. Einer der drei Leibgardisten hat sich losgerissen, er stürmt verwundet die Treppe hinauf und schreit gell in die hohe Marmormuschel des Hauses: »Rettet die Königin!«

Dieser Schrei rettet sie tatsächlich. Eine Kammerfrau schrickt auf, stürzt ins Gemach, die Königin zu warnen. Schon dröhnen draußen die von den Leibgarden rasch verriegelten Türen unter Hacken und Beilen. Es bleibt keine Zeit mehr, Strümpfe und Schuhe anzuziehen, nur einen Rock wirft sich Marie Antoinette über das Hemd, einen Schal über die Schultern. So, nacktfüßig, die Strümpfe in der Hand, läuft sie klopfenden Herzens durch den Gang, der zum Œil-de-Bœuf und durch diesen weitläufigen Raum zu den Gemächern des Königs führt. Aber Entsetzen! Die Tür ist versperrt. Die Königin und ihre Kammerfrauen hämmern verzweifelt mit ihren Fäusten, hämmern und hämmern, aber die unerbittliche Tür bleibt verschlossen. Fünf Minuten lang, fünf fürchterlich lange Minuten, während nebenan jene gedungenen Mörder schon die Zimmer aufbrechen, Betten und Schränke durchwühlen, muß die Königin warten, bis endlich ein Diener jenseits der Tür das Klopfen hört und sie erlöst; jetzt erst kann Marie Antoinette in die Gemächer ihres Gemahls hinüberflüchten, gleichzeitig bringt die Gouvernante den Dauphin und die Tochter der Königin. Die Familie ist vereinigt, das Leben gerettet. Aber nicht mehr als das Leben.

Endlich ist auch der Schläfer erwacht, der Morpheus nicht hätte opfern dürfen in dieser Nacht und dem deshalb verächtlich seit dieser Stunde der Spottname »Général Morphée« anhängt: Lafayette; er sieht, was seine leichtfertige Gutgläubigkeit verschuldet. Nur noch mit Bitten und Beschwörungen, nicht mehr mit der Autorität des Befehlenden, kann er die gefangenen Leibgarden vor der Abschlachtung retten, nur mit äußerster Mühe den Pöbel aus den Gemächern wieder hinausdrängen. Jetzt, sobald die Gefahr vorbei ist, erscheinen auch, wohl rasiert und gepudert, der Graf von Provence, der Bruder des Königs, und der Herzog von Orléans; merkwürdigerweise, sehr merkwürdigerweise gönnt beiden die aufgeregte Menge respektvoll Raum. Nun kann der Kronrat beginnen. Doch was ist noch zu beraten? Die Menge der Zehntausend hält das Schloß wie eine kleine, dünne, zerbrechliche Nußschale in ihrer schwarzen und blutbefleckten Faust, aus dieser Umklammerung gibt es kein Entfliehen mehr, kein Entrinnen. Zu Ende ist das Verhandeln und Paktieren des Siegers mit dem Besiegten; mit tausendstimmigem Schrei donnert vor den Fenstern die Masse die Forderung, die ihr gestern und heute von den Agenten des Klubs heimlich zugeflüstert wurde: »Der König nach Paris! Der König nach Paris!« Die Scheiben dröhnen von diesem Anprall der drohenden Stimmen, und die Bilder der königlichen Ahnen schüttern erschreckt an den Wänden des alten Palastes.

Bei diesem befehlshaberischen Ruf richtet der König einen fragenden Blick auf Lafayette. Soll er gehorchen, oder vielmehr: muß er schon gehorchen? Lafayette schlägt die Augen nieder. Seit gestern weiß dieser Gott des Volkes um seine eigene Entgötterung. Noch hofft der König zu verzögern: um diese tobende Menge hinzuhalten, diesem rasenden Hunger nach Triumph wenigstens einen Brocken hinzuwerfen, beschließt er, auf den Balkon hinauszutreten. Kaum daß der brave Mann erscheint, bricht die Menge in lebhaften Beifall aus: immer bejubelt sie den König, wenn sie ihn besiegt hat. Und warum nicht jubeln, wenn ein Herrscher baren Hauptes vor sie hintritt und freundlich hinabnickt in den Hof, wo man eben zwei seiner Verteidiger wie geschlachteten Kälbern den Kopf abgeschlagen und auf Piken gespießt hat? Aber dem phlegmatischen, auch im Punkt der Ehre nicht hitzigen Mann fällt kein moralisches Opfer wirklich schwer; und wäre nach dieser seiner Selbstdemütigung das Volk ruhig nach Hause gegangen, so hätte er sich wahrscheinlich eine Stunde später auf das Pferd gesetzt und gemächlich Jagd abgehalten, um nachzuholen, was er gestern durch die »Ereignisse« versäumen mußte. Jedoch das Volk hat an diesem einen Triumph nicht genug, es will im Rausch seines Selbstgefühls noch heißeren, noch feurigeren Wein. Auch sie, die Königin, die Stolze, die Harte, die Freche, die unbeugsame Österreicherin soll hinaus! Auch sie und gerade sie, die Anmaßende, soll ihr Haupt beugen unter das unsichtbare Joch. Immer wilder werden die Schreie, immer toller stampfen die Füße, immer heiserer gellt der Ruf: »Die Königin, die Königin auf den Balkon!«

Marie Antoinette, bleich vor Zorn, die Lippen verbissen, rührt keinen Fuß. Was ihr den Schritt lähmt und die Wangen entfärbt, ist keineswegs die Furcht vor den vielleicht schon zielbereiten Flinten, vor Steinen und Schimpfreden, sondern Stolz, das ererbte, unzerstörbare Hoheitsgefühl dieses Hauptes, dieses Nackens, die sich niemals und vor niemand noch gebeugt haben. Verlegen blicken sie alle an. Endlich, die Fenster klirren schon vom Toben, gleich werden Steine sausen, tritt Lafayette auf sie zu: »Madame, es ist notwendig, um das Volk zu beruhigen.« – »Dann zögere ich nicht«, antwortet Marie Antoinette und nimmt ihre beiden Kinder rechts und links an die Hand. Aufrecht, den Kopf erhoben, die Lippen scharf angezogen, tritt sie hinaus auf den Balkon. Aber nicht wie eine Bittstellerin, die Gnade will, sondern wie ein Soldat, der zum Angriff marschiert mit dem entschlossenen Willen, gut und ohne Wimpernzucken zu sterben. Sie zeigt sich, aber sie beugt sich nicht. Doch gerade diese aufrechte Art ihrer Haltung wirkt bezwingend. Zwei Ströme von Kraft begegnen einander in diesen beiden Blicken, jenem der Königin und jenem des Volkes, und so stark schwingt diese Spannung, daß eine Minute lang auf dem riesigen Platz völlige Totenstille herrscht. Niemand weiß, wie sie sich lösen wird, diese erste zum Zerreißen gespannte Stille des Staunens und Erschreckens; ob in einem Wutgeheul, einem Flintenschuß oder einem Hagel von Steinen. Da tritt Lafayette, immer kühn in großen Augenblicken, an ihre Seite, mit ritterlicher Gebärde beugt er sich vor der Königin und küßt ihre Hand.

Diese Geste zerreißt mit einem Ruck die Spannung. Das Überraschendste geschieht: »Es lebe die Königin! Es lebe die Königin!« braust es mit tausend Stimmen über den Platz. Unwillkürlich bejubelt dasselbe Volk, das sich noch an der Schwäche des Königs entzückte, den Stolz, den unnachgiebigen Trotz dieser Frau, die gezeigt hat, daß sie mit keinem erzwungenen Lächeln, keinem feigen Gruß um seine Gunst wirbt.

Im Zimmer umringen alle Marie Antoinette, die vom Balkon zurücktritt, und beglückwünschen sie, als sei sie aus Todesgefahr entronnen. Aber die einmal Enttäuschte läßt sich durch diesen verspäteten Jubelruf des Volkes: »Es lebe die Königin!« nicht täuschen. Tränen stehen in ihren Augen, als sie zu Madame Necker sagt: »Ich weiß, sie werden uns zwingen, den König und mich, nach Paris zu gehen, und sie werden die Köpfe unserer Leibgarden auf ihren Piken vorantragen.«

Marie Antoinette hat recht gefühlt. Mit einer Verbeugung gibt sich das Volk nicht mehr zufrieden. Eher wird es Stein für Stein und Glas um Glas dieses Haus zertrümmern, als von seinem Willen abstehen. Nicht umsonst haben die Klubs diese riesige Maschine in Bewegung gesetzt, nicht umsonst sind sie, diese Tausende, sechs Stunden durch den Regen marschiert. Schon schwillt neuerdings das Murren gefährlich an, schon zeigt sich die zum Schutz angerückte Nationalgarde redlich geneigt, gemeinsam mit den Massen das Schloß zu stürmen. Da gibt der Hof endlich nach. Man wirft vom Balkon und aus den Fenstern beschriebene Zettel hinunter, der König sei entschlossen, mit seiner Familie nach Paris zu übersiedeln. Mehr hat das Volk nicht gewollt. Jetzt stellen die Soldaten ihre Gewehre weg, die Offiziere mischen sich unter das Volk, man umarmt einander, man jubelt, man schreit, Fahnen tanzen über die Menge, eilig schickt man die Piken mit den blutigen Köpfen voraus nach Paris. Diese Drohung ist nicht mehr nötig.

Um zwei Uhr nachmittags werden die großen vergoldeten Gittertore des Schlosses aufgetan. Eine riesige Kalesche mit sechs Pferden schleppt den König, die Königin und die ganze Familie über das holprige Pflaster für immer aus Versailles fort.

Ein Kapitel der Weltgeschichte, ein Jahrtausend königlicher Autokratie ist in Frankreich zu Ende.

Bei strömendem Regen, vom Wind umstürmt, war die Revolution am 5. Oktober zum Kampf aufgebrochen, um sich ihren König zu holen. Ihren Sieg am 6. Oktober grüßt ein strahlender Tag. Herbstlich klar ist die Luft, blauseiden der Himmel, kein Wind rührt die golden gefärbten Blätter an den Bäumen; es ist, als hielte die Natur neugierig den Atem an, um dieses in Jahrhunderten einzige Schauspiel zu betrachten, wie ein Volk seinen König entführt. Denn welch ein Schauspiel, diese Heimkehr Ludwig XVI. und Marie Antoinettes in ihre Hauptstadt! Halb Leichenzug, halb Fastnachtsschwank, Begräbnis der Monarchie und Karneval des Volkes. Und vor allem, welche neue, modisch sonderbare Etikette! Nicht galonierte Läufer rennen wie sonst dem Wagen des Königs voraus, nicht die Falkoniere auf ihren Eisenschimmeln und die Leibgarde mit den verschnürten Röcken sprengen zur Rechten und Linken, nicht der Adel umringt in Prunkgewändern die festliche Karosse, sondern ein schmutziger, unordentlicher Strom schwemmt in seiner Mitte die triste Kalesche wie ein gescheitertes Wrack mit. Voran die Nationalgarde in verlotterten Uniformen, nicht in Reih und Glied, sondern Arm in Arm, die Pfeife im Mund, lachend und singend, jeder einen Laib Brot auf die Spitze seines Bajonetts gespießt. Zwischendurch die Frauen, rittlings auf Kanonen sitzend, den Sattel mit gefälligen Dragonern teilend oder zu Fuß marschierend, Arm in Arm mit Arbeitern und Soldaten, als ginge es zum Tanz. Hinter ihnen rasseln die Wagen mit Mehl aus den königlichen Vorräten, bewacht von Dragonern, und unablässig sprengt die Kavalkade vor und zurück, mit hellem Mund die Schaulustigen anjubelnd, säbelschwingend und fanatisch die Führerin der Amazonen, Théroigne de Méricourt. Inmitten dieses aufschäumenden Gelärms schwimmt staubgrau die armselige düstere Karosse, in der, eng zusammengepreßt, Ludwig XVI., der schwachmütige Nachfahre Ludwigs XV., und Marie Antoinette, tragische Tochter Maria Theresias, ihre Kinder und die Gouvernante bei halb niedergelassenen Vorhängen sitzen. Ihnen folgen im gleichen Trauertrott die Karossen mit den königlichen Prinzen, dem Hof, den Deputierten und wenigen treugebliebenen Freunden, die alte Macht Frankreichs, mitgerissen von der neuen, die heute ihre Unwiderstehlichkeit zum ersten Male erprobt.

Sechs Stunden lang dauert dieser Leichenzug von Versailles nach Paris. Aus allen Häusern drängen unterwegs Menschen heraus. Aber nicht ehrfürchtig lüften die Zuschauer den Hut vor so schmählich Besiegten, nur neugierig reihen sie sich stumm, jeder will den König und die Königin in ihrer Erniedrigung gesehen haben. Mit Triumphrufen zeigen die Frauen ihre Beute: »Wir bringen sie zurück, den Bäcker, die Bäckerin und den kleinen Bäckerbuben. Jetzt ist es mit dem Hunger zu Ende.« Marie Antoinette hört all diese Rufe des Hasses und des Hohnes und drückt sich tief in die Wölbung des Wagens, um nichts zu sehen und nicht gesehen zu werden. Ihre Augen sind verhangen. Vielleicht erinnert sie sich bei dieser langen sechsstündig-unendlichen Fahrt der unzähligen anderen, der frohmütigen und leichten Fahrten auf dieser gleichen Straße, zu zweit mit der Polignac im Kabriolett zum Maskenball, zur Oper, zu Soupers und zurück im grauenden Morgen. Vielleicht sucht sie auch mit den Blicken unter den Garden den einen, der verkleidet zu Pferde den Zug begleitet, Fersen, den einzigen wirklichen Freund. Vielleicht denkt sie gar nichts und ist nur müde, nur erschöpft, denn langsam, langsam rollen die Räder und unabänderlich, sie weiß es, dem Verhängnis entgegen.

Endlich hält der Leichenwagen der Monarchie an den Toren vor Paris: hier wartet des politisch Toten noch die feierliche Einsegnung. Bei flackernden Fackeln empfängt der Bürgermeister Bailly den König und die Königin und preist diesen 6. Oktober, der Ludwig für immer zum Untertanen seiner Untertanen macht, als einen »schönen Tag«. »Welch schöner Tag«, sagt er emphatisch, »da die Pariser in ihrer Stadt Ihre Majestät und die königliche Familie besitzen dürfen.« Selbst der unempfindliche König fühlt diesen Stachel durch seine Elefantenhaut, er wehrt kurz ab: »Ich hoffe, mein Herr, daß mein Aufenthalt den Frieden, die Eintracht und die Unterwerfung unter die Gesetze bringt.« Aber noch immer läßt man die tödlich Erschöpften nicht zur Ruhe kommen. Noch müssen sie ins Stadthaus, damit ganz Paris seine Beute betrachten könne. Bailly übermittelt die Worte des Königs: »Immer sehe ich mich mit Vergnügen und Vertrauen in der Mitte der Bewohner meiner guten Stadt Paris«, aber dabei vergißt er das Wort »Vertrauen« zu wiederholen. Mit überraschender Geistesgegenwart merkt die Königin das Versäumnis. Sie erkennt, wie wichtig es ist, mit diesem Wort »Vertrauen« dem aufständischen Volk eine Verpflichtung aufzuerlegen. Laut erinnert sie daran, daß der König auch sein Vertrauen ausgesprochen habe. »Sie hören, meine Herren«, sagt Bailly, rasch gefaßt, »es ist noch besser, als wenn ich selbst es gesagt hätte.«

Zum Schluß holt man die Heimgezwungenen an die Fenster. Fackeln werden von rechts und links nahe an ihre Gesichter gehalten, damit sich das Volk vergewissern könne, daß es keine verkleideten Puppen, sondern wirklich der König und die Königin seien, die man aus Versailles geholt hat. Und das Volk ist von seinem unerwarteten Sieg ganz begeistert, ganz trunken; warum jetzt nicht großmütig sein? Der lange verschollene Ruf: »Es lebe der König, es lebe die Königin!« donnert wieder und wieder über den Grèveplatz, und zur Belohnung dürfen Ludwig XVI. und Marie Antoinette jetzt ohne militärischen Schutz in die Tuilerien fahren, um endlich auszuruhen von diesem furchtbaren Tage und um zu ermessen, in welche Tiefe er sie hinabgestürzt hat.

Die staubüberdeckten, glühenden Wagen halten vor einem dunklen, verwahrlosten Schloß. Seit Ludwig XIV., seit hundertfünfzig Jahren, hat der Hof die alte Residenz der Könige, die Tuilerien, nicht mehr bewohnt; öde sind die Zimmer, die Möbel weggeschafft, es fehlen Betten und Lichter, die Türen schließen nicht, kalt fährt die Luft durch die zerbrochenen Fensterscheiben. In Eile versucht man bei geborgten Kerzen ein Nachtlager für die wie ein Meteor aus dem Himmel hereingestürzte königliche Familie halbwegs zu improvisieren. »Wie häßlich hier alles ist, Mama«, sagt beim Eintreten der viereinhalbjährige Dauphin, aufgewachsen im Glanz von Versailles und Trianon, gewohnt an leuchtende Kandelaber und schillernde Spiegel, an Reichtum und Pracht. »Mein Kind«, antwortet die Königin, »hier wohnte Ludwig XIV. und befand sich wohl. Wir dürfen nicht anspruchsvoller sein als er.« Ohne jede Klage aber findet sich Ludwig der Gleichgültige in sein unbequemes Nachtlager. Er gähnt und sagt träge zu den anderen: »Jeder bringe sich unter, wie er gerade kann. Was mich betrifft, ich bin zufrieden.«

Marie Antoinette jedoch ist nicht zufrieden. Nie wird sie dieses Haus, das sie nicht frei gewählt hat, anders denn als Gefängnis betrachten, nie vergessen, auf welche erniedrigende Weise man sie hierhergeschleppt hat. »Niemals wird man glauben können«, schreibt sie mit fliegender Hand an den getreuen Mercy, »was in den letzten vierundzwanzig Stunden vorgefallen ist. Was immer man auch sagt, nichts wird übertrieben sein und, im Gegenteil, weit unter dem, was wir gesehen und erlitten haben.«

SELBSTBESINNUNG

1789 ist sich die Revolution ihrer eigenen Kraft gar nicht bewußt, noch erschrickt sie manchmal über ihren eigenen Mut: so auch diesmal; die Nationalversammlung, die Stadtverordneten von Paris, die ganze Bürgerschaft, im Herzen noch redlich königstreu, sind alle eher entsetzt über den Handstreich der Amazonenhorde, die den König wehrlos in ihre Hände liefert. Aus Scham tun sie alles Denkbare, um das Ungesetzliche dieses brutalen Gewaltaktes zu verwischen, einhellig bemühen sie sich, die Entführung der königlichen Familie nachträglich in eine »freiwillige« Übersiedlung umzulügen. Rührend wetteifern sie, die schönsten Rosen auf das Grab der königlichen Autorität zu streuen, in der heimlichen Hoffnung, sie würden verbergen, daß die Monarchie in Wirklichkeit seit dem 6. Oktober für immer tot und eingesargt ist. Abordnung folgt auf Abordnung, um den König tiefer Treue zu versichern. Das Parlament entsendet dreißig Mitglieder, der Magistrat von Paris macht seine respektvolle Aufwartung, der Bürgermeister verbeugt sich vor Marie Antoinette mit den Worten: »Die Stadt ist glücklich, Sie im Palast Ihrer Könige zu sehen, und wünscht, daß der König und Ihre Majestät ihr die Gnade erweisen mögen, sie zur ständigen Residenz zu erwählen.« Ebenso ehrerbietig erscheint die Große Kammer, die Universität, der Rechnungsrat, der Kronrat, schließlich, am 20. Oktober, die ganze Nationalversammlung, vor den Fenstern drängen sich tagtäglich große Volksmassen und rufen: »Es lebe der König! Es lebe die Königin!« Alles tut alles, um dem Monarchen seine Freude über die »freiwillige Übersiedlung« kundzutun.

Aber Marie Antoinette, immer unfähig, sich zu verstellen, und der ihr gehorsame König wehren sich mit einer menschlich zwar begreiflichen, politisch aber vollkommen törichten Hartnäckigkeit gegen diese rosige Verschminkung der Tatsachen. »Wir dürften ziemlich zufrieden sein, wenn wir vergessen könnten, auf welche Weise wir hergekommen sind!« schreibt die Königin an den Botschafter Mercy. Aber in Wirklichkeit kann und will sie es gar nicht vergessen. Zuviel Schmach hat sie erlitten, man hat sie mit Gewalt nach Paris geschleppt, ihr Versailler Schloß gestürmt, ihre Leibgarden ermordet, ohne daß die Nationalversammlung, ohne daß die Nationalgarde eine Hand gerührt hätte. Man hat sie gewaltsam in die Tuilerien gesperrt, die ganze Welt soll diese Schändung der geheiligten Rechte eines Monarchen erfahren. Ununterbrochen unterstreichen beide mit Absicht die eigene Niederlage: der König verzichtet auf seine Jagd, die Königin besucht kein Theater, sie zeigen sich nicht in den Straßen, sie fahren nicht aus und versäumen damit die wichtige Möglichkeit, sich in Paris wieder volkstümlich zu machen. Dieses trotzige Sichselbsteinschließen aber schafft ein gefährliches Präjudiz. Denn indem sich der Hof für vergewaltigt erklärt, überzeugt er das Volk von seiner Gewalt; indem der König ständig kundtut, daß er der Schwächere sei, wird er es wirklich. Nicht das Volk, nicht die Nationalversammlung, sondern der König und die Königin haben den unsichtbaren Festungsgraben um die Tuilerien gezogen, sie selbst verwandeln aus einem törichten Trotz die ihnen noch nicht bestrittene Freiheit in Gefangenschaft.

Wenn aber der Hof die Tuilerien so pathetisch als Gefängnis betrachtet, soll es immerhin doch ein königliches sein. Schon in den nächsten Tagen karren riesige Wagen die Möbel aus Versailles herein, Schreiner und Tapezierer hämmern bis zur späten Nacht in den Zimmern. Bald sammeln sich in der neuen Residenz die alten Hofbeamten, soweit sie nicht vorgezogen haben auszuwandern, der ganze Troß der Kämmerer, Lakaien, Kutscher, Köche füllt die Dienergelasse. Die alten Livreen leuchten neuerdings in den Gängen, alles spiegelt Versailles wider, und auch das Zeremoniell ist unversehrt herübergebracht; als einzigen Unterschied bemerkt man höchstens, daß vor den Türen statt der entlassenen adeligen Leibgarden nun die Bürgerkompanien Lafayettes Wache halten.

Von der riesigen Zimmerflucht der Tuilerien und des Louvre bewohnt die königliche Familie nur ganz wenige Räume, denn man will keine Feste mehr, keine Bälle und keine Redouten, kein Aufsehen und keinen unnötigen Glanz. Ausschließlich der gegen den Garten gerichtete (im Jahre 1870 während der Kommune niedergebrannte und nicht wieder aufgebaute) Teil der Tuilerien wird für die königliche Familie instand gesetzt: im oberen Stockwerk das Schlafzimmer und Empfangszimmer des Königs, ein Schlafzimmer für seine Schwester, je eines für die Kinder und ein kleiner Salon. Zu ebener Erde das Schlafzimmer Marie Antoinettes mit einem Empfangsraum und einem Toilettenraum, ein Billardzimmer und der Speisesaal. Außer durch die eigentliche Stiege sind die beiden Stockwerke noch durch eine kleine, neu eingebaute Treppe verbunden. Sie führt aus den ebenerdigen Gemächern der Königin zum Zimmer des Dauphins und des Königs hinauf; und ausschließlich die Königin und die Gouvernante der Kinder besitzen für diese Verbindungstür den Schlüssel.

Betrachtet man den Plan dieser Einteilung, so fällt eines auf: die zweifellos von ihr selbst angeordnete Isolierung Marie Antoinettes von der übrigen Familie. Sie schläft und wohnt allein, und ihr Schlafzimmer, ihr Empfangszimmer ist so gelegen, daß die Königin jederzeit ungesehen Besuche empfangen kann, ohne daß diese die öffentliche Treppe und den Haupteingang benützen müßten. Bald wird sich der beabsichtigte Sinn dieser Maßnahmen zeigen, und ebenso der Vorteil, daß die Königin sich jederzeit ins obere Stockwerk hinaufbegeben kann, während sie selbst ihrerseits vor jeder Überraschung durch Dienstleute, Spione und Nationalgarden (und vielleicht sogar durch den König) geschützt ist. Selbst in der Gefangenschaft wird ihre »desinvoltura« den letzten Rest persönlicher Freiheit bis zum letzten Atemzug verteidigen.

Das alte Schloß mit seinen finsteren Korridoren, die Tag und Nacht durch rußige Öllampen mühsam erhellt sind, mit seinen gewundenen Schneckenstiegen, seinen überfüllten Dienerräumen und vor allem mit den ständigen Zeugen der Volksallmacht, den bewachenden Nationalgardisten, ist an sich kein angenehmer Aufenthalt; und doch führt, vom Schicksal zusammengedrängt, die königliche Familie hier ein stilleres, intimeres und vielleicht sogar bequemeres Leben als in dem pompösen Steinkasten von Versailles. Nach dem Frühstück läßt die Königin die Kinder zu sich herunterbringen, dann geht sie in die Messe und bleibt in ihrem Zimmer allein bis zum gemeinsamen Mittagessen. Nachher spielt sie mit dem Gatten eine Partie Billard, für ihn ein schwacher gymnastischer Ersatz der ungern entbehrten Jagd. Dann zieht sich Marie Antoinette, während der König liest oder schläft, abermals in ihre Räume zurück, um mit vertrauten Freunden, mit Fersen, der Prinzessin Lamballe oder anderen, Rat zu halten. Nach dem Abendessen versammelt sich im großen Salon die ganze Familie: der Bruder des Königs, der Graf von Provence mit seiner Frau, die das Luxembourgpalais bewohnen, die alten Tanten und einige wenige Getreue. Um elf erlöschen die Lichter, der König und die Königin begeben sich in ihre Schlafgemächer. Diese stille, geregelte kleinbürgerliche Tageseinteilung kennt keine

Abwechslung, keine Feste und keinerlei Pomp. Mademoiselle Bertin, die Putzkünstlerin, wird fast nie mehr befohlen, die Zeit der Juweliere ist vorüber, denn Ludwig XVI. muß sein Geld jetzt zusammenhalten für wichtigere Zwecke, für Bestechung und geheimen politischen Dienst. Von den Fenstern geht der Blick in den Garten und zeigt Herbst und frühen Blätterfall: nun läuft sie hastig, die Zeit, die früher der Königin zu langsam ging. Nun ist endlich die Stille um sie, die sie bisher gefürchtet, nun zum erstenmal Gelegenheit zu ernstem und klarem Besinnen.

Ruhe ist ein schöpferisches Element. Sie sammelt, sie reinigt, sie ordnet die inneren Kräfte, sie faßt wieder zusammen, was die wilde Bewegung verstreut. Wie in einer geschüttelten Flasche, setzt man sie zu Boden, das Schwere sich vom Leichten scheidet, so kristallisieren in einer gemengten Natur Stille und Nachdenklichkeit den Charakter deutlicher heraus. Brutal auf sich selbst zurückgeworfen, beginnt Marie Antoinette sich zu finden. Nun erst wird erkenntlich, daß nichts dieser leichtblütigen, leichtfertigen, leichtsinnigen Natur so verhängnisvoll gewesen war wie die Leichtigkeit, mit der ihr vom Schicksal alles gegeben wurde; gerade diese unverdienten Geschenke des Lebens haben sie innerlich verarmt. Zu früh und üppig hatte das Geschick sie verwöhnt, eine hohe Geburt und eine noch höhere Stellung waren ihr ohne Anstrengung zugefallen; so meinte sie, sich nicht anstrengen zu müssen, sie brauchte sich nur leben zu lassen, wie sie wollte, und alles schien recht. Die Minister dachten, das Volk arbeitete, die Bankleute zahlten für ihre Bequemlichkeit, und die Verwöhnte nahm alles hin ohne Gedanken und ohne Dank. Jetzt erst, herausgefordert von dem ungeheuren Anspruch, dies alles, ihre Krone, ihre Kinder, ihr eigenes Leben, gegen den großartigsten Aufruhr der Geschichte verteidigen zu müssen, sucht sie in sich selbst nach Kräften des Widerstands und holt plötzlich unausgenutzte Reserven der Intelligenz, der Tatkraft aus sich heraus. Der Durchbruch ist endlich erfolgt. »Erst im Unglück weiß man, wer man ist«, dieses schöne, dieses erschütterte und erschütternde Wort blitzt jetzt plötzlich in einem ihrer Briefe auf. Die Mahner, die Mutter, die Freunde haben jahrzehntelang keine Macht gehabt über diese trotzige Seele. Es war zu früh für die Unbelehrbare. Das Leid ist der erste wirkliche Lehrer Marie Antoinettes, der einzige, von dem die Unbelehrbare gelernt hat.

Eine neue Epoche beginnt mit dem Unglück im inneren Leben dieser seltsamen Frau. Aber Unglück verwandelt eigentlich niemals einen Charakter, es preßt keine neuen Elemente in ihn hinein; es bildet nur längst vorhandene Anlagen aus. Marie Antoinette wird nicht – dies wäre falsch gesehen – plötzlich intelligent, tätig, energisch und vital in diesen Jahren des letzten Kampfes; all das war sie der Anlage nach von je, sie hatte nur aus einer geheimnisvollen Trägheit der Seele, aus einer kindischen Verspieltheit der Sinne diese Wesenshälfte ihrer Persönlichkeit nicht zum Einsatz gebracht; sie hatte bisher mit dem Leben nur gespielt – das fordert keine Kraft – und nie mit ihm gekämpft; jetzt erst, seit der großen Herausforderung, schleifen sich alle diese Energien zur Waffe. Marie Antoinette denkt und überlegt erst, seit sie denken muß. Sie arbeitet, weil sie gezwungen ist zu arbeiten. Sie erhöht sich, weil sie vom Schicksal genötigt ist, groß zu sein, um nicht von der Übermacht erbärmlich erdrückt zu werden. Eine völlige Umstellung ihres äußeren und inneren Lebens beginnt nun in den Tuilerien. Dieselbe Frau, die zwanzig Jahre lang keinen Vortrag eines Gesandten aufmerksam bis zu Ende anhören konnte, die keinen Brief anders als hastig und niemals ein Buch las, die sich um nichts bekümmerte als um Spiel, Sport, Mode und ähnliche Unwichtigkeiten, verwandelt ihren Schreibtisch in eine Staatskanzlei, ihr Zimmer in ein diplomatisches Kabinett. Sie verhandelt – an Stelle ihres Gatten, den jetzt alle ärgerlich als unheilbaren Fall von Schwäche zur Seite schieben – mit allen Ministern und Gesandten, sie überwacht ihre Maßnahmen, sie redigiert ihre Briefe. Sie lernt chiffrieren und ersinnt die sonderbarsten Techniken geheimer Verständigung, um auf diplomatischem Wege sich mit ihren Freunden im Ausland beraten zu können; bald wird mit sympathetischer Tinte geschrieben, bald werden die Nachrichten mit einem Zahlensystem in Zeitschriften und Schokoladenbüchsen durch die Überwachung geschmuggelt; jedes Wort muß sorgfältigst ausgeklügelt werden, um den Eingeweihten klar und den Unberufenen unverständlich zu sein. Und all dies allein, mit keinem Helfer, keinem Sekretär an der Seite, Spione an der Tür und im eigenen Zimmer: ein einziger aufgefangener Brief, und ihr Mann, ihre Kinder wären verloren. Bis zur körperlichen Erschöpfung arbeitet die an solche Arbeit nie gewöhnte Frau: »Ich bin schon ganz ermüdet von den Schreibereien«, stöhnt sie einmal in einem Brief, und ein andermal: »Ich sehe nicht mehr, was ich schreibe.«

Und weitere, sehr bedeutsame seelische Umstellung: Marie Antoinette lernt endlich die Wirklichkeit redlicher Ratgeber erkennen, sie gibt die törichte Anmaßung preis, selbständig aus nervösem Handgelenk, auf den ersten Blick über politische Angelegenheiten zu entscheiden. Während sie früher immer mit verhaltenem Gähnen den stillen, grauhaarigen Gesandten Mercy empfing und sichtlich aufatmete, wenn der lästige Pedant die Tür hinter sich schloß, wirbt sie jetzt verschämt um diesen allzulange verkannten, redlichen und vielerfahrenen Mann: »Je unglücklicher ich bin, um so mehr fühle ich mich meinen wirklichen Freunden auf das innigste verpflichtet«, in diesem menschlichen Tonfall schreibt sie jetzt dem alten Freunde ihrer Mutter, oder: »Ich bin schon ungeduldig, einen Augenblick zu finden, da ich Sie wieder frei sprechen und sehen und Sie all der Empfindungen versichern kann, die ich Ihnen mit so viel Recht für mein ganzes Leben gewidmet habe.« In ihrem fünfunddreißigsten Jahre ist sie endlich gewahr geworden, wozu sie von einem besonderen Schicksal ausersehen war: nicht andern hübschen, koketten, geistig mittleren Frauen die kurzlebigen Triumphe der Mode streitig zu machen, sondern sich von dem dauernden und überdauernden, vor dem unbeugsamen Blick der Nachwelt zu bewähren und zwiefach zu bewähren: als eine Königin und als Tochter Maria Theresias. Ihr Stolz, bisher nur der kleinliche Kinderstolz eines verwöhnten Mädchens, wendet sich jetzt entschlossen der Aufgabe zu, in einer großen Zeit groß und kühn vor der Welt zu erscheinen. Nicht mehr um das Persönliche kämpft sie, nicht um Macht oder privates Glück: »Was unsere Personen betrifft, so weiß ich, daß jeder Gedanke an Glück vorbei ist, was auch immer geschehe. Doch dies ist die Pflicht eines Königs, für die andern zu leiden, und wir erfüllen sie gut. Möge es eines Tages erkannt werden.« Spät, jedoch bis ins Innerste der Seele hat Marie Antoinette begriffen, daß sie eine historische Gestalt zu werden bestimmt ist, und dieser überzeitliche Anspruch steigert großartig ihre Kräfte. Denn wenn ein Mensch sich einer eigenen Tiefe nähert, wenn er das Innerste seiner Persönlichkeit aufzugraben entschlossen ist, rührt er im eigenen Blut die schattenhaften Mächte all seiner Ahnen auf. Daß sie eine Habsburgerin ist, Enkelin und Erbin uralter Kaiserehre, eine Tochter Maria Theresias, das hebt diese schwache, unsichere Frau mit einmal magisch über sich selbst hinaus. Sie fühlt sich verpflichtet, »digne de Marie Thérèse« zu sein, würdig ihrer Mutter, und dieses Wort »Mut« wird als Leitmotiv ihrer Todessymphonie. Immer wiederholt sie, daß »nichts ihren Mut brechen könne«; und als sie aus Wien die Nachricht vernimmt, ihr Bruder Joseph habe in seiner furchtbaren Agonie männlich entschlossen seine Haltung bis zum letzten Augenblick bewahrt, da fühlt sie sich gleichsam selbst prophetisch angerufen und antwortet mit dem selbstbewußtesten Wort ihres Lebens: »Ich wage zu sagen, daß er meiner würdig gestorben ist.«

Dieser wie eine Fahne vor der Welt hochgetragene Stolz kostet allerdings Marie Antoinette mehr, als die andern ahnen dürfen. Denn im innersten Grunde ist diese Frau weder hochmütig noch stark, keine Heroine, sondern eine sehr weibliche Frau, für Hingabe und Zärtlichkeit und nicht für den Kampf geboren. Der Mut, den sie zeigt, soll nur den andern Mut machen; sie selbst glaubt zutiefst an bessere Tage nicht mehr. Kaum kehrt sie zurück in ihr Zimmer, so sinken ihr die Arme müde herab, mit denen sie die Fahne des Stolzes vor der Welt trägt, fast immer findet Fersen sie in Tränen; diese Liebesstunden mit dem unendlich geliebten und endlich gefundenen Freund, sie ähneln in nichts galanten Spielen, sondern alle Kraft muß dieser selbst ergriffene Mann aufbieten, um die geliebte Frau ihren Müdigkeiten und Melancholien zu entziehen, und gerade dies, ihr Unglück, erregt in dem Liebenden das tiefste Gefühl. »Sie weint oft«, schreibt er der Schwester, »und ist sehr unglücklich. Wie muß ich sie lieben!« Die letzten Jahre waren zu hart für dieses leichtgläubige Herz. »Wir haben zuviel Grauenhaftes und zuviel Blut gesehen, um jemals noch glücklich sein zu können.« Aber immer wieder hebt sich gegen die Wehrlose der Haß, und sie hat keinen Verteidiger mehr als ihr Gewissen. »Ich fordere die ganze Welt heraus, mir irgendein wirkliches Unrecht nachzuweisen«, schreibt sie, oder »Das gerechte Urteil erwarte ich von der Zukunft, und das hilft mir, alle meine Leiden zu ertragen. Jene, die es mir verweigern, verachte ich zu sehr, um mich mit ihnen zu befassen.« Und doch stöhnt sie auf: »Wie leben mit einem solchen Herzen in einer solchen Welt!« und man spürt: in manchen Stunden hat die Verzweifelte nur noch den Wunsch, es möge bald zu Ende gehen. »Könnte eines Tages, was wir jetzt tun und leiden, wenigstens unsere Kinder glücklich machen! Dies ist noch der einzige Wunsch, den ich mir erlaube.« Dieser Gedanke an ihre Kinder, er ist der einzige, den Marie Antoinette noch mit dem Worte »Glück« zu verbinden wagt. »Wenn ich überhaupt noch glücklich sein könnte, so wäre ich es durch meine beiden Kinder«, seufzt sie einmal, und ein andermal: »Wenn ich sehr traurig bin, nehme ich meinen kleinen Jungen her«, und wieder ein andermal: »Ich bin den ganzen Tag allein, und meine Kinder sind mein einziger Trost. Ich habe sie soviel als möglich um mich.« Zwei von den vieren, denen sie das Leben gegeben hat, sind ihr weggestorben, nun drängt die zurückgetriebene, die einst der ganzen Welt leichtsinnig aufgetane Liebe diesen beiden übriggebliebenen verzweifelt-leidenschaftlich zu. Insbesondere der Dauphin macht ihr viel Freude, weil er kräftig gewachsen, munter, klug und zärtlich ist, ein »chou d'amour«, wie sie verliebt von ihm sagt; aber wie alle ihre Gefühle sind auch die Neigungen und Zärtlichkeiten bei der Vielgeprüften nach und nach hellsichtig geworden. Obwohl sie den Knaben vergöttert, verzieht sie ihn nicht. »Unsere Zärtlichkeit für dieses Kind muß streng sein«, schreibt sie an seine Gouvernante. »Wir dürfen nicht vergessen, daß wir in ihm einen König heranbilden.« Und als sie an Stelle der Madame Polignac ihren Sohn einer neuen Erzieherin, der Madame de Tourzel, übergibt, verfaßt sie zu deren Anleitung eine psychologische Beschreibung, in der sich mit einemmal blendend alle ihre bisher verborgenen Fähigkeiten der Menschenbeurteilung und des seelischen Instinkts zeigen. »Mein Sohn ist vier Jahre vier Monate weniger zwei Tage alt«, schreibt sie. »Ich spreche nicht von seinem Wuchs und seinem Äußern, das sehen Sie selbst. Seine Gesundheit ist immer gut gewesen, aber schon in der Wiege fiel auf, daß seine Nerven außerordentlich empfindlich waren und daß das kleinste besondere Geräusch auf ihn eine Wirkung ausübte. Seine ersten Zähne sind spät gekommen, aber ohne Krankheit und Zwischenfälle, erst bei dem letzten, ich glaube beim sechsten, hat er einen Krampf gehabt. Seitdem sind solche Krämpfe nur zweimal aufgetreten, einer im Winter 1787 auf 1788, der andere bei seiner Impfung; aber der zweite war sehr geringfügig. Die feine Empfindlichkeit seiner Nerven bewirkt, daß jedes Geräusch, an das er nicht gewöhnt ist, ihm Angst macht; so hat er zum Beispiel Furcht vor Hunden, weil er sie in seiner Nähe bellen gehört hat. Ich habe ihn nie gezwungen, Hunde anzuschauen, weil ich glaube, daß in dem Maße, wie seine Vernunft sich entwickeln wird, seine Furcht sich von selbst geben wird. Wie alle kräftigen und robusten Kinder ist er sehr übermütig und sehr heftig in seinen plötzlichen Zornausbrüchen; dennoch ist er ein gutes, zartes und zärtliches Kind, wenn ihn sein Trotz nicht packt. Er hat ein sehr großes Selbstgefühl, das, wenn man es gut leitet, eines Tages zu seinem Vorteil gewendet werden kann. Ehe er zu jemandem Zutrauen gefaßt hat, weiß er sich im Zaum zu halten und selbst seine Ungeduld und seinen Zorn zu verbergen, um sanft und liebenswürdig zu erscheinen. Er ist von großer Verläßlichkeit, wenn er etwas versprochen hat, aber er ist schwatzhaft, wiederholt gern, was er sprechen gehört, und fügt oft, ohne lügen zu wollen, etwas dazu, was seine Einbildungskraft ihn hat glauben machen. Das ist sein größter Fehler und der Punkt, in dem man ihn unbedingt bessern muß. Sonst ist er, wie ich wiederhole, ein gutes Kind, und mit Zartgefühl und gleichzeitiger Energie wird man ihn, ohne allzu streng zu sein, leicht leiten können und immer alles von ihm erreichen. Strenge würde ihn aufbringen, weil er für sein Alter viel Charakter hat. Ich will nur ein Beispiel geben: seit seiner frühesten Kindheit hat ihn das Wort ›Verzeihung‹ immer aufgebracht. Er wird alles tun und sagen, was man von ihm verlangt, sobald er Unrecht hat, aber die Worte ›Ich bitte um Verzeihung‹ wird er nur unter Tränen und mit unglaublicher Qual aussprechen. Man hat von Anfang an meine Kinder erzogen, großes Zutrauen in mich zu setzen, und wenn sie ein Unrecht begangen haben, es mir zu sagen. Das kommt davon, daß selbst, wenn ich sie auszanke, ich niemals so tue, als ob ich erzürnt, sondern immer nur, als ob ich gekränkt wäre und betroffen über das, was sie angestellt haben. Ich habe sie daran gewöhnt, daß alles, was ich einmal ausgesprochen habe, daß jedes Ja oder Nein unwiderruflich ist; aber ich gebe ihnen für meine Entscheidungen immer eine Ursache an, die ihnen und ihrem Alter verständlich ist, damit sie nicht glauben können, es sei meinerseits bloß eine Laune. Mein Sohn kann noch nicht lesen und lernt sehr schlecht; er ist zu zerstreut, um sich anzustrengen. Er hat gar keine Ahnung von seiner hohen Stellung, und ich wünsche sehr, daß dies so bleibe. Unsere Kinder werden schon früh genug lernen, wer sie sind. Er liebt seine Schwester sehr und von ganzem Herzen; immer wenn ihm etwas Vergnügen macht, sei es irgendwohin zu gehen, oder wenn er ein Geschenk erhält, ist es sein erstes, das gleiche auch für seine Schwester zu verlangen. Von Natur aus ist er heiter, und für seine Gesundheit ist es nötig, viel an der Luft zu sein …«

Legt man dieses Dokument der Mutter neben die früheren Briefe der Frau, man würde kaum glauben, ein und dieselbe Hand hätte sie geschrieben, so fern ist die neue Marie Antoinette von der anderen, so fern wie Unglück von Glück, Verzweiflung von Übermut. In die weichen Seelen, in die unfertigen und nachgiebigen, prägt am deutlichsten das Unglück seinen Stempel: in klarem Umriß entsteht jetzt ein Charakter, der bisher wie fließendes Wasser unruhig und verschwommen war. »Wann wirst du endlich du selbst werden«, hatte immer verzweifelt die Mutter geklagt. Nun, mit den ersten weißen Haaren an den Schläfen, ist Marie Antoinette endlich sie selber geworden.

Diese völlige Verwandlung bezeugt auch ein Bild, das einzige und letzte, das die Königin in den Tuilerien anfertigen ließ. Kucharski, ein polnischer Maler, hat es in losen Umrissen gezeichnet, die Flucht nach Varennes hat ihn verhindert, es zu vollenden; dennoch ist es das vollendetste, das wir besitzen. Die Paradebilder Wertmüllers, die Salonbilder der Madame Vigée-Lebrun sind unablässig bemüht, den Betrachter durch kostbare Kostüme und Dekorationen zu erinnern, daß diese Frau die Königin von Frankreich sei. Im prunkvollen Hut mit herrlichen Straußenfedern auf ihrem Haupt, diamentenumblitzt das brokatene Gewand, tritt sie vor ihren samtenen Thronsessel, und selbst die sie in einem mythologischen oder ländlichen Gewand abbilden, haben immer irgendwo ein sichtliches Zeichen, das zu wissen gibt, diese Dame ist eine hohe Frau, nein, die höchste des Landes, die Königin. Dieses Bild Kucharskis läßt alle diese auffälligen Drapierungen beiseite: eine üppig schöne Frau hat sich hingesetzt auf einen Sessel und sieht träumerisch vor sich hin. Ein wenig müde scheint sie und ermattet. Sie hat keine große Toilette angezogen, kein Schmuck, kein Edelstein blitzt auf ihrem Nacken, sie hat sich nicht zurechtgemacht – vorbei sind die komödiantischen Kniffe, dafür ist jetzt keine Zeit; das Werbende ist dem Ruhenden gewichen, die Eitelkeit der Einfachheit. Locker und natürlich fällt das

Haar, kunstvoll geordnet, in dem schon die ersten silbernen Strähnen glänzen, mühelos gleitet das Kleid von den noch immer fülligen und leuchtenden Schultern, aber nichts in der Haltung ist auf gefallsüchtigen Eindruck berechnet. Der Mund lächelt nicht mehr, die Augen werben nicht mehr; in einer Art herbstlichen Lichts, noch schön, aber schon von einer milderen, mütterlichen Schönheit, im Zwielicht zwischen Verlangen und Verzicht, als femme entre deux âges, nicht mehr jung und doch nicht alt, nicht mehr begehrend und doch noch begehrbar, so träumt diese Frau vor sich hin. Während man bei allen andern Bildern den Eindruck hat, als hätte eine in ihre Schönheit verliebte Frau mitten im Lauf, im Tanz, im Lachen sich bloß rasch einen Augenblick dem Maler zugewandt, um gleich wieder weiterzutollen, spürt man hier: diese Frau ist still geworden und liebt die Stille. Nach den tausend Götzenbildern in kostbaren Rahmen aus Marmor und Elfenbein zeigt dieses eine halbfertige Blatt endlich den Menschen; als einziges von allen läßt es zum erstenmal ahnen, daß diese Königin auch etwas wie eine Seele hat.

MIRABEAU

In dem zermürbenden Kampf gegen die Revolution hatte bisher die Königin nur zu einem einzigen Bundesgenossen Zuflucht genommen: zur Zeit. »Nur Nachgiebigkeit und Geduld können uns helfen.« Aber die Zeit ist ein unverläßlicher, opportunistischer Bundesgenosse, sie stellt sich regelmäßig auf die Seite des Starken und läßt verächtlich jeden im Stich, der untätig auf sie vertraut. Die Revolution marschiert weiter, jede Woche wirbt ihr tausend neue Rekruten in der Stadt, bei der Bauernschaft, in der Armee; und der neugegründete Klub der

Jakobiner setzt jeden Tag den Hebel fester an, um endlich die Monarchie aus den Angeln zu stemmen. Endlich begreifen die Königin und der König die Gefahr ihrer einsamen Zurückgezogenheit und beginnen nach Bundesgenossen Ausschau zu halten.

Ein wichtiger Bundesgenosse hat sich wohl – dieses kostbare Geheimnis ist undurchsichtig im engsten Kreise bewahrt – mehrmals dem Hofe mit verschleierten Worten angeboten. Seit den Septembertagen weiß man in den Tuilerien, daß der Führer der Nationalversammlung, der vielgefürchtete, vielbewunderte Graf Mirabeau, dieser Löwe der Revolution, bereit ist, goldenes Futter aus der Hand des Königs zu nehmen. »Sorgen Sie dafür«, hat er damals zu einem Zwischenträger gesagt, »daß man im Schlosse erfahre, ich stände mehr auf ihrer Seite als gegen sie.« Aber solange er sicher in Versailles saß, fühlte der Hof sich zu fest im Sattel, noch hatte die Königin nicht die Wichtigkeit dieses Mannes erkannt, der wie keiner befähigt war, die Revolution zu führen, weil er selbst Genius der Revolte war, leibhaftig gewordene Verkörperung des Freiheitswillens, menschgewordene Umsturzkraft, atmende Anarchie. Die andern in der Nationalversammlung, brave, wohlmeinende Gelehrte, scharfsinnige Juristen, ehrliche Demokraten, sie träumten idealistisch von Ordnung und Neuordnung; nur für diesen einen wird das Chaos im Staate Selbstrettung vor dem eigenen inneren Chaos. Seine vulkanische Kraft, stolz nennt er sie einmal die Kraft von zehn Männern, braucht einen Weltsturm, um sich im richtigen Ausmaß zu entfalten; selber zerrüttet in seinen sittlichen, materiellen und familiären Verhältnissen, braucht er einen zerrütteten Staat, um über den Trümmern emporzusteigen. Alle die bisherigen Ausbrüche seiner elementaren Natur, die kleinen Pamphlete, die Weiberverführungen, die Duelle und Skandale, waren nur unzulängliche Ventile für sein überschüssiges Temperament, das alle Gefängnisse Frankreichs nicht bändigen konnten. Weiteren Raum braucht diese wilde Seele, mächtigere Aufgaben dieser gewaltige Geist: wie ein rasender Stier, allzulange in einem engen Stall verschlossen, stürmt er, von den brennenden Banderillaspitzen der Verachtung zur Tollwut gereizt, in die Arena der Revolution und schmettert gleich mit erstem Stoß die morsche Barriere der Stände nieder. Die Nationalversammlung erschrickt, als diese donnernde Stimme sich zum erstenmal erhebt, aber sie beugt sich unter ihr gebieterisches Joch; starker Geist ebenso wie großer Schriftsteller, schweißt Mirabeau, dieser mächtige Schmied, in wenigen Minuten die schwierigsten Gesetze, die verwegensten Formulierungen in erzene Tafeln. Mit seinem lodernden Pathos reißt er der ganzen Versammlung den Willen weg, und wäre nicht das Mißtrauen gegen seine anrüchige Vergangenheit, nicht die unbewußte Selbstwehr des Ordnungsgedankens gegen diesen Boten des Chaos: die französische Nationalversammlung hätte statt zwölfhundert Köpfen vom ersten Tage an ein einziges Haupt, einen einzigen unumschränkten Gebieter.

Aber dieser Stentor der Freiheit ist selber nicht frei: Schulden beugen ihm den Rücken, ein Netz schmutziger Prozesse bindet ihm die Hände. Ein Mirabeau kann nur leben, nur wirken, wenn er sich verschwendet. Er braucht Sorglosigkeit, Prunk, gefüllte Taschen, klirrendes Gold, offene Tafel, Sekretäre, Frauen, Helfer und Diener: nur aus dem vollen kann er seine Fülle entfalten. Um in diesem seinem einzigen Sinn frei zu sein, bietet sich der von allen Gläubigerhunden Gehetzte jedem an: Necker, dem Herzog von Orléans, dem Bruder des Königs und schließlich dem Hofe selbst. Doch Marie Antoinette, die niemanden mehr haßt als Überläufer des Adels, meint sich in Versailles noch stark genug, um auf die käufliche Gunst dieses »monstre« zu verzichten. »Ich hoffe«, antwortet sie dem

Vermittler, dem Grafen de La Marck, »wir werden nie so unglücklich sein, um auf diese letzte Peinlichkeit zurückgreifen zu müssen, bei einem Mirabeau Hilfe zu suchen.«

Nun sind sie soweit. Fünf Monate später – unendlicher Zeitraum innerhalb einer Revolution – erhält der Graf de La Marck durch den Botschafter Mercy Nachricht, die Königin sei bereit, mit Mirabeau zu verhandeln, das heißt: ihn zu kaufen. Glücklicherweise ist es noch nicht zu spät: auf das erste Angebot hin schnappt Mirabeau nach dem goldenen Köder. Gierig hört er, daß Ludwig XVI. vier eigenhändig unterschriebene Schuldscheine zu je zweihundertfünfzigtausend Livres, zusammen eine Million, bereithalte, die ihm nach beendigter Tagung der Nationalversammlung ausgezahlt werden soll – »vorausgesetzt, daß er mir gute Dienste leistet«, wie der sparsame König vorsichtig beifügt. Und kaum sieht der Tribun, daß seine Schulden mit einem einzigen Federstrich getilgt werden und er sechstausend Livres im Monat zu erwarten hat, so bricht der jahrelang von Gerichtsvollziehern und Bütteln gehetzte Mann in einen »trunkenen Jubel aus, dessen Übermaß mich zuerst überraschte« (Graf de La Marck). Mit der gleichen bewährten Leidenschaft, mit der er immer alle andern überredet, redet er sich selber ein, er allein könne und wolle den König und die Revolution und das Land zugleich retten. Mit einem Mal, seit das Geld in seinen Taschen rollt, erinnert sich Mirabeau, daß er, der brüllende Löwe der Revolution, eigentlich immer glühender Royalist gewesen ist. Am 10. Mai unterschreibt er die Quittung für den Selbstverkauf mit den Worten: er verpflichte sich, dem König »mit Loyalität, Eifer und Mut« zu dienen ... »Ich habe meine monarchischen Grundsätze bereits bekannt, selbst als ich beim Hof nur Schwäche sah und in Unkenntnis der Seele und der Gedanken der Tochter Maria Theresias war und als ich noch nicht auf eine so hohe Verbündete rechnen konnte. Ich habe sogar dem Monarchen gedient, als ich glaubte, von einem zwar gerechten, aber irregeführten König weder Recht noch Belohnung erfahren zu können. Was aber werde ich erst leisten können, da die Zuversicht meinen Mut stärkt und die Dankbarkeit für die Annahme meiner Grundsätze mich mit Kraft erfüllt. Ich werde immer sein, der ich gewesen bin: Verteidiger der monarchischen Gewalt in dem Sinne, wie sie vom Gesetz bestimmt ist, und der Apostel der Freiheit, soweit sie von der königlichen Gewalt bestätigt ist. Mein Herz wird der Bahn folgen, die schon die Vernunft ihm vorgezeichnet hat.«

Trotz dieser Emphase wissen beide Teile genau: dieser Vertrag ist keine sehr ehrenwerte, vielmehr eine lichtscheue Angelegenheit. Darum wird vereinbart, daß Mirabeau niemals persönlich im Schlosse erscheinen dürfe, sondern nur auf schriftlichem Wege seine Ratschläge dem König zu übermitteln habe. Für die Straße hat Mirabeau Revolutionär zu sein, in der Nationalversammlung für die Sache des Königs zu arbeiten – ein trübes Geschäft, bei dem keiner gewinnt und keiner dem andern traut. Mirabeau setzt sofort ein, schreibt Brief auf Brief mit Ratschlägen an den Monarchen: der wahre Adressat aber ist die Königin. Seine Hoffnung ist – der König zählt nicht, das weiß er bald –, von Marie Antoinette verstanden zu werden. »Der König«, schreibt er gleich in seiner zweiten Note, »verfügt nur über *einen* Mann, und der ist seine Frau. Für sie gibt es keine Sicherheit, solange nicht die königliche Autorität wiederhergestellt ist. Ich vermute, daß sie ohne die Krone nicht leben möchte, aber ich bin ganz sicher, daß sie ihr Leben nicht bewahren kann, wenn sie nicht auch den Thron bewahrt. Der Augenblick wird kommen, und wahrscheinlich bald, da man wird zeigen müssen, was eine Frau und ein Kind zu Pferde vermögen. Dies ist in ihrer Familie erprobt, aber bis dahin muß man alles vorbereiten und nicht glauben, daß man, sei es mit Hilfe des Zufalls oder mit kleinen Kombinationen, aus einer ungewöhnlichen Krise mit gewöhnlichen Männern und Mitteln herauskommt.« Als diesen ungewöhnlichen, als diesen außergewöhnlichen Mann bietet sich Mirabeau äußerst durchsichtig selber an. Mit dem Dreizack des Wortes hofft er die aufgepeitschten Wogen ebenso leicht beschwichtigen zu können, wie er sie aufgewühlt hat; in seinem Selbstüberschwang, in seinem überhitzten Selbstgefühl sieht er sich einerseits bereits als Präsidenten der Nationalversammlung und andererseits als ersten Minister des Königs und der Königin. Aber Mirabeau täuscht sich. Nicht einen Augenblick denkt Marie Antoinette daran, diesem »mauvais sujet« wirkliche Macht zu geben. Immer ist der dämonische Mensch dem mittleren Menschen instinktiv verdächtig, und Marie Antoinette begreift keineswegs die großartige Amoralität dieses Genies, des ersten und letzten, dem sie in ihrem Leben begegnet. Sie spürt nur Unbehagen vor den verwegenen Wendungen seines Charakters, dieser titanisch Leidenschaftliche erschreckt sie mehr, als er sie gewinnt. Ihr allergeheimster Gedanke ist darum, diesen wilden, gewalttätigen, übermäßigen, unberechenbaren Menschen, sobald man ihn nicht mehr braucht, rasch auszuzahlen und wegzuschikken. Man hat ihn gekauft, zunächst soll er noch tüchtig arbeiten für das teure Geld, soll Ratschläge geben, denn er ist ja klug und geschickt. Man wird sie lesen, sich davon aneignen, was nicht exzentrisch und zu kühn gedacht ist, und damit Schluß. Man wird diesen guten Agitator bei der Abstimmung, als Auskundschafter, als Friedensvermittler für die »gute Sache« in der Nationalversammlung brauchen, man wird ihn, den Bestochenen, allenfalls auch benutzen, um andere zu bestechen. Der Löwe soll in der Nationalversammlung brüllen und sich gleichzeitig vom Hof am Gängelbande führen lassen. So denkt

Marie Antoinette von diesem überdimensionalen Geist, aber nicht ein Gran wirklichen Vertrauens gibt sie dem Menschen, dessen Brauchbarkeit sie zuwenig achtet, dessen »Moralität« sie immer verachtet und dessen Genialität sie von der ersten bis zur letzten Sekunde völlig verkennt.

Bald ist der Honigmond der ersten Begeisterung vorüber. Mirabeau merkt, daß seine Briefe nur den königlichen Papierkorb füttern, statt ein geistiges Feuer zu entfachen. Aber sei es Eitelkeit, sei es Gier nach der versprochenen Million, Mirabeau läßt nicht ab, den Hof zu bestürmen. Und da er sieht, daß seine schriftlichen Vorschläge nichts fruchten, versucht er die letzte Anstrengung. Er weiß, aus Erfahrung in der Politik, aus zahllosen Abenteuern mit Frauen, daß seine stärkste, seine eigentliche Kraft nicht im Schreiben, sondern im Reden liegt, daß seine elektrisierende Macht am gewaltigsten und unmittelbarsten von seiner Person ausgeht. So bestürmt er unaufhörlich den Vermittler, den Grafen de La Marck, er solle ihm endlich Gelegenheit zu einer Aussprache mit der Königin geben. Eine Stunde Gespräch, und ihr Mißtrauen wird, wie bei hundert andern Frauen, sich sofort in Bewunderung verwandeln. Eine Audienz nur, eine einzige! Denn sein Selbstgefühl berauscht sich bei dem Gedanken, es werde nicht die letzte sein. Wer ihn einmal gekannt, der kann sich ihm nicht mehr entziehen.

Marie Antoinette wehrt sich lange, schließlich gibt sie nach und erklärt sich bereit, Mirabeau am 3. Juli im Schlosse Saint-Cloud zu empfangen.

Selbstverständlich muß diese Begegnung eine vollkommen verschwiegene sein; in einer seltsamen Ironie des Schicksals wird Mirabeau zuteil, was der Kardinal von Rohan als betrogener Narr geträumt – eine Gartenszene im Schutz eines Boskettes. Der Park von Saint-Cloud, dies erfährt auch Hans Axel von Fersen im nämlichen Sommer, hat allerlei heimliche Verstecke. »Ich habe eines ausfindig gemacht«, schreibt die Königin an Mercy, »das zwar nicht bequem, aber hinlänglich geeignet ist, ihn dort zu treffen und alles Unerwünschte von Haus und Garten fernzuhalten.«

Als Zeitpunkt wird der Sonntagmorgen acht Uhr bestimmt, eine Stunde, da der Hof noch schläft und die Garden Besuche nicht vermuten. Mirabeau verbringt, zweifellos erregt, die Nacht im Hause seiner Schwester in Passy. Ein Wagen fährt ihn frühmorgens nach Saint-Cloud, als Kutscher dient ihm sein Neffe, der sich verkleidet hat. An einer versteckten Stelle läßt er den Wagen warten, dann drückt Mirabeau den Hut tief ins Gesicht, schlägt den Mantel hoch wie ein Verschwörer und betritt durch eine vorher bezeichnete und mit Absicht nicht verschlossene Seitentür den königlichen Park.

Bald hört er leichte Schritte auf dem Kies. Die Königin erscheint ohne jede Begleitung. Mirabeau will sich verbeugen, aber im Augenblick, da sie das von Leidenschaft zerstörte, von Pocken zerfressene, von wirrem Haar umflatterte, gewalttätige und doch gewaltige Gesicht dieses plebejischen Aristokraten sieht, überläuft ihre Gestalt unwillkürlich ein Schauer. Mirabeau bemerkt dieses Erschrecken, er kennt es seit langem. Immer waren alle Frauen, er weiß es, auch die sanfte Sophie Voland, so zurückgeschreckt, wenn sie ihn zum erstenmal erblickten. Aber die medusische Kraft seiner Häßlichkeit, die Entsetzen erweckt, sie vermag auch festzuhalten; immer war es ihm gelungen, dieses erste Erschrecken in Staunen, in Bewunderung und, wie oft sogar!, in hingerissene Leidenschaft zu verwandeln.

Was die Königin mit Mirabeau in dieser Stunde besprochen, bleibt Geheimnis. Da sie ohne Zeugen waren, sind alle Berichte, wie jener der allwissend sein wollenden Kammerfrau

Madame Campan, bloß Fabel und Vermutung. Nur dies weiß man, daß Mirabeau nicht die Königin, sondern die Königin Mirabeau ihrem Willen unterwarf. Ihrer ererbten Hoheit, verstärkt durch den ewig wirksamen Nimbus des Königstums, die natürliche Würde und der jähe Verstand, der Marie Antoinette im ersten Gespräch immer klüger, energischer und entschlossener erscheinen ließ, als die Unbeständige in Wirklichkeit war, wirken mit unbezwinglichem Zauber auf Mirabeaus rasch entzündbare und großartige Natur. Wo er Mut fühlt, fühlt er Sympathie. Noch ganz erregt faßt er, als er den Park verläßt, den Arm seines Neffen und sagt mit der ihm eigenen Leidenschaftlichkeit: »Sie ist schon eine wunderbare Frau, sehr vornehm und sehr unglücklich. Aber ich werde sie retten.« In einer einzigen Stunde hat Marie Antoinette aus dem bestechlich Schwankenden einen Entschlossenen gemacht. »Nichts wird mich aufhalten, ich werde eher sterben, als mein Versprechen nicht halten«, schreibt Mirabeau an den Unterhändler de La Marck.

Von der Königin hat man keinen Bericht über diese Begegnung. Kein Wort der Dankbarkeit oder des Vertrauens ist je über ihre Habsburger Lippe gekommen. Nie hat sie Mirabeau wiedersehen wollen, nie eine Zeile an ihn gerichtet. Auch bei jener Begegnung hat sie keinen Bund mit ihm geschlossen, nur die Versicherung seiner Ergebenheit entgegengenommen. Sie hat ihm nur erlaubt, sich für sie aufzuopfern.

Mirabeau hat ein Versprechen gegeben, oder vielmehr: er hat zwei gegeben. Er hat dem König Treue geschworen und der Nation: mitten im Kampf ist er gleichzeitig Generalstabschef der einen und der anderen Partei. Nie hat ein Politiker eine gefährlichere Aufgabe übernommen als solche Doppelrolle, nie hat sie jemand genialer (Wallenstein war ein Stümper dagegen) bis zu Ende gespielt. Schon rein körperlich ist Mirabeaus Leistung in jenen dramatischen Wochen und Monaten unvergleichlich. Er hält Reden in der Versammlung und in den Klubs, er agitiert, er parlamentiert, empfängt Besuche, liest, arbeitet, verfaßt mittags die Berichte und Anträge für die Versammlung und abends die Geheimberichte für den König. Drei, vier Sekretäre arbeiten gleichzeitig und kommen kaum der fliegenden Hast seiner Rede nach, aber seiner unerschöpflichen Kraft ist alles dies noch nicht genug. Noch mehr Arbeit will er, noch mehr Gefahr, noch mehr Verantwortung, und gleichzeitig außerdem leben und genießen. Wie ein Seiltänzer sucht er das Gleichgewicht zu erhalten, bald nach rechts und bald nach links, beide Grundkräfte seiner außerordentlichen Natur stellt er ganz in den Dienst beider Sachen, seinen hellsichtigen politischen Geist, seine heißblütige unwiderstehliche Leidenschaft, und so blitzschnell wechseln bei ihm Hieb und Parade, so rasch läßt er die Klinge kreisen, daß niemand weiß, gegen wen er zielt, gegen den König oder gegen das Volk, gegen die neue Macht oder gegen die alte, und vielleicht weiß er es selber nicht in den Augenblicken der Selbstbegeisterung. Aber auf die Dauer kann sich ein solcher Widerspruch nicht halten. Schon rührt sich der Verdacht. Marat nennt ihn gekauft, Fréron droht ihm mit der Laterne. »Mehr Tugend und weniger Talent«, ruft man ihm in der Nationalversammlung zu, aber er, ein wahrhaft Berauschter, kennt keine Angst, keine Furcht, sorglos streut er, dessen Schulden ganz Paris kennt, seinen neuen Reichtum aus. Was kümmert es ihn, daß alle Leute staunen, raunen und fragen, aus welchen Mitteln er sich plötzlich ein fürstliches Haus halten, großartige Gastmähler geben, die Bibliothek Buffons kaufen, Opernsängerinnen und Dirnen mit Diamanten behängen kann; er schreitet furchtlos wie Zeus durch das Gewitter, weil er sich Herr aller Stürme weiß. Greift jemand ihn an, so schlägt er mit der Keule seines Zorns, mit dem Blitz seines Spottworts, ein anderer Simson, die Philister zusammen. Unter sich den Abgrund, rings um sich Argwohn, hinter sich tödliche Gefahr, fühlt sich seine Riesenkraft endlich im wahren und ihm gemäßen Element; eine einzige ungeheure Flamme, knapp vor dem Erlöschen riesenhaft emporschlagend, brennt sich seine unvergleichbare Zehnmännerkraft in diesen Tagen der Entscheidung aus. Endlich ist diesem unwahrscheinlichen Mann ein Maß gegeben, das seinem Genie entspricht: das Unvermeidliche aufzuhalten, dem Schicksal Halt zu gebieten; mit der ganzen Wucht seines Wesens wirft er sich in die Ereignisse hinein und versucht, ein einzelner gegen Millionen, das ungeheure Rad der Revolution zurückzudrehen, das er selber ins Rollen gebracht hat.

Das wunderbar Verwegene dieses Kampfes nach zwei Seiten, das Grandiose dieser Doppelstellung zu begreifen geht über die politische Fassungskraft einer so gradlinigen Natur wie derjenigen Marie Antoinettes. Je kühner die Denkschriften werden, die er vorlegt, je diabolischer die Ratschläge, die er erteilt, um so heftiger erschrickt ihr im Grunde nüchterner Verstand. Mirabeaus Gedanke ist: er will den Teufel durch Beelzebub austreiben, die Revolution vernichten durch ihr Übermaß, die Anarchie. Da man die Verhältnisse nicht bessern kann, so muß man sie – seine berüchtigte »politique du pire« – möglichst rasch verschlechtern, im Sinne eines Arztes, der durch Reizmittel die Krise herausfordert, um damit die Genesung zu beschleunigen. Nicht die Volksbewegung zurückstoßen, sondern sich ihrer bemächtigen, nicht von oben her die Nationalversammlung bekämpfen, sondern das Volk auf geheime Weise aufreizen, daß es selber die Nationalversammlung zum Teufel schicke, nicht auf Ruhe hoffen und auf Frieden, sondern im Gegenteil: das Unrecht und den Unfrieden im Lande bis zur höchsten Erhitzung steigern und damit ein starkes Bedürfnis nach Ordnung, nach der alten Ordnung herausfordern, vor nichts zurückschrecken, auch nicht vor dem Bürgerkrieg – das sind die amoralischen, aber politisch hellsichtigen Vorschläge Mirabeaus. Aber bei solcher Kühnheit, die schmetternd wie eine Fanfare verkündet: »Vier Feinde rücken im Eilschritt heran, die Steuern, der Bankrott, die Armee und der Winter; man muß einen Entschluß fassen und sich auf die Ereignisse vorbereiten, indem man sie in die Hand nimmt. Kurzum, der Bürgerkrieg ist sicher und vielleicht notwendig« – bei solchen verwegenen Ankündigungen zittert der Königin das Herz. »Wie kann Mirabeau oder irgendein denkendes Wesen glauben, daß jemals und schon gar jetzt der Augenblick gekommen sei, einen Bürgerkrieg heraufzubeschwören«, erwidert sie erschreckt und nennt diesen Plan »toll von einem Ende bis zum andern«. Ihr Mißtrauen gegen den Immoralisten, der zu jedem und auch dem fürchterlichsten Mittel zu greifen bereit ist, wird allmählich unüberwindbar. Vergeblich sucht Mirabeau »mit Donnerschlägen diese schreckliche Lethargie aufzurütteln«, man hört nicht auf ihn, und allmählich mengt sich in seinen Zorn über diese seelische Lässigkeit der königlichen Familie eine gewisse Verachtung für das »royal bétail«, für diese königliche Schafsnatur, die geduldig wartet, bis der Schlächter kommt. Längst weiß er, daß er für diesen zum Guten nur lässig bereiten, zur wirklichen Tat aber unfähigen Hof vergeblich kämpft. Aber Kampf ist sein Element. Selbst ein verlorener Mann, kämpft er für eine verlorene Sache, und schon herabgerissen von der schwarzen Woge, ruft er noch einmal den beiden die verzweifelte Prophezeiung zu: »Guter, aber schwacher König! Unglückliche Königin! Seht doch den furchtbaren Abgrund, dem das Schwanken zwischen einem zu blinden Vertrauen und einem zu übertriebenen Mißtrauen euch zutreibt! Eine Kraftanstrengung bleibt noch beiden Teilen vorbehalten, aber es wird die letzte sein. Verzichtet man auf sie, oder mißlingt sie, dann wird ein Trauerschleier dieses Reich bedecken. Was wird mit ihm geschehen? Wohin wird das Schiff treiben, vom Blitz getroffen und vom Sturm herumgeschleudert? Ich weiß es nicht. Aber wenn ich selbst dem öffentlichen Schiffbruch entrinne, so werde ich immer mit Stolz in meiner Zurückgezogenheit mir sagen: ich habe mich meinem eigenen Untergang ausgesetzt, um sie alle zu retten. Aber sie haben es nicht gewollt.«

Sie haben es nicht gewollt; schon die Bibel verbietet, den Ochsen und das Pferd vor den gleichen Pflug zu spannen. Die schwerfällige, konservative Denkform des Hofes kann nicht Schritt halten mit dem feurig fortstürmenden, ingrimmig an Zaum und Zügel rüttelnden Temperament des großen Tribunen. Eine Frau der alten Welt, versteht Marie Antoinette nicht die revolutionäre Natur in Mirabeau, sie begreift nur das Gradlinige, nicht das verwegene Vabanque dieses genialen Glücksritters der Politik. Bis zur letzten Stunde aber kämpft Mirabeau weiter aus Freude an der Kampflust, aus Stolz über seine maßlose Verwegenheit. Einer gegen alle, verdächtig dem Volk, verdächtig dem Hof, verdächtig der Nationalversammlung, spielt er mit allen und gegen alle zugleich. Mit verwüstetem Leib, mit fieberndem Blut schleppt er sich immer wieder in die Arena, um noch einmal den Zwölfhundert den Willen aufzuzwingen, dann im März 1791 – acht Monate hat er gleichzeitig dem König und der Revolution gedient – wirft sich der Tod über ihn. Noch hält er seine Rede, noch diktiert er bis zum letzten Augenblick seinen Sekretären, noch schläft er mit zwei Opernsängerinnen die letzte Nacht, dann erst bricht diesem Übergewaltigen die Kraft. In Scharen stehen die Menschen vor seinem Haus, um zu horchen, ob das Herz der Revolution noch schlage, und dem Sarge des Toten folgen dreihunderttausend Menschen. Zum erstenmal öffnet das Pantheon seine Tore, damit der Sarg dort in Ewigkeit ruhe.

Aber wie kläglich ist das Wort »Ewigkeit« in solcher fortstürmenden Zeit! Zwei Jahre später, nachdem Mirabeaus Verbindung mit dem König aufgedeckt ist, reißt ein anderes Dekret den noch nicht zerfallenen Leib aus der Gruft und wirft ihn auf den Schindanger.

Einzig der Hof schweigt bei Mirabeaus Tod und weiß, warum er schweigt. Getrost darf man die törichte Anekdote der Madame Campan beiseite schieben, man hätte eine Träne bei der Nachricht im Auge Marie Antoinettes blinken gesehen. Nichts ist unglaubhafter, denn mit einem Seufzer der Erleichterung hat wahrscheinlich die Königin die Lösung solcher Partnerschaft begrüßt: dieser Mann war zu groß, um zu dienen, zu kühn, um gehorsam zu sein; der Hof hat den Lebendigen gefürchtet, er fürchtet sogar den Toten. Noch während Mirabeau röchelnd in seinem Bette ringt, schickt man aus dem Schlosse einen vertrauten Agenten ins Haus, damit er rasch die verdächtigen Briefe aus dem Schreibtisch räume und so jenes Bündnis geheim bleibe, dessen beide sich schämten, Mirabeau, weil er dem Hofe diente, und die Königin, weil sie sich seiner bediente. Mit ihm aber fällt der letzte Mann, der vielleicht hätte vermitteln können zwischen der Monarchie und dem Volk. Nun stehen sie Stirn an Stirn einander gegenüber, Marie Antoinette und die Revolution.

Mit Mirabeau ist der einzige Sekundant im Kampf gegen die Revolution vom Königtum hinweggestorben. Wieder steht der Hof allein. Zwei Möglichkeiten bestehen: die Revolution zu bekämpfen oder vor ihr zu kapitulieren. Wie immer wählt der Hof zwischen zwei Entscheidungen den unglücklichsten, den mittleren Weg: die Flucht.

Schon Mirabeau hat den Gedanken erwogen, der König solle sich zur Wiederherstellung seiner Autorität der ihm in Paris aufgezwungenen Wehrlosigkeit entziehen, denn Gefangene vermögen nicht Krieg zu führen. Um gut kämpfen zu können, muß man freie Arme und festen Boden unter den Füßen haben. Nur hatte Mirabeau gefordert, der König solle sich nicht heimlich aus dem Staube machen, das widerspräche seiner Würde. »Ein König flieht nicht vor seinem Volk«, sagte er, und noch dringlicher: »Ein König darf nur am hellichten Tage fortgehen und nur, um damit wirklich König zu werden.« Er hatte vorgeschlagen, Ludwig XVI. möge mit seiner Karosse eine Ausfahrt in die Umgebung machen, dort solle ihn ein treugebliebenes Reiterregiment erwarten, und in seiner Mitte, hoch zu Pferd, im Licht des Tages, solle er sich zu seiner Armee begeben und als freier Mann mit der Nationalversammlung verhandeln. Allerdings, zu einem solchen Verhalten gehört ein Mann, und nie hat ein Ruf zur Kühnheit einen Unentschlosseneren getroffen als Ludwig XVI. Er spielt zwar mit dem Gedanken, berät hin und her, aber schließlich liebt er doch seine Bequemlichkeit mehr als sein Leben. Nun jedoch, da Mirabeau tot ist, nimmt Marie Antoinette, müde der täglichen Erniedrigungen, den Gedanken energisch auf. Sie erschreckt nicht die Gefahr der Flucht, sondern bloß das Würdelose, das sich mit dem Begriff des Entweichens für eine Königin verbindet. Aber die täglich schlechtere Lage duldet keine Wahl: »Es gibt nur noch zweierlei«, schreibt sie an Mercy, »entweder unter dem Schwert der Aufständischen zugrunde zu gehen, wenn sie siegen, und infolgedessen überhaupt nichts mehr zu bedeuten, oder an den Despotismus von Leuten gekettet zu bleiben, die behaupten, unser Bestes zu wollen, aber in Wahrheit uns immer nur Böses getan haben und es immer tun werden. Das ist unsere Zukunft, und vielleicht ist der Augenblick, der uns erwartet, näher, als man denkt, falls wir nicht selbst einen Entschluß fassen und durch unsere eigene Kraft und Haltung die öffentliche Meinung leiten. Glauben Sie mir, daß das, was ich Ihnen sage, nicht aus einem exaltierten Denken entspringt, oder aus dem Abscheu vor unserer Lage oder aus der Ungeduld zu handeln, ich kenne genau die Gefahr und die verschiedenen Möglichkeiten, die sich für uns in diesem Augenblicke eröffnen; aber ich sehe von allen Seiten nur so schreckliche Dinge vor uns, daß es immer noch besser ist, zugrunde zu gehen, indem man ein Mittel sucht, sich zu retten, als sich völlig untätig vernichten zu lassen.« Und da Mercy, der Nüchterne und Vorsichtige, von Brüssel her immer wieder seine Bedenken äußert, schreibt sie noch heftiger und hellsichtiger einen Brief, der zeigt, wie unerbittlich die früher leichtgläubige Frau den eigenen Sturz erkennt: »Unsere Lage ist furchtbar, und dies in einem Grade, daß niemand, der keine unmittelbare Gelegenheit hat, sie zu sehen, sich von ihr eine Vorstellung machen kann. Es gibt nur noch eine Wahl für uns: entweder das zu tun, was die ›factieux‹ verlangen, oder unter dem Schwert zugrunde zu gehen, das ständig über unseren Häuptern hängt. Glauben Sie mir, daß ich die Gefahr nicht übertreibe. Sie wissen, mein Grundsatz war immer, soweit es möglich war, Nachgiebigkeit, Hoffnung auf die Zeit und den Wandel der öffentlichen Meinung. Aber heute ist alles verändert; wir müssen zugrunde gehen oder den einzigen Weg beschreiten, der uns noch bleibt. Wir sind durchaus nicht so verblendet, zu glauben, daß dieser Weg gefahrlos sei, aber wenn wir schon zugrunde gehen sollen, so möge es wenigstens mit Ruhm geschehen und indem wir alles für Ehre und Religion getan haben, was unsere Pflicht gebietet ... Ich glaube, daß die Provinz weniger verderbt ist als die Hauptstadt, aber es ist Paris, das für das ganze Königreich den Ton angibt. Die Klubs und die geheimen Gesellschaften führen das ganze Land; die anständigen Leute und die Unzufriedenen, obwohl in großer Zahl, fliehen aus dem Lande oder verbergen sich, weil sie nicht die Stärkeren sind oder weil es ihnen an Zusammenschluß fehlt. Erst wenn sich der König frei in einer befestigten Stadt wird zeigen können, wird man erstaunt sein, wieviel Unzufriedene zum Vorschein kommen werden, die bisher schweigen und stöhnen. Aber je länger man zögert, um so weniger Unterstützung wird man finden, denn der republikanische Geist macht jeden Tag neue Fortschritte in allen Klassen, die Truppen sind mehr als je bedrängt, und man könnte nicht mehr auf sie zählen, wenn man noch länger zögerte.«

Außer von der Revolution aber droht noch eine zweite Gefahr. Die französischen Prinzen, der Graf von Artois, der Prinz von Condé und die anderen Emigranten, schlechte Helden, aber laute Bramarbasse, lärmen mit Säbeln, die sie vorsichtigerweise in der Scheide führen, an der Grenze herum. Sie intrigieren an allen Höfen, sie wollen, um das Peinliche ihres Davongelaufenseins zu maskieren, durchaus Helden spielen, solange es nicht gefährlich ist; sie reisen von Hof zu Hof, suchen Kaiser und Könige gegen Frankreich aufzuhetzen, ohne zu bedenken und ohne sich damit zu beschweren, daß sie die Lebensgefahr des Königs und der Königin durch diese hohlen Demonstrationen erhöhen. »Er (d'Artois) kümmert sich wenig um seinen Bruder und meine Schwester«, schreibt Kaiser Leopold II., »gli importa un frutto, so drückt er sich aus, wenn er vom König spricht, und denkt nicht daran, wie sehr er den König und meine Schwester durch seine Pläne und Versuche gefährdet.« Die großen Helden sitzen in Koblenz und Turin, halten üppige Tafel und behaupten dabei, nach Jakobinerblut durstig zu sein; die Königin hat größte Mühe, sie wenigstens an den gröbsten Torheiten zu hindern. Auch ihnen muß der Wind aus den Segeln genommen werden. Der König muß frei sein, um beide niederzuhalten, die Ultrarevolutionäre und die Ultrareaktionäre, die Unmäßigen innerhalb von Paris und diejenigen an den Grenzen. Der König muß frei sein, und zu diesem Ziel muß selbst der peinlichste Umweg gewählt werden: die Flucht.

Die Ausführung der Flucht liegt in den Händen der Königin, und so erklärt es sich, daß sie die praktischen Vorbereitungen selbstverständlich jenem anvertraut, vor dem sie nichts zu verbergen hat und dem sie unbedenklich vertraut: Fersen. Ihm, der gesagt hat: »Ich lebe nur, um Ihnen zu dienen«, ihm, »dem« Freunde, überläßt sie eine Tat, die nur mit restlosem Einsatz aller Kräfte und mehr noch, nur mit Einsatz des eigenen Lebens geleistet werden kann. Die Schwierigkeiten sind unermeßlich. Um aus dem von Nationalgardisten überwachten Palais hinauszukommen, wo fast jeder Diener ein Spion ist, um die ganze fremde und feindselige Stadt zu durchschreiten, müssen vorsichtig Maßnahmen besonderer Art getroffen werden und für die Fahrt durch das Land selbst Vereinbarungen mit dem einzigen verläßlichen Führer der Truppen, mit dem General Bouillé. Dieser soll, so ist es geplant, den halben Weg bis zur Festung Montmédy, also etwa bis Châlons, einzelne Abteilungen Kavallerie entgegensenden, damit im Falle eines Erkanntwerdens oder einer Verfolgung der Wagen des Königs mit der ganzen königlichen Familie sofort geschützt werden könne. Neue Schwierigkeiten nun: diese auffällige militärische Bewegung im Grenzgebiet zu rechtfertigen, muß ein Vorwand gefunden, es muß von der österreichischen Regierung an der Grenze ein Armeekorps zusammengezogen werden, um dem General Bouillé Anlaß zu geben, seine Truppenbewegungen durchzuführen. Alles dies muß in unzähligen Korrespondenzen heimlich erörtert werden und mit äußerster Vorsicht, weil die meisten Briefe geöffnet werden und, wie Fersen selbst sagt, »alles verloren wäre, wenn man nur die geringsten Maßnahmen bemerken würde«. Außerdem – abermalige Schwierigkeit – erfordert diese Flucht größere Geldsummen, und der König und die Königin selbst sind vollkommen ohne Mittel. Alle Versuche, von ihrem Bruder, von den anderen Fürsten in England, Spanien, Neapel oder vom Hofbankier einige Millionen geliehen zu bekommen, sind gescheitert. Auch dafür, wie für alles andere, muß Fersen, dieser kleine, fremde Edelmann, Vorsorge treffen.

Aber Fersen schöpft Kraft aus seiner Leidenschaft. Er arbeitet gleichsam mit zehn Köpfen, zehn Händen und nur mit einem einzigen hingebungsvollen Herzen. Stundenlang berät er mit der Königin, sich nachts oder nachmittags auf dem geheimen Wege einschleichend, alle Einzelheiten. Er führt die Korrespondenz mit den auswärtigen Fürsten, mit dem General Bouillé, er wählt die verläßlichsten Edelleute, die, als Kuriere verkleidet, die Flucht begleiten sollen, und jene, welche die Briefe hin- und hertragen und wieder an die Grenze bringen. Er bestellt die Karosse auf seinen Namen, er besorgt die falschen Pässe, er schafft Geld, indem er auf sein eigenes Vermögen hin von einer russischen und einer schwedischen Dame je dreihunderttausend Livres leiht und sogar sich schließlich dreitausend von seinem eigenen Hausbesorger borgt. Er bringt Stück für Stück die notwendigen Verkleidungen in die Tuilerien und schmuggelt seinerseits wieder die Diamanten der Königin hinaus. Tag und Nacht, Woche um Woche ist er schreibend, verhandelnd, planend und reisend in unablässiger Anspannung und dabei in ständiger Lebensgefahr, denn eine einzige Masche, die sich in diesem über ganz Frankreich gespannten Netz löst, ein einziger Vertrauensmißbrauch eines Eingeweihten, ein einziges ertapptes Wort, ein aufgefangener Brief, und sein Leben ist verwirkt. Aber kühn und zugleich nüchtern klar, unermüdlich, weil von Leidenschaft bewegt, erfüllt er, ein stiller Held des Hintergrundes, seine Pflicht in einem der großen Dramen der Weltgeschichte.

Noch immer aber zögert man, noch immer hofft der zaudernde König, irgendein gefälliges Ereignis würde ihm die Peinlichkeit und die Anstrengung dieses Entweichens ersparen. Aber vergebens, die Karosse ist bestellt, das nötigste Geld zusammengekratzt, die Verabredung für die Eskorte mit dem General Bouillé beendet. Jetzt fehlt nur noch eins: ein recht offenkundiger Anlaß, eine moralische Rückendeckung für diese trotz allem nicht sehr ritterliche Flucht. Irgendetwas muß doch gefunden werden, um vor der Welt sichtbar zu erweisen, daß der König und die Königin nicht aus bloßer Ängstlichkeit entwichen sind, sondern daß der Terror selber sie dazu gezwungen hat. Um sich diesen Vorwand zu schaffen, kündigt der König der Nationalversammlng und der Stadtverwaltung an, er wolle die Osterwoche in Saint-Cloud verbringen. Und prompt, wie es heimlich gewünscht und berechnet war, hakt die jakobinische Presse ein, der Hof wolle nur nach Saint-Cloud, um dort von einem unvereidigten Priester Messe und Absolution zu empfangen, außerdem läge die Gefahr nahe, daß der König von dort mit seiner Familie entfliehen wolle. Die aufreizenden

Artikel tun ihre Wirkung. Am 19. April, als der König die sehr auffällig bereitgestellten Paradewagen besteigen will, stehen dort schon riesige Menschenmassen zusammengerottet, die Armeen Marats und der Klubs, um die Abfahrt mit Gewalt zu verhindern.

Gerade ein solcher öffentlicher Eklat ist es aber, den die Königin und ihre Berater herbeigesehnt haben. Augenfällig soll der ganzen Welt bewiesen werden, daß Ludwig XVI. als einziger in ganz Frankreich nicht mehr so viel Freiheit habe, mit seinem Wagen zehn Meilen weit fahren zu dürfen, um frische Luft zu atmen. Die ganze königliche Familie setzt sich also demonstrativ in den Wagen und wartet, daß die Pferde angeschirrt werden. Aber die Menge, und mit ihr die Nationalgarde, stellt sich vor die Stalltüren. Schließlich kommt der ewige »Retter«, Lafayette, herbei und befiehlt als Kommandant der Nationalgarde, man solle dem König seinen Weg freigeben. Aber niemand gehorcht ihm. Der Bürgermeister, den er auffordert, die rote Fahne der Warnung zu entfalten, lacht ihm ins Gesicht. Lafayette will zum Volk sprechen, man brüllt ihn nieder. Offen bekennt sich die Anarchie zu ihrem Recht an das Unrecht.

Unterdessen sitzen, während der traurige Kommandant seine Truppen vergebens anfleht, ihm zu gehorchen, der König, die Königin und die Prinzessin Elisabeth ruhig im Wagen inmitten der johlenden Menge. Das wilde Lärmen, die großen Schimpfworte, fechten Marie Antoinette nicht an; im Gegenteil, mit stillem Vergnügen sieht sie zu, wie Lafayette, der Apostel der Freiheit, der Liebling des Volkes, zum Schwächling wird vor der aufreizenden Menge. Sie mischt sich nicht in diesen Zwist der beiden Mächte ein, die ihr gleich verhaßt sind; ruhig und unbeirrbar läßt sie diesen Tumult um sich donnern, denn er bringt offenkundig und weltsichtbar den Beweis, daß die Autorität der Nationalgarde nicht mehr vorhanden ist, daß völlige Anarchie in Frankreich herrscht, daß der Pöbel die königliche Familie ungestraft beleidigen darf und somit der König im moralischen Recht ist, wenn er entflieht. Zweieinviertel Stunden lassen sie dem Volk seinen Willen, dann erst gibt der König den Befehl, die Karossen wieder in die Stallungen zurückzubringen, und erklärt, den Ausflug nach Saint-Cloud aufzugeben. Wie immer, wenn sie triumphiert hat, ist die eben noch tobende, schreiende, wütende Menge mit einemmal begeistert, alles jubelt dem Königspaar zu, und in plötzlicher Sinneswendung verspricht die Nationalgarde der Königin, sie zu beschützen. Aber Marie Antoinette weiß, wie es um diesen Schutz bestellt ist, und antwortet laut: »Ja, darauf rechnen wir. Aber ihr werdet jetzt zugeben müssen, daß wir nicht frei sind.« Mit Absicht sagt sie diese Worte laut. Scheinbar sind sie an die Nationalgarde gerichtet, in Wirklichkeit an ganz Europa.

Wäre noch in der Nacht dieses zwanzigsten April dem Vorhaben die Tat gefolgt, Ursache und Wirkung, Beleidigung und Entrüstung, Hieb und Gegenhieb hätten sich in unmittelbar logischem Ablauf ergänzt. Zwei einfache, leichte, unauffällige Wagen, in dem einen der König mit seinem Sohn, im anderen die Königin und ihre Tochter, allenfalls noch Madame Elisabeth, und niemand hätte solch alltägliche Kabrioletts mit zwei Leuten darin beachtet; ohne Aufsehen hätte die königliche Familie die Grenze erreicht: Beweis dafür die gleichzeitige Flucht des Bruders des Königs, des Grafen von Provence, der dank solcher Unauffälligkeit ohne Zwischenfall entkommen ist.

Aber selbst einen Fingerbreit zwischen Leben und Tod will die königliche Familie nicht die heiligen Hausgesetze verletzen, selbst auf allergefährlichster Fahrt muß die unsterbliche Etikette mit. Erster Fehler: man beschließt, daß die fünf Personen zusammen in einem Wagen fahren, also die ganze Familie, Vater, Mutter, Schwester und die beiden Kinder, genauso, wie man sie bis ins letzte Dorf von Frankreich von hundert Kupferstichen her kennt. Aber nicht genug damit: Madame de Tourzel erinnert an ihren Eid, demzufolge sie die königlichen Kinder nicht einen Augenblick verlassen dürfe, folglich muß sie, zweiter Fehler, als sechste Person mit. Durch diese unnötige Belastung wird natürlich das Tempo einer Fahrt verzögert, bei der vielleicht jede Viertelstunde, jede Minute entscheidet. Dritter Fehler: es ist undenkbar, daß eine Königin sich persönlich bedient. Also müssen noch zwei Kammerfrauen mit in einem zweiten Wagen; jetzt hält man schon bei acht Personen. Da aber die Posten des Kutschers, des Vorreiters, des Postillions und der Lakaien mit verläßlichen Leuten besetzt werden müssen, die zwar den Weg nicht kennen, aber von Adel sein sollen, ist man glücklich schon bei zwölf Personen angelangt, und mit Fersen und seinem Kutscher bei vierzehn: eine reichliche Anzahl für ein Geheimnis. Vierter, fünfter, sechster und siebenter Fehler: es müssen Toiletten mitgeführt werden, damit die Königin und der König in Montmédy in Gala erscheinen und nicht etwa im Reiseanzug, es werden also noch ein paar hundert Pfund, in funkelnagelneue Koffer gepackt, dem Wagen aufgetürmt – abermalige Verlangsamung des Tempos, abermalige Erhöhung der Auffälligkeit. Nach und nach wird, was ein heimliches Entweichen sein sollte, zu einer pompösen Expedition.

Der Fehler aller Fehler aber: wenn einmal der König und die Königin vierundzwanzig Stunden fahren sollen, und selbst aus der Hölle, so müssen sie bequem reisen. Also einen neuen Wagen bestellt, besonders breit, besonders gut gefedert, ein Wagen, der nach frischem Lack und Reichtum riecht, der an jeder Umspannstelle jeden Kutscher, jeden Postillion, jeden Postmeister, jeden Fuhrknecht zu besonderer Neugierde herausfordern muß. Aber Fersen – die Liebenden denken niemals weit – will für Marie Antoinette alles so herrlich und schön und luxuriös wie nur möglich. Nach seinen genauen Angaben wird (angeblich für eine Baronin Korff) ein riesiges Ding angefertigt, ein kleines Kriegsschiff auf vier Rädern, das nicht nur die sechs Personen der königlichen Familie und außerdem noch Gouvernante, Kutscher und Diener befördern soll, sondern auch für alle erdenklichen Bequemlichkeiten Platz haben muß, silbernes Tafelgeschirr, Garderobe, Mundvorrat und sogar Leibstühle für kleine, auch bei Königen übliche Bedürfnisse. Ein ganzer Weinkeller wird eingebaut und verstaut, denn man kennt die durstige Kehle des Monarchen; um den Irrwitz noch zu vermehren, wird der Innenraum mit hellem Damast ausgeschlagen, und fast muß man sich wundern, daß man unterlassen hat, auch noch das Lilienwappen recht sichtbar auf dem Wagenschlag anzubringen. Mit dieser schweren Ausrüstung benötigt, um in einem leidlichen Tempo zu fahren, dieser ungeheuerliche Luxuswagen mindestens acht, meist aber zwölf Pferde, das heißt: Während eine leichte Postchaise mit zwei Pferden in fünf Minuten umgespannt ist, fordert hier ein Pferdewechsel regelmäßig eine halbe Stunde, im ganzen also vier bis fünf Stunden Verzögerung auf einer Fahrt, wo jede Viertelstunde zwischen Leben und Tod entscheidet. Um die adeligen Garden zu entschädigen, daß sie vierundzwanzig Stunden lang niedere Dienerkleidung tragen müssen, steckt man sie in blitzblanke, funkelnagelneue und dadurch auffällige Livreen, die merkwürdig kontrastieren zur geplanten, bescheidenen Verkleidung des Königs und der Königin. Diese Auffälligkeit von seiten der königlichen Familie wird überdies noch dadurch verstärkt, daß in jedem dieser kleinen Städtchen am Wege plötzlich mitten im Frieden Dragonerschwadronen einreiten, angeblich um einen »Geldtransport« zu erwarten, und daß als letzte, wahrhaft historische Dummheit der Herzog von Choiseul als Verbindungsoffizier zwischen den einzelnen Truppenteilen den unmöglichsten Menschen, Figaro in Person, aussucht, den Friseur der Königin, den göttlichen Léonard, wohlgeeignet zu frisieren, aber nicht zu diplomatisieren, und der, mehr als dem König, seiner ewigen Figarorolle treu bleibt, eine schon verwickelte Lage noch vollkommener zu verwirren.

Einzige Entschuldigung für all dies: das Staatszeremoniell von Frankreich hatte keinerlei Vorbild in der Geschichte für die Flucht eines Königs. Wie man zur Taufe fährt, wie zur Krönung, wie ins Theater und wie zur Jagd, welches Kleid, welche Schuhe und welche Spangen man nimmt für großen und kleinen Empfang, für die Messe und Jagd und Spiel, auf das ist mit hundert Einzelheiten das Zeremoniell eingespielt. Aber wie ein König und Königin verkleidet aus dem Palast ihrer Ahnen fliehen, dafür gibt es keine Vorschriften; hier müßte kühn und frei eine Lösung aus dem Stegreif einsetzen und den Augenblick erfassen. Weil völlig weltfremd, mußte bei dieser ersten Berührung mit der wirklichen Welt der Hof ohnmächtig unterliegen. In dem Augenblick, da der König von Frankreich die Livree eines Dieners anzog, um zu fliehen, konnte er nicht mehr Herr seines Schicksals werden.

Nach endlosen Verzögerungen ist der 19. Juni zum Tag der Flucht bestimmt; höchste, allerhöchste Zeit, denn ein Geheimnetz, zwischen so viele Hände gespannt, kann jeden Augenblick an irgendeiner Stelle zerreißen. Wie ein Peitschenschlag fährt in dieses leise Tuscheln und Reden plötzlich ein Aufsatz Marats, der ein Komplott zur Entführung des Königs ankündigt. »Man will ihn mit aller Macht in die Niederlande schleppen, unter dem Vorwand, daß seine Sache die aller Könige sei, und ihr seid dumm genug, diese Flucht nicht zu verhindern. Pariser, vernunftverlassene Pariser, ich bin schon müde, es euch immer wieder zu wiederholen, haltet den König und den Dauphin hinter euren Mauern fest und bewahrt sie gut, sperrt die Österreicherin und ihren Schwager ein und den Rest der Familie; der Verlust eines einzigen Tages kann verhängnisvoll für die ganze Nation sein.« Sonderbare Prophezeiung dieses durch die Brille seines krankhaften Mißtrauens merkwürdig scharfsinnigen Mannes: nur daß der »Verlust dieses einen Tages« nicht verhängnisvoll für die Nation wird, sondern für den König und die Königin. Denn nochmals verschiebt in letzter Stunde Marie Antoinette die schon bis in jede Einzelheit festgesetzte Flucht. Vergebens hat Fersen bis zur Erschöpfung gearbeitet, um für den 19. Juni alles bereitzustellen. Tag und Nacht dient seit Wochen und Monaten seine Leidenschaft nur einzig diesem Unternehmen. Eigenhändig schleppt er Nacht für Nacht von seinen Besuchen bei der Königin unter dem Mantel andere Kleidungsstücke heraus, in unzähligen Korrespondenzen hat er mit dem General Bouillé festgesetzt, an welchem Punkt die Dragoner und Husaren die Karosse des Königs zu erwarten haben; mit eigener Hand die Zügel lenkend, probiert er auf der Straße nach Vincennes die von ihm bestellten Postpferde aus. Die Vertrauten sind alle eingeweiht, der Mechanismus bis ins kleinste Räderwerk eingespielt. Aber im letzten Augenblick gibt die Königin Gegenbefehl. Eine ihrer Kammerfrauen, die ein Verhältnis mit einem Revolutionär hat, ist dringend verdächtig. Nun ist es so eingerichtet, daß gerade am nächsten Morgen, am 20. Juni, diese Frau dienstfrei haben soll, und dieser Tag muß abgewartet werden. Also abermals vierundzwanzig Stunden verhängnisvolle Verzögerung. Kontreorder an den General. Absattlungsbefehl an die schon zum Ausrücken bereiten Husaren, neue Nervenspannung für den schon abgehetzten Fersen und für die Königin, die ihre Unruhe kaum mehr bemeistern kann. Doch endlich ist auch dieser letzte Tag vorbei. Um jeden Verdacht zu zerstreuen, fährt die Königin nachmittags ihre Kinder und ihre Schwägerin in einen Vergnügungsgarten nach Tivoli. Bei der Rückkehr gibt sie dem Kommandanten mit gewohnter Hoheit und Sicherheit die Maßnahmen für den nächsten Tag. Nichts von Erregung ist ihr anzumerken und noch weniger dem König, weil dieser nervenlose Mann einer Erregung gar nicht fähig ist. Abends zieht sich Marie Antoinette um acht Uhr in ihre Gemächer zurück und verabschiedet die Frauen. Man legt die Kinder zu Bett und versammelt sich scheinbar sorglos nach dem Abendessen im großen Salon mit der ganzen Familie. Und nur eines könnte ein besonders feiner Beobachter vielleicht wahrnehmen, daß die Königin manchmal aufsteht und auf die Uhr blickt, als wäre sie müde. Aber in Wahrheit war sie nie gespannter, wacher und schicksalsbereiter als in dieser Nacht.

DIE FLUCHT NACH VARENNES

Am Abend dieses zwanzigsten Juni 1791 könnte auch der mißtrauischste Beobachter nichts Verdächtiges in den Tuilerien feststellen: wie immer stehen die Nationalgarden auf ihren Posten, wie immer haben sich die Kammerfrauen und Diener nach dem Abendessen zurückgezogen, und im großen Salon sitzen wie alltäglich der König, sein Bruder, der Graf von Provence, und die andern Mitglieder der Familie friedlich beim Tricktrack oder im gelassenen Gespräch. Ist es auffällig, daß sich die Königin etwa um zehn Uhr mitten im Gespräch erhebt und für einige Zeit entfernt? Durchaus nicht. Sie hat vielleicht eine kleine Besorgung oder einen Brief zu schreiben, keiner der

Bedienten folgt ihr, und als sie auf den Gang tritt, liegt er völlig leer. Aber diesmal bleibt Marie Antoinette gespannt stehen, horcht mit angehaltenem Atem auf den harten Schritt der Garde, dann eilt sie hinauf zur Zimmertür ihrer Tochter und klopft leise. Die kleine Prinzessin wacht auf, ruft erschreckt nach der (zweiten, stellvertretenden) Gouvernante, Frau Brunier; diese kommt, staunt über den unverständlichen Befehl der Königin, das Kind rasch anzuziehn, wagt aber keinen Widerstand. Unterdes hat die Königin auch den Dauphin geweckt, indem sie die Vorhänge des damastenen Baldachins aufschlägt und ihm zärtlich zuflüstert: »Komm, steh auf, wir reisen ab. Wir fahren nach einer Festung, wo es viele Soldaten gibt.« Schlaftrunken lallt der kleine Prinz etwas, verlangt seinen Säbel und seine Uniform, da er doch zu den Soldaten solle. Aber »schnell, schnell, wir fahren ab«, befiehlt Marie Antoinette der ersten Gouvernante, Madame de Tourzel, die längst in das Geheimnis eingeweiht ist, und unter dem Vorwand, es ginge auf einen Maskenball, den Prinzen als Mädchen verkleidet. Beide Kinder werden ohne Geräusch die Treppe hinab ins Zimmer der Königin geführt. Dort erwartet sie eine lustige Überraschung. Denn als die Königin den Wandschrank öffnet, tritt ein Gardeoffizier heraus, ein Herr von Malden, den der unermüdliche Fersen dort vorsorglich untergebracht hat. Alle vier schreiten jetzt zum unbewachten Ausgang.

Der Hof ist fast vollkommen lichtlos. In langer Reihe stehen Wagen angereiht, ein paar Kutscher und Lakaien treiben sich müßig herum oder plaudern mit den Nationalgarden, die ihre schweren Gewehre abgelegt haben und – wie schön ist der laue Sommerabend – weder an Pflicht noch an Gefahr denken. Die Königin öffnet persönlich die Tür und blickt hinaus: ihre Sicherheit verläßt sie in solchen Entscheidungen nicht einen Augenblick. Und schon schleicht aus dem Schatten der Wagen ein Mann heran, als Kutscher verkleidet, und faßt ohne Worte die Hand des Dauphins: Fersen, der Unermüdliche, der seit dem frühen Morgen Übermenschliches leistet. Er hat die Postillione bereitgestellt, die drei Leibgarden als Kuriere verkleidet und jeden an die richtige Stelle postiert. Er hat die Nachtsachen aus dem Palast geschmuggelt, die Kutsche vorbereitet und noch nachmittags die zu Tränen erregte Königin getröstet. Drei-, vier-, fünfmal ist er, einmal verkleidet, sonst in seiner gewöhnlichen Tracht, durch Paris hin und her gejagt, um alles in Ordnung zu bringen. Jetzt wagt er sein Leben, indem er den Dauphin von Frankreich aus dem Palast des Königs führt, und er will keine andere Belohnung als den dankbaren Blick der Geliebten, die ihm und ihm allein ihre Kinder anvertraut.

Die vier Schatten gleiten ins Dunkel zurück, die Königin schließt leise die Tür. Unauffällig, mit leichten sorglosen Schritten tritt sie wieder, als hätte sie bloß einen Brief geholt, in den Salon zurück und plaudert weiter in scheinbarer Gleichgültigkeit, während die Kinder, von Fersen glücklich über den großen Platz geführt, in einem altmodischen Fiaker verstaut werden, wo sie gleich in Schlaf sinken; gleichzeitig werden die beiden Kammermädchen der Königin in einem andern Wagen nach Claye vorausgesandt. Um elf Uhr beginnt dann die kritische Stunde. Der Graf von Provence und seine Frau, die ihrerseits gleichfalls heute fliehen werden, verlassen wie gewöhnlich das Schloß, die Königin und Madame Elisabeth begeben sich in ihre Zimmer. Um keinen Verdacht zu erwecken, läßt sich die Königin von ihrer Kammerfrau auskleiden, bestellt für den nächsten Morgen die Wagen für eine Ausfahrt. Um halb zwölf Uhr, der unvermeidliche Besuch Lafayettes beim König muß jetzt zu Ende sein, gibt sie Befehl, die Lichter zu löschen, und damit das Signal für die Dienerschaft, sich zurückzuziehen. Kaum aber hat sich die Tür hinter den Kammerfrauen geschlossen, so springt die Königin wieder auf, zieht sich rasch an, und zwar nimmt sie eine unauffällige Robe von grauer Seide, einen schwarzen Hut mit violettem Schleier, der ihr Gesicht unkenntlich macht. Jetzt noch leise die kleine Treppe hinunter zur Tür, wo ein Vertrauter sie erwartet, und über den dunklen Place du Carrousel – alles geht vortrefflich. Aber, peinlicher Zufall, gerade jetzt flammen Lichter heran, ein Wagen mit Läufern und Fackelträgern, der Wagen Lafayettes, der sich überzeugt hat, daß alles wie immer herrlich in Ordnung sei. Die Königin drückt sich vor dem Lichtschein hastig ins Dunkel des Torbogens, und so nahe streift Lafayettes Karosse vorbei, daß sie die Räder berühren könnte. Niemand hat sie bemerkt. Ein paar Schritte noch, und sie ist bei dem Mietwagen, der enthält, was sie am meisten auf Erden liebt: Fersen und ihre Kinder.

Schwieriger ist das Entkommen für den König. Zunächst hat er noch den allabendlichen Besuch Lafayettes zu erdulden, und der dauert so lange, daß es diesmal sogar dem dickhäutigen Mann schwerfällt, ruhig zu bleiben. Immer wieder steht er von seinem Sessel auf und tritt zum Fenster, als wolle er den Himmel betrachten. Endlich, um halb zwölf, empfiehlt sich der lästige Gast. Ludwig XVI. begibt sich in sein Schlafzimmer, und hier beginnt der letzte Verzweiflungskampf mit der Etikette, die ihn allzu fürsorglich beschützt. Nach uraltem Brauch muß der Kammerdiener des Königs im gleichen Zimmer schlafen, eine Schnur um das Handgelenk gewickelt, so daß ein Handzug des Monarchen genügt, den Eingeschlafenen sofort zu wecken. Wenn also Ludwig XVI. jetzt entkommen will, muß der Arme zunächst dem eigenen Kammerdiener entfliehen. Ludwig XVI. läßt sich also gemächlich wie gewöhnlich ausziehen, legt sich ins Bett und senkt den Baldachin zu beiden Seiten herab, als wolle er schlafen. In Wahrheit wartet er nur die Minute ab, da der Diener sich ins Nachbarkabinett begibt, um sich auszuziehen, und nun, in diesem knappen Moment – die Szene wäre eines Beaumarchais' würdig –, schleicht der König rasch hinter dem Baldachin hervor, entwischt mit nackten Füßen im Nachtgewand durch die andere Tür in das verlassene Zimmer seines Sohnes, wo man ihm einen einfachen Anzug, eine grobe Perücke und – neue Schmach! – einen Lakaienhut bereitgelegt hat. In das Schlafzimmer tritt unterdessen ganz, ganz vorsichtig der getreue Diener zurück, preßt ängstlich den Atem, nur um seinen geliebten, hinter dem Baldachin ruhenden König nicht zu wecken, und wickelt sich das Ende der Schnur wie täglich um sein Handgelenk. Auf der Treppe schleicht indes im Hemd Ludwig XVI., Nachfahr und Erbe Ludwigs des Heiligen, König von Frankreich und Navarra, den grauen Rock, die Perücke und den Lakaienhut auf dem Arm, in den Unterstock, und hier erwartet ihn der im Wandschrank versteckte Leibgardist, Herr von Malden, um ihm den Weg zu zeigen. Unkenntlich durch einen flaschengrünen Überrock und den Lakaienhut auf dem erlauchten Haupt, schreitet der König gelassen durch den verödeten Hof seines Palastes; unerkannt lassen ihn die nicht sehr wacheifrigen Nationalgarden durch. Damit scheint das Schwerste geglückt, und um Mitternacht ist die Familie in dem Fiaker versammelt; Fersen, als Kutscher verkleidet, steigt auf den Bock und führt den als Lakaien verkleideten König und seine Familie quer durch Paris.

Quer durch Paris, verhängnisvollerweise quer durch Paris! Denn Fersen, der Edelmann, ist gewöhnt, sich von Kutschern führen zu lassen, nicht selbst zu kutschieren, er kennt nicht das unendliche Labyrinth der verwickelten Stadt. Außerdem will er aus Vorsicht – verhängnisvolle Vorsicht! – statt gleich aus der Stadt heraus, noch einmal in die Rue Matignon, um sich der Abfahrt der großen Karosse zu versichern. Erst um zwei Uhr, statt um Mitternacht, führt er die kostbare Fracht zum Stadttor hinaus – zwei Stunden, zwei unersetzliche Stunden sind verloren.

Hinter der Zollschranke soll die mächtige Karosse warten; erste Überraschung: sie ist nicht da. Wieder geht Zeit verloren, bis man sie endlich, mit vier Pferden bespannt und mit abgeblendeten Lichtern, entdeckt. Nun erst fährt er den Fiaker an den anderen Wagen heran, damit die königliche Familie übersteigen könne, ohne sich – es wäre entsetzlich! – die Schuhe im französischen Straßenkot zu beschmutzen. Halb drei Uhr morgens ist es statt zwölf Uhr nachts, als die Pferde endlich anziehen. Nun spart Fersen die Peitsche nicht, in einer halben Stunde sind sie in Bondy, wo der eine Gardeoffizier schon mit acht neuen, wohlausgeruhten Kurierpferden sie erwartet. Hier heißt es Abschied nehmen. Es wird nicht leicht. Ungern sieht Marie Antoinette den einzigen Verläßlichen sie verlassen, aber ausdrücklich hat der König erklärt, er wünsche nicht, daß Fersen sie weiter begleitet. Aus welchem Grunde, man weiß es nicht. Vielleicht um vor seinen Getreuen nicht gerade mit diesem allzu intimen Freund seiner Frau einzutreffen, vielleicht aus Rücksicht für ihn – jedenfalls Fersen vermerkt »il n'a pas voulu«. Und dann, es ist ja vereinbart, daß Fersen sofort die endgültig Befreiten aufsucht: ein kurzer Abschied also. So reitet Fersen – schon steigt ein leichter Lichtschimmer über den Horizont, einen heißen Sommertag verkündend – noch einmal an den Wagen heran und ruft mit Absicht laut, um die fremden Postillione zu täuschen: »Leben Sie wohl, Madame de Korff!«

Acht Pferde ziehen besser als vier, in munterm Trab schaukelt die mächtige Karosse auf dem grauen Bach der Landstraße. Alles zeigt lustige Laune, die Kinder haben ausgeschlafen, der König ist heiterer als sonst. Man spaßt über die falschen Namen, die man sich zugelegt: Frau de Tourzel gilt als die vornehme Dame Madame de Korff, die Königin als Gouvernante der Kinder und heißt Madame Rochet, der König mit dem Lakaienhut ist ihr Haushofmeister Durand, Madame Elisabeth ihre Kammerfrau, der Dauphin hat sich in ein Mädchen verwandelt. Eigentlich fühlt sich in dem bequemen Wagen die Familie freier beisammen als daheim in ihrem Schloß, umspäht von hundert Lakaien und sechshundert Nationalgarden; bald meldet sich der treue Freund Ludwigs XVI., der ihn nie verläßt, der Appetit. Die üppigen Vorräte werden hervorgeholt, man speist reichlich auf silbernem Service, schon fliegen Hühnerknochen und Weinflaschen aus dem Wagenfenster, und auch die braven Leibgarden werden nicht vergessen. Die Kinder, vom Abenteuer entzückt, spielen im Wagen, die Königin plaudert mit allen, und der König benutzt diese unvermutete Gelegenheit, sein eigenes Reich kennenzulernen: er holt die Landkarte heraus und verfolgt mit bravem Interesse von Dorf zu Dorf, von Weiler zu Weiler den Fortschritt der Fahrt. Allmählich kommt über sie alle ein Gefühl der Sicherheit. Bei der ersten Umspannstelle, um sechs Uhr früh, liegen die Bürger noch in ihren Betten, niemand fragt nach den Pässen der Baronin Korff; jetzt nur glücklich durch die große Stadt Châlons, dann ist alles gewonnen, denn, vier Meilen hinter diesem letzten Hindernis, bei Pont-de-Somme-Vesle, erwartet sie schon der erste vorgeschobene Trupp Kavallerie unter dem Befehl des jungen Herzogs von Choiseul.

Endlich Châlons, vier Uhr nachmittags. Es ist keineswegs Böswilligkeit, daß sich so viele Leute vor der Posthaltestelle versammeln. Wenn eine Postkutsche eintrifft, will man doch rasch das Neueste aus Paris von den Postillionen hören, allenfalls einen Brief oder ein Päckchen nach der nächsten Station mitgeben, und überhaupt, man plaudert gern in einem kleinen langweiligen Landstädtchen, heute wie damals, man sieht sich gern fremde Leute und einen schönen Wagen an: mein Gott, was hat man anderes und Besseres zu tun an einem heißen Sommertag! Fachmännisch mustern die Kenner die Karosse. Funkelnagelneu, konstatieren sie zunächst mit Ehrerbietung, und ganz ungewöhnlich nobel, ausgeschlagen mit Damast, wunderschön kassettiert, prachtvolles Gepäck, gewiß sind das Adelige, wahrscheinlich Emigranten. Eigentlich wäre man neugierig, sie zu sehen, mit ihnen zu plaudern, aber sonderbar: warum bleiben denn alle sechs Personen an diesem wunderschönen und warmen Tag nach einer so langen Fahrt hartnäkkig in der Karosse sitzen, statt sich die eingeklemmten Beine ein bißchen weichzugehen oder ein kühles Glas Wein gesprächig zu trinken? Warum tun diese galonierten Lakaien so unverschämt vornehm, als ob sie etwas Besonderes wären? Sonderbar, sonderbar! Ein leises Murmeln beginnt, jemand tritt auf den Postmeister zu und flüstert ihm etwas ins Ohr. Der scheint betroffen, sehr betroffen. Aber er mengt sich nicht weiter ein und läßt den Wagen ruhig weiterfahren, doch – niemand weiß wieso – nach einer halben Stunde schwätzt und redet die ganze Stadt, der König und die königliche Familie seien durch Châlons gefahren.

Die aber wissen und ahnen nichts, im Gegenteil, sie sind trotz aller Müdigkeit herzhaft vergnügt, denn in der nächsten Station erwartet sie ja schon Choiseul mit seinen Husaren: dann ist es vorbei mit dem Verstellen und Verstecken, man wird den Lakaienhut wegwerfen und die falschen Pässe zerreißen, man wird endlich wieder das »Vive le Roi! Vive la Reine!« hören, das so lange verstummt war. Voll Ungeduld blickt Madame Elisabeth immer wieder aus dem Fenster, um als erste Choiseul zu begrüßen, die Kuriere erheben vor der sinkenden Sonne die Hand, um von fern schon das Säbelblitzen der Husaren zu sehen. Aber nichts. Nichts. Endlich ein Reiter, aber nur ein einzelner, ein vorausgesprengter Gardeoffizier.

»Wo ist Choiseul?« ruft man ihm zu.

»Fort.«

»Und die andern Husaren?«

»Kein Mann ist da.«

Mit einemmal stockt die gute Laune. Irgend etwas stimmt nicht. Und dazu, es wird dunkel, es wird Nacht. Unheimlich, jetzt ins Fremde, ins Ungewisse zu fahren. Aber es gibt kein Zurück und kein Stehenbleiben, ein Flüchtling hat nur einen Weg: weiter und weiter. Die Königin tröstet die andern. Fehlen hier die Husaren, so findet man Dragoner in Sainte-Ménehould, und das liegt nur noch zwei Stunden weit, dann ist man geborgen. Diese zwei Stunden dehnen sich länger als der ganze Tag. Aber – neue Überraschung – auch in Sainte-Ménehould keine Eskorte. Die Reiter haben lange gewartet, haben tagsüber in den Wirtshäusern gesessen und dort aus Langeweile so arg gesoffen und gelärmt, daß die ganze Bevölkerung aufmerksam wurde. Schließlich hat der Kommandant, durch eine verworrene Mitteilung des Hoffriseurs genarrt, es für klüger gehalten, sie aus der Stadt herauszuführen und weiter rückwärts am Wege warten zu lassen, nur er selbst ist zurückgeblieben. Endlich rollt pompös die achtspännige Karosse heran und hinter ihr das zweispännige Kabriolett, für die braven Kleinbürger schon das zweite unerklärliche und geheimnisvolle Geschehnis dieses Tages. Zuerst die Dragoner, die kamen und herumsaßen, man wußte nicht, wozu und warum, jetzt die beiden Wagen mit vornehm livrierten Postillionen; und seht doch, wie devot, wie ehrerbietig der Kommandant der Dragoner diese merkwürdigen Gäste begrüßt! Nein, nicht nur ehrerbietig, sondern untertänig: die ganze Zeit, während er mit ihnen spricht, hält er die Hand an der Kappe. Der Postmeister Drouet, Mitglied des Jakobinerklubs und wilder Republikaner, blickt scharf hin. Das müssen hohe Aristokraten sein oder Emigranten, denkt er, vornehmes, vornehmstes Pack, da sollte unsereiner eigentlich zugreifen. Jedenfalls gibt er zunächst seinen Postillionen leise den Befehl, sie sollten sich im Tempo nicht allzusehr beeilen mit diesen geheimnisvollen Passagieren, und schläfrig rattert die Karosse mit den schläfrigen Insassen weiter.

Aber kaum ist sie zehn Minuten fort, da verbreitet sich – hat jemand die Nachricht aus Châlons herübergebracht, oder hat der Instinkt des Volkes richtig geraten? – plötzlich das Gerücht, die königliche Familie sei im Wagen gewesen. Alles lärmt und regt sich, der Kommandant der Dragoner fühlt rasch die Gefahr und will seine Soldaten als Eskorte nachsprengen lassen. Aber schon ist es zu spät, die erbitterte Volksmenge erhebt Einspruch, und die Dragoner, gut mit Wein geheizt, verbrüdern sich mit dem Volk und gehorchen nicht mehr. Ein paar Entschlossene lassen den Generalmarsch schlagen, und während alles im Tumult durcheinanderstürmt, faßt ein einziger Mann einen Entschluß: der Postmeister Drouet, ein guter Reiter vom Kriegsdienst her, läßt sich ein Pferd satteln und galoppiert, von einem Kameraden begleitet, auf kürzestem Wege der schwerfälligen Karosse nach Varennes voraus. Dort kann man mit diesen verdächtigen Passagieren noch ausführliche Zwiesprache halten und, wenn es wirklich der König ist, dann gnade ihm Gott und seiner Krone! Wie schon tausendmal, verändert auch diesmal eine einzige energische Handlung eines energischen Menschen die Weltgeschichte.

Inzwischen rollt und rollt der riesige Wagen des Königs die gewundene Straße nach Varennes hinab. Vierundzwanzig Stunden Fahrt unter einem sonnverbrannten Dach, eng aneinandergedrückt, haben die Reisenden müde gemacht, die Kinder schlafen längst, der König hat die Karten zusammengefaltet, die Königin schweigt. Nur noch eine Stunde, eine letzte Stunde, und sie sind unter sicherer Eskorte. Aber neuerdings Überraschung: bei der verabredeten Umspannstelle außerhalb der Stadt Varennes stehen keine Pferde. Man tappt im Dunkel herum, klopft an die Fenster und begegnet unfreundlichen Stimmen. Die beiden Offiziere, die den Auftrag hatten, hier zu warten, hat – man soll Figaro nicht zu seinem Boten wählen – der vorausgeschickte Friseur Léonard mit seinen wirren Reden glauben gemacht, der König käme nicht mehr. Sie haben sich schlafen gelegt, und dieser Schlaf ist dem König ebenso verhängnisvoll wie jener Lafayettes am 6. Oktober. Also weiter mit den abgemüdeten Pferden nach Varennes hinein, vielleicht findet man dort einen Umspann. Aber zweite Überraschung: unter dem Torbogen springen ein paar junge Menschen den Vorreiter an und befehlen: »Halt!« Im Nu sind die beiden Wagen umringt und begleitet von einer Bande junger Burschen. Drouet und die Seinen, zehn Minuten früher angelangt, haben die ganze revolutionäre Jugend von Varennes aus den Betten oder Wirtshäusern geholt. »Die Pässe!« gebietet jemand. »Wir haben Eile, wir müssen bald ankommen«, antwortet aus dem Wagen eine weibliche Stimme. Es ist die der angeblichen »Madame Rochet«, in Wirklichkeit die der Königin, die als einzige in dem gefährlichen Augenblick Energie bewahrt. Aber der Widerstand hilft nichts, sie müssen bis zum nächsten Gasthaus, das – wie boshaft kann die Weltgeschichte sein! – »Zum großen Monarchen« benannt ist, und dort steht schon der Bürgermeister, seines Zeichens ein Krämer, auf den wohlschmeckenden Namen »Sauce« hörend, und will die Pässe sehen. Der kleine Krämer, innerlich dem König ergeben und voll Angst, in eine arge Affäre zu geraten, sieht die Pässe flüchtig durch und sagt: »In Ordnung.« Er für seinen Teil ließe die Wagen ruhig weiterfahren. Aber dieser junge Drouet, der den Fisch an der Angel spürt, schlägt auf den Tisch und schreit laut: »Es ist der König und seine Familie, und wenn Sie ihn in fremdes Land lassen, so sind Sie des Hochverrates schuldig.« So eine Drohung fährt einem braven Familienvater arg in die Knochen, und gleichzeitig donnert die von Drouets Kameraden gezogene Sturmglocke los, die Lichter flammen auf in allen Fenstern, die ganze Stadt ist alarmiert. Um den Wagen sammelt sich eine immer mehr anschwellende Menschenmenge: an Weiterfahren ohne Gewalt ist nicht zu denken, denn die frischen Pferde sind noch nicht eingespannt. Um sich aus der Verlegenheit zu ziehen, schlägt der wackere Krämer-Bürgermeister vor, es sei immerhin schon zu spät für die Weiterreise; Frau Baronin Korff und die Ihren mögen in seinem Haus übernachten. Bis morgen früh, denkt der Schlaue im stillen, muß sich alles geklärt haben, im Guten oder im Bösen, und ich bin die mir auf den Kopf gefallene Verantwortung los. Zögernd, es bleibt nichts Besseres, und dann, die Dragoner werden schon kommen, nimmt der König die Einladung an.

In ein oder zwei Stunden muß Choiseul oder Bouillé hier sein. So tritt Ludwig XVI. ruhig mit seiner falschen Perücke in das Haus, und seine erste Königstat ist, eine Flasche Wein und ein Stückchen Käse zu verlangen. Ist es der König? Ist es die Königin? – so flüstern unruhig und aufgeregt die alten Frauen und die herbeigeeilten Bauern. Denn so meilenfern liegt damals eine kleine französische Stadt vom großen, unerschaubaren Hof, daß nicht ein einziger von all diesen seinen Untertanten jemals das Antlitz des Königs anders gesehen als auf den Münzen und daß man eigens einen Boten nach einem adeligen Herrn schicken muß, damit man endlich feststellen könne, ob dieser fremde Reisende wirklich nur ein Lakai einer Baronin Korff ist oder Ludwig XVI., der Allerchristlichste König von Frankreich und Navarra.

DIE NACHT IN VARENNES

An diesem 21. Juni 1791 betritt Marie Antoinette, im sechsunddreißigsten Jahre ihres Lebens und im siebzehnten Königin von Frankreich, zum erstenmal das Haus eines französischen Bürgers. Es ist die einzige Unterbrechung zwischen Palast und Palast und Gefängnis und Gefängnis. Der Weg geht zuerst durch die Butike des Krämers, die ranzig nach abgestandenem Öl, nach getrockneter Wurst und scharfen Gewürzen riecht. Eine knarrende Hühnerstiege hinauf schreiten hintereinander der König, oder vielmehr der unbekannte Herr mit der falschen Perücke, und jene Gouvernante der angeblichen Baronin Korff in den obern Stock; zwei Zimmer, ein Wohnzimmer und ein Schlafzimmer, niedrig, arm und schmutzig. Vor die Tür stellen sich sofort, neuartige Garde, höchst unähnlich der schimmernden von Versailles, zwei Bauern mit Heugabeln in den Händen. Alle acht, die Königin, der König, Madame Elisabeth, die beiden Kinder, die Gouvernante und die beiden Kammermädchen, stehen und sitzen in diesem engen Raum. Die Kinder, todmüde, werden in ein Bett gebracht und schlafen sofort ein, von Madame de Tourzel behütet. Die Königin hat sich auf einen Sessel gesetzt und den Schleier über das Gesicht gezogen; niemand soll sich rühmen dürfen, ihren Zorn, ihre Erbitterung gesehen zu haben. Nur der König beginnt sofort, sich häuslich einzurichten, er setzt sich ruhig zu Tisch und schneidet mit dem Messer mächtige Stücke Käse ab. Keiner spricht ein Wort.

Endlich klappern Hufe auf der Straße, aber gleichzeitig erklingt auch der wild fortspringende Schrei von Hunderten: »Die Husaren! Die Husaren!« Choiseul, gleichfalls durch falsche Nachrichten genarrt, ist endlich gekommen, schlägt sich mit ein paar Säbelhieben den Weg frei und sammelt seine Soldaten um das Haus. Die Ansprache, die er ihnen hält, verstehen die braven deutschen Husaren nicht, sie wissen nicht, um was es geht, sie haben nicht mehr begriffen als die beiden deutschen Worte »der König und die Königin«. Aber immerhin, sie gehorchen und traben die Menge so scharf an, daß der Wagen aus der Menschenumklammerung für einen Augenblick befreit ist.

Hastig klirrt der Herzog von Choiseul die Treppen hinauf und macht seinen Vorschlag. Er ist bereit, sieben Pferde freizugeben. Der König, die Königin und das Gefolge sollen sie besteigen und inmitten seiner Truppen rasch aus dem Ort sprengen, bevor sich die Nationalgarde der Umgebung gesammelt habe. Stramm verbeugt sich der Offizier nach seinem Bericht: »Majestät, ich erwarte Ihre Order.«

Aber Befehle zu geben, rasche Entscheidungen zu treffen war niemals Sache Ludwigs XVI. Ob Choiseul sich verpflichten könne, parlamentiert er herum, daß bei diesem Durchbruch nicht eine Kugel seine Frau, seine Schwester, eines seiner Kinder treffen könne? Ob es nicht doch empfehlenswerter wäre zu warten, bis man auch die andern in den Wirtshäusern zerstreuten Dragoner gesammelt hätte? Mit diesem Hin und Her vergehen Minuten, kostbare Minuten. Auf den Strohsesseln der kleinen düstren Stube sitzt die Familie, sitzt die alte Zeit, und zögert und verhandelt. Aber die Revolution, das junge Geschlecht, wartet nicht. Aus den Dörfern kommen, von den Sturmglocken wachgeschreckt, die Milizen heran, die Nationalgarde ist vollzählig versammelt, von den Wällen hat man die alte Kanone heruntergeholt und die Straßen verbarrikadiert. Die versprengten Soldaten wiederum, seit vierundzwanzig Stunden sinnlos im Sattel herumgejagt, lassen sich gern Wein reichen und verbrüdern sich mit der Bevölkerung. Immer mehr füllen sich die Straßen mit Menschen. Als ob die gemeinsame Ahnung entscheidender Stunden tief bis in das Unterbewußtsein der Massen hinunterreichte, stehen in der ganzen Umgebung die Bauern, die Häusler, die Schäfer, die Arbeiter vom Schlafe auf und marschieren nach Varennes, uralte Frauen nehmen aus Neugier ihre Krückstöcke, um einmal den König zu sehen, und jetzt, da der König sich offen zu erkennen geben muß, sind sie alle entschlossen, ihn nicht aus ihren Mauern zu lassen. Jeder Versuch, frische Pferde vor den Wagen zu spannen, wird vereitelt. »Nach Paris oder wir schießen, wir erschießen ihn in seinem Wagen«, toben wilde Stimmen dem Postillion entgegen, und mitten in diesem Tumult schlägt abermals die Sturmglocke. Neuer Alarm dieser dramatischen Nacht: ein Wagen ist aus der Richtung Paris gekommen, zwei der Kommissare, welche die Nationalversammlung aufs Geratewohl in alle Richtungen des Landes ausgeschickt hat, um den König zu stellen, haben die Fährte glücklich gefunden. Grenzenloser Jubel begrüßt die Boten der gemeinsamen Macht. Jetzt ist von Varennes die Verantwortung genommen, jetzt brauchen nicht mehr die kleinen Bäcker, Schuster, Schneider und Fleischer dieses armen Städtchens Weltschicksal zu entscheiden: die Sendlinge der Nationalversammlung sind da, der einzigen Autorität, die das Volk als die ihre anerkennt. Im Triumphzug führt man die beiden Boten in das Haus des wackeren Krämers Sauce und die Treppe hinauf zum König.

Unterdes ist die furchtbare Nacht allmählich zu Ende gegangen, es ist halb sieben Uhr früh geworden. Von den beiden

Abgesandten ist einer, Romeuf, blaß, befangen und seines Auftrags wenig froh. Als Adjutant Lafayettes hat er oft den Wachdienst in den Tuilerien bei der Königin gehabt, immer war Marie Antoinette, die alle ihre Untergebenen mit ihrer natürlichen gutmütigen Herzlichkeit behandelt, ihm wohlgesinnt gewesen, oft hat sie und auch der König mit ihm fast freundschaftlich gesprochen; im innersten Herzen hat dieser Adjutant Lafayettes nur einen Wunsch: die beiden zu retten. Aber das Verhängnis, das unsichtbar dem König entgegenarbeitet, will, daß man ihm auf seine Mission einen zweiten, sehr ehrgeizigen und durchaus revolutionstreuen Begleiter, namens Bayon, mitgegeben hat. Im geheimen hat Romeuf, kaum daß er die Spur gefunden hatte, versucht, seine Fahrt zu verzögern, um dem König einen Vorsprung zu lassen, aber Bayon, der unerbittliche Späher, sitzt ihm im Nacken, und so steht er jetzt errötend da, voller Furcht, der Königin das verhängnisvolle Dekret der Nationalversammlung zu überbringen, das befiehlt, die königliche Familie anzuhalten. Marie Antoinette kann ihre Überraschung nicht unterdrücken: »Was? Sie, mein Herr? Nein, das hätte ich nicht gedacht!« In seiner Verlegenheit stammelt Romeuf, ganz Paris sei in Aufregung, das Staatsinteresse verlange, daß der König zurückkehre. Die Königin wird ungeduldig und wendet sich ab, sie spürt hinter dem wirren Geschwätz etwas Böses. Endlich verlangt der König das Dekret und liest, daß seine Rechte von der Nationalversammlung aufgehoben seien und jeder Kurier, der die königliche Familie antreffe, alle Maßnahmen zu ergreifen habe, um eine Fortsetzung der Reise zu verhindern. Die Worte: Flucht, Festnahme, Gefangensetzung sind zwar geschickt vermieden. Aber zum erstenmal bekundet mit diesem Dekret die Nationalversammlung, daß der König nicht frei, sondern ihrem Willen untertan ist. Sogar Ludwig der Schwerfällige erfaßt diese welthistorische Umstellung.

Aber er wehrt sich nicht. »Es gibt keinen König von Frankreich mehr«, sagt er mit seiner schläfrigen Stimme, als ginge ihn selbst die Sache nicht viel an, und legt zerstreut das Dekret auf das Bett, in dem die erschöpften Kinder schlafen. Da aber reißt sich Marie Antoinette plötzlich auf. Wenn ihr Stolz berührt, ihre Ehre bedroht ist, dann wächst immer dieser Frau, die in allen Kleinigkeiten kleinlich, in allen Äußerlichkeiten äußerlich war, eine plötzliche Würde zu. Sie zerknüllt das Dekret der Nationalversammlung, das sich anmaßt, über sie und ihre Familie zu verfügen, und schleudert es verächtlich zur Erde: »Ich will nicht, daß dieses Blatt meine Kinder beschmutzt.«

Schauer überläuft die kleinen Beamten bei dieser Herausforderung. Um eine Szene zu vermeiden, hebt Choiseul das Blatt Papier rasch auf. Alle in diesem Zimmer sind gleich betroffen, der König über die Kühnheit seiner Frau, die beiden Abgesandten über ihre peinliche Stellung; bei allen ist die Stimmung unentschieden. Jetzt macht der König einen scheinbar verzichtenden, in Wirklichkeit hinterhältigen Vorschlag. Nur zwei, drei Stunden möchte man ihn hier ausruhen lassen, dann fahre er nach Paris zurück. Sie müßten doch selbst sehen, wie müde die Kinder seien, nach zwei so furchtbaren Tagen und Nächten bedürfe man ein wenig der Ruhe. Romeuf versteht sofort, was der König will. In zwei Stunden wird die ganze Kavallerie Bouillés hier sein, und hinter ihr Infanterie und Kanonen. Da er innerlich den König retten will, erhebt er keinen Einwand: schließlich enthält sein Auftrag nichts anderes als den Befehl, die Reise aufzuhalten. Das hat er getan. Aber der andere Kommissar, Bayon, merkt schnell, was hier gespielt wird, und beschließt, Hinterhältigkeit mit Hinterhältigkeit zu erwidern. Er stimmt scheinbar zu, schlendert lässig die Treppe hinunter, und da ihn die Menge aufgeregt umringt und fragt, was beschlossen sei, seufzt er scheinheilig: »Ach, sie wollen nicht abreisen ... Bouillé ist schon nahe, sie warten auf ihn.« Diese paar Worte spritzen Öl ins schon lodernde Feuer. Das darf nicht sein! Nicht mehr sich betrügen lassen! »Nach Paris! Nach Paris!« Die Fenster klirren von dem Getöse, verzweifelt dringen die Magistratspersonen, vor allem der unglückliche Krämer Sauce, auf den König ein, er müsse fort, sonst könnten sie nicht mehr für seine Sicherheit bürgen. Die Husaren sind ohnmächtig eingekeilt in der Masse oder zum Volk übergegangen, im Triumph wird der Wagen vor die Tür geschleppt und eingespannt, um jedes Zögern zu verhindern. Und nun beginnt ein erniedrigendes Spiel, denn es geht doch nur um Viertelstunden. Ganz nahe müssen die Husaren Bouillés schon sein, jede Minute, die man rettet, kann das Königtum retten: also nur jetzt mit allen, auch den unwürdigsten Mitteln die Abreise nach Paris verzögern. Selbst Marie Antoinette muß sich beugen und zum erstenmal in ihrem Leben bitten. Sie wendet sich an die Gattin des Krämers und fleht sie an, ihr zu helfen. Aber diese arme Frau hat Angst um ihren Mann. Tränen in den Augen, klagt sie, es sei ihr furchtbar, einem König, einer Königin von Frankreich das Gastrecht in ihrem Hause verweigern zu müssen, aber sie habe selber Kinder, und ihr Mann werde es mit dem Leben büßen – sie hat ahnungsvoll recht, die arme Frau, denn es hat dem unglücklichen Krämer den Kopf gekostet, daß er in jener Nacht dem König half, ein paar Geheimpapiere zu verbrennen. Immer wieder zögern der König und die Königin mit den unglücklichsten Ausflüchten herum, aber die Zeit rinnt und verrinnt, und die Husaren Bouillés zeigen sich nicht. Schon ist alles bereit, da erklärt Ludwig XVI. – wie tief ist er gesunken, um solche Komödien spielen zu müssen –, er wünsche noch etwas zu speisen. Kann man einem König eine kleine Mahlzeit verweigern? Nein, aber man beeilt sich, sie ihm zu bringen, nur um keine Verzögerung herbeizuführen. Ludwig XVI. knabbert ein paar Bissen, Marie Antoinette schiebt den Teller verächtlich zur Seite. Jetzt gibt es keine Ausflucht mehr. Da, ein neuer, der letzte Zwischenfall: schon steht die Familie in der Tür, da fällt eine der Kammerfrauen, Madame Neuveville, in simulierten Krämpfen zu Boden. Sofort erklärt Marie Antoinette herrisch, sie ließe ihre Kammerfrau nicht im Stich. Sie ginge nicht, bevor ein Arzt geholt werde. Aber auch der Arzt – ganz Varennes ist ja auf den Beinen – kommt früher als die Truppen Bouillés. Er gibt der Simulantin ein paar beruhigende Tropfen; nun läßt sich das traurige Spiel nicht weiter fortsetzen. Der König seufzt und schreitet als erster die enge Hühnertreppe hinunter. Ihm folgt mit verbissenen Lippen am Arme des Herzogs von Choiseul Marie Antoinette. Sie ahnt, was ihnen allen auf dieser Rückfahrt bevorsteht. Aber mitten in ihren eigenen Sorgen denkt sie noch an den Freund: ihr erstes Wort an Choiseul bei seiner Ankunft war gewesen: »Meinen Sie, daß Fersen sich gerettet hat?« Mit einem wirklichen Mann an der Seite wäre auch diese Höllenreise zu überstehen; es ist nur schwer, unter lauter Schwächlingen und Verzagten allein stark zu bleiben.

Die königliche Familie steigt ein. Noch immer hoffen sie auf Bouillé und seine Husaren. Aber nichts. Nur das dröhnende Getöse der Massen rund um sie her. Endlich setzt sich die große Karawane in Bewegung. Sechstausend Menschen umringen sie, ganz Varennes marschiert mit seiner Beute, und nun lösen sich Wut und Angst in lauten Triumph. Umbraust von den Liedern der Revolution, umlagert von der proletarischen Armee, steuert das Unglücksschiff der Monarchie von der Klippe weg, an der es gestrandet war.

Aber zwanzig Minuten nur, noch ragt die Staubwolke auf der Landstraße hinter Varennes als Säule in den heißen Himmel hinauf, da jagt es schon vom andern Ende der Stadt in scharfem Galopp heran, Kavallerie, ganze Schwadronen. Endlich sind sie da, die Husaren Bouillés, die vergeblich ersehnten! Eine halbe Stunde lang, wenn der König sich noch gehalten hätte, und sie hätten ihn in die Mitte seiner Armee genommen, bestürzt wären heimgezogen, die jetzt jubeln. Aber als Bouillé hört, der König habe mutlos nachgegeben, zieht er die Truppen zurück. Wozu noch ein nutzloses Blutvergießen? Auch er weiß, das Schicksal der Monarchie ist durch die Schwäche des Monarchen entschieden, Ludwig XVI. nicht mehr König und Marie Antoinette nicht mehr Königin von Frankreich.

RÜCKFAHRT

Ein Schiff fährt schneller bei ruhiger See als bei Sturm. Die Fahrt von Paris nach Varennes hatte die Karosse in zwanzig Stunden zurückgelegt; die Rückfahrt wird drei Tage dauern. Tropfen um Tropfen und bis zum untersten Grund müssen der König und die Königin den bitteren Kelch der Erniedrigung trinken. Todmüde nach den zwei schlaflosen Nächten, mit ungewechselten Kleidern – das Hemd des Königs ist von Schweiß so beschmutzt, daß er sich ein anderes von einem Soldaten borgen muß – sitzen sie zu sechst im glühenden Backofen des Wagens. Mitleidlos stößt die steile Junisonne auf das schon brennheiße Dach, die Luft schmeckt nach feurigem Staub, ingrimmig höhnend umringt eine immer wachsende Eskorte die triste Heimkehr der Blamierten. Jene Sechsstundenfahrt von Versailles nach Paris war paradiesisch gegen diese. Grobe und gröbste Worte poltern herein, jeder will sich an der Schmach der Heimgezwungenen weiden. Lieber also die Fenster schließen und im kochenden Dampf dieses rollenden Kessels schwelen und dursten, als sich von draußen von den höhnischen Blikken antasten, von den Schimpfworten beleidigen lassen. Schon sind die Gesichter der unglückseligen Reisenden wie mit grauem Mehl überstrichen, die Augen von Übernächtigkeit und Staub entzündet, aber man erlaubt nicht, die Gardinen dauernd niederzulassen, denn an jeder Station fühlt sich irgendein kleiner Bürgermeister bemüßigt, an den König eine lehrhafte Ansprache zu halten, und jedesmal muß er versichern, es sei nicht seine Absicht gewesen, Frankreich zu verlassen. In solchen Augenblicken bewahrt von allen die Königin am besten die Haltung. Als man in einer Station ihnen endlich etwas zu essen bringt und sie die Vorhänge herablassen, um ihren Hunger zu stillen, lärmt draußen das Volk und verlangt, man möge die Gardinen hochziehen. Schon will Madame Elisabeth nachgeben, aber die Königin sagt energisch nein. Sie läßt ruhig die Leute lärmen, und erst nach einer Viertelstunde, als es schon nicht mehr den Anschein hat, sie gehorche jenem Befehl, hebt sie selbst die Gardinen, wirft die Hühnerknochen hinaus und sagt fest: »Man muß Haltung bewahren bis zum Ende.«

Endlich ein Hoffnungsschimmer: Rast, abends in Châlons. Dort wartet die Bürgerschaft hinter einem steinernen Triumphbogen, es ist – Ironie der Geschichte – derselbe, der vor einundzwanzig Jahren zu Ehren Marie Antoinettes errichtet wurde, als sie von Österreich her im gläsernen Galawagen, umjubelt vom Volk, ihrem künftigen Gemahl entgegenreiste, und auf seinem steinernen Fries steht eingemeißelt: »Perstet aeterna ut amor«, »Möge dieses Denkmal ewig dauern wie unsere Liebe.« Aber Liebe ist vergänglicher als guter Marmor und behauener Stein. Wie ein Traum scheint es Marie Antoinette, daß sie unter diesem Bogen einmal der Adel im Festkleid empfangen hatte, daß die Straße mit Lichtern und Menschen besät war und aus den Brunnen Wein floß zu ihren Ehren. Jetzt erwartet sie nur noch kühle, bestenfalls mitleidige Höflichkeit, aber

Wohltat noch immer nach dem lauten, frech andringenden Haß. Man kann schlafen, die Kleider wechseln; aber am nächsten Morgen, abermals glüht feindselig die Sonne, müssen sie weiter den Weg ihrer Peinigung. Je mehr sie sich Paris nähern, um so gehässiger wird die Bevölkerung; bittet der König um einen nassen Schwamm, sich den Staub und Schmutz vom Gesicht zu waschen, so höhnt ein Beamter: »Das hat man davon, wenn man reist.« Tritt die Königin nach einer kurzen Rast die Stufen des Wagens zurück, so zischt hinter ihr wie Schlangenbiß die Stimme einer Frau: »Paß auf, meine Kleine, du wirst bald andere Stufen zu sehen bekommen.« Ein Adeliger, der sie begrüßt, wird vom Pferd gerissen, mit Pistolen und Messern niedergeschlagen. Jetzt erst begreifen die Königin und der König, daß nicht Paris allein dem »Irrtum« der Revolution verfallen ist, sondern, daß auf allen Äckern ihres Landes die neue Saat in üppigster Blüte steht; aber sie haben vielleicht nicht mehr Kraft, dies alles durchzufühlen: allmählich macht die Müdigkeit sie völlig empfindungslos. Matt sitzen sie im Wagen, schon gleichgültig gegen das Schicksal; da endlich, endlich, endlich reiten Kuriere heran und melden, drei Mitglieder der Nationalversammlung kämen entgegen, um die Fahrt der königlichen Familie zu beschirmen. Nun ist das Leben gerettet, aber nicht mehr.

Der Wagen hält auf offener Landstraße: die drei Abgeordneten, Maubourg, ein Royalist, Barnave, der bürgerliche Advokat, Pétion, der Jakobiner, kommen ihnen entgegen. Die Königin öffnet persönlich den Wagenschlag: »Ach, meine Herren«, sagt sie erregt, und reicht den dreien rasch die Hand, »sehen Sie darauf, daß kein Unglück geschieht, daß die Leute, die uns begleitet haben, nicht aufgeopfert werden, sondern daß ihr Leben geachtet wird.« Ihr unfehlbares Taktgefühl in großen Augenblicken hat sofort das Richtige gefunden: nicht für sich selber darf eine Königin um Schutz bitten, sondern nur für jene, die ihr treu gedient haben.

Die energische Haltung der Königin entwaffnet von Anfang an die gönnerhafte Haltung der Abgesandten: selbst Pétion, der Jakobiner, muß in seinen Aufzeichnungen widerwillig gestehen, daß die lebhaft gesprochenen Worte auf ihn starken Eindruck machten. Sofort gebietet er den Lärmenden Stille und schlägt dann dem König vor, es wäre besser, wenn zwei von den Abgesandten der Nationalversammlung im Wagen Platz nehmen würden, um durch ihre Gegenwart die königliche Familie vor allen Fährlichkeiten zu schützen. Madame de Tourzel und Madame Elisabeth mögen also in den anderen Wagen steigen. Aber die Königin erwiderte, es ginge auch so, man müsse eben ein wenig zusammenrücken, um Platz zu schaffen. Es wird nun eilig folgende Einteilung getroffen: Barnave sitzt zwischen dem König und der Königin, die ihrerseits den Dauphin auf den Schoß nimmt. Pétion setzt sich zwischen Madame de Tourzel und Madame Elisabeth, wobei Madame de Tourzel die Prinzessin zwischen die Knie drückt. Acht Personen statt sechs, Schenkel an Schenkel klamm gepreßt, sitzen jetzt die Vertreter der Monarchie und die des Volks in dem einen Wagen, und man kann wohl sagen: nie waren die königliche Familie und die Deputierten der Nationalversammlung einander so nahe wie in diesen Stunden.

Was in diesem Wagen sich nun ereignet, ist ebenso unerwartet wie natürlich. Zunächst steht feindseligste Spannung zwischen den beiden Polen, zwischen den fünf Mitgliedern der königlichen Familie und den zwei Vertretern der Nationalversammlung, zwischen den Gefangenen und den Gefängniswärtern. Beide Parteien sind fest entschlossen, gegeneinander ihre Autorität straff zu bewahren. Marie Antoinette, gerade weil von diesen »factieux« beschützt und ihrer Gnade ausgeliefert, blickt beharrlich an den beiden vorbei und öffnet nicht den Mund: sie sollen nicht meinen, daß sie, die Königin, um sie werbe. Die Abgeordneten wiederum wollen um keinen Preis Höflichkeit mit Unterwürfigkeit verwechseln lassen: es gilt auf dieser Fahrt, dem König eine Lektion zu geben, daß Mitglieder der Nationalversammlung als freie und unbestechliche Männer anders die Stirn tragen als sein kriechendes Höflingspack. Also Distanz, Distanz, Distanz!

In dieser Stimmung geht Pétion, der Jakobiner, sogar zum offnen Angriff vor. Gleich von Anfang an will er der Königin als der Stolzesten eine kleine Lehre erteilen, um sie aus der Fassung zu bringen. Er sei genau unterrichtet, erklärt er, daß die königliche Familie in der Nähe des Schlosses in einen gewöhnlichen Fiaker eingestiegen sei, den ein Schwede geführt habe, namens ... ein Schwede namens ... Dann stockt Pétion, als ob er sich des Namens nicht zu erinnern vermöchte, und fragt die Königin, wie dieser Schwede hieße. Es ist ein Stoß mit vergiftetem Dolch, den er gegen die Königin führt, indem er sie in Gegenwart des Königs nach ihrem Liebhaber fragt. Aber Marie Antoinette pariert kraftvoll den Hieb: »Ich pflege mich um die Namen meiner Stallkutscher nicht zu kümmern.« Feindseligkeit und Spannung füllen nach diesem ersten Geplänkel böse den engen Raum.

Dann lockert ein kleiner Zwischenfall die peinliche Stimmung. Der kleine Prinz ist vom Schoß seiner Mutter heruntergesprungen. Die beiden fremden Herren beschäftigen sehr seine Neugier. Er faßt mit seinen winzigen Fingern einen Messingknopf am Staatskleid Barnaves und buchstabiert mühsam die Inschrift: »Vivre libre ou mourir.« Das erheitert natürlich sehr die beiden Kommissare, daß der zukünftige König von Frankreich gerade auf diese Weise die Grundmaximen der Revolution kennenlernen muß. Allmählich entspinnt sich ein Gespräch. Und nun erfolgt das Sonderbare: Bileam, der ausgezogen war, um zu fluchen, muß sich entschließen zu segnen. Beide Parteien beginnen, einander eigentlich viel netter zu finden, als sie von ferne vermuten konnten. Pétion, der kleine Bürger und Jakobiner, Barnave, der junge Provinzadvokat, hatten sich »Tyrannen« in ihrem Privatleben als unnahbar, aufgeblasen, hochmütig, dumm und frech vorgestellt und gemeint, jene höfische Weihrauchwolke ersticke jede Menschlichkeit. Nun sind sie, der Jakobiner und der bürgerliche Revolutionär, ganz überrascht von den natürlichen Umgangsformen innerhalb der königlichen Familie. Sogar Pétion, der den Cato spielen wollte, muß berichten: »Ich finde bei ihnen eine Art von Einfachheit und Familiarität, die mir gefällt; keine Spur von königlicher Aufmachung, sondern eine Leichtigkeit und häusliche Bonhomie. Die Königin nennt Madame Elisabeth ›Meine kleine Schwester‹, Madame Elisabeth wieder antwortet in gleicher Art. Madame Elisabeth spricht den König mit ›Mein Bruder‹ an. Die Königin läßt den Prinzen auf ihren Knien tanzen, die junge Prinzessin spielt mit ihrem Bruder, und der König sieht allem mit zufriedenen Blicken zu, obwohl wenig bewegt und stumpf.« Die beiden Revolutionäre sehen erstaunt: königliche Kinder spielen genau wie ihre eigenen zu Hause, es beginnt sie sogar peinlich zu berühren, daß sie eigentlich selber viel eleganter angezogen sind als der Herrscher Frankreichs, der sogar schmutzige Wäsche trägt. Immer lockerer wird der anfängliche Widerstand. Wenn der König trinkt, bietet er Pétion höflich sein eigenes Glas an, und als ein Ereignis übernatürlicher Art erscheint es dem verblüfften Jakobiner, daß der König von Frankreich und Navarra seinem Sohn, als der Dauphin ein kleines Bedürfnis äußert, höchst eigenhändig das Höschen aufknöpft und während der Verrichtung ihm die silberne Leibschüssel hält. Diese

»Tyrannen« sind doch eigentlich genau solche Menschen wie wir, erkennt erstaunt der grimme Revolutionär. Und ebenso überrascht ist die Königin. Das sind doch eigentlich ganz nette, höfliche Menschen, diese »scélérats«, diese »monstres« der Nationalversammlung! Gar nicht blutgierig, gar nicht ungebildet, und vor allem gar nicht dumm; im Gegenteil, es plaudert sich viel gescheiter mit ihnen als mit dem Grafen von Artois und seinen Kumpanen. Noch sind sie keine drei Wagenstunden mitsammen gefahren, so beginnen beide Parteien, die sich gegenseitig durch Härte und Hochmut imponieren wollten – wunderbare und doch tief menschliche Wandlung –, um einander zu werben. Die Königin bringt politische Probleme auf das Tapet, um den beiden Revolutionären zu beweisen, man sei in ihren Kreisen gar nicht so engstirnig und böswillig, wie das Volk, durch die schlechten Zeitungen verleitet, vermeinte. Die beiden Abgeordneten wieder bemühen sich, der Königin klarzumachen, sie solle die Ziele der Nationalversammlung nicht verwechseln mit dem wüsten Geschrei des Herrn Marat; und als die Rede auf die Republik kommt, weicht sogar Pétion vorsichtig aus. Es zeigt sich bald – uralte Erfahrung –, daß Hofluft selbst die energischsten Revolutionäre verwirrt, und bis zu welchem Grade von Narrheit die Nähe ererbter Majestät einen eitlen Mann bringen kann, ist kaum irgendwo heiterer bewiesen als in Pétions Aufzeichnungen. Nach drei verängstigten Nächten, nach drei Tagen mörderischer, heißer Fahrt im unbequemen Wagen, nach all den seelischen Erregungen und Erniedrigungen sind die Frauen, die Kinder selbstverständlich fürchterlich müde. Unwillkürlich lehnt Madame Elisabeth sich im Einschlafen an ihren Nachbarn Pétion. Dies begeistert sofort den eitlen Dummkopf zu dem Wahn, er habe eine galante Eroberung gemacht, und so schreibt er in seinem Bericht jene Worte, die den armen, von der Hofluft Benebelten für Hunderte von Jahren der Lächerlichkeit überliefern: »Madame Elisabeth richtet ihre zärtlich gewordenen Augen auf mich mit jenem Ausdruck der Hingebung, die der Augenblick verleiht und die so viel Interesse erweckt. Unsere Augen begegneten sich manchmal in einer Art Einverständnis und gegenseitiger Anziehung, die Nacht sank, und das Mondlicht begann eine ähnliche, sanfte Klarheit zu verbreiten. Madame Elisabeth nahm die Prinzessin auf den Schoß, setzte sie zur Hälfte auf meine Knie, zur Hälfte auf das ihre. Die Prinzessin schlief ein, ich streckte einen Arm aus und Madame Elisabeth den ihren über den meinen. Unsere Arme waren somit verschlungen, und der meine berührte sie unter der Achsel. Ich fühlte die Bewegung und eine Wärme, die die Kleider durchdrang. Die Blicke Madame Elisabeths erschienen mir ergreifender, ich bemerkte eine gewisse Hingabe in ihrer Haltung, ihre Augen wurden feucht, und in ihre Melancholie mengte sich eine gewisse Art von Wollust. Ich kann mich täuschen, man verwechselt vielleicht Erscheinungsformen des Unglücks mit denen des Vergnügens, aber ich glaube, wenn wir allein gewesen wären, sie hätte sich in meine Arme gleiten lassen und sich den Trieben der Natur hingegeben.«

Viel ernster als diese lächerliche erotische Phantasie des »schönen Pétion« ist die Wirkung des gefährlichen Zaubers der Majestät auf seinen Begleiter Barnave. Ganz jung, als neugebackener Advokat aus seiner Provinzstadt nach Paris gekommen, fühlt sich dieser idealistische Revolutionär ganz verzaubert, als eine Königin, die Königin von Frankreich, sich bescheiden von ihm die Grundgedanken der Revolution, die Ideen seiner Klubfreunde erklären läßt. Welche Gelegenheit, denkt dieser Marquis Posa unwillkürlich, der Monarchin Ehrfurcht und Achtung vor den heiligen Grundsätzen einzuflößen, sie vielleicht für die konstitutionellen Gedanken zu gewinnen. Der feurige junge Advokat spricht und hört sich reden und siehe – er hätte es nie gedacht –, diese angeblich oberflächliche Frau (weiß Gott, man hat sie verleumdet!) hört voll Anteilnahme, voll Verständnis zu, und wie klug ihre Einwände sind! Mit ihrer österreichischen Liebenswürdigkeit, mit ihrem scheinbar bereitwilligen Eingehen auf seine Anregungen zieht Marie Antoinette den naiv gläubigen Menschen ganz in ihren Bann. Wie hat man diese edle Frau doch ungerecht behandelt, wie ihr unrecht getan, fühlt er überrascht. Sie will doch nur das Beste, und wenn jemand da wäre, ihr die rechten Winke zu geben, so könnte alles gut werden in Frankreich. Die Königin läßt ihm keinen Zweifel, daß sie einen solchen Ratgeber suche, und auch, daß sie ihm dankbar wäre, wollte er in Zukunft ihrer Unerfahrenheit die richtigen Aufklärungen geben. Ja, das wird seine Aufgabe sein, ihr, dieser so unerwartet einsichtigen Frau von nun ab die wahren Wünsche des Volkes zu übermitteln und seinerseits wieder die Nationalversammlung von der Reinheit ihrer demokratischen Gesinnung zu überzeugen. In langen Besprechungen im erzbischöflichen Palais von Meaux, wo sie Rast halten, weiß Marie Antoinette Barnave derart mit Liebenswürdigkeiten zu umstricken, daß er sich ihr zu jedem Dienst zur Verfügung stellt; so bringt ganz im geheimen – niemand hätte eine solche Lösung ahnen können – die Königin von der Fahrt nach Varennes einen ungeheuren politischen Erfolg mit. Und während die anderen nur schwitzen und essen und müde sind und versagen, erringt sie in diesem rollenden Gefängniskarren noch einen letzten Sieg für die königliche Sache.

Der dritte und letzte Tag der Reise wird zum fürchterlichsten. Auch der französische Himmel ist für die Nation und gegen den König. Mitleidlos heizt von morgens bis abends die Sonne den vierrädrigen, dick bestaubten und überfüllten Backofen der Karosse, keine einzige Wolke legt flüchtig mit kühler Hand eine Minute Schatten auf das feurige Dach. Endlich hält der Zug vor den Toren von Paris, aber alle die Hunderttausende, die den auf der Galeere heimtransportierten König sehen wollen, müssen auf ihre Kosten kommen: so dürfen der König und die Königin nicht durch die Pforte St.-Denis heim in ihr Schloß, sondern im riesigen Umweg über die endlosen Boulevards. Kein Ruf erhebt sich auf dem ganzen Weg zu ihren Ehren, kein Wort auch der Beschimpfung, denn Plakate haben jeden der Verachtung preisgegeben, der den König grüßt, und jedem eine Tracht Prügel angedroht, der den Gefangenen der Nation verunglimpft. Unendlicher Jubel aber umstürmt den Wagen, der hinter dem königlichen herzieht, dort zeigt sich eitel der Mann, dem das Volk allein diesen Triumph dankt, Drouet, der Postmeister, der kühne Jäger, der mit List und Ingrimm das königliche Wild zur Strecke gebracht hat.

Der letzte Augenblick dieser Fahrt wird der gefährlichste, die zwei Meter vom Wagen in das Eingangstor des Palastes. Da die königliche Familie von den Deputierten geschützt wird und die Wut durchaus ein Opfer will, stürzt sie sich auf die drei unschuldigen Leibgarden, die den König »entführen« geholfen. Schon sind sie vom Bock gerissen, einen Augenblick hat es den Anschein, als ob die Königin abermals die blutigen Häupter vor dem Eingang ihres Palastes auf Piken schaukeln sehen müßte, da wirft sich die Nationalgarde dazwischen und fegt mit Bajonetten den Türeingang frei. Jetzt erst wird die Tür des Backofens geöffnet; beschmutzt, verschwitzt und müde steigt der König mit seinem schweren Schritt als erster aus dem Wagen. Ihm folgt die Königin. Sofort erhebt sich gefährliches Murmeln gegen die »Autrichienne«, aber mit schnellem Schritt hat sie die kleine Spanne zwischen Wagen und Tür durchmessen, die Kinder folgen; die grausame Reise ist zu Ende.

Innen warten die Lakaien in feierlicher Reihe: genau wie

sonst ist der Tisch gedeckt, die Rangordnung gewahrt; die Heimgekehrten könnten glauben, nur geträumt zu haben. Doch in Wirklichkeit haben diese fünf Tage mehr an den Grundfesten des Königtums gerüttelt als die fünf Jahre der Reformen, denn Gefangene sind keine Gekrönten mehr. Abermals ist der König eine Stufe tiefer hinabgeschritten, abermals die Revolution eine Stufe empor.

Aber den ermüdeten Mann scheint das nicht sehr zu bewegen. Gleichgültig gegen alles, ist er auch gleichgültig gegen sein eigenes Geschick. Mit einer unerschütterlichen Hand vermerkt er in sein Tagebuch nichts anderes als: »Abfahrt von Meaux um sechseinhalb Uhr. Ankunft in Paris um acht Uhr, ohne Aufenthalt.« Das ist alles, was ein Ludwig XVI. über die tiefste Schmach seines Lebens zu sagen hat. Und Pétion berichtet gleichfalls: »Er war so ruhig, als ob nichts geschehen wäre. Man konnte glauben, er wäre von einer Jagdpartie zurückgekehrt.«

Marie Antoinette jedoch, sie weiß, daß alles verloren ist. Die ganze Qual dieser vergeblichen Fahrt muß für den Stolz fast tödliche Erschütterung gewesen sein. Aber wirkliche Frau und wahrhaft Liebende, mit der ganzen Hingabe einer späten und unwiderruflichen letzten Leidenschaft, denkt sie auch in dieser Hölle einzig an jenen, der ihr entronnen ist, sie fürchtet, daß Fersen, der Freund, sich zu sehr um sie sorgen könnte. Bestürmt von den entsetzlichen Gefahren, beunruhigt sie am meisten an ihrem Leiden sein Mitleiden, sein Beunruhigtsein. »Seien Sie beruhigt über uns«, schreibt sie rasch hin auf ein Blatt, »wir leben.« Und, am nächsten Morgen, noch eindringlicher, noch liebevoller (die eigentlichen intimen Stellen hat der Nachfahre Fersens getilgt, aber doch fühlt man an der Schwingung der Worte den Atem der Zärtlichkeit): »Ich lebe noch ... aber ich bin besorgt um Sie, und wie beklage ich es, daß Sie darunter leiden, von uns keine Nachricht zu haben! Wolle der Himmel, daß diese Ihnen zukäme, schreiben Sie mir nicht, das hieße, uns einer Gefahr aussetzen, und vor allem, kommen Sie jetzt unter keinem Vorwand. Man weiß, daß Sie es waren, der uns hier herausgeholfen hat. Alles wäre verloren, wenn Sie zurückkämen. Wir sind hier Tag und Nacht bewacht, aber das ist mir gleichgültig ... Seien Sie unbesorgt, es wird mir schon nichts zustoßen. Die Versammlung will uns nachsichtig behandeln. Adieu ... ich werde Ihnen nicht mehr schreiben können ...«

Und doch, sie kann es nicht ertragen, gerade jetzt von Fersen ohne ein Wort zu bleiben. Und abermals am nächsten Tag schreibt sie den glühendsten, zärtlichsten Brief, der Nachricht, Beruhigung, Liebe fordert: »Ich kann Ihnen nur sagen, daß ich Sie liebe und habe selbst dafür kaum Zeit. Es geht mir gut, haben Sie um meinetwillen keine Sorge, ich wüßte nur gern von Ihnen das gleiche. Schreiben Sie mir chiffriert, lassen Sie die Adresse von Ihrem Kammerdiener schreiben ... Und sagen Sie mir, an wen ich meine Briefe an Sie adressieren soll, denn ich kann ohne das nicht mehr leben. Leben Sie wohl, liebendster und geliebtester aller Menschen. Ich umarme Sie von ganzem Herzen.«

»Ich kann ohne das nicht mehr leben«: noch nie hat man einen solchen Aufschrei der Leidenschaft von der Lippe der Königin gehört. Aber Königin, wie wenig ist sie es nun noch, wieviel dieser einstigen Macht ist ihr genommen; nur der Frau ist geblieben, was niemand ihr entreißen kann: ihre Liebe. Und dieses Gefühl gibt ihr Kraft, groß und entschlossen ihr Leben zu verteidigen.

Die Flucht nach Varennes eröffnet einen neuen Abschnitt in der Geschichte der Revolution; mit diesem Tage ist eine neue Partei, die republikanische, geboren. Bis jetzt, bis zum 21. Juli 1791, war die Nationalversammlung einhellig royalistisch gewesen, weil ausschließlich aus Adeligen und Bürgerlichen zusammengesetzt, aber schon drängt für die kommenden Wahlen hinter dem dritten Stand, dem bürgerlichen, der vierte nach vorn, das Proletariat, die große, stürmische elementare Masse, vor der das Bürgertum ebenso erschrickt, wie der König vor dem Bürgertum erschrocken war. Voll Angst und mit verspätetem Bedauern erkennt die ganze breite Klasse der Besitzenden, welche dämonischen Urkräfte sie entfesselt hat, und so möchten sie noch rasch mit einer Konstitution die Macht des Königs und jene des Volkes gegeneinander abgrenzen. Um dafür die Zustimmung Ludwigs XVI. zu gewinnen, tut es not, ihn persönlich zu schonen; so setzen die gemäßigten Parteien durch, daß dem König wegen der Flucht nach Varennes keinerlei Vorwurf gemacht werde; nicht freiwillig, nicht aus eigenem Willen habe er Paris verlassen, machen sie heuchlerisch geltend, sondern er sei »entführt« worden. Und als dann die Jakobiner dagegen auf dem Marsfeld eine Kundgebung zur Absetzung des Königs veranstalten, lassen die Führer des Bürgertums, Bailly und Lafayette, zum erstenmal energisch die Menge durch Kavallerie und Gewehrsalven auseinandertreiben. Aber die Königin, eng umstellt in ihrem eigenen Haus – seit der Flucht nach Varennes darf sie ihre Türen nicht mehr verschließen, und die Nationalgarden bewachen streng jeden Schritt –, täuscht sich innerlich längst nicht mehr über den wirklichen Wert solcher verspäteten Rettungsversuche. Zu oft hört sie vor ihren Fenstern statt des alten »Es lebe der König!«

den neuen Ruf »Es lebe die Republik!« Und sie weiß, daß diese Republik nur erstehen kann, wenn zuvor sie, ihr Gatte und ihre Kinder untergehen.

Das eigentliche Verhängnis der Nacht von Varennes – auch dies erkennt die Königin bald – war nicht so sehr das Mißglücken ihrer eigenen Flucht wie das gleichzeitige Gelingen der von Ludwigs jüngerem Bruder, des Grafen von Provence. Kaum in Brüssel angelangt, wirft er die so lange und so mühsam getragene brüderliche Unterordnung ab, erklärt sich als Regenten, als rechtmäßigen Vertreter des Königtums, solange der wirkliche König Ludwig XVI. Gefangener in Paris sei, und tut heimlich alles, um diese Frist möglichst zu verlängern. »In unpassendster Weise hat man hier über die Gefangennahme des Königs Freude geäußert«, berichtet Fersen aus Brüssel, »der Graf von Artois strahlte geradezu.« Jetzt sitzen sie ja endlich aufrecht im Sattel, die lange demütig im Troß ihres Bruders reiten mußten, jetzt können sie mit dem Säbel klirren und ohne Rücksicht zum Krieg herausfordern; gehen bei dieser Gelegenheit Ludwig XVI., Marie Antoinette und hoffentlich auch Ludwig XVII. zugrunde, um so besser, dann sind zwei Stufen zum Thron mit einem Satz übersprungen, dann endlich kann sich »Monsieur«, der Graf von Provence, Ludwig XVIII. nennen. Verhängnisvollerweise schließen sich auch die auswärtigen Fürsten dieser Anschauung an, es sei für die monarchische Idee völlig gleichgültig, welcher Ludwig auf dem französischen Thron sitze; die Hauptsache bleibt, daß das revolutionäre, das republikanische Gift in Europa ausgerottet, die »französische Epidemie« im Keim erstickt werde. Mit grauenhafter Kühle schreibt Gustav III. von Schweden: »So groß das Interesse auch ist, das ich an dem Geschick der königlichen Familie nehme, so fällt doch die Schwierigkeit der allgemeinen Situation des europäischen Gleichgewichts, der besonderen Interessen Schwedens und der Sache der Souveräne noch mehr in die Waagschale. Alles hängt davon ab, ob man das Königtum in Frankreich wiederherstellen kann, und es kann uns gleichgültig sein, ob jetzt Ludwig XVI., Ludwig XVII. oder Karl X. auf diesem Thron sitzt, vorausgesetzt, daß der Thron selbst wiederhergestellt wird und daß das Ungeheuer der Reitschule (die Nationalversammlung) zerschmettert wird.« Klarer und zynischer kann man sich nicht ausdrücken. Für die Monarchen gibt es nur »die Sache der Monarchen«, das heißt, ihre eigene ungeschmälerte Macht, »es kann ihnen gleichgültig sein«, wie Gustav III. sagt, welcher Ludwig den französischen Thron innehabe. In der Tat, es ist und bleibt ihnen gleichgültig. Und diese Gleichgültigkeit kostet Marie Antoinette und Ludwig XVI. das Leben.

Gegen diese doppelte Gefahr von innen und außen, gegen den Republikanismus im Lande und die Kriegstreiberei der Prinzen an der Grenze, soll nun Marie Antoinette gleichzeitig kämpfen: übermenschliche Aufgabe dies, und völlig unlösbar für eine einzige schwache, verstörte und von allen Freunden verlassene Frau. Hier wäre ein Genius vonnöten, gleichzeitig Odysseus und Achill, verschlagen und kühn, ein neuer Mirabeau; aber nur kleine Helfer sind nahe in dieser großen Not, und an sie wendet sich die Königin. Auf der Rückfahrt von Varennes hat Marie Antoinette mit ihrem schnellen Blick erkannt, wie leicht der kleine Provinzadvokat Barnave, der in der Versammlung das große Wort führt, sich von schmeichlerischen Worten, sobald sie eine Königin spricht, einfangen läßt; diese Schwäche beschließt sie jetzt auszunützen.

So wendet sie sich in einem geheimen Brief unmittelbar an Barnave, seit ihrer Rückkehr von Varennes hätte sie »sehr über die Intelligenz und den Geist desjenigen nachgedacht, mit dem sie viel gesprochen und gefühlt, sie könne nun viel gewinnen, wenn sie eine Art brieflicher Unterhaltung mit ihm führe«. Er könne auf ihre Verschwiegenheit wie auf ihren Charakter rechnen, der, wenn es das allgemeine Wohl gälte, sich immer den Notwendigkeiten zu unterwerfen bereit sei. Nach dieser Einleitung wird sie deutlicher: »Man kann nicht in dem gegenwärtigen Zustand verharren. Es ist gewiß, daß etwas geschehen muß. Aber was? Das weiß ich nicht. Ich wende mich an ihn, um es zu erfahren. Er muß aus unseren Gesprächen ersehen haben, wie sehr ich guter Absicht bin. Ich werde es immer sein. Es ist das einzige Gut, das uns bleibt und das man mir niemals wird entreißen können. Ich glaube bei ihm den Wunsch nach Recht wahrgenommen zu haben, wir hegen ihn gleichfalls und haben ihn, was man auch immer dagegen gesagt hat, jederzeit gehegt. Er möge uns nun in die Lage versetzen, unsere Wünsche gemeinsam zu verwirklichen. Wenn er ein Mittel findet, mir seine Gedanken mitzuteilen, werde ich mit Offenheit antworten, was ich durchsetzen könnte. Ich bin zu jedem Opfer bereit, wenn ich wirklich das allgemeine Wohl sehe.« Barnave zeigt diesen Brief seinen Freunden, die sich gleichzeitig freuen und fürchten, endlich aber beschließen, von nun ab gemeinsam die geheime Beratung der Königin – Ludwig XVI. zählt überhaupt nicht – zu übernehmen. Als erstes verlangen sie von der Königin, sie solle die Prinzen veranlassen, zurückzukehren, und ihren Bruder, den Kaiser, bewegen, die französische Konstitution anzuerkennen. Scheinbar gefügig, geht die Königin auf alle diese Vorschläge ein. Sie sendet an ihren Bruder Briefe nach dem Diktat ihrer Ratgeber, sie handelt nach ihrem Geheiß; nur »in dem Punkt, wo die Ehre und die Dankbarkeit im Spiele sind«, weigert sie sich nachzugeben. Und schon meinen die neuen politischen Lehrmeister, in Marie Antoinette eine aufmerksame und dankbare Schülerin gefunden zu haben.

Jedoch wie gewaltig täuschen sich diese braven Leute! In Wirklichkeit denkt Marie Antoinette nicht einen Augenblick daran, sich diesen »factieux« auszuliefern, diese ganzen Verhandlungen sollen nur wieder das alte »temporiser«, das Hinausziehen, erleichtern, bis ihr Bruder jenen ersehnten »bewaffneten Kongreß« einberufen hat. Wie Penelope trennt sie nachts das Gespinst auf, das sie am Tage mit ihren neuen Freunden gewoben. Während sie scheinbar gefügig die vordiktierten Briefe an ihren Bruder, den Kaiser Leopold, absendet, läßt sie gleichzeitig Mercy wissen: »Ich habe Ihnen am 29. einen Brief geschrieben, von dem Sie ohne Mühe bemerkt haben werden, daß er nicht meinem Stil entspricht. Aber ich glaubte, dem Verlangen der hiesigen Partei nachkommen zu müssen, die mir selbst den Entwurf dieses Briefes übermittelt hat. Ich habe einen andern solchen Brief gestern an den Kaiser geschrieben und würde mich erniedrigt fühlen, wenn ich nicht hoffte, mein Bruder werde verstehen, daß ich in meiner jetzigen Lage gezwungen bin, alles zu tun und zu schreiben, was man von mir verlangt.« Sie betont, »es sei wichtig, daß der Kaiser überzeugt sei, kein Wort in diesem Briefe sei von ihr und von ihrer Art, die Dinge zu sehen«. So wird jeder Brief zum Uriasbrief. Obgleich sie »gerechterweise zugeben muß, bei ihren Beratern, obwohl sie immer bei ihren Ansichten beharren, große Aufrichtigkeit gefunden zu haben, und einen großen ehrlichen Willen, die Ordnung und damit das Königtum und die königliche Autorität wiederherzustellen«, lehnt sie doch ab, ihren Helfern ehrlich Gefolgschaft zu leisten, denn »wenn ich auch an ihre gute Absicht glaube, so sind doch ihre Ideen übertrieben und können uns niemals passen«.

Es ist ein unheimliches Doppelspiel, das Marie Antoinette mit dieser Zwiespältigkeit beginnt, und kein für sie sehr ehrenvolles, denn zum erstenmal, seit sie Politik treibt, oder vielmehr, weil sie Politik treibt, ist sie genötigt zu lügen, und sie tut es in der allerverwegensten Weise. Während sie ihren Helfern scheinheilig versichert, kein Hintergedanke begleite ihre Schritte, schreibt sie gleichzeitig an Fersen: »Haben Sie keine Angst, ich lasse mich nicht von den ›Enragés‹ einfangen. Wenn ich einige von ihnen sehe oder Beziehungen zu ihnen habe, so ist es nur, um mich ihrer zu bedienen; aber ich habe zuviel Abscheu vor ihnen allen, um jemals mit ihnen gleiche Sache zu machen.« Im letzten ist ihr die Unwürdigkeit dieses Betrugs an gutgesinnten Leuten, die für sie den Kopf aufs Schafott tragen, vollkommen klar, sie spürt deutlich die moralische Schuld, aber entschlossen schiebt sie die Verantwortung auf die Zeit, auf die Verhältnisse, die sie zu solch erbärmlicher Rolle gezwungen haben. »Manchmal«, schreibt sie verzweifelt an den getreuen Fersen, »verstehe ich mich selber nicht mehr und bin genötigt nachzudenken, ob wirklich ich es bin, die spricht. Aber was wollen Sie? Alles das ist notwendig, und glauben Sie mir, wir wären noch viel tiefer herabgesunken, als wir es schon sind, wenn ich nicht sofort zu diesem Mittel gegriffen hätte. Zumindest werden wir damit Zeit gewinnen, und das ist alles, was wir brauchen. Welches Glück, wenn ich eines Tages wieder ich selbst werden könnte und all diesen Bettelkerlen (gueux) beweisen dürfte, daß ich mich nicht von ihnen narren ließ.« Nur dies eine träumt und erträumt ihr unbändiger Stolz, wieder frei sein zu können, nicht mehr gezwungen zu politisieren, zu diplomatisieren, zu lügen. Und da sie als gekrönte Königin diese unbeschränkte Freiheit als ihr gottverliehenes Recht fühlt, meint sie sich im Rechte, alle, die ihr diesen Rang einschränken wollen, auf die rücksichtsloseste Art zu betrügen.

Aber es ist nicht die Königin allein, die betrügt, sondern in dieser Krise vor der Entscheidung betrügen alle Partner im großen Spiele einer den andern – selten kann man die Unmoralität aller heimlich geführten Politik plastischer erkennen, als wenn man die endlosen Korrespondenzen der damaligen Regierungen, Fürsten, Gesandten und Minister verfolgt. Alle arbeiten unterirdisch gegen alle und jeder nur für sein privates Interesse. Ludwig XVI. belügt die Nationalversammlung, die ihrerseits wieder nur wartet, bis der republikanische Gedanke genug durchgedrungen ist, um den König abzusetzen. Die Konstitutionellen täuschen Marie Antoinette eine Macht vor, die sie längst nicht mehr besitzen, und werden auf die verächtlichste Weise von ihr genarrt, denn sie verhandelt hinterrücks mit ihrem Bruder Leopold. Der wiederum hält seine Schwester hin, denn er ist innerlich entschlossen, nicht einen Soldaten, nicht einen Taler für ihre Sache einzusetzen, und paktiert unterdes mit Rußland und Preußen über eine zweite Teilung Polens. Während aber der König von Preußen mit ihm den »bewaffneten Kongreß« gegen Frankreich von Berlin aus berät, finanziert gleichzeitig in Paris sein eigener Gesandter die Jakobiner und speist mit Pétion an einem Tisch. Die emigrierten Prinzen wieder hetzen zum Krieg, nicht aber, um ihrem Bruder Ludwig XVI. den Thron zu erhalten, sondern um ihn möglichst bald selber zu besteigen, und mitten in diesen papiernen Turnieren gestikuliert der Don Quichotte des Königtums, Gustav von Schweden, den alles im Grunde nichts angeht und der nur Gustav Adolf, den Retter Europas, spielen möchte. Der Herzog von Braunschweig, der die Armee der Koalition gegen Frankreich führen soll, verhandelt gleichzeitig mit den Jakobinern, die ihm den Thron Frankreichs anbieten, Danton wiederum und Dumouriez spielen doppeltes Spiel. Die Fürsten sind ebensowenig einig wie die Revolutionäre, der Bruder betrügt die Schwester, der König sein Volk, die Nationalversammlung den König, ein Monarch den andern, alle lügen sich gegenseitig an, um nur etwas Zeit zu gewinnen für ihre eigene Sache. Jeder möchte aus der Verwirrung etwas herausholen und steigert durch sein Drohen die allgemeine Unsicherheit. Keiner möchte sich die Finger verbrennen, alle spielen sie mit dem Feuer, alle aber, die Kaiser, die Könige, die Prinzen, die Revolutionäre, schaffen durch dieses ständige Paktieren und Irreführen eine Atmosphäre von Mißtrauen (ähnlich jener, die heute die Welt vergiftet) und reißen schließlich, ohne es eigentlich zu wollen, fünfundzwanzig Millionen Menschen in den Katarakt eines fünfundzwanzigjährigen Krieges.

Unterdessen läuft, unbekümmert um diese kleinen Schliche, die Zeit stürmisch weiter, das Tempo der Revolution fügt sich nicht dem »Temporisieren« der alten Diplomatie. Eine Entscheidung muß getroffen werden. Die Nationalversammlung hat endlich den Entwurf einer Verfassung fertiggestellt und ihn Ludwig XVI. zur Annahme vorgelegt. Nun muß eine Antwort gegeben werden. Marie Antoinette weiß, daß diese »monstrueuse« Konstitution – wie sie an die Kaiserin Katharina von Rußland schreibt – »einen moralischen Tod bedeutet, der tausendmal schlimmer ist als der körperliche Tod, der von allen Übeln befreit«, sie weiß auch, daß man die Annahme in Koblenz und an den Höfen als Selbstpreisgabe, vielleicht sogar als persönliche Freiheit tadeln wird, aber so tief ist schon die königliche Macht gesunken, daß selbst sie, die Stolzeste, zur Unterwerfung raten muß.

»Wir haben durch die Reise zur Genüge bewiesen«, schreibt sie, »daß wir uns nicht scheuen, unsere Person der Gefahr auszusetzen, wenn es das allgemeine Wohl gilt. Aber im Hinblick auf die gegenwärtige Lage kann der König die Annahme nicht länger verweigern. Glauben Sie mir, daß die Sache wahr ist, wenn ich es sage. Sie kennen meinen Charakter gut genug, um zu wissen, daß er mich eher zu einer vornehmen und mutigen Tat treiben würde. Aber es hat keinen Sinn, sich vollkommen wissend einer Gefahr sinnlos auszusetzen.« Während aber die Feder schon bereitgelegt ist, die Kapitulation zu unterzeichnen, teilt Marie Antoinette gleichzeitig ihren Vertrauten mit, daß der König im innersten Herzen gar nicht daran denke – einer betrügt den andern und wird selbst betrogen –, sein Wort gegenüber dem Volke zu halten. »Mit Bezug auf die Annahme halte ich es für unmöglich, daß jedes denkende Wesen nicht etwa einsehe, daß alles, was wir tun, nur geschieht, weil wir nicht frei sind. Wichtig ist allein, daß wir jetzt keinen Verdacht bei den ›monstres‹ erwecken, die uns umringen. Auf jeden Fall können uns nur die auswärtigen Mächte retten, die Armee ist verloren, das Geld existiert nicht mehr, kein Zügel, kein Damm kann den bewaffneten Pöbel zurückhalten. Selbst die Führer der Revolution werden nicht mehr angehört, wenn sie Ordnung predigen: das ist der traurige Zustand, in dem wir uns befinden. Fügen Sie noch dazu, daß wir keinen einzigen Freund haben, daß alle Welt uns verrät, die einen aus Angst, die anderen aus Schwäche oder Ehrgeiz, und daß ich sogar so heruntergekommen bin, den Tag zu fürchten, an dem man uns eine Art Freiheit wieder gewähren wird. Jetzt wenigstens, im Zustand der Machtlosigkeit, in dem wir uns befinden, haben wir uns nichts vorzuwerfen.« Und mit wunderbarer Aufrichtigkeit fährt sie fort: »Sie finden meine ganze Seele in diesem Brief. Vielleicht irre ich mich, aber es ist das einzige Mittel, das ich sehe, um durchzukommen. Ich habe, soviel ich kann, die Leute von beiden Seiten gehört und aus ihren Meinungen die meine geformt; ich weiß nicht, ob sie befolgt wird. Sie kennen die Person, mit der ich zu tun habe; im Augenblick, da man sie zu überreden meint, kann ein Wort oder die Meinung eines andern sie umstimmen, ohne daß sie es selbst bemerkt, und schon deshalb sind tausend Dinge undurchführbar; jedenfalls, was auch geschehe, bewahren Sie mir Ihre Freundschaft und Ihre Anhänglichkeit. Ich habe sie so sehr nötig, und glauben Sie mir, welches Unheil immer über mich kommen möge: es kann sein, daß ich mich den Umständen anpasse, aber niemals, daß ich irgendeiner Maßnahme zustimmen werde, die meiner unwürdig ist. Erst im Unglück fühlt man recht, wer man ist. Mein Blut rollt in den Adern meines Sohnes, und ich hoffe, daß er sich eines Tages würdig erweisen wird, ein Enkel Maria Theresias zu sein.«

Das sind große und ergreifende Worte, aber sie verhüllen die innere Beschämung nicht, welche diese aufrichtig gewillte Frau bei dem aufgezwungenen Täuschespiel empfindet. Im tiefsten Herzen weiß sie, daß sie mit diesem unehrlichen Verhalten unköniglicher handelt, als wenn sie freiwillig auf den Thron verzichtet hätte. Aber es bleibt keine Wahl mehr. »Ablehnen wäre vornehmer gewesen«, schreibt sie an ihren geliebten Fersen, »aber das war unmöglich unter den gegebenen Umständen. Ich hätte gewünscht, daß die Annahme viel knapper gewesen wäre, aber leider ist man ja immer umringt von böswilligen Personen; doch ich versichere Ihnen, es war noch die am wenigsten üble Fassung, die durchgedrungen ist. Auch die Torheit der Prinzen und Emigranten hat unsere Handlungsweise bestimmt. So war es notwendig, in der Annahme, jede Zeile auszuschalten, die dahin hätte gedeutet werden können, als ob wir nicht mit bester Absicht beistimmten.«

Durch diese unehrliche und darum unpolitische Scheinannahme der Konstitution hat die königliche Familie einen Atemzug Zeit gewonnen: das ist der ganze und – es wird sich bald zeigen – grausame Gewinn dieses Doppelspiels. Aufatmend tun alle so, als ob jeder die Lüge des anderen wirklich glaubte. Für eine Sekunde zerreißt das Gewölk, das gewittrige, und verflüchtigt sich. Noch einmal leuchtet trügerisch die Sonne der Volksgunst über den Häuptern der Bourbonen. Sofort nachdem der König am 13. September mitgeteilt hat, er werde am nächsten Tage die Verfassung inmitten der Versammlung beschwören, werden die Garden, die bisher das königliche Schloß bewachten, zurückgezogen, die Tuileriengärten dem Publikum freigegeben. Die Gefangenschaft ist zu Ende und – wie die meisten voreilig glauben – auch die Revolution. Zum erstenmal seit undenklichen Wochen und Monaten, aber auch zum letztenmal hört Marie Antoinette zehntausendstimmig den schon ganz verschollenen Ruf: »Es lebe der König! Es lebe die Königin!«

Doch schon längst hat sich alles, Freund und Feind, diesseits und jenseits der Grenzen verschworen, sie nicht mehr lange am Leben zu lassen.

DER FREUND ERSCHEINT ZUM LETZTEN MAL

Die eigentlich tragischen Stunden im Untergang Marie Antoinettes waren niemals jene der großen Gewitter, sondern die der immer dazwischen aufflammenden trügerisch schönen Tage. Wäre die Revolution niedergefahren wie ein Bergsturz, mit einem Ruck die Monarchie zermalmend, hätte sich ihr Fall lawinenhafter vollzogen, ohne Atempausen zum Nachdenken, Hoffen und Widerstand, sie wäre nicht so furchtbar nervenzerstörend für die Königin geworden wie die langsame Agonie. Aber immer kommen zwischen den Stürmen plötzlich Windstillen: fünfmal, zehnmal während der Revolution konnte die königliche Familie glauben, nun sei der Friede endgültig wiederhergestellt, der Kampf ausgekämpft. Aber die Revolution ist ein Naturelement wie das Meer, nicht mit einem Sprung bricht solche Sturmflut ins Land, sondern nach jedem erbitterten Stoß läuft die Welle zurück, scheinbar erschöpft, in Wirklichkeit aber nur, um neu und zu vernichtenderem Anschwung auszuholen. Und niemals wissen die Bedrohten, ob die letzte Welle schon die stärkste, die entscheidende gewesen.

Nach der Annahme der Konstitution scheint die Krise überwunden. Die Revolution ist Gesetz geworden, die Unruhe zu fester Form erstarrt. Einige Tage, einige Wochen trügerischen Wohlbefindens kommen, Wochen einer täuschenden Euphorie; Jubel füllt die Straßen, Begeisterung die Versammlung, die Theater donnern von Beifallsstürmen. Aber Marie Antoinette hat längst die naive, unbefangene Gläubigkeit ihrer Jugend verloren. »Wie schade«, seufzt sie zu der Erzieherin ihrer Kinder, als sie von der festlich beleuchteten Stadt in das Schloß zurückkehrt, »daß etwas so Schönes in unseren Herzen nur ein Gefühl von Trauer und Unruhe auslösen kann.« Nein, zu oft enttäuscht, will sie sich nicht mehr täuschen lassen. »Alles ist für den Augenblick ruhig«, schreibt sie an Fersen, den Freund ihres Herzens, »aber diese Ruhe hängt nur an einem Faden, und das Volk ist genauso, wie es immer war, jeden Augenblick zu allen Schrecken bereit. Man versichert uns, es sei für uns. Ich glaube nichts davon, wenigstens was meine Person betrifft. Ich weiß, wieviel von alledem zu halten ist. In den meisten Fällen ist das bezahlt, und das Volk liebt uns nur, sofern wir tun, was es fordert. Es ist unmöglich, daß dies noch lange so weitergeht. Es besteht noch weniger Sicherheit in Paris als vordem, denn man hat sich daran gewöhnt, uns erniedrigt zu sehen.« In der Tat wird die neugewählte Nationalversammlung zur Enttäuschung, sie ist nach der Ansicht der Königin »tausendmal schlechter als die frühere«, und gleich einer ihrer ersten Beschlüsse beraubt den König der Ansprache »Majestät«. Nach wenigen Wochen ist die Führung an die Girondisten übergegangen, die ihre Sympathien für die Republik ganz offen bekunden, und der heilige Regenbogen der Versöhnung schwindet rasch hinter neuaufsteigenden Wolken. Abermals beginnt der Kampf.

Die schnelle Verschlechterung ihrer Lage haben der König und die Königin nicht der Revolution zuzuschreiben, sondern in erster Linie ihren eigenen Verwandten. Der Graf von Provence und der Graf von Artois haben in Koblenz ihr Hauptquartier aufgeschlagen, von dort führen sie offenen Krieg gegen die Tuilerien. Daß der König in bitterer Not die Konstitution angenommen, dient ihnen vortrefflich, Marie Antoinette und Ludwig XVI. als Feiglinge durch bezahlte Journalisten verhöhnen zu lassen und sich selbst, die im Sicheren sitzen, als die wahren und einzig würdigen Verteidiger des königlichen Gedankens aufzuspielen: daß ihr Bruder für die Kosten dieses Spiels mit seinem Leben einsteht, ist ihnen gleichgültig. Vergeblich bittet und ersucht Ludwig XVI. seine Brüder, ja er befiehlt ihnen sogar, sie möchten zurückkommen und damit das berechtigte Mißtrauen des Volkes beseitigen. Die Erbschleicher behaupten hämisch, dies sei nicht der wirkliche Willensausdruck des gefangenen Königs, sie bleiben in Koblenz fern vom Schuß und spielen ungefährdet die Helden. Marie Antoinette bebt vor Wut über die Feigheit der Emigranten, jener »verächtlichen Rasse, die immer erklärten, uns zugetan zu sein, und uns niemals anderes als Böses getan haben«. Offen beschuldigt sie die Verwandten ihres Mannes, daß nur »ihr Verhalten sie in die Stellung hineingebracht habe, in der sie sich jetzt befänden«. – »Aber«, schreibt sie zornig, »was wollen sie? Sie haben, um sich unseren Wünschen zu entziehen, den Ton und die Art angenommen, zu sagen, daß wir nicht frei seien (was allerdings richtig ist), aber daß wir infolgedessen nicht sagen dürfen, was wir denken, und daß sie immer im Gegensinn zu uns handeln müssen.« Vergeblich fleht sie den Kaiser an, er solle die Prinzen und die anderen Franzosen, die sich außer Landes befinden, zurückhalten, aber der Graf von Provence überholt ihren Gesandten, stellt alle Befehle der Königin als »erzwungene« dar und findet bei den Kriegsparteien überall Zustimmung. Gustav von Schweden schickt Ludwig XVI. den Brief ungeöffnet zurück, in dem dieser die Annahme der Konstitution meldet, noch verächtlicher höhnt Katharina von Rußland Marie Antoinette, es sei traurig, wenn man keine andere Hoffnung mehr hätte als einen Rosenkranz. Der eigene Bruder in Wien läßt Wochen vergehen, ehe er gewundene Antwort gibt; im Grunde warten die Mächte, bis die Gelegenheit für sie günstig wird, aus den anarchischen Verhältnissen Frankreichs irgendeinen Vorteil herauszulocken. Niemand bietet rechte Hilfe, niemand macht einen klaren Vorschlag, und niemand fragt redlich, was die Bedrängten in den Tuilerien wünschen und wollen: immer hitziger spielen alle – auf Kosten der unseligen Gefangenen – ihr doppeltes Spiel.

Was aber will und was wünscht Marie Antoinette selbst, das geschehen möge? Die Französische Revolution, die wie fast jede politische Bewegung bei dem Gegner immer tiefe und geheimnisvolle Pläne vermutet, glaubt, daß Marie Antoinette, daß »comité autrichien« in den Tuilerien einen großartigen Kreuzzug gegen das französische Volk ausarbeite, und manche Geschichtsschreiber haben es nachgesprochen. In Wirklichkeit hat Marie Antoinette, Diplomatin aus Verzweiflung, niemals eine klare Idee, einen wirklichen Plan gehabt. Sie schreibt mit einer bewundernswerten Aufopferung, mit einem für sie überraschenden Fleiß Briefe auf Briefe nach allen Seiten, sie verfaßt und redigiert Memoranden und Vorschläge, sie verhandelt und beratschlagt, aber je mehr sie schreibt, um so weniger wird eigentlich verständlich, welchen politischen Gedanken sie eigentlich hegt. Ihr schwebt ungewiß ein bewaffneter Kongreß der Mächte vor, eine halbe Maßnahme, nicht zu heftig, nicht zu zahm, die einerseits die Revolutionäre durch Drohung einschüchtern, andererseits das französische Nationalgefühl nicht herausfordern soll; aber das Wie und Wann ist ihr selbst unklar, sie handelt, sie denkt nicht logisch, sondern ihre brüsken Bewegungen und Schreie erinnern an die eines Ertrinkenden, der sich immer tiefer in das Wasser hineinarbeitet. Einmal erklärt sie, der einzig gangbare Weg für sie sei, das Vertrauen des Volkes zu gewinnen, und im selben Atem, im selben Brief schreibt sie: »Es gibt keine Möglichkeit der Versöhnung mehr.« Sie will keinen Krieg und sieht sehr richtig und klar voraus: »Einerseits wären wir verpflichtet, gegen sie zu kämpfen, das wäre nicht zu vermeiden, und andererseits wären wir hier doch verdächtig, mit den auswärtigen Truppen im Einverständnis zu sein.« Und ein paar Tage später wieder schreibt sie, »nur die bewaffnete Macht kann alles wiederherstellen«, und »ohne Hilfe von Außen können wir nichts tun!« Einerseits putscht sie ihren Bruder auf, der Kaiser möge doch endlich die Beleidigung fühlen, die ihm angetan wird. »Man möge sich nicht mehr um unsere Sicherheit kümmern, es ist dieses Land hier, das zum Kriege herausfordert.« Aber dann fällt sie ihm wieder in die Arme. »Ein Angriff von Außen brächte uns unter das Messer.« Schließlich kennt sich niemand mehr in ihren Absichten aus. Die diplomatischen Kanzleien, die nicht daran denken, ihr Geld nur für einen »bewaffneten Kongreß« zu vergeuden, die, wenn sie kostspielige Armeen an die Grenze werfen, schon einen vollblütigen Krieg haben wollen mit Annexionen und Entschädigungen, zucken die Achseln über die Zumutung, sie sollten einzig »pour le roi de France« ihre Soldaten Gewehr bei Fuß stehen lassen. »Was soll man«, schreibt Katharina von Rußland, »von Leuten denken, die ständig auf zwei ganz gegensätzliche Arten verhandeln«, und selbst Fersen, der Getreueste, der doch die innersten Gedanken Marie Antoinettes zu kennen glaubt, begreift schließlich nicht mehr, was die Königin wirklich wollte, ob Krieg, ob Frieden, ob sie sich innerlich ausgesöhnt habe mit der Konstitution oder nur die Konstitutionellen hinhalte, ob sie die Revolution betrüge oder die Fürsten, während die gequälte Frau in Wahrheit nur eines will: leben, leben, leben und nicht länger erniedrigt sein. Im Innern leidet sie mehr, als alle ahnen, unter diesem ihrer geradlinigen Natur unerträglichen Doppelspiel; immer wieder löst sich dieser Ekel vor der ihr aufgenötigten Rolle in einen tief menschlichen Schrei: »Ich weiß selbst nicht mehr, welche Haltung und welchen Ton einnehmen. Die ganze Welt beschuldigt mich der Verstellung, der Falschheit, und niemand kann glauben – und dies mit Recht –, daß mein Bruder so wenig Interesse für die furchtbare Lage seiner Schwester hat, daß er sie unablässig der Gefahr aussetzt, ohne ihr ein Wort zu sagen. Ja, er setzt mich ihr aus und tausendmal mehr, als wenn er wirklich handeln würde. Der Haß, das Mißtrauen und die Frechheit sind die drei Kräfte, die in diesem Augenblick das Land bewegen. Die Leute sind frech aus einem Übermaß der Furcht und weil sie gleichzeitig glauben, daß man von außen nichts tun werde … es gibt nichts Schlimmeres, als so zu bleiben, wie wir sind, denn wir haben von der Zeit und vom Innern Frankreichs keine Hilfe mehr zu erwarten.«

Ein einziger begreift schließlich, daß all dies Hin und Her, dieses Befehl- und Gegenbefehlgeben nur Zeichen ratloser Verzweiflung sind und daß diese Frau allein sich nicht retten kann.

Er weiß, sie hat niemanden an ihrer Seite, denn Ludwig XVI. zählt nicht infolge seiner Unentschlossenheit. Auch die Schwägerin, Madame Elisabeth, ist nicht so ganz die himmlische, die treue, die gottergebene Gesinnungsgenossin, als die sie die royalistische Legende preist: »Meine Schwester ist so indiskret, so von Intriganten umgeben und vor allem dermaßen von ihren Brüdern draußen beherrscht, daß man gar nicht miteinander sprechen kann, man müßte sonst den ganzen Tag streiten.« Und noch härter, noch wilder aus der untersten Tiefe der Aufrichtigkeit: »Unser Familienleben ist eine Hölle, selbst mit den besten Absichten der Welt kann man nichts anderes sagen.« Immer deutlicher spürt Fersen in der Ferne, daß nur einer ihr jetzt helfen könnte und daß dieser eine, der ihr Vertrauen besitzt, nicht ihr Gatte, nicht ihr Bruder und keiner der Verwandten ist, sondern er selbst. Vor wenigen Wochen hat sie ihm auf geheimem Weg durch den Grafen Esterhazy Botschaft unverbrüchlicher Liebe gesandt: »Wenn Sie ihm schreiben, so sagen Sie ihm, daß alle Meilen und Länder Herzen nicht voneinander trennen können und daß ich diese Wahrheit jeden Tag mehr fühle«, und ein zweitesmal: »Ich weiß nicht, wo er ist. Es ist für mich eine furchtbare Qual, keine Nachrichten zu haben und nicht einmal zu wissen, wo diejenigen sich aufhalten, die man liebt.« Diese letzten brennenden Liebesworte hatte ein Geschenk begleitet, ein kleiner Goldring, auf dessen Vorderseite drei Lilien eingegraben waren mit der Schrift: »Feige, wer sie verläßt.« Diesen Ring hat Marie Antoinette, sie schreibt es an Esterhazy, eigens nach dem Maß ihres Fingers anfertigen lassen, sie hat ihn zwei Tage an der eigenen Hand getragen, ehe sie ihn absandte, gleichsam damit die Wärme des noch lebendigen Bluts in das kalte Gold eindringen sollte. Fersen trägt diesen Ring der Geliebten am Finger, und dieser Ring mit der Inschrift: »Feige, wer sie verläßt« wird zum täglichen Anruf an sein Gewissen, alles für diese Frau zu wagen; da der Ton der Verzweiflung so übermächtig aus ihren Briefen bricht, da er erkennt, welche wilde Verwirrung sich der geliebten Frau zu bemächtigen beginnt, weil sie sich von allen Menschen verlassen sieht, fühlt er sich aufgepeitscht zu wirklich heroischer Tat: er beschließt, da sie beide sich im geschriebenen Wort nicht entscheidend verständigen können, Marie Antoinette in Paris aufzusuchen, in ebendemselben Paris, wo sein Leben geächtet ist und seine Anwesenheit für ihn soviel wie sichern Tod bedeutet. Marie Antoinette erschrickt bei dieser Ankündigung. Nein, ein solches übergroßes und wahrhaft heroisches Opfer will sie von ihrem Freunde nicht. Als wahrhaft Liebende liebt sie sein Leben mehr als das eigene und mehr auch als die unsägliche Beruhigung und Beglückung, die ihr seine Nähe geben könnte. Darum antwortet sie hastig am 7. Dezember: »Es ist völlig unmöglich, daß Sie im gegenwärtigen Augenblick hierherkommen. Dies hieße unser Glück auf das Spiel setzen. Wenn ich das sage, so dürfen Sie es mir glauben, denn ich habe äußerstes Verlangen, Sie zu sehen.« Aber Fersen läßt nicht nach. Er weiß, es ist unbedingt nötig, sie dem gegenwärtigen Zustand zu entreißen. Er hat mit dem König von Schweden einen neuen Fluchtplan ausgearbeitet, er weiß trotz ihrer Abwehr mit der Hellhörigkeit eines aufgerufenen Herzens, wie sehr sie nach ihm verlangt, und wie es die Seele dieser völlig Vereinsamten entlasten müßte, noch einmal nach all den Vorsichts- und Verheimlichungsbriefen, sich wieder frei und ungehemmt aussprechen zu können. Anfang Februar faßt Fersen den Entschluß, nicht länger zu warten und nach Frankreich zu Marie Antoinette zu reisen.

Dieser Entschluß ist eigentlich ein selbstmörderischer. Hundertfache Wahrscheinlichkeit gegen eine spricht dafür, daß er von dieser Fahrt nicht wiederkehren wird, denn kein Kopf steht zur Zeit in Frankreich so hoch im Preis wie der seine. Kein Name ist so viel, so gehässig genannt worden, Fersen ist öffentlich geächtet in Paris, sein Steckbrief in allen Händen, ein einziger, der ihn unterwegs oder in Paris erkennt, und sein Leichnam liegt zerfetzt auf dem Pflaster. Aber Fersen – und dies erhöht noch tausendfach seinen Heroismus – will doch nicht nur nach Paris und dort in einem versteckten Winkel untertauchen, sondern geradewegs in die unzugängliche Höhle des Minotaurus, in die Tuilerien, die Tag und Nacht von zwölfhundert Nationalgardisten bewacht werden, in den Palast, wo jeder Knecht, jede Kammerfrau, jeder Kutscher innerhalb der riesigen Dienerschaft ihn persönlich kennt. Aber diesmal oder nie ist diesem Edelmann Gelegenheit geboten, sein liebendes Gelöbnis zu erhärten. »Ich lebe nur, um Ihnen zu dienen.« Am 11. Februar löst er dies Wort ein und macht sich auf zu einer der kühnsten Unternehmungen der ganzen Revolutionsgeschichte. Fersen reist mit Perücke, mit einem falschen Paß, in dem er verwegen die dafür nötige Unterschrift des Königs von Schweden fälscht, angeblich in diplomatischer Mission nach Lissabon, einzig von seinem Ordonnanzoffizier begleitet, als dessen Diener er gilt. Durch ein Wunder werden die Papiere und Personen tatsächlich nicht näher untersucht, unbehelligt gelangt er am 13. Februar um halb sechs Uhr nach Paris. Obwohl er dort eine verläßliche Freundin oder vielmehr Geliebte hat, die unter Lebensgefahr bereit ist, ihn zu verstecken, begibt sich Fersen geradewegs vom Postwagen in die Tuilerien. In den Wintermonaten bricht das Dunkel früh ein, sein freundlicher Schutz deckt den Verwegenen. Die geheime Tür, zu der er noch den Schlüssel besitzt, sie ist – erstaunlicher Glücksfall – auch diesmal nicht bewacht. Der treubewahrte Schlüssel tut seine Pflicht, Fersen tritt ein: nach acht Monaten grausamster Entfernung und unsagbaren Geschehens – eine Welt hat sich seitdem verändert – ist der Geliebte wieder bei der Geliebten, Fersen abermals und zum letztenmal bei Marie Antoinette.

Über diesen denkwürdigen Besuch gibt es zweierlei Aufzeichnungen von Fersens Hand, die merklich voneinander abweichen, eine offizielle und eine intime; und gerade ihre Verschiedenheit ist unendlich aufschlußreich für die wirkliche Form der Beziehung, die Fersen und Marie Antoinette verbindet. Denn in dem offiziellen Brief berichtet er seinem Monarchen, er sei am 13. Februar um sechs Uhr abends in Paris eingetroffen und hätte Ihre Majestäten – ausdrücklich die Mehrzahl, also König Ludwig und Marie Antoinette – noch am selben Abend gesehen und gesprochen, und zum zweitenmal am nächsten Abend. Aber dieser Mitteilung, die für den König von Schweden bestimmt war, den Fersen als sehr geschwätzig kennt und dem er die Frauenehre Marie Antoinettes nicht anvertrauen will, widerspricht die vielsagend intime Aufzeichnung seines Tagebuches. Dort heißt es zunächst: »Zu ihr gegangen; meinen gewöhnlichen Weg genommen. Besorgnis wegen der Nationalgarden, ihre Wohnung wundervoll.« Ausdrücklich heißt es also »Zu ihr« und nicht »Zu ihnen« gegangen. Dann folgen im Tagebuch noch zwei Worte, die später von jener berüchtigten zimperlichen Hand mit Tinte unlesbar gemacht wurden. Aber glücklicherweise gelang es, sie wieder abzudekken, und diese zwei inhaltsschweren Worte, sie lauten: »resté là«, zu deutsch »dort geblieben«.

Mit diesen zwei Worten ist die ganze Situation jener Tristansnacht klar: Fersen ist an jenem Abend also nicht von beiden Majestäten empfangen worden, wie er den König von Schweden glauben ließ, sondern von Marie Antoinette allein, und er hat – auch dies unterliegt keinem Zweifel – diese Nacht in den Gemächern der Königin verbracht. Ein nächtliches Weggehen, Wiederkommen und abermaliges Verlassen der Tuilerien hätte unsinnigste Vervielfachung der Gefahr bedeutet, denn in den Gängen patrouillierten Tag und Nacht die Nationalgarden. Die Räume Marie Antoinettes aber, zu ebener Erde, sie enthielten bekanntlich nicht mehr als ein Schlafzimmer und einen winzigen Toilettenraum: es gibt also keine andere Erklärung als die den Tugendverteidigern so peinliche, daß Fersen diese Nacht und den nächsten Tag bis Mitternacht in dem Schlafzimmer der Königin versteckt zugebracht habe, dem einzigen Raum innerhalb des ganzen Schlosses, der vor der Überwachung durch die Nationalgarde und vor dem Blick der Dienerschaft gesichert war.

Über jene Stunden des Alleinseins schweigt Fersen, der stets zu schweigen verstanden hat, selbst in seinem intimen Tagebuch: so ziemt auch jedem andern diese edelste Pflicht. Es kann niemandem versagt werden zu glauben, auch diese Nacht habe ausschließlich romantischem Ritterdienst und politischem Gespräch gegolten. Aber wer vom Herzen her fühlt und von klaren Sinnen, wer an die Macht des Blutes als an das ewige Gesetz glaubt, dem ist es gewiß: selbst wenn Fersen nicht schon längst der Geliebte Marie Antoinettes gewesen, er wäre es geworden in dieser Schicksalsnacht, in dieser mit dem äußersten menschlichen Einsatz des Mutes erzwungenen, in dieser unwiderruflich letzten Nacht.

Die erste Nacht gehört ganz den Liebenden, erst der nächste Abend der Politik. Um sechs Uhr, also genau vierundzwanzig Stunden nach Fersens Eintreffen, betritt der diskrete Gatte das Zimmer der Königin, um mit dem heroischen Boten Zwiesprache zu halten. Den von Fersen vorgelegten Fluchtplan weist Ludwig XVI. zurück, erstlich, weil er ihn praktisch für unmöglich hält, und dann auch aus Ehrgefühl, denn er hat öffentlich der Nationalversammlung versprochen, in Paris zu bleiben, und will nicht Verräter werden an seinem Wort. (Fersen bemerkt dazu in seinem Tagebuch respektvoll: »Denn er ist ein ehrenhafter Mensch.«) Mann zu Mann mit vollem Vertrauen setzt der König dann dem verläßlichen Freunde seine Lage auseinander. »Wir sind unter uns«, sagt er, »und können sprechen. Ich weiß, daß man mich der Schwäche und Entschlußunfähigkeit beschuldigt, aber noch niemand hat sich jemals in einer Lage befunden wie der meinen. Ich weiß, daß ich den richtigen Augenblick (zur Flucht) versäumt habe, am 14. Juli, und seitdem habe ich ihn nicht wiedergefunden. Die ganze Welt hat mich im Stich gelassen.« Sowohl die Königin als der König haben keine Hoffnung mehr, sich selber zu retten. Die Mächte sollten alles Denkbare versuchen, ohne sich um ihre Personen zu kümmern. Nur sollten sie sich nicht wundern, wenn er hier die Zustimmung gäbe zu manchen Dingen; sie müßten in ihrer jetzigen Lage vielleicht tun, was nicht nach ihrem Herzen wäre. Sie könnten für sich nur Zeit retten, die Rettung selbst müsse von außen kommen.

Bis Mitternacht bleibt Fersen im Palast. Alles ist besprochen, was zu besprechen war. Dann kommt das Schwerste dieser dreißig Stunden, sie müssen Abschied nehmen. Beide wollen sie es nicht wahrhaben, beide ahnen sie untrüglich: Nie mehr! Nie mehr in diesem Leben! Um die Erschütterte zu trösten, verspricht er ihr, wenn es irgend möglich sein sollte, wiederzukommen, und fühlt beglückt, wie sehr er sie beruhigt hat durch seine Gegenwart. Durch den dunklen, glücklicherweise verlassenen Gang begleitet die Königin Fersen bis zur Tür. Noch haben sie einander die letzten Worte nicht gesagt, noch die letzten Umarmungen nicht getauscht, da naht ein fremder Schritt: Todesgefahr! Fersen, in den Mantel gehüllt, die Perücke aufgestülpt, schlüpft hinaus, Marie Antoinette flieht in ihr Zimmer zurück; die Liebenden haben einander zum letztenmal gesehen.

DIE FLUCHT IN DEN KRIEG

Uraltes Rezept: wenn Staaten und Regierungen innere Krisen nicht mehr zu bewältigen wissen, suchen sie die Spannung nach außen abzulenken; gemäß diesem ewigen Gesetz verlangen die Wortführer der Revolution, um dem fast unvermeidlichen Bürgerkrieg zu entgehen, seit Monaten den Krieg gegen Österreich. Durch die Annahme der Konstitution hat Ludwig XVI. seinen königlichen Rang zwar vermindert, aber gesichert. Für immer sollte – und die Arglosen wie Lafayette glaubten es auch – die Revolution jetzt zu Ende sein. Die Partei der Girondisten aber, welche die neugewählte Nationalversammlung beherrscht, ist im Herzen republikanisch. Sie will das Königtum beseitigen, und dazu gibt es kein besseres Mittel als einen Krieg, weil er unvermeidlich die königliche Familie in Konflikt mit der Nation bringen muß. Denn die Vorhut der ausländischen Armeen bilden ja die beiden lärmenden Brüder des Königs, und die feindlichen Generalstäbe unterstehen dem Bruder der Königin.

Daß ein offener Krieg ihrer Sache nicht helfen, sondern nur schaden kann, weiß Marie Antoinette. Wie immer die militärische Entscheidung fällt, muß sie zu ihren Ungunsten sein. Siegen die Armeen der Revolution gegen die Emigranten und die Kaiser und Könige, so ist es gewiß, daß Frankreich nicht weiter einen »Tyrannen« dulden wird. Werden wiederum die nationalen Truppen von den Verwandten des Königs und der Königin geschlagen, so wird zweifellos der aufgeregte oder von andern erregte Pariser Pöbel die Gefangenen in den Tuilerien verantwortlich machen. Siegt Frankreich, so verlieren sie den Thron; siegen die auswärtigen Mächte, so verlieren sie ihr Leben. Aus diesem Grunde hat Marie Antoinette in unzähligen Briefen ihren Bruder Leopold und die Emigranten beschworen stillzuhalten, und dieser vorsichtige, zögernde, kühl berechnende und innerlich kriegsfeindliche Herrscher hatte tatsächlich die säbelklirrenden Prinzen und Emigranten von sich abgeschüttelt und alles vermieden, was als Herausforderung gedeutet werden könnte.

Aber der Glücksstern Marie Antoinettes ist längst verdunkelt. Alles, was das Schicksal an Überraschung bereithält, wendet sich gegen sie. Gerade jetzt, am 1. März, rafft eine plötzliche Krankheit ihren Bruder Leopold, den Friedenserhalter, hinweg, und vierzehn Tage später tötet der Pistolenschuß eines Verschwörers den besten Verteidiger des royalistischen Gedankens, den sie unter den Monarchen Europas hat, Gustav von Schweden. Damit ist der Krieg unvermeidlich geworden. Denn der Nachfolger Gustavs denkt nicht mehr daran, die Sache der Monarchisten zu stützen, und der Nachfolger Leopolds II. kümmert sich nicht um seine Blutsverwandte, sondern erwägt ausschließlich seine eigenen Interessen. Bei diesem vierundzwanzigjährigen, einfältigen, kalten, völlig gefühllosen Kaiser Franz, in dessen Seele kein Funke mehr vom Geist Maria Theresias glüht, findet Marie Antoinette weder Verständnis noch Willen zum Verstehen. Frostig empfängt er ihre Boten, gleichgültig ihre Briefe; ob seine Blutsverwandte in den fürchterlichsten seelischen Zwiespalt gerät, ob ihr Leben durch seine Maßnahmen gefährdet wird, kümmert ihn nicht. Er sieht nur die gute Gelegenheit, seine Macht zu vergrößern, und lehnt alle Wünsche und Forderungen der Nationalversammlung kalt und aufreizend ab.

Nun haben die Girondisten glücklich Oberwasser. Am

20. April wird Ludwig XVI. genötigt, nach langem Widerstand und – wie man behauptet – mit Tränen in den Augen, dem »König von Ungarn« den Krieg zu erklären. Die Armeen setzen sich in Bewegung, und das Schicksal nimmt seinen Lauf.

Auf welcher Seite steht die Königin mit ihrem Herzen in diesem Kriege? Bei ihrem alten oder bei ihrem neuen Vaterland? Bei den französischen oder ausländischen Heeren? Um diese entscheidende Frage haben die royalistischen Darsteller, ihre unbedingten Verteidiger und Lobpreiser, sich ängstlich herumgedrückt, sie haben sogar in die Memoiren und Briefe ganze Absätze hineingefälscht, um die klare und eindeutige Tatsache zu verschatten, daß in diesem Krieg Marie Antoinette mit ganzer Seele den Triumph der verbündeten Herrschertruppen und die Niederlage der französischen ersehnte. Diese Stellungnahme ist unverkennbar; wer sie verschweigt, der fälscht. Wer sie leugnet, der lügt. Denn mehr noch: Marie Antoinette, die sich vor allem als Königin fühlt und dann erst als Königin von Frankreich, steht nicht nur gegen jene, die ihr die Königsmacht eingeschränkt haben, und bei jenen, die sie im dynastischen Sinne stärken wollen, sondern sie tut sogar alles Erlaubte und Unerlaubte, um die Niederlage Frankreichs zu beschleunigen, den Sieg des Auslandes zu fördern. »Gott wolle, daß man einmal alle die Herausforderungen räche, die wir von diesem Land empfangen haben«, schreibt sie an Fersen, und obwohl sie längst ihre Muttersprache vergessen hat und genötigt ist, sich deutsche Briefe übersetzen zu lassen, schreibt sie: »Niemals habe ich größeren Stolz gefühlt denn jetzt, als eine Deutsche geboren zu sein.« Vier Tage, ehe der Krieg erklärt wird, übermittelt sie – oder deutlicher: verrät sie – den Feldzugsplan der Revolutionsarmeen, soweit sie ihn kannte, dem österreichischen Botschafter. Ihre Einstellung ist vollkommen eindeutig: für Marie Antoinette sind die österreichischen, die preußischen Fahnen die befreundeten und die heimische Trikolore das Banner des Feindes.

Zweifellos – man hat sofort das Wort auf den Lippen – ist das offener Landesverrat, und das Gericht eines jeden Landes würde heute ein solches Verhalten Verbrechen nennen. Aber man darf nicht vergessen, daß der Begriff des Nationalen und der Nation im achtzehnten Jahrhundert noch nicht entdeckt war; erst die Französische Revolution geht daran, ihn für Europa zu formen. Das achtzehnte Jahrhundert, in dessen Anschauungen Marie Antoinette unlösbar verankert ist, kennt noch keinen andern als den rein dynastischen Standpunkt, das Land gehört dem König; wo der König steht, dort steht das Recht; wer für den König und das Königtum kämpft, streitet unbedingt für die gerechte Sache. Wer gegen das Königtum steht, der ist Aufständischer und Rebell, auch wenn er das eigene Land verteidigt. Die völlige Unausgeformtheit des patriotischen Gedankens ergibt überraschenderweise in diesem Krieg eine unvaterlandische Einstellung des Gefühls auf der Gegenseite: die besten Deutschen, Klopstock, Schiller, Fichte, Hölderlin, ersehnen um der Idee der Freiheit willen die Niederlage der deutschen Truppen, die eben noch nicht Volkstruppen sind, sondern die Armeen der despotischen Sache. Sie freuen sich über den Rückzug der preußischen Streitkräfte, während in Frankreich wieder der König und die Königin die Niederlage ihrer eigenen Truppen als persönlichen Vorteil begrüßen. Hüben und drüben geht der Krieg nicht um die Interessen des Landes, sondern um eine geistige Idee, diejenige der Souveränität oder jene der Freiheit. Und nichts bezeichnet das merkwürdige Zwielicht zwischen der Auffassung des alten und neuen Jahrhunderts besser, als daß der Anführer der vereinigten deutschen

Armeen, der Herzog von Braunschweig, einen Monat zuvor ernstlich überlegte, ob er nicht lieber das Kommando der französischen gegen die deutschen übernehmen solle. Man sieht: der Begriff Vaterland und Nation ist 1791 noch nicht geklärt in den Seelen des achtzehnten Jahrhunderts. Erst dieser Krieg, der die Volksheere, das Volksbewußtsein und damit den furchtbaren Bruderkampf ganzer Nationen erschafft, wird die Idee des Nationalpatriotismus hervorbringen und dem nächsten Jahrhundert vererben.

Dafür, daß Marie Antoinette den Sieg der auswärtigen Mächte wünscht, sowie für die Tatsache ihres Landesverrats hat man in Paris keinen Beweis. Aber wenn das Volk als Masse auch niemals logisch und planhaft denkt, so hat es doch eine elementarere, tierhaftere Witterungsfähigkeit als das Einzelwesen; statt mit Überlegung arbeitet es mit Instinkten, und diese Instinkte sind fast immer unfehlbar. Von allem Anfang an fühlt das französische Volk atmosphärisch jene Feindseligkeit in den Tuilerien; ohne äußeren Anhaltspunkt wittert es den tatsächlich geschehenen militärischen Verrat Marie Antoinettes an seiner Armee und seiner Sache; und hundert Schritte von dem königlichen Palast schreit in der Nationalversammlung einer der Girondisten, Vergniaud, die Anschuldigungen offen in den Saal: »Von dieser Tribüne, wo ich zu Ihnen spreche, kann man den Palast erblicken, wo entartete Ratgeber den König verführen und täuschen, der uns die Konstitution gegeben hat, wo sie die Ketten schmieden, in die sie uns schließen wollen, und die Schliche vorbereiten, die uns an das Haus Österreich ausliefern sollen. Ich sehe die Fenster des Palastes, wo man die Gegenrevolution vorbereitet und alle Mittel durchdenkt, um uns zurückzuschleudern in die Schranken der Knechtschaft.« Und damit man ganz deutlich Marie Antoinette als die Anstifterin dieser angeblichen Verschwörung erkenne, fügt er drohend hinzu: »Mögen alle wissen, die diesen Palast bewohnen, daß unsere Verfassung die Unverletzlichkeit ausschließlich dem Könige zubilligt. Mögen sie wissen, daß das Gesetz ohne Ausnahme alle Schuldigen erfassen wird und daß kein einziges Haupt, das der Schuld überwiesen ist, dem Schwerte entgehen soll.« Die Revolution beginnt zu begreifen, daß sie den äußeren Feind nur schlagen kann, wenn sie sich auch des inneren entledigt. Damit sie die große Partie vor der Welt gewinnen kann, muß daheim der König in seinem Einfluß schachmatt gesetzt werden. Energisch drängen jetzt alle wirklichen Revolutionäre zum Konflikt; wieder marschieren die Zeitungen voran und fordern die Absetzung des Königs; neue Auflagen der berüchtigten Schrift: »La vie scandaleuse de Marie-Antoinette« werden in den Straßen verteilt, um den alten Haß mit neuer Tatkraft zu beleben. In der Nationalversammlung werden mit Absicht Anträge gestellt, bei denen man hofft, daß der König von seinem verfassungsmäßigen Recht, ein Veto zu sprechen, Gebrauch machen müsse, vor allem jener, dem Ludwig XVI. als gläubiger Katholik niemals zustimmen kann, nämlich die Priester, die den Eid auf die Verfassung verweigern, mit Gewalt auszuweisen: man sucht, man provoziert den offenen Bruch. Tatsächlich rafft sich der König zum erstenmal zusammen und legt sein Veto ein. Solange er stark war, hat er von keinem seiner Rechte Gebrauch gemacht; jetzt, eine Spanne vor dem Untergang, versucht dieser unselige Mann im unseligsten Augenblick zum erstenmal Mut zu bezeigen. Aber das Volk ist nicht mehr willens, von dieser Wachspuppe Einspruch zu dulden. Dieses Veto soll das letzte Wort des Königs gegen und an sein Volk gewesen sein.

Um dem König und vor allem ihr, dieser unbeugsamen, hochmütigen Österreicherin, eine gründliche Lektion zu erteilen, wählen die Jakobiner, die Stoßtruppe der Revolution, einen symbolischen Tag, den 20. Juni. An diesem Tage haben vor drei Jahren sich im Ballsaal von Versailles zum erstenmal die Abgeordneten des Volkes zu feierlichem Eid zusammengetan, nicht der Macht der Bajonette zu weichen und aus eigener Kraft Frankreich Form und Gesetz zu geben. An diesem Tage ist vor einem Jahr der König, als Lakai verkleidet, durch die kleine Pforte seines Palastes nachts hinausgeschlichen, um dem Diktat des Volkes zu entgehen. An diesem Jahrestag soll er nun für immer erinnert werden, daß er nichts ist und das Volk alles. Wie 1789 der Sturm auf Versailles, wird 1792 der Sturm auf die Tuilerien methodisch vorbereitet. Aber damals mußte man noch unterirdisch und ungesetzmäßig jene Amazonenarmee unter dem Schutz der Dunkelheit ausheben; heute marschieren am hellichten Tage, unter dem Geläut der Sturmglocken, von dem Brauer Santerre befehligt, fünfzehntausend Mann, die Stadtverwaltung steht dabei mit fliegenden Fahnen, die Nationalversammlung öffnet ihnen die Tore, und der Bürgermeister Pétion, der für die Ordnung zu sorgen hätte, stellt sich blind und taub, um das klare Gelingen dieser Demütigung des Königs zu fördern.

Der Aufmarsch der revolutionären Kolonne beginnt als bloßer Festzug vor der Nationalversammlung. In Reih und Glied marschieren die fünfzehntausend Mann mit großen Plakaten »Nieder das Veto!« und »Die Freiheit oder der Tod!« im Takte des »Ça ira« an der Reitschule vorbei, in der die Nationalversammlung tagt; um halb vier Uhr scheint das große Schauspiel zu Ende, der Abmarsch beginnt. Aber jetzt erst setzt die eigentliche Kundgebung ein. Denn statt friedlich abzuziehen, wirft sich, ohne Befehl und doch sichtbar geführt, die ganze riesige

Volksmasse gegen den Eingang des Palastes. Dort stehen zwar die Nationalgarden und Gendarmen mit blank vorgestreckten Bajonetten, aber der Hof hat in seiner gewohnten Unschlüssigkeit für diesen doch klar vorauszusehenden Fall keine Befehle erteilt, die Soldaten leisten keinen Widerstand, und mit einem Guß strömen die Massen durch den engen Trichter der Türe. So stark ist der Druck dieser Menge, daß sie gleichsam von selbst die Treppe hinauf bis zum ersten Stock dringt. Und nun ist kein Halten mehr, die Türen werden eingedrückt oder die Schlösser zerschlagen, und ehe man irgendeine Schutzmaßnahme treffen kann, stehen die ersten Eindringlinge vor dem König, den nur unzulänglich eine Gruppe von Nationalgarden vor dem Ärgsten schützt. Nun muß Ludwig XVI. in seinem eigenen Hause die Parade des aufständischen Volkes abnehmen, und nur sein unerschütterlicher phlegmatischer Gleichmut verhindert einen Zusammenstoß. Geduldig gibt er auf alle Herausforderungen höfliche Antworten, gehorsam setzt er die rote Mütze auf, die einer der Sansculotten sich vom Kopf nimmt. Dreieinhalb Stunden duldet er in glühender Hitze ohne Weigerung, ohne Widerstand die Schaulust und den Hohn dieser feindseligen Gäste.

Gleichzeitig ist ein anderer Trupp der Insurgenten in die Gemächer der Königin eingedrungen; die Schreckensszene des 5. Oktober in Versailles scheint sich wiederholen zu wollen. Da aber die Königin gefährdeter ist als der König, haben die Offiziere rasch Soldaten herbeigerufen, Marie Antoinette in eine Ecke gedrängt und zu ihrem Schutz einen großen Tisch vorgeschoben, damit sie wenigstens vor körperlichen Mißhandlungen gesichert sei; außerdem stehen in dreifacher Reihe die Nationalgarden vor diesem Tische Wache. Die wild hereinstürmenden Frauen und Männer können Marie Antoinette nicht an den Leib, aber doch nahe genug heran, um das »Monstrum«

herausfordernd wie ein Schaustück zu betrachten, nahe genug, daß Marie Antoinette jede einzelne Beschimpfung und Drohung hören muß. Santerre, der mit seiner Unternehmung nur eine ausgiebige Demütigung und gründliche Einschüchterung der Königin will, aber wirkliche Gewaltakte zu verhüten bemüht ist, befiehlt den Grenadieren, zur Seite zu treten, damit das Volk seinen Willen habe und sein Opfer, die besiegte Königin, betrachten könne, gleichzeitig sucht er Marie Antoinette zu beruhigen: »Madame, man täuscht Sie, das Volk hat nichts Böses gegen Sie vor. Wenn Sie nur wollten, würde jeder Sie lieben wie dieses Kind« (dabei zeigt er auf den Dauphin, der sich erschreckt und zitternd an seine Mutter preßt). »Übrigens, haben Sie keine Angst, man wird Ihnen nichts tun.« Aber immer, wenn einer der »factieux« der Königin seine Hilfe anbietet, strafft sich ihr Stolz. »Man hat mich weder getäuscht noch irregeführt«, antwortet die Königin hart, »und ich habe keine Furcht. Unter anständigen Leuten braucht man niemals Furcht zu haben.« Kalt und stolz hält die Königin den feindseligen Blicken und den frechsten Ansprachen stand. Nur als man sie zwingen will, ihrem Kind die rote Mütze aufzusetzen, wendet sie sich ab und sagt zu den Offizieren: »Das ist zuviel, das geht über die menschliche Geduld.« Aber sie hält stand, ohne eine Sekunde Angst oder Unsicherheit zu verraten. Erst nachdem sie von den Eindringlingen nicht mehr wirklich bedroht ist, erscheint der Bürgermeister Pétion und ersucht die Menge, nach Hause zu gehen, »um nicht Gelegenheit zu geben, die ehrenwerte Absicht des Volkes zu verdächtigen«. Aber es dauert noch bis spät in den Abend, ehe das Schloß geräumt ist, und jetzt erst spürt die Königin, die gedemütigte Frau, die ganze Qual ihrer Wehrlosigkeit. Jetzt weiß sie, daß alles verloren ist. »Ich lebe noch, aber es ist ein Wunder«, schreibt sie hastig ihrem Vertrauten, Hans Axel von Fersen. »Dieser Tag war furchtbar.«

Seit sie den Atem des Hasses bis ins Gesicht gespürt, seit sie die Piken der Revolution in ihrem eigenen Zimmer, in den Tuilerien gesehen und die Ohnmacht der Nationalversammlung, die Böswilligkeit des Bürgermeisters erlebt hat, weiß Marie Antoinette, daß sie und ihre Familie rettungslos verloren sind, wenn nicht rasch von außen Hilfe kommt. Nur ein stürmischer Sieg der Preußen, der Österreicher könnte sie noch retten. Zwar bemühen sich jetzt in letzter, in allerletzter Stunde alte und plötzlich neuerworbene Freunde um eine Flucht. Der General Lafayette will persönlich an der Spitze einer Abteilung Kavallerie den König mit seiner Familie am 14. Juli von den Feierlichkeiten am Marsfeld herausholen und mit gezogenem Säbel aus der Stadt bringen. Aber Marie Antoinette, die noch immer in Lafayette den Urheber allen Unheils sieht, will lieber zugrunde gehen als ihre Kinder, ihren Mann und sich selbst diesem Leichtgläubigen anvertrauen.

Aus einem edleren Grunde weist sie auch einen andern Vorschlag, den der Landgräfin von Hessen Darmstadt, zurück, sie als die Gefährdetste aus dem Palast zu retten, denn diese Fluchtmöglichkeit ist nur für sie allein ersonnen. »Nein, Prinzessin«, antwortet Marie Antoinette, »obwohl ich den ganzen Wert Ihres Angebots empfinde, kann ich es doch nicht annehmen. Ich habe mein Leben meiner Pflicht geweiht für die mir teuren Personen, deren Unglück ich teile und die, was immer auch man von ihnen sagen möge, allen Anteil durch den Mut verdienen, mit dem sie ihr Schicksal tragen ... Möge eines Tages alles, was wir tun und erleiden, wenigstens unsere Kinder glücklicher machen, dies ist der einzige Wunsch, den ich mir erlaube. Leben Sie wohl, Prinzessin! Man hat mir alles genommen außer meinem Herzen, das mir immer bleiben wird, um sie zu lieben, zweifeln Sie nie daran, es wäre das einzige Unglück, das ich nicht ertragen könnte.«

Dies ist einer der ersten Briefe, die Marie Antoinette nicht mehr um ihrer selbst willen, sondern für die Nachwelt schreibt. Im Tiefsten weiß sie schon: ist das Unheil nicht mehr aufzuhalten, so will sie nur noch die letzte Pflicht erfüllen, mit Haltung und erhobenem Haupt unterzugehen. Vielleicht ersehnt sie schon im Unterbewußtsein einen raschen und möglichst heldischen Tod statt dieses langsamen Versinkens im Schlamm, statt dieses stündlich und stündlich tieferen Hinabsteigens. Am 14. Juli, der Volksfeier des Bastillensturms, da sie – zum letztenmal – der großen Zeremonie auf dem Marsfelde beiwohnen muß, weigert sie sich, ein Panzerhemd unter dem Kleid anzuziehn, wie es ihr vorsichtiger Gatte trägt; nachts schläft sie allein, obwohl einmal eine verdächtige Gestalt in ihrem Zimmer auftaucht. Sie verläßt das Haus nicht mehr, denn längst kann sie ihren eigenen Garten nicht mehr betreten, ohne zu hören, wie das Volk singt: »Madame Veto avait promis de faire égorger tout Paris.« Mit dem Schlaf in den Nächten ist es vorbei; immer wenn eine Glocke auf dem Turm anschlägt, so schauern sie schon im Schloß, es könnte die Alarmglocke für den längst geplanten endgültigen Sturm auf die Tuilerien sein. Durch Boten und Spione über die geheimen Klubs und Vorstadtsektionen täglich, ja fast stündlich unterrichtet, weiß der Hof, daß es nur noch um Tage geht, um drei, acht, zehn, vielleicht vierzehn Tage, bis die Jakobiner ein gewaltsames Ende machen werden, und diese Spione verraten gar kein Geheimnis. Denn mit immer gellenderer Stimme fordern die Zeitungen Marats und Héberts bereits die Absetzung. Nur ein Wunder – Marie Antoinette weiß es – könnte sie retten oder ein vernichtender rascher Vormarsch der preußischen, der österreichischen Armeen.

Das Entsetzen, das Grauen, die Angst jener Tage des letzten Wartens und ungeduldigen Harrens spiegeln die Briefe der Königin an ihren getreuesten Freund. Eigentlich sind es keine Briefe mehr, sondern Schreie, wilde, zuckende Angstrufe, gleichzeitig undeutlich und schrill wie die eines Gehetzten und Gewürgten. Nur mit äußerster Vorsicht und verwegenen Mitteln können Nachrichten jetzt überhaupt noch aus den Tuilerien geschmuggelt werden, denn die Dienerschaft ist nicht mehr verläßlich, Spione stehen vor den Fenstern und hinter den Türen. In Schokoladepäckchen versteckt, unter Hutkrempen gerollt, mit sympathetischer Tinte und in Chiffren geschrieben (meist nicht mehr mit eigener Hand), sind die Briefe Marie Antoinettes so abgefaßt, daß sie für den Fall des Aufgefangenwerdens völlig harmlos wirken. Sie sprechen scheinbar nur von allerlei allgemeinen Dingen, von erfundenen Geschäften und Affären; was die Königin wirklich sagen will, ist meist in dritter Person abgefaßt und überdies chiffriert. Schneller, immer schneller folgen einander jetzt diese Rufe in höchster Not; vor dem 20. Juni schreibt die Königin noch: »Ihre Freunde halten die Wiederherstellung für unmöglich oder zumindest für sehr entfernt. Darum beruhigen Sie sie, wenn möglich, sie haben es nötig, ihre Lage wird jeden Tag furchtbarer.« Am 23. Juni wird die Mahnung schon dringender. »Ihr Freund ist in der größten Gefahr, seine Krankheit macht schreckliche Fortschritte, die Ärzte kennen kein Mittel mehr ... Wenn Sie ihn noch einmal sehen wollen, eilen Sie, teilen Sie seinen verzweifelten Zustand den Eltern mit.« Immer hitziger steigt das Fieberthermometer (26. Juni): »Rasche Krise ist nötig, um ihm Rettung zu bringen, wir sind verzweifelt, daß sie sich noch nicht zeigt. Teilen Sie seine Lage allen mit, die in Verbindung mit ihm stehen, damit sie ihre Maßnahmen treffen. Die Zeit drängt ...« Mitten in ihren Alarmschreien erschrickt manchmal, feinfühlig wie jede wahrhaft Liebende, die verstörte Frau, daß sie den Menschen, der ihr über alles teuer ist, dermaßen beunruhigt; selbst in ihrer höchsten Angst und Not denkt Marie Antoinette statt an ihr eigenes Schicksal zuerst an die seelische Erschütterung, die ihre Angstrufe dem Geliebten verursachen müssen: »Unsere Lage ist furchtbar, aber beunruhigen Sie sich nicht zu sehr, ich fühle Mut und spüre in mir etwas, das mir sagt, wir werden bald glücklich und gerettet sein! Dieser Gedanke allein hält mich aufrecht ... Leben Sie wohl! Wann werden wir uns wieder in Ruhe sehen!« (3. Juli.) Und nochmals: »Beunruhigen Sie sich nicht zu sehr um meinetwillen. Glauben Sie mir, daß der Mut sich immer durchsetzt ... Leben Sie wohl und trachten Sie nur, wenn möglich, die versprochene Hilfe für unsere Rettung zu beschleunigen ... Schonen Sie sich für uns und beunruhigen Sie sich nicht unseretwegen.« Dann aber jagt ein Brief den andern. »Morgen kommen achthundert Mann aus Marseille, und man sagt, daß sie in acht Tagen genug Kräfte haben werden, um ihren Plan durchzuführen.« (21. Juli.) Und drei Tage später: »Sagen Sie Herrn von Mercy, daß das Leben des Königs und der Königin in allergrößter Gefahr ist, daß der Verlust eines einzigen Tages unberechenbares Unheil nach sich ziehen kann ... Die Bande der Mörder wächst unablässig, von Tag zu Tag.« Und der letzte Brief vom 1. August, zugleich der allerletzte, den Fersen von der Königin erhält, schildert mit der Hellsichtigkeit äußerster Verzweiflung die ganze Gefahr. »Das Leben des Königs ist, ebenso wie das der Königin, tatsächlich seit langem bedroht. Die Ankunft von etwa sechshundert Marseillern und einer Reihe anderer aus allen Klubs der Jakobiner vermehrt unsere leider allzusehr begründete Unruhe. Man trifft zwar alle Vorkehrungen für die Sicherheit der königlichen Familie, aber die Mörder streifen die ganze Zeit um das Schloß: man wiegelt das Volk auf, in einem Teil der Nationalversammlung herrscht üble Gesinnung, in dem andern Teile Schwäche und Feigheit... Jetzt muß man daran denken, den Dolchen zu entgehen und die Verschwörer um ihr Spiel zu bringen, die schon den Thron umschwärmen, um ihn zu stürzen. Seit langem bemühen sich die ›factieux‹ gar nicht mehr, ihre Absicht, die königliche Familie beiseite zu schaffen, zu verbergen. In den beiden letzten nächtlichen Versammlungen war man nur über die Mittel der Ausführung noch nicht einig. Sie wissen aus meinem früheren Brief, wie wichtig es ist, auch nur vierundzwanzig Stunden zu gewinnen; ich kann es heute nur wiederholen und beifügen, daß, wenn man uns jetzt nicht zu Hilfe kommt, einzig die Vorsehung den König und die Königin retten kann.«

Der Liebende empfängt diese Briefe der Geliebten in Brüssel; man kann sich denken, in welcher Verzweiflung. Von früh bis nachts kämpft er gegen die Trägheit, die Unentschlossenheit der Könige, der Heerführer, der Gesandten, er schreibt Briefe auf Briefe, macht Besuche auf Besuche, er drängt mit aller Kraft aufgepeitschter Ungeduld zu raschem Vormarsch, zu militärischer Aktion. Aber der Armeekommandant, der Herzog von Braunschweig, ist ein Soldat jener alten Kriegsschule, die meinte, einen Vormarsch monatelang voraus auf den Tag auskalkulieren zu müssen. Langsam, sorgsam, systematisch, nach den längst überholten Gesetzen der bei Friedrich dem Großen erlernten Kriegskunst, stellt Braunschweig seine Truppen auf und läßt sich mit urewigem Generalshochmut weder von den Politikern und noch weniger von Außenstehenden bestimmen, auch nur einen Zoll von seinen geschriebenen Mobilmachungsplänen abzugehen. Er erklärt, vor Mitte August die Grenzen nicht überschreiten zu können, dann aber verspricht er, planmäßig – der militärische Spaziergang ist der ewige Lieblingstraum aller Generale – in einem Zuge bis Paris vorzustoßen.

Aber Fersen, dem die Angstschreie aus den Tuilerien die Seele verstören, weiß: so lange bleibt nicht mehr Zeit. Etwas muß geschehen, um die Königin zu retten. Und in der Verwirrung seiner Leidenschaft tut der Liebende gerade das, was die Geliebte vernichten sollte. Denn eben durch die Maßnahme, mit der er den Angriff des Pöbels auf die Tuilerien aufhalten will, beschleunigt er ihn. Seit langem hatte Marie Antoinette ein Manifest von den Verbündeten gefordert.

Ihr – sehr richtiger – Gedankengang war, man solle in diesem Manifest versuchen, die Sache der Republikaner, der Jakobiner sichtbar von der der französischen Nation zu trennen und so den gut gesinnten (das heißt den in ihrem Sinne gut gesinnten) Elementen Frankreichs damit Mut und den »gueux«, den »Bettelkerlen«, Angst zu machen. Vor allem hatte sie gewünscht, man solle sich in diesem Manifest nicht in die inneren Verhältnisse Frankreichs einmengen und »vermeiden, zuviel vom König zu reden sowie allzusehr fühlen zu lassen, daß man ihn eigentlich stützen wolle«. Sie träumte von einer Freundschaftserklärung für das französische Volk und gleichzeitig von einer Drohung gegen die Terroristen. Aber der unglückliche Fersen, den Schrecken in der Seele, wissend, daß es bis zu einer wirklichen militärischen Hilfe von seiten der Verbündeten noch eine Ewigkeit dauern wird, verlangt, daß jenes Manifest in allerhärtestem Ton abgefaßt werde; er schreibt selbst einen Entwurf, läßt ihn durch einen Freund übergeben, und verhängnisvollerweise gelangt gerade dieses Konzept zur Annahme! Das berüchtigte Manifest der verbündeten Truppen an die französischen ist in so gebieterischer Form gehalten, als stünden die Regimenter des Herzogs von Braunschweig schon siegreich vor Paris; es enthält alles, was die Königin, in besserer Kenntnis der Lage, vermeiden wollte. Ständig wird darin von der geheiligten Person des Allerchristlichsten Königs gesprochen, die Nationalversammlung beschuldigt, die Zügel der Verwaltung widerrechtlich an sich gerissen zu haben, die französischen Soldaten werden aufgefordert, sich auf der Stelle dem König, ihrem legitimen Monarchen zu unterwerfen, und die Stadt Paris wird für den Fall, daß das Tuilerienschloß mit Gewalt erobert werden sollte, mit einer »exemplarischen und für alle Ewigkeit denkwürdigen Rache« bedroht, mit militärischen Exekutionen und vollkommener Zerstörung: die Gedanken eines Tamerlan werden vor dem ersten Flintenschuß ausgesprochen, von einem schwachmütigen General.

Der Erfolg dieser papiernen Drohung ist furchtbar. Selbst die bisher loyal zum König gehalten haben, werden mit einem Schlage Republikaner, sobald sie erfahren, wie teuer ihr König den Feinden Frankreichs ist, seit sie erkennen, daß ein Sieg der fremden Truppen alle Errungenschaften der Revolution vernichten würde, daß dann die Bastille vergeblich gestürmt, der Eid im Ballhaus nutzlos geleistet und, was unzählige Franzosen auf dem Marsfeld geschworen, ungültig wäre. Die Hand Fersens, die Hand des Geliebten, hat mit dieser törichten Drohung eine Bombe ins schwelende Feuer geworfen. Und der Zorn von zwanzig Millionen explodiert bei dieser sinnlosen Herausforderung.

In den letzten Julitagen wird der Text des Braunschweiger Unglücksmanifestes in Paris bekannt. Die Drohung der Verbündeten, Paris dem Erdboden gleichzumachen, wenn das Volk die Tuilerien angreife, wird vom Volk geradezu als Herausforderung zum Angriff betrachtet. Sofort werden Vorbereitungen getroffen, und wenn man nicht sofort einsetzt, so dies nur, weil man noch warten will, bis die Kerntruppe eintrifft, die sechshundert auserlesenen Republikaner aus Marseille. Am sechsten August marschieren sie heran, von südlicher Sonne gebräunte, wilde und entschlossene Gestalten, und zum Takt ihrer Schritte singen sie ein neues Lied, dessen Rhythmus in wenigen Wochen das ganze Land aufreißen wird, die Marseillaise, den in begnadeter Stunde einem gänzlich unbegnadeten Offizier zugestürmten Hymnus der Revolution. Jetzt ist alles zum letzten Stoß gegen die morsche Monarchie bereit. Der Angriff kann beginnen: »Allons, enfants de la patrie ...«

DER ZEHNTE AUGUST

Die Nacht vom 9. zum 10. August kündigt einen heißen Tag an. Keine Wolke am Himmel, den tausend Sterne durchleuchten, kein Windhauch; vollkommen still liegen die Straßen, die Dächer glitzern im weißen Licht des sommerlichen Mondes. Aber diese Stille täuscht niemanden. Und wenn die Straßen so außergewöhnlich verlassen sind, so bestätigt dies nur, daß etwas Außergewöhnliches und Sonderbares sich vorbereitet. Die Revolution schläft nicht. In den Sektionen, in den Klubs, in ihren Wohnhäusern sitzen die Führer beisammen. Boten mit Befehlen eilen verdächtig lautlos von einem Bezirk zum andern, die Generalstäbler des Aufstands, Danton, Robespierre und die Girondisten, rüsten, selber unsichtbar bleibend, die illegale Armee, das Volk von Paris, zum Angriff.

Aber auch im Schlosse schläft niemand. Seit Tagen erwartet man einen Aufstand. Man weiß: nicht umsonst sind die Marseiller nach Paris gekommen, und die letzten Nachrichten lauten, daß am nächsten Morgen ihr Anmarsch zu erwarten sei. Die Fenster stehen offen in der erstickend heißen Sommernacht, die Königin und Madame Elisabeth lauschen hinaus.

Aber noch ist nichts zu hören. Ruhige Stille atmet her vom verschlossenen Tuilerienpark, nur den Schritt der Wachen vernimmt man in den Höfen, und manchmal klirrt ein Säbel oder stampft ein Pferd, denn mehr als zweitausend Soldaten kampieren im Schloß, die Galerien sind voll von Offizieren und bewaffneten Edelleuten.

Endlich, um dreiviertel ein Uhr morgens – alles stürzt zu den Fenstern –, eine Glocke, die fern in der Vorstadt Sturm läutet, jetzt eine zweite, eine dritte, eine vierte. Und weit, weit her Trommelwirbel. Nun gibt es keinen Zweifel mehr, der Aufstand sammelt sich. Ein paar Stunden noch, und die Entscheidung wird fallen. Erregt eilt die Königin immer wieder ans Fenster, um zu lauschen, ob die drohenden Anzeichen sich verstärken. Diese Nacht kennt keinen Schlaf. Endlich, um vier Uhr morgens, erhebt sich blutrot die Sonne aus dem wolkenlosen Himmel. Es wird ein heißer Tag werden.

Im Schlosse ist alles vorbereitet. In letzter Stunde ist, neunhundert Mann stark, das verläßlichste Regiment der Krone eingerückt, die Schweizer, harte, unerschütterliche Männer, in eiserner Zucht erzogen, ehern der Pflicht getreu. Seit sechs Uhr abends bewachen außerdem noch sechzehn ausgewählte Bataillone der Nationalgarde und Kavallerie die Tuilerien, die Zugbrücken sind niedergelassen, die Posten verdreifacht, und ein Dutzend Kanonen sperren mit stumm drohendem Mund den Eingang. Außerdem hat man zweitausend Adeligen Botschaft gesandt, bis Mitternacht die Tore offengelassen, allerdings vergeblich; nur eine kleine Schar von etwa hundertfünfzig ist gekommen, meist ältere, ergraute Edelleute. Für Disziplin sorgt Mandat, ein tapferer, energischer Offizier, entschlossen, vor keiner Drohung zurückzuweichen. Aber das wissen auch die Revolutionäre, und um vier Uhr morgens wird er plötzlich abberufen, er solle in das Rathaus kommen. Unsinnigerweise läßt ihn der König gehen, und obwohl Mandat weiß, was ihm droht und ihn erwartet, folgt er der Ladung. Eine neue revolutionäre Kommune, die sich ohne Auftrag des Stadthauses bemächtigt hat, empfängt ihn und macht kurzen Prozeß; zwei Stunden später schwimmt er, heimtückisch ermordet, als Leichnam, mit zerschmettertem Schädel, in der Seine. Der Führer ist den Schutztruppen genommen, das entschlossene Herz, die energische Hand.

Denn der König ist kein Führer. Unentschlossen stolpert der verstörte Mann im violetten Rock, die Perücke vom Schlaf zerdrückt, mit seinen armen leeren Blicken von einem Zimmer zum anderen und wartet und wartet. Gestern noch hatte man vereinbart, die Tuilerien bis zum letzten Blutstropfen zu verteidigen, und mit herausfordernder Energie hatte man sie umgestaltet zu einer Festung, zu einem Heerlager. Aber schon jetzt, noch ehe der Feind sich gezeigt hat, beginnt man wieder unsicher zu werden, und diese Unsicherheit geht von Ludwig XVI. aus. Immer, wenn ein Entschluß zu fassen ist, fühlt sich dieser für sich selbst eigentlich nicht feige, aber vor jeder Verantwortung bestürzte Mann wie krank, und wie kann man Mut erwarten von den Soldaten, wenn sie ihren Führer zittern sehen? Das Schweizer Regiment, straff von den Offizieren gehalten, steht fest, aber verdächtige Anzeichen beginnen sich bei den Nationalgarden bemerkbar zu machen, seit sie immer wieder die Frage hören: »Wird man kämpfen? Wird man nicht kämpfen?«

Die Königin kann ihre Erbitterung über die Schwächlichkeit ihres Gatten kaum mehr verhehlen. Marie Antoinette will jetzt eine letzte Entscheidung. Ihre übermüdeten Nerven ertragen nicht länger diese ewige Spannung, ihr Stolz nicht das Immerbedrohtsein und unwürdige Sichducken. In diesen zwei Jahren hat sie zur Genüge erfahren, daß Nachgiebigkeit und Zurückweichen die Forderungen einer Revolution nicht abschwächen, sondern nur ihre Selbstsicherheit stärken. Jetzt aber steht das Königtum auf der letzten, der untersten Stufe, hinter der nur der Abgrund droht; ein Schritt noch, und alles ist verloren, auch die Ehre. Am liebsten ginge die in ihrem Stolz bebende Frau selbst hinunter zu den mutlosen Nationalgarden, um ihnen Entschlossenheit von ihrer Entschlossenheit mitzuteilen und sie zu mahnen, ihre Pflicht zu tun. Unbewußt ist in dieser Stunde in ihr vielleicht die Erinnerung an ihre Mutter erwacht, wie sie in höchster Not, den Thronerben im Arm, vor die gleichfalls zögernden ungarischen Adeligen trat und sie mit dieser einen Geste begeistert zu sich hinüberriß. Aber sie weiß auch, daß in einer solchen Stunde eine Frau nicht ihren Mann, eine Königin nicht den König vertreten darf. So beredet sie Ludwig XVI., noch eine letzte Parade vor dem Kampf abzuhalten und mit einer Ansprache den Wankelmut der Verteidiger zu brechen.

Der Gedanke war richtig: immer ist bei Marie Antoinette der Instinkt unfehlbar. Ein paar feurige Worte, wie sie Napoleon in gefährlichen Augenblicken aus innerster Überzeugung fand, ein Gelöbnis des Königs, mit seinen Soldaten zu sterben, eine energisch zwingende Geste – und diese noch schwankenden Bataillone hätten sich zur ehernen Mauer zusammengeschlossen. Aber da stolpert, kurzsichtig und linkisch, ein schwerfälliger, unkriegerischer Mann, den Hut unter den Arm geschoben, die große Treppe hinunter und stammelt ein paar abgerissene, ungeschickte Worte: »Man sagt, sie kommen ... Meine Sache ist die aller guten Bürger ... nicht wahr, wir werden uns tapfer schlagen? ...« Der schwankende Ton, die verlegene Haltung vermehren die Unsicherheit, statt sie zu mildern. Verächtlich sehen die Nationalgarden diesen Schwächling sich mit unsicheren Schritten ihren Reihen nähern; statt der erwarteten Rufe: »Es lebe der König!« antwortet erst Schweigen, dann zweideutiger Ruf: »Es lebe die Nation!« Und als sich dann der König bis an das Gitter wagt, wo die Truppen sich bereits mit dem Volke verbrüdern, hört er offene Revolterufe: »Nieder das Veto! Nieder das dicke Schwein!« Die eigenen Anhänger und Minister umringen jetzt entsetzt den König und führen ihn wieder in den Palast zurück. »Um Gottes willen, man höhnt den König«, ruft vom ersten Stock der Marineminister, und Marie Antoinette, die mit rotumränderten, von Tränen und Schlaflosigkeit entzündeten Augen auf das jämmerliche Schauspiel niedergestarrt hat, wendet sich mit Erbitterung ab. »Alles ist verloren«, sagt sie erschüttert zu ihrer Kammerfrau. »Der König hat keine Energie gezeigt, und diese Parade hat mehr Böses angerichtet als Gutes.« Ehe der Kampf begonnen hat, ist er schon zu Ende.

An diesem Morgen des endgültigen Entscheidungskampfes zwischen Monarchie und Republik steht unter der Menge vor den Tuilerien auch ein junger Leutnant, ein stellenloser Offizier aus Korsika, Napoleon Bonaparte, der jeden als Narren höhnen würde, der ihm sagte, er würde einmal dieses Schloß als Nachfolger Ludwigs XVI. bewohnen. Er hat gerade keinen Dienst, und so mißt er mit seinem unfehlbaren soldatischen Blick die Aussichten eines Angriffs und die der Verteidiger aus. Ein paar Kanonenschüsse, ein scharfer Vorstoß, und diese Canaille (wie er später auf St. Helena verächtlich die Vorstadttruppen nennt) wäre mit eisernem Besen weggefegt. Hätte der König diesen kleinen Artillerieleutnant zur Stelle, er würde sich gegen ganz Paris behaupten. Aber nicht einer in diesem Schlosse hat das eiserne Herz und den rasch zugreifenden Blick dieses kleinen Leutnants. »Nicht angreifen, gute Haltung, starke Verteidigung«, das ist der ganze Befehl, den man den Soldaten gibt –

eine halbe Maßnahme und darum schon die ganze Niederlage. Unterdessen, es wird sieben Uhr früh, ist der Vortrab der Aufständischen herangerückt, ein ungeordneter, schlecht bewaffneter Schwarm, bedrohlich nicht durch seine Kriegstüchtigkeit, sondern nur durch seine unbeugsame Entschlossenheit. Schon sammeln sich einzelne vor der Zugbrücke. Die Entscheidung kann nicht länger hinausgeschoben werden. Roederer, der Generalprokurator, spürt seine Verantwortung. Schon vor einer Stunde hat er dem König geraten, sich hinüber in die Nationalversammlung zu begeben und sich unter ihren Schutz zu stellen. Aber da war Marie Antoinette aufgefahren: »Mein Herr, wir haben hier Kräfte genug, und es ist endlich Zeit, festzustellen, wer die Oberhand behalten soll, der König oder die Aufständischen, die Konstitution oder die Revolutionäre.« Doch der König selbst findet jetzt kein energisches Wort. Schwer atmend, mit verstörten Blicken sitzt er in seinem Lehnstuhl und wartet und wartet, er weiß nicht, worauf; nur hinausschieben will er noch, nur sich nicht entschließen. Da kommt Roederer noch einmal mit seiner Schärpe, die ihm überall Durchlaß schafft, einige Stadträte begleiten ihn: »Sire«, sagte er energisch zu Ludwig XVI., »Ihre Majestät haben nicht mehr fünf Minuten zu verlieren, es gibt keine andere Sicherheit für Sie als in der Nationalversammlung.« – »Aber ich sehe noch nicht viel Leute auf dem Carrouselplatz«, antwortet Ludwig XVI., der immer nur Zeit gewinnen will, ängstlich. »Sire, eine ungeheure Menge mit zwölf Kanonen rückt von den Vorstädten an.«

Ein Stadtbeamter, er ist Spitzenhändler, und die Königin hat früher bei ihm oft gekauft, schließt sich Roederers Mahnung an. Aber »Schweigen Sie, mein Herr«, duscht ihn Marie Antoinette sofort ab (immer der gleiche Zorn, wenn jemand, den sie nicht achtet, sie retten will), »lassen Sie den Generalprokurator sprechen!« Jetzt wendet sie sich selbst zu Roederer. »Aber mein

Herr, wir haben doch eine bewaffnete Macht.« – »Madame, ganz Paris ist im Anmarsch, jeder Widerstand ist unmöglich.«

Marie Antoinette kann ihre Erregung nicht mehr verhalten, das Blut strömt ihr in die Wangen, sie muß sich bezwingen, um in all ihrer Schwäche nicht loszufahren gegen diese Männer, von denen kein einziger mannhaft denkt. Aber die Verantwortung ist ungeheuer; in Gegenwart eines Königs von Frankreich darf eine Frau nicht den Befehl zum Kampf geben. So wartet sie auf die Entscheidung des ewig Unentschiedenen. Der hebt endlich seinen Kopf auf, sieht Roederer einige Sekunden an, dann seufzt er und sagt, glücklich, sich entschlossen zu haben: »Gehen wir!«

Und durch das Spalier der Edelleute, die ihn ohne jede Achtung anblicken, an den Schweizer Soldaten vorbei, denen man vergißt irgendein Wort zu sagen, ob sie kämpfen sollen oder nicht, durch die immer dichtere Menge des Volkes, die den König, seine Frau und die wenigen Getreuen offen verhöhnt und sogar bedroht, begibt sich Ludwig XVI. ohne Kampf, ja ohne Versuch eines Widerstandes aus dem Schlosse, das seine Urahnen gebaut haben und das er nie wieder betreten soll. Sie durchwandern den Garten, voran der König mit Roederer, hinter ihm die Königin am Arm des Marineministers, ihr Knabe an ihrer Seite. Sie eilen mit unwürdiger Hast zur gedeckten Reitschule, wo einst der Hof sich heiter und sorglos an Kavalkaden ergötzt und wo jetzt die Nationalversammlung des Volkes stolz erlebt, daß ihr König, um sein Leben zitternd, kampflos bei ihr Schutz sucht! Es sind etwa zweihundert Schritte. Aber mit diesen zweihundert sind Marie Antoinette und Ludwig XVI. von ihrer Macht unwiederbringlich niedergestiegen. Das Königtum ist zu Ende.

Die Nationalversammlung sieht mit gemischten Gefühlen den einstmaligen Herrn, dem sie noch immer durch Eid und Ehre verbunden ist, bei ihr Gastrecht fordern. In der Großmut der ersten Überraschung erklärt Vergniaud als Präsident: »Sie können, Sire, auf die Entschlossenheit der Nationalversammlung rechnen. Ihre Mitglieder haben geschworen, für die Wahrung der Rechte des Volkes und der eingesetzten Autorität zu sterben.« Das ist ein großes Versprechen, denn noch ist der König gemäß der Konstitution eine der beiden gesetzlich eingesetzten Autoritäten, und inmitten des Chaos tut die Nationalversammlung so, als ob noch gesetzliche Ordnung bestünde. Sie bezieht sich pedantisch auf den Paragraphen der Konstitution, der dem König während der Beratung der Nationalversammlung die Anwesenheit im Saal verbietet. Da man aber weiter beraten will, wird ihm die anstoßende Loge, in der sonst die Schnellnachschreiber sitzen, als Asyl bestimmt. Diese Loge ist ein niedriger Raum, so niedrig, daß man darin nicht aufrecht stehen kann, vorn ein paar Sessel, rückwärts eine Strohbank; ein eisernes Gitter trennte sie bisher von dem eigentlichen Versammlungsraum. Dieses Gitter wird jetzt unter persönlicher Mithilfe der Abgeordneten mit Feilen und Hämmern hastig beseitigt, denn man rechnet noch immer mit der Möglichkeit, daß der Straßenpöbel versuchen könne, die königliche Familie gewaltsam herauszuholen; für diesen äußersten Fall ist vorgesehen, daß die Abgeordneten alle Verhandlungen unterbrechen und die königliche Familie in ihre Mitte nehmen. In diesem Käfig, der an dem glühenden Augusttage erstickend heiß ist, müssen jetzt Marie Antoinette und Ludwig XVI. achtzehn Stunden lang mit den Kindern verweilen, den neugierigen, böswilligen und mitleidigen Blicken der Versammlung ausgesetzt. Aber was ihre Erniedrigung noch grausamer macht als jede betonte oder laute Gehässigkeit, ist die völlige Gleichgültigkeit, mit der während dieser achtzehn Stunden die Nationalversammlung die Gegenwart der königlichen Familie übersieht. Man beachtet sie so wenig, als ob sie Türsteher wären oder Tribünenzuschauer; kein Abgeordneter steht auf und kommt, sie zu begrüßen, niemand denkt daran, ihnen durch irgendeine Bequemlichkeit den Aufenthalt in diesem Pferch erträglicher zu machen. Sie dürfen nur zuhören, wie man über sie hinwegspricht: gespenstische Szene, wie wenn jemand sein eigenes Begräbnis von einem Fenster aus betrachtete.

Plötzlich geht eine Erregung durch die Versammlung. Einige Abgeordnete springen auf und horchen, die Tür wird aufgerissen, und schon hört man von den Tuilerien nebenan Flintenschüsse und jetzt, die Fenster beben vom dumpfen Schlag: Kanonendonner. Die Aufständischen sind beim Eindringen in das Schloß auf die Schweizergarde gestoßen. In der jämmerlichen Überstürztheit seiner Flucht hatte der König ganz vergessen, einen Auftrag zu geben, oder er hatte, wie immer, nicht die Kraft gehabt, sich zu einem klaren Ja oder Nein aufzuraffen. Getreu dem früheren, nicht widerrufenen Befehl, in der Abwehr zu bleiben, verteidigten die Schweizergarden das leere Gehäuse des Königtums, die Tuilerien, und geben auf Befehl ihrer Offiziere ein paar Salven ab. Schon haben sie den Hof geräumt, die herbeigeschleppten Kanonen erbeutet und damit bewiesen, daß ein entschlossener Herrscher sich in der Mitte seiner Getreuen ehrenvoll hätte verteidigen können. Jetzt aber erinnert sich der König, der kopflose Herrscher – bald wird er wirklich keinen Kopf mehr haben –, an seine Pflicht, nicht von anderen Mut und Blut zu fordern, wo er selbst sich mutlos gezeigt, und sendet Befehl an die Schweizer, jede Verteidigung des Schlosses einzustellen. Aber ewiges Schicksalswort seines Herrschertums: zu spät! Schon hat seine Entschlußlosigkeit oder

Vergeßlichkeit mehr als tausend Menschen das Leben gekostet. Ungehindert bricht die erbitterte Masse in das wehrlose Schloß. Wieder leuchtet die blutige Laterne der Revolution: auf Piken werden die Häupter ermordeter Royalisten getragen, erst um elf Uhr vormittags ist die Schlächterei zu Ende. Kein Haupt fällt mehr an diesem Tage, nur eine Krone.

In der dunstigen Loge zusammengedrängt, muß die königliche Familie, ohne ein Wort äußern zu dürfen, alles miterleben, was in dieser Versammlung geschieht. Erst sieht sie ihre getreuen Schweizer, pulvergeschwärzt, blutüberströmt, hereinstürzen, hinter ihnen die siegreichen Aufständischen, die sie mit Gewalt dem Schutz der Versammlung entreißen möchten. Dann werden die aus dem Palast geraubten Gegenstände auf den Präsidententisch gelegt: Silberzeug, Schmuck, Briefe, Kassetten und Assignaten. Marie Antoinette muß mit verschlossenem Mund zuhören, wie die Führer des Aufstands belobt werden. Sie muß zuhören, wehrlos, wortlos, wie jetzt die Abgeordneten der einzelnen Sektionen an die Schranken treten und mit heftigsten Worten die Absetzung des Königs fordern, wie die offenkundigsten Tatsachen in den Berichten umgefälscht werden, etwa, daß auf Befehl des Schlosses die Sturmglocke geläutet worden sei, daß das Schloß die Nation belagert habe und nicht die Nation das Schloß. Und sie kann abermals das ewige und immer wiederkehrende Schauspiel erfahren, daß Politiker immer feige werden, sobald sie den Wind umspringen fühlen. Derselbe Vergniaud, der noch vor zwei Stunden im Namen der Versammlung versprochen, lieber zu sterben, als die Rechte der eingesetzten Autorität antasten zu lassen, kapituliert jetzt eilig und stellt den Antrag auf sofortige Ausschaltung des Trägers der ausübenden Macht, das heißt des Königs, und fordert die Übersiedlung der königlichen Familie in den Luxembourg-Palast »unter dem Schutz der Bürger und des Gesetzes«, das heißt: Gefangenschaft. Um den royalistisch gesinnten Abgeordneten den Übergang etwas linder zu machen, wird zum Schein die Ernennung eines Erziehers für den Kronprinzen gefordert, aber in Wirklichkeit denkt niemand mehr an die Krone oder an einen König. Sein Veto, sein einziges Recht, wird ihm genommen, ebendieselben Gesetze, die er verworfen, setzt die Nationalversammlung selbstherrlich in Kraft, kein einziger Blick fragt um die Zustimmung jenes hilflosen, müde in seinem Sessel sitzenden und schwitzenden Mannes in der Berichterstatterloge, der vielleicht im Innersten froh ist, nicht mehr gefragt zu werden. Von jetzt an braucht Ludwig XVI. keine Entscheidungen mehr zu treffen. Von jetzt an wird über ihn entschieden.

Acht Stunden, zwölf Stunden, vierzehn Stunden dauert die Sitzung. Und die fünf zusammengepferchten Menschen in der Loge, sie haben in dieser Nacht des Grauens nicht geschlafen und seit diesem Morgen eine ganze Ewigkeit durchlebt. Die Kinder, die nichts von alledem verstehen, sind müde eingeschlummert, dem König und der Königin dampft der Schweiß auf der Stirn, immer wieder muß sich Marie Antoinette das Taschentuch mit Wasser netzen lassen, ein- oder zweimal trinkt sie ein Glas Eiswasser, das ihnen eine mitleidige Hand herüberreicht. Mit brennenden Augen, müde und fürchterlich wach zugleich, starrt sie in diesen überhitzten Kesselraum, wo sich die Maschine der Worte seit Stunden und Stunden um ihr Schicksal dreht. Keinen Bissen rührt sie an, sehr im Gegensatz zu ihrem Gatten. Unbekümmert um die Zuschauer, läßt sich Ludwig XVI. mehrere Mahlzeiten bringen und kaut und kaut in dieser Loge mit seinen schweren langsamen Kinnbacken genauso gemächlich wie an der silbergedeckten Tafel in Versailles. Auch die äußerste Gefahr kann in diesem unköniglichen Körper Hunger und Schlafsucht nicht ausschalten; die schweren Liddeckel fallen allmählich nieder, und mitten im Kampfe, der ihn seine Krone kostet, nickt Ludwig XVI. für ein Stündchen ein. Marie Antoinette ist von seiner Seite weggerückt, ins Dunkel hinein. In solchen Stunden schämt sie sich immer der schrecklich unwürdigen Schwäche dieses Mannes, der mehr um seinen Magen besorgt ist als um seine Ehre, der selbst inmitten der fürchterlichsten Erniedrigung gemächlich Speisen hineinstopfen und schlummern kann. Mit heißen Augen blickt sie weg, um ihre Erbitterung nicht zu verraten, auch von der Versammlung wendet sich die Königin ab und möchte am liebsten die Fäuste gegen die Ohren pressen. Sie allein spürt alle Erniedrigung dieses Tages und in der gewürgten Kehle bereits den galligen Geschmack alles dessen, was noch kommen muß; aber nicht einen Augenblick verliert sie die Haltung, immer groß in den Stunden, da sie sich herausgefordert fühlt; keine Träne sollen diese Empörer sehen, keinen Seufzer hören, und nur tiefer drückt sie sich ins Dunkel der Loge zurück.

Endlich, nach achtzehn grausamen Stunden in diesem glühenden Käfig, dürfen der König und die Königin sich in das ehemalige Kloster der Feuillants begeben, wo ihnen in einer der nackten, verlassenen Zellen hastig eine Bettstatt hergerichtet wird. Fremde Frauen borgen der Königin von Frankreich ein Hemd und etwas Wäsche, von einem ihrer eigenen Dienstmädchen muß sie sich, da sie ihr Geld verloren oder im Tumult vergessen hat, ein paar Goldstücke ausleihen. Jetzt endlich, da sie allein ist, nimmt Marie Antoinette einige Bissen zu sich. Vor den vergitterten Fenstern ist es noch nicht still, noch immer ziehen – denn die Stadt fiebert – unablässig Rotten vorbei, und von den Tuilerien her hört man dumpfes Rollen von Wagen. Es sind die Karren, welche die Leichen der tausend Gefallenen wegräumen: häßliche Arbeit der Nacht.

Den Kadaver des Königtums wird man am lichten Tage beseitigen.

Am nächsten Morgen und am übernächsten muß die königliche Familie abermals den Verhandlungen der Nationalversammlung in demselben fürchterlichen Pferch beiwohnen; von Stunde zu Stunde können sie spüren, wie ihre Macht in diesem feurigen Ofen schmilzt. Gestern sprach man noch vom König, heute redet Danton schon von den »Volksunterdrückern« und Cloots von den »Könige genannten Individuen«. Gestern wählte man noch das Luxembourg-Schloß als »Aufenthalt« für den Hof und beantragte, einen Erzieher für den Dauphin zu bestellen, heute lautet die Formel schon schärfer: den König unter die »sauve-garde de la nation« zu stellen, ein schöneres Wort für Gefangenschaft; außerdem verweigert die Kommune, die neue revolutionäre Stadtverwaltung, die sich in der Nacht des zehnten August gebildet hat, ihre Zustimmung zum Luxembourg oder zum Justizministerium als zukünftige Residenz und sagt klar den Grund, weil es zu leicht wäre, aus diesen beiden Gebäuden zu entkommen. Nur im »Temple« könnte sie für die Sicherheit der »détenus« – immer nackter formt sich der Begriff für die Gefangenschaft – bürgen. Die Nationalversammlung, heimlich froh, die Entscheidung von sich abzuwälzen, übergibt die Sorge für den König der Kommune. Diese verspricht, die königliche Familie »mit allem Respekt, der dem Unglück gebühre«, in den Temple zu führen; damit ist alles erledigt, und weiter und weiter den ganzen Tag bis zwei Uhr nachts dreht sich die Mühle der Worte, aber kein einziges spricht zugunsten der Gedemütigten, die gebückt im Dunkel der Loge wie im Schatten des Schicksals sitzen.

Endlich, am 13. August, ist der Temple bereit. Ein ungeheurer Weg ist in diesen drei Tagen zurückgelegt. Vom absoluten Königtum bis zur Nationalversammlung hatte es Jahrhunderte gedauert, von der Nationalversammlung zur Konstitution zwei Jahre, von der Konstitution zum Tuileriensturm ein paar Monate, vom Tuileriensturm bis zur Gefangensetzung nur drei Tage. Jetzt sind es nur noch ein paar Wochen Frist bis zum Schafott und dann bloß ein einziger Ruck hinab in den Sarg.

Um sechs Uhr abends, am 13. August, wird die königliche Familie unter Führung Pétions in den Temple gebracht – um sechs Uhr abends, ehe die Dämmerung hereinbricht, und nicht etwa in der Nacht, denn man will, daß das siegreiche Volk seinen einstigen Herrn und vor allem sie, die hochmütige Königin, auf der Fahrt in den Kerker betrachten könne. Zwei Stunden, mit Absicht langsam, läßt man den Wagen durch die halbe Stadt rollen; man macht eigens den Umweg über die Place Vendôme, damit Ludwig XVI. die auf Befehl der Nationalversammlung zerschmetterte und von ihrem Sockel herabgerissene Statue seines Ururgroßvaters, Ludwig XIV., betrachten könne und nicht länger innerlich zweifle, es sei nicht allein seine Herrschaft, sondern auch die seines ganzen Geschlechts zu Ende.

Am gleichen Abend aber, da der bisherige Herr von Frankreich sein Ahnenschloß mit einem Gefängnis tauscht, wechselt auch der neue Herr in Paris seinen Aufenthalt. In derselben Nacht wird die Guillotine aus dem Hof der Conciergerie geholt und drohend auf dem Carrouselplatz aufgestellt. Frankreich soll wissen: seit dem 13. August gebietet nicht mehr Ludwig XVI. über Frankreich, sondern der Terror.

Es ist schon dunkel, als die königliche Familie vor dem ehemaligen Schlosse der Tempelherren, dem »Temple«, anlangt. Die Fenster des Hauptgebäudes – man feiert doch ein Volksfest – sind mit unzähligen Lampions erleuchtet. Marie Antoinette kennt dieses kleine Palais. Hier hat in den seligen leichten Jahren des Rokoko der Bruder des Königs, der Graf von Artois, ihr Tanzfreund und Amüsierkumpan, gewohnt. Mit klirrenden Schellen, in kostbare Pelze gehüllt, war sie vor vierzehn Jahren einmal im Winter mit ihrem reichbemalten Schlitten vorgefahren, um rasch bei ihrem Schwager zu speisen. Heute laden sie weniger liebenswürdige Hausherren, die Mitglieder der Kommune, zu dauerndem Aufenthalt ein, und statt der Lakaien stehen vor den Türen als vorsorgliche Wächter Nationalgarden und Gendarmen. Den großen Saal, in dem man den Gefangenen das Diner serviert, kennen wir von einem berühmten Bild »Ein Tee bei dem Prinzen von Conti«. Der Knabe und das junge Mädchen, die hier eine illustre Gesellschaft mit einem Konzert unterhalten, sind niemand anderes als der junge achtjährige Wolfgang Amadeus Mozart und seine Schwester: Musik und Heiterkeit haben diese Räume durchklungen, glückliche, genießerische Adelsherren zuletzt in diesem Haus gewohnt.

Aber nicht dieses elegante Palais, in dessen vergoldeten Holzverkleidungen vielleicht noch ganz leise eine Schwingung jener silbernen Mozartleichtigkeit nachklingt, wird Marie Antoinette und Ludwig XVI. von der Kommune zum Aufenthalt bestimmt, sondern nebenan die beiden uralten runden und spitz bedachten Festungstürme. Von den Tempelherren im Mittelalter als uneinnehmbare Burg aus schweren Quadern gebaut, erwecken sie, grau und finster, ähnlich der Bastille zuerst ein gespenstisches Schaudern. Mit ihren wuchtigen, eisenbeschlagenen Türen, ihren niedern Fenstern, ihren düster ummauerten Höfen gemahnen sie an verschollene Balladen vergangener Zeit, an Feme, Inquisition, Hexenkeller und Folterräume. Ungern, mit scheuen Blicken sehen die Pariser zu diesen Überresten einer gewalttätigen Zeit empor, die unbenützt und darum doppelt geheimnisvoll inmitten eines belebten Kleinbürgerviertels stehengeblieben sind: es war ein grausam sprechendes Symbol, dieses alte, unnütz gewordene Gemäuer als Gefängnis für das alte und gleichfalls unnütz gewordene Königtum zu bestimmen.

Die nächsten Wochen gelten der Sicherung dieses weiträumigen Kerkers. Eine Reihe kleiner Häuser rings um die Türme wird abgerissen, alle Bäume im Hof werden niedergelegt, um die Überwachung nach keiner Seite zu behindern, außerdem die beiden glattrasierten, nackten Höfe um die Türme durch eine Steinmauer von den anderen Gebäuden abgeschlossen, so daß man erst drei Festungswälle durchschreiten muß, ehe man an die eigentliche Zitadelle heran kann. Wächterhäuschen werden bei allen Ausgängen errichtet und vor jede Innentür auf den Gängen jedes Stockwerks sorglich eine Schranke eingebaut, die jeden, der aus und ein geht, zwingt, sich bei sieben oder acht verschiedenen Wachen auszuweisen. Als Aufsichtspersonen ernennt der Stadtrat, der für die Gefangenen haftet, jeden Tag durch das Los vier andere Kommissare, die abwechselnd Tag und Nacht alle Räume zu überwachen haben und verpflichtet sind, abends sämtliche Schlüssel aller Türen in Verwaltung zu nehmen. Außer ihnen und den Stadträten darf den ganzen Festungsraum des Temple niemand ohne besondere Erlaubniskarte des Magistrats betreten: kein Fersen und kein gefälliger Freund vermag mehr der königlichen Familie zu nahen, die Möglichkeit der Briefe und die Verständigungen, sie ist – oder sie scheint – unwiderruflich zu Ende.

Schwerer noch trifft eine andere Vorsichtsmaßregel die königliche Familie. In der Nacht des 19. August erscheinen zwei Magistratsbeamte mit dem Befehl, alle Personen, die nicht zur königlichen Familie gehören, abzuführen. Besonders schmerzlich wird der Königin der Abschied von Madame de Lamballe, die, schon in Sicherheit, noch einmal freiwillig aus London zurückgekommen war, um gerade in der Stunde der Gefahr ihre Freundschaft zu bewähren. Beide ahnen sie, daß sie einander nicht wiedersehen werden; bei diesem Abschied, dem kein Zeuge beiwohnte, muß es wohl gewesen sein, daß Marie Antoinette als letztes Liebeszeichen ihrer Freundin jene in einen Ring eingeschlossene helle Haarsträhne mit der tragischen Inschrift »Sie sind weiß geworden durch das Unglück« schenkte, die man später bei der zerstückelten Leiche der ermordeten Prinzessin gefunden hat. Auch die Erzieherin, Madame de Tourzel, und ihre Tochter müssen aus diesem gemeinsamen Gefängnis in ein anderes, in die Force, übersiedeln, ebenso die Begleiter des Königs: nur ein Kammerdiener wird ihm zu seiner persönlichen Bedienung gelassen. Damit ist der letzte Schein und Schimmer eines Hofstaates zerstört, und die königliche Familie: Ludwig XVI., Marie Antoinette, ihre beiden Kinder und Prinzessin Elisabeth, ist mit sich ganz allein.

Die Furcht vor einem Geschehnis ist meist unerträglicher als das Geschehnis selbst. Sosehr die Gefangenschaft für den König und die Königin Erniedrigung bedeutet, ihren Personen bietet sie vorerst eine gewisse Sicherheit. Die dicken Mauern, die sie umschließen, die verbarrikadierten Höfe, die Wachtposten mit den ständig geladenen Flinten, sie verhindern jeden Fluchtversuch, aber sie schützen gleichzeitig auch vor jedem Überfall. Nicht mehr, wie in den Tuilerien, muß die königliche Familie täglich und stündlich auf die Sturmglocken und die

Alarmtrommeln lauschen, ob heute oder morgen ein Angriff zu gewärtigen sei; in diesem einsamen Turm bleibt heute wie morgen dieselbe Einteilung, dieselbe gesicherte windstille Abgeschlossenheit und die gleiche Entferntheit von allen Erregungen der Welt. Die Stadtverwaltung tut zunächst alles, um für das rein körperliche Wohlbehagen der gefangenen königlichen Familie zu sorgen: im Kampf rücksichtslos, ist die Revolution dem inneren Willen nach nicht unmenschlich. Nach jedem harten Schlag setzt sie immer wieder einen Augenblick aus, ohne zu ahnen, daß gerade diese Pausen, diese scheinbaren Entspannungen den Besiegten die Niederlage noch fühlbarer machen. Die ersten Tage nach der Überführung in den Temple bemüht sich die Stadtverwaltung, den Gefangenen ihr Gefängnis möglichst annehmlich zu gestalten. Der große Turm wird neu tapeziert, mit Möbeln ausgestattet, ein ganzes Stockwerk mit vier Zimmern dem König, vier Zimmer der Königin, Madame Elisabeth, und den Kindern eingeräumt. Sie dürfen jederzeit den düsteren, muffigen Turm verlassen, im Garten spazierengehen, und vor allem sorgt die Kommune für das, was dem König für sein Wohlbehagen leider am wichtigsten ist, für gutes, reichliches Essen. Nicht weniger als dreizehn Angestellte sind für seinen Tisch tätig. Jeden Mittag gibt es mindestens drei Suppen, vier Vorspeisen, zwei Braten, vier leichte Speisen, Kompotte, Früchte, Malvasierwein, Bordeaux, Champagner, so daß innerhalb von dreieinhalb Monaten die Küchenausgaben nicht weniger als fünfunddreißigtausend Livres betragen. Auch für Wäsche, für Kleidung, für Wohnungsausstattung wird, solange man Ludwig XVI. noch nicht als Verbrecher behandelt, reichlich gesorgt. Er erhält auf seinen Wunsch eine ganze Bibliothek von 257 Büchern – meist lateinischen Klassikern –, um sich die Zeit zu vertreiben: in dieser ersten, sehr kurzen Epoche hat die Festsetzung der königlichen Familie durchaus nicht den Charakter einer Bestrafung, und so könnten, abgesehen von der seelischen Bedrückung, der König und die Königin ein stillgemächliches und beinahe friedsames Leben führen. Morgens läßt Marie Antoinette ihre Kinder kommen und unterrichtet sie oder spielt mit ihnen, mittags wird gemeinsam gegessen, nach Tisch eine Partie Tricktrack oder Schach gespielt. Während dann der König den Dauphin im Garten spazierenführt und mit ihm Drachen steigen läßt, befaßt sich die Königin, die zu stolz ist, um unter Bewachung öffentlich zu promenieren, meist in ihrem Zimmer mit Handarbeiten. Abends bringt sie selbst die Kinder zu Bett, man plaudert noch ein wenig oder spielt Karten, manchmal versucht sie auf dem Clavecin zu spielen, wie in früheren Tagen, oder ein wenig zu singen, aber abgeschnitten von der großen Welt, von ihren Freundinnen, fehlt ihr jene für immer verlorene Leichtigkeit des Herzens. Sie spricht wenig und ist am liebsten bei den Kindern oder allein. Ihr fehlt jener Trost großer Frömmigkeit, der Ludwig XVI. und seiner Schwester, die viel beten und alle Fasttage streng einhalten, eine Gelassenheit des Erduldens gibt. Ihr Lebenswille läßt sich so leicht nicht brechen wie jener dieser Temperamentlosen: noch immer ist ihr Sinn, selbst in diesen verschlossenen Mauern, der Welt zugewandt; noch weigert sich ihre sieggewohnte Seele zu verzichten, noch will sie nicht die Hoffnung aufgeben – nach innen sammelt sich jetzt diese zurückgestaute Kraft. Einzig sie gibt sich nicht gefangen in der Gefangenschaft; die andern spüren sie kaum, und wäre nicht die Bewachung, nicht die ewige Angst vor dem Morgen, so wäre dem Kleinbürger Ludwig XVI. und der Klosterschwester Madame Elisabeth eigentlich die Lebensform erfüllt, nach der sie sich unbewußt seit Jahren und Jahren gesehnt: der gedankenlosen und verantwortungslosen Passivität. Aber die Wachen sind da. Ohne Unterlaß werden die Eingeschlossenen daran erinnert, daß eine andere Macht über ihr Schicksal gebietet. Im Speisezimmer hat die Kommune in Großfolioformat den Text der »Erklärung der Menschenrechte« mit dem für einen König schmerzlichen Druckdatum »Im ersten Jahre der Republik« an die Wand gehängt. Auf den Messingplatten seines Ofens muß er die Inschrift lesen »Freiheit, Gleichheit«, beim Mittagessen erscheint ein Kommissar oder der Kommandant der Besatzung als ungebetener Gast. Jedes Stück Brot wird von fremder Hand vorgeschnitten und untersucht, ob es nicht geheime Verständigung enthalte, keine Zeitung darf in das Geviert des Temple dringen, ebenso wird jeder, der den Turm betritt oder verläßt, von den Wachmannschaften auf das genaueste abgetastet nach mitgenommenen Papieren, und überdies werden die Zimmertüren von außen verschlossen. Keinen Schritt kann der König oder die Königin tun, ohne daß hinter ihnen, das geladene Gewehr im Arm, ein Wächter schattet, kein Gespräch führen ohne Zeugen, nichts Gedrucktes lesen ohne Zensur. Nur in ihren abgesonderten Schlafzimmern kennen sie das Glück und die Gnade des Mit-sich-allein-Seins.

Diese Überwachung aber, war sie wirklich vorbedacht quälerisch? Waren die Wächter und Inspektoren der königlichen Gefangenschaft tatsächlich derart sadistische Folterknechte, wie sie die royalistische Märtyrergeschichte schildert? Hat man wirklich Marie Antoinette und die Ihren unablässig mit unnötigen Trakasserien erniedrigt und besonders rohe Sansculotten für diesen Zweck ausgewählt? Die Berichte der Kommune widersprechen dem, doch auch sie sind Partei. Um in dieser entscheidenden Frage, ob die Revolution den besiegten König wirklich noch bewußt gekränkt und mißhandelt habe, gerecht zu entscheiden, ist äußerste Vorsicht geboten. Denn der Begriff Revolution ist an sich schon ein weites Wort: es reicht in einer Skala unablässiger Übergänge von der höchsten Idealität bis zur tatsächlichen Brutalität, von der Größe zur Grausamkeit, vom Geist bis in sein Gegenspiel, die Gewalt; er schillert und wandelt sich, weil er seine Farbe immer von den Menschen und den Umständen erhält. In der Französischen Revolution – wie in jeder – zeichnen sich deutlich zwei Typen von Revolutionären ab: die Revolutionäre aus Idealität und die aus Ressentiment; die einen, die es besser hatten als die Masse, wollen diese zu sich emporheben, ihre Bildung, ihre Kultur, ihre Freiheit, die Lebensform steigern. Die andern, die es selber lange schlecht gehabt, wollen Rache nehmen an denen, die es besser hatten, sie suchen ihre neue Macht auszutoben an den vormals Mächtigen. Diese Einstellung, weil in der Zwiefalt der menschlichen Natur begründet, gilt für alle Zeiten. In der Französischen Revolution hatte vorerst die Idealität die Oberhand: die Nationalversammlung, die aus Adligen und Bürgern, aus den Angesehenen des Landes bestand, wollte dem Volke helfen, die Massen befreien, aber die befreite Masse, die entfesselte Gewalt wendet sich bald gegen die Befreier: in der zweiten Phase bekommen die radikalen Elemente, die Revolutionäre des Ressentiments, die Oberhand, und denen ist die Macht zu neu, als daß sie der Lust widerstehen könnten, sie ausgiebig zu genießen. Jene Gestalten kleiner Geistigkeit und endlich erlöster Gedrücktheit kommen ans Ruder, deren Ehrgeiz es ist, die Revolution auf ihr eigenes Maß, auf ihre eigene seelische Mittelmäßigkeit hinabzuziehen.

Von diesen Revolutionären aus Ressentiment ist gerade Hébert, dem die Obsorge über die königliche Familie anvertraut wird, die typischste und widerlichste Erscheinung. Die Edelsten, die Geistigsten der Revolution, Robespierre, Camille Desmoulins, Saint-Just, haben sofort diesen schmutzigsten Schmierer, diesen wüstesten Schreier als das erkannt, was er war: eine Schwäre auf der Ehre der Revolution, und Robespierre hat sie –

freilich zu spät – mit dem glühenden Eisen ausgebrannt. Verdächtigen Vorlebens, offen der Unterschlagung bei der Theaterkasse beschuldigt, stellenlos und skrupellos, springt er in die Revolution wie ein gehetztes Wild in den Fluß, und die Strömung trägt, weil er, wie Saint-Just sagt, »der Zeitbestimmung und der Gefahr gemäß, geschickt wie ein Reptil die Farbe ändert«; je mehr sich die Republik mit Blut befleckt, um so röter wird seine Feder in dem von ihm geschriebenen oder vielmehr hingedreckten »Père Duchesne«, dem niedrigsten Boulevardblatt der Revolution. Im ordinärsten Tone – »als ob die Seine ein Kanalausguß von Paris wäre«, sagt Camille Desmoulins – schmeichelt er dort den widerlichsten Instinkten der untersten, der alleruntersten Klassen und bringt damit die Revolution im Ausland um alles Ansehen; aber er persönlich verdankt dieser Pöbelpopularität neben reichlichen Einnahmen seinen Sitz im Stadtrat und eine immer größere Macht: ihm wird verhängnisvollerweise das Schicksal Marie Antoinettes in die Hand gegeben.

Ein solcher Mensch, als Herr und Wächter über die königliche Familie gesetzt, genießt selbstverständlich mit der ganzen Zufriedenheit einer kleinen Seele die Möglichkeit, eine Erzherzogin von Österreich, eine Königin von Frankreich ducken und überlegen behandeln zu dürfen. Im persönlichen Verkehr mit Absicht kühl-höflich und immer bedacht zu zeigen, er sei der wahre und bestellte Vertreter der neuen Gerechtigkeit, entlädt Hébert mit gemeinen Beschimpfungen im »Père Duchesne« seinen Zorn, daß die Königin jedes Gespräch mit ihm ablehnt; die Stimme des »Père Duchesne« war es, die ununterbrochen den »Hechtsprung« und das »rasoir national« für den »Trunkenbold und seine Hure« forderte, gegen dieselben, die der Herr Stadtprokurator Hébert allwöchentlich auf das höflichste besucht. Sein Mundwerk war zweifellos heftiger als sein Herz, aber schon darin lag unnötige Erniedrigung der Besiegten, daß man gerade diesen Erbärmlichsten und Unwahrhaftigsten unter den Patrioten als Gefängnisoberhaupt bestellte. Denn die Furcht vor Hébert wirkt selbstverständlich auf die Wachsoldaten und Beamten. Sie müssen aus Angst, für unzuverlässig gehalten zu werden, ungeschlachter tun, als sie eigentlich wollen; andererseits aber hat sein Haßgeschrei den Eingeschlossenen in überraschender Art geholfen, denn die biedern und ahnungslosen Handwerker und Kleinbürger, die Hébert zur Bewachung bestellt, sie hatten in seinem »Père Duchesne« immer von dem »blutigen Tyrannen« gelesen und von der hurenhaften, verschwenderischen Österreicherin. Nun zum Wachdienst kommandiert, was sahen sie? Einen arglosen dicken Kleinbürger, der, sein Söhnchen an der Hand, im Garten spazierengeht und mit ihm ausmißt, wieviel Quadratzoll und -fuß der Hof umfaßt; sie sehen ihn viel und gern essen und schlafen und über seinen Büchern sitzen. Bald erkennen sie, daß dieser stumpfe, brave Hausvater keiner Fliege etwas zuleide tun kann; es ist wirklich schwer, einen solchen Tyrannen zu hassen, und wenn Hébert nicht so streng aufpaßte, würden die Wachsoldaten wahrscheinlich mit diesem gemütlichen Herrn wie mit einem Kameraden aus dem Volk geplaudert, gespaßt oder Karten gespielt haben. Mehr Abstand erzwingt natürlich die Königin. Marie Antoinette richtet nicht ein einziges Mal bei Tisch das Wort an einen der Aufseher, und wenn eine Kommission kommt, sie nach ihren etwaigen Wünschen und Beschwerden zu fragen, antwortet sie unentwegt, sie wünsche und begehre nichts. Lieber will sie alles auf sich nehmen, als einen ihrer Kerkerwächter um eine Gefälligkeit bitten. Aber gerade diese Hoheit im Unglück ergreift diese einfachen Menschen, und wie immer erregt eine Frau, die sichtlich leidet, besonderes Mitgefühl. Allmählich geraten die Wächter, die ja eigentlich Mitgefangene ihrer Gefangenen sind, in eine gewisse Neigung zur Königin und zur königlichen Familie, und nur dies allein erklärt die Möglichkeit der verschiedenen Entweichungsversuche; wenn sich also die Wachsoldaten, wie es in den royalistischen Memoiren geschildert ist, äußerlich rauh und betont republikanisch gebärdet haben, wenn sie sich ab und zu auch einen groben Fluch leisteten und lauter sangen oder pfiffen als nötig, so geschah dies eigentlich nur, um ihr innerliches Mitleid vor der Überwachung zu verstecken. Besser als die Ideologen im Konvent hat das einfache Volk verstanden, daß dem Gestürzten Ehrfurcht in seinem Unglück gebühre, und von den angeblich so groben Soldaten des Temple hat die Königin viel weniger Haß und Häßlichkeit erfahren als seinerzeit in den Salons von Versailles.

Aber die Zeit steht nicht still, und wenn man es auch nicht wahrnimmt in diesem ummauerten Geviert, außen schwingt sie mit riesigen Flügeln. Von den Grenzen kommen schlimme Nachrichten, endlich haben die Preußen, die Österreicher sich in Bewegung gesetzt und auf den ersten Stoß die revolutionären Truppen zersprengt. In der Vendée steht die Bauernschaft im Aufstand, der Bürgerkrieg beginnt, die englische Regierung hat ihren Gesandten zurückgezogen, Lafayette verläßt, erbittert über den Radikalismus der von ihm selber herbeibeschworenen Revolution, die Armee; die Lebensmittel werden knapp, das Volk wird unruhig. Das gefährlichste aller Worte, Verrat, springt wie nach jeder Niederlage tausendzüngig auf und verstört die ganze Stadt. In dieser Stunde ergreift Danton, der kräftigste und skrupelloseste Mann der Revolution, die blutige Fahne des Terrors und faßt den furchtbaren Entschluß, in drei Tagen und Nächten des September alle nur irgendwie Verdächtigen in den Gefängnissen hinschlachten zu lassen. Unter diesen Zweitausend fällt auch die Freundin der Königin, die Prinzessin von Lamballe.

Von diesen grauenhaften Geschehnissen weiß die königliche Familie im Temple nichts, abgesperrt lebt sie ja von den lebendigen Stimmen, von dem gedruckten Wort. Sie hören nur plötzlich die Sturmglocken läuten, und Marie Antoinette kennt diese bronzenen Vögel des Unglücks. Sie weiß schon, wenn sie mit ihren flatternden Klängen über die Stadt brausen, dann bricht ein Unwetter los, irgendein Unheil flügelt heran. Erregt flüstern die Eingeschlossenen im Turme. Steht am Ende schon der Herzog von Braunschweig mit seinen Truppen vor den Toren? Ist eine Revolution ausgebrochen gegen die Revolution?

Unten aber am verschlossenen Eingang zum Temple beratschlagen die Wächter und Stadtbeamten in höchster Erregung: sie wissen mehr. Vorausgestürmte Boten haben gemeldet, daß eine ungeheure Menge aus den Vorstädten anrückt, die auf einer Pike den fahlen Kopf der geschlachteten Prinzessin von Lamballe mit flatternden Haaren voranträgt und ihren nackten, zerfetzten, verstümmelten Rumpf nachschleift; es ist kein Zweifel, daß diese entmenschte Mordbande, berauscht von Blut und Wein, sich jetzt den letzten kannibalischen Triumph gönnen will, Marie Antoinette das bleiche Haupt ihrer toten Freundin und den nackten geschändeten Körper zu zeigen, mit dem die Königin nach der allgemeinen Überzeugung so lange Unzucht getrieben. Verzweifelt sendet die Wache zur Kommune um militärische Hilfe, denn sie selbst könne solchen rasenden Mengen nicht standhalten, aber der hinterlistige Pétion bleibt wie immer, wenn es gefährlich wird, unsichtbar; keine Verstärkung kommt, und schon tobt der Trupp mit seiner fürchterlichen Beute vor dem Haupttor. Um die Menge nicht noch rasender zu machen und einen Einbruch zu vermeiden, der zweifellos mörderisch für die königliche Familie ausginge, sucht der Kommandant die Rotte hinzuhalten; er läßt den bacchantischen Zug zunächst in den äußeren Hof des Templegevierts, und gleich einem schmutzigen Sturzbach schäumt die Menge durch das Tor.

Zwei der Kannibalen schleppen den nackten Rumpf an den Beinen, ein anderer hält die blutigen Eingeweide in der Hand hoch, ein dritter hebt auf einer Pike das grünlich-blasse, blutige Haupt der Prinzessin empor. Mit diesen Trophäen wollen sie hinauf in den Turm, um, wie sie ankündigen, die Königin zu zwingen, den Kopf ihrer Hure zu küssen. Gewalt vermag gegen diese Tobenden nichts auszurichten; so versucht es einer der Kommissare der Kommune mit List. Durch die amtliche Schärpe des Abgeordneten gekennzeichnet, fordert er Stille und hält eine Rede. Um sie zu ködern, belobt er zuerst die Menge für ihre großartige Tat und schlägt vor, doch lieber den Kopf durch ganz Paris zu tragen, damit das gesamte Volk diese »Trophäe« als »ewiges Monument des Sieges« bewundern könne. Glücklicherweise verfängt diese Schmeichelei, mit wildem Grölen ziehen die Betrunkenen ab, um den geschändeten nackten Leib weiter durch die Straßen bis zum Palais Royal zu schleifen.

Inzwischen sind die im Turm Eingeschlossenen ungeduldig geworden. Sie hören unten verworrene Schreie einer wütenden Menge, ohne zu verstehen, was sie will und begehrt. Aber sie kennen das finstere Brausen aus den Tagen des Sturms auf Versailles und die Tuilerien, und sie merken, wie die Wachsoldaten blaß und aufgeregt auf ihre Posten eilen, um irgendeine Gefahr abzuwehren. Beunruhigt erkundigt sich der König bei einem der Nationalgardisten. »Nun, mein Herr«, antwortet dieser heftig, »wenn Sie es schon wissen wollen: man will Ihnen den Kopf der Madame de Lamballe zeigen. Ich kann Ihnen nur raten, am Fenster zu erscheinen, wenn Sie nicht wollen, daß das Volk heraufkommt.«

Bei diesem Worte hört man einen dumpfen Schrei: Marie

Antoinette ist ohnmächtig zusammengesunken. »Es war der einzige Augenblick«, sagt ihre Tochter in einem späteren Bericht, »da ihre Energie sie im Stiche ließ.«

Drei Wochen später, am 21. September, dröhnen wiederum die Straßen. Abermals horchen die Gefangenen beunruhigt hinaus. Aber diesmal murrt nicht der Zorn des Volkes, diesmal braust seine Freude; sie hören, wie unten, mit absichtlich lauten Stimmen, die Zeitungsausträger ausrufen, der Konvent habe die Abschaffung des Königtums beschlossen. Am nächsten Tag erscheinen die Abgeordneten, um dem König, der nicht mehr König ist, von seiner Absetzung Mitteilung zu machen. Ludwig der Letzte – so wird er von nun ab genannt, ehe man ihn verächtlich mit Louis Capet bezeichnet – nimmt diese Botschaft so gelassen hin wie Shakespeares König Richard II.

Was muß ein König tun? Sich unterwerfen? Der König wird es tun. Muß er entthront sein? Der König fügt sich. Muß der Name König verloren sein? Fahr hin, in Gottes Namen!

Von einem Schatten kann man kein Licht mehr nehmen, von einem längst schon machtlos Gewordenen keine Macht. Kein Wort des Widerspruchs findet der längst gegen alle Erniedrigung abgestumpfte Mann, keines auch Marie Antoinette; vielleicht fühlen sie sich sogar beide entlastet. Denn von jetzt an haben sie für ihr eigenes Schicksal und das des Staates keine Verantwortung mehr, sie können nichts mehr falsch tun oder versäumen und brauchen für nichts mehr zu sorgen als für das kleine Stück Leben, das man ihnen vielleicht läßt. Am besten jetzt, sich an kleinen menschlichen Dingen zu freuen, der Tochter bei Näharbeiten oder am Clavecin zu helfen, dem Knaben die Schulaufgaben zu verbessern, die er mit seiner großen, steifen, kindischen Schrift schreibt (freilich, sie müssen jetzt immer rasch das Blatt zerreißen, wenn das Kind auf das Papier – wie sollte der sechsjährige Knabe die Geschehnisse verstehen? – noch sein mühsam erlerntes »Louis Charles Dauphin« schreibt). Man löst Rätsel auf aus einem neuen Heft des »Mercure de France«, man geht hinab in den Garten und wieder hinauf, man verfolgt auf dem Kamin den Zeigergang der alten Uhr, der allzu langsamen, man sieht über den fernen Dächern den Rauch sich kräuseln, man sieht, wie die Herbstwolken den Winter bringen. Und vor allem: man versucht zu vergessen, was man einst gewesen, und sucht an das zu denken, was kommt und unvermeidlich kommen muß.

Jetzt wäre, so scheint es, die Revolution am Ziel. Der König ist abgesetzt, er hat ohne Einspruch verzichtet und wohnt still mit Frau und Kind in seinem Turme. Aber jede Revolution ist eine vorwärts rollende Kugel. Wer sie führt und ihr Führer bleiben will, muß nach Art eines Kugelläufers ohne Pause mit ihr weiterrennen, um sich im Gleichgewicht zu erhalten: es gibt kein Stehenbleiben in einer fließenden Entwicklung. Das weiß jede Partei und fürchtet sich darum, hinter den andern zurückzubleiben. Die Rechte fürchtet sich vor den Gemäßigten, die Gemäßigten vor der Linken, die Linke vor ihrem äußersten Flügel, den Girondisten, die Girondisten wieder vor den Maratisten, die Führer vor dem Volk, die Generale vor den Soldaten, der Konvent vor der Kommune, die Kommune vor den Sektionen, und gerade diese ansteckende Angst aller Gruppen voreinander treibt ihre innere Kraft in einen so hitzigen Wettlauf; die Furcht aller, als gemäßigt zu gelten, sie allein hat die Französische Revolution so weit über ihr eigentliches Ziel hinausgetrieben und ihr gleichzeitig jenen sturzbachhaften, sich selber überrennenden Schwung gegeben. Ihr Schicksal ist, alle Ruhepunkte, die sie sich gesetzt hat, umzustoßen, ihre Ziele, sobald sie erreicht sind, noch zu übersteigern. Zuerst meinte die Revolution, mit der Kaltstellung, dann mit der Absetzung des Königs ihre Aufgabe erfüllt zu haben. Aber, abgesetzt und ohne Krone ist dieser unglückselige, ungefährliche Mann noch immer ein Symbol, und wenn die Republik selbst die Gebeine der seit Jahrhunderten toten Könige aus den Gräbern reißt, um, was schon Staub und Asche geworden, noch einmal zu verbrennen, wie darf sie da auch nur den Schatten eines lebendigen Königs dulden? So glauben die Führer, den politischen Tod Ludwigs XVI. noch körperlich vollziehen zu müssen, um vor jedem Rückfall sicher zu sein. Für einen radikalen Republikaner kann das Gebäude der Republik nur Bestand haben, wenn es mit königlichem Blute gemörtelt ist; bald schließen sich auch die anderen, weniger radikalen, aus Angst, im Wettlauf um die Volksgunst zurückzubleiben, dieser Forderung an, und für den Dezember wird der Prozeß gegen Louis Capet anberaumt.

Im Temple erfährt man von diesem Entschluß durch das plötzliche Erscheinen einer Kommission, die »alle schneidenden Gegenstände«, also Messer, Scheren und Gabeln, abverlangt: der »détenu«, der bloß unter Bewachung Gestellte, ist damit als Angeklagter gekennzeichnet. Ferner wird Ludwig XVI. von seiner Familie getrennt. Obwohl im selben Turm wohnend, nur ein Stockwerk unter den Seinen, was die Grausamkeit dieser Maßregel verschärft, darf er von diesem Tage an weder Frau noch Kinder sehen. In all diesen schicksalhaften Wochen kann die eigene Frau nicht ein einziges Mal mit ihrem Gatten sprechen, sie darf nicht erfahren, wie der Prozeß fortschreitet, wie er sich entscheidet. Keine Zeitung wird ihr zu lesen erlaubt, sie darf die Verteidiger ihres Mannes nicht fragen; in fürchterlicher Ungewißheit und Erregtheit muß die Unglückliche all diese entsetzlich gespannten Stunden allein verbringen. Ein Stockwerk tiefer, nur durch die eine Wand getrennt, hört sie den schweren Schritt ihres Gatten und darf ihn nicht sehen, darf ihn nicht sprechen: unsägliche Qual durch eine völlig unsinnige Maßnahme. Und als am 20. Januar ein Munizipalbeamter bei Marie Antoinette erscheint und mit etwas bedrückter Stimme mitteilt, es sei ihr heut ausnahmsweise gestattet, sich mit ihrer Familie zu ihrem Gatten ins Unterstockwerk zu begeben, versteht sie sofort das Fürchterliche dieser Gnade: Ludwig XVI. ist zum Tode verurteilt, sie und ihre Kinder sehen den Gatten, den Vater zum letztenmal. Aus Rücksicht auf den tragischen Augenblick – wer morgen aufs Schafott kommt, ist nicht mehr gefährlich – lassen die vier Munizipalbeamten bei diesem letzten Beisammensein der Familie Gattin, Gatten, Schwester und Kinder in dem Zimmer zum erstenmal allein; nur durch eine Glastür überwachen sie den Abschied.

Dieser pathetischen Stunde gleichzeitig des Wiedersehens mit dem verurteilten König und schon des Abschiednehmens für immer hat niemand beigewohnt; alle gedruckten Berichte sind freie, romantische Erfindungen und ebenso jene sentimentalisch gestellten Kupferstiche, die im süßlichen Stil der Zeit das Tragische einer solchen Stunde durch weinerliche Rührseligkeit erniedrigen. Daß dieser Abschied von dem Vater ihrer Kinder einer der schmerzlichsten Augenblicke im Leben Marie Antoinettes gewesen, wie dies bezweifeln und wozu dies Erschütternde noch zu übersteigern suchen? Schon dies allein, einen Todgeweihten, einen zum Tod Verurteilten, und sei es auch den Fremdesten, vor seinem letzten Gang zu sehen, ist aufwühlende Qual für einen menschlich empfindenden Menschen; diesen Mann aber, Marie Antoinette hat ihn zwar nie mit Leidenschaft geliebt und ihr Herz längst einem anderen gegeben, aber doch, zwanzig Jahre hat sie mit ihm täglich gelebt, vier Kinder ihm geboren; nie hat sie ihn in dieser bewegten Zeit anders gekannt als gütig und hingebungsvoll für sie. Inniger verbunden als jemals in den hellen Jahren, waren die beiden ursprünglich nur aus politischer Staatsräson für ein Leben Vereinten sich durch das Übermaß gemeinsam erlittenen Unglücks in diesen düsteren Stunden des Turms menschlich nähergekommen. Und außerdem: die Königin weiß, sie wird ihm bald nachfolgen müssen über diese letzte Stufe. Er ist ihr nur um eine kurze Frist voraus.

In dieser äußersten, in dieser letzten Stunde wird, was dem König zeitlebens zum Verhängnis geworden war: seine völlige Nervenlosigkeit, dem geprüften Menschen zum Gewinn; seine sonst so unerträgliche Unerschütterlichkeit gibt Ludwig XVI. in diesem entscheidenden Augenblick eine gewisse moralische Größe. Er zeigt weder Furcht noch Erregung, die vier Kommissare im Nachbarzimmer hören ihn nicht ein einziges Mal laut und schluchzend die Stimme erheben: bei diesem Abschied von den Seinen erweist dieser beklagenswert schwache Mann, dieser unwürdige König, mehr Kraft und mehr Würde als jemals in seinem ganzen Leben. Ruhig wie an jedem andern Abend erhebt sich der Verurteilte um zehn Uhr und gibt damit der Familie das Zeichen, ihn zu verlassen. Vor seinem deutlich kundgegebenen Willen wagt Marie Antoinette keinen Widerspruch, um so mehr, als er ihr in frommer Täuschungsabsicht sagt, er werde morgen um sieben Uhr noch einmal zu ihr hinaufkommen.

Dann wird es still. Die Königin bleibt allein im oberen Gemach, es kommt eine Nacht, lange und ohne Schlaf. Endlich dämmert der Morgen, und mit ihm erwachen die fürchterlichen Geräusche der Vorbereitungen. Sie hört eine Karosse mit schweren Rädern vorfahren, sie hört, die Stufen auf, die Stufen ab, immer wieder Schritte und Schritte: ist es der Beichtiger erst, sind es die Stadtverordneten oder ist es schon der Henker? Ferne rattert das Trommeln der aufmarschierenden Regimenter her, es wird immer lichter, es wird Tag, immer näher kommt die Stunde, die ihren Kindern den Vater und ihr selbst den ehrenwerten, rücksichtsvoll gütigen Gefährten vieler Jahre nimmt. In ihrem Zimmer gefangen, die unerbittlichen Wächter vor der Tür, darf die geprüfte Frau nicht die wenigen Stufen hinab, sie darf nichts hören, nichts sehen von allem, was vorgeht, und erlebt es innen darum vielleicht tausendfach grauenvoller, als es in Wirklichkeit geschieht. Dann wird es auf einmal im Stockwerk unter ihr entsetzlich still. Der König hat das Haus verlassen, die schwere Karosse rollt ihn der Richtstatt entgegen. Und eine Stunde später hat die Guillotine Marie Antoinette, einstmals Erzherzogin von Österreich, dann Dauphine und schließlich Königin von Frankreich, einen neuen Namen gegeben: Witwe Capet.

MARIE ANTOINETTE ALLEIN

Dem harten Fall des Beils folgt eine gewisse betretene Stille. Mit der Hinrichtung Ludwigs XVI. wollte der Konvent nur eine blutrote Scheidelinie ziehen zwischen dem Königtum und der Republik. Kein einziger unter den Abgeordneten, von denen die meisten nur mit heimlichem Bedauern diesen schwachen, gutmütigen Mann unter das Fallbeil schoben, denkt zunächst daran, auch Marie Antoinette anzuklagen. Ohne Beratung bewilligt die Kommune der Witwe die angeforderten Trauerkleider, die Überwachung lockert sich merklich, und wenn man die Habsburgerin und ihre Kinder überhaupt noch zurückbehält, so geschieht es in dem Gedanken, mit ihrer Person ein wertvolles Pfand in Händen zu haben, das Österreich fügsam machen soll.

Aber die Rechnung stimmt nicht; der französische Konvent überschätzt das habsburgische Familiengefühl ungeheuer. Kaiser Franz, völlig stumpf und gefühlsunfähig, habgierig und ohne jede innere Größe, denkt nicht daran, aus der kaiserlichen Schatulle, in der neben dem Florentiner noch unzählige andere Kostbarkeiten und Juwelen liegen, auch nur einen einzigen Edelstein zu holen, um seine Blutsverwandte freizukaufen; außerdem setzt die österreichische Militärpartei alle Hebel in Bewegung, um die Unterhandlungen zunichte zu machen. Zwar hat Wien anfangs feierlich erklärt, man beginne diesen Krieg nur um einer Idee und keineswegs um Eroberungen und Entschädigungen willen, aber – die Französische Revolution wird bald ebenso ihr Wort verleugnen – es liegt im Wesen jedes Krieges, daß er unaufhaltsam zum Annexionskrieg wird. Zu allen Zeiten lassen sich die Generale nicht gern im Kriegführen stören; zu selten für ihren Geschmack erweisen ihnen die Völker diese Gelegenheit, darum je länger, je lieber. Es hilft nichts, daß der alte Mercy, von Fersen immer wieder gedrängt, den Wiener Hof erinnert, Marie Antoinette sei dadurch, daß man ihr den Titel der Königin von Frankreich genommen habe, wieder Erzherzogin von Österreich und Mitglied der kaiserlichen Familie geworden, der Kaiser habe also die moralische Pflicht, sie zurückzufordern. Aber wie belanglos ist eine gefangene Frau in einem Weltkrieg, ein lebendiger Mensch im zynischen Spiel der Politik! Überall bleiben die Herzen kalt und die Türen verschlossen. Jeder der Monarchen behauptet, tief ergriffen zu sein; keiner rührt eine Hand. Marie Antoinette könnte das Wort wiederholen, das Ludwig XVI. zu Fersen gesagt hat: »Die ganze Welt hat mich verlassen.«

Die ganze Welt hat sie verlassen. Marie Antoinette fühlt es bis in ihr einsames verriegeltes Gemach. Aber noch ist der Lebenswille dieser Frau ungebrochen, und aus diesem Willen wächst die Entschlossenheit, sich selber zu helfen. Die Krone hat man ihr nehmen können, aber eines hat diese Frau, obwohl schon müden und gealterten Angesichts, sich bewahrt: die merkwürdige Macht und Magie, Menschen ihrer Umgebung zu gewinnen. Alle Vorsichtsmaßregeln, die Hébert und die anderen Mitglieder der Stadtverwaltung getroffen haben, erweisen sich als wirkungslos gegen die geheimnisvolle magnetische Kraft, die für alle diese kleinbürgerlichen Wächter und Beamten noch immer von der Nähe und dem Nimbus einer wirklichen Königin ausstrahlt. Schon nach wenigen Wochen sind alle oder fast alle die geschworenen Sansculotten, die sie bewachen sollten, aus Wächtern zu heimlichen Helfern geworden, und trotz der strengen Verordnungen der Kommune wird die unsichtbare Wand durchbrochen, die Marie Antoinette von der Welt trennt. Dank der Hilfe der gewonnenen Wächter werden unablässig Botschaften und Nachrichten aus dem Haus und in das Haus geschmuggelt, teils mit Zitronensaft oder mit unsichtbarer Tinte auf kleine Zettel geschrieben, welche dann als Kork der Wasserflasche oder im Luftschacht des Ofens weiterbefördert werden. Eine Hand- und Gebärdensprache wird erfunden, um, den wachsamen Kommissaren zum Trotz, die Königin die täglichen Geschehnisse der Politik und des Krieges wissen zu lassen; außerdem wird vereinbart, daß ein eigens bestellter Kolporteur besonders laut die wichtigsten Nachrichten vor dem Temple ausruft. Allmählich erweitert sich dieser heimliche Kreis der Mithelfer unter den Wächtern. Und nun, da Ludwig XVI., der durch seine ewige Unentschlossenheit jede wirkliche Tat lähmte, nicht mehr an ihrer Seite ist, wagt Marie Antoinette, von allen verlassen, selbst entschlossen den Versuch ihrer Befreiung.

Gefahr ist ein Scheidewasser. Was in mittleren und lauen Lebenszuständen sich undeutlich vermengt – Kühnheit und Feigheit der Menschen –, das sondert sich in dieser Probe. Die Mutlosen der alten Gesellschaft, die Selbstsüchtigen unter dem Adel sind alle, sobald der König nach Paris übergeführt wurde, als Emigranten geflohen. Nur die wirklich Getreuen sind geblieben, und jeder von den Nichtgeflüchteten darf als unbedingt verläßlich gelten, denn für jeden ehemaligen Diener des Königs ist der Aufenthalt in Paris eine tödliche Gefahr. Zu diesen Tapferen gehört in erster Reihe der frühere General Jarjayes, dessen Frau Hofdame Marie Antoinettes gewesen war. Um der Königin jederzeit zur Seite zu stehen, ist er eigens aus dem sicheren Koblenz zurückgekommen und hat wissen lassen, er sei zu jedem Opfer bereit. Am 2. Februar 1793, vierzehn Tage nach der Hinrichtung des Königs, erscheint nun bei Jarjayes ein völlig fremder Mann und macht ihm den überraschenden Vorschlag, Marie Antoinette aus dem Temple zu befreien. Jarjayes wirft einen mißtrauischen Blick auf den Unbekannten, der aussieht wie ein echter und rechter Sansculotte. Sofort vermutet er einen Spitzel. Aber da überreicht ihm der Fremde ein winziges, unverkennbar von der Hand der Königin geschriebenes Zettelchen: »Sie können Zutrauen zu dem Manne haben, der zu Ihnen in meinem Namen spricht und Ihnen dies Billett übermittelt. Seine Gefühle sind mir bekannt, seit fünf Monaten haben sie sich nicht gewandelt.« Es ist Toulan, einer der ständigen Wächter des Temple, ein merkwürdiger psychologischer Fall. Am 10. August, als es galt, das Königtum zu zerschmettern, war er einer der ersten Freiwilligen bei dem Sturm auf die Tuilerien gewesen; die Belobigungsmedaille für diese Tat schmückt stolz seine Brust. Dieser offen bewiesenen republikanischen Gesinnung dankt es Toulan, daß der Stadtrat ihm, als einem besonders Verläßlichen und Unverführbaren, die Bewachung der Königin anvertraut. Aber aus Saulus wird ein Paulus; gerührt von dem Unglück der Frau, die er bewachen soll, wird Toulan der allerergebenste Freund derjenigen, gegen die er die Waffe zum Sturme getragen, und so viel aufopfernde Hingebung erweist er der Königin, daß Marie Antoinette in ihren geheimen Mitteilungen ihn immer mit dem Decknamen »fidèle«, »der Getreue«, bezeichnet. Von allen denen, die in die Befreiungsverschwörung verwickelt sind, ist dieser sonderbare Toulan der einzige, der nicht aus Geldgier seinen Kopf wagt, sondern aus einer Art humaner Leidenschaft, vielleicht auch aus Lust an verwegenem Abenteuertum: immer lieben ja die Tapferen die Gefahr, und es liegt ganz in der Logik der Tatsachen, daß die anderen, die nur ihren Vorteil suchten, sich, sobald die Sache aufflog, geschickt zu retten wußten, während einzig Toulan seine Tollkühnheit mit dem Leben bezahlt hat.

Jarjayes vertraut dem Fremden, aber er vertraut ihm nicht ganz. Ein Brief kann immerhin gefälscht sein, jede Korrespondenz bedeutet Gefahr. So verlangt Jarjayes von Toulan, er solle ihm ermöglichen, in den Temple einzudringen, um mit der Königin persönlich alles zu besprechen. Das scheint zunächst unausführbar, einen fremden Mann, einen Edelmann, in diesen engumstellten Turm einzuführen. Aber inzwischen hat die Königin unter der Wachmannschaft durch Geldversprechungen bereits neue Helfer gewonnen, und wenige Tage später schon überbringt ihm Toulan ein neues Zettelchen: »Jetzt, da Sie entschlossen sind, hierherzukommen, wäre es besser, wenn es bald geschähe, aber um Gottes willen geben Sie acht, nicht erkannt zu werden, besonders nicht von der Frau, die hier mit uns eingeschlossen ist.« Diese Frau heißt Tison, und der Instinkt der Königin, daß sie eine Spionin ist, ist richtig: an ihrer durchtriebenen Achtsamkeit wird alles mißlingen. Aber zunächst gelingt noch alles: Jarjayes wird in den Temple geschmuggelt, und zwar auf eine Weise, die an eine Detektivkomödie erinnert. Jeden Abend kommt nämlich ein Laternenanzünder in das Geviert des Gefängnisses; auf Befehl des Stadtverordneten muß der ganze Umkreis besonders gut erhellt werden, denn Dunkel könnte eine Flucht begünstigen. Diesem Laternenanzünder nun hat Toulan eingeredet, ein Freund von ihm möchte sich einmal den Temple zum Spaß ansehen, er solle ihm seine Kleider und seine Ausrüstung für einen Abend borgen. Der Laternenanzünder lachte und geht gern mit dem gegebenen Geld Wein trinken. So vermummt, gelangt Jarjayes glücklich bis zur Königin und vereinbart mit ihr einen kühnen Fluchtplan: sie und Madam Elisabeth sollten, als Männer verkleidet, in Uniformen von Stadtverordneten und mit gestohlenen Legitimationen versehen, den Turm verlassen, als ob sie Magistratspersonen wären, die eine Inspektion abgehalten hätten. Schwieriger hält es, die Kinder durchzubringen. Doch da will ein guter Zufall, daß jener Laternenanzünder sich oft auf seinem Gang von seinen halbwüchsigen Kindern begleiten läßt. Man wird also seine Rolle von einem entschlossenen Edelmann spielen lassen, der die beiden Kinder, als ob es die sonst mitgenommenen wären, in ärmlicher Tracht nach dem Lichtanzünden gemächlich durch die Sperre führt. In der Nähe sollen dann drei leichte Wagen warten, der eine für die Königin, ihren Sohn und Jarjayes, der zweite für ihre Tochter und den zweiten Verschworenen, Lepître, der dritte für Madame Elisabeth und Toulan. Mit fünf Stunden Vorsprung vor der Entdeckung hoffen sie in diesen leichten Wagen jeder Verfolgung zu entgehen. Die Königin schreckt die Verwegenheit des Planes nicht. Sie stimmt zu, und Jarjayes erklärt sich bereit, mit dem zweiten Verschworenen, Lepître, in Verbindung zu treten.

Dieser zweite Verschworene, Lepître, ein ehemaliger Schulmeister, geschwätzig, klein und hinkend – die Königin schreibt selber: »Sie werden den neuen Mann sehen, sein Äußeres nimmt nicht für ihn ein, aber er ist unbedingt nötig, und wir müssen ihn gewinnen« –, spielt in dieser Verschwörung eine sonderbare Rolle. Ihn bestimmt nicht Menschlichkeit und noch weniger Abenteuerlust zur Teilnahme, sondern die große Summe, die ihm Jarjayes verspricht – leider ohne sie bereit zu haben, denn mit dem eigentlichen Geldmann der Gegenrevolution in Paris, dem Baron de Batz, hat merkwürdigerweise der Chevalier Jarjayes keine Verbindung, ihre beiden Komplotte laufen beinahe gleichzeitig nebeneinander, ohne sich zu berühren, und keiner weiß vom anderen. So wird Zeit verloren, wichtige Zeit, weil man erst den früheren Bankier der Königin ins Vertrauen ziehen muß. Schließlich, nach langem Hin und Her, ist das Geld beschafft und bereit. Aber inzwischen hat Lepître, der als Mitglied des Stadtrates bereits die gewünschten falschen Pässe besorgt hatte, der Mut verlassen. Ein Gerücht hat sich verbreitet, daß die Schranken von Paris geschlossen und alle Wagen auf das genaueste durchsucht werden sollten: der vorsichtige Mann bekommt Angst. Vielleicht hat er aus irgendeinem Anzeichen auch bemerkt, daß die Spionin Tison auf der Lauer liegt; jedenfalls verweigert er seine Hilfe, und damit ist es unmöglich, alle vier Personen gleichzeitig aus dem Temple herauszubekommen. Einzig die Königin wäre zu retten. Jarjayes und Toulan suchen sie zu überreden. Aber mit wirklicher Vornehmheit weist Marie Antoinette den Vorschlag zurück, sich allein befreien zu lassen. Lieber verzichten, als ihre Kinder verlassen! Mit fühlbarer Bewegtheit begründet sie Jarjayes diesen unumstößlichen Entschluß: »Wir haben einen schönen Traum gehegt, das ist alles. Aber es war ein großer Gewinn, bei diesem Anlaß abermals einen neuen Beweis Ihrer Hingabe an mich zu erfahren. Mein Vertrauen in Sie ist unbeschränkt. Sie werden bei jeder Gelegenheit Charakter und Mut in mir finden, aber das Interesse meines Sohnes ist das einzige, das mich lenken muß, und soviel Glück es auch für mich bedeutet, hier herauszukommen, so kann ich doch nicht zustimmen, mich von ihm zu trennen. Ich erkenne nur zu gut Ihre Anhänglichkeit in dem, was Sie mir gestern sagten, und glauben Sie, daß ich sowohl fühle, wie sehr Ihre Gründe meinem eigenen Vorteil dienen, als auch, daß eine solche Gelegenheit sich niemals mehr bieten wird. Aber ich könnte an nichts Genuß haben, wenn ich meine Kinder hier zurücklassen müßte.«

Jarjayes hat seine ritterliche Pflicht getan; jetzt kann er der Königin nicht weiter behilflich sein. Aber noch einen Dienst vermag der Getreue ihr zu erweisen: durch ihn ergibt sich die sichere Möglichkeit, an die Freunde und Verwandten im Ausland ein letztes Liebes- und Lebenszeichen zu bringen. Kurz vor seiner Hinrichtung hatte Ludwig XVI. seiner Familie einen Siegelring und ein kleines Büschel von Haaren durch seinen Kammerdiener als Andenken übermitteln lassen wollen, die Stadtverordneten aber, die hinter dieser Gabe eines Todgeweihten noch immer ein geheimnisvolles Verschwörungszeichen vermuteten, hatten diese Reliquien beschlagnahmt und versiegeln lassen. Dieses Siegel löst der für die Königin immer tollkühne Toulan und bringt die Andenken Marie Antoinette. Aber sie fühlt, bei ihr sind sie nicht lange mehr sicher geborgen, und da sie nun endlich einen verläßlichen Boten besitzt, übersendet sie den Ring und die Haare an die Brüder des Königs zu sicherer Hut. Dazu schreibt sie an den Grafen von Provence: »Da ich einen treuen Menschen besitze, auf den wir zählen können, nehme ich die Gelegenheit wahr, um Ihnen, meinem Bruder und Freund, dieses Vermächtnis zu senden, das wohl in Ihrer Hand am besten aufbewahrt werden kann. Der Überbringer wird Ihnen sagen, auf welch wunderbare Art wir in den Besitz dieser kostbaren Erinnerungen kommen konnten. Ich behalte mir vor, Ihnen den Namen dessen zu nennen, der uns jetzt so nützlich ist. Die Unmöglichkeit, in der ich mich bisher befunden habe, Ihnen Nachrichten von uns zu geben, und das Übermaß unseres Glücks lassen uns noch stärker die grausame Trennung fühlen. Möge sie nicht mehr lange dauern! Bis dahin umarme ich Sie und liebe Sie, und Sie wissen, es geschieht von ganzem Herzen.« Einen ähnlichen Brief richtete sie an den Grafen von Artois. Jarjayes aber zögert immer noch, Paris zu verlassen, noch immer hofft der Tapfere, durch seine Gegenwart Marie Antoinette nützlich sein zu können. Endlich jedoch wird sein Bleiben zur sinnlosen Gefahr. Kurz vor der Abreise empfängt er durch Toulan noch ein letztes Schreiben der Königin: »Leben Sie wohl; da Sie jetzt entschlossen sind, abzureisen, halte ich es für besser, daß es sofort geschieht. Mein Gott, wie ich Ihre arme Frau beklage! Und wie glücklich werde ich sein, wenn wir bald vereint sein können. Niemals werde ich Ihnen dankbar genug sein können für alles, was Sie für uns getan haben. Adieu! Wie grausam ist dieses Wort!«

Marie Antoinette, sie ahnt, sie weiß es, dies ist das letztemal, daß sie vertraute Botschaft in die Ferne senden kann, eine einzige, eine allerletzte Gelegenheit ist ihr geboten. Hat sie niemandem anderen noch ein Wort zu sagen, ein Liebeszeichen zu übermitteln als diesen beiden, den Grafen von Provence und Artois, denen sie wenig zu danken hat und die nur das Blut zu Hütern des brüderlichen Vermächtnisses bestimmt? Hat sie wirklich gar keinen Gruß für den, der ihr das Teuerste auf Erden außer ihren Kindern gewesen, für ihn, für Fersen, von dem sie gesagt, daß sie ohne Nachricht von ihm »nicht leben kann«, dem sie noch aus dem Höllenkreis der belagerten Tuilerien jenen Ring gesandt, damit er sich ihrer ewig erinnere? Und nun, bei dieser letzten, allerletzten Gelegenheit sollte sich nicht noch einmal ihr Herz ihm entgegenheben? Aber nein: die Memoiren Goguelats, die jenen Abschied Jarjayes' dokumentarisch genau mit den Nachbildungen der Briefe veröffentlichen, enthalten kein Wort von Fersen, keinen Gruß; unser Gefühl, das hier aus einem inneren Seelenzwang eine letzte Botschaft erwartete, bleibt enttäuscht.

Aber doch, das Gefühl behält immer im letzten recht. Tatsächlich hat Marie Antoinette – wie könnte es anders sein! – den Geliebten auch in der letzten Einsamkeit nicht vergessen, und jene Botschaft der Pflicht an die Brüder war vielleicht nur Vorwand, um die eigentliche zu verdecken, die Jarjayes treulichst ausgeführt hat. Nur hatte 1823, als jene Memoiren erschienen, schon jene Verschwörung des Schweigens um Fersen begonnen, welche die intime Beziehung vor der Nachwelt verbergen sollte. Auch hier war die für uns wichtigste Briefstelle (wie gewöhnlich im Falle Marie Antoinettes) von byzantinischen Herausgebern unterdrückt worden. Erst nach einem Jahrhundert tritt sie zutage, und sie zeigt: niemals war das leidenschaftliche Gefühl der Königin stärker als in diesen Augenblicken vor dem Untergang. Um ständig der tröstenden Erinnerung an den Geliebten im Blute verbunden zu sein, hatte Marie Antoinette sich einen Ring anfertigen lassen, der statt der königlichen Lilienzeichen (einen solchen Ring hatte sie Fersen gesandt) das Wappen Fersens trug: wie er an seinem Finger die Devise der Königin, trug sie an dem ihren in jenen Tagen des Fernseins das Wappen des schwedischen Edelmanns; jeder Blick auf die eigene Hand muß die Königin von Frankreich an den Entfernten erinnern. Und da sich jetzt endlich die Möglichkeit ergibt, ihm noch ein – sie ahnt es, das letzte – Liebeszeichen zu senden, will sie ihm zeigen, daß sie mit diesem

Ring auch das Gefühl bewahrt, das sie ihm geweiht. Sie drückt das Wappen mit der Unterschrift in heißes Wachs und sendet den Abdruck durch Jarjayes an Fersen: kein Wort brauchte es mehr, in diesem Zeichen ist alles gesagt: »Den Abdruck, den ich hier beischließe«, schreibt sie an Jarjayes, »wollen Sie, bitte, der bewußten Persönlichkeit übermitteln, die im vergangenen Winter aus Brüssel zu mir kam. Sagen Sie dem Betreffenden, daß diese Devise niemals gültiger war als jetzt.«

Was kündet jene Inschrift auf dem Siegelring, den sich Marie Antoinette eigens hatte anfertigen lassen und die »niemals gültiger war als jetzt«? Jenem Siegelring, in den sich eine Königin von Frankreich das Wappen eines kleinen schwedischen Adeligen hatte einschneiden lassen und den sie sorgsam gehütet als einzigen aus ihrem einstigen Millionenschmuck noch im Gefängnis an ihrem Finger bewahrt?

Fünf italienische Worte formen die Devise, und sie lauten, diese Worte, die zwei Zoll vor dem Tode noch wahrer sind als jemals: »Tutto a te mi guida«, »Alles führt mich zu dir.« Alle Inbrunst des Todes, alle Glut des »Nie wieder« schlägt aus diesem stummen Gruß einer Todgeweihten noch einmal mächtig empor, ehe der lebendige Leib zu Staub zerfällt, und der Entfernte, er weiß, daß dies Herz in Liebe für ihn bis zur letzten Stunde schlägt. In diesem Gruß des Abschieds ist der Gedanke der Ewigkeit angerufen, die Unvergänglichkeit des Gefühls im Vergänglichen neu beschworen. Das letzte Wort dieser großen und unvergleichlichen Liebestragödie im Schatten der Guillotine ist gesagt: nun kann der Vorhang fallen.

Entlastung: das Letzte ist gesagt, noch einmal konnte frei das Gefühl entströmen. Nun ist es leichter, ruhig und gefaßt das Kommende zu erwarten. Marie Antoinette hat Abschied genommen von der Welt. Sie hofft nichts mehr, sie versucht nichts mehr. Auf den Wiener Hof, auf den Sieg der verbündeten Truppen ist nicht mehr zu zählen, und in der Stadt weiß sie, seit Jarjayes sie verlassen und der treue Toulan auf Befehl der Kommune entfernt ist, keine Retter mehr. Dank der Spionin Tison ist die Stadtverwaltung auf die Wächter aufmerksam geworden; war der Versuch einer Befreiung vordem schon gefahrvoll, nun wäre er unsinnig und selbstmörderisch.

Aber es gibt Naturen, welche gerade die Gefahr geheimnisvoll anzieht, Vabanquespieler des Lebens, die erst dann die Fülle ihrer Kraft fühlen, wenn sie das Unmögliche wagen, und denen das verwegene Abenteuer die einzig gemäßigte Form des Daseins ist. In mittleren Zeiten können solche Menschen nicht atmen; zu langweilig wird ihnen da das Leben, zu eng, zu feige jede Tat, sie brauchen tolle Aufgaben für ihre Tollkühnheit, wilde und wahnwitzige Ziele, und das Unsinnige, das Unmögliche zu versuchen, ist ihre tiefste Leidenschaft. Ein solcher Mann lebt damals in Paris, er heißt Baron de Batz. Solange das Königtum in Glanz und Ehren stand, hat sich dieser reiche Edelmann hochmütig im Hintergrunde gehalten; wozu seinen Nacken beugen um eine Stellung, eine Pfründe? Den Abenteurer in ihm lockt erst die Gefahr heraus. Erst, da alle den verurteilten König als verloren aufgeben, wirft sich dieser Don Quichotte der Königstreue unsinnig-heldisch in den Kampf, um ihn zu retten. Selbstverständlich bleibt dieser Tollkopf während der ganzen Revolution an der allergefährlichsten Stelle: unter Dutzenden von fremden Namen versteckt er sich in Paris, um als einzelne anonyme Person die Revolution zu bekämpfen. Er opfert sein ganzes Vermögen für zahllose Unternehmungen, von denen bisher die tollste gewesen, daß er, als Ludwig XVI. zur Hinrichtung geführt wurde, plötzlich mitten unter den achtzigtausend bewaffneten Menschen vorspringt, den Säbel schwingt und laut ruft: »Zu mir, wer den König retten will!« Aber niemand schließt sich an. In ganz Frankreich besitzt keiner so viel wahnwitzigen Mut, zu versuchen, einer ganzen Stadt, einer ganzen Armee am hellichten Tage einen einzelnen Mann entreißen zu wollen. Und so taucht Baron de Batz, ehe sich die Wachen von ihrer Überraschung erholen können, wieder in die Menge unter. Aber dieser Mißerfolg hat ihn nicht mutlos gemacht, und er rüstet, seine eigene Tat zu übertreffen, indem er nach der Hinrichtung des Königs sofort einen phantastisch kühnen Plan zur Rettung der Königin in Szene setzt.

Baron de Batz hat den schwachen Punkt der Revolution mit kundigem Blick erkannt, ihren innersten, geheimen Giftkeim, den Robespierre mit glühenden Eisen auszubrennen sucht: die beginnende Korruption. Mit der politischen Macht haben die Revolutionäre Staatsstellungen bekommen, und an allen Staatsstellungen klebt Geld, dieses gefährliche Korrosiv, das sich an die Seelen setzt wie Rost an den Stahl. Proletarische Existenzen, kleine Leute, die nie mit größeren Beträgen zu tun hatten, Handwerker, Schreiber und bisher berufslose Agitatoren haben jetzt plötzlich Riesensummen bei der Vergebung von Kriegslieferungen, bei den Requisitionen, beim Verkauf der Emigrantengüter ohne Kontrolle zu verwalten, und nicht allzu viele besitzen die katonische Strenge, dieser ungeheuren Versuchung standzuhalten. Zwischen Gesinnung und Geschäft bilden sich dunkle Verbindungen, nach den Verdiensten um die Republik wollen manche der wildesten Revolutionäre nun ganz wild an ihr verdienen. In diesen Karpfenteich der Korruptionisten, die sich grimmig um ihre Beute balgen, wirft Baron de Batz entschlossen seinen Angelhaken, indem er ein magisches Wort flüstert, das heute nicht minder als damals die Sinne benebelt, das Wort: eine Million. Eine Million für alle jene, welche die Königin aus dem Temple herausholen helfen! Mit einer solchen Summe kann man selbst die dicksten Gefängnismauern sprengen, denn Baron de Batz arbeitet nicht wie Jarjayes mit subalternen Helfern, mit Lampenanzündern und einzelnen Soldaten, er geht kühn und entschlossen auf das Ganze: er kauft nicht die Unterbeamten, sondern die Hauptorgane des Überwachungssystems, vor allem den wichtigsten Mann des Stadtrats, den früheren Limonadenhändler Michonis, dem die Inspektion aller Gefängnisse, also auch des Temple, untersteht. Sein zweiter Stein im Brett ist der militärische Leiter der ganzen Sektion, Cortey. Damit hat dieser von allen Amtsstellen und der Polizei Tag und Nacht steckbrieflich gesuchte Royalist sowohl die Zivilbehörde wie die Militärüberwachung des Temple in seiner Hand und kann, während man im Konvent und Sicherheitsausschuß laut gegen den »infamen Batz« donnert, gut gedeckt an seine Aufgabe gehen.

Mit solch nervenloser Kälte in der Berechnung und Bestechung verbindet dieser Meisterverschwörer Baron de Batz aber gleichzeitig einen flammenden persönlichen Mut. Er, hinter dem Hunderte von Spionen und Agenten verzweifelt im ganzen Lande herjagen – der Sicherheitsausschuß weiß bereits, daß er Plan um Plan für den Untergang der Republik ausheckt –, läßt sich als gewöhnlicher Soldat in der Wachkompanie des Temple unter dem Namen Forguet einreihen, um persönlich das Terrain auszukundschaften. Das Gewehr in der Hand, in dem schmutzigen und verlotterten Kleid eines Nationalgardisten, macht der millionenreiche und verwöhnte Aristokrat mit all den andern Soldaten groben Kommißdienst vor den Türen der Königin. Ob es ihm gelungen ist, bis zu Marie Antoinette selbst vorzudringen, ist nicht bekannt, und dies war für den eigentlichen Plan auch nicht nötig, denn Michonis, der seinen reichlichen Anteil an der Million haben soll, hat zweifellos selbst die Königin verständigt. Gleichzeitig werden dank dem erkauften Einverständnis des Militärkommandanten Cortey unter die Mannschaft der Wachkompanien immer mehr und mehr Helfershelfer des Barons eingeschmuggelt. So ergibt sich schließlich eine der verblüffendsten und unwahrscheinlichsten Situationen der Weltgeschichte: an einem bestimmten Tage wird, 1793, mitten im revolutionären Paris das ganze Geviert des Temple, das kein Unberufener ohne Erlaubnis der Stadtverwaltung betreten darf, und darin Marie Antoinette, die geächtete, gefangene Königin von Frankreich, ausschließlich von Feinden der Republik, von einem Bataillon verkleideter Royalisten bewacht, ihr Führer aber ist der vom Konvent, vom Sicherheitsausschuß mit hundert Dekreten und Steckbriefen verfolgte Baron de Batz: eine tollere, kühnere Umstellung hat nie ein Dichter ersonnen.

Endlich scheint Batz die Stunde reif für den entscheidenden Handstreich. Die Nacht ist gekommen, die, wenn die Tat gelingt, eine der unvergeßlichen und schicksalumformenden der Weltgeschichte werden könnte, denn in ihr soll der neue König von Frankreich, Ludwig XVII., für immer aus dem Machtbereich der Revolution geholt werden. In dieser Nacht spielen Baron de Batz und das Schicksal um Gedeihen oder Verderben der Republik. Es wird Abend, es wird dunkel, alles ist bis ins einzelne vorbereitet. In den Hof marschiert der bestochene Cortey mit seinem Detachement ein, mit ihm der Führer des Komplotts, Baron de Batz. Cortey verteilt die Mannschaft derart, daß gerade die entscheidenden Ausgänge sich ausschließlich in den Händen der von Baron de Batz angeworbenen Royalisten befinden. Gleichzeitig hat der andere Bestochene, hat Michonis den Dienst in den Zimmern übernommen und bereits Marie Antoinette, Madame Elisabeth und die Tochter Marie Antoinettes mit Uniformmänteln versorgt. Um Mitternacht sollen diese drei, Militärmützen übergestülpt, das Gewehr über der Schulter, wie eine gewöhnliche Patrouille mit einigen andern der falschen Nationalgarden unter dem Befehl Corteys aus dem Temple hinausmarschieren, den kleinen Dauphin in ihrer Mitte. Alles scheint gesichert, der Plan klappt bis in die kleinste Einzelheit. Da Cortey als Kommandant der Garde das Recht hat, jederzeit die großen Tore für seine Patrouillen öffnen zu lassen, ist es so gut wie zweifellos, daß der von ihm persönlich geführte Trupp unbehelligt auf die Straße gelangen wird. Für alles weitere hat der Meisterverschwörer Batz gesorgt, der unter falschem Namen ein eigenes Landhaus in der Nähe von Paris besitzt, in das noch nie Polizei eingedrungen ist: hier wird man zunächst die königliche Familie einige Wochen verstecken und sie bei erster, sicherer Gelegenheit über die Grenze bringen. Außerdem sind ein paar tüchtige, entschlossene junge Royalisten, jeder mit zwei Pistolen in der Tasche, auf der Straße postiert, um im Falle eines Alarms die Verfolger aufzuhalten. So irrwitzig verwegen er anmutet, der Plan ist bis ins kleinste durchdacht und eigentlich schon durchgeführt.

Es ist gegen elf Uhr. Marie Antoinette und die Ihren stehen bereit, jeden Augenblick den Befreiern zu folgen. Unten hören sie mit harten Schritten die Patrouille auf und ab marschieren, aber diese Bewachung schreckt sie nicht, denn sie wissen, unter dieser Sansculottenuniform schlagen befreundete Herzen. Michonis wartet nur auf das Zeichen des Baron de Batz. Da plötzlich – was ist geschehen? ängstlich fahren sie zusammen –

hämmert es hart an das Tor des Gefängnisses. Um jeden Verdacht zu vermeiden, läßt man den Ankömmling sofort ein. Es ist der Schuster Simon, der ehrliche, unbestechliche Revolutionär, Mitglied der Stadtverwaltung, der aufgeregt hereinstürzt, um sich zu überzeugen, ob die Königin nicht schon entführt sei. Vor einigen Stunden hat ihm ein Gendarm einen Zettel überbracht, Michonis plane für diese Nacht Verrat, und sofort hatte er die wichtige Nachricht den Stadtverordneten übermittelt. Diese glauben nicht recht an seine so romantische Geschichte; ihnen regnen tagtäglich Hunderte von Denunziationen auf den Tisch. Und dann, wie soll das möglich sein: ist denn nicht der Temple von 280 Mann bewacht und von den verläßlichsten Kommissaren kontrolliert? Aber jedenfalls – was macht es aus? – beauftragen sie Simon, diese Nacht statt Michonis die Kontrolle über die Innenräume des Temple zu übernehmen. Sofort als Cortey ihn kommen sieht, weiß er, daß al les verloren ist. Glücklicherweise vermutet Simon in ihm nicht im entferntesten den Mithelfer. »Da du hier bist, bin ich beruhigt«, sagt er kameradschaftlich zu ihm und geht zu Michonis hinauf, in den Turm.

Baron de Batz, der an diesem einen mißtrauischen Mann seinen ganzen Plan scheitern sieht, überlegt eine Sekunde: soll er Simon nicht noch rasch nacheilen und ihm mit einem Pistolenschuß rechtzeitig den Schädel zerschmettern? Aber das hätte wenig Sinn. Denn der Schuß müßte die ganze übrige Wachmannschaft herbeirufen und dann: es muß ohnehin schon ein Verräter unter ihnen sein. Die Königin ist nicht mehr zu retten: jede Gewalttat würde ihr Leben unnötig gefährden. Jetzt heißt es, wenigstens jene heil aus dem Temple zu bringen, die sich verkleidet hineingeschlichen haben. Rasch formt Cortey, dem es gleichfalls arg schwül geworden ist, aus den Verschworenen eine Patrouille. Diese marschiert, unter ihnen Baron de Batz, ruhig aus dem Hofe des Temple auf die Straße: die Verschworenen sind gerettet, die Königin ist preisgegeben.

Unterdessen hat Simon zornig Michonis zur Rede gestellt; er solle sofort zur Rechenschaft vor die Stadtverwaltung. Michonis, der die Verkleidung rasch beiseite geschafft hat, bleibt unerschütterlich. Ohne Widerspruch folgt er dem gefährlichen Mann vor das gefährliche Tribunal. Aber sonderbar, man fertigt Simon dort ziemlich kühl ab. Man lobt zwar seinen Patriotismus, seinen guten Willen und seine Wachsamkeit, aber man gibt deutlich dem braven Simon zu verstehen, er habe Gespenster gesehen. Anscheinend nimmt der Stadtrat die ganze Verschwörung nicht ernst.

In Wirklichkeit – und dies gewährt tiefen Blick in die Schlangengänge der Politik – haben die Stadtverordneten diesen Fluchtversuch sehr ernst genommen und sich nur gehütet, darüber etwas verlauten zu lassen. Das beweist ein sehr merkwürdiger Akt, in dem der Wohlfahrtsausschuß ausdrücklich den öffentlichen Ankläger im Prozeß Marie Antoinette anweist, alle Einzelheiten des großen, von Simon vereitelten Planes zu unterdrücken, in dem Batz und seine Helfershelfer mitwirkten. Nur über die Tatsache des Fluchtversuches sei zu sprechen, ohne die Einzelheiten zu nennen: der Stadtrat hatte Angst, die Welt wissen zu lassen, wie tief schon die Korruption seine besten Leute vergiftet hatte, und so blieb Jahre und Jahre eine der dramatischsten und unwahrscheinlichsten Episoden der Weltgeschichte verschwiegen.

Aber wenn der Stadtrat, über die Bestechlichkeit seiner scheinbar verläßlichsten Beamten bestürzt, öffentlich den Fluchthelfern keinen Prozeß zu machen wagt, so beschließt er, nunmehr schärfer zuzufassen und der verwegenen Frau, die, statt zu verzichten, mit dem Trotz ihres unbändigen Herzens immer wieder um ihre Freiheit kämpft, solche Versuche unmöglich zu machen. Zunächst werden die verdächtigen Kommissare, in erster Linie Toulan und Lepître, ihrer Stellung enthoben und Marie Antoinette wie eine Verbrecherin überwacht. Nachts um elf Uhr erscheint Hébert, der rücksichtsloseste unter den Stadtverordneten, bei Marie Antoinette und Madame Elisabeth, die ahnungslos längst zu Bett gegangen sind, und macht von einem Befehl der Kommune, »nach Belieben« die Gemächer und Personen zu untersuchen, gründlichsten Gebrauch. Bis vier Uhr morgens wird jeder Raum, jedes Kleid, jede Lade und jedes Möbelstück durchstöbert.

Doch der Ertrag dieser Untersuchung bleibt ärgerlich gering – eine Brieftasche aus rotem Leder mit ein paar gleichgültigen Adressen, ein Bleistifthalter ohne Bleistift, ein Stück Siegellack, zwei Miniaturporträts und andere Erinnerungszeichen, ein alter Hut Ludwigs XVI. Die Durchforschungen werden erneuert, immer aber ohne belastendes Ergebnis. Marie Antoinette, die während der ganzen Revolutionszeit, um nicht unnötig ihre Freunde und Helfer bloßzustellen, beharrlich jedes Schriftstück sofort verbrannt hat, gibt auch diesmal den Untersuchungsbeamten nicht den geringsten Vorwand für eine Anklage. Verärgert, daß er die geistesgegenwärtige Kämpferin bei keiner beweisbaren Übertretung fassen kann, und doch anderseits überzeugt, daß sie von ihren undurchsichtigen Bemühungen nicht abläßt, entschließt sich der Stadtrat, die Frau dort zu verwunden, wo sie am empfindlichsten ist: in ihrem Muttergefühl. Diesmal trifft der Schlag mitten in ihr Herz. Am 1. Juli, wenige Tage nach der Aufdeckung der Verschwörung, erläßt der Wohlfahrtsausschuß im Auftrage des Stadtrats den Beschluß, daß der junge Dauphin, Louis Capet, von seiner Mutter getrennt und ohne jede Möglichkeit, sich mit ihr zu verständigen, im allersichersten Raum des Temple untergebracht oder, deutlicher und grausamer: der Mutter entzogen werden soll. Die Wahl des Erziehers wird dem Stadtrat vorbehalten, und dieser entscheidet sich, offenkundig aus Dankbarkeit für seine Wachsamkeit, für jenen Schuster Simon als den verläßlichsten und erprobtesten, weder durch Geld noch durch Empfindsamkeit und Gefühlsduselei zu erschütternden Sansculotten. Nun war Simon, ein einfacher, schlichter, grober Mann aus dem Volk, ein echter und rechter Proletarier, keineswegs jener wüste Trunkenbold und mörderische Sadist, zu dem ihn die Royalisten umgelogen haben; aber doch, welch gehässige Wahl eines Erziehers! Denn dieser Mann hat in seinem Leben wahrscheinlich nie ein Buch gelesen, er beherrscht, wie der einzige von ihm bekannte Brief beweist, nicht im entferntesten auch nur die Grundregeln der Orthographie: er ist ehrlicher Sansculotte, und das scheint 1793 schon genügend Eignung für jedes Amt. In scharfer Kurve hat sich die geistige Linie der Revolution seit den sechs Monaten niedergebogen, da man noch Condorcet, den vornehmen großen Schriftsteller, den Verfasser des »Progrès de l'esprit humain«, zum Erzieher des Thronfolgers von Frankreich in der Nationalversammlung in Aussicht nahm. Furchtbar ist dieser Unterschied gegenüber dem Schuster Simon. Aber von den drei Worten »Freiheit, Gleichheit, Brüderlichkeit« hat der Begriff der Freiheit seit dem Überwachungsausschuß, jener der Brüderlichkeit seit der Guillotine beinahe so viel Entwertung erlitten wie die Assignaten; nur der Gedanke der Gleichheit, oder vielmehr der gewaltsamen Gleichmachung, beherrscht die letzte Phase, die radikale und gewalttätige, der Revolution. Bewußt wird damit die Absicht kundgegeben, der junge Dauphin solle nicht zu einem gebildeten, nicht einmal zu einem kultivierten Menschen erzogen werden, sondern geistig in der untersten ungebildetsten Volksklasse bleiben. Er soll völlig verlernen und vergessen, woher er stammt, und es damit den andern leichter machen, ihn zu vergessen.

Von diesem Entschluß des Konvents, das Kind ihrer mütterlichen Obhut zu entreißen, ahnt Marie Antoinette nicht das geringste, als um halb zehn Uhr abends sechs städtische Abgesandte an den Toren des Temple pochen. Die Methode der grausamen, der plötzlichen Überraschungen gehört zu Héberts System der Bestrafung. Immer erfolgen diese seine Inspektionen als plötzliche Überfälle spät nachts und ohne frühere Ansage. Das Kind ist längst zu Bett gebracht, die Königin und Madame Elisabeth sind noch wach. Die Stadtbeamten treten ein, mit Mißtrauen erhebt sich die Königin; noch keiner dieser nächtlichen Besuche hat ihr anderes als Erniedrigung oder schlechte Botschaft gebracht. Diesmal scheinen die Stadtbeamten selber ein wenig betreten. Es ist schwere Pflicht für sie, die meist selbst Familienväter sind, einer Mutter mitzuteilen, daß der Wohlfahrtsausschuß befohlen habe, sie müsse sofort, ohne jeden äußeren Grund und ohne recht von ihm Abschied nehmen zu können, ihren einzigen Sohn für immer fremder Obhut übergeben.

Über die Szenen, die sich zwischen der verzweifelten Mutter und den Magistratsbeamten in jener Nacht abspielten, haben wir keinen andern Bericht als jenen höchst unverläßlichen der einzigen Augenzeugin, der Tochter Marie Antoinettes. Ist es wahr, daß, wie die spätere Herzogin von Angoulême es schildert, Marie Antoinette diese Beamten, die doch nur ihren dienstlichen Auftrag auszuführen hatten, unter Tränen beschworen habe, ihr das Kind zu lassen? Daß sie ihnen zugerufen, sie sollten sie lieber selbst töten, als ihr den Sohn zu entreißen? Daß die Beamten (es klingt unwahrscheinlich, denn dazu hatten sie keinen Befehl) gedroht hätten, das Kind und die kleine Prinzessin bei längerer Weigerung umzubringen, und schließlich nach stundenlangem, handgreiflichem Kampf mit roher Gewalt das schreiende, schluchzende Kind mit sich geschleppt hätten? Der offizielle Bericht weiß nichts davon; ihrerseits melden die schönfärberischen Beamten: »Die Trennung hat sich mit allen Empfindungsausbrüchen vollzogen, die von einem solchen Augenblick zu erwarten waren. Die Vertreter des Volkes haben alle Rücksicht geübt, die sich mit der Strenge ihrer Pflicht in Einklang bringen ließ.« Hier steht also Bericht gegen Bericht, Partei gegen Partei, und wo Partei spricht, redet selten die Wahrheit. Aber eines ist nicht zu bezweifeln: diese gewaltsame und unnötig grausame Trennung von ihrem Sohn ist vielleicht der schwerste Augenblick im Leben Marie Antoinettes gewesen. An diesem blonden, übermütigen, frühreifen Kind hat die Mutter besonders gehangen; dieser Knabe, in dem sie einen König erziehen wollte, er allein hat ihr mit seiner geschwätzigen Munterkeit, seiner neugierigen Fragelust die Stunden in dem einsamen Turm noch erträglich gemacht. Zweifellos hat er ihrem Herzen nähergestanden als die Tochter, die, ein mürrischer, düsterer, unfreundlicher Charakter, geistig träg und in jeder Beziehung unbedeutend, der ewig lebendigen Zärtlichkeit Marie Antoinettes nicht so viel Ausstrom bot wie dieser schöne, zarte und merkwürdig wache Junge, der auf so unsinnig gehässige und brutale Weise ihr nun für immer entrissen wird. Denn obwohl der Dauphin weiterhin das Geviert des Temple bewohnen darf, nur wenige Meter weit von dem Turm Marie Antoinettes, erlaubt ein unentschuldbarer Formalismus des Stadtrates der Mutter nicht, ein einziges Wort mit ihrem Kinde zu wechseln; selbst wenn sie hört, daß er krank ist, verbietet man ihr den Besuch: wie eine Pestkranke wird sie von jeder Begegnung ferngehalten. Sogar – abermalige sinnlose Grausamkeit – mit seinem sonderbaren Erzieher, dem Schuster Simon, darf sie nicht sprechen, jede Auskunft über ihren Sohn wird ihr verweigert, stumm und hilflos muß die Mutter ihr Kind im gleichen Luftraum nahe wissen, ohne es grüßen zu können, ohne mit ihm andere Fühlung haben zu dürfen als die von keinem Erlaß zu verbietende des inneren Gefühls.

Endlich – kleiner unzulänglicher Trost! – entdeckt Marie Antoinette, daß man durch ein einziges winziges Treppenfenster des Turmes vom dritten Stock in jenen Teil des Hofes hinabspähen kann, in dem der Dauphin manchmal spielt. Und da steht nun stundenlang und unzählige Male vergeblich die geprüfte Frau, die einmal Königin des ganzen Reiches gewesen, und wartet, ob sie nicht verstohlenerweise (die Wächter sind nachsichtig) im Hofe ihres Gefängnisses ganz flüchtig den Umriß des geliebten hellen Schattens entdecken könnte. Das Kind, das nicht ahnt, daß von einer vergitterten Luke aus, den Blick oft von Tränen getrübt, seine Mutter jeder seiner Bewegungen folgt, spielt munter und unbesorgt (was weiß ein neunjähriges Kind von seinem Schicksal?). Der Knabe hat sich rasch, viel zu rasch in die neue Umwelt gefunden, er hat vergessen in seinem fröhlichen Dahin, wessen Kind er ist und wessen Blut und welchen Namens. Tapfer und laut singt er, ohne den Sinn zu ahnen, die »Charmagnole« und das »Ça ira«, das ihm Simon und dessen Gefährten eingelernt haben; er trägt die rote Mütze der Sansculotten und findet das lustig, er spaßt mit den Soldaten, die seine Mutter bewachen – nicht nur durch die steinerne Mauer, sondern durch eine ganze Welt ist dieses Kind jetzt schon von ihr innerlich abgeschieden. Und trotzdem, das Herz schlägt der Mutter immer wieder stark und hell, wenn sie ihr Kind, das sie nur noch mit den Blicken, nicht mehr mit den Armen umfangen kann, so froh und unbekümmert spielen sieht, denn was wird aus dem Armen werden? Hat nicht Hébert, in dessen erbärmliche Hand der Konvent sie mitleidlos ausliefert, in seinem Schandblatt, dem »Père Duchesne«, schon die drohenden Worte geschrieben: »Arme Nation, dieser kleine Bengel wird dir früher oder später verhängnisvoll werden; je drolliger er jetzt ist, um so gefährlicher. Man sollte diese kleine Schlange und seine Schwester auf einer wüsten Insel aussetzen; man muß ihn um jeden Preis loswerden. Überdies, was zählt ein Kind, wenn es sich um das Wohl der Republik handelt?«

Was zählt ein Kind? Für Hébert nicht viel, die Mutter weiß es. Darum schauert sie jeden Tag, da sie ihren Liebling nicht im Hofe erspäht. Darum zittert sie auch immer vor wehrloser Wut, wenn dieser Feind ihres Herzens bei ihr eintritt, auf dessen Rat ihr das Kind entrissen wurde und der damit das verächtlichste Verbrechen innerhalb der moralischen Welt begangen hat: unnötige Grausamkeit gegen eine Besiegte. Daß die Revolution die Königin gerade Hébert, diesem ihrem Thersites, in die Hände gegeben, ist ein düsteres Blatt ihrer Geschichte, das man besser überschlägt. Denn selbst die reinste Idee wird niedrig und klein, sobald sie kleinen Menschen Macht gibt, in ihrem Namen Unmenschliches zu tun.

Lang sind jetzt die Stunden, und dunkler scheinen die vergitterten Räume im Turm, seit das Lachen des Kindes sie nicht mehr erhellt. Kein Laut, keine Nachricht kommt mehr von außen, die letzten Helfer sind verschwunden, die Freunde in der Ferne unerreichbar weit. Drei einsame Frauen sitzen beisammen, tagaus, tagein: Marie Antoinette, ihre kleine Tochter und Madame Elisabeth; sie haben einander längst nichts mehr zu erzählen, sie haben verlernt, zu hoffen, und vielleicht auch schon, zu fürchten. Sie gehen, obwohl es Frühling und schon Sommer wird, kaum noch in den kleinen Garten hinab, eine große Müdigkeit macht ihnen die Glieder schwer. Etwas erlischt auch in diesen Wochen der äußersten Prüfung in dem

Antlitz der Königin. Blickt man jenes letzte Bild Marie Antoinettes an, das irgendein unbekannter Maler in diesem Sommer angefertigt, man würde kaum die einstige Königin der Schäferspiele, die Göttin des Rokoko darin erkennen, kaum auch die stolz und aufrecht kämpfende, majestätische Frau, die Marie Antoinette noch in den Tuilerien gewesen. Die Frau auf diesem ungelenken Bild, den Witwenschleier über dem weiß gewordenen Haar, ist trotz ihrer achtunddreißig Jahre – sie hat zuviel erlitten – schon eine alte Frau. Das Glitzernde und Lebendige der einst so übermütigen Augen ist ausgeglommen, mit lässig niedergefallenen Händen in großer Müdigkeit sitzt sie da, bereit, jedem Ruf, und sei es auch dem zum Ende, willig und ohne Widerspruch zu folgen. Die einstige Anmut ihres Antlitzes ist einer gelassenen Trauer gewichen, die Unruhe einer großen Gleichgültigkeit. Von fern gesehen, würde man dies letzte Bild Marie Antoinettes für das einer Priorin, einer Äbtissin halten, einer Frau, die keine irdischen Gedanken mehr hat, keine Wünsche mehr an die Welt, die nicht mehr diesem, sondern schon einem andern Leben lebt. Nicht Schönheit fühlt man mehr darin, nicht mehr Mut, nicht mehr Kraft: nichts als eine große, eine still duldende Gleichgültigkeit. Die Königin hat abgedankt, die Frau hat verzichtet; nur eine müde, matte Matrone hebt einen blauen klaren Blick, den nichts mehr erstaunen und erschrecken kann.

Sie erschrickt auch nicht, Marie Antoinette, als wenige Tage später um zwei Uhr morgens wiederum ein harter Schlag an ihrer Tür pocht. Was kann, nachdem man ihr den Mann, das Kind, den Geliebten, die Krone, die Ehre, die Freiheit genommen, die Welt noch gegen sie tun? Ruhig steht sie auf, kleidet sich an und läßt die Kommissare eintreten. Sie verlesen das Dekret des Konvents, das verlangt, die Witwe Capet solle, da

Anklage gegen sie erhoben sei, in die Conciergerie eingeliefert werden. Marie Antoinette hört ruhig zu und antwortet nicht. Sie weiß, daß Anklage des Revolutionstribunals gleichbedeutend ist mit Verurteilung und Conciergerie mit dem Totenhaus. Aber sie bittet nicht, sie streitet nicht, sie ersucht nicht um Aufschub. Kein Wort erwidert sie diesen Menschen, die sie wie Mörder mit einer solchen Botschaft mitten in der Nacht überfallen. Gleichmütig läßt sie ihre Kleider durchsuchen und sich alles wegnehmen, was sie bei sich trägt. Nur ein Taschentuch darf sie behalten und ein kleines Fläschchen zur Herzstärkung. Dann muß sie noch einmal – wie oft hat sie es schon getan – Abschied nehmen, diesmal von ihrer Schwägerin und ihrer Tochter. Sie weiß, es ist der letzte. Aber die Welt hat sie an das Abschiednehmen schon gewöhnt.

Ohne sich umzuwenden, aufrecht und fest, schreitet Marie Antoinette zur Tür des Wohngemachs und sehr rasch die Treppe hinab. Jede Hilfe weist sie zurück, überflüssig war es, ihr das Fläschchen mit den starken Essenzen zu lassen für den Fall, daß ihre Kraft versagen sollte: schon ist sie selber von innen stark geworden. Das Schwerste ist längst erduldet: nichts mehr kann ärger sein als das Leben dieser letzten Monate. Jetzt kommt das Leichtere: das Sterben. Fast stürzt sie sich ihm entgegen. So hastig eilt sie fort aus diesem Turm der fürchterlichen Erinnerungen, daß sie – vielleicht umhüllen ihr Tränen die Augen – sich bei der niedern Ausgangspforte zu bücken vergißt und mit der Stirn heftig an den harten Balken stößt. Besorgt springen die Begleiter heran und fragen, ob sie sich wehe getan habe. »Nein«, antwortet sie ruhig, »jetzt kann mir nichts mehr wehe tun.«

Auch eine andere Frau ist in dieser Nacht geweckt worden, Madame Richard, die Frau des Beschließers in der Conciergerie. Spätabends hat man ihr plötzlich Auftrag gebracht, für Marie Antoinette eine Zelle vorzubereiten; nach Herzögen, Fürsten, Grafen, Bischöfen, Bürgern, nach Opfern aller Stände soll nun auch die Königin von Frankreich in das Totenhaus. Madame Richard erschrickt. Denn noch immer schwingt für eine Frau aus dem Volk, wie von einer mächtigen Glocke angeschlagen, das Wort »Königin« Ehrfurcht ins Herz. Eine Königin, die Königin unter ihrem Dach! Sofort sucht Madame Richard aus ihrer Bettwäsche das feinste und weißeste Linnen; der General Custine, der Eroberer von Mainz, über dem gleichfalls das Beil schwebt, muß die vergitterte Zelle verlassen, die vor unzähligen Jahren als Ratszimmer gedient hat; in Eile wird der düstere Raum für die Königin hergerichtet. Ein aufklappbares Eisenbett, zwei Matratzen, zwei Strohsessel, ein Kopfkissen, eine leichte Decke, dann noch einen Waschkrug und vor die feuchte Wand einen alten Teppich: mehr darf sie der Königin nicht zu geben wagen. Und dann warten sie alle in dem uralten, steinernen und halb unterirdischen Haus.

Um drei Uhr morgens rattern einige Wagen heran. Zuerst treten Gendarmen mit Fackeln in den dunklen Korridor, dann erscheint – der Geschmeidige hat sich glücklich aus der Affäre Batz gerettet und sein Amt als Generalinspektor der Gefängnisse behalten – der Limonadenhändler Michonis, hinter ihm im flackernden Licht die Königin, gefolgt von ihrem kleinen Hunde, der sie als einziges Lebewesen in den Kerker begleiten darf. Wegen der vorgerückten Stunde und dann, es wäre Komödie, so zu tun, als wüßte man nicht in der Conciergerie, wer Marie Antoinette, die Königin von Frankreich, ist, erspart man ihr die übliche Formalität der Kanzleiaufnahme und erlaubt ihr, sich gleich zur Ruhe in ihre Zelle zu begeben. Das Hausmädchen der Beschließerin, ein junges, armes Ding vom Lande, Rosalie Lamorlière, die nicht schreiben kann und der wir doch über die siebenundsiebzig letzten Tage der Königin die wahrhaftigsten und ergreifendsten Berichte verdanken, schleicht der blassen, schwarzgekleideten Frau ganz erschüttert nach und bietet sich an, ihr beim Auskleiden behilflich zu sein. »Ich danke dir, mein Kind«, antwortet die Königin, »seit ich niemanden mehr habe, bediene ich mich selbst.« Erst hängt sie noch ihre Uhr an einen Nagel in der Wand, um die Zeit messen zu können, die kurze ihr zugeteilte und doch unendliche Zeit. Dann entkleidet sie sich und legt sich zu Bett. Ein Gendarm mit geladenem Gewehr tritt ein, dann schließt sich die Tür. Der letzte Akt der großen Tragödie hat begonnen.

Die Conciergerie ist, man weiß es in Paris und in der Welt, das erlesene Gefängnis für die gefährlichsten unter den politischen Verbrechern; Einzeichnung eines Namens in sein Aufnahmeregister kann getrost als Totenschein gelten. Aus Saint-Lazare, aus den Carmes, aus der Abbaye, aus allen anderen Gefangenenhäusern kehrt man noch einmal zurück in die Welt, aus der Conciergerie niemals, oder nur in ganz ungewöhnlich seltenen Fällen. Marie Antoinette und die Öffentlichkeit müssen (und sollen) also glauben, die Überführung in das Totenhaus sei schon der erste Fiedelstreich für den Totentanz. In Wirklichkeit denkt der Konvent noch gar nicht daran, der Königin, dieser kostbaren Geisel, so voreilig den Prozeß zu machen. Nur ein Peitschenhieb für die sich lässig fortschleppenden Austauschverhandlungen mit Österreich soll diese herausfordernde Überführung in die Conciergerie sein, eine drohende Geste »Beeilt euch«, ein politisches Druckmittel; de facto aber läßt man die im Konvent laut herausposaunte Anklage still ruhen. Nach drei Wochen nach jener pathetischen Überführung ins »Vorzimmer des Todes«, die selbstverständlich in allen ausländischen Journalen (und das wollte der Wohlfahrtsausschuß) mit einem Entsetzensschrei beantwortet wird, ist dem öffentlichen Ankläger des Revolutionstribunals Fouquier-Tinville noch kein einziges Aktenstück eingehändigt, und nach dem großen Posaunenstoß ist in keiner öffentlichen Debatte, weder des Konvents noch der Kommune, von Marie Antoinette mehr die Rede. In seinem »Père Duchesne« zwar kläfft ab und zu Hébert, der schmutzige Köter der Revolution, die »Hure« (grue) solle endlich »die Krawatte Samsons anprobieren« und der Henker »mit dem Kopf der Wölfin Kegel spielen«. Aber der Wohlfahrtsausschuß, der weiter denkt, läßt ihn ruhig fragen, warum man »so viele Flausen mache, um die österreichische Tigerin zu verurteilen, und nach Beweisstücken für ihre Verurteilung suche, während doch, wenn man gerecht gegen sie sein wollte, sie zu Hackfleisch gemacht werden müsse für alles Blut, das sie auf dem Gewissen habe« – all dies wüste Gerede und Geschrei beeinflußt nicht um einen Zoll die geheimen Pläne des Wohlfahrtsausschusses, der einzig auf die Kriegskarte blickt. Wer weiß, wie gut man diese Habsburgertochter noch brauchen kann, vielleicht sogar schon sehr bald, denn die Julitage sind für die französische Armee verhängnisvoll geworden. Jeden Augenblick können die verbündeten Truppen auf Paris marschieren; wozu ein so kostbares Blut unnütz vergeuden! Man läßt also Hébert ruhig schreien und toben, denn das verstärkt den Anschein, als plane man ihre baldige Hinrichtung: in Wirklichkeit hält der Konvent ihr Schicksal in Schwebe. Marie Antoinette wird nicht freigelassen, sie wird nicht verurteilt. Man hält nur sehr sichtbar das Schwert über ihr Haupt, und ab und zu neigt man seine blitzende Schneide, weil man hofft, das Haus

Habsburg zu erschrecken und endlich, endlich für Verhandlungen gefügig zu machen.

Verhängnisvollerweise erschreckt aber die Nachricht von der Überführung Marie Antoinettes in die Conciergerie ihre Blutsverwandten nicht im mindesten: Marie Antoinette zählte für Kaunitz als Aktivposten der habsburgischen Politik nur, solange sie Herrscherin von Frankreich war; eine abgesetzte Königin, eine private unglückliche Frau wird Ministern, Generalen, Kaisern völlig gleichgültig, Diplomatie kennt keine Sentimentalität. Einem einzigen nur, einem völlig Machtlosen fährt die Botschaft wie Feuer ins Herz: Fersen. Verzweifelt schreibt er seiner Schwester: »Meine teure Sophie, meine eine und einzige Freundin, Du weißt wohl schon in diesem Augenblick von dem furchtbaren Unglück der Überführung der Königin ins Gefängnis der Conciergerie und vom Dekret dieses niederträchtigen Konvents, das sie dem Revolutionstribunal überliefert. Seit diesem Augenblick lebe ich nicht mehr, denn das heißt nicht leben, so zu existieren wie ich, und all die Schmerzen zu leiden, die ich empfinde. Wenn ich wenigstens etwas für ihre Befreiung tun könnte, glaube ich, daß ich weniger leiden würde. Aber nichts zu tun als nur herumzubitten, ist furchtbar für mich. Nur Du kannst nachfühlen, was ich leide, alles ist für mich verloren, mein Bedauern wird ewig sein, und nur der Tod wird es mich vergessen lassen. Ich kann mich mit nichts befassen, ich kann an nichts denken als an das Unglück dieser schwergeprüften, würdigen Fürstin. Ich habe nicht einmal die Kraft, das auszudrücken, was ich fühle. Ich würde mein Leben hingeben, um sie zu retten, und kann es doch nicht; mein größtes Glück wäre, für sie zu sterben, um sie zu retten.« Und wenige Tage später: »Ich werfe mir oft die Luft vor, die ich atme, wenn ich mir vergegenwärtige, daß sie in einem fürchterlichen Gefängnis eingeschlossen ist. Dieser Gedanke zerreißt mein Herz, vergiftet mein Leben, und ich bin ohne Unterlaß hin und her gerissen zwischen Schmerz und Wut.« Aber was bedeutet dieser kleine gleichgültige Herr von Fersen für einen allmächtigen Generalstab, was für die weise und erhabene große Politik? Was vermag er anderes zu tun, als seinen Zorn, seine Erbitterung, seine Verzweiflung, das ganze höllische Feuer, das in ihm wütet und seine Seele verbrennt, immer wieder in nutzlosen Bitten zu entladen, die Vorzimmer abzulaufen und die Militärs, die Staatsmänner, die Prinzen, die Emigranten einen nach dem andern zu beschwören, man möge doch nicht so schmachvoll kühl zusehen, wie eine Königin von Frankreich, eine Prinzessin aus dem Hause Habsburg, erniedrigt und ermordet werde. Aber überall begegnet ihm ausweichend höfliche Gleichgültigkeit, selbst den getreuen Eckart Marie Antoinettes, den Grafen Mercy, findet er »eisig« (»de glace«). Mercy lehnt jede Intervention Fersens respektvoll, aber entschieden ab und läßt unglückseligerweise gerade bei diesem Anlaß seinen persönlichen Groll sich auswirken: Mercy hat Fersen nie verziehen, daß er der Königin näherstand, als die Sitte erlaubte, und gerade von dem Liebhaber der Königin – dem einzigen, der sie und ihr Leben liebt – will er sich keine Vorschriften machen lassen.

Aber Fersen gibt nicht nach. Diese Eiseskälte aller Menschen, die sich so fürchterlich von seiner Glut unterscheidet, bringt ihn zur Raserei. Da Mercy versagt, wendet er sich an den andern treuen Freund der königlichen Familie, den Grafen de la Marck, der seinerzeit die Verhandlungen mit Mirabeau geführt hat. Hier findet er menschlicheres Verständnis. Graf de la Marck begibt sich zu Mercy und erinnert den alten Mann an das Versprechen, das er vor einem Vierteljahrhundert Maria

Theresia gegeben hat, ihre Tochter bis zum letzten Augenblick zu schützen. An seinem Tisch verfassen sie einen energischen Brief an den Prinzen von Coburg, den Oberkommandanten der österreichischen Truppen: »Solange die Königin noch nicht unmittelbar bedroht war, konnte man Schweigen bewahren aus Furcht, die Wut der Wilden, die sie umringen, zu erwecken. Heute, da sie einem Blutstribunal ausgeliefert ist, wird jede Maßregel, sie zu retten, Ihnen als Pflicht erscheinen.« Mercy verlangt, von de la Marck angefeuert, unverzüglichen raschen Vormarsch auf Paris, um dort Schrecken zu verbreiten; jede andere militärische Operation müsse hinter dieser allernötigsten zurückbleiben. »Lassen Sie mich«, mahnt Mercy, »von dem Bedauern sprechen, das wir alle eines Tages empfinden müßten, in einem solchen Augenblick untätig gewesen zu sein. Die Nachwelt wird es nicht glauben, daß ein so großes Verbrechen wenige Stunden von den siegreichen Armeen entfernt vollführt werden konnte, ohne daß diese Armeen einen Versuch gemacht hätten, es zu verhindern.«

Diese Aufforderung zur rechtzeitigen Rettung Marie Antoinettes ist leider an einen schwächlichen und vor allem fürchterlich dummen Menschen gerichtet, an ein ödes Kommißgehirn. Die Antwort des Oberbefehlshabers, Prinzen Coburg, fällt dementsprechend aus. Als ob man 1793 noch in den Zeiten des Hexenhammers und der Inquisition lebte, schlägt dieser durch seine »nullité« bekannte Prinz vor, man solle »in dem Falle, daß die mindeste Gewalttätigkeit gegen die Person Ihrer Majestät der Königin geübt werde, sofort die vier jüngst festgenommenen Mitglieder des Konvents bei lebendigem Leibe aufs Rad flechten lassen«. Mercy und de La Marck, beide vornehme, kultivierte Edelleute, sind über diese Dummheit aufrichtig erschrocken und sehen, daß mit einem solchen Schwachkopf Verhandlungen keinen Sinn haben, darum beschwört de

La Marck Mercy, unverzüglich an den Wiener Hof zu schreiben: »Senden Sie sofort einen andern Kurier, sorgen Sie, daß man dort die ganze Gefahr erkenne, drücken Sie die äußersten Besorgnisse aus, die ja leider nur zu begründet sind. Es tut not, daß man endlich in Wien begreife, wie peinlich, ja, ich wage zu sagen, wie verhängnisvoll für die kaiserliche Regierung es wäre, wenn die Geschichte eines Tages sagen könnte: vierzig Meilen weit vom gewaltigen und siegreichen Österreich hat die erhabene Tochter Maria Theresias auf dem Schafott geendet, ohne daß man einen Versuch gemacht hätte, sie zu retten. Es wäre ein untilgbarer Flecken auf dem Kronschilde unseres Kaisers.« Und um den etwas schwer beweglichen alten Herrn noch mehr in Feuer zu bringen, fügt er überdies eine persönliche Mahnung an Mercy bei: »Erlauben Sie mir die Bemerkung, daß das stets ungerechte menschliche Urteil Ihr wahres Gefühl, das alle Freunde achten, nicht richtig einschätzen würde, wenn Sie unter den gegenwärtigen bedauerlichen Umständen nicht von allem Anfang an und mit immer wieder erneuter Anstrengung sich bemühen würden, unseren Hof aus der verhängnisvollen Stumpfheit zu rütteln, in der er sich befindet.«

Von solcher Warnung aufgestört, setzt sich der alte Mercy endlich energisch in Bewegung und schreibt nach Wien: »Ich frage mich, ob es mit der Würde des Kaisers und seinen Interessen zu verbinden ist, daß er bloßer Zuschauer des Schicksals bleibt, von dem seine erlauchte Tante bedroht wird, ohne zu versuchen, sie diesem Schicksal zu entziehen oder sogar zu entreißen ... Hat der Kaiser nicht unter solchen Umständen besondere Pflichten zu erfüllen? ... Man darf nicht vergessen, daß die Haltung unserer Regierung eines Tages von der Nachwelt beurteilt wird; und muß man nicht die Strenge dieses Urteils fürchten, wenn Seine Majestät der Kaiser weder Versuche gemacht noch Opfer gebracht hat, um sie zu retten?«

Dieser für einen Gesandten ziemlich mutige Brief wird kühl in irgendeinem Aktenfaszikel der Hofkanzlei eingeordnet, dort läßt man ihn unbeantwortet verstauben. Kaiser Franz denkt nicht daran, einen Finger zu rühren; ruhig promeniert er in Schönbrunn umher, ruhig wartet Coburg in seinem Winterquartier und läßt seine Soldaten so lange Exerzierübungen machen, bis mehr von ihnen ausreißen, als er in der blutigsten Schlacht verloren hätte. Alle Monarchen bleiben ruhig und gleichgültig und unbesorgt. Denn was zählt im uralten Hause Habsburg noch ein bißchen Ehre mehr oder weniger! Keiner rührt einen Finger für Marie Antoinettes Rettung, und bitter sagt Mercy in plötzlich ausbrechendem Zorn: »Sie hätten sie auch dann nicht gerettet, wenn sie mit eigenen Augen sie die Guillotine hätten hinaufschreiten sehen.«

Auf Coburg, auf Österreich ist nicht zu rechnen, nicht auf die Prinzen, nicht auf die Emigranten und die Verwandten – so versuchen Mercy und Fersen auf eigene Faust das letzte Mittel: Bestechung. Durch den Tanzmeister Noverre, durch einen dunklen Finanzmann wird Geld nach Paris geschickt: niemand weiß, in welchen Händen es versickert. Zuerst versucht man, an Danton heranzukommen, der – Robespierre hat richtig gewittert – allgemein für zugänglich gilt; merkwürdigerweise gehen auch Wege zu Hébert, und obwohl, wie meist bei Bestechungen, der Beweis fehlt, wirkt es erstaunlich, daß auf einmal dieser Hauptschreier, der seit Monaten wie ein Epileptiker tobt, die »grue« müsse endlich »den Hechtsprung machen«, jetzt plötzlich fordert, man solle sie in den Temple zurückführen. Wie weit diese lichtscheuen Verhandlungen Erfolg hatten oder Erfolg gehabt hätten, wer kann es sagen? Jedenfalls sind die goldenen Kugeln zu spät abgeschossen worden. Denn während diese geschickten Freunde sie zu retten suchen, hat ein allzu ungeschickter Marie Antoinette bereits in den Abgrund gestoßen:

wie immer in ihrem Leben sind ihre Freunde ihr verhängnisvoller geworden als ihre Feinde.

DER LETZTE VERSUCH

Die Conciergerie, dieses »Vorzimmer des Todes«, hat unter allen Gefängnissen der Revolution die allerstrengsten Vorschriften. Uralter, steinerner Bau, mit undurchdringlichen Mauern und faustdicken eisenbeschlagenen Türen, jedes Fenster vergittert, jeder Gang mit einer Sperre bewehrt, von ganzen Wachkompanien umstellt, könnte sie das Dante-Wort in ihren Quadern gemauert tragen: »Laßt alle Hoffnung schwinden ...« Ein seit Jahrhunderten bewährtes, seit den Massenanlieferungen des Terrors siebenfach verschärftes Überwachungssystem macht jede Verbindung mit der Außenwelt unmöglich. Kein Brief kann übermittelt, kein Besuch empfangen werden, denn das Aufsichtspersonal rekrutiert sich hier nicht aus Dilettanten-Wächtern wie im Temple, sondern aus Gefängnisfachleuten, die gegen alle Schliche gefeit sind; überdies werden vorsorglicherweise unter die Angeklagten sogenannte »Moutons«, professionelle Spitzel, eingemengt, die jeden Ausbruchsversuch den Behörden schon im voraus melden würden. Überall, wo ein System jahre- und jahrzehntelang Zeit gehabt hat, sich auszuprobieren, scheint es für einen einzelnen aussichtslos, Widerstand zu leisten.

Aber, geheimnisvoller Trost gegenüber aller kollektivistischen Gewalt: der einzelne Mensch, wenn unbeugsam und entschlossen, erweist sich zuletzt fast immer als stärker denn jedes System. Immer wird das Menschliche, sofern sein Wille ungebrochen bleibt, papierenen Befehl zunichte machen; so im Falle Marie Antoinettes. Schon nach einigen Tagen hat sie auch in der Conciergerie dank jener merkwürdigen Magie, die teils von ihrem Namen ausstrahlt, teils von der persönlichen Hoheitskraft ihrer Haltung, alle jene Menschen, die sie bewachen sollen, zu Freunden, zu Helfern, zu Dienern. Die Frau des Hausbesorgers hätte dienstlich nichts anderes zu tun, als das Zimmer zu fegen und für grobe Kost zu sorgen. Aber sie kocht mit rührender Sorgfalt für die Königin die ausgesuchtesten Speisen; sie bietet ihr an, sie zu frisieren; sie läßt eigens aus einem andern Stadtteil täglich eine Flasche jenes Trinkwassers kommen, das Marie Antoinette bevorzugt. Das Hilfsmädchen der Hausbesorgerin wiederum nützt jeden Augenblick, um rasch zu der Gefangenen hineinzuhuschen, sie ihrerseits zu fragen, ob sie mit etwas dienen könne. Und die strengen Gendarmen mit den aufgezwirbelten Bärten, den breiten, klirrenden Säbeln, den unablässig geladenen Gewehren, sie, die all das eigentlich verbieten sollten, was tun sie? Sie bringen – dies bezeugt das Protokoll eines Verhörs – aus freien Stücken der Königin jeden Tag frische Blumen, die sie auf dem Markt für ihr eigenes Geld kaufen, in ihr trostloses Zimmer. Gerade im niedern Volk, das dem Unglück benachbarter wohnt als die Bürgerlichen, lebt eine rührende Kraft der Teilnahme für die in ihren Glückstagen so verhaßte Fürstin. Wenn in der Nähe der Conciergerie die Marktweiber von Madame Richard erfahren, das Huhn oder Gemüse sei für die Königin bestimmt, suchen sie sorgfältig das beste aus, und mit ärgerlichem Staunen muß Fouquier-Tinville im Prozeß feststellen, die Königin habe in der Conciergerie bedeutend mehr Erleichterungen genossen als im Temple. Gerade dort, wo der Tod am grausamsten herrscht, steigert sich, als unbewußte Gegenwehr, in den Menschen die Menschlichkeit.

Daß sogar bei einer so wichtigen Staatsgefangenen wie Marie Antoinette die Überwachung locker gehandhabt wurde, wirkt in Anbetracht ihrer früheren Fluchtversuche zuerst erstaunlich. Aber man versteht manches, sobald man sich erinnert, daß der oberste Inspektor dieses Gefängnisses niemand anderer ist als der Limonadenhändler Michonis, der schon bei dem Komplott im Temple seine Hände mithelfend im Spiele gehabt hatte. Auch durch die dicken Quadern der Conciergerie lockt und flimmert das Irrlicht der Million des Barons de Batz, noch immer spielt Michonis seine verwegene Doppelrolle. Jeden Tag begibt er sich pflichtgetreu und streng in das Zimmer der Königin, rüttelt an den Eisenstäben, prüft die Türen und meldet mit pedantischer Sorgfalt diese Besuche der Kommune, die sich glücklich preist, einen so verläßlichen Republikaner als Aufseher, als Wächter bestellt zu haben. In Wirklichkeit wartet Michonis aber immer nur, bis die Gendarmen das Zimmer verlassen haben, um mit der Königin beinahe freundschaftlich zu plaudern, ihr die ersehnten Nachrichten von ihren Kindern aus dem Temple zu bringen; ab und zu schmuggelt er sogar, sei es nun aus Geldgier oder Gutmütigkeit, einen Neugierigen mit ein, wenn er Inspektion in der Conciergerie hat, einmal einen Engländer oder eine Engländerin, vielleicht jene spleenige Mrs. Atkins, einmal einen unvereidigten Priester, der der Königin die letzte Beichte abgenommen haben soll, einmal jenen Maler, dem wir das Bild im Musée Carnevalet verdanken. Und schließlich verhängnisvollerweise auch den kühnen Narren, der mit seinem Übereifer dann all diese Freiheiten und Vergünstigungen mit einem Schlage zunichte macht.

Diese berüchtigte »affaire de l'œillet«, dieses Nelken-Komplott, das später Alexandre Dumas zu einem großen Roman umfabuliert hat, ist eine dunkle Geschichte; sie ganz zu enträtseln, wird wohl nie mehr gelingen, denn was die gerichtlichen Akten melden, ist unzulänglich; was ihr eigener Held erzählt, schmeckt verdächtig nach Aufschneiderei. Glaubte man dem Stadtrat und dem obersten Inspektor der Gefängnisse, Michonis, so wäre der ganze Vorfall eine völlig belanglose Episode gewesen. Er habe einmal bei einem Abendessen mit Freunden von der Königin erzählt, die er täglich im Gefängnis zu besuchen verpflichtet sei. Da habe dieser fremde Herr, dessen Namen er nicht wisse, sich sehr neugierig gezeigt und gefragt, ob er ihn nicht einmal begleiten dürfe. In guter Laune habe er nicht weiter nachgeforscht und diesen Herrn einmal auf dem Inspektionsgang mitgenommen, selbstverständlich mit der Verpflichtung, kein Wort mit der Königin zu sprechen.

Ist aber Michonis, der Vertraute des Baron de Batz, tatsächlich so naiv, wie er es darstellt? Hat er sich wirklich nicht die Mühe genommen, nachzufragen, wer dieser fremde Herr sei, den er in die Zelle der Königin einschmuggeln sollte? Er hätte dabei erfahren, daß dieser Mann ein guter Bekannter Marie Antoinettes ist, der Chevalier de Rougeville, einer jener Adeligen, die am 20. Juni die Königin mit Einsatz ihres Lebens verteidigt hatten. Aber allem Anschein nach hatte Michonis, der einem Baron de Batz die Leiter gehalten, gute und vor allem gewichtig klingende Gründe, diesen fremden Herrn nicht allzuviel nach seinen Absichten auszufragen; wahrscheinlich war das Komplott viel weiter ausgereift, als heute die verwischten Spuren erkennen lassen.

Jedenfalls, am 28. August klirrt der Schlüsselbund an der Tür der Gefängniszelle. Die Königin und der Gendarm erheben sich. Immer erschrickt sie im ersten Augenblick, wenn die Tür des Kerkers sich öffnet, denn fast jeder unerwartete Besuch der Behörde hat ihr seit Wochen und Monaten schlimme Nachrichten gebracht. Aber nein, es ist nur Michonis, der geheime Freund, diesmal begleitet von irgendeinem fremden

Herrn, den die Gefangene gar nicht beachtet. Marie Antoinette atmet auf; sie plaudert mit Michonis und erkundigt sich nach ihren Kindern: immer gilt ihnen die erste und dringlichste Frage der Mutter. Michonis antwortet freundlich, die Königin wird beinahe heiter: diese wenigen Minuten, da die graue Glasglocke des Schweigens durchbrochen wird, da sie vor irgend jemandem die Namen ihrer Kinder aussprechen kann, bedeuten für sie immer eine Art Glück.

Aber plötzlich wird Marie Antoinette totenblaß. Eine Sekunde blaß. Dann steigt ihr plötzlich das Blut in die Wangen. Sie beginnt zu zittern und hat Mühe, sich aufrecht zu halten. Die Überraschung ist zu groß, sie hat Rougeville erkannt, den Mann, der hundertmal an ihrer Seite im Schlosse gewesen und von dem sie weiß, daß ihm jede Verwegenheit zuzutrauen ist. Was hat es – die Zeit saust zu rasch, um alles durchzudenken –, was hat es zu bedeuten, daß dieser sichere und verläßliche Freund mit einem Male in ihrer Zelle erscheint? Will man sie retten? Will man ihr etwas sagen? Etwas übermitteln? Sie wagt nicht, zu Rougeville zu sprechen, sie wagt nicht einmal, aus Furcht vor den Gendarmen und der Aufwartefrau, ihn zu auffallend anzublicken, und doch merkt sie, er macht ihr immer wieder Zeichen, die sie nicht versteht. Es ist beglükkend und qualvoll aufregend zugleich, seit Monaten sich einem Boten nahe zu wissen und seine Botschaft nicht zu verstehen; immer unruhiger wird die aufgestörte Frau, und immer mehr fürchtet sie, sich zu verraten.

Vielleicht merkt Michonis etwas von dieser Verwirrung; jedenfalls, er erinnert sich, noch andere Gefängnisräume besichtigen zu müssen, und verläßt hastig mit dem Fremden die Zelle, erklärt aber ausdrücklich, noch einmal wiederkommen zu wollen.

Marie Antoinette, allein geblieben – die Knie zittern ihr –, setzt sich nieder und sucht sich zu sammeln. Sie beschließt, wenn beide zurückkommen, aufmerksamer und nerven-ruhiger als bei jener ersten Überraschung auf jedes Zeichen und jede Geste zu achten. Und wirklich, sie kommen noch einmal, abermals klirren die Schlüssel, abermals tritt Michonis mit Rougeville ein. Jetzt ist Marie Antoinette wieder ganz Herrin ihrer Kraft. Schärfer, wacher, gefaßter beobachtet sie Rougeville, während sie mit Michonis spricht, und merkt plötzlich an einem raschen Wink, daß Rougeville irgend etwas in die Ecke hinter den Ofen geworfen hat. Das Herz schlägt ihr, sie kann es nicht mehr erwarten, die Botschaft zu lesen; kaum daß Michonis und Rougeville das Zimmer verlassen haben, schickt sie ihnen geistesgegenwärtig unter einem Vorwand den Gendarmen nach. Diese eine unbewachte Minute benutzt sie, um mit einem Griff das Versteckte zu fassen. Wie? Nichts als eine Nelke? Aber nein, in der Nelke steckt eingefaltet ein Billett. Sie öffnet es und liest: »Meine Gönnerin, ich werde Sie niemals vergessen, ich werde immer alle Mittel suchen, um Ihnen meinen Opferwillen zu beweisen. Wenn Sie drei- oder vierhundert Louisdor für Ihre Umgebung brauchen, bringe ich sie nächsten Freitag.«

Man kann sich das Gefühl dieser unglückseligen Frau vergegenwärtigen, da sie dieses Wunder der Hoffnung erlebt. Noch einmal bricht das dunkle Gewölbe auf wie unter dem Schwert eines Engels. In das Fürchterliche und Unzugängliche des Totenhauses, durch sieben oder acht verriegelte Türen ist, allem Verbot zum Trotz, allen Maßnahmen der Kommune zum Spott, einer der Ihren, ein Ritter des Ludwigsordens, ein vertrauter und verläßlicher Royalist, eingedrungen; nun muß die Rettung nahe sein. Gewiß haben Fersens geliebte Hände diese Fäden gesponnen, gewiß spielen neuerdings mächtige und unbekannte Helfer mit, um ihr Leben noch einen Schritt vor dem

Abgrund zu retten. Mit einem Mal hat diese schon ganz resignierte, weißhaarige Frau wieder Mut und Willen zum Leben.

Sie hat Mut und verhängnisvollerweise sogar zuviel Mut. Sie hat Vertrauen und leider zuviel Vertrauen. Die dreihundert oder vierhundert Dukaten, das versteht sie sofort, sollen dazu dienen, den Gendarmen in ihrem Zimmer zu bestechen; nur dies ist ihre Aufgabe, alles andere werden die Freunde dann besorgen. In ihrem zu plötzlich entflammten Optimismus geht sie gleich ans Werk. Sie zerreißt das verräterische Billett in winzige Fetzen und bereitet selbst eine Antwort vor. Man hat ihr Feder, Bleistift, Tinte genommen, nur ein Stückchen Papier hat sie noch. Aber das nimmt sie und sticht – Not macht erfinderisch – die Lettern der Antwort mit ihrer Nähnadel in das kleine Briefblatt, das heute, freilich durch andere Stiche nachträglich unleserlich gemacht, als Relique erhalten ist. Diesen Zettel übergibt sie mit dem Versprechen hoher Belohnung dem Gendarmen Gilbert, er solle ihn jenem Fremden, wenn er wiederkäme, übergeben.

Nun schattet Dunkel in die Affäre hinein. Es scheint, daß der Gendarm Gilbert innerlich schwankte. Dreihundert Louisdor, vierhundert Louisdor blitzen verführerisch für so einen armen Teufel; aber auch das Beil der Guillotine hat ein unheimliches Blitzen und Blinken. Er hat Mitleid mit der armen Frau, aber er hat auch Angst um seine Stellung. Was tun? Den Auftrag auszuführen, hieße die Republik verraten, den Angeber zu machen, das Vertrauen dieser armen unglücklichen Frau mißbrauchen. So geht dieser brave Gendarm zunächst den Mittelweg, er vertraut sich der Frau des Hausbesorgers, der allmächtigen Madame Richard, an. Und siehe, Madame Richard teilt seine Verlegenheit. Auch sie wagt nicht zu schweigen, auch sie wagt nicht, offen zu sprechen und noch weniger sich in eine derart halsbrecherische Verschwörung einzulassen; wahrscheinlich hat auch schon in ihre Ohren das geheime Geläute der Millionen geklungen.

Schließlich tut Madame Richard dasselbe wie der Gendarm: sie erstattet keine Anzeige, aber sie schweigt auch nicht ganz. Genau wie der Gendarm schiebt sie die Verantwortung weiter und teilt nur vertraulich die Geschichte von dem geheimen Billett ihrem Vorgesetzten Michonis mit, der bei dieser Nachricht erblaßt. Hat Michonis schon früher bemerkt, daß er in Rougeville einen Helfershelfer der Königin mitgebracht hat, oder hat er es erst in diesem Augenblick erfahren? War er eingeweiht in das Komplott, oder hat Rougeville ihn übertölpelt? Jedenfalls, es ist ihm unangenehm, auf einmal zwei Mitwisser zu haben. Mit dem Anschein großer Strenge nimmt er der guten Frau Richard das verdächtige Papier weg, steckt es in seine Tasche und befiehlt ihr, nicht darüber zu reden. Damit hofft er, die Unbedachtsamkeit der Königin gutgemacht und die peinliche Affäre glücklich erledigt zu haben. Selbstverständlich erstattet er keine weitere Meldung; ebenso wie im ersten Komplott mit de Batz drückt er sich leise von der Sache, sobald sie gefährlich wird.

Alles wäre nun in Ordnung. Aber verhängnisvollerweise läßt die Angelegenheit dem Gendarmen keine Ruhe. Eine Handvoll Goldstücke könnte ihn vielleicht stumm machen, aber Marie Antoinette hat kein Geld, und nach und nach wird ihm bange um seinen Kopf. Nachdem er tapfer fünf Tage lang (dies das Verdächtige und Unergründliche an der Sache) gegenüber seinen Kameraden und Behörden vollkommen geschwiegen, erstattet er schließlich doch am 3. September Bericht an seine Vorgesetzten; zwei Stunden später stürmen schon aufgeregt die Kommissare des Stadtrates in die Conciergerie und fragen alle Beteiligten aus.

Die Königin leugnet zuerst. Sie habe niemanden erkannt, und als man sie fragt, ob sie vor einigen Tagen etwas geschrieben habe, antwortet sie kühl, sie besitze nichts, womit sie schreiben könne. Auch Michonis stellt sich zunächst dumm und hofft auf das Schweigen der wahrscheinlich gleichfalls schon bestochenen Madame Richard. Aber die behauptet, ihm das Blatt gegeben zu haben, nun muß er es vorlegen (aber klugerweise hat er den Text durch neue Nadelstiche zuvor unleserlich gemacht). Bei dem zweiten Verhör am nächsten Tag gibt die Königin den Widerstand auf. Sie erklärt es für richtig, daß sie jenen Mann aus den Tuilerien kenne und ein Billett in der Nelke von ihm empfangen und beantwortet habe, sie leugnet nicht mehr ihre Teilnahme und ihre Schuld.

Aber mit voller Aufopferung schützt sie den Mann, der sich für sie aufopfern wollte, sie nennt nicht den Namen Rougevilles, sondern behauptet, sich nicht mehr zu erinnern, wie dieser Gardeoffizier heiße; sie deckt großmütig Michonis und rettet ihm damit das Leben. Aber vierundzwanzig Stunden später kennen Stadtrat und Sicherheitsausschuß schon den Namen Rougevilles, und vergeblich jagen die Polizisten durch ganz Paris nach dem Manne, der die Königin retten wollte und in Wahrheit nur ihren Untergang besiegelt hat.

Denn diese Verschwörung, ungeschickt begonnen, beschleunigt unheimlich das Geschick der Königin. Die schonende Behandlung, die man ihr bisher stillschweigend zugebilligt hatte, hört mit einem Schlage auf. Alle ihre Habseligkeiten, die letzten Ringe werden ihr abgenommen, sogar die kleine Golduhr, die sie noch aus Österreich als letzte Erinnerung an ihre Mutter mitgebracht hatte, sowie das kleine Medaillon mit den zärtlich bewahrten Haaren ihrer Kinder. Selbstverständlich werden die Nadeln beschlagnahmt, mit denen sie erfinderisch das

Billett an Rougeville geschrieben hat, das Licht am Abend wird ihr verboten. Man stellt den nachsichtigen Michonis außer Dienst, ebenso Madame Richard, die durch eine neue Aufseherin, Madame Beault, ersetzt wird. Gleichzeitig verordnet der Magistrat in einem Dekret vom 11. September, dieser rückfälligen Ausbrecherin eine noch gesichertere Gefängniszelle als die bisherige anzuweisen; und da man in der ganzen Conciergerie keine findet, die dem verängstigten Magistrat verläßlich genug erscheint, wird der Raum des Apothekers ausgeräumt und mit doppelten Eisentüren versehen. Das Fenster, das auf den Frauenhof hinausblickt, wird bis zur halben Gitterhöhe vermauert; zwei Schildwachen unter den Fenstern, die Tag und Nacht im Nebenraum einander ablösenden Gendarmen bürgen mit ihrem Leben für die Gefangene. Nach allem irdischen Ermessen kann jetzt kein Unbefugter mehr den Raum betreten, nur jener von Amts wegen Gerufene: der Henker.

Nun steht Marie Antoinette auf der letzten, der untersten Stufe ihrer Einsamkeit. Die neuen Gefängniswärter, obwohl ihr freundlich gesinnt, wagen kein Wort mehr mit dieser gefährlichen Frau zu sprechen, ebensowenig die Gendarmen. Die kleine Uhr ist fort, die mit ihrem dünnen Ticken die unendliche Zeit zerteilte, die Näharbeit ihr genommen, nichts hat man ihr gelassen als den kleinen Hund. Jetzt, nach fünfundzwanzig Jahren, erst in dieser völligen Verlassenheit, besinnt sich Marie Antoinette des Trostes, den ihre Mutter ihr so oft empfohlen: zum erstenmal in ihrem Leben verlangt sie Bücher und liest mit ihren matten, entzündeten Augen eines nach dem andern; nicht genug kann man ihr holen. Keine Romane will sie, keine Theaterstücke, nichts Heiteres, nichts Sentimentales, nichts von Liebe, es könnte zu sehr an vergangene Zeiten erinnern, nur ganz wilde Abenteuer, die Reisen des Kapitän Cook, Geschichten von Schiffbrüchigen und verwegenen Fahrten, Bücher, die packen und wegreißen, erregen und spannen, Bücher, über denen man die Zeit und die Welt vergißt. Erfundene, erträumte Gestalten sind die einzigen Gefährten ihrer Einsamkeit. Niemand kommt mehr, sie zu besuchen, tagelang hört sie nichts als die Glocken von der Sainte-Chapelle nebenan und das Kreischen der Schlüssel im Schloß und dann wieder die Stille, die ewige Stille in dem niedern Raum, der eng ist und feucht und dunkel wie ein Sarg. Der Mangel an Bewegung, an Luft schwächt ihren Körper, schwere Blutungen machen sie müde. Als man sie endlich zu Gericht ruft, ist sie eine alte Frau mit weißen Haaren, die aus dieser langen Nacht unter das entwöhnte Licht des Himmels tritt.

DIE GROSSE INFAMIE

Nun ist die unterste Stufe erreicht, der Weg geht zu Ende. Die äußerste Spannung des Gegensatzes, die das Schicksal erdichten konnte, ist erfüllt. Die in einem kaiserlichen Schloß geboren war und Hunderte von Zimmern in ihrem königlichen Palast zu eigen hatte, bewohnt ein enges, vergittertes, halb unterirdisches, feuchtes und verfinstertes Gelaß. Die den Luxus liebte und die tausendfältigen kunstvollen und künstlerischen Kostbarkeiten des Reichtums rings um ihr Leben, nun hat sie nicht einmal mehr einen Schrank, einen Spiegel, einen Lehnstuhl, nur das äußerst Notwendige, einen Tisch, einen Sessel, ein eisernes Bett. Die zu ihrer Bedienung einen eitlen Troß von ungezählten Angestellten um sich scharte, eine Oberintendantin, eine Ehrendame, die dame d'atours, zwei Kammerfrauen für den Tag, zwei für die Nacht, einen Vorleser, einen Arzt, Chirurgen, Sekretär, Truchsesse, Lakaien, Kämmerer, Friseure, Köche und Pagen, nun strähnt sie sich selber das weiß gewordene Haar. Die dreihundert neue Kleider im Jahr benötigte, nun flickt sie mit halbblinden Augen sich selber den Saum des zerfallenen Kerkergewandes. Die stark gewesen, ist müde geworden, die einst so Schöne und Begehrte blaß und matronenhaft. Die Geselligkeit von Mittag bis lange nach Mitternacht geliebt, nun sinnt sie allein und wartet die ganze schlaflose Nacht, bis der Morgen hinter den vergitterten Fenstern erscheint. Je mehr der Sommer sinkt, desto mehr verschattet die düstere Zelle sich zum Sarg, denn das Dunkel bricht immer früher herein, und seit jener Verschärfung der Vorschriften darf Marie Antoinette kein Licht mehr entzünden; nur vom Gange her fällt durch eine obere Glasluke der dünne, arme Schein einer Ölflamme mitleidig in die völlige Finsternis. Man spürt, daß es Herbst wird, Kälte steigt von den nackten Fliesen auf, von der nahen Seine dringt nebelige Feuchtigkeit durch die Mauern, jedes Holz fühlt sich naß und schwammig an; es riecht nach Moder und Fäulnis, es riecht immer heftiger nach Tod. Die Wäsche zerfällt, die Kleider werden brüchig, bis tief in die Knochen kriecht die nasse Kälte als beißender rheumatischer Schmerz. Immer müder wird die nach innen Einfrierende, die einmal – tausend Jahre ist es her für ihr Gefühl – Königin des Landes gewesen und die lebenslustigste Frau Frankreichs, immer kälter die Stille, immer leerer die Zeit um sie. Sie wird nicht mehr erschrecken, wenn man sie zum Tode ruft, denn durch diese Zelle hat sie das Im-Sarge-Sein lebendig erlebt.

In dieses bewohnte Grab inmitten von Paris dringt kein Laut von dem ungeheuren Sturm, der in jenem Herbst über die Welt fährt. Nie war die Französische Revolution mehr gefährdet als in diesem Augenblick. Zwei ihrer stärksten Festungen, Mainz und Valenciennes, sind gefallen, die Engländer haben sich des wichtigsten Kriegshafens bemächtigt, die zweitgrößte Stadt Frankreichs, Lyon, steht im Aufstand, die Kolonien sind verloren, im Konvent herrscht Streit, in Paris Hunger und Niedergeschlagenheit: die Republik steht zwei Zoll vor dem Untergang. Nur eines vermag sie jetzt zu retten: verzweifelte Kühnheit, selbstmörderische Herausforderung; die Republik kann die Angst nur überwinden, wenn sie selber Angst einflößt. »Setzen wir den Terror auf die Tagesordnung« – dieses furchtbare Wort hallt grausig durch den Saal des Konvents, und rücksichtslos bestätigt die Tat diese Drohung. Die Girondisten werden außerhalb des Gesetzes gestellt, der Herzog von Orléans und zahllose andere dem Revolutionstribunal überwiesen. Das Beil ist schon im Schwunge, da erhebt sich Billaud-Varennes und fordert: »Der Konvent hat soeben ein großes Beispiel der Strenge gegenüber den Verrätern gegeben, die den Untergang ihres Landes vorbereiten. Aber ihm obliegt noch die Pflicht eines wichtigen Beschlusses. Eine Frau, die Schande der Menschheit und ihres Geschlechts, soll endlich ihr Verbrechen auf dem Schafott büßen. Schon redet man überall herum, sie sei wieder in den Temple gebracht worden, man hätte sie heimlich gerichtet und das Revolutionstribunal sie reingewaschen, als ob eine Frau, die das Blut von Tausenden auf dem Gewissen hat, jemals von dem französischen Gericht, von der französischen Jury freigesprochen werden könnte. Ich verlange, daß das Revolutionstribunal noch diese Woche über sie entscheide.«

Obwohl dieser Antrag nicht nur Gericht über Marie Antoinette fordert, sondern schon unverhohlen die Hinrichtung, wird er widerspruchslos angenommen. Aber merkwürdig: Fouquier-Tinville, der öffentliche Ankläger, der sonst Schlag auf Schlag kalt und geschwind arbeitet wie eine Maschine, zögert auch jetzt noch verdächtig. Nicht in dieser Woche, nicht in der nächsten, nicht in der übernächsten stellt er seinen Antrag gegen die Königin; man weiß nicht, hält ihm jemand heimlich die Hand oder hat der Mann mit dem ledernen Herzen, der sonst Papier in Blut und Blut in Papier mit taschenspielerischer Geschwindigkeit verwandelt, wirklich noch kein stichhaltiges Beweisdokument in Händen? Jedenfalls, er zaudert, er zieht immer und immer wieder die Anklage hinaus. Er schreibt an den Sicherheitsausschuß, man möge ihm Material schicken, und merkwürdig, auch der Sicherheitsausschuß entwickelt seinerseits dieselbe auffällige Langsamkeit. Schließlich packt er ein paar unwichtige Papiere zusammen, das Verhör über die Affäre der Nelke, eine Zeugenliste, die Akten über den Prozeß des Königs. Aber noch immer faßt Fouquier-Tinville nicht zu. Irgend etwas fehlt ihm noch, entweder der geheime Befehl, endgültig den Prozeß aufzunehmen, oder ein besonders durchschlagendes Dokument, ein offenkundiger Tatbestand, der seiner Anklageschrift Glanz und Feuer echter republikanischer Entrüstung zu geben vermöchte, irgendeine ganz aufreizende, erregende Verfehlung, sei es der Frau, sei es der Königin. Abermals scheint die pathetisch geforderte Anklage schon im Sand verlaufen zu wollen. Da wird Fouquier-Tinville in letzter Stunde von Hébert, diesem erbittertsten, entschlossensten Feind der Königin, plötzlich ein Dokument in die Hand gedrückt, das furchtbarste und infamste der ganzen Französischen Revolution. Und dieser starke Anstoß entscheidet: mit einem Ruck kommt der Prozeß in Gang.

Was war geschehen? Am 30. September empfängt Hébert unvermutet einen Brief aus dem Temple von dem Schustermeister Simon, dem Erzieher des Dauphins. Der erste Teil ist von fremder Hand geschrieben und lautet in anständig lesbarer Rechtschreibung: »Gruß! Komm rasch, mein Freund, ich habe Dir Dinge zu sagen und hätte Freude, Dich zu sehen; sieh, daß Du noch heute kommen kannst, Du wirst in mir einen aufrichtigen und wackern Republikaner finden.« Der Rest des Briefes hingegen ist von Simons eigener Hand und zeigt mit seiner ungeheuerlich grotesken Orthographie den Bildungsgrad dieses »Erziehers«; »Je te coitte bien le bon jour moi e mon est pousse Jean Brasse tas cher est pousse et mas petiste bon amis la petist e fils cent ou blier ta cher soeur que jan Brasse. Jan tan prie de nes pas manquer a mas demande pout te voir ce las presse mois. Simon, ton amis pour la vis.« Hébert, pflichtgetreu und energisch, eilt ohne Zögern zu Simon. Was er hört, scheint sogar diesem Hartgesottenen dermaßen unheimlich, daß er persönlich nicht weiter eingreifen will, sondern eine Kommission des ganzen Stadtrats unter dem Vorsitz des Bürgermeisters beruft, die sich geschlossen in den Temple begibt, um dort an Ort und Stelle in drei geschriebenen (und noch heute erhaltenen) Verhörprotokollen das entscheidende Anklagematerial gegen die Königin aufzunehmen.

Nun nähern wir uns dem lange Zeit Unglaubhaften, dem seelisch Unfaßbaren, jener Episode in der Geschichte Marie Antoinettes, die nur durch die unheimliche Überreizung der Zeit, durch die jahrelang geübte systematische Vergiftung der öffentlichen Meinung halbwegs begreiflich wird. Der kleine Dauphin, ein sehr frühreifer, übermütiger Junge, hatte sich einige Wochen früher, zur Zeit, als er noch unter der Obhut seiner Mutter stand, beim Spiel mit einem Stock den Hoden verletzt, ein herbeigerufener Chirurg hatte eine Art Bruchband für das Kind angefertigt. Damit schien dieser Vorfall, der noch während des Aufenthalts Marie Antoinettes im Temple vor sich gegangen war, erledigt und vergessen. Aber da entdeckt eines Tages Simon oder seine Frau, daß das frühreife und verzogene Kind gewissen knabenlasterhaften Ungezogenheiten frönt, den bekannten »plaisirs solitaires«. Das ertappte Kind kann nicht leugnen. Gedrängt von Simon, wer ihm diese üble

Angewohnheit beigebracht, sagt oder läßt sich der unselige Junge einreden, seine Mutter, seine Tante hätten ihn zu dieser Unart verleitet. Simon, dem von dieser »Tigerin« alles, auch das Teuflischste, glaubhaft scheint, fragt weiter und weiter und bringt, über diese Lasterhaftigkeit einer Mutter redlich empört, den Knaben schließlich so weit, zu behaupten, die beiden Frauen hätten ihn im Temple häufig zu sich ins Bett genommen und seine Mutter mit ihm Inzest getrieben.

Auf eine solche ungeheuerliche Aussage eines noch nicht neunjährigen Knaben hätte selbstverständlich ein vernünftiger Mensch, eine normale Zeit nur mit äußerstem Mißtrauen geantwortet. Aber die Überzeugung von der erotischen Unersättlichkeit Marie Antoinettes ist dank den unzähligen Verleumdungsbroschüren der Revolution so tief ins Blut gedrungen, daß sogar diese irrwitzige Beschuldigung, die eigene Mutter hätte ihren achteinhalbjährigen Sohn geschlechtlich mißbraucht, bei Hébert und Simon keinerlei Zweifel erweckt. Im Gegenteil, diesen fanatischen und verblendeten Sansculotten scheint diese Sache völlig logisch und klar. Marie Antoinette, die babylonische Erzhure, diese verruchte Tribade, ist von ihrem Trianon her gewöhnt, jeden Tag ein paar Männer und ein paar Frauen zu verbrauchen. Was ist also natürlicher, folgern sie, als daß eine solche Wölfin, eingesperrt in den Temple, wo sie keinen Partner für ihre höllische Mannstollheit findet, sich auf ihr eigenes, wehrloses, unschuldiges Kind stürzt. Nicht einen Augenblick bezweifeln Hébert und seine traurigen Freunde, ganz benebelt von ihrem Haß, die Richtigkeit der lügenhaften Beschuldigung des Kindes gegen die eigene Mutter. Jetzt gilt es nur, diese Schande der Königin protokollarisch schwarz auf weiß festzuhalten, damit ganz Frankreich diese äußerste Verworfenheit der schurkischen Österreicherin erfahre, für deren Blutgier und Lasterhaftigkeit die Guillotine dann noch als geringe Strafe gelten könne. So werden drei Verhöre abgehalten mit einem noch nicht neunjährigen Knaben, einem fünfzehnjährigen Mädchen und mit Madame Elisabeth – eine Szene, derart grauenhaft und schamlos, daß man sie für unwirklich halten könnte, lägen nicht noch heute, zwar vergilbt, aber doch deutlich lesbar und mit der krausen Unterschrift der unmündigen Kinder eigenhändig unterfertigt, diese schmählichen Akten im Nationalarchiv von Paris.

Zum ersten Verhör am 6. Oktober erscheinen der Bürgermeister Pache, der Syndikus Chaumette, Hébert und andere Stadtverordnete, bei einem zweitem am 7. Oktober liest man unter den Unterschriften auch den Namen eines berühmten Malers und zugleich eines der gesinnungslosesten Menschen der Revolution, David. Erst wird das achteinhalbjährige Kind als Kronzeuge vorgerufen: man befragt es zunächst über andere Vorgänge im Temple, und der schwatzhafte Junge verrät, ohne die Tragweite seiner Aussagen zu erfassen, die heimlichen Helfer seiner Mutter, vor allem Toulan. Dann kommt die heikle Sache zur Sprache, und hier besagt das Protokoll: »Mehrmals im Bett von Simon und seiner Frau bei unpassenden Gewohnheiten, die seiner Gesundheit schaden, angetroffen, hätte er ihnen gesagt, er sei in diesen gefährlichen Praktiken von seiner Mutter und seiner Tante unterrichtet worden, und sie hätten sich oftmals amüsiert, ihn diese Praktiken vor ihnen ausüben zu sehen. Dies hat oft stattgefunden, wenn sie ihn zwischen sich hätten schlafen lassen. Aus der Art, wie sich das Kind ausdrückte, hat es uns verstehen lassen, daß einmal seine Mutter eine Annäherung an ihn veranlaßte, die zu einer Kopulation führte, daher stamme auch die Schwellung an einem seiner Hoden, weswegen er noch einen Verband trage. Seine Mutter hätte ihm verboten, darüber zu sprechen, und seitdem sei dieser Akt mehrmals wiederholt worden. Außerdem beschuldigt er noch Michonis und einige andere, besonders vertraulich mit seiner Mutter gesprochen zu haben.«

Schwarz auf weiß, mit sieben oder acht Unterschriften, ist diese Ungeheuerlichkeit festgehalten: die Echtheit des Aktes, die Tatsache, daß das verblendete Kind wirklich diese entsetzliche Aussage gemacht habe, ist nicht zu leugnen: man könnte höchstens einwenden, daß gerade jene Stelle, welche die Anschuldigung des Inzests mit dem Achteinhalbjährigen enthält, nicht im Texte selber steht, sondern am Rande nachträglich eingefügt wurde – offenbar haben die Inquisitoren selbst Bedenken gehabt, diese Infamie urkundlich festzulegen. Aber eins ist nicht wegzutilgen: die Unterschrift »Louis Charles Capet« steht unter der Aussage in riesigen, mühsam gezogenen, kindisch ungelenken Lettern. Das eigene Kind hat wirklich vor diesen fremden Menschen die niederträchtigste aller Anschuldigungen gegen seine Mutter erhoben.

Aber nicht genug an diesem Wahnsinn – die Untersuchungsrichter wollen ihre Aufgabe gründlich erledigen. Nach dem noch nicht neunjährigen Knaben wird das fünfzehnjährige Mädchen, seine Schwester, herangeholt. Chaumette fragt sie, »ob, wenn sie mit ihrem Bruder spielte, er sie nicht dort berührt hätte, wo er sie nicht hätte berühren sollen, und ob seine Mutter und seine Tante ihn nicht zwischen sich hätten schlafen lassen«. Sie antwortet »Nein«. Nun werden (grauenhafte Szene) die beiden Kinder, der Neunjährige und die Fünfzehnjährige, einander gegenübergestellt, um angesichts der Inquisitoren über die Ehre ihrer Mutter zu streiten. Der kleine Dauphin bleibt bei seiner Behauptung, die Fünfzehnjährige, eingeschüchtert von der Gegenwart der strengen Männer und verwirrt von diesen unziemlichen Fragen, flüchtet sich immer wieder hinter die Aussage, sie wisse nichts, sie habe von alledem nichts gesehen. Nun wird als dritte Zeugin, Madame Elisabeth, die Schwester des Königs, gerufen: bei diesem neunundzwanzigjährigen energischen Mädchen haben es die Ausfrager nicht mehr so leicht wie bei den arglosen oder verängstigten Kindern. Denn kaum hat man ihr das mit dem Dauphin aufgenommene Protokoll vorgelegt, da fährt Röte in die Wangen des beleidigten Mädchens, verächtlich schleudert sie das Papier weg und sagt, eine solche Schändlichkeit stehe zu tief unter ihr, als daß sie darauf überhaupt antworte. Nun wird ihr – neue Höllenszene – der Knabe gegenübergestellt. Er hält tapfer und frech aufrecht, sie und seine Mutter hätten ihn zu diesen Unzüchtigkeiten verleitet: Madame Elisabeth kann sich nicht länger zurückhalten: »Ah, le monstre«, ruft sie erbittert in berechtigter, ratloser Wut aus, da dieser frech verlogene Knirps sie solcher Schamlosigkeit bezichtigt. Aber die Kommissare haben bereits alles gehört, was sie hören wollten. Säuberlich wird auch dieses Protokoll unterfertigt, und im Triumph bringt Hébert die drei Akten dem Untersuchungsrichter, in der Hoffnung, jetzt sei die Königin für Mitwelt und Nachwelt, für Zeit und Ewigkeit entlarvt und an den Pranger gestellt. Patriotisch, mit gewölbter Brust, stellt er sich zur Verfügung, mit dieser Anklage als Zeuge für Marie Antoinettes blutschänderische Verworfenheit vor die Schranken des Tribunals zu treten.

Diese Aussage eines Kindes gegen seine eigene Mutter hat, weil vielleicht beispiellos in den Annalen der Geschichte, von jeher für die Biographie Marie Antoinettes zu den großen Rätseln gehört; um an dieser peinlichen Klippe vorbeizukommen, flüchteten die leidenschaftlichen Verteidiger der Königin in die umwegigen Erklärungen und Entstellungen. Hébert und Simon, die sie beständig als eingefleischte Teufel schildern, hätten sich zu diesem Komplott zusammengetan und den armen, ahnungslosen Knaben unter gewalttätigsten Zwang gesetzt, um ihm diese schändliche Anklage abzuzwingen. Sie hätten ihn – erste royalistische Version – teils mit Zuckerbrot, teils mit der Peitsche gefügig gemacht, oder sie hätten das Kind – zweite gleichfalls unpsychologische Version – vorher mit Branntwein berauscht. Seine Aussage sei im Zustande der Trunkenheit abgegeben und darum ungültig. Diesen beiden unbewiesenen Behauptungen widerspricht vor allem die klare, durchaus nicht parteiische Schilderung eines Augenzeugen dieser Szene, des Sekretärs Danjou, von dessen Hand das Protokoll angefertigt ist: »Der junge Prinz, dessen Füße nicht bis zur Erde reichten, saß auf einem Lehnstuhl und schaukelte seine kleinen Beine hin und her. Über die bewußten Dinge befragt, antwortete er, sie seien richtig ...« Das ganze Verhalten des Dauphins zeigt eher eine herausfordernde, spielerische Frechheit. Ebenso geht aus dem Text der andern beiden Protokolle unzweideutig hervor, daß der Knabe keineswegs unter äußerem Zwang gehandelt hat, sondern daß er im Gegenteil mit einem kindischen Trotz – man spürt sogar eine gewisse Bosheit und Rachlust dabei – die ungeheuerliche Anschuldigung gegen seine Tante aus freien Stücken wiederholt hat.

Wie ist dies zu erklären? Nicht übermäßig schwer für unsere Generation, die, über die Lügenhaftigkeit von Kinderaussagen in sexuellen Dingen viel gründlicher als frühere Zeiten wissenschaftlich und gerichtspsychologisch belehrt, an solche seelischen Abwegigkeiten bei Minderjährigen mit mehr Verständnis heranzutreten gewöhnt ist. Vor allem müssen wir die sentimentale Auffassung aus dem Spiel lassen, als hätte der Dauphin seine Übergabe an den Schuster Simon als furchtbare Erniedrigung empfunden und seiner Mutter besonders nachgetrauert; Kinder gewöhnen sich erstaunlich rasch an fremde Umgebung, und so erschreckend es auf das erste Wort hin klingen mag: wahrscheinlich hat sich der achteinhalbjährige Knabe bei dem rohen, aber gutlaunigen Simon wohler gefühlt als im Turm des Temple bei den beiden unablässig trauernden, verweinten Frauen, die ihm während des ganzen Tages Unterricht erteilten, ihn zum Lesen nötigten und dem Kinde schon, als dem künftigen Roi de France, unablässig Würde und Haltung aufzuzwingen versuchten. Bei dem Schuster Simon aber ist der kleine Dauphin völlig frei, er wird, weiß Gott, mit Lernen nicht viel geplagt; er kann herumspielen, wie er will, ohne sich zu sorgen und sich zu pflegen; es ist sehr wahrscheinlich, daß es für ihn lustiger war, mit den Soldaten die Carmagnole zu singen, als mit der frommen und langweiligen Madame Elisabeth den Rosenkranz zu beten. Denn jedes Kind hat instinktiv in sich den Zug zum Hinab, eine Abwehr gegen die ihm aufgezwungene Kultur und Sitte, es fühlt sich bei unbefangenen, ungebildeten Menschen wohler als im Bildungszwang; wo mehr Freiheit, mehr Unbefangenheit herrscht und weniger Beherrschung gefordert wird, kann sich stärker das eigentlich Anarchische seiner Natur entfalten. Der Wunsch nach sozialem Aufstieg tritt erst mit dem Erwachen der Intelligenz ein bis zum zehnten, oft bis zum fünfzehnten Jahre aber beneidet eigentlich jedes Kind aus guter Familie seine proletarischen Schulkameraden, denen alles erlaubt ist, was ihm seine wohlbehütete Erziehung verbietet. Mit dieser raschen Umstellung des Gefühls, die Kindern selbstverständlich ist, scheint sich der Dauphin – und dies ganz Natürliche wollten die sentimentalen Biographen um keinen Preis zugeben – sehr bald von jener mütterlichen-melancholischen Sphäre losgelöst und in die zwanglosere, zwar niedrigere, aber für ihn unterhaltsamere des Schusters eingelebt zu haben; die eigene Schwester gesteht zu, daß er ganz laut revolutionäre Lieder gesungen habe; ein anderer unverdächtiger Zeuge gibt eine dermaßen rohe Äußerung des Dauphins über seine Mutter und seine Tante wieder, daß man sie gar nicht zu wiederholen wagt. Für die besondere Prädisposition des Kindes zur Phantasieaussage gibt es aber noch unwiderleglicheres Zeugnis; niemand anders als die eigene Mutter hatte schon über den Viereinhalbjährigen Jahre vorher in jener Anleitung an die Gouvernante geschrieben: »Er ist schwatzhaft, wiederholt gern, was er sprechen gehört hat, und fügt oft, ohne lügen zu wollen, etwas hinzu, was seine Einbildungskraft ihn hat glauben lassen. Das ist sein größter Fehler und der Punkt, in dem man ihn unbedingt bessern muß.«

Durch diese Charakterzeichnung gibt Marie Antoinette den entscheidenden Wink zur Lösung des Rätsels. Und er ergänzt sich folgerichtig durch eine Mitteilung der Madame Elisabeth. Man weiß: fast immer suchen Kinder, bei einer verbotenen Tat ertappt, die Schuld auf jemand anders abzulenken. Aus einer instinktiven Schutzmaßnahme (weil sie ahnen, daß man ungern Kinder verantwortlich macht) erklären sie sich dann fast immer als von jemandem »verführt«. Im vorliegenden Fall klärt das Protokoll mit Madame Elisabeth völlig die Situation. Sie sagt nämlich aus – und diese Tatsache wurde törichterweise meist unterschlagen –, ihr Neffe habe wirklich diesem Knabenlaster seit langem gefrönt und sie erinnere sich genau, daß sowohl sie selber als seine Mutter ihn deshalb öfter heftig ausgezankt hätten. Hier leuchtet die richtige Spur. Das Kind war also schon früher von seiner Mutter, von seiner Tante ertappt und wahrscheinlich mehr oder minder streng bestraft worden. Von Simon befragt, wer ihm diese schlechte Gewohnheit beigebracht, denkt es in ganz selbstverständlicher Erinnerungsverknüpfung mit der Tat zugleich an die erste Ertappung, es denkt geradzu zwanghaft zuerst an diejenigen, die es dafür gezüchtigt haben. Unbewußt rächt es sich für die Strafe, und ohne die Weiterungen einer solchen Aussage zu ahnen, nennt es die Namen der Züchtiger als jene der Anstifter oder stimmt einer Suggestivfrage in diesem Sinne ohne jedes Zögern, also mit dem Anschein äußerster Wahrhaftigkeit, zu. Und nun verläuft die Bahn ganz klar. Einmal in die Lüge verwickelt, kann das Kind nicht mehr zurück; sobald es aber gar noch, wie im vorliegenden Falle, spürt, daß man ihm seine Behauptung willig, ja sogar freudig, glaubt, fühlt es sich völlig in seiner Lüge gesichert und gibt weiterhin alles fröhlich zu, was die Kommissare fragen. Es hält aus Selbstschutzinstinkt an der Version fest, seit es merkt, daß sie ihm die Strafe erspart. Selbst geschultere Psychologen als diese Schustermeister, Exschauspieler, Anstreicher und Aktenschreiber hätten deshalb Mühe gehabt, angesichts einer so deutlich und unzweideutig niedergelegten Aussage zunächst nicht irre zu werden. In diesem besonderen Falle standen die Untersuchenden aber außerdem noch unter dem Einfluß einer Massensuggestion; für sie, die täglichen Leser des »Père Duchesne«, paßte diese furchtbare Anschuldigung des Kindes vollkommen zum infernalischen Charakter der Mutter, welche die pornographischen Broschüren in ganz Frankreich zum Ausbund aller Laster umgelogen hatten. Kein Verbrechen, auch das absurdeste, kann diese Suggestionierten bei einer Marie Antoinette überraschen. So staunten sie nicht lange, so überlegten sie nicht gründlich, sondern setzten ebenso sorglos wie das neunjährige Kind ihre Unterschriften unter eine der größten Gemeinheiten, die jemals gegen eine Mutter ersonnen wurden.

Marie Antoinette hat die undurchdringliche Absperrung in der Conciergerie glücklicherweise davor geschützt, sofort von dieser ungeheuerlichen Aussage ihres Kindes zu erfahren. Erst am vorletzten Tage ihres Lebens belehrt sie die Anklageschrift über diese äußerste Erniedrigung. Jahrzehntelang hat sie alle

Anwürfe gegen ihre Ehre, die allerinfamsten Verleumdungen hingenommen, ohne je die Lippen zu öffnen. Aber dies: sich von ihrem eigenen Kinde so fürchterlich verleumdet zu sehen, diese nicht auszudenkende Qual muß sie in der innersten Tiefe ihrer Seele erschüttert haben. Bis an die Schwelle des Todes begleitet sie dieser marternde Gedanke; noch drei Stunden vor der Guillotine schreibt die sonst völlig Gefaßte an die mitbeschuldigte Madame Elisabeth: »Ich weiß, wie sehr dieses Kind Dir Qual bereitet haben muß, aber verzeih ihm, liebe Schwester, denk an seine große Jugend und wie leicht es ist, einem Kind das in den Mund zu legen, was man daraus wiederhören will, und sogar das, was es selber nicht versteht. Ich hoffe, ein Tag wird kommen, da es um so besser den Wert Deiner Liebe und Zärtlichkeit begreifen wird.«

Es ist Hébert nicht gelungen, was er beabsichtigte: die Königin mit dieser ausposaunten Anschuldigung vor der Welt zu entehren; im Gegenteil, während des Prozesses fährt ihm das gezückte Beil aus der Hand und schlägt in seinen eigenen Nacken. Aber eines ist ihm gelungen: ihr die Seele mörderisch zu verwunden, einer schon dem Tode ausgelieferten Frau noch die allerletzten Stunden zu vergiften.

DER PROZESS BEGINNT

Nun ist genug Butter in der Pfanne, nun kann der öffentliche Ankläger den Braten gar machen. Am. 12. Oktober wird Marie Antoinette zum ersten Verhör in den großen Beratungssaal gerufen. Ihr gegenüber sitzen Fouquier-Tinville, Herman, sein Beisitzer, und ein paar Schreiber, ihr zur Seite niemand. Kein Verteidiger, kein Helfer, nur der Gendarm, der sie bewacht.

Aber in den vielen Wochen des Alleinseins hat Marie Antoinette ihre Kraft gesammelt. Die Gefahr hat sie gelehrt, ihre Gedanken zusammenzufassen, gut zu sprechen und noch besser zu schweigen: jede ihrer Antworten erweist sich als überraschend schlagkräftig und gleichzeitig vorsichtig und klug. Nicht einen Augenblick verläßt sie ihre Ruhe; selbst die törichtsten oder tückischsten Fragen bringen sie nicht aus der Fassung. Jetzt, in der letzten, allerletzten Minute, hat Marie Antoinette die Verantwortlichkeit ihres Namens begriffen, sie weiß: hier, in diesem halbdunklen Verhörzimmer, muß sie die Königin werden, die sie in den Prunksälen von Versailles nicht genug gewesen. Nicht einem kleinen, aus dem Hunger in die Revolution geflüchteten Advokaten, der hier den Ankläger zu spielen meint, antwortet sie hier, oder diesen als Richter verkleideten Wachtmeistern und Schreibern, sondern dem einzig wirklichen und wahrhaften Richter: der Geschichte. »Wann wirst Du endlich werden, wie Du bist«, hatte verzweifelt vor zwanzig Jahren ihre Mutter Maria Theresia geschrieben. Jetzt, eine Spanne vor dem Tod, beginnt Marie Antoinette durch eigene Kraft jene Hoheit zu erringen, die ihr bisher nur äußerlich verliehen war. Auf die formelle Frage, wie sie heiße, antwortet sie laut und klar: »Marie Antoinette von Österreich-Lothringen, achtunddreißig Jahre alt, Witwe des Königs von Frankreich.« Ängstlich bedacht, die Form eines ordentlichen Rechtsverfahrens in allen Äußerlichkeiten zu wahren, hält sich Fouquier-Tinville genau an die Verhörsformalitäten und fragt weiter, als ob er es nicht wüßte, wo sie im Augenblick ihrer Verhaftung gewohnt habe. Ohne Ironie zu zeigen, belehrt Marie Antoinette ihre Ankläger, sie sei niemals verhaftet worden, sondern man habe sie von der Nationalversammlung abgeholt, um sie in den Temple zu überführen. Dann beginnen die eigentlichen Fragen und Anklagen im papierenen Pathos der Zeit; sie hätte vor der Revolution politische Beziehungen zum »König von Böhmen und Ungarn« unterhalten, in einer »fürchterlichen Weise« die Finanzen Frankreichs, die »Frucht des Volksschweißes, für ihre Vergnügungen und Intrigen im Einverständnis mit ruchlosen Ministern verschwendet« und dem Kaiser »Millionen zukommen lassen, damit sie gegen das Volk, das sie ernährte, dienen sollten«.

Sie habe seit der Revolution gegen Frankreich konspiriert, mit fremden Agenten verhandelt, ihren Gemahl, den König, zum Veto veranlaßt. Alle diese Beschuldigungen lehnt Marie Antoinette sachlich und energisch ab. Erst bei einer besonders ungeschickt formulierten Behauptung Hermans belebt sich der Dialog.

»Sie waren es, die Capet die Kunst tiefer Verstellung beigebracht hat, mit der er so lange die guten französischen Bürger getäuscht hat, jenes gute Volk, das nicht ahnte, bis zu welchem Grade man Niedertracht und Perfidie treiben könne.« Auf diese leere Tirade antwortet Marie Antoinette ruhig:

»Jawohl, das Volk ist getäuscht worden, und zwar in grausamster Weise, aber nicht durch meinen Gatten und mich.«

»Von wem ist also das Volk getäuscht worden?«

»Von denen, die daran Interesse hatten. Wir selber hatten nicht das mindeste Interesse, es zu täuschen.« Bei dieser zweideutigen Antwort packt Herman sofort zu. Er hofft, die Königin jetzt in ein Wort hineinzutreiben, das als feindselig gegen die Republik gedeutet werden könnte.

»Wer sind also jene, die nach Ihrer Meinung Interesse hatten, das Volk zu täuschen?«

Aber Marie Antoinette weicht geschickt aus. Das wisse sie nicht. Ihr eigenes Interesse sei gewesen, das Volk aufzuklären und nicht zu täuschen.

Herman spürt das Ironische dieser Antwort und rügt: »Sie haben nicht eindeutig auf meine Frage geantwortet.«

Aber die Königin läßt sich nicht aus ihrer Abwehrstellung herauslocken: »Ich würde ohne Umschweife antworten, wenn ich die Namen der Personen kennte.« Nach diesem ersten Geplänkel wird das Verhör wieder sachlicher. Man fragt sie aus über die Umstände der Flucht nach Varennes; sie antwortet vorsichtig, indem sie alle jene ihrer heimlichen Freunde deckt, die der Ankläger in den Prozeß schleifen will. Erst bei der nächsten einfältigen Anschuldigung Hermans schlägt sie wieder kräftig zurück.

»Sie haben niemals, keinen Augenblick, mit Ihren Versuchen, die Frankreich vernichten sollten, aufgehört. Sie wollten, um welchen Preis immer, regieren und über die Kadaver der Patrioten von neuem auf den Thron steigen.« Auf diesen schwülstigen Galimathias antwortet die Königin stolz und scharf (ach, warum hat man ihr einen solchen Dummkopf als Ausfrager geholt!), sie und ihr Mann hätten es nicht nötig gehabt, auf den Thron zu steigen, weil sie ihn doch schon innehatten und nichts anderes verlangen konnten als das Glück Frankreichs.

Nun wird Herman aggressiver; je mehr er spürt, daß Marie Antoinette aus ihrer vorsichtigen und sichern Haltung sich nicht hervorlocken läßt und kein »Material« für den öffentlichen Prozeß gibt, um so ingrimmiger häuft er die Anklagen: sie hätte die flandrischen Regimenter berauscht, mit auswärtigen Höfen korrespondiert, den Krieg verschuldet und Einfluß auf den Vertrag von Pillnitz genommen. Aber Marie Antoinette berichtigt, den Tatsachen entsprechend, der Nationalkonvent und nicht ihr Gemahl hätte den Krieg beschlossen, sie sei bei dem Bankett nur zweimal durch den Saal geschritten.

Die gefährlichsten Fragen aber hat sich Herman für den Schluß aufgespart, diejenigen, bei denen die Königin entweder ihr eigenes Gefühl verleugnen oder sich in irgendeine Aussage gegen die Republik verfangen soll. Ein Katechismus des Staatsrechts wird ihr abgefordert. »Welches Interesse haben Sie an dem Waffenschicksal der Republik?«

»Das Glück Frankreichs ist es, das ich über alles wünsche.«

»Glauben Sie, daß die Könige nötig sind für das Glück des Volkes?«

»Eine einzelne Person kann nicht über solche Dinge entscheiden.«

»Sie bedauern ohne Zweifel, daß Ihr Sohn einen Thron verloren hat, auf den er hätte steigen können, wenn das Volk, endlich über seine Rechte belehrt, nicht diesen Thron zertrümmert hätte?«

»Ich werde niemals etwas für meinen Sohn bedauern, wenn es seinem Land zum Vorteil gereichen wird.«

Man sieht, der Untersuchungsrichter hat kein Glück. Marie Antoinette hätte sich nicht spitzfindiger und jesuitischer ausdrücken können, als indem sie sagt, sie bedaure nichts für ihren Sohn, wenn es »seinem Land zum Vorteil gereichen« würde, denn mit diesem einen besitzanzeigenden Wort »seinem« hat die Königin, ohne offen die Republik als unzuständig zu erklären, dem Untersuchungsrichter dieser Republik ins Gesicht gesagt, daß sie Frankreich noch immer als ihres Kindes rechtmäßiges Land und Eigentum betrachte, sie hat das ihr Heiligste, das Kronrecht ihres Sohnes, selbst in der Gefahr nicht preisgegeben. Nach diesem letzten Geplänkel geht das Verhör rasch dem Ende zu. Man fragt, ob sie selber für die Hauptverhandlung einen Verteidiger namhaft mache. Marie Antoinette erklärt, keinen Anwalt zu kennen, und stimmt zu, ihr einen oder zwei ihr persönlich unbekannte von Amts wegen beistellen zu lassen. Im Grunde, sie weiß es, ist das gleichgültig, ob Freund oder Fremder, denn so mutig ist jetzt in ganz Frankreich kein Mann mehr, die einstige Königin ernstlich zu verteidigen. Wer nur ein einziges offenes Wort zu ihren Gunsten spräche, rückte sofort vom Platz des Verteidigers auf die Anklagebank. Jetzt – der äußere Schein einer rechtlichen Untersuchung ist gewahrt – kann der bewährte Formalist Fouquier-Tinville an die Arbeit gehen und das Anklagedekret verfassen. Seine Feder läuft rasch und flink über das Papier: wer jeden Tag Anklagen stapelweise zu fabrizieren hat, bekommt eine leichte Hand. Immerhin glaubt sich der Provinzjurist für diesen besonderen Fall zu einem gewissen poetischen Schwung verpflichtet: wenn man eine Königin anschuldigt, muß das in feierlicherem, pathetischerem Ton geschehen, als wenn man irgendein Nähmädchen am Genick faßt, das »Vive le Roi!« gerufen hat. So beginnt sein Schriftstück höchst schwülstig: »Nach Prüfung der vom öffentlichen Ankläger übermittelten Beweisstücke wird festgestellt, daß, ähnlich wie Messalina, Brunhilde, Fredegunde und Katharina von Medici, die man einstmals Königinnen von Frankreich nannte und deren für ewig verächtliche Namen sich aus der Geschichte nicht auslöschen lassen, Marie Antoinette, die Witwe Ludwig Capets, seit ihrem Aufenthalt in Frankreich die Geißel und die Blutsaugerin der Franzosen gewesen ist.« Nach diesem kleinen historischen Schnitzer – denn zur Zeit Fredegundes und Brunhildes gab es noch gar kein Königreich Frankreich – folgen die bekannten Anschuldigungen, Marie Antoinette habe politische Beziehungen zu einem »König von Böhmen und Ungarn« genannten Manne unterhalten, Millionen dem Kaiser übermittelt, bei der »Orgie« des Gardekorps mitgewirkt, den Bürgerkrieg entfesselt, die Niedermetzelung der Patrioten verursacht, dem Ausland die Kriegspläne übermittelt. In etwas verhüllter Form wird die Anklage Héberts übernommen, »daß sie, derart widernatürlich und mit allen Verbrechen vertraut, ihrer Stellung als Mutter und des Gesetzes Natur spottend, nicht davor zurückgeschreckt sei, mit Louis Charles Capet, ihrem Sohne,

Unsittlichkeiten zu begehen, die auszudenken oder zu nennen allein schon vor Abscheu erbeben ließen«. Neu und überraschend ist dagegen nur die Anschuldigung, sie hätte die Niedertracht und Verstellung so weit getrieben, Werke drucken und verteilen zu lassen, in denen sie selbst in unvorteilhafter Weise geschildert sei, um den auswärtigen Mächten die Überzeugung beizubringen, wie sehr sie von den Franzosen mißhandelt würde. Marie Antoinette hätte also nach Fouquier-Tinvilles Auffassung selber die tribadischen Pamphlete der La Motte und der unzähligen anderen vorbereitet. Auf Grund all dieser Beschuldigungen wird Marie Antoinette aus dem Zustand der nur Überwachten in den Anklagestand versetzt.

Dieses Dokument, nicht gerade ein Meisterstück forensischer Kunst, wird noch tintenfeucht am 13. Oktober dem Verteidiger Chauveau-Lagarde übermittelt, der sich damit unverzüglich zu Marie Antoinette ins Gefängnis begibt. Gemeinsam lesen die Beschuldigte und ihr Anwalt die Anklageschrift. Aber nur der Advokat ist von dem gehässigen Ton überrascht und erschüttert. Marie Antoinette, die nach ihrem Verhör nichts Besseres erwartet hatte, bleibt vollkommen ruhig. Doch der gewissenhafte Jurist verzweifelt immer von neuem. Nein, es sei nicht möglich, einen solchen Wust von Anklagen und Dokumenten in einer einzigen Nacht durchzuarbeiten, er sei nur dann imstande, wirksam zu verteidigen, wenn er wirklich Einblick in das papierene Chaos nehmen könnte. So drängt er die Königin, sie solle um einen Aufschub von drei Tagen einkommen, damit er seine Verteidigungsrede auf Grund des gesichteten Materials und der überprüfenden Beweisstücke gründlich vorbereiten könne.

»An wen muß ich mich da wenden?« fragte Marie Antoinette.

»An den Konvent.«

»Nein, nein ... das niemals!«

»Aber«, Chauveau-Lagarde drängt, »Sie sollten nicht aus einem hier unnützen Gefühl des Stolzes sich Ihres Vorteils begeben. Sie haben die Verpflichtung, Ihr Leben nicht nur für sich, sondern für Ihre Kinder zu erhalten.« Dem Anruf, es gelte ihre Kinder, gibt die Königin nach. Sie schreibt an den Vorsitzenden der Versammlung: »Bürger Präsident, die Bürger Tronson und Chauveau, die mir das Tribunal zur Verteidigung zugeteilt hat, machen mich darauf aufmerksam, daß ihnen erst heute ihr Amt übertragen wurde. Ich soll morgen abgeurteilt werden, und es ist ihnen unmöglich, innerhalb einer so kurzen Frist die Prozeßakten zu studieren oder auch nur zu lesen. Ich schulde es meinen Kindern, kein Mittel zur völligen Rechtfertigung ihrer Mutter zu verabsäumen. Mein Verteidiger ersucht um drei Tage Aufschub. Ich hoffe, der Konvent wird sie bewilligen.«

Abermals überrascht bei diesem Schriftstück die geistige Wandlung Marie Antoinettes. Die zeitlebens eine schlechte Schreiberin, eine schlechte Diplomatin gewesen, beginnt jetzt königlich zu schreiben und verantwortlich zu denken. Denn selbst in äußerster Lebensgefahr erweist sie dem Konvent, den sie als rechtlich übergeordnete Instanz ansprechen muß, nicht die Ehre einer Bitte. Sie ersucht nicht in eigenem Namen – nein, eher zugrunde gehen! –, sondern sie übermittelt nur das Ansuchen eines Dritten: »Mein Verteidiger ersucht um drei Tage Aufschub«, steht darin, und »Ich hoffe, der Konvent wird sie bewilligen.« Kein »ich bitte darum«.

Der Konvent antwortet nicht. Der Tod der Königin ist längst beschlossen, wozu die Formalitäten vor Gericht noch verlängern? Jedes Zögern wäre Grausamkeit. Am nächsten Morgen um acht beginnt der Prozeß, und jeder weiß im voraus, wie er enden wird.

Die siebzig Tage in der Conciergerie haben Marie Antoinette zu einer alten und kränklichen Frau gemacht. Rot und von Tränen entzündet, brennen jetzt ihre des Tageslichtes völlig entwöhnten Augen, ihre Lippen sind auffallend blaß durch die schweren, unaufhörlichen Blutverluste, die sie in den letzten Wochen erlitten. Oft und oft hat sie jetzt mit Müdigkeit zu kämpfen, mehrmals muß der Arzt ihr Herzstärkungsmittel verordnen. Aber sie weiß, heute beginnt ein historischer Tag, heute darf sie nicht müde sein, niemand im Gerichtssaal soll die Schwäche einer Königin und Kaiserstochter bespötteln dürfen. Noch einmal muß aus dem erschöpften Körper, aus dem längst schon matt gewordenen Gefühl alle Spannkraft emporgezwungen werden, dann kann er lange, dann kann er für immer ruhen. Nur zwei Dinge hat Marie Antoinette noch auf der Erde zu tun: aufrecht sich zu verteidigen und aufrecht zu sterben.

Aber innerlich voll Entschlossenheit, will Marie Antoinette auch äußerlich mit Würde dem Gericht entgegentreten. Das Volk soll spüren, daß die Frau, die heute vor die Schranken tritt, eine Habsburgerin und, trotz aller Absetzungsdekrete, eine Königin ist. Sorgfältiger als sonst scheitelt sie ihr weiß gewordenes Haar. Sie setzt ein gefälteltes, frisch gestärktes weißes Leinenhäubchen auf, von dem zu beiden Seiten der Trauerschleier niederfällt; als Witwe Ludwigs XVI., des letzten Königs von Frankreich, will Marie Antoinette vor dem Gericht der Revolution erscheinen.

Um acht Uhr versammeln sich in dem großen Saal die Richter und Geschworenen, Herman, der Landsmann Robespierres, als Präsident, Fouquier-Tinville als öffentlicher Ankläger. Die Geschworenen sind aus allen Klassen zusammengesetzt, ein früherer Marquis, ein Chirurg, ein Limonadenverkäufer, ein Musiker, ein Buchdrucker, ein Perückenmacher, ein ehemaliger Priester und ein Tischler; neben dem öffentlichen Ankläger haben einige Mitglieder des Sicherheitsausschusses Platz genommen, um den Gang der Verhandlung zu überwachen. Der Saal selbst ist gedrängt voll. Nur einmal im Jahrhundert hat man Gelegenheit, eine Königin auf dem Armsünderstuhl zu sehen.

Marie Antoinette tritt gelassen ein und nimmt ruhig Platz; ihr ist nicht mehr wie ihrem Gatten ein besonderer Lehnstuhl bewilligt, ein nackter Holzsitz wartet ihrer; auch die Richter sind nicht mehr wie bei der feierlichen öffentlichen Anklage Ludwigs XVI. die gewählten Vertreter der Nationalversammlung, sondern die tagtäglich waltende Jury, die ihre düstere Pflicht tut wie ein Handwerk. Aber vergebens suchen die Zuschauer in ihrem erschöpften, jedoch nicht verstörten Gesicht nach einem sichtlichen Zeichen der Erregung und Angst. In aufrechter, entschlossener Haltung wartet sie auf den Beginn der Verhandlung. Ruhig blickt sie auf die Richter, ruhig in den Saal und sammelt ihre Kraft.

Als erster erhebt sich Fouquier-Tinville und liest die Anklageschrift vor. Die Königin hört kaum zu. Sie kennt jetzt schon alle diese Vorbehalte: gestern hat sie jeden mit ihrem Advokaten geprüft. Nicht ein einziges Mal, auch nicht bei den härtesten Anschuldigungen, hebt sie den Kopf, ihre Finger spielen gleichgültig auf der Armlehne des Sessels, »wie auf einem Klavier«.

Dann beginnt der Aufmarsch der einundvierzig Zeugen, die, ihrem Eid gemäß, »ohne Haß und ohne Furcht die Wahrheit, die ganze Wahrheit« auszusagen haben. Da der Prozeß hastig vorbereitet ist – er hat wahrhaftig viel zu tun in jenen Tagen, der arme Fouquier-Tinville, die Girondisten sind bereits an der Reihe, Madame Roland und hundert andere –, so werden die verschiedensten Anschuldigungen ohne jeden zeitlichen oder logischen Zusammenhang wirr durcheinander vorgebracht. Die Zeugen sprechen bald über die Geschehnisse des 6. Oktober in Versailles, bald vom 10. August in Paris, über die Verbrechen vor oder während der Revolution. Die meisten dieser Aussagen sind bedeutungslos, einige geradezu lächerlich, etwa jene des Dienstmädchens Milot, das gehört zu haben behauptet, wie 1788 der Herzog von Coigny zu irgend jemand sagte, die Königin habe ihrem Bruder zweihundert Millionen übersenden lassen, oder die noch törichtere, Marie Antoinette habe zwei Pistolen bei sich getragen, um den Herzog von Orléans zu ermorden. Zwei Zeugen allerdings beschwören, Geldanweisungen der Königin gesehen zu haben; aber die Originale dieser entscheidenden Dokumente können nicht vorgelegt werden; ebensowenig ist ein Brief zur Hand, den Marie Antoinette an den Kommandanten der Schweizergarde geschickt haben soll: »Kann man sicher auf Ihre Schweizer zählen, werden sie im gebotenen Fall sich tapfer halten?« Kein einziges geschriebenes Blatt von Marie Antoinette ist zu erbringen, und auch das versiegelte Paket, das ihre Habseligkeiten enthält, die man im Temple beschlagnahmt hat, ergibt nichts Belastendes. Die Haarlocken sind die ihres Mannes und ihrer Kinder, die Miniaturporträts jene der Prinzessin von Lamballe und ihrer Jugendfreundin, der Landgräfin von Hessen-Darmstadt, die notierten Namen in ihrem Notizbuch die ihrer Wäscherin und ihres Arztes: kein einziges Stück erweist sich für die Anklage als brauchbar. So sucht der Ankläger immer wieder auf die allgemeinen Beschuldigungen zurückzukommen, aber die Königin, diesmal vorbereitet, antwortet womöglich noch fester und sicherer als beim Vorverhör. Es entspinnen sich Debatten wie die folgende:

»Woher haben Sie das Geld genommen, mit dem Sie das kleine Trianon ausbauen und möblieren ließen, in dem Sie Feste gaben, bei denen Sie immer die Göttin gewesen sind?«

»Man hatte für diese Ausgaben einen Fonds bestimmt.«

»Dieser Fonds mußte beträchtlich sein, denn das kleine Trianon wird riesige Summen gekostet haben.«

»Es ist möglich, daß das kleine Trianon riesige Summen gekostet hat und wahrscheinlich mehr, als ich selber gewünscht habe. Man wurde nach und nach in die Ausgaben hineingezogen. Übrigens wünsche ich mehr als jeder andere, daß man über alles aufgeklärt werde.«

»War es nicht im kleinen Trianon, wo Sie zum erstenmal Frau La Motte gesehen haben?«

»Ich habe sie niemals gesehen.«

»War sie nicht Ihr Opfer in der Angelegenheit der berüchtigten Halsbandaffäre?«

»Sie konnte es nicht sein, weil ich sie nicht kannte.«

»Sie bleiben also dabei, zu leugnen, daß Sie sie gekannt haben?«

»Mein System ist nicht die Ableugnung. Ich habe die Wahrheit gesagt und werde fortfahren, sie zu sagen.«

Wenn überhaupt noch Hoffnung bestünde, so dürfte Marie Antoinette sich ihr hingeben, denn die meisten Zeugen haben völlig versagt. Kein einziger von denen, die sie fürchtete, hat sie ernstlich belastet. Immer kräftiger wird ihre Gegenwehr. Als der öffentliche Ankläger behauptet, sie hätte den ehemaligen König durch ihren Einfluß zu allem gebracht, was sie verlangt hätte, antwortete sie: »Es ist etwas ganz anderes, ob man jemanden berät oder etwas ausführen läßt.« Als im Laufe der Verhandlung der Präsident sie darauf hinweist, sie befinde sich mit ihren Aussagen im Widerspruch zu den Erklärungen ihres

Sohnes, sagte sie verächtlich: »Es ist leicht, ein achtjähriges Kind alles sagen zu lassen, was man von ihm will.« Bei den wirklich bedrohlichen Fragen deckte sie sich durch ein vorsichtiges: »Ich weiß es nicht, ich erinnere mich nicht.« So kann sie Herman nicht ein einziges Mal triumphierend einer offenen Unwahrhaftigkeit oder eines Widerspruchs überführen, nicht einmal läßt sich während der langen Stunden die gespannt lauschende Zuhörerschaft zu einem zornigen Zwischenruf oder einer gehässigen Regung oder zu patriotischem Applaus entfachen. Leer, langsam, mit vielen sandigen Stellen läuft die Verhandlung hin. Es ist Zeit, daß eine entscheidende, eine wirklich niederschmetternde Aussage komme, um Schwung in die Anklage zu bringen. Diese Sensation meint endlich Hébert zu bringen mit der furchtbaren Beschuldigung des Inzests.

Er tritt vor. Entschlossen, überzeugt, mit laut vernehmbarer Stimme wiederholt er die ungeheuerliche Anschuldigung. Aber bald wird er gewahr, daß das Unglaubliche dieser Anklage unglaubhaft wirkt, daß niemand im ganzen Saal seinen Abscheu vor dieser verworfenen Mutter, vor dieser entmenschten Frau durch wütende Zwischenrufe kundgibt; stumm sitzt alles, blaß und betroffen. So meint der arme Schächer, noch eine besonders raffinierte psychologisch-politische Auslegung auftischen zu müssen. »Man kann annehmen«, erklärt der Dummkopf, »daß dieser verbrecherische Genuß nicht von dem Bedürfnis nach Vergnügen bestimmt war, sondern durch die politische Absicht, dieses Kind körperlich zu entnerven. Die Witwe Capet hat nämlich gehofft, ihr Sohn würde einmal den Thron einnehmen und sie könnte dann, dank solcher Machenschaften, sich das Recht über seine Handlungsweise sichern.«

Aber seltsam, auch bei dieser welthistorischen Einfältigkeit bleibt die Zuhörerschaft geradezu bestürzend still. Marie Antoinette antwortet nicht und blickt an Hébert verächtlich vorbei. Gleichgültig, als ob dieser ingrimmige Tropf chinesisch gesprochen hätte, und ohne eine Miene zu verziehen, sitzt sie aufrecht und unberührt. Auch der Präsident Herman tut so, als ob er die ganze Anschuldigung überhört hätte. Er vergißt absichtlich zu fragen, was die verleumdete Mutter zu erwidern habe – schon hat er den peinlichen Eindruck dieser Inzestanklage bei allen Zuhörern, insbesondere bei den Frauen, wahrgenommen und läßt darum hastig diese widrige Beschuldigung unter den Tisch fallen. Da hat unglückseligerweise einer der Geschworenen den Vorwitz, den Präsidenten zu erinnern: »Bürger Präsident, ich fordere Sie auf, zu beachten, daß die Angeklagte in Hinsicht auf die Geschehnisse, von denen der Bürger Hébert behauptet, sie hätten sich zwischen ihr und ihrem Sohn abgespielt, sich nicht geäußert hat.«

Nun kann der Präsident nicht länger ausweichen. Gegen sein inneres Gefühl muß er die Frage an die Angeklagte stellen. Marie Antoinette hebt stolz und mit einem Ruck das Haupt – »hier scheint die Angeklagte lebhaft bewegt«, meldet selbst der sonst so trockene Moniteur – und erwidert laut und mit unsäglicher Verächtlichkeit: »Wenn ich nicht geantwortet habe, so geschah dies, weil die Natur sich weigert, auf eine solche Beschuldigung gegen eine Mutter etwas zu erwidern. Ich wende mich an alle Mütter, die sich hier befinden mögen.«

Und tatsächlich, ein unterirdisches Brausen, eine starke Bewegung geht durch den Saal. Die Frauen aus dem Volk, die Arbeiterinnen, die Fischweiber, die Trikoteusen halten den Atem an, sie fühlen in geheimnisvoller Verbundenheit: man hat mit dieser einen Frau ihr ganzes Geschlecht beleidigt. Der Präsident schweigt, jener neugierige Geschworene senkt den Blick: der Akzent des schmerzlichen Zornes in der Stimme der verleumdeten Frau hat alle getroffen. Wortlos tritt Hébert von der Schranke zurück, nicht eben stolz auf seine Leistung. Alle spüren und vielleicht er selbst, seine Anschuldigung hat der Königin gerade in schwerster Stunde zu einem großen moralischen Triumph verholfen. Was sie erniedrigen sollte, hat sie erhöht.

Robespierre, der am gleichen Abend von dem Zwischenfall erfährt, kann seine Erbitterung über Hébert nicht bemeistern. Er, der einzige politische Geist unter diesen lauten lärmenden Volksagitatoren, begreift sofort, welche rasende Dummheit es gewesen, diese irrwitzige, von Angst oder Schuldbewußtsein eingegebene Anschuldigung eines noch nicht neunjährigen Knaben gegen seine Mutter vor die Öffentlichkeit zu zerren. »Dieser Tölpel von einem Hébert«, sagt er wütend zu seinen Freunden, »muß ihr noch einen Triumph verschaffen.« Längst ist Robespierre dieses wüsten Gesellen müde, der durch seine ordinäre Demagogie, durch sein anarchisches Gehaben die ihm heilige Sache der Revolution schändet; an diesem Tage beschließt er innerlich, diesen Schmutzfleck auszutilgen. Der Stein, den Hébert gegen Marie Antoinette geschleudert, fällt auf ihn selbst mörderisch zurück. Ein paar Monate noch, und er wird im gleichen Karren den gleichen Weg fahren, aber nicht so tapfer wie sie, sondern mit derart mattem Mut, daß sein Kamerad Ronsin ihn anherrschen muß. »Als es zu handeln galt, hast du erbärmlich geschwätzt. Jetzt lerne wenigstens zu sterben.«

Marie Antoinette hat ihren Triumph gespürt. Aber sie hat auch eine Stimme im Zuschauerraum aufstaunen gehört: »Siehst du, wie stolz sie ist!« Und so fragt sie ihren Verteidiger: »Habe ich nicht zuviel Würde in meine Antwort gelegt?« Aber der beruhigt sie: »Madame, bleiben Sie, die Sie sind, und Sie werden vortrefflich sein.« Noch einen zweiten Tag hat Marie Antoinette zu kämpfen, schwer schleppt sich der Prozeß weiter,

Zuhörer und Teilnehmer ermüden; aber obwohl sie von ihren Blutungen erschöpft ist und nichts als eine Tasse Suppe in den Pausen zu sich nimmt, bleibt ihre Haltung wie ihr Geist energisch und aufrecht. »Man trachte, sich die ganze Seelenkraft vorzustellen«, schreibt ihr Verteidiger in seinen Erinnerungen, »die für die Königin vonnöten war, um die Anstrengungen einer so langen und furchtbaren Sitzung zu ertragen: auf der Bühne vor einem ganzen Volk, im Kampf gegen blutgierige Gegner sich gegen alle die Fangstricke, die man ihr hinhielt, zu wehren und dabei zugleich die Haltung und das richtige Maß zu bewahren und nicht hinter sich selber zurückzubleiben.« Fünfzehn Stunden hat sie am ersten Tag gekämpft, mehr als zwölf sind schon am zweiten vorüber, als endlich der Präsident das Verhör für beendet erklärt und an die Angeklagte die Frage stellt, ob sie noch etwas zu ihrer Entlastung hinzuzufügen habe. Selbstbewußt antwortet Marie Antoinette: »Gestern kannte ich die Zeugen noch nicht, ich wußte nicht, was sie gegen mich aussagen würden. Nun, kein einziger von ihnen hat eine einzige positive Tatsache gegen mich vorgebracht. Ich habe nichts mehr zu bemerken, als daß ich nur die Frau Ludwigs XVI. war und mich daher allem, was er beschloß, fügen mußte.«

Nun erhebt sich Fouquier-Tinville und begründet zusammenfassend die Anklage. Die beiden zugeteilten Verteidiger erwidern in ziemlich lauer Weise: sie erinnern sich wahrscheinlich, daß der Verteidiger Ludwigs XVI., weil er zu energisch für ihn Partei nahm, für das Schafott angefordert wurde; so ziehen sie es vor, lieber die Milde des Volkes anzurufen, statt die Unschuld der Königin zu behaupten. Ehe der Präsident nun seinerseits den Geschworenen die Schuldfrage vorlegt, wird Marie Antoinette aus dem Saal geführt, das Tribunal und die Geschworenen bleiben unter sich. Jetzt wird nach allen Phrasen der Präsident Herman klar und sachlich: er läßt all die unbestimmten hunderterlei Einzelbeschuldigungen beiseite und faßt alle Fragen zu knapper Formel zusammen. Es sei das französische Volk, das Marie Antoinette anklage, denn alle politischen Geschehnisse, die sich seit fünf Jahren ereignet hätten, legten Zeugenschaft ab gegen sie. Deshalb stelle er vier Fragen an die Geschworenen:

Erstens: Ist es erwiesen, daß es Machenschaften und Verständigungen mit den auswärtigen Mächten und Feinden der Republik gibt, um diesen Geldeshilfe zu vermitteln, ihnen Einlaß auf französischem Boden zu gewähren und den Sieg ihrer Waffen zu unterstützen? Zweitens: Ist Marie Antoinette von Österreich, Witwe Capet, überführt, an solchen Machenschaften teilgenommen und derartige Verständigungen unterhalten zu haben?

Drittens: Ist es erwiesen, daß ein Komplott und eine Verschwörung bestanden haben, um den Bürgerkrieg im Innern des Landes zu entfachen?

Viertens: Ist Marie Antoinette von Österreich, Witwe Ludwig Capets, überführt, an dieser Verschwörung teilgenommen zu haben?

Schweigend erheben sich die Geschworenen und ziehen sich in ein Nebenzimmer zurück. Mitternacht ist vorbei. Die Kerzen flammen unruhig in dem von Menschen überwärmten Saal, und die Herzen zucken mit ihnen in Spannung und Neugier.

Zwischenfrage: Wie müßten von Rechts wegen die Geschworenen entscheiden? In seinem Schlußantrag hat der Präsident den ganzen politischen Aufputz des Prozesses weggeschoben und die Beschuldigungen eigentlich auf eine einzige zurückgeführt. Die Geschworenen werden nicht befragt, ob sie Marie Antoinette für eine widernatürliche und ehebrecherische, eine blutschänderische, eine verschwenderische Frau halten, sondern einzig, ob die ehemalige Königin schuldig sei, mit dem Ausland in Verbindung gestanden, den Sieg der feindlichen Armeen und einen Aufstand im Innern gewünscht und gefördert zu haben.

Ist nun Marie Antoinette im rechtlichen Sinne dieses Verbrechens schuldig und überführt? Zweischneidige Frage, die nur zwiefach beantwortet werden kann. Zweifellos war Marie Antoinette – und dies ist die Stärke des Prozesses – wirklich schuldig im Sinne der Republik. Sie hat, wir wissen es, mit dem feindlichen Ausland unleugbar ständige Verbindungen unterhalten. Sie hat, ganz im Sinne der Anklage, tatsächlich Hochverrat begangen, indem sie die militärischen Angriffspläne Frankreichs dem österreichischen Gesandten auslieferte, sie hat und hätte jedes gesetzliche und ungesetzliche Mittel, das ihrem Gatten Thron und Freiheit zurückgeben konnte, bedingungslos genutzt und gefördert.

Die Anklage besteht also zu Recht. Aber – hier die Schwäche des Prozesses – sie ist nicht im mindesten bewiesen. Heute sind die Dokumente bekannt und gedruckt, die Marie Antoinette unzweideutig des Hochverrats gegen die Republik überführen; sie liegen im Staatsarchiv in Wien, im Nachlaß Fersens. Aber dieser Prozeß wurde am 16. Oktober 1793 in Paris durchgeführt, und damals war kein einziges dieser Dokumente dem öffentlichen Ankläger zugänglich. Kein einziges wirklich gültiges Zeugnis jenes wirklich begangenen Landesverrats konnte den Geschworenen im ganzen Prozeß vorgelegt werden.

Eine ehrliche, unbeeinflußte Geschworenschaft wäre also in arger Verlegenheit. Folgen sie ihrem Instinkt, so müßten diese zwölf Republikaner Marie Antoinette unbedingt verurteilen, denn keiner von ihnen kann zweifeln: diese Frau ist die Todfeindin der Republik, sie hat, was sie konnte, getan, um ungeschmälert die königliche Macht für ihren Sohn zurückzuerobern. Aber nach dem Buchstaben steht das Recht auf seiten der Königin: es fehlt die tatsächliche Überführung. Als Republikaner dürfen sie die Königin für schuldig erachten, als beeidete Geschworene müßten sie das Gesetz wahren, das keine andere Schuld als die erwiesene kennt. Aber glücklicherweise bleibt den kleinen Bürgern dieser innere Gewissenskonflikt erspart. Denn sie wissen, der Konvent fordert gar keinen gerechten Richtspruch. Er hat sie entsandt, nicht um zu entscheiden, er hat sie heranbefohlen, um eine staatsgefährliche Frau zu verurteilen. Sie haben entweder den Kopf Marie Antoinettes zu liefern oder den eigenen hinzuhalten. So beraten die zwölf in Wirklichkeit nur zum Schein, und wenn sie länger zu überlegen scheinen als eine Minute, so geschieht dies nur, um Beratung noch vorzutäuschen, wo eindeutiger Beschluß schon längst anbefohlen ist.

Um vier Uhr morgens kehren die Geschworenen schweigend in den Saal zurück, Totenstille erwartet ihren Urteilsspruch. Einstimmig erklären sie Marie Antoinette der ihr zugeschriebenen Verbrechen für schuldig. Präsident Herman ermahnt die Zuhörer – es sind jetzt, lange nach Mitternacht, nicht mehr viele, die Ermüdung hat die meisten nach Hause getrieben –, jedes Zeichen der Zustimmung zu vermeiden. Dann wird Marie Antoinette hereingeführt. Sie allein, die den zweiten Tag schon seit acht Uhr früh ununterbrochen kämpft, hat noch kein Recht, müde zu sein. Man liest ihr die Entschließung der Geschworenen vor. Fouquier-Tinville fordert die Todesstrafe; sie wird einstimmig bejaht. Dann fragt der Präsident die Verurteilte, ob sie noch irgendeine Beschwerde erhebe.

Marie Antoinette hat ohne jede Bewegung vollkommen ruhig den Spruch der Geschworenen und das Urteil angehört. Sie gibt nicht das kleinste Zeichen weder von Angst noch von Zorn, noch von Schwäche. Auf die Frage des Präsidenten antwortet sie kein Wort, sie schüttelt nur verneinend das Haupt. Ohne sich umzuwenden, ohne jemanden anzublicken, schreitet sie durch das allgemeine Schweigen aus dem Saal und die Stufen hinab; sie ist müde dieses Lebens, dieser Menschen und zutiefst zufrieden, daß alle diese kleinen Quälereien nun zu Ende sind. Jetzt gilt es nur, fest zu bleiben für die letzte Stunde.

Einen Augenblick versagen ihr im stockdunklen Gang die übermüdeten und geschwächten Augen, der Fuß findet nicht mehr die Stufe, sie zögert und schwankt. Rasch, ehe sie stürzt, bietet ihr der Gendarmerieoffizier, Leutnant de Busne, der einzige, der ihr während der Verhandlung ein Glas Wasser zu reichen den Mut hatte, den Arm, um sie zu stützen. Dafür und weil er den Hut in der Hand gehalten, während er die Todgeweihte begleitet, wird er sofort von einem andern Gendarmen angezeigt und muß sich verteidigen: »Ich habe das nur getan, um einen Sturz zu vermeiden, und alle Menschen von gesunder Vernunft werden darin keinen andern Grund erblicken, denn wenn sie auf der Treppe gefallen wäre, hätte man sofort Verschwörung und Verrat gezetert.« Auch die beiden Verteidiger der Königin werden nach beendeter Sitzung festgenommen; man untersucht sie, ob ihnen die Königin nicht heimlich eine geschriebene Botschaft überreicht hätte; arme Juristenseelen, fürchten die Richter die unzerstörbare Energie dieser Frau noch knapp einen Schritt vor der Grube.

Aber die, welcher all diese Angst und Besorgnis gilt, die arme, ausgeblutete und müde Frau, weiß von all diesen jämmerlichen Scherereien nichts mehr; ruhig und gelassen ist sie in ihr Gefängnis zurückgetreten. Jetzt zählt ihr Leben nur noch nach Stunden.

Im kleinen Zimmer brennen auf dem Tisch zwei Kerzen. Der zum Tode Verurteilten hat man sie als letzte Gunst gewährt, damit sie die Nacht vor der ewigen Nacht nicht im Dunkel verbringen müsse. Auch eine andere Bitte wagt der bisher übervorsichtige Gefängniswärter nicht mehr abzuschlagen: Marie Antoinette verlangt Papier und Tinte für einen Brief; aus ihrer letzten und finstersten Einsamkeit möchte sie noch einmal das Wort an diejenigen richten, die sich um ihretwillen sorgen. Der Wächter bringt Tinte, Feder und ein gefaltetes Blatt, und während das erste Frührot schon durch die vergitterten Fenster blickt, beginnt Marie Antoinette mit der letzten Kraft ihren letzten Brief.

Goethe sagte einmal von den letzten Äußerungen unmittelbar vor dem Tode das herrliche Wort: »Am Ende des Lebens gehen dem gefaßten Geiste Gedanken auf, bisher undenkbar; sie sind wie selige Dämonen, die sich auf den Gipfeln der Vergangenheit glänzend niederlassen.« Solch ein geheimnisvolles Abschiedslicht leuchtet auch über diesem letzten Brief der Todgeweihten; nie hat Marie Antoinette ihre Seele so mächtig und zu solcher entschlossenen Klarheit zusammengefaßt wie in diesem Abschiedsbrief an Madame Elisabeth, die Schwester ihres Gatten und nun auch Hüterin ihrer Kinder. Fester, sicherer, beinahe männlich, sind die Schriftzüge auf diesem Blatt, geschrieben an einem erbärmlichen kleinen Gefängnistisch, als all jene, die wegflatterten von dem vergoldeten Schreibtisch von Trianon; reiner formt sich hier die Sprache, ohne Rückhalt das Gefühl: es ist, als ob der vom Tode aufgewühlte innere Sturm das ganze unruhige Gewölk zerrissen hätte, das dieser tragischen Frau verhängnisvoll lange den Ausblick in die eigene Tiefe verhüllte. Marie Antoinette schreibt:

»Dir, liebe Schwester, schreibe ich zum letztenmal. Ich wurde soeben verurteilt, nicht zu einem schmachvollen Tod, der nur für Verbrecher gilt, sondern dazu, Deinen Bruder wiederzufinden. Unschuldig wie er, hoffe ich ihm in seinen letzten Augenblicken zu gleichen. Ich bin ruhig, wie man es ist, wenn das Gewissen dem Menschen keine Vorwürfe macht. Ich bedaure tief, meine armen Kinder zu verlassen. Du weißt, ich habe nur für sie gelebt und für Dich, meine gute zärtliche Schwester. Du, die Du aus Freundschaft alles geopfert hast, um bei uns zu bleiben – in welcher Lage lasse ich Dich zurück! Durch das Plädoyer des Prozesses habe ich erfahren, daß meine Tochter von Dir getrennt worden ist. Ach, die arme Kleine! Ich wage es nicht, ihr zu schreiben, sie würde meinen Brief nicht erhalten – weiß ich doch nicht einmal, ob dieser hier Dich erreichen wird. Empfange für sie beide hierdurch meinen Segen. Ich hoffe, daß sie später einmal, wenn sie größer sind, sich mit Dir vereinigen und ganz Deine zärtliche Sorgfalt genießen können. Mögen sie beide an das denken, was ich sie unablässig gelehrt habe: daß die Grundsätze und die genaue Befolgung der eigenen Pflichten das wichtigste Fundament des Lebens sind, daß die Freundschaft und das Vertrauen, das sie einander entgegenbringen werden, sie glücklich machen wird. Möge meine Tochter, als die ältere, fühlen, daß sie ihrem Bruder immer beistehen müsse mit Ratschlägen, die größere Erfahrung und ihre Freundschaft ihr eingeben werden. Möge mein Sohn hinwieder seiner Schwester alle Fürsorge und alle Dienste erweisen, die sich aus der Freundschaft ergeben. Mögen sie endlich beide fühlen, daß sie in jeder Lage ihres Lebens nur durch ihre Eintracht wirklich glücklich sein werden. Mögen sie sich uns zum Beispiel nehmen! Wieviel Tröstung hat uns unsere Freundschaft in unseren Leiden verschafft! Und das Glück genießt man doppelt, wenn man es mit einem Freunde teilen kann. Wo aber kann man einen zärtlicheren, innigeren Freund finden als in der eigenen Familie? Möge mein Sohn niemals die letzten Worte seines Vaters vergessen, die ich ihm mit Vorbedacht wiederhole: Möge er niemals danach trachten, unseren Tod zu rächen!

Ich muß zu Dir von einer Sache sprechen, die meinem Herzen sehr wehe tut. Ich weiß, wie dieses Kind Dir Qual bereitet haben muß, verzeihe ihm, liebe Schwester, denk an seine große Jugend und wie leicht es ist, ein Kind das sagen zu lassen, was man will, und sogar das, was es selber nicht versteht. Ich hoffe, ein Tag wird kommen, da es um so besser den Wert Deiner Liebe und Zärtlichkeit begreifen wird, die Du beiden entgegenbringst.

Ich muß Dir noch meine letzten Gedanken anvertrauen. Ich hätte sie vom Beginn des Prozesses an niederschreiben mögen, aber abgesehen davon, daß man mir nicht gestattete zu schreiben, verlief er so schnell, daß ich in der Tat keine Zeit dazu gehabt hätte.

Ich sterbe im apostolischen, römisch-katholischen Glauben, der Religion meiner Väter, in der ich erzogen wurde und zu der ich mich immer bekannt habe. Da ich keinerlei geistliche Tröstung zu erwarten habe, da ich nicht weiß, ob es hier noch Priester dieser Religion gibt, und da auch der Ort, an dem ich mich befinde, sie allzu großen Gefahren aussetzen würde, wenn sie zu mir kämen, bitte ich Gott von Herzen um Vergebung für alle meine Sünden, die ich begangen habe, seit ich lebe. Ich hoffe, daß er in seiner Güte meine letzten Gebete erhören wird so wie alle jene, die ich seit langem an ihn richte, damit meine Seele seines Erbarmens und seiner Güte teilhaftig werde.

Ich bitte alle, die ich kenne, und im besonderen Dich, liebe Schwester, um Verzeihung für jedes Leid, das ich ihnen unwissentlich etwa zugefügt habe. Ich verzeihe all meinen Feinden alles Böse, das ich durch sie erlitten habe. Ich sage hiermit den Tanten und all meinen Brüdern und Schwestern Lebewohl. Ich hatte Freunde. Der Gedanke, daß ich von ihnen für immer getrennt bin, und das Bewußtsein ihres Schmerzes gehören zu den größten Leiden, die ich sterbend mit mir nehme. Mögen sie wenigstens wissen, daß ich bis zu meinem letzten Augenblick an sie gedacht habe.

Leb wohl, gute zärtliche Schwester! Möge dieser Brief Dich erreichen! Vergiß mich nicht! Ich umarme Dich von ganzem Herzen sowie die armen lieben Kinder! Mein Gott, wie herzzerreißend ist es doch, sie für immer zu verlassen! Leb wohl, leb wohl! Ich werde mich nun nur noch mit meinen geistlichen Pflichten befassen. Da ich nicht frei in meinen Entschlüssen bin, wird man mir vielleicht einen Priester zuführen. Aber ich erkläre hiermit, daß ich ihm kein einziges Wort sagen und ihn wie einen völlig Fremden behandeln werde.«

Dann bricht der Brief plötzlich ab, ohne Schlußwort, ohne Unterschrift. Wahrscheinlich hat Müdigkeit die Schreibende überwältigt. Auf dem Tisch brennen noch immer die beiden Wachskerzen flackernd weiter, ihre Flamme wird vielleicht den lebenden Menschen überleben.

Dieser Brief aus dem Dunkel hat fast alle jene, an die er gerichtet war, nicht mehr erreicht. Marie Antoinette übergibt ihn, kurz bevor der Henker eintritt, dem Kerkermeister Bault zur Bestellung an ihre Schwägerin; Bault hatte gerade genug Menschlichkeit gehabt, um ihr Schreibpapier und Feder zu gewähren, nicht aber Mut genug, dieses Vermächtnis ohne Erlaubnis zu bestellen (je mehr Köpfe man fallen sieht, um so mehr fürchtet man für den eigenen!). So händigt er den Brief der Königin ordnungsgemäß dem Untersuchungsrichter Fouquier-Tinville aus, der ihn paraphiert, aber gleichfalls nicht weiterbefördert. Und als dann zwei Jahre später Fouquier seinerseits den Karren besteigen muß, den er für so viele andere in die Conciergerie bestellt, ist das Schriftstück verschwunden;

niemand in der Welt ahnt und weiß von seinem Vorhandensein als ein einziger höchst unbedeutender Mann namens Courtois. Dieser Deputierte ohne Rang und Geist hatte nach der Verhaftung Robespierres vom Konvent den Auftrag erhalten, dessen nachgelassene Papiere zu ordnen und herauszugeben; bei dieser Gelegenheit war dem ehemaligen Holzschuhanfertiger ein Licht aufgegangen, wieviel Macht jemand in den Händen hält, der sich geheime Staatspapiere aneignet. Denn alle kompromittierten Abgeordneten umschwänzeln jetzt aufs demütigste den kleinen Courtois, den sie vordem kaum gegrüßt hatten; sie machen ihm die tollsten Versprechungen, wenn er ihnen ihre Briefe an Robespierre zurückgäbe. Man tut also gut, merkt der geübte Kaufmann, sich möglichst viel fremde Briefschaften ins Schubfach zu legen; so nützt er das allgemeine Chaos, um die ganzen Akten des Revolutionstribunals zu plündern und damit Handel zu treiben; nur den Brief Marie Antoinettes, der ihm bei dieser Gelegenheit in die Hände fällt, behält der Verschlagene zurück: wer vermag in solchen Zeitläufen zu wissen, wie man ein derart kostbares Geheimdokument einmal brauchen kann, wenn der Wind wieder umspringt. Zwanzig Jahre verbirgt er seinen Raub, und wirklich: der Wind springt um. Abermals wird ein Bourbone, Ludwig XVIII., König von Frankreich, und die einstigen »règicides«, diejenigen, die für die Hinrichtung seines Bruders Ludwig XVI. gestimmt haben, spüren jetzt ein merkliches Jucken am Halse. Um sich in Gunst zu setzen, bietet Courtois (es ist doch gut, Papiere zu stehlen) Ludwig XVIII. in einem heuchlerischen Brief dieses von ihm »gerettete« Schreiben Marie Antoinettes als Geschenk. Der üble Trick hilft ihm nicht, Courtois wird genau wie die andern verbannt. Doch der Brief ist gewonnen. Einundzwanzig Jahre, nachdem ihn die Königin abgesendet, tritt dieses wundervolle Abschiedsschreiben an das Licht. Aber zu spät. Fast alle, die Marie Antoinette aus ihrer Todesstunde grüßen wollte, sind ihr nachgefolgt. Madame Elisabeth auf der Guillotine, ihr Sohn ist entweder wirklich im Temple gestorben oder irrt damals (man weiß bis heute nicht die ganze Wahrheit) unter einem fremden Namen unerkannt und mit seinem eigenen Schicksal unbekannt durch die Welt. Und auch Fersen erreicht nicht mehr der liebende Gruß. Mit keinem Worte war er in jenem Brief genannt, und doch – wem als ihm galten jene bewegten Zeilen: »Ich hatte Freunde. Der Gedanke, daß ich von ihnen für immer getrennt bin, und das Bewußtsein ihres Schmerzes gehören zu den größten Leiden, die ich sterbend mit mir nehme.« Die Pflicht verbot Marie Antoinette, vor der Welt denjenigen zu nennen, der ihr der Teuerste war. Aber sie hatte gehofft, diese Zeilen würden ihm einmal zu Gesicht kommen und der Geliebte auch im verhaltenen Worte erkennen, daß sie bis zum letzten Atemzug in unveränderlicher Herzenshingabe seiner gedacht. Und – geheimnisvolle Fernwirkung des Gefühls! – als ob er dies Verlangen fühlte, in letzter Stunde um ihn zu sein, antwortet, wie magisch angerufen, sein Tagebuch beim Empfang der Todesnachricht, »es sei der furchtbarste Schmerz in seinen Schmerzen, daß sie allein sein mußte in jenen letzten Augenblicken, ohne die Tröstung, jemanden zu haben, mit dem sie hätte sprechen können«. Wie sie an ihn in äußerster Einsamkeit, so denkt er an sie im gleichen Augenblick. Durch Meilen und Mauern getrennt, unsichtbar und unerreichbar eine der andern, atmen die beiden Seelen in der gleichen Sekunde den gleichen Wunsch: in unfaßbarem Raum, hinweg über die Zeit berühren sich in sphärischer Schwingung sein Gedenken und das ihre wie Lippe und Lippe im Kuß.

Marie Antoinette hat die Feder niedergelegt. Das Schwerste ist überwunden, der Abschied von allem und allen ist genommen.

Jetzt noch ein paar Augenblicke ausgestreckt ruhen und die Kräfte sammeln. Es gibt nicht mehr viel zu tun für sie in diesem Leben. Nur eins noch: sterben, und zwar gut zu sterben.

DIE LETZTE FAHRT

Um fünf Uhr morgens, während Marie Antoinette noch an ihrem Brief schreibt, werden bereits in allen achtundvierzig Sektionen von Paris die Trommeln gerührt. Um sieben Uhr steht die ganze bewaffnete Macht auf den Beinen, schußbereite Kanonen sperren die Brücken, die großen Straßenzüge, Wachtposten durchziehen mit aufgepflanztem Bajonett die Stadt, Kavallerie bildet Spalier – ein unermeßliches Aufgebot von Soldaten gegen eine einzelne Frau, die selbst nichts mehr will als das Ende. Oft hat die Gewalt mehr Angst vor ihrem Opfer als das Opfer vor der Gewalt.

Um sieben Uhr schleicht das Küchenmädchen des Gefangenenaufsehers leise in die Kerkerzelle. Auf dem Tisch brennen noch die beiden Wachslichter, in der Ecke sitzt, ein wachsamer Schatten, der Gendarmerieoffizier. Zuerst sieht Rosalie die Königin nicht, dann erst merkt sie erschrocken: Marie Antoinette liegt völlig angekleidet in ihrer schwarzen Witwenrobe auf dem Bett. Sie schläft nicht. Sie ist nur müde, von ihren ständigen Blutverlusten erschöpft.

Das kleine rührende Landmädchen steht zitternd, von zweifachem Mitleid bewegt, vor der zum Tode Verurteilten, vor ihrer Königin. »Madame«, nähert sie sich ergriffen, »Sie haben gestern abend nichts zu sich genommen und fast nichts während des Tages. Was wünschen Sie heute morgen?«

»Mein Kind, ich brauche nichts mehr, für mich ist alles zu Ende«, antwortet die Königin, ohne sich aufzurichten. Aber da ihr das Mädchen noch einmal dringend eine Suppe anbietet, die sie besonders für sie bereitet habe, sagt die Erschöpfte: »Nun, Rosalie, bringen Sie mir die Bouillon.« Sie nimmt einige Löffel, dann beginnt das kleine Mädchen ihr beim Umkleiden zu helfen. Man hat Marie Antoinette nahegelegt, sie möge nicht in ihrem schwarzen Trauerkleid, das sie vor den Richtern getragen, zum Schafott gehen, die auffallende Witwentracht könnte das Volk aufreizen. Marie Antoinette – was gilt ihr jetzt noch ein Kleid! – leistet keinen Widerstand und entschließt sich, ein leichtes weißes Morgengewand zu nehmen.

Aber auch für diese letzte Mühe ist ihr noch eine letzte Erniedrigung aufgespart. In all diesen Tagen hat die Königin unablässig Blut verloren, all ihre Hemden sind davon beschmutzt. Aus dem natürlichen Verlangen, körperlich rein ihren letzten Weg zu gehen, will sie jetzt ein frisches anlegen und bittet den wachhabenden Gendarmerieoffizier, sich ein wenig zurückzuziehen. Aber der Mann, der strengen Auftrag hat, sie nicht eine Sekunde aus den Augen zu verlieren, erklärt, er dürfe seinen Posten nicht verlassen. So hockt sich die Königin in den schmalen Raum zwischen dem Bett und der Wand nieder, und während sie sich das Hemd überzieht, stellt sich das kleine Küchenmädchen mitfühlend vor sie, um ihre Blöße zu decken. Aber das blutige Hemd, wohin damit? Die Frau schämt sich, das befleckte Linnen angesichts des fremden Mannes und vor den neugierig indiskreten Blicken derjenigen zurückzulassen, die in wenigen Stunden schon kommen werden, ihren Nachlaß aufzuteilen. So rollt sie es rasch zu einem kleinen Knäuel zusammen und stopft es in eine Vertiefung hinter der Ofenwand.

Mit besonderer Sorgfalt kleidet sich dann die Königin an. Seit mehr als einem Jahr hat sie die Straße nicht mehr betreten, nicht freien und weiten Himmel über sich gesehen: gerade dieser letzte Gang soll sie anständig und sauber gekleidet finden; nicht weibliche Eitelkeit ist es mehr, die sie bestimmt, sondern Gefühl für die Würde der historischen Stunde. Sorgfältig streift sie ihr weißes Morgenkleid zurecht, umhüllt den Nacken mit einem Tuch von leichtem Musselin, wählt ihre besten Schuhe; das weiß gewordene Haar versteckt eine zweiflügelige Haube.

Um acht Uhr pocht es an der Tür. Nein, es ist noch nicht der Henker. Es ist nur sein Vorbote, der Priester, aber einer von jenen, die den republikanischen Eid geleistet haben. Die Königin weigert sich höflich, ihm zu beichten, sie erkenne nur unvereidigte Priester als Gottesdiener an, und auf seine Frage, ob er sie auf ihrem letzten Gang begleiten solle, antwortet sie gleichgültig: »Wie Sie wollen.« Diese scheinbare Gleichgültigkeit ist gewissermaßen die Schutzmauer, hinter der Marie Antoinette ihre innere Entschlossenheit für die letzte Fahrt vorbereitet. Als um zehn Uhr der Scharfrichter Samson, ein junger Mensch von riesenhaftem Wuchs, eintritt, um ihr die Haare zu schneiden, läßt sie sich ruhig die Hände auf den Rücken binden und leistet keinen Widerstand. Das Leben, sie weiß es, ist nicht mehr zu retten, einzig die Ehre. Nur jetzt vor niemandem Schwäche zeigen! Nur Festigkeit bewahren und allen, die es zu sehen begehren, zeigen, wie eine Tochter Maria Theresias stirbt.

Gegen elf Uhr werden die Türen der Conciergerie geöffnet. Draußen steht der Schinderkarren, eine Art Leiterwagen, dem ein mächtiges, schwarzes Pferd vorgespannt ist. Ludwig XVI., er war noch in seiner geschlossenen Hofkarosse feierlich und respektvoll zum Tode geführt worden, geschützt durch die gläserne Wand vor der gröbsten Neugierde, dem schmerzhaftesten Haß. Inzwischen ist die Republik in ihrem feurigen Lauf unermeßlich weitergeschritten; sie verlangt Gleichheit auch für die Fahrt zur Guillotine: eine Königin braucht nicht bequemer zu sterben als jeder andere Bürger, ein Leiterwagen ist gut genug für die Witwe Capet. Als Sitz dient einzig ein zwischen die Sprossen geschobenes Brett ohne Polster oder Decke: auch Madame Roland, Danton, Robespierre, Fouquier, Hébert, alle, die Marie Antoinette in den Tod schicken, werden auf dem gleichen harten Brette die letzte Fahrt machen; nur ein kurzes Stück Weges ist die Gerichtete ihren Richtern voraus.

Zuerst treten Offiziere aus dem düsteren Gang der Conciergerie, hinter ihnen eine ganze Wachkompanie, die Hand am Gewehr, dann kommt ruhig und sicheren Schrittes Marie Antoinette. Der Henker Samson hält sie an dem langen Strick, mit dem man ihr die Hände auf den Rücken gebunden hat, als ob Gefahr bestünde, daß sein Opfer, umringt von Hunderten von Wächtern und Soldaten, ihm noch entlaufen könnte. Unwillkürlich sind die Umstehenden von dieser unvermuteten und unnötigen Erniedrigung überrascht. Keiner der üblichen höhnischen Schreie erhebt sich. Ganz lautlos läßt man die Königin bis zum Karren schreiten. Dort bietet ihr Samson die Hand zum Aufstieg. Neben sie setzt sich der Priester Girard im bürgerlichen Gewand, aufrecht aber bleibt mit unbeweglichem Gesicht der Henker stehen, den Strick in der Hand: wie Charon die Seelen der Verstorbenen, führt er unbewegten Herzens seine Fracht täglich zum andern Ufer des Lebens. Aber diesmal halten sowohl er wie seine Gehilfen während der ganzen Fahrt den Dreispitz unter dem Arm, als wollten sie sich vor der wehrlosen Frau, die sie zum Schafott bringen, für ihr trauriges Amt entschuldigen.

Der erbärmliche Wagen rattert langsam über das Pflaster. Man läßt sich absichtlich Zeit, jeder soll genau das einzigartige Schaustück betrachten können. Auf dem harten Sitz spürt die Königin jedes Holpern des groben Karrens über das schlechte

Pflaster bis ins Mark, aber, unbewegt das blasse Gesicht, mit ihren rotgeränderten Augen starr vor sich hin schauend, gibt Marie Antoinette kein Zeichen von Angst oder Schmerz der enggereihten Neugier preis. Alle Seelenkraft strafft sie zusammen, um bis zum Ende stark zu bleiben, und vergebens spähen ihre grimmigsten Feinde, sie bei einem Augenblick des Versagens oder Verzagens zu ertappen. Aber nichts macht Marie Antoinette irre, nicht, daß bei der Kirche Saint-Roche die angesammelten Weiber sie mit den üblichen Hohnrufen empfangen, nicht, daß der Schauspieler Grammont, um Stimmung in die düstere Szene zu bringen, in der Uniform eines Nationalgardisten vor dem Totenkarren einherreitet und, den Säbel schwenkend, ausruft: »Da ist sie, die infame Antoinette! Jetzt wird sie hin, meine Freunde.« Ihr Antlitz bleibt ehern verschlossen, sie scheint nichts zu hören, nichts zu sehen. Die auf den Rücken gebundenen Hände steifen ihr nur den Nacken höher empor, geradeaus blickt sie vor sich hin, und all die bunten und wilden Bilder der Straße dringen nicht mehr ein in ihre Augen, die von innen her überschwemmt sind vom Tod. Kein Zittern regt ihre Lippen, kein Schauer bebt über ihren Leib; ganz Herrin ihrer Kraft sitzt sie da, stolz und verächtlich, und selbst Hébert muß am nächsten Tage in seinem »Père Duchesne« gestehen: »Die Dirne ist übrigens kühn und frech bis zum Ende geblieben.«

An der Ecke der Rue Saint-Honoré, an der Stelle des heutigen Café de la Régence, wartet, den Bleistift gezückt, ein Mann, ein Blatt Papier in der Hand. Es ist Louis David, eine der feigsten Seelen, einer der größten Künstler der Zeit. Während der Revolution unter den Schreiern der lauteste, dient er den Mächtigen, solange sie an der Macht sind, und verläßt sie in der Gefahr. Er malt Marat auf dem Totenbett, am achten Thermidor schwört er pathetisch Robbespierre, »den Kelch mit ihm bis zur Neige zu leeren«, aber am neunten schon, in der verhängnisvollen Sitzung, ist dieser heroische Durst ihm vergangen, der traurige Held zieht vor, sich zu Hause zu verstecken, und entwischt durch diese Feigheit der Guillotine. Erbitterter Feind der Tyrannen während der Revolution, wird er der erste sein, der zum neuen Diktator abschwenkt und dafür, daß er Napoleons Krönung malt, gegen den »Baron« seinen Aristokratenhaß von einst in Tausch gibt. Typus des ewigen Überläufers zur Macht, schmeichlerisch vor den Erfolgreichen, unbarmherzig gegen die Besiegten, malt er die Sieger bei der Krönung und die Unterlegenen am Weg zum Schafott.

Von dem gleichen Schinderkarren herab, der jetzt Marie Antoinette führt, erspäht ihn später auch Danton, der um seine Erbärmlichkeit weiß, und peitscht ihm noch rasch das verächtliche Schimpfwort über: »Lakaienseele!«

Aber wenn auch eine Bedientenseele und ein feiges erbärmliches Herz, so hat dieser Mann ein herrliches Auge, eine fehllose Hand. In einem Riß hält er auf flüchtigem Blatt das Antlitz der Königin unvergänglich fest, wie sie zum Schafott fährt, eine grauenhaft großartige Skizze, mit unheimlicher Kraft ganz heiß aus dem Leben geholt: eine gealterte Frau, nicht mehr schön, nur noch stolz. Den Mund hochmütig verschlossen, wie zu einem Schrei nach innen, die Augen gleichmütig und fremd, sitzt sie mit ihren rückgeschnürten Händen so herausfordernd aufrecht auf ihrem Schinderkarren, als wäre er ein Thronsessel. Eine unsägliche Verächtlichkeit spricht aus jeder Linie des versteinerten Gesichts, eine unerschütterliche Entschlossenheit aus der hochgebäumten Brust; Dulden, das sich in Trotz verwandelt, Leiden, das innen zur Kraft geworden ist, gibt dieser gequälten Gestalt eine neue und furchtbare Majestät. Selbst der Haß kann auf diesem Blatte die Hoheit nicht leugnen, mit der Marie Antoinette die Schmach des Schinderkarrens durch ihre großartige Haltung bezwingt.

Der riesige Revolutionsplatz, die heutige Place de la Concorde, ist schwarz von Menschen. Zehntausende stehen seit frühmorgens auf den Beinen, um das einmalige Schauspiel nicht zu versäumen, wie eine Königin stirbt, die, nach dem groben Worte Héberts, »vom nationalen Rasiermesser balbiert wird«. Stundenlang wartet schon die neugierige Menge. Um sich nicht zu langweilen, plaudert man ein wenig mit einer hübschen Nachbarin, man lacht, man schwätzt, man kauft den Ausrufern Journale oder Karikaturen ab, man durchblättert die neueste aktuelle Broschüre »Les Adieux de la Reine à ses mignons et mignonnes« oder »Grandes fureurs de la cidevant Reine«. Man rät und munkelt, wessen Kopf morgen und übermorgen hier in den Korb fallen wird, und zwischendurch holt man sich Limonade, Brötchen oder Nüsse von den Straßenhändlern: die große Szene ist schon einige Geduld wert.

Über diesem neugierig wogenden schwarzen Gewühl erheben sich starr, das einzig Leblose im menschenbelebten Raum, zwei Silhouetten: die schlanke Linie der Guillotine, dieser hölzernen Brücke, die vom Diesseits ins Jenseits führt; von ihrem Stirnjoch blitzt in der trüben Oktobersonne der blanke Wegweiser, das frisch geschliffene Beil. Leicht und frei schneidet sie gegen den grauen Himmel, vergessenes Spielzeug eines schaurigen Gottes, und die Vögel, die nicht die finstere Bedeutung dieses grausamen Instrumentes ahnen, spielen in unbekümmertem Flug über sie hin.

Streng aber und ernst erhebt sich daneben, das Tor des Todes stolz überragend, das riesige Standbild der Freiheit auf dem Sockel, der früher das Denkmal Ludwigs XV. getragen. Still sitzt sie da, die unnahbare Göttin, das Haupt gekrönt von der phrygischen Mütze, sinnend das Schwert in der Hand; sie sitzt da, steinern im Stein, die Göttin der Freiheit, und träumt vor sich hin. Ihre weißen Augen starren hinweg über die ewig unruhige Menge zu ihren Füßen und weit hinaus über die nachbarliche Mordmaschine, irgend etwas Fernem und Unsichtbarem entgegen. Sie sieht nicht das Menschliche um sich, nicht das Leben, nicht den Tod, die unbegreifliche und ewig geliebte Göttin mit den träumenden Augen aus Stein. Sie hört nicht die Schreie all derer, die sie anrufen, sie spürt nicht die Kränze, die man um ihre steinernen Knie legt, und nicht das Blut, das die Erde zu ihren Füßen düngt. Ein ewiger Gedanke, fremd unter den Menschen, sitzt sie stumm und starrt in die Ferne, auf ihr unsichtbares Ziel. Sie fragt nicht und weiß nicht, was in ihrem Namen geschieht.

Plötzlich regt sich die Menge, schäumt auf und wird mit einem Male stumm. In dieser Stille hört man jetzt wilde Rufe von der Rue Saint-Honoré her, man sieht die vorausrückende Kavallerie, und jetzt biegt um die Ecke der tragische Karren mit der gefesselten Frau, die einst Herrin von Frankreich war; hinter ihr steht, den Strick stolz in der einen Hand, den Hut demütig in der andern, Samson, der Henker. Völlig still wird es auf dem riesigen Platz. Die Ausrufer rufen nicht mehr, jedes Wort verstummt, so still wird es, daß man das schwere Stapfen des Pferdes und das Ächzen der Räder vernimmt. Die Zehntausende, die eben noch munter schwatzten und lachten, sehen plötzlich beklommen mit einem gebannten Gefühl des Grauens auf die blasse gebundene Frau, die keinen von ihnen anblickt. Sie weiß: nur diese letzte Probe noch! Nur fünf Minuten Sterben noch und dann Unsterblichkeit.

Der Karren hält vor dem Schafott. Ruhig und ohne Hilfe, »mit einem noch steinerneren Gesicht als beim Verlassen des Gefängnisses«, tritt die Königin, jede Hilfe zurückweisend, die bretternen Stufen des Schafotts empor; sie schreitet genauso leicht und beschwingt in ihren schwarzen, hochstöckeligen Atlasschuhen diese letzten Stufen hinauf wie einst die marmornen Treppen von Versailles. Einen verlorenen Blick jetzt noch über das widrige Gewühl hinweg in den Himmel vor ihr! Erkennt sie drüben im herbstlichen Nebel die Tuilerien, in denen sie gewohnt und Unsägliches erlitten hat? Erinnert sie sich noch, in dieser letzten, schon allerletzten Minute, da ebendieselben Massen sie begeistert im gleichen Garten als Thronfolgerin begrüßten? Man weiß es nicht. Niemand kennt die letzten Gedanken einer Sterbenden. Und schon ist es vorbei. Die Henker fassen sie rücklings an, ein rascher Wurf auf das Brett, den Kopf unter die Schneide, ein Riß am Strang, ein Blitz des niedersausenden Messers, ein dumpfer Schlag, und schon packt Samson an den Haaren ein entblutetes Haupt und hebt es sichtbar empor über den Platz. Mit einem Stoß rettet sich jetzt das atemstockende Grauen der Zehntausende in einen wilden Schrei. »Es lebe die Republik!« donnerte es wie aus einer von rasendem Würgen befreiten Kehle. Dann zerstreut sich beinahe hastig die Menge. Parbleu, es ist wirklich schon ein Viertel über zwölf geworden, hohe Zeit zum Mittagbrot; jetzt rasch nach Hause. Wozu noch länger herumstehen! Morgen und alle die nächsten Wochen und Monate kann man doch auf dem gleichen Platz beinahe täglich dasselbe Schauspiel nochmals und nochmals sehen.

Es ist Mittag. Die Menge hat sich zerstreut. In einem kleinen Schubkarren fährt der Nachrichter die Leiche weg, den blutigen Kopf zwischen den Beinen. Ein paar Gendarmen bewachen noch das Schafott. Aber niemand kümmert sich um das langsam in die Erde sickernde Blut. Der Platz wird wieder leer.

Nur die Göttin der Freiheit, in ihren weißen Stein gebannt,

ist unbeweglich auf ihrem Platz geblieben und starrt weiter und weiter auf ihr unsichtbares Ziel. Sie hat nichts gesehen, nichts gehört. Streng blickt sie über das wilde und törichte Tun der Menschen hinweg in die ewige Ferne. Sie weiß nicht und will nicht wissen, was in ihrem Namen geschieht.

DIE TOTENKLAGE

Es ereignet sich in jenen Monaten zuviel in Paris, als daß man lange an einen einzigen Tod denken könnte. Je rascher die Zeit läuft, um so mehr verkürzt sich das Gedächtnis der Menschen. Ein paar Tage, ein paar Wochen, und es ist bereits völlig vergessen in Paris, daß eine Königin Marie Antoinette geköpft und begraben wurde. Gerade am Tage nach der Hinrichtung noch heult Hébert in seinem »Père Duchesne«: »Ich habe den Kopf des weiblichen Veto in einen Sack fallen sehen, und ich wollte, verdammt (›foutre‹), das Vergnügen der Sansculotten schildern können, als die Erztigerin in dem Wagen mit den sechsunddreißig Stangen Paris durchfahren hat ... Ihr verfluchter Kopf wurde endlich von ihrem Hurennacken getrennt, und die Luft donnert – verdammt – von den Schreien: Es lebe die Republik!« Aber man hört ihm kaum zu, im Jahre des Terrors hat jeder Angst um das eigene Haupt. Inzwischen bleibt der Sarg auf dem Friedhof unbeerdigt stehen, wegen eines einzigen Menschen gräbt man, es wäre zu kostspielig, kein Grab. Man wartet auf Nachschub von der fleißigen Guillotine, und erst als ein Schock beisammen ist, wird der Sarg Marie Antoinettes mit ungelöschtem Kalk übergossen und zugleich mit den neu eingelieferten in ein Massengrab geworfen. Damit ist alles erledigt. Im Gefängnis läuft und heult noch einige Tage der kleine Hund der Königin unruhig hin und her, schnüffelt von Zimmer zu Zimmer und springt auf alle Matratzen, um seine Herrin zu suchen, dann wird auch er gleichgültig, und der Gefängniswärter nimmt ihn mitleidig zu sich. Ferner: in das Stadtamt kommt ein Totengräber und legt die Rechnung vor: »Sechs Livres für den Sarg der Witwe Capet, fünfzehn Livres fünfunddreißig Sous für das Grab und die Totengräber.« Dann rafft ein Gerichtsdiener noch die paar armseligen Kleidungsstücke der Königin zusammen, legt einen Akt an und sendet sie dann hinüber in ein Hospital; arme alte Weiber tragen sie, ohne zu wissen, ohne zu fragen, wem sie vordem gehört. Damit ist für die Zeitgenossen abgetan, was Marie Antoinette hieß: als wenige Jahre später ein Deutscher nach Paris kommt und nach dem Grab der Königin fragt, findet sich schon in der ganzen Stadt kein einziger Mensch mehr, der Auskunft geben könnte, wo die einstige Königin von Frankreich begraben liegt.

Auch jenseits der Grenzen bewirkt die Hinrichtung Marie Antoinettes – man hat sie ja erwartet – nicht viel Aufregung. Der Herzog von Coburg, zu feige, um sie rechtzeitig zu retten, verkündet im Armeebefehl pathetisch Rache. Der Graf von Provence, der mit dieser Hinrichtung abermals einen kräftigen Schritt auf den späteren Ludwig XVIII. zu gemacht hat – nur der kleine Junge in Temple muß noch versteckt oder beiseite geschafft werden –, läßt scheinbar gerührt fromme Totenmessen lesen. Am Wiener Hofe verordnet Kaiser Franz, der zu lässig gewesen ist, auch nur einen Brief zur Rettung der Königin zu schreiben, strengste Hoftrauer. Die Damen kleiden sich in Schwarz, Seine Kaiserliche Majestät besuchen ein paar Wochen kein Theater, die Zeitungen schreiben, wie anbefohlen, mit der größten Entrüstung über die bösen Jakobiner in Paris. Man ist so gnädig, die Diamanten zu übernehmen, die Marie Antoinette Mercy anvertraut hatte, und später die Tochter im

Austausch gegen die gefangenen Kommissare; aber als es dann gilt, die Summen für die Rettungsversuche zurückzuerstatten und Schuldbriefe der Königin einzulösen, bekommt der Wiener Hof plötzlich ein hartes Ohr. Überhaupt, man läßt sich nicht gern an die Hinrichtung der Königin erinnern, etwas bedrückt es sogar das kaiserliche Gewissen, so erbärmlich vor der Welt eine Blutsverwandte preisgegeben zu haben. Noch Jahre später vermerkt Napoleon: »Es war ein im Hause Österreich unbedingt gültiger Grundsatz, über die Königin von Frankreich tiefes Stillschweigen zu bewahren. Bei dem Namen ›Marie Antoinette‹ senken sie die Blicke und geben dem Gespräch eine andere Wendung, als wollten sie einem ungelegenen, peinlichen Thema entgehen. Das ist eine von der ganzen Familie befolgte Regel, die auch ihren auswärtigen Vertretern nahegelegt wird.«

Einen einzigen Menschen trifft die Nachricht mitten ins Herz: Fersen, den Treuesten der Treuen. Täglich hat seine Angst das Entsetzliche erwartet: »Seit langem suche ich mich bereits darauf vorzubereiten, und ich glaube, ich werde deshalb die Nachricht ohne große Erschütterung empfangen.« Aber als dann die Zeitungen in Brüssel eintreffen, fühlt er sich zerschmettert. »Die mir mein ganzes Leben bedeutete«, schreibt er an die Schwester, »und die ich nie aufgehört habe zu lieben, nein, nie, keinen einzigen Augenblick, und der ich alles, alles geopfert hätte, sie, von der ich nun erst wahrhaftig fühle, was sie mir war, und für die ich tausend Leben gegeben hätte, sie ist nicht mehr. Oh, mein Gott, warum mich so strafen, wodurch habe ich deinen Zorn verdient? Sie lebt nicht mehr, mein Schmerz hat seinen Höhepunkt erreicht, und ich begreife nicht, wieso ich selber noch lebe. Ich weiß nicht, wieso ich noch meinen Schmerz ertrage, denn er ist maßlos und wird nie erlöschen können. Ich werde sie immer in meiner Erinnerung gegenwärtig haben, um sie zu beweinen. Meine teure Freundin, ach, warum bin ich nicht an ihrer Seite gestorben, für sie, an jenem 20. Juni, ich wäre glücklicher gewesen, als jetzt mein Leben in ewigem Leid dahinzuschleppen, mit Vorwürfen, die erst mit meinem Leben enden werden, denn nie wird ihr angebetetes Bild in meiner Erinnerung vergehen.« Nur seiner Trauer, spürt er, kann er jetzt noch leben, nur dem Gedanken an sie: »Der einzige Gegenstand, der mich ausfüllte, der allein für mich alles in sich vereinigte, ist nicht mehr, und jetzt erst erfasse ich, wie sehr ich ihr verfallen war. Ihr Bild hört nicht auf, mich zu beschäftigen, es verfolgt mich und wird mich überallhin ohne Unterlaß verfolgen, ich kann nur von ihr sprechen und mir die schönsten Augenblicke meines Lebens ins Gedächtnis rufen. Ich habe Auftrag gegeben, in Paris alles zu kaufen, was an Erinnerungszeichen von ihr noch aufzutreiben ist; alles von ihr ist heilig, es sind Reliquien, die ewig Gegenstand meiner treuen Bewunderung sein werden.« Nichts kann ihm seinen Verlust ersetzen. Monatelang später noch schreibt er in sein Tagebuch: »Oh, ich fühle jeden Tag, wieviel ich verloren habe und wie sie in jeder Hinsicht vollkommen war. Niemals gab es eine Frau wie sie oder wird es je eine geben.« Jahre und Jahre vermindern nicht seine Erschütterung, alles wird ihm erneuter Anlaß, der Entrissenen zu gedenken. Als er 1796 nach Wien kommt und dort zum erstenmal die Tochter Marie Antoinettes am kaiserlichen Hof sieht, ist der Eindruck so stark, daß ihm die Tränen in die Augen treten: »Meine Knie zitterten unter mir, während ich die Treppen hinabstieg. Ich fühlte sehr viel Schmerz und sehr viel Lust und war tief bewegt.«

Immer wenn er die Tochter sieht, werden ihm im Gedenken an die Mutter die Augen feucht, es zieht ihn hin zu diesem Blut aus ihrem Blute. Aber nicht ein einziges Mal wird es ihr erlaubt, das Wort an Fersen zu richten. Ist es jener geheime Erlaß des Hofs, die Aufgeopferte vergessen zu machen, oder die Strenge des Beichtigers, der vielleicht von der »sträflichen« Beziehung zur Mutter des Mädchens weiß? Ungern sieht der österreichische Hof Fersens Gegenwart, und gerne sieht er ihn wieder abreisen: das Wort »Dank« aber hat der Getreueste nie vom Hause Habsburg gehört.

Nach dem Tode Marie Antoinettes wird Fersen ein unfreundlicher, ein harter Mann. Ungerecht und kalt scheint ihm die Welt, unsinnig das Leben, sein politischer, sein diplomatischer Ehrgeiz ist völlig zu Ende. In den Kriegsjahren durchirrt er Europa als Gesandter, bald ist er in Wien, in Karlsruhe, in Rastatt, in Italien und Schweden; er knüpft Beziehungen zu andern Frauen an, aber all das beschäftigt und beruhigt ihn nicht innerlich; immer wieder taucht in seinem Tagebuch ein Beweis dafür auf, wie sehr der Liebende im letzten nur dem geliebten Schatten lebt. Am 16. Oktober, ihrem Todestag, heißt es noch nach Jahren: »Dieser Tag ist für mich ein Tag der Ehrfurcht. Ich habe niemals vergessen können, was ich verloren habe, mein Bedauern wird so lange leben wie ich selber.« Aber noch ein zweites Datum zeichnet Fersen immer wieder als Schicksalstag seines Lebens ein, den 20. Juni. Nie konnte er es sich verzeihen, an diesem Tage der Flucht nach Varennes dem Befehl Ludwigs XVI. nachgegeben zu haben und Marie Antoinette in der Gefahr allein gelassen zu haben; immer mehr fühlt er diesen Tag als eine persönliche, eine noch nicht eingelöste Schuld. Es wäre besser gewesen und heldenhafter, klagt er sich immer von neuem an, damals vom Volk in Stücke gerissen zu werden als so weiterzuleben und sie zu überleben, das Herz ohne Freude, die Seele von Vorwürfen beschwert. »Warum bin ich damals nicht für sie gestorben, am 20. Juni?« – immer wieder steht dieser mystische Vorwurf anklagend in seinem Tagebuch.

Aber das Schicksal liebt die Analogien des Zufalls und das geheimnisvolle Spiel der Zahlen; nach Jahren erfüllt es ihm seinen romantischen Wunsch. Gerade an diesem Tag, einem 20. Juni, findet Fersen diesen erträumten Tod und findet ihn genauso, wie er ihn für sich gewollt. Fersen ist allmählich, ohne Würden anzustreben, kraft seines Namens in seiner Heimat ein mächtiger Mann geworden: Adelsmarschall und der einflußreichste Ratgeber des Königs, ein mächtiger Mann; aber ein harter, ein strenger Mann, ein Herrenmensch im Sinne des vergangenen Jahrhunderts. Seit jenem Tag von Varennes haßt er das Volk, weil es ihm seine Königin geraubt hat, als einen bösartigen Pöbel, als niederträchtige Canaille, und das Volk haßt diesen Adeligen herzhaft zurück. Heimlich verbreiten seine Feinde, dieser freche Feudalherr wolle, um an Frankreich Rache zu nehmen, selber König von Schweden werden und die Nation in den Krieg zerren. Und als im Juni 1810 der Thronfolger von Schweden plötzlich stirbt, entsteht in ganz Stockholm auf unerklärbare Weise ein Gerücht, ein wildes, gefährliches Gerede, der Adelsmarschall von Fersen habe ihn mit Gift aus dem Wege geräumt, um selber nach der Krone zu greifen. Seit diesem Augenblick ist Fersens Leben vom Volkszorn genauso bedroht wie das Marie Antoinettes während der Revolution. Deshalb warnen am Tage des Begräbnisses wohlmeinende Freunde, die von allerhand Plänen gehört haben, den trotzigen Mann, er solle nicht an der Leichenfeier teilnehmen, sondern lieber vorsichtig zu Hause bleiben. Aber es ist der 20. Juni, Fersens mystischer Schicksalstag: ein dunkler Wille drängt ihn, das vorgeträumte Fatum zu erfüllen. Und genau das geschieht an diesem 20. Juni in Stockholm, was achtzehn Jahre vorher in Paris geschehen wäre, wenn die Menge Fersen als Begleiter Marie Antoinettes im Wagen gefunden hätte; kaum verläßt die Karosse das Schloß, so sprengt ein wütender Pöbel den Kordon der Truppen, reißt mit den Fäusten den grauhaarigen Mann aus dem Wagen und schlägt mit Stöcken und Steinen den Wehrlosen nieder. Das Traumbild des 20. Juni hat sich erfüllt; zerstampft von demselben wilden, unzähmbaren Element, das Marie Antoinette auf das Schafott getragen, liegt vor dem Stockholmer Rathaus blutend und verstümmelt der Leichnam des »schönen Fersen«, des letzten Paladins der letzten Königin. Das Leben konnte ihn ihr nicht verbinden, so stirbt er wenigstens an ihrem gemeinsamen Schicksalstag für sie symbolischen Tod.

Mit Fersen ist der letzte dahingegangen, der dem Gedächtnis Marie Antoinettes liebend verbunden war. Kein Mensch aber und kein Schatten ist wahrhaft länger lebendig, als solange er von irgendeinem Wesen auf Erden noch wahrhaft geliebt wird. Fersens Totenklage ist das letzte Wort der Treue, dann wird es völlig stumm. Bald sterben die anderen Getreuen ihr nach, Trianon verfällt, seine zierlichen Gärten verwildern, die Bilder, die Möbel, in deren harmonischem Beisammensein sie die eigene Anmut gespiegelt, werden versteigert und verschleudert, damit ist die letzte sichtbare Spur ihres Dagewesenseins endgültig dahin. Und wieder rinnt Zeit in die Zeit, Blut über Blut, die Revolution erlischt im Konsulat, Bonaparte kommt, bald heißt er Napoleon, Kaiser Napoleon und holt sich eine andere Erzherzogin aus dem Hause Habsburg zu neu verhängnisvoller Hochzeit. Aber auch sie, Marie Louise, obwohl durch gleiches Blut verbunden, fragt – unfaßbar dies für unser Gefühl – in ihrer dumpfen Herzensträgheit nicht ein einziges Mal nach, wo die Frau ihren bittern Schlaf schläft, die vor ihr in denselben

Räumen derselben Tuilerien gelebt und gelitten hat: nie ist eine noch atemnahe Gestalt, eine Königin so grausamkalt von ihren nächsten Angehörigen und Nachfahren vergessen worden. Endlich kommt die Wende, ein Erinnern aus schlechtem Gewissen. Der Graf von Provence ist über die Leichen von drei Millionen schließlich doch als Ludwig XVIII. den französischen Thron emporgestiegen, endlich, endlich ist der Schattengänger am Ziel. Da sie glücklich beseitigt sind, die seinem Ehrgeiz so lange den Weg gesperrt, Ludwig XVI. und Marie Antoinette und ihr unseliges Kind Ludwig XVII., und da die Toten nicht aufstehen können und Klage erheben – warum ihnen nicht nachträglich ein prunkvolles Mausoleum errichten? Jetzt endlich wird Auftrag gegeben, ihre Grabstätte ausfindig zu machen (der eigene Bruder hat nie nach dem Grabe seines Bruders gefragt). Aber nach zweiundzwanzig Jahren so erbärmlicher Gleichgültigkeit ist das nicht mehr leicht, denn in jenem berüchtigten Klostergarten bei der Madeleine, den der Terror mit tausend Leichen düngte, ließ die Schnellarbeit dem Totengräber keine Zeit, einzelne Gräber zu bezeichnen; sie karrten und scharrten nur rasch nebeneinander, was das unersättliche Beil ihnen täglich heranschob. Nulla crux, nulla corona, kein Kreuz, keine Krone macht die verschollene Stätte kenntlich; nur dies weiß man, daß der Konvent befahl, die Königsleichen mit ungelöschtem Kalk zu überschütten. So gräbt man und gräbt. Endlich klirrt der Spaten auf harte Schicht. Und an einem halbvermoderten Strumpfband erkennt man, daß die Handvoll blassen Staubs, die man schaudernd aus der nassen Erde hebt, die letzte Spur jener hingeschwundenen Gestalt ist, die ihrer Zeit die Göttin der Grazie und des Geschmacks, dann aber die geprüfte und erwählte Königin alles Leidens gewesen ist.

NACHBEMERKUNG

Es ist üblich, am Ende eines historischen Buches die benützten Quellen aufzuzählen; in dem besonderen Falle Marie Antoinettes scheint es mir beinahe wichtiger, festzustellen, welche Quellen *nicht* benützt wurden und aus welchen Gründen. Denn schon die sonst sichersten Dokumente, nämlich die eigenhändigen Briefe, erweisen sich hier als unzuverlässig. Marie Antoinette war, es ist mehrfach in diesem Buche erwähnt worden, ihrem ungeduldigen Charakter gemäß, eine lässige Briefschreiberin; beinahe nie setzte sie sich aus freien Stücken, wenn nicht durch wirklichen Zwang gedrängt, an jenen wundervollen zarten Schreibtisch, der heute noch in Trianon zu sehen ist. So war es keineswegs erstaunlich, daß noch zehn, noch zwanzig Jahre nach ihrem Tode soviel wie gar keine Briefe von ihrer Hand bekannt waren, außer jenen unzähligen Rechnungszetteln mit dem unvermeidlichen »Payez, Marie Antoinette«. Die beiden wirklich ausführlichen Korrespondenzen, die sie geführt hat, die mit ihrer Mutter und dem Wiener Hof, und die andere intime mit dem Grafen von Fersen, lagen damals und noch ein halbes Jahrhundert verschlossen in den Archiven, die wenigen veröffentlichten Briefe an die Gräfin Polignac waren gleichfalls in den Originalen unzugänglich. Um so größer darum die Überraschung, als in den vierziger, in den fünfziger, den sechziger Jahren in beinahe jeder Pariser Autographenauktion handschriftliche Briefe auftauchten, die merkwürdigerweise sogar alle die Unterschrift der Königin trugen, während die Königin in Wirklichkeit nur in ganz seltenen Fällen unterzeichnete. Dann kamen Schlag auf Schlag großzügige Veröffentlichungen, eine des Grafen Hunolstein und die (heute noch umfangreichste) Sammlung ihrer Briefe, die Baron Feuillet de Conches besorgte, und als dritte diejenige Klinkowströms, welche – freilich in keusch verstümmelter Auslese – die Briefe Marie Antoinettes an Fersen enthielt. Die Freude der strengen Historiker über diese großartige Bereicherung des Materials war allerdings keine ungetrübte; schon wenige Monate nach ihrer Herausgabe wird eine ganze Reihe der von Hunolstein und Feuillet de Conches veröffentlichten Briefe angezweifelt, eine langwierige Polemik entspinnt sich, und bald war für die redlich Gesinnten kein Zweifel mehr möglich, daß irgendein sehr geschickter, ja genialer Fälscher Echtes mit Falschem auf die verwegenste Art gemischt und gleichzeitig als Unterlagen sogar die falschen Autographen in den Handel gebracht hatte.

Den Namen jenes großartigen Fälschers, eines der geschicktesten, die man kennt, haben die Gelehrten aus einer merkwürdigen Rücksicht nicht genannt. Zwar ließen Flammermont und Rocheterie, die besten Forscher, zwischen den Zeilen deutlich durchblicken, gegen wen sie Verdacht hegten. Heute besteht kein Grund mehr, jenen Namen zu verschweigen und dadurch der Geschichte der Fälschungskunde einen psychologisch ungemein interessanten Fall vorzuenthalten. Der übereifrige Vermehrer des Briefschatzes Marie Antoinettes war kein anderer als der Herausgeber ihrer Briefe. Baron Feuillet de Conches; höherer Diplomat, ein Mann von außergewöhnlicher Bildung, ein ausgezeichneter, amüsanter Schriftsteller und vortrefflicher Kenner der französischen Kulturgeschichte, hatte er zehn oder zwanzig Jahre lang allen Briefen Marie Antoinettes in allen Archiven und privaten Sammlungen nachgespürt und mit wirklich anerkennenswertem Fleiß und großer

Kenntnis jenes Werk zusammengestellt – eine Leistung, die heute noch Respekt verdient.

Aber dieser achtenswerte und fleißige Mann hatte eine Leidenschaft, und Leidenschaften sind immer gefährlich: er sammelte Autographen mit wirklicher Passion, galt als der wissenschaftliche Papst auf diesem Gebiet, und wir verdanken ihm in seinen »Causeries d'un curieux« über dieses Sammeln einen ausgezeichneten Aufsatz. Seine Kollektion oder, wie er stolz sagt, sein »cabinet« war das größte in Frankreich, aber welchem Sammler genügt seine Sammlung? Wahrscheinlich weil seine eigenen Mittel nicht ausreichten, seine Mappen so zu vermehren, wie er wünschte, fertigte er eine Anzahl von Autographen, Lafontaines, Boileaus und Racines eigenhändig an, die sogar noch heute manchmal im Handel auftauchen, und verkaufte sie durch Pariser und englische Händler. Aber seine eigentlichen Meisterstücke bleiben unstreitig die gefälschten Briefe Marie Antoinettes. Hier kannte er wie kein zweiter Lebender die Materie, die Schrift und alle Begleitumstände. So war es für ihn nicht allzu schwer, nach sieben wirklich echten Briefen an die Herzogin von Polignac, deren Originale er als erster eingesehen hatte, noch ebensoviel falsche hinzuzudichten oder kleine Billette der Königin an jene ihrer Verwandten zu verfassen, von denen er wußte, daß sie zu ihr in näherer Beziehung standen. Dank seiner besonderen Kenntnis sowohl der graphischen wie der stilistischen Schreibform der Königin zu diesem sonderbaren Geschäft wie kein zweiter befähigt, war er leider auch entschlossen, Fälschungen zu vollführen, deren Meisterlichkeit tatsächlich verwirrend ist, so genau ist hier der Schriftcharakter, mit solcher Einfühlung der Stil nachgeahmt, mit solcher historischen Kenntnis jede Einzelheit ersonnen. So vermag man mit bestem Willen – gestehen wir es ehrlich ein – bei einzelnen Briefen heute überhaupt nicht mehr zu unterscheiden, ob sie echt oder falsch, ob sie von der Königin Marie Antoinette gedacht und geschrieben oder von Baron Feuillet de Conches ersonnen und gefälscht sind. Um ein Beispiel anzuführen, wüßte ich selber nicht von jenem Brief an den Baron Flachslanden, der sich in der Preußischen Staatsbibliothek befindet, mit Sicherheit auszusagen, ob er Original oder Falsifikat ist. Für die Echtheit würde der Text sprechen, für die Fälschung die etwas ruhige und runde Schrift und vor allem der Umstand, daß der frühere Besitzer ihn von Feuillet de Conches erworben hatte. Aus all diesen Gründen ist um der höheren historischen Sicherheit willen in diesem Buche unbarmherzig jedes Dokument unberücksichtigt gelassen worden, dessen Urniederschrift keine andere Herkunftsangabe hat als die verdächtige aus dem »cabinet« des Baron Feuillet de Conches; lieber weniger und echt als mehr und zweifelhaft war das psychologische Grundgesetz für die Briefverwertungen in diesem Buch.

Nicht viel besser im Hinblick auf Verläßlichkeit als mit den Briefen steht es mit den mündlichen Zeugnissen über Marie Antoinette. Beklagen wir bei andern Zeitläuften das Zuwenig an Memoiren und Augenzeugenberichten, so stöhnt man bei der Epoche der Französischen Revolution eher über ein Zuviel. In zyklonischen Jahrzehnten, wo eine Generation ohne Innehalten von einer politischen Welle in die nächste geschleudert wird, bleibt selten Zeit für Besinnung und Übersicht; innerhalb von fünfundzwanzig Jahren erlebt damals ein einzelnes Geschlecht die unerwartetsten Verwandlungen, es erlebt fast pausenlos die letzte Blüte, die Agonie des Königtums, die ersten seligen Tage der Revolution, die grauenhaften des Terrors, das Direktorium, den Aufstieg Napoleons, sein Konsulat, seine Diktatur, das Kaiserreich, das Weltreich, tausend Siege und die entscheidende Niederlage, wiederum einen König und wieder, hundert Tage lang, Napoleon. Endlich, nach Waterloo, kommt die große Ruhepause, nach einem Vierteljahrhundert hat sich ein Weltsturm ohnegleichen ausgetobt. Nun wachen die Menschen auf aus ihrer Angst und reiben sich die Augen. Sie staunen erst, daß sie überhaupt noch leben, dann darüber, wieviel sie in dieser Zeitspanne erlebt haben – uns selber wird es nicht anders ergehen, wenn die Sturzflut, die seit 1914 uns unablässig aufwühlt, wieder einmal abgeebbt sein wird –, und jetzt am sichern Ufer möchten sie alles ruhig und folgerichtig überblicken, was sie wirr und erregt mit angeschaut und miterlebt haben. Jeder will damals Geschichte in Erinnerungen von Augenzeugen lesen, um sich selber das ungeordnete Erlebnis zu rekonstruieren; so entsteht nach 1815 eine genauso hitzige Konjunktur für Memoiren wie bei uns nach dem Weltkrieg für Kriegsbücher. Das wittern bald die Berufsschreiber und Verleger und fabrizieren rasch, ehe das Interesse abklingt – auch dies haben wir erlebt –, für den plötzlich ausgebrochenen Neugierbedarf serienweise Erinnerungen, Erinnerungen, Erinnerungen an die große Zeit. Von jedem, der einmal den inzwischen historisch gewordenen Personen den Ärmel gestreift, fordert das Publikum, er solle seine Erlebnisse erzählen. Da sich aber die armen kleinen Leute, die meist ganz dumpf durch die großen Geschehnisse gestolpert waren, nur an wenig Einzelheiten erinnern und überdies das, woran sie sich noch erinnern, nicht amüsant darzustellen verstehen, so backen findige Journalisten unter ihrem Namen um diese wenigen Rosinen einen dicken Teig, zuckern ihn mit Süßlichkeit und wälzen ihn so lange in sentimentalen Erfindungen, bis daraus ein Buch wird.

Jeder, der damals in den Tuilerien oder in den Gefängnissen oder im Revolutionstribunal ein Stündchen Weltgeschichte miterlebt, kommt jetzt als Autor an die Reihe: die Schneiderin, die Kammerfrau, die erste, zweite, dritte Zofe, der Friseur, der Gefängniswärter Marie Antoinettes, die erste, die zweite Gouvernante der Kinder, jeder ihrer Freunde. Last not least muß sogar der Henker, Herr Samson, jetzt Memoiren schreiben oder zumindest seinen Namen für irgendein Buch, das ein anderer zusammenklittert, gegen Geld herborgen.

Selbstverständlich widersprechen diese geschwindelten Berichte einer dem andern in jeder Einzelheit, und gerade über die entscheidendsten Vorgänge am 5. und 6. Oktober 1789, über das Verhalten der Königin beim Tuileriensturm, oder über ihre letzten Stunden besitzen wir sieben, acht, zehn, fünfzehn, zwanzig voneinander weit abweichende Fassungen der sogenannten Augenzeugen. Einhellig sind alle nur in der politischen Gesinnung, nämlich in unbedingter, rührender und unerschütterter Königstreue, und dies versteht man, wenn man sich erinnert, daß sie sämtlich mit bourbonischem Privilegium gedruckt sind. Dieselben Diener und Gefängniswärter, die während der Revolution die entschlossensten Revolutionäre waren, können unter Ludwig XVIII. gar nicht genug versichern, wie sehr sie die gütige, edle, reine und tugendhafte Königin heimlich geehrt und geliebt haben: wäre nur ein Bruchteil dieser nachträglich Getreuen 1792 wirklich so getreu und hingebungsvoll gewesen, wie sie 1820 zu erzählen wissen, nie hätte Marie Antoinette die Conciergerie, nie das Schafott betreten. Neun Zehntel der Memoiren jener Zeit entstammen also grober Sensationsmacherei oder byzantinischem Speichelleckertum; und wer historische Wahrheit sucht, tut (im Gegensatz zu den früheren Darstellungen) am besten, alle diese vorgeschobenen Kammerfrauen, Friseure, Gendarmen, Pagen wegen ihres allzu gefälligen Gedächtnisses von vornherein als unglaubhafte Zeugen von der Schranke zu weisen; dies ist hier grundsätzlich geschehen.

Daraus erklärt sich, warum in dieser meiner Darstellung Marie Antoinettes eine ganze Anzahl von Dokumenten, Briefen und Gesprächen als nicht verwertet erscheint, die in allen früheren Büchern unbedenklich benutzt wurden. Manche Anekdote wird der Leser missen, die ihn in jenen Biographien entzückte oder erheiterte, angefangen von jener ersten, da der kleine Mozart in Schönbrunn Marie Antoinette einen Heiratsantrag machte, und so unentwegt weiter bis zur letzten, da die Königin bei der Hinrichtung, dem Henker versehentlich auf den Fuß tretend, höflich »Pardon Monsieur« gesagt haben soll (zu ausdrücklich geistreich erfunden, um wahr zu sein). Vermissen wird man ferner zahlreiche Briefe, vor allem die rührenden an das »cher cœur«, an die Prinzessin von Lamballe, und zwar höchst einfach deshalb, weil sie von Baron Feuillet de Conches geschwindelt und nicht von Marie Antoinette geschrieben sind, ebenso eine ganze Reihe mündlich überlieferter, gefühlvoller und geistreicher Aussprüche, und dies einzig, weil sie mir gerade als zu geistreich und zu gefühlvoll nicht zu dem mehr durchschnittlichen Charakter Marie Antoinettes gehörig erscheint.

Diesem Verlust im Sinne der Empfindsamkeit, nicht in jenem der historischen Wahrhaftigkeit, steht als Gewinn neues und wesentliches Material gegenüber. Vor allem hat eine genaue Durchsicht im Wiener Staatsarchiv ergeben, daß in dem angeblich vollständig veröffentlichten Briefwechsel zwischen Maria Theresia und Marie Antoinette sehr wichtige Briefstellen, und sogar die wichtigsten, um ihrer Intimität willen unterdrückt wurden. Sie sind hier rückhaltlos ausgewertet, weil die eheliche Beziehung Ludwigs XVI. und Marie Antoinettes psychologisch unverständlich ist ohne Kenntnis des lange verschwiegenen physiologischen Geheimnisses. Äußerst bedeutsam war ferner die endliche Säuberung, welche die ausgezeichnete Forscherin Alma Söderhjelm im Archiv der Nachkommen Fersens vorgenommen hat, wobei zahlreiche moralische Übertünchungen auf das glücklichste abgedeckt wurden: die »pia fraus«, die fromme Legende von der troubadourhaften Liebe Fersens zur unnahbaren Marie Antoinette ist dank dieser durch ihre Verstümmelung nur noch überzeugenderen Dokumente nicht länger aufrechtzuerhalten: auch sonst ließen sich viele dunkle oder verdunkelte Einzelheiten erhellen. Weil freier in unserer Auffassung von dem menschlichen und sittlichen Rechten einer Frau, sei sie zufällig auch Königin, haben wir heute den Weg zur Aufrichtigkeit näher und weniger Furcht vor der seelischen Wahrheit, denn wir glauben nicht mehr, wie das frühere Geschlecht, daß es nötig sei, um Anteil für eine historische Gestalt zu gewinnen, ihren Charakter à tout prix idealisieren, sentimentalisieren oder heroisieren zu müssen, also wichtige Wesenszüge zu verschatten und dafür andere tragödienhaft zu übersteigern. Nicht zu vergöttlichen, sondern zu vermenschlichen ist das oberste Gesetz aller schöpferischen Seelenkunde; nicht zu entschuldigen mit künstlichen Argumenten, sondern zu erklären ihre gebotene Aufgabe. Sie ist hier versucht an einem mittleren Charakter, der seine überzeitliche Wirkung einzig einem unvergleichlichen Schicksal und seine innere Größe nur seinem übermäßigen Unglück dankt und der, ich hoffe es zumindest, auch ohne jede Übersteigerung gerade um seiner irdischen Bedingtheit willen Anteil und Verständnis der Gegenwart zu verdienen vermag.

St. Z. 1932

Maria Stuart – Königin von Schottland

»Es gibt vielleicht keine Frau, die in so abweichender Form gezeichnet worden wäre, bald als Mörderin, bald als himmlische Heilige. Durch mehr als drei Jahrhunderte hat sie immer wieder die Dichter verlockt, die Gelehrten beschäftigt, und noch immer erzwingt sich mit unverminderter Kraft ihre Gestalt neue Gestaltung.« *Stefan Zweig*

Maria Stuart (1542–1587), Königin von Schottland und Frankreich, hatte Anspruch auf den Thron von England, unterlag am Ende jedoch den politischen Intrigen und Ränkespielen ihrer Gegnerin Elisabeth I. Stefan Zweig zeichnet ein feinfühliges und klares Porträt einer Frau, deren Leben bis heute Anlass zu Spekulationen und Verklärung gibt.

Stefan Zweig, Maria Stuart. Roman. insel taschenbuch 4206. 467 Seiten

NF 165/1/10.12

Der Aufbruch in eine neue Zeit

Magellan (1480-1521) ging als erster Weltumsegler in die Geschichte der großen Entdecker ein. Dabei war es nicht nur Abenteuerlust, die ihn lenkte, sondern auch der Mut, sich gegen das herrschende Weltbild der Zeit zu stellen und keine Grenzen zu akzeptieren.
Stefan Zweig war ein großer Bewunderer dieses Mannes, »der meinem Empfinden nach das Großartigste geleistet hat in der Geschichte der Erderkundung, er, der mit fünf winzigen Fischerkuttern von Sevilla ausfuhr, um die ganze Welt zu umrunden – die herrlichste Odyssee in der Geschichte der Menschheit vielleicht«.

Stefan Zweig, Magellan. Der Mann und seine Tat.
insel taschenbuch 4205. 299 Seiten

NF 164/1/10.12